实践教学（第五辑）行与思

SHIJIAN JIAOXUE XING YU SI

主　编◎王成端　刁永锋
副主编◎李壮成　邓　杰

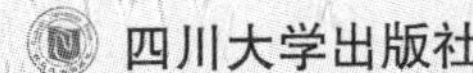

四川大学出版社

责任编辑：袁　捷
责任校对：刘慧敏　王　静
封面设计：严春艳
责任印制：王　炜

图书在版编目(CIP)数据

实践教学行与思. 第五辑 / 王成端，刁永锋主编. —成都：四川大学出版社，2018.11
ISBN 978-7-5690-2559-0

Ⅰ.①实… Ⅱ.①王… ②刁… Ⅲ.①高等学校—教学工作—研究 Ⅳ.①G642

中国版本图书馆 CIP 数据核字（2018）第 254690 号

书名　实践教学行与思（第五辑）

主　编	王成端　刁永锋
出　版	四川大学出版社
地　址	成都市一环路南一段 24 号 (610065)
发　行	四川大学出版社
书　号	ISBN 978-7-5690-2559-0
印　刷	郫县犀浦印刷厂
成品尺寸	185 mm×260 mm
印　张	33.5
字　数	813 千字
版　次	2018 年 11 月第 1 版
印　次	2018 年 11 月第 1 次印刷
定　价	158.00 元

◆读者邮购本书，请与本社发行科联系。
电话：(028)85408408/(028)85401670/
(028)85408023　邮政编码：610065
◆本社图书如有印装质量问题，请寄回出版社调换。
◆网址：http://press.scu.edu.cn

序

实践教学是高等学校人才培养的重要组成部分和关键举措，是提高大学生实际应用能力和综合素质的有效途径和保证。本科教学各类评估都十分重视对实习实训、毕业论文（设计）、实践技能训练、社会实践活动、科技创新活动等实践教学活动的考核评价。

随着我国经济结构的调整，产业升级步伐加快，特别是“大众创业、万众创新”的持续推进，社会对应用型、创新型人才的要求越来越高。实践证明，高等学校只有真正与经济社会发展建立良性互动机制，聚焦需求，强化实践应用，坚持特色发展、差异发展、创新发展，才能适应我国经济社会发展新常态。

教育部高等教育教学评估中心于 2017 年 10 月发布的《中国新建本科院校质量报告》是对新建本科院校办学质量和转型发展的首次大检查、大展示、大交流，清晰勾勒出我国新建本科院校由新建到新兴再到新型的应用型发展的历史轨迹。报告肯定了“十二五”期间，新建本科院校根据国家经济社会发展的需要，在培养应用型人才的办学定位、与区域经济社会对接的应用型专业体系、产学研协同育人的应用型人才培养模式、应用型人才培养相配套的实践教学资源和条件、服务区域发展的应用研究和技术创新能力等方面取得的长足进步。报告对新建本科院校坚持“能力导向”，强化实践教学指明了方向。

作为一所应用型本科院校，我校是四川省首批“本科院校整体转型发展试点”单位，坚持“学生主体、教师主导、环境育人、社会合作”的办学思路，实施“知识结构模块化、理论实践融合化、教学服务信息化、考核评价常态化”的“四化一体”人才培养模式，坚持应用型、地方性、特色化的发展方向，培养具有“三心四能五复合”的高素质应用型复合型人才。学校一直高度重视实践教学，加强实验室、校内外实习基地等基本建设，各部门通力合作，科学规划，严格管理，将实践教学各环节落地落实，做到理论教学与实践教学相融合、校内实践与校外实习相结合、课堂教学与课外活动相配合，积极构建理论教学、实践技能、生产实践、创新创业和个性发展融会贯通的实践育人模式。

2016 年，我校制定并开始实施《四川文理学院 2016 版本科专业人才培养方案》，方案增加了实践教学学分，除了专业见习、实习、实训等常规实践教学环节外，将学生的“第二课堂”活动（如竞赛、志愿服务、社会调查、科技发明等）也纳入学分考核，学校实践育人工作得到快速发展，并取得了明显的成效。近年来，我校学生在国家、省级学科竞赛、大学生艺术节等各级各类赛事中取得了优异的成绩。学校新增多个实践教学基地，加强了与政府、行业企业及研究所的合作，加强了“校地、校企、校校、校所”以及国际合作互动，为早日将我校建设成为特色鲜明、优势突出的高水平应用型大学积聚力量。

《实践教学行与思（第五辑）》是我校第六届实践育人基地建设研讨会征集的两年来实践教学研究与改革的成果，也是落实我校应用型整体转型发展和深化实践育人改革的研究成果。该论文集的出版既是对实践育人成果的总结，也为我校进一步加强实践教学工作提供决策依据。当然，若能为相关院校提供价值参考，我们将不甚欣慰。

本论文集是我校广大教师、管理工作者和实践教学基地指导教师积极探索实践育人新机制、新举措、新方法的成果汇总，内容丰富，特色鲜明。一是将宏观与微观相结合，既有宏观上的体制机制研究，又有微观的个案研究。在宏观上，有学校关于实践教学的顶层设计，各二级学院的实践教学工作总结，实践教学体制机制的研究等；在微观上，有课堂教学方法和内容的研究。二是内容丰富，研究领域宽广，涉及教学管理、师资配备、实验、实习实训、创新创业、学科竞赛、“第二课堂”活动等。三是研究成果具有较强的时代性和前瞻性，比如通过研究专业集群来为培养应用型复合型人才提供支撑，研究信息化时代大数据、慕课等给高等教育实践教学带来的挑战，等等。这些成果很好地将理论性与实践性相结合，具有较强的指导和参考价值。

由于编者水平有限，难免挂一漏万，敬请广大读者批评指正。

刁永锋

2018 年 8 月

目　录

经验总结篇

课程建设篇

教学改革篇

综合实践篇

经验总结篇

新时代高校思想政治工作“三全育人”模式改革与实践探索*

王成端** 姜仕华

【摘　要】 十八大以来，党和国家先后对高校思想政治工作改革做出新部署，提出新要求。四川文理学院紧密结合新时代发展要求深入推进“三全育人”模式改革，构建起“322”大思政工作体系，积极探索人才培养新模式新机制，夯实人才培养基础工程、固本工程，着力为社会主义建设事业培养合格建设者和可靠接班人。

【关键词】 高校；思想政治工作；“三全育人”

习近平总书记说，“要坚持把立德树人作为中心环节，把思想政治工作贯穿教育教学全过程，实现全程育人、全方位育人，努力开创我国高等教育事业发展新局面”[1]。中共中央、国务院、教育部先后制定了《关于加强和改进新形势下高校思想政治工作的意见》《高等学校马克思主义学院建设标准》《高校思想政治工作质量提升实施纲要》《新时代高校思想政治理论课教学工作基本要求》等系列规范性文件，对新时代高校思想政治工作“三全育人”做出全面详细部署并提出新要求新任务新希望。四川文理学院紧密结合新时代高校思想政治工作改革发展形势，构建起以加强和改进党员干部、教师队伍和青年学生为“三条主线”，以夯实校内和校外思想政治教育载体为“两翼阵地”，以推进协同创新和考评运行机制建设为“两轮驱动”的“322”大思政工作体系，全面推进新时代高校思想政治工作“三全育人”模式改革创新，不断开创高校思想政治工作新局面、新模式。

一、新时代对人才的需求必需全面推进“三全育人”模式改革

习近平总书记说：“实现中华民族伟大复兴，教育的地位和作用不可忽视。我们对高等教育的需要比以往任何时候都更加迫切，对科学知识和卓越人才的渴求比以往任何

* 本文系四川省教育体制机制改革试点项目“构建322大思政工作体系改革试点”（项目编号：G1－06）和四川文理学院2017年度思想政治工作研究专项重点项目“学校322大思政考核评价机制建设研究”（项目编号：2017SZ001Z）研究成果。

** 四川文理学院党委书记，二级教授，博士生导师，主要研究方向：高等教育管理。

时候都更加强烈。”[2]“要努力构建德智体美劳全面培养的教育体系，形成更高水平的人才培养体系。”[3]“人才培养体系涉及学科体系、教学体系、教材体系、管理体系等，而贯穿其中的是思想政治工作体系。”[4]思想政治工作贯穿于高校教学、科研、管理、服务等全领域、全过程，决定着社会主义办学方向，决定着人才培养的质量，决定着高等教育事业改革发展成败。

当前，高校思想政治工作由于受多重复杂因素的影响，青年学生参与思想政治教育的热情不高，整体协同育人的体制机制不健全，人才培养体系不科学不规范，人才培养质量不高，“三全育人”改革未落地落实致使高校培养的人才离党和国家的要求还存在很大差距。新时代高校思想政治工作必须全面深入推进“三全育人”模式改革，必须从推进社会主义现代化建设事业、实现中华民族伟大复兴的战略高度，推进教育教学理念创新，深化人才培养模式改革，始终不渝地把思想政治工作抓在手上，做在日常，做在细微处，推动全过程育人、全方位育人、全员育人落地落实，落细落小，凝炼人才培养特色和学科优势，着力为社会主义现代化建设事业培养德智体美劳全面发展的建设者和接班人。

二、夯实“三条主线”，推动“三全育人”改革落地落实

思想政治工作从根本上说是做人的工作，是在人的心灵上搞建设。作为高校，要不断强化党员干部、广大教师和青年学生的思想政治工作，并将其作为学校思想政治工作的“三条主线”，作为“三全育人”改革的出发点和落脚点，持续用力推动各项改革举措落地落实，夯实人才培养基础工程、固本工程、铸魂工程，增强创新发展的动力。

（一）加强基层组织建设，锻造“五好”干部

党员干部的思想政治素质直接决定和影响着高校政治生态，是构建高校良好政治生态和政治环境的核心。必须始终把加强党的政治建设摆在首位，“党的政治建设是党的根本建设，决定党的建设方向和效果”[5]。高校党委要狠抓党的基层组织建设，深入推进“两学一做”常态化制度化和多形式开展“不忘初心、牢记使命”主题教育活动，改进和完善党委中心组理论学习制度，坚持以习近平新时代中国特色社会主义思想武装头脑，夯实党员干部的理想信念。按计划落实高校年度党建工作重点任务，建立健全党员干部教育培养、选拔任用、谈心谈话、监督督查、党风廉政、述职述廉等各项制度，全面深入推进从严治党，不断推动制度治党和依规管党向纵深发展，筑牢党员干部的“四个意识”，着力把广大党员干部锻造成为具有开拓进取精神和推动学校改革的中坚力量，使广大党员干部在青年学生中发挥模范带头作用。

（二）加强师德师风建设，培育“四有”好老师

教师是学校改革发展的主力军，直接关系着高等教育事业的兴衰成败。习近平说：“一个人遇到好老师是人生的幸运，一个学校拥有好老师是学校的光荣，一个民族源源不断涌现出一批又一批好老师则是民族的希望。”[6]2018 年 5 月他在与北京大学师生座谈时强调，“教师素质直接决定着大学办学能力和水平”，要把师德师风建设作为第一标准常抓不懈。高校教师思想政治工作根本着力点就是要持续推进教师师德师风建设，持

续把师德师风作为教师选拔聘用的基本标准和规范融入教师教育管理工作的各环节、各领域，引导广大教师坚守教书育人的理想信念，扎根教坛默默奉献，争做有理想信念、有仁爱之心、有高尚情操、有扎实学识的“四有”好老师。要深入实施校内外“双向挂职计划”，推进“双师双能”型高素质教师队伍建设，组织开展“教学名师”“我最喜爱的老师”评选活动，使优秀教师的道德学识和人格魅力在学生中产生潜移默化的影响。

（三）加强理念创新，培养时代新人

青年学生承担着实现中华民族伟大复兴的历史责任，是社会主义现代化建设事业的强大生力军。“思想政治工作从根本上说是做人的工作，必须围绕学生、关照学生、服务学生，不断提高学生思想水平、政治觉悟、道德品质、文化素养，让学生成为德才兼备、全面发展的人才。”[7]高校思想政治工作必须把学生成长成才作为一切工作的根本出发点，引导青年学生树立共产主义远大理想和中国特色社会主义共同理想，把培养担当民族复兴大任的时代新人作为重要职责和使命。在人才培养理念上深入实施“学生主体、教师主导、环境育人、社会合作”的“四圆同心”办学思路，全面深化知识结构模块化、理论实践融合化、教学服务信息化、考核评价常态化“四化一体”人才培养模式改革，充分激发高校思想政治工作活力，提升青年大学生参与思想政治工作和思想理论学习的热情和激情，夯实“四个自信”。

三、筑牢“两翼阵地”，夯实“三全育人”改革基础

校内外育人阵地是思想政治工作的重要场域，宛若鸟之两翼。高校思想政治工作要不断优化和建立完善各类实践育人基地和育人载体，拓展思想政治工作场域，将思想政治教育有效融入各类阵地和载体，丰富教育内容与形式，提升思想政治工作的亲和力、吸引力、教育力和感染力。

（一）加强主阵地建设，提升课堂育人质量

“课堂是育人的主阵地和平台，要用好课堂教学这个主渠道，思想政治理论课要坚持在改进中加强，提升思想政治教育亲和力和针对性，满足学生成长发展需求和期待。”[8]高校思想政治理论课要深入实施教学方法改革，认真贯彻落实新时代高校思想政治理论课教学工作基本要求，要按照“配方”先进、“工艺”精湛、“包装”时尚的要求不断推进教学方法和手段改革创新，深入实施思想政治理论课“N+1”课堂教学改革，优化实践教学主题，通过感人故事分享会、品朗读会、艺术作品设计与创作展示等形式不断丰富“1”的内容和形式，提升思想政治理论课亲和力和满意度，提高学生到课率、抬头率。要严明课堂讲授纪律和公开言论规矩，完善课程设置管理制度，合理设置教学规模，加强教学过程监控和质量监管，严格落实课时规定、校领导和教学督导员随堂听课制度，建立思想政治理论课听课全覆盖和课堂教学状况年度报告制度，多举措提升思想政治理论课课堂教学质量。

（二）加强校园文化阵地建设，构建立体化育人机制

校园文化包括制度文化、物质文化、精神文化等方面，是青年大学生学习生活的重

要场域，是大学生展示自我、追逐梦想的舞台。“立德树人，离不开文化的浸润滋养。文化育人的本质就在于以人类文化的正向价值为导引，教化人走向道德、理性、真善美，从而实现立德树人的目标追求。”[9]高校是中国特色社会主义先进文化培育和建设的高地，要自觉承担起复兴文化的使命，把培育和践行社会主义核心价值观融入校园文化的方方面面。一是要坚持以价值为引领，以党和国家发展形势和重大历史事件、重要庆祝活动等为契机，组织开展主题鲜明的校园文化活动，引导青年学生在思想洗礼和先进文化浸润中成长成才。二是要加强校园文化阵地建设与管理，坚持以马克思主义意识形态引领高校校园文化建设，夯实青年学生的马克思主义理想信念。三是要创设青年学生广泛接纳和参与的校园文化活动载体，改进活动形式和内容，搭建学生参与学校民主管理，充分展示专业知识技能和个性才华的广阔舞台，提升活动载体的综合育人功能。

（三）加强实践基地建设，提升育人成效

校外实践教学基地是思想政治工作的重要补充，发挥着不可替代的作用。高校要积极加强与党政机关、科研院所和企事业单位的联系，合作共建爱国主义教育基地、廉洁文化教育基地、诚信文化教育基地、专业实践教育基地等，充分利用重要历史事件、重大纪念日开展主题教育和社会调查，引导青年大学生把理论学习与实践锻炼和品格意志锤炼结合起来。要深入实施四年递进式创新创业培养计划，构建起“素质教育、专业教育、实践教育”三位一体的创新创业教育新体系，与省内外知名企业合作共建校外创新创业基地，共建大学生创新创业园区，聘请企业优秀管理人员和创业导师指导大学生创新创业，鼓励学生申报国家级和省级创新创业项目并进行经费配套，通过制度驱动、课程带动、载体牵动、赛事推动等形式努力造就“大众创业万众创新”的生力军，引导青年学生把个人成长追求与祖国发展结合起来，培养造就适应国家建设发展需要的高水平创新型人才。

四、实施“两轮驱动”，激发“三全育人”改革活力

协同创新机制与运行考评机制犹如车之两轮，是激发思想政治工作内生活力的源泉。新时代高校思想政治工作要全面推进人才培养理念、培养模式、工作载体和手段、路径和方法、运行体制和机制以及考核评价方式创新，全面激发和调动思想政治工作各方面力量与元素，提升“三全育人”改革成效。

（一）拓展思想政治工作场域，构建线上线下协同育人创新机制

“人在哪里，思想政治工作重点就在哪里。”当代青年大学生几乎无人不网，无日不网，利用互联网获取咨询和学习已成为青年大学生的重要生活方式。高校要充分整合校园新媒体，发挥党委互联网思想政治工作部和新媒体联盟的积极作用，用好用活网上党校、团校和专题红色网站等网络思想政治工作平台，建好“两微一端”和易班工作站，整合各方优势资源，使思想政治工作连网上线，创新思想政治理论网络话语表达方式和形式，推进思想政治教育传统载体和新媒体的融合发展，用青年学生喜欢的语言风格、易于接受的表达形式和惯用的信息获取方式加强思想政治理论教育方式创新，着力构建线上与线下、传统与现代手段相衔接的协同创新育人机制，有效形成新媒体宣传教育

矩阵。

（二）发掘课程思政教育元素，构建同向同行的协同创新机制

高校思想政治工作要充分发挥好各门课程的协同育人效应，推进课程思政与思政课程的协同融合发展；各门专业课程要充分挖掘其蕴含的思想政治教育元素，将知识讲授与思想价值引领有效结合起来，通过榜样示范、模范引领等形式培育青年学生的科学探索精神和家国情怀。广大教师要充分承担起传道、授业、解惑的神圣职责，把事业当作舞台，认真履行教书育人的神圣职责，“教书育人总是不可分割的结合在一起的，既不可能脱离价值观只讲纯粹的知识和技能，也不可能脱离人们的工作、学习、生活实际，进行闭门思辨”[10]。广大教师要向学生积极传递追求真理、实事求是、向善崇美、诚实信用等教育内容，有效地发挥各门课程的思想政治教育功能，推动思政课程与课程思政的协同育人。

（三）加强校本课程资源研发，推动课程资源协同创新

每所高校都有独特的发展历程和积淀的精神文化，这些资源是大学生思想政治教育的重要素材，具有直观性、低成本性、持久性和开发使用方便等特点，高校要组织汇聚一批哲学社会科学教师，充分挖掘区域历史文化和校史资源，组织编写具有深刻思想教育性和有利于崇高精神塑造的校本教材，通过学校独特的精神文化和优秀校友、杰出人物的成长故事教育人、启迪人，引领青年学生确立正确的人生观和价值观。要大力加强哲学社会科学建设，优化学科布局，培育一批人文社科重点研究基地，组建成立哲学社会科学联合会，整合学科资源和培育学科领军人物，结合本校学生特点加快构建具有中国特色、中国风格、中国气派的学科体系、学术体系和话语体系，推动哲学社会科学协同育人。

（四）加强考评运行机制建设，激发思想政治工作活力

建立健全科学有效的考核评价运行机制是激发思想政治工作内生活力的源泉。高校思想政治工作领导小组要把思想政治工作成效全面纳入广大教师职务晋升、职称评定、绩效分配、评优评先等方面，让广大教师有政治待遇、经济保障和社会地位。要建立健全思想政治工作党政联席会议制度，定期研究和部署学校思想政治工作改革发展形势，召开党建和思想政治工作考核专题会议，学校党委班子成员、党总支书记要分别就抓党建和思想政治工作进行述职述责述廉。要对思想政治理论课教师教学质量进行综合评价，对从事思想政治工作的专职辅导员、党群部门工作人员、学工系统工作人员实行专业职称计划单列、标准单设、单独评审。完善“一科多考”，使学生变“为考而学”为“为学而考”，打破“一考定终生”的传统人才评价模式，对思想政治理论课成绩优秀的学生，优先纳入入党积极分子培养计划，优先组织参加党校学习，激发学习动力，有效提升思想政治教育的内在活力。

五、结语

高校思想政治工作“三全育人”改革只有进行时没有完成时，面对新时代新形势新

使命，高校要不断破除制约人才培养的体制机制障碍，不断加强对习近平新时代中国特色社会主义思想的学习，坚持用习近平总书记关于高等教育工作、全国宣传思想工作、高校思想政治工作和青年工作等方面的系列重要讲话精神指引“三全育人”工作改革发展，坚持党对高校思想政治工作的全面领导，不断探索人才培养新方式新方法，始终把党建和思想政治工作放在学校中心位置，坚持社会主义办学方向，坚持把立德树人作为检验学校一切工作的根本标准，持续用力为党和国家培养德智体美劳全面发展的社会主义建设者和接班人。

【参考文献】

[1] [2] [7] [8] 习近平. 把思想政治工作贯穿教育教学全过程开创我国高等教育事业发展新局面 [N/OR]. 人民日报，2016-12-9.

[3] 习近平. 坚持中国特色社会主义教育发展道路，培养德智体美劳全面发展的社会主义建设者和接班人 [N/OR]. 人民日报，2018-9-11.

[4] 习近平. 抓住培养社会主义建设者和接班人根本任务努力建设中国特色世界一流大学 [N/OR]. 人民日报，2018-5-3.

[5] 习近平. 做党和人民满意的好老师——同北京师范大学师生代表座谈时的讲话 [EB/OL]. 人民网，2014-9-10.

[6] 习近平. 决胜全面建成小康社会，夺取新时代中国特色社会主义伟大胜利 [M]. 北京：人民出版社，2007：45，62.

[9] 倪邦文. 办好中国特色社会主义大学的根本遵循——学习习近平总书记在全国高校思想政治工作会议上的重要讲话 [J]. 中国青年社会科学，2017 (2).

[10] 郑永廷. 把高校思想政治工作贯穿教育教学全过程的若干思考 [J]. 思想理论教育，2017 (1).

加强学科专业集群建设　推进学校特色发展

刁永锋*

【摘　要】　四川文理学院自升本以来，学校本科专业建设取得了较大成效，先后批准设置了50个本科专业，涉及文、理、工等八大学科门类，涵盖29个一级学科。但笔者调研发现，学校本科专业建设也还不同程度地存在着“规模小、分布散、实力弱”等突出问题。实施学科专业一体化发展策略，加强专业集群建设，不仅有利于培育专业特色、提升办学效益、深化产教融合，还有利于增强学校的社会服务能力。同时，国家、省高校“双一流”建设、内涵建设、转型发展等有关政策为实施学科专业集群建设提供了方向指引与政策保障，现有专业间的较强关联性为实施学科专业集群建设提供了内在条件，区域产业集群发展为实施学科专业集群建设提供了重要的外部机遇，省内外高校的实践则为学校实施学科专业集群建设提供了经验借鉴。结合学校专业实际与地方产业发展需要，应重点建设“文化创意产业、智能制造产业、化工环保产业、教师教育事业”4个优势学科专业群，加快建设“康养旅游、财经管理”2个扶持学科专业群，加快培育“政治法律、生态建筑”2个交叉学科专业群，应按照“文化创意产业专业集群做强，智能制造产业专业群做精，化工环保产业专业集群做特，教师教育事业专业集群做优，康养旅游专业集群服务健康新业态，财经管理专业集群服务市场经济新发展，政治法律专业集群服务基层社区治理，生态建筑专业集群服务乡村振兴战略”的建设思路，分“方案设计、全面实施、评估总结”三个阶段有序推进学校学科专业集群建设，并在建设过程中进一步强化组织保障、经费保障和制度保障。

【关键词】　学科专业集群；特色发展；内涵建设

根据省委和学校党委关于开展“大学习、大讨论、大调研”活动的安排部署，笔者与相关部门的同志一道，聚焦“学科专业集群建设”的调研主题，立足学校实际，深入开展了调研、访谈。现将调研情况及建议总结报告如下。

---

* 刁永锋，男，四川文理学院党委副书记、校长，二级教授，主要从事教育技术学、网络教育应用、教育信息化等研究。

一、本科专业概况

截至目前[①]，学校共有普通本科专业 50 个，全日制本科在校学生 11115 人。其中，2018 年批准设置今年开始招生的新专业 3 个（知识产权、舞蹈学、水质科学与技术），2018 年置换但仍有在校学生的专业 1 个（产品设计）。

（一）专业增设情况

学校于 2006 年独立升格为本科院校，当年共批准设置 6 个本科专业，分别是：汉语言文学、思想政治教育、英语、数学与应用数学、物理学、化学。此后，学校每年均增设了一定数量的本科专业，年均增加 3.67 个。其中，年新增专业数最少为 2 个，分别是 2012 年、2016 年、2017 年；年新增专业数最多为 2013 年，共新增 7 个本科专业。增长情况如图 1 所示。

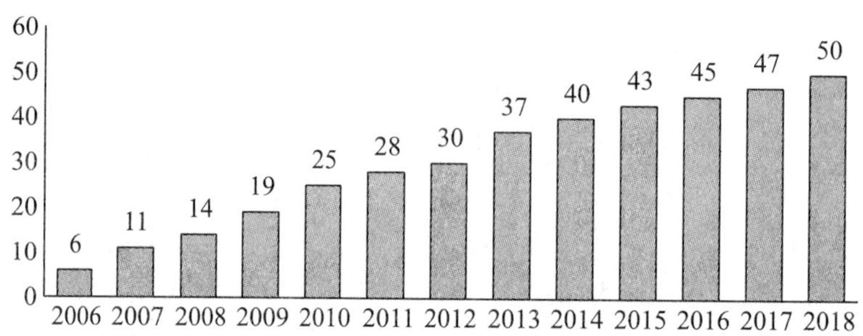

图 1　本科专业数量增长图

（二）专业结构分析

学校现有的 50 个本科专业，涉及文学、理学、工学、教育学、历史学、管理学、法学、艺术学等八大学科门类，涵盖了 29 个一级学科。其中，专业布点最多的学科是工学（13 个），在校生总数 2799 人；其次为艺术学（10 个），在校生总数 2009 人；再次为管理学（9 个），在校生总数 2057 人。专业布点最少的学科是历史学，仅有 1 个（历史学专业），在校生总数 126 人。详细情况如图 2 所示。

从“师范性”与“非师范性”来看，50 个本科专业中，师范类专业共 14 个，占总数的 28.00%；非师范专业 36 个，占比达到 72.00%。其中，师范类专业在校生数 4006 人，占总数的 36.04%，高于专业数量的占比（如图 3 所示）。值得一提的是，14 个师范类专业中，有 10 个专业设置于升本当年和次年，即 2006 年首批设置的 6 个本科专业均为师范专业，2007 年设置的 5 个本科专业中有 4 个为师范专业。而 2008 年至 2018 年的 11 年中，39 个新设专业中仅有 4 个师范专业。

① 本调研报告的相关数据统计截止时间为 2018 年 6 月 20 日。

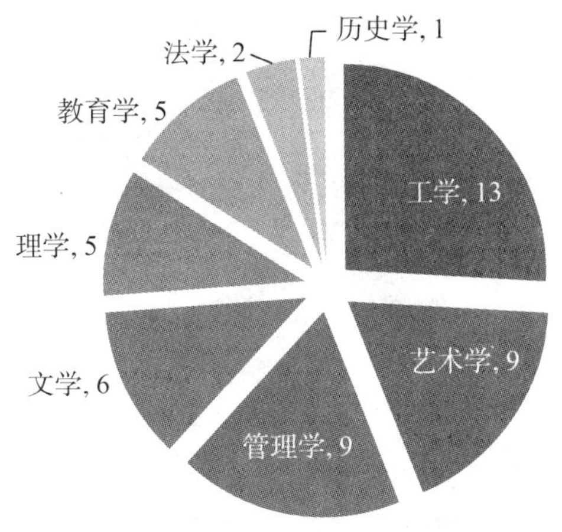

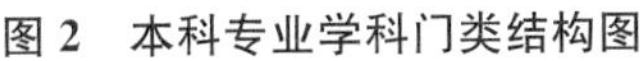

图 2　本科专业学科门类结构图

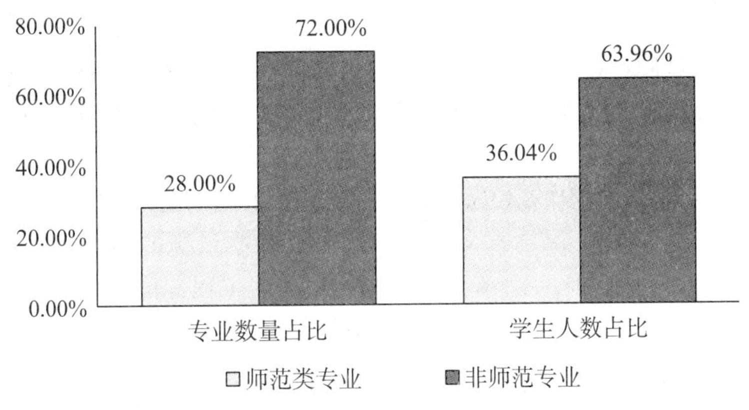

图 3　本科专业类型图

（三）专业归属情况

从各专业的分布情况来看，50 个本科专业分别归属 13 个二级学院①，平均每个学院 3.85 个，其中，专业数最多的是智造学院（7 个），其次为文传学院（6 个），专业数最少的是康养、数学、体育、音演 4 个二级学院，分别有 2 个本科专业（如图 4 所示）。

① 学院现设置有 17 个二级学院，但创新创业学院、继续教育学院没有招生，加之马克思主义学院与政法学院、建筑工程学院与生态旅游学院目前合署运行，故我们在统计时将二级学院的总数确定为 13 个。

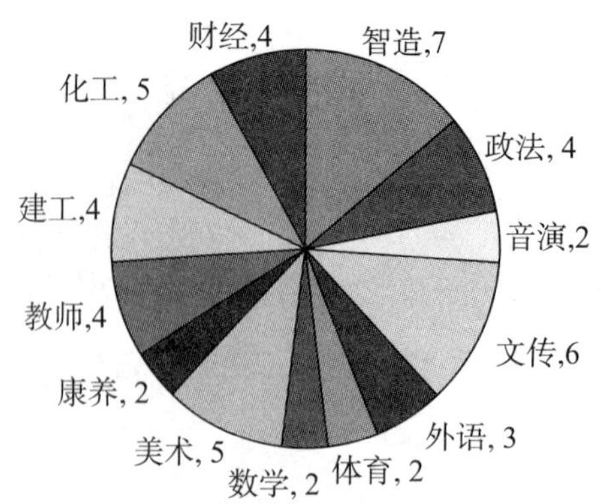

图 4　二级学院本科专业布点图

（四）教师与学生

从各专业的教师数量[①]来看（见附表 1），排名前 5 位的依次是音乐学（35 人）、汉语言文学（24 人）、体育教育（23 人）、英语（18 人）、数学与应用数学（15 人）；排名后两位的是应用统计学（2 人）、服装与服饰设计（3 人）。从招生 4 年以上专业的在校生数来看，排名前 5 位的依次是财务管理（621 人）、体育教育（575 人）、音乐学（543 人）、工程造价（519 人）、汉语言文学（480 人）；人数最少的是特殊教育（107 人）。而从招生 4 年以上专业的师生比[②]来看，最高的依次为工程造价（1∶64.88）、财务管理（1∶62.10）、土木工程（1∶60.75），最低的是商务英语（1∶10.23）。

（五）就业情况

根据最新的调查数据统计，学校 2017 届本科毕业生的调查就业率为 89.40%，比全国高校平均水平（87.03%）高 2.37 个百分点。说明我校人才培养质量还是得到了很好的保障，就业工作抓得扎实。但从毕业生就业岗位与所学专业的相关度来看，还有一些值得我们重视和思考的地方。根据调查，我校 2017 届本科毕业生总体的专业相关度为 77.88%，比全国高校平均水平（79.17%）低 1.29 个百分点。从各专业的学生就业与专业相关情况来看（见附表 2），专业相关度达 90.00%以上的专业依次为学前教育（100.00%）、汉语言文学（93.62%）、数学与应用数学（92.31%）、历史学（92.31%）、广播电视学（90.91%）、化学（90.00%）。而行政管理（60.00%）、环境设计（60.00%）、广播电视编导（56.25%）的专业相关度较低。专业相关度低既容易造成专业人才培养的浪费，也不利于毕业生个人职业的发展。导致专业相关度低的原因虽然有很多，但部分专业从设置论证到人才培养的全过程，都还没有很好地适应经济社

① 特指该专业的专业课教师，统计时要求每一名教师只能归属于一个专业，且不包括外聘教师和校内兼职教师。该数据由各专业自行提供，由于各专业负责人理解不一，可能部分专业的数据有少许偏差。

② 本调研报告并未严格采用教育统计中“生师比”的算法，仅简单计算专业课教师与该专业在校学生的比例，主要目的在于从侧面反映该专业的教师配置状况。

会发展，特别是没很好地适应产业行业发展的需求，应是重要原因之一。

二、本科专业建设与发展中的问题及原因

升本以来，在全体师生员工的共同努力下，学校本科专业的建设与发展取得了较大成效，本科专业数量在同期升本院校中位居前列，部分专业的特色和优势开始显现。但通过分析学校本科专业现状，我们发现，也还存在“规模小、分布散、实力弱”三个较为突出的问题。

（一）规模小

专业规模是影响专业办学成本和资源使用效率的重要因素，是制约办学效益的重要指标。专业规模偏小时，师资、实验仪器设备、图书等教育教学资源很难得到充分利用，单位学生的平均办学成本必然增高，间接造成办学资源的浪费，拉低办学经济效益。同时，也不利于在教师间形成基于“合作”的专业发展模式，以及在学生间形成良好的集体学习氛围。有学者对专业的规模与效益做过专门测算，结果表明，综合性高校本科专业的年招生人数至少要达到55人，才能确保最基本的办学效益。教育部、教育厅有关各类示范专业的评选，大多也对专业规模有具体要求。如省教育厅关于省级应用型示范专业的申报条件就明确要求，所申报专业的在校生规模原则上要达到240人，即平均到每个年级要达到60人。而从我校各专业的年均招生人数[①]来看，超过100人的仅有5个专业，依次为财务管理（155.25人）、汉语言文学（143.75人）、体育教育（135.75人）、音乐学（129.75人）、英语（120.00人）。有25个专业年均招生人数未达到55人，占47个已招生专业数的比例为53.19%。其中，有3个专业的年均招生人数低于30人，分别是物理学（27.00人）、服装与服饰设计（26.75人）、应用统计学（27.00人）。统计数据可见，我校各专业普遍规模偏小。其原因，一方面在于前几年全校总的招生计划偏少，分配到各专业的招生指标相应也就不多；另一方面也在于部分专业的办学条件还不充分，办学特色还不够鲜明，办学优势还不明显，对学生的吸引力还不够强，不仅报考的生源不多，还有部分学生入校后又申请转入了其他专业，从而导致专业规模偏小。而专业规模如果长期处于“小”或者“偏小”的状态，又容易形成恶性循环，产生专业建设的“马太效应”，即：由于专业规模小，难以吸引到优秀老师和优质生源，而教师和学生资源的缺乏反过来又限制了专业的进一步发展。所以，这种现象应值得我们高度重视。

（二）分布散

从各专业的学科及二级学院归属情况（见附表3）来看，二级学院跨学科门类与一级学科跨二级学院的现象并存，专业分布还比较散，集约度不高。除音演、美术、体育、外国语、康养5个二级学院的所有专业均属于同一学科门类外，其余二级学院均存在不同程度的跨学科门类现象。其中，政法学院仅有4个本科专业，但横跨了管理学、法学、历史学3个学科门类；文学与传播学院虽然有6个本科专业，但也横跨了文学、

---

① 凡招生4年以上的专业，计算近4年的平均数；凡招生不满4年的专业，按实际招生年数计算平均数。

管理学、艺术学三大学科门类。而从一级学科所对应的专业数来看，有 17 个一级学科仅对应了一个专业，仅有工商管理类、设计学类、计算机类、教育学类、外国语言文学类这 5 个一级学科对应的专业数量达到或超过了 3 个，其中对应专业数量最多的是工商管理类一级学科，共包括了审计学、人力资源管理、物业管理、财务管理、文化产业管理、健康服务与管理 6 个本科专业。但令人遗憾的是，原本集约度非常高的工商管理类的 6 个本科专业，却被分散设置在了 4 个二级学院。从知识发展与科技创新的视角来看，跨学科的交叉融合的确有诸多优势，并且，部分学科之间本身就具有内在的逻辑联系，跨学科的交叉融合既是必需的，也是必然的，如工学需要理学作为基础，艺术学本身就是从文学中独立出来的。但从管理的角度来看，特别是从学校层面来看，由于归属不同学科的专业在师资队伍建设、课程教材建设、实训实践基地建设等方面的需求有非常大的差异性和独立性，如果较为普遍地将跨学科门类包括跨一级学科的不同专业集中在一起进行管理，不仅会增加管理的难度，不利于教师资源、课程资源、实验仪器设备的共建共享，更会因为有限办学资源的分散投入而导致办学效益不高，甚至出现资源浪费。所以，这种现象也值得我们进一步探讨。

（三）实力弱

受专业规模小、分布散，以及专业创办时间短、资源投入有限等诸多因素的影响，部分新办专业和应用型专业的核心指标与本科教学合格评估、硕士点建设等的指标要求相比，差距还比较大，整体实力还比较弱，主要表现在三个方面：一是专业教师短缺。高职称、高学历教师、“双师双能型”有行业经历的教师比例普遍偏低，部分专业的师生比严重偏高。如，财务管理专业虽然设置和招生时间较早（2009 年），已发展成为目前在校生人数最多的专业（621 人），但专业课教师仅有 10 位，师生比高达 1∶62.10。还有个别专业因为专业教师的紧缺已影响到了正常的教学安排。如，2016 年开始招生的城乡规划专业，首批学生今年下半年就进入大三了，正是集中安排专业课的时间。但该专业至今没有一名建筑学专业的教师，导致建筑学相关课程的教学只能依靠外聘教师，而建筑学专业的外聘教师既不好找，其教学质量也难以得到保障。针对部分专业引进人才、留住人才难的实际困难，学校已出台了诸多优惠政策，人事处也做了大量的工作，但笔者认为，最根本的还是要进一步发挥各二级学院的积极性和主动性。二是优质资源缺乏。从全校范围来看，省重点实验室、省社科研究（普及）基地、省级实验教学示范中心等省级教学科研平台的数量较少，省级精品（资源共享）课程、省级特色专业、省级应用型示范专业的数量也还不够多，大部分专业还没有“省”字号的平台、资源和头衔。部分工科专业和新办专业的实验仪器设备、实习实训基地还不能满足人才培养需求。如，2017 年开始招生的应用统计学专业，由于其专业特殊性，目前还没有联系到适合专业发展的实习实训基地。三是服务能力不强。虽然智能制造学院、化学化工学院的工科类专业在服务达州智能制造产业、特色植物开发、中药材提取等方面已进行了积极的探索，积累了一定的经验，产生了较好的社会效益和经济效益，并通过服务地方产业行业发展吸纳了外部的办学资源，促进了自身的发展，但研究力量较为薄弱，研究方向还不稳定，研究团队尚未形成，应用性研究成果还不多。而管理学、文学、艺术学、法学等学科门类中大量的人文社科和艺术类专业，在践行“社会合作”的办学理念与思路、服务地方社会和文化事业发展方面虽有一些认识，也取得了很多艺术实践成果，特别是学生艺术表演类获省级以上奖项较多，但思考还不够深刻、不够到位，创新性的举措和标志性的成果还不多，特别是省、国家级理论研究成果还不多，还没有充分发挥“智库”作用。

总体来说，以上三方面的问题虽然客观存在，但主要还是属于发展中出现的问题，是从外延发展转向内涵式发展必然会遇到的问题。而且，这些问题也并不是我们学校所独有的问题，事实上，绝大多数同类院校包括一些老牌本科院校，都不同程度地存在着类似问题。所以，我们绝不能因为这些问题和困难的存在而妄自菲薄，更不能丧失发展的信心和决心，而是要客观面对问题、理性分析问题、创新性地解决问题。从根本上说，发现问题就是为了更好地解决问题，而发展中出现的问题也只有通过进一步的发展来解决。从某种意义上讲，这也是省委和学校党委开展“大学习、大讨论、大调研”活动的重要目的之一。

三、学科专业集群建设的必要性与可行性

专业集群——因需求而产生的，以区域的产业集群为服务对象，围绕某一产业上下游发展要求，形成以服务产业链核心环节的主干专业为主，以专业互补和专业互错的形式，形成校内和校际的若干专业的群体。专业集群的研究与实践最早源于高职院校，是指按照地方性产业集群结构、规模以及产业体系的基本要求，为地方区域内的产业集群服务，形成专业链。与高职院校相比，本科院校实施专业集群建设应有所区别。众所周知，学科建设是本科院校的龙头和核心，因而本科院校在专业集群的布局与建设时，必须基于学科基础，既要充分体现学科属性与学科要求，又不能局限于学科思维、学科逻辑体系。随着学校向应用型转型，应面向产业链，结合学科专业，组建跨学科的学术组织，建立示范性的产业学院，更深入地推进产教融合，更好地服务地方经济社会发展。正是基于学科专业的密切关联和学科专业一体化建设的考虑，我们鲜明地提出，要“加强学科专业集群建设，推进学校特色发展”。而提出这一建议，也是经过广泛调研、科学论证的，具有切实的必要性和充分的可行性。

（一）必要性

1. 培育专业特色的迫切需要

专业是高校育人的基本组织单位。一所高校，特别是应用型本科高校的办学特色，主要就体现在他的专业特色上。客观地说，目前我校绝大部分专业的办学特色都还不够鲜明，仍处在加快培育与建设的进程中。通过实施专业集群建设，不仅能够使得集群内各专业确立相对一致的发展目标，有利于在较短时期内积聚各方面的优势，积聚合力，培育和形成特色，而且还有利于推动关联专业的融合、共生，以及拓展和衍生新兴专业，从而培育和形成新的专业特色。

2. 提升办学效益的迫切需要

专业集群建设所具有的资源整合功能，不仅能够较好地解决当前学校专业建设中

“小、散、弱”的问题，还能够促进专业群内部各专业的相互协作、资源共享，形成精准、精简、集约的资源投入态势，从而进一步节约专业的办学成本，提高专业的办学实力和学校的办学效益。以教师队伍建设为例，专业集群内的专业一般是学校依托某一学科基础相对有优势或有特色的专业衍生而成的一类专业，群内大多数专业具有相同的学科基础，也必然会形成基于相同专业理论基础课程的师资队伍、专业团队，有利于共建共享有限的教师资源。同时，实施专业集群建设还有利于教师队伍、教学用房、仪器设备等基础设施的建设和共享，从而减少经常性开支成本，提高办学效益。

3. 深化产教融合的迫切需要

产教融合是地方本科院校转型发展的重要途径。产教融合既包括宏观层面教育与产业的融合，也包括微观层面教学活动与生产活动的融合。因此，我校深化产教融合，也要从宏观与微观两个层面有序推进。从宏观层面来看，主要推进教育与产业的融合，要求人才培养与产业需求的融合；从微观层面来看，应推进教学活动与生产活动的融合，要求教育与生产的一体化，在教学中生产，在生产实境中教学，教学和生产密不可分。而这两个层面的落脚点都在于，人才的培养必须对接产业需求和岗位要求。当前，产业集群建设已成为产业发展的新模式，这就内在地要求我们要改变传统的专业建设模式，以学科专业集群对接产业集群，从而创新应用型人才培养的途径。

4. 增强服务能力的迫切需要

服务社会是现代高校的基本职能之一。对我们这类学校来说，立足地方、面向地方、服务地方，不仅仅是基本职能，更是一种办学价值和办学追求，是自身价值和存在意义的体现，同时也是吸纳外部办学资源、拓展学校生存和发展空间的重要途径。但实事求是地说，目前学校各专业的社会服务能力还不够强，还难以完全满足地方经济社会发展的需要，重要原因之一就是部分专业与地方的产业结构契合度不高。而专业集群本身具有“亲产业性”的特征，是以区域内的产业集群为服务对象，是按照区域产业结构的要求，围绕某一支柱产业或优势产业形成的专业链，其专业建设与地方经济社会发展联系紧密，依托集群内各专业所开展的人才培养、科学研究等工作与地方经济社会发展的需求更是具有高度的适应性。显然，这对提升学校服务区域经济社会发展的能力有着重要的促进作用。

（二）可行性

1. 国家有关政策为实施学科专业集群建设提供了方向指引与政策保障

党的十八大以来，以习近平同志为核心的党中央高度重视高等教育发展，习近平总书记、李克强总理等党和国家领导人多次对高等教育发展做出重要指示，其中就包括对高校专业建设的指示。教育部、国家发改委、财政部《关于引导部分地方普通本科高校向应用型转变的指导意见》（以下简称《意见》）对高校的专业集群建设提出了明确要求，强调要“建立行业企业合作发展平台。校企合作的专业集群实现全覆盖”，要“建立紧密对接产业链、创新链的专业体系”，要“围绕产业链、创新链调整专业设置，形成特色专业集群”。国家发改委、教育部、人社部《关于编报“十三五”产教融合发展工程规划项目建设方案的通知》，更是明确将“专业集群”作为转型发展方案的重要内容。《四川省人民政府关于统筹推进一流大学和一流学科建设的实施意见》《四川省教育厅关于加强统筹规划推进一流大学和一流学科建设工作的通知》也要求转型高校应切实加强专业群建设，努力打造一流应用型专业群。同时，国家和四川省教育事业发展“十三五”规划也都对地方高校的专业建设提出了要求。这些重要的政策、法规，是我们实施学科专业集群建设的方向指引与重要政策保障。

2. 现有专业间的较强关联性为实施学科专业集群建设提供了内在条件

从知识的内在逻辑和外部关系来看，相同或相近的学科基础、工作岗位和技术领域，使得以课程体系为核心的课程教材、师资队伍、实践平台、校企合作等建设要素共享融合成为可能。换言之，专业的关联性为专业集群建设提供了可能。我校的大部分专业间都具有一定的关联性，既有学科关联：相似专业是学科知识体系的不同分支，例如小学教育、学前教育、特殊教育都是教育学学科下所设专业，有共同的学科知识，在课程建设、教材建设和师资建设上可以实现资源共建共享；也有岗位关联：相关专业与产业链各环节各层次对接，例如应用化学、化学工程与艺术、水质科学与技术分别对接清洁能源化工产业的上下游需求，有交叉的岗位需求，在实习实训基地建设上可以实现资源的充分利用。这种专业间的关联性，也为我们实施学科专业集群建设提供了内在条件。

3. 地方产业集群发展为实施学科专业集群建设提供了重要的外部机遇

基于群体竞争优势和集聚发展的规模效益，产业集群发展已成为现代社会经济发展的重要特征。产业集群发展对应用型人才培养提出了新要求，也为破解学校专业发展困境提供了新机遇。当前，达州市已全面启动“6+2”的重点产业集群发展战略，将举全市之力加快打造能源化工“千亿产业集群”和新材料、智能装备制造两个“百亿产业集群”，培育电子信息、生物医药和农产品加工三个“特色优势产业集群”，壮大新型建筑、文化旅游两大“优势潜力产业集群”，推动达州产业转型升级、提质增效。这也为我们实施学科专业集群建设提供了改革切入点，提供了重要的外部机遇。如果我们能够打破传统的单一专业组织单位，主动对接“6+2”产业链和创新链对人才培养的新需求，提高专业集群与产业集群的供求匹配度，不仅更能满足产业链各环节各层次对人才的多样化需求，提升企业参与产教合作的积极性，各学科专业集群也能获得更多的教育教学资源，促进优势资源集聚，也更有利于凝聚专业特色，进而培育和形成学校整体的办学特色和优势。

4. 省内外高校的实践为实施学科专业集群建设提供了难得的经验借鉴

近年来，在国家政策的指引下，专业集群建设作为地方高校深化转型发展、加强专业建设的重要突破口已经形成共识。省内外部分高校特别是浙江、江苏等东部地区的部分应用型本科高校聚焦专业集群建设，进行了创新性的探索与实践。如，江苏省的常熟理工学院，在 2004 年升本前就确定了“机电工程、电子工程、信息工程、生物工程、管理工程和材料工程六大专业群”的发展思路，并一直持续到“十二五”末。在“十三五”初期，常熟理工学院将重点建设的 6 大应用专业群分化为 8 个，通过增设跨群专业、群与群连接的方式使得服务产业链的深度和长度得以延伸，常熟理工学院服务区域产业集群的专业集群结构体系逐渐完善。再如，重庆第二师范学院根据办学优势和社会需求的预测，以服务0～12岁儿童成长需求作为人才培养的价值链和专业布局的主线索，以提供高增值服务为价值内核，基于产品（服务）三层次构建了教育服务（核心产品）、健康服务（外围产品）和营商服务（延伸产品）的专业集群。这些有益经验完全可以供我们借鉴和参考。

四、加强学校学科专业集群建设的整体构想

继2016年学校被四川省教育体制改革领导小组批准为“本科院校整体转型发展改革试点院校”后，今年5月，学校又被四川省人民政府学位委员会增列为“硕士学位授权立项建设单位”。这既是对我们十二年本科办学的高度认可和充分肯定，也为我们进一步加强学科专业建设提供了重大机遇。我们必须以此为契机，进一步提振改革发展信心，进一步创新思路与举措，争取早日获批硕士学位授权单位，早日建成特色鲜明、优势突出的高水平应用型大学。

基于调研分析结果，结合学校和区域经济社会发展实际，我们进一步提出“加强学科专业集群建设，推进学校特色发展”的整体构想与建议。

（一）指导思想

坚持以习近平新时代中国特色社会主义思想为指引，贯彻落实党的十九大精神，全面适应“一干多支，五区协同”的“治蜀兴川”战略需求及四川经济社会发展，特别是川东北经济区文化教育行业、优势特色产业、现代服务业、战略性新兴产业的发展需求，以学科专业对接行业、产业链、创新链为主线，以培养高素质应用型人才、提升学科专业服务产业行业能力为根本任务，以优势学科专业为基础，按照整体规划、突出重点、分阶段实施、分层次投入的原则，着力推进学科专业集群建设，充分发挥学科专业群的聚集效应，并以此带动学校学科专业建设水平的整体提升，努力创建特色鲜明、优势突出的高水平应用型大学。

（二）建设目标

1. 近期目标

到2020年，重点建设2～3个在川东北地区和产业行业有重要影响的应用型学科专业群；依托学科专业群，重点培育8～10个在省内具有竞争优势的特色应用型专业，1～2个学科达到专业硕士学位授权点基本条件，力争建成1～2个省级新型高端智库、3～5个省级本科应用型示范专业、5～7门省级本科应用型示范课程。通过建设，学校综合办学实力进一步提升，应用型的办学特色更加鲜明、办学优势更加突出。

2. 中期目标

到2030年，通过持续努力，建成1个行业一流的应用型学科专业群、2～3个四川一流的应用型学科专业群、10个左右四川一流或行业一流的特色应用型专业，新型高端智库、省级本科应用型示范专业和应用型示范课程的数量进一步增加，学校整体实力明显增强，应用型的办学特色和优势更加巩固，服务地方经济社会和产业行业的能力显著提高，3～5个学科达到专业硕士学位授权点基本条件，学校成为硕士学位授权单位，初步建成四川一流的高水平应用型高校。学校进入四川一流应用型高校。

3. 远期目标

到本世纪中叶，一流应用型学科专业群带动学校整体建设的能力大幅提升，新型高端智库、省级本科应用型示范专业和应用型示范课程的数量及实力进入全省同类高校前列，服务国家战略、支撑区域发展和推动产业行业发展的能力显著提高，建成西南一流、国内有重要影响的高水平应用型高校。

（三）建设思路

遵循“文化创意产业专业集群做强，智能制造产业专业群做精、化学环保产业专业集群做特，教师教育事业专业集群做优，康养旅游专业集群服务健康新业态，财经管理专业集群服务市场经济新发展，政治法律专业集群服务基层社区治理，生态建筑专业集群服务乡村振兴战略”的建设思路，整体规划，落实措施，有序推进。

（四）总体规划

根据指导思想与建设目标，结合四川特别是川东北地区经济社会发展及相关产业行业未来发展的实际，拟重点建设“文化创意产业专业群、智能制造产业专业群、化工环保产业专业群、教师教育事业专业群”4 个优势学科专业群，支持其在 2020 年时建成川东北地区一流、在产业行业有重要影响的应用型学科专业群，在 2030 年时进入行业一流或四川一流行列，至 2050 年时进入四川一流前列、达到西南一流水平；拟加快建设“康养旅游产业专业群、财经管理专业集群”2 个扶持专业群，支持其在 2030 年时建成行业一流或四川一流的应用型学科专业群；拟加快培育“政治法律专业集群、生态建筑行业专业群”2 个交叉学科专业群，力争在 2030 年时建成行业一流或四川一流的应用型学科专业群。

各学科专业群的专业构成、建设重点及其对学校整体建设的带动作用如下：

1. 文化创意产业专业群

该专业群可集成汉语言文学、文化产业管理、广播电视编导、播音与主持艺术、广播电视学、音乐学、舞蹈学、美术学、视觉传达设计、服装与服饰设计等 10 个本科专业。其中，广播电视编导专业已批准为省级应用型示范专业。建设过程中，可重点围绕“新闻与传播、艺术”专业硕士学位授权点的申报条件加强投入和建设，重点支持舞蹈学、视觉传达设计 2 个专业建成省级应用型示范专业，依托巴文化研究力争使该专业群建成 1～2 个省级新型高端智库。通过重点建设该专业群，有利于增强学校对社会的文化服务能力，凸显学校的办学特色和办学优势。

2. 智能制造产业专业群

该专业群可集成机械工程、计算机科学与技术、物联网工程、电子科学与技术、机械电子工程、数字媒体技术等 6 个本科专业。其中，机械工程专业已批准省级应用型示范专业。建设过程中，可重点围绕软件工程、工程（机械）专业硕士学位授权点的申报条件加强投入和建设，重点支持计算机科学与技术、物联网工程 2 个专业建成省级应用型示范专业。通过重点建设该专业群，能够引领和服务于达州市智能制造行业和产业发展，并有利于提升学校的应用开发研究实力。

3. 化工环保产业专业群

该专业群可集成化学工程与工艺、水质科学与技术、应用化学、制药工程、化学等5个本科专业。建设过程中，可重点围绕化学、工程（材料与化工、资源与环境）专业硕士学位授权点的申报条件加强投入和建设，重点支持化学工程与工艺、水质科学与技术2个专业建成省级应用型示范专业。通过重点建设该专业群，不仅能为川东北地区油气化工产业发展、生态环境的保护、特色植物的产业化研发及中药材的种植开发提供技术服务与产业咨询，而且还有利于带动和提升学校的科研水平与实力。

4. 教师教育事业专业群

该专业群可集成汉语言文学、数学与应用数学、英语、学前教育、特殊教育、小学教育、汉语国际教育、历史学、思想政治教育、物理学、化学、音乐、体育、美术等14个教师教育类本科专业。建设过程中，可重点围绕“教育”专业硕士学位授权点的申报条件加强投入和建设，重点支持学前教育、特殊教育、数学与应用数学、英语等4个专业建成省级应用型示范专业。通过加快建设该专业群，有利于发挥学校的传统办学优势，更好地服务于川东北乃至全省基础教育事业的发展，从而扩大学校的社会影响。

5. 康养旅游产业专业群

该专业群可集成健康服务与管理、应用心理学、社会体育指导与管理、物业管理、酒店管理等7个本科专业。建设过程中，可重点支持健康服务与管理专业、物业管理等2个专业建成省级应用型示范专业。通过加快建设该专业群，将对建设学校优势特色学科、创新人才培养、建设课程教材品牌、提升办学特色产生推动作用，为学校建成川渝陕结合部康养旅游产业人才培养中心、科技服务中心、专业培训中心、顾问咨询中心和理念传播中心创造条件、打好基础。

6. 财经管理专业群

该专业群可集成审计学、会计学、人力资源管理、财务管理、物流管理等6个本科专业。建设过程中，可重点支持审计学专业建成省级应用型示范专业，可重点围绕“会计”专业硕士学位授权点的申报条件加强投入和建设，通过加快培育该专业群，有利于增强学校对社会的经济服务能力，加快企业课程建设，更好的服务市场经济发展，服务经济改革和转型升级，提高学校的社会影响和办学声誉。

7. 政治法律专业群

该专业群可集成知识产权、行政管理、思想政治教育等3个本科专业。建设过程中，可重点支持知识产权专业建成省级应用型示范专业，力争依托该专业群建成1个省级新型高端智库。可重点围绕“法律”专业硕士学位授权点的申报条件加强投入和建设，通过加快培育该专业群，为革命老区培养基层社区治理人才，有利于提高学校服务地方政府决策的能力，推动学校新型高端智库的建设，不断提升学校哲学社会科学的决策影响力、学术影响力和社会影响力。

8. 生态建筑专业群

该专业群可集成环境设计、工程造价、土木工程、城乡规划等4个本科专业。建设过程中，可重点支持环境设计、城乡规划2个专业建成省级应用型示范专业。通过加快培育该专业群，将对建筑行业的诸多方面提供产业链式的创新服务，增强学校服务行业发展的能力，特别为乡村振兴发展培养规划建筑设计人才，提高学校在生态环境保护方面的学术专业知名度和社会影响。

（五）进度安排

拟对建设进度作如下安排：

1. 方案设计阶段（起止时间为 2018 年 6 月至 2018 年 8 月）

主要任务是：进一步加强调研论证，广泛征求意见，做好学科专业群建设顶层设计工作，制定路线清晰、操作性强的学科整体建设实施方案，制定八大学科专业群建设的整体框架，制定各学科专业群的建设方案。

2. 方案实施阶段（起止时间为 2018 年 9 月至 2020 年 12 月）

主要任务是：根据建设方案，有序推进各项建设任务。重点加强过程监控与目标考核，定期对方案实施过程进行调研，根据各学科专业群建设进度安排进行年度考核和评估，确保各项建设措施落到实处，对没有达到预期进度和目标的学科专业群进行整改。

3. 评估总结阶段（2020 年 12 月以后）

主要任务是：综合评估学校学科专业群整体建设成效，详细评估各学科专业群学科建设成效，总结、提炼建设经验。根据建设成效，制定下一轮建设方案，明确重点建设目标，依据学科专业动态调整机制，优化调整与预期成效差距明显的学科专业群。

（六）预期成效

通过建设，预计到 2020 年，近期目标均全部实现，学校整体实力明显增强，应用型人才培养质量进一步提升，学生实践能力、创新创业能力强，就业质量高；应用型教师团队建设成效更加明显，“双师双能型”教师比例显著增加，学校教师队伍的素质与结构进一步优化；科研平台建设取得新突破，新型高端智库建设卓有成效，应用开发研究与科技创新实力进一步增强，承担国家级科研项目的能力明显提升，科研成果就地转化率大幅度提高；社会合作水平进一步提升，服务地方经济社会发展和行业企业的能力进一步增强；文化传承创新形式多样、成果丰富；国际交流合作的范围进一步拓展；学校的办学声誉和社会影响持续扩大，初步建成四川一流的高水平应用型大学。

（七）保障举措

1. 强化组织保障

学校党委行政是学科专业群建设的决策机构，对建设规划、建设内容、检查验收等重大事项进行部署和决策。校学术委员会对学科专业群建设中的重大学术事务进行咨询指导和评估论证。建议成立在党委领导下的学科专业群建设工作小组，由校长担任组长，分管教学、科研的副校长担任副组长，各相关党政职能部门负责人和二级学院院长参加，协调和统筹学科专业群建设事宜。领导小组下设办公室，设在发展规划处，加强过程管理和考核评估。各学科专业群实行群带头人负责制，负责抓好建设任务落实，保障各建设项目的顺利实施和建设目标的如期实现。

2. 强化经费保障

进一步增强学校统筹安排经费能力，提高资源配置和资金使用效率，并不断创新支持方式。建立多元筹资机制，主动争取中央、省和地方财政的支持，积极争取川东北四市特别是达州市政府的资金和资源支持，广泛争取社会团体、企事业单位、基金组织以及海内外知名人士、校友等提供资助、捐赠，充分保障学科专业群建设所需经费的投入。各学科专业群也应通过合作办学、科技成果转化、智力服务等途径，发挥自身优势，积极筹措配套经费。

3. 强化制度保障

重点要建立健全专业集群内各专业人才培养方案培养目标的研制、专业群带头人的选拔及聘用考核制度、专业集群内教学、科研团队建设机制、专业集群教学科研社会合作项目立项评审机制、专业集群内课程建设机制、专业集群内实践教学机制、专业集群内的招生与转专业机制、以专业集群为基础的学校与行业企业共建共管的二级学院机制、以专业集群协作组织为重点的校企合作机制。要坚持“目标导向、绩效考核、动态调整”的原则，探索建立科学的绩效评价考核体系，加强过程管理，强化绩效考核，及时跟踪指导。定期对各学科专业群建设的进展情况进行考核评估，并根据考核结果和建设绩效，在相对稳定支持的基础上实现动态调整。对建设成效显著的学科专业群加大经费投入比例，对建设成效不理想的学科专业群查找原因、分析问题、提出改进措施。

附表1　各专业在校学生与专业教师情况表

序号	专业名称	成立时间	教师数量	学生总数	序号	专业名称	成立时间	教师数量	学生总数
1	财务管理	2009	10	621	26	化学工程与工艺	2008	5	191
2	体育教育	2007	23	575	27	数字媒体技术	2009	7	187
3	音乐学	2007	35	543	28	物理学	2006	8	185
4	工程造价	2013	8	519	29	物流管理	2015	9	184
5	汉语言文学	2006	24	480	30	思想政治教育	2006	8	177
6	计算机科学与技术	2008	13	359	31	酒店管理	2014	4	177
7	小学教育	2009	8	351	32	制药工程	2011	6	175
8	英语	2006	18	344	33	服装与服饰设计	2013	3	167
9	电子科学与技术	2008	13	338	34	审计学	2015	9	156
10	数学与应用数学	2006	15	315	35	物联网工程	2013	6	148
11	环境设计	2013	6	312	36	视觉传达设计	2013	12	146
12	美术学	2007	14	299	37	行政管理	2010	11	142
13	机械工程	2010	12	294	38	商务英语	2015	13	133
14	翻译	2013	13	271	39	广播电视学	2012	8	133
15	广播电视编导	2010	13	259	40	应用心理学	2007	10	126
16	人力资源管理	2010	7	257	41	化学	2006	6	122
17	土木工程	2014	4	243	42	历史学	2007	8	108

续表

序号	专业名称	成立时间	教师数量	学生总数	序号	专业名称	成立时间	教师数量	学生总数
18	社会体育指导与管理	2011	10	233	43	特殊教育	2011	9	107
19	物业管理	2009	7	232	44	城乡规划	2016	7	88
20	文化产业管理	2009	7	229	45	机械电子工程	2016	6	71
21	应用化学	2010	6	229	46	健康服务与管理	2017	7	34
22	产品设计	2013	4	222	47	应用统计学	2017	2	27
23	播音与主持艺术	2012	7	206	48	知识产权	2018	6	0
24	汉语国际教育	2014	10	200	49	舞蹈学	2018	6	0
25	学前教育	2010	8	200	50	水质科学与技术	2018	5	0

附表 2　2017 届各专业毕业生就职岗位的专业相关情况分布

专业	很相关	比较相关	一般	比较不相关	很不相关	相关度
学前教育	76.47%	17.65%	5.88%	0.00%	0.00%	100.00%
汉语言文学	55.32%	19.15%	19.15%	2.13%	4.26%	93.62%
数学与应用数学	69.23%	7.69%	15.38%	3.85%	3.85%	92.31%
历史学	84.62%	0.00%	7.69%	0.00%	7.69%	92.31%
广播电视学	27.27%	27.27%	36.36%	9.09%	0.00%	90.91%
化学	30.00%	50.00%	10.00%	0.00%	10.00%	90.00%
计算机科学与技术	47.37%	36.84%	5.26%	5.26%	5.26%	89.47%
英语	59.26%	22.22%	7.41%	3.70%	7.41%	88.89%
人力资源管理	46.67%	26.67%	13.33%	13.33%	0.00%	86.67%
物联网工程	7.14%	50.00%	28.57%	14.29%	0.00%	85.71%
体育教育	63.83%	17.02%	4.26%	6.38%	8.51%	85.11%
小学教育	75.00%	5.00%	5.00%	5.00%	10.00%	85.00%
美术学	31.25%	31.25%	18.75%	6.25%	12.50%	81.25%
工程造价	46.15%	23.08%	11.54%	11.54%	7.69%	80.77%
物业管理	44.00%	28.00%	8.00%	4.00%	16.00%	80.00%
应用化学	10.00%	40.00%	30.00%	10.00%	10.00%	80.00%
特殊教育	42.86%	28.57%	7.14%	0.00%	21.43%	78.57%
音乐学	19.23%	50.00%	7.69%	7.69%	15.38%	76.92%

续表

专业	很相关	比较相关	一般	比较不相关	很不相关	相关度
翻译	10.00%	35.00%	30.00%	15.00%	10.00%	75.00%
思想政治教育	36.36%	27.27%	9.09%	18.18%	9.09%	72.73%
视觉传达设计	35.71%	28.57%	7.14%	7.14%	21.43%	71.43%
播音与主持艺术	30.00%	15.00%	25.00%	15.00%	15.00%	70.00%
应用心理学	26.32%	15.79%	26.32%	10.53%	21.05%	68.42%
财务管理	18.60%	34.88%	13.95%	11.63%	20.93%	67.44%
机械工程	4.17%	37.50%	25.00%	8.33%	25.00%	66.67%
行政管理	10.00%	30.00%	20.00%	20.00%	20.00%	60.00%
环境设计	8.00%	20.00%	32.00%	16.00%	24.00%	60.00%
广播电视编导	25.00%	12.50%	18.75%	25.00%	18.75%	56.25%

注：部分专业样本量较小，故未对其相关度进行分析。

附表 3　各专业的学科及二级学院归属情况表

<table>
<tr><th>学科门类</th><th>一级学科</th><th>所含专业</th><th>专业归属学院</th></tr>
<tr><td rowspan="9">工学</td><td>化工与制药类</td><td>化学工程与工艺、制药工程</td><td rowspan="3">化学化工学院</td></tr>
<tr><td>化学类</td><td>应用化学</td></tr>
<tr><td>环境科学与工程类</td><td>水质科学与技术</td></tr>
<tr><td>电子信息类</td><td>电子科学与技术</td><td rowspan="3">智能制造学院</td></tr>
<tr><td>机械类</td><td>机械工程、机械电子工程</td></tr>
<tr><td>计算机类</td><td>计算机科学与技术、数字媒体技术、物联网工程</td></tr>
<tr><td>建筑类</td><td>城乡规划</td><td rowspan="4">建筑工程学院
生态旅游学院</td></tr>
<tr><td>土木类</td><td>土木工程</td></tr>
<tr><td>管理科学与工程类</td><td>工程造价</td></tr>
<tr><td rowspan="6">管理学</td><td>旅游管理类</td><td>酒店管理</td></tr>
<tr><td>物流管理与工程类</td><td>物流管理</td><td rowspan="2">财经管理学院</td></tr>
<tr><td rowspan="3">工商管理类</td><td>财务管理、审计学、人力资源管理</td></tr>
<tr><td>物业管理、健康服务与管理</td><td>康养产业学院</td></tr>
<tr><td>文化产业管理</td><td>文学与传播学院</td></tr>
<tr><td>公共管理类</td><td>行政管理</td><td>政法学院</td></tr>
</table>

续表

学科门类	一级学科	所含专业	专业归属学院
艺术学	美术学类	美术学	美术学院
	设计学类	视觉传达设计、环境设计、产品设计、服装与服饰设计	
	音乐与舞蹈学类	音乐学、舞蹈学	音乐与演艺学院
	戏剧与影视学类	广播电视编导、播音与主持艺术	文学与传播学院
文学	新闻传播学类	广播电视学	
	中国语言文学类	汉语言文学、汉语国际教育	
	外国语言文学类	英语、翻译、商务英语	外国语学院
理学	化学类	化学	化学化工学院
	数学类	数学与应用数学、应用统计学	数学学院
	物理学类	物理学	智能制造学院
	心理学类	应用心理学	教师教育学院
教育学	教育学类	小学教育、学前教育、特殊教育	
	体育学类	体育教育、社会体育指导与管理	体育学院
法学	法学类	知识产权	政法学院
	马克思主义理论类	思想政治教育	
历史学	历史学类	历史学	

转型发展：地方本科院校内涵发展的必然选择

李壮成*

【摘　要】 地方本科院校转型发展是我国高等院校分类发展的要求，是社会对人才多样化需要的诉求，是高等学校自身内涵发展的追求，是高等学校学生成长成才的期求。地方本科院校转型发展内涵丰富，是一项系统工程，需要明确其基本路径，立足于应用型人才培养这一根本任务，构建科学合理的人才培养支持体系，以应用型课程建设作为关键环节和突破口，使转型发展真正落地落实。

【关键词】 地方本科院校；转型发展；内涵发展；应用型

改革开放以来，我国高等教育获得长足发展，尤其是1999年高校扩招之后，逐步实现了从精英教育到大众化教育的历史性跨越，基本满足了人民群众接受高等教育的要求。但是，高等教育规模的迅速扩大，也出现了一些发展中的问题。如办学基础条件、教师数量水平、高校内部管理等方面还不能完全适应发展的要求。加上按照学生数量拨款的政策导向，促使高等学校在办学层次上不断追求升格，在专业设置上盲目贪大求全，在招生数量上极力争取指标，而这些现象，在地方本科院校体现得尤其明显。引导地方本科院校转型发展、突出办学特色、提升内涵质量已然成为当前高等教育研究与实践领域的热点问题。但是，地方本科院校为什么要转型发展？往哪里转？怎么转？还需要在理论上进一步厘清，在实践上进一步落实。

一、为什么要转：地方本科院校转型发展的应然选择

近年来，地方本科院校为地方经济社会发展培养了大量人才，对推动地方经济社会发展起到了非常重要的作用。但是，人才培养规格与社会需求脱节、学生实践创新能力不强、人才供需失衡等问题还是比较突出。

（一）地方本科院校转型发展是我国高等教育分类发展的要求

《国家中长期教育改革和发展规划纲要（2010—2020年）》明确提出：促进高校办

---

* 李壮成，男，四川文理学院副校长，教授，主要从事教师教育研究。

出特色。建立高校分类体系，实行分类管理。发挥政策指导和资源配置的作用，引导高校合理定位，克服同质化倾向，形成各自的办学理念和风格，在不同层次、不同领域办出特色，争创一流。应该说，分类管理是我国高等教育规模不断扩大以及社会经济发展对多样化人才需求的必然要求，传统的“精英化”教育，单纯的“学术型”追求已不能满足时代的需要。因此，分类发展、特色发展逐渐成为高等学校的自觉追求。上海市将高校区分为“学术研究、应用研究、应用技术和应用技能”四种类型[4]p34；浙江省教育厅印发的《浙江省普通高校分类评价管理改革办法（试行）》，将普通本科高校分类评价管理指标体系分为研究为主型、教学研究型、教学为主型三种类型；也有学者指出，高校可分为研究型、应用型、职业技能型三种类型。[5]p32—37不管哪种分类法，建立高校分类体系，避免同质化已成为高校发展的必然选择。

2014 年 2 月 26 日，在国务院常务会议上，李克强总理对加快发展现代职业教育作部署时明确提出，要加快构建以就业为导向的现代职业教育体系，引导一批普通本科高校向应用技术型高校转型。2014 年 5 月发布的《国务院关于加快发展现代职业教育的决定》指出：引导普通本科高等学校转型发展。采取试点推动、示范引领等方式，引导一批普通本科高等学校向应用技术类型高等学校转型，重点举办本科职业教育。独立学院转设为独立设置高等学校时，鼓励其定位为应用技术类型高等学校。建立高等学校分类体系，实行分类管理，加快建立分类设置、评价、指导、拨款制度。招生、投入等政策措施向应用技术类型高等学校倾斜。

2015 年 10 月 21 日，教育部、国家发展改革委和财政部联合印发的《关于引导部分地方普通本科高校向应用型转变的指导意见》（以下简称《意见》）指出：各地各高校要从适应和引领经济发展新常态、服务创新驱动发展的大局出发，切实增强对转型发展工作重要性、紧迫性的认识，摆在当前工作的重要位置，以改革创新的精神，推动部分普通本科高校转型发展。近三年，李克强总理的《政府工作报告》中强调“引导部分地方本科高校向应用型转变”（2015 年）、“推动具备条件的普通本科高校向应用型转变”（2016 年）、“继续推动部分本科高校向应用型转变”（2017 年）。

综上所述，国家已经为地方本科院校发展明确了路径：向应用技术类型转型发展。

（二）地方本科院校转型发展是社会对人才多样化需要的诉求

随着我国经济发展进入新常态，通过不断深化改革，实现经济社会持续健康稳步发展，社会对人才的需求呈现多样化、专业化的趋势。首先，信息技术、互联网产业、服务行业等的不断发展，需要大量具有相关能力和素质的专业人才。其次，随着国家全面深化改革战略的实施，各种经济成分并存，公有制经济、非公有制经济、混合所有制经济、个体经济等都将更好地发挥自己的优势和作用，需要不同类型的人才提供支持。第三，世界经济全球化使得社会分工越来越细，作为人力密集型产业的集中地，社会对创新型、应用型、技能型人才的需求越来越强烈。同时，时代的发展不断催生一些新兴行业，这些新兴行业对人才的需求更是多种多样，层出不穷，呈现出不断更替、蓬勃发展的趋势。

地方本科院校的首要任务就是为地方经济社会发展培养人才。社会对人才需求的多样化必然促使地方本科院校转型发展。一是地方本科院校大多是由专科学校升本而来，历史短暂，基础薄弱，办学条件和师资力量与传统重点院校相比，客观上存在很大差距。因此，地方本科院校必须对焦社会需求，服务地方经济社会发展，培养多样化应用型人才。二是地方本科院校转型发展更加符合入学对象的实际情况。随着高等教育的大众化，走进高等学校的学子在知识、能力水平上存在差异性和多样性，这种差异性使地方本科院校走传统的“精英化”教育的道路显得不合时宜，因此，要让这种差异性和多样性对接社会对人才需求的多样化，主动作为，以高素质应用型人才培养作为基本目标，实现转型发展。三是地方本科院校转型发展才能适应“能力导向”的多样化人才需求。在信息社会，随着技术的不断更新，新行业的不断涌现，能力和素质成为人才的核心要素。因此，地方本科院校转型发展是适应这一变化的必然选择。

（三）地方本科院校转型发展是高等学校自身内涵发展的追求

习近平总书记在十九大报告中强调：“加快一流大学和一流学科建设，实现高等教育内涵式发展。”对地方本科院校而言，转型发展的实质就是内涵发展。从总体上看，地方本科院校经过一段时间的发展，在规模、基础设施建设等方面都有了一定的基础，因此，接下来的任务必然是通过转型发展提升内涵，保证高等教育质量。

我们应当看到，转型不是弱化本科办学水平，而是在转型中不断发展壮大，不断提升质量，不断扩大影响。转型是要办成新型的现代化大学。应该说，转型是为了发展，发展是为了实现转型，转型与发展互为因果。

在转型中发展，关键在创新。2016 年 10 月 30 日，原教育部高教司司长张大良在全国新建本科院校联席会议上指出，各新建本科院校要深刻认识“创新是引领发展的第一动力”，要以创新发展推动教学水平、科研水平和创新能力、成果转化能力、服务社会能力全面提升。要实现创新发展，一是要创新育人机制，强化实践育人，协同育人；二是要创新管理制度，强化学生主体，信息化服务水平；三是要创新教学手段，强化实践技能培养，突出能力导向；四是要创新质量保障体系，完善应用型人才培养质量标准。

地方本科院校都是向应用型大学转型，但目的不是同质化，而是要立足于自身优势，办出特色。《意见》强调，要改变专业设置盲目追求数量的倾向，集中力量办好地方（行业）急需、优势突出、特色鲜明的专业。如果能集中力量将自己的优势专业办出水平，办出特色，地方本科院校同样可以拥有一流的专业，可以培养出一流的专业技术人员，通过彰显特色突破发展瓶颈。

地方本科院校通过近年来国家实施的高校扩招政策，规模不断壮大，绝大多数地方本科院校在校生规模都达到万人以上。然而，毋庸讳言，地方本科院校虽然规模上去了，但还是面临办学定位不准、办学质量不高、教师流失严重、社会资源有限、用人单位歧视等问题。解决这些问题，不是铆足劲向传统学术型本科院校看齐，而是紧密对接行业产业，着力培养社会需要的人才，在转型发展中不断壮大自己。《意见》指出，要将一批高校建成有区域影响力的先进技术转移中心、科技服务中心和技术创新基地。如果实现了这样的目标，地方本科院校将在区域经济社会发展中起到不可替代的作用。实现由“量”到“质”的飞跃，才能真正解决地方本科院校自身发展的困惑。

（四）地方本科院校转型发展是高等学校学生成长成才的期求

大学从其诞生之日开始，就是高级的教育活动部门，承担教学任务，培养高级专业人才。随着时代的发展，赋予高校的职能也越来越多，目前我国高校一般表述为具有五大职能：人才培养、科学研究、服务社会、文化传承创新、国际交流合作。但不管人们赋予高校多少种职能，人才培养无疑是高校最基础、最重要也是最根本的职能。

2018年6月21日，教育部在成都召开新时代全国高等学校本科教育工作会议，教育部部长陈宝生在会上指出，人才培养是大学的本质职能，本科教育是大学的根和本，在高等教育中是具有战略地位的教育、是纲举目张的教育。对地方本科院校而言，本科教育理所当然是根本，是核心。地方本科院校转型发展，就是要以培养符合社会时代需要的高素质应用型人才作为自己的目标，实质是反映了学生成长成才的基本期求。

地方本科院校转型发展，是基于学生成长成才的期望，是立足于地方本科院校学生自身的基础条件和特点的必然选择。地方本科院校学生的期望是什么呢？最基本的期望就是所学能够符合社会的需要，能够高质量就业，这也是社会和家长的希望。地方本科院校通过转型发展，以需求为导向，聚焦高素质应用型人才培养目标，使学生有高尚品德，有真才实学，真正实现“下得去、留得住、用得上”，并有追求、有发展、有成就。

二、转向哪里：地方本科院校转型发展的目标内涵

从逻辑上分析，“转型”至少暗含着两层意思：一是大学应该有不同类型。社会有不同的人才需求，与之相对应的是不同的大学培养适合不同需求的人才，高校不能办成同一个类型，也不能用同一个标准来评价所有高校。二是地方本科院校办学类型的“实然状态”和“应然状态”不符，至少不完全相符，所以转型成为必然选择。有一些人质疑，地方本科院校大都提出办应用型高校，办学定位是没有问题的，不存在从一种型转向另一种型。但从现实情况来看，大多数地方本科院校在人才培养上，既不是学术型，也不是应用型，而是存在上不沾天、下不着地的尴尬境况。所以，转型发展实际上就是强化应用型人才支持体系建设，真正培养应用型人才。

实际上，《意见》对转型发展的目标内涵也作了清晰的表达：推动转型发展院校把办学思路真正转到服务地方经济社会发展上来，转到产教融合校企合作上来，转到培养应用型技术技能型人才上来，转到增强学生就业创业能力上来。这四个“转到”在一定层面上回答了人们关于“转什么”“转向何方”的疑惑。

第一，着力服务地方经济社会发展。地方本科院校办在地方，理应服务地方，并与地方协同发展。地方本科院校要主动融入地方经济社会的发展，积极为地方经济社会发展提供智力支撑和人才支持。专业设置要服务地方，专业建设依托地方相关行业产业，长期合作做大做强专业。

第二，强化产教融合、校企合作。党的十九大报告中明确提出：“要完善职业教育和培训体系，深化产教融合、校企合作。”地方本科院校转型发展，就是要把产教融合、校企合作作为其基本措施，让生产和教育在信息、资源等方面充分融合，不断推进政

府、学校、企业三方协同发展，政府提供政策支持，学校提供智力、人才支撑，企业提供产教平台，共同育人，实现产业升级，建立产教融合、校企合作的长效机制。

第三，培养应用型技术技能型人才。社会对人才的需求是多方面的，不同类型的高校有不同的人才培养目标，而地方本科院校则以应用型技术技能型人才培养为核心目的，这是由地方本科院校的社会责任、生源特点、时代需求决定的。同时，在人才培养的实际工作中，应加强分类指导，精细化定位，使人才培养具有针对性，体现应用性。

第四，增强学生就业创业能力。随着经济的不断发展，社会对人才的要求越来越高，大学生就业面临严峻的挑战，地方本科院校转型发展，应该满足学生提升就业创业能力这一基本需求。一方面，通过对接市场需求、提高学生的实践动手能力来增强学生的就业能力；另一方面，通过多种形式的创新创业训练，实战演练，增强学生的创业能力。

第五，加强应用型人才培养支持体系建设。地方本科院校转型发展是一个系统工程，应该围绕应用型人才培养这一核心目标构建科学合理的支持体系。学校的顶层设计要聚焦应用型人才培养这个根本任务，通过加强应用型专业建设、开发应用型课程、优化教学内容、改革教学方法、加强“双师双能型”教师队伍建设、提供各种条件保障等支持体系建设，确保应用型人才培养落实落地。

三、怎么转：地方本科院校转型发展的路径选择

地方本科院校转型发展作为一项系统过程，要立足于应用型人才培养这一根本任务，构建科学合理的应用型人才培养支持体系，以应用型课程建设作为关键环节和突破口，真正实现转型发展、特色发展、内涵发展。

（一）培养应用型人才是地方本科院校转型发展的根本任务

大学的职能是随着历史的发展而不断变化的，具有现代意义的大学起源于欧洲中世纪，那时主要是为政治、宗教意识形态培养工具性的人才，如神职人员、官吏、医生、教师等。14 世纪开始的文艺复兴运动，使人文主义思想得以传播，大学的科学研究这一职能逐步彰显。十九世纪初期，德国的教育家威廉·洪堡创办柏林大学，倡导“学术自由”和“研究与教学相统一”的新的大学观。到了十九世纪后期，随着美国经济的发展，实用主义思想盛行，使得大学又被赋予一项新的职能——服务社会。随着社会的发展，大学作为人才培养和创新创造的重要场所，被赋予文化传承创新、国际交流合作等职能。可见，从大学职能的历史演变看，人才培养始终是大学最基本的职能，为社会培养高质量人才是大学永恒的主题和价值追求。

高校的人才培养，大致可以分为两类，一类是从事科学研究、探寻新知的学术型人才；一类是掌握某种技能并从事某种职业或能胜任某项工作的应用型人才。地方本科院校因其办学层次、学生来源和服务面向等特点，理应将培养应用型人才作为自己的根本任务。所以，地方本科院校转型发展，关键是要坚持以学生为本，坚持需求导向，把应用型人才培养放在一切工作的中心地位。要结合生产一线的实际，突出实践环节，加强专业技能培养，同时，在人才培养方案、课程设置、教学改革、考核评价、质量监控等

方面体现应用性要求。

（二）加强应用型人才支持体系建设是地方本科院校转型发展的关键

地方本科院校转型发展不是单个改革举措的叠加，更不是一句口号，而是一项整体性、系统性的改革，支撑应用型人才培养实现的是一系列的应用型人才培养支持体系，这一支持体系既包括学校顶层设计、专业与课程建设、教学方法改革等内涵建设，也包括师资队伍、基础设施、实践基地等条件保障。

一是强化顶层设计，充分发挥转型的引领作用。地方本科院校应遵循教育规律，结合自身办学历史、发展现状及区域经济社会发展状况做好顶层设计，找准突破口和着力点。只有做好了顶层设计，强化制度保障，才能起到“牵一发而动全身”的效果。

二是强化专业与课程建设，深入推进教学方法的改革。《意见》指出，要建立产教融合、协同育人的人才培养模式，实现专业链与产业链、课程内容与职业标准、教学过程与生产过程对接。这就要求从单纯的知识传授、理论探讨转向应用能力和实践技能的培养。要达到这个目标，必须从专业建设规划、人才培养方案制定、教学计划安排、课程教学大纲修订、教学方法改革、考核评价方式、质量监控体系等进行系统化的设计、安排，目的是实现专业与产业、课程内容与职业要求、教学与生产的有机融合，并使其规范化、常态化。

三是加强“双师双能型”教师队伍建设。拥有一支高素质的“双师双能型”教师队伍，是地方本科院校转型发展的关键，但由于历史原因，大多数地方本科院校“双师双能型”教师队伍还比较欠缺。因此，可以通过完善教师队伍选聘制度引进相关人才，加强教师培养培训，完善激励机制，强化考评监督等措施加强“双师双能型”教师队伍建设，为地方本科院校转型发展提供人力支撑。

四是建立应用型人才培养实践教学平台。通过校地、校企深度融合，搭建有效平台，为转型提供条件保障。地方本科院校要牢固树立“社会合作”的办学理念，加强与地方政府、企事业单位、科研院所的合作，推动学校人才培养、科学研究与地方行业企业结合，既体现学校办学的应用型，人才培养的实践性，也彰显学校的服务能力。

（三）应用型课程建设是地方本科院校转型发展的核心

地方本科院校转型发展作为一项系统工程，必须有一个突破口撬动学校的整体改革。在我们看来，应用型课程建设就是地方本科院校转型发展的核心，因为课程是教育思想、教育目标和教育内容的主要载体，“是教育教学活动的基本依据，是实现教育目标的基本保证，是学校一切活动的中介”[1]p40，直接影响人才培养质量。全面深化课程改革，整体构建符合教育规律、满足人才培养目标、体现学校特色的应用型课程体系，对于全面提高育人水平，让每个学生都能成为有用之才具有重要意义。

地方本科院校应用型课程建设要做好以下几个方面的工作：一是树立应用型课程理念，应用型课程不是简单的强化课程的应用性，其设置的依据不仅仅是基于学科知识的要求，还要根据某一职业或工作的实际需要；课程内容应紧密对接工作环节和技能要求。二是构建应用型课程体系。应用型课程体系建设应基于职业能力和工作过程，根据产业发展和技术升级的实际情况，充分调研，吸取相关行业企业专家意见，详细分析某一具体工作所需要的知识和技能，进行归纳总结，形成符合实际需要的课程体系，并根据时代的发展进行动态调整。三是打造应用型课程教学平台。通过校地校企深度合作，让课程教学走出教室，走进企业。四是改革应用型课程教学方法和考核方式。在教学方法上要立足项目，强化实践训练，加强过程管理，让学生真正动起来；在考核方式上要着眼于学习过程的符合度，工作任务的完成度，课程学习的优秀标准则是成为“行家里手”。

地方本科院校转型发展是一项长期的、系统的工程，不可能一蹴而就，但只要科学认识转型发展的意义，明确转型发展的目标，明晰转型发展的路径，强化措施，注重实效，地方本科院校就能实现高水平应用型大学的办学目标。

【参考文献】

[1] 刘献君.抓住四个关键问题 加强大学本科课程建设［J］.中国高等教育，2013（17）.
[2] 胡超，苌庆辉.我国新建地方本科院校转型发展研究述评［J］.职教论坛，2014（25）.
[3] 王广谦.提高人才培养质量必须适应新常态的社会需求［J］.中国大学教学，2015（3）.
[4] 杜瑛.高校分类体系构建的依据、框架与应用［J］.中国高等教育，2016（Z2）.
[5] 史秋衡，康敏.探索我国高等学校分类体系设计［J］.中国高等教育，2017（2）.
[6] 夏晓丽.解析高等学校的四大职能——以安徽大学为例［J］.佳木斯教育学院学报，2014（1）.
[7] 张君诚，许明春，曾玲.新建本科院校的转型发展与应用型课程体系构建［J］.长春工业大学学报（高教研究版），2014（2）.

构建全方位实践教学体系　培养高素质应用型人才
——文学与传播学院实践教学的探索与思考

杜松柏*

【摘　要】　四川文理学院文传学院高度重视实践教学，努力探索，树立实践育人、合作育人观念，建成了有效的实践教学质量保障机制，搭建了育人平台，建立了适合专业特点的全方位实践教学体系。面对新形势新问题新挑战，要采取多种措施，不断完善实践教学内容，加强“双师双能型”教师队伍建设，加强校地合作，建立合作育人新机制，培养高素质应用型人才。

【关键词】　实践教学；实践育人；应用型人才；协同育人

文学与传播学院自2016年7月成立以来，按照学校的办学定位和人才培养目标，以“专业能力、实践经验”为导向，不断深化教育教学改革，积极探索，逐渐走出一条符合专业特点、贴近行业要求的实践教学新路子，构建了“教学实训高度融合、校内校外协同培养”的育人平台，形成多层次、全方位、开放性的实践教学体系，为学生成才提供保障。但是，学院有6个本科专业，分属3个学科门类，学生素质差别很大，如何提高实践教学质量和效益，仍是一个值得深入研究的问题。

一、实践教学的主要做法与成效

（一）转变观念，树立全新的实践育人思想

我院高度重视实践教学，通过教研活动，组织教师研读相关文件、听取专家报告，提高对实践教学的认识，加强实践教学管理，培养学生分析问题、解决问题和组织管理能力。

1. 把握内涵特征，明确学生的主体地位

在大学的教学体系中，理论教学与实践教学这两大基本形式相互影响、相互配合。理论教学通常采用讲授法，但是实践教学因内涵丰富，人们的理解和处理方式各不相

---

* 杜松柏，男，教授，研究方向：中国古代文学教学与研究。

同。有的老师将实践教学跟理论教学等同处理，事先设计好内容让学生去观察、验证和学习，学生主体地位无从体现；有的人则把实践教学局限在实习、实训、毕业论文等环节中，其丰富性和系统性没有得到体现。

实践教学应该是在学校引导下，学生以获得直接经验为主要目的，参与理论教育之外的具体社会生活的教学活动。[1]首先，实践教学的主体是学生，学生一定要主动参与，置身其中，绝不能是旁观者或聆听者。其次，实践教学要符合学校的办学定位和专业人才的培养目标。再次，实践是参与社会生活。这个社会生活，可以是真实的也可以是虚拟的，但一定是具体可感的，不能是抽象的。最后，实践教学的目的在于获得直接经验，或者将间接经验转化为直接经验。实践教学是学生专业成长的必要方式和核心路径，对专业知识的获得、思想情感的建立、专业能力的形成具有重要意义。大学的实践教学只能加强不能削弱。

2. 丰富实践形式，发挥实践教学的育人功能

作为一种教学形态，实践教学形式丰富，层次感强。从范围上讲，实践教学包括课内实践、课外实践和校外实践。课内实践主要是在虚拟环境下的技能训练，包括讨论、写作、实验、情景模拟、演讲辩论等；课外实践是在半真实状态下包括专业技能竞赛、综合表演以及各种社团活动；校外实践一般为真实环境下的实践活动，包括见习实习（含观摩、体验、制作等）、假期服务、毕业论文（毕业设计）等。从内容上讲，实践教学主要包括职业生涯规划、实习见习、技能训练、科技创新、组织服务、社会体验等。从形式讲，主要有实验、情景模拟、项目设计、课题研究、实习考察、角色体验等。实践教学要根据专业特点、课程内容和学业阶段循序开展，突出重点，增强针对性，注重实效。

我院在传统的实践教学模式基础上，增加了一些平时的观摩、见习实训的内容，并落实到每个学期。例如，大一时，根据专业课程开设情况，安排学生到业界进行一周的体验、观摩，熟悉本专业的工作内容、流程和特点；大二、大三时，邀请业界技术精英来校讲解，各安排一周的业界见习实训；大四时，安排十二周以上的顶岗实习、完成毕业论文（毕业设计）。

3. 围绕人才培养目标，树立实践育人、协同育人的思想

我校顺应时代发展，提出了“四化一体”人才培养模式和“三心四能五复合”高素质应用型复合型人才的目标。就是要培养拥有多学科知识，具有较高综合素养、较强创造能力和创新思维的人才。我院重视实践育人，主动作为，与校内外相关单位部门深度合作，努力创造条件，构建情境，引导学生在实践中形成行业、企业及社会所需的素养。企业、行业等育人主体的介入，不仅丰富了学校育人的方式与资源，而且将学生视野扩大到社会，有利于缩短学生的社会适应期。

（二）努力探索，建立全新的实践教学体系

我院根据“知识学习、能力培养和素质养成”的“三位一体”实践教育观，构建以实践经验为导向，以能力提升为核心，以培养高素质复合型应用型人才为目标的多层次、全方位的实践教学体系。

1. 建立了较为完善的实践教学内容体系

学院根据各专业的学科特点，建立了“一个中心两个结合三个层次四个模块”的实践教学内容体系。一个中心就是培养学生创新创业能力；两个结合是课内课外相结合、校内校外相结合；三个层次就是按照认识问题的规律性，构建观摩见习、实习实训、创新创业的实践层次体系。四个模块就是根据专业集群特点、培养目标将实践教学分成四个模块，即“师范教育实践模块”“广播电视实践模块”“文化产业实践模块”“播音与主持实践模块”。

2. 形成了灵活高效的实践教学运行模式

(1) 课堂教学中，学院根据课程内容和进度，适时确定（或引进）项目，或结合竞赛，组建实践团队，竞选组长，实行组长负责制，对团队成员进行明确分工，充分发挥团队优势和成员特长。学生成绩通过小组作品来评定。

(2) 实验教学方面，建立了以学生为中心的自主式、合作式、研究式等实验训练方式。实验教学按基础实验、综合实验和创新型实验三个层次进行。基础实验训练为学生打好扎实的实验基础，综合实验旨在培养学生的综合能力，创新型实验是带有一定探索性和实用性的初级科研实验。

(3) 第二课堂是实践教学重要平台，将课外素质拓展、专业竞赛、科技服务、大学生科研项目、创新创业项目、参与教师科研课题、文艺普及活动、社会实践活动等都纳入实践教学体系进行管理和考核。由教师、行业企业骨干组成考核组，在听取各项目组的工作方案、运作过程、作品展示后，科学、公开、公正地给出最后成绩。根据2016版人才培养方案，参与这些活动可以获得并必须获得科技创新学分，否则不能毕业。

(4) 专业实习方面，结合各个专业特点和实习基地的要求，修订了认知实习、专业实习、毕业实习大纲，以实习基地为依托，积极开展产学研合作，协同培养应用型人才。近年来，学生在各个实习单位制作、主持、发表各类作品达400多部（件），这大大提高了学生的社会适应能力和工作能力，产生了良好的社会影响。

(5) 毕业论文（设计）方面，建立了新的工作制度和评价体系。修订了指导教师遴选办法，除了本校专业教师之外，还聘请了大量行业精英、企业骨干担任指导教师。改变传统选题模式，有指导教师建议、学生自拟、师生共商、社会委托等多种选题方式供学生选择，充分体现学生主体地位。以问题为导向，鼓励学生选取课外、校外、行业、企业亟待解决的问题作为研究课题，减少纯理论的研究，充分体现应用性。要求学生根据专业特点，师范类学生主要撰写毕业论文，但尽量研究文学创作、语言应用、教学改革、班主任工作等方面的问题；非师范类学生尽量做毕业设计，成果形式包括研究报告、影视作品、策划方案、工作方案等。近年来，我院各专业毕业论文数量逐年下降，毕业设计的数量、质量剧增。

（三）深化改革，建立全新实践育人机制

两年来，文传学院成功立项了“卓越语文教师培养计划”“卓越新闻传播类人才首批应用型试点专业”“文化与传播实验教学示范中心”三个省级教育质量工程项目，为深化实践教学改革提供了契机，为培养应用型创新人才指明了方向。我院坚持以社会需

求为导向，以实践能力培养为目标，以卓越计划、课外实训项目为载体，建立全新的实践育人机制。近年来，获得百余人次的省级以上各项竞赛活动和竞赛项目，60 多人获奖，取得成功。

1. 建立开放、共享的资源配置机制

一是建设强有力的师资队伍。我院在师德师风、专业技能、教学能力、学术水平等方面严格要求教师，让每位教师树立实践育人、全程育人观念，将实践教学融入人才培养各个环节。建立全员育人新模式，将从事学生工作的辅导员、班主任纳入实践教学队伍之中，指导“第二课堂”和各种竞赛活动。聘任何南观、邹亮、龙克、李冰雪、彭万洲、陈明明、万雁鸣、杨洪、王仲雄、刘云等知名专家、媒体人担任实践教学导师，指导文学创作、影视制作、各项竞赛、毕业设计。二是充分发挥科研团队、实验室、学生社团培养创新应用人才的重要作用，以科研项目、实验项目以及学科竞赛为纽带吸纳学生进入实验室、演播厅，在专业教师指导下开展实践训练和竞赛活动。三是集中管理内部教学资源，整合资源，开放实验室和实验设备，提高设备利用率，将校报学报、广播站、网络中心、校园公众号、文学与传播学院公众号等建成校内实习平台，满足学生自主实践的需要。

2. 深化校地合作协同育人机制

行业部门掌握本行业的发展趋势、人才需求情况，企业则拥有最先进的设备和技术，高校与行业企业联合，可以从根本上解决高校人才培养与社会需要脱节的问题。近年来，我校与四川省文联、达州市文联、达州市作家协会、达州市广播电视台、达川区电视台、达州市文化馆、巴山大剧院等单位建立了紧密的协同育人机制，为学生实践活动提供良好的软硬件条件。与万源电视台、武胜县电视台、四川华迪信息技术有限公司、成都易腾科技有限公司、重庆上善云图科技信息有限公司、重庆爱奇艺智能科技有限公司等多家单位签订实习实训合作协议，通过建立校外实习基地、联合培养、订单式培养等方式实现人才培养的校企合作。我校邀请企业参与人才培养方案和实施计划的制定、聘请行业企业精英为学生的实践教学导师，到学校来授课，举办讲座，指导实验、竞赛和毕业设计等，共同把好学生培养质量关。

3. 创新督导评价机制

近年来，我院采取实践教学质量保障措施，激励学生大胆创新。一是建立健全相关制度，实施学校、学院、教研室三级监控联动机制，通过学校督导与学院督导相结合、随机抽查与专项评估相结合、过程管理与目标管理相结合等多种形式，对实践教学过程进行督导与评价。同时，采取各种措施保障实践教学的经费投入，防止实践教学被边缘化。二是制定科学合理的评价标准，采取灵活多样的评价方法。针对不同的实践教学环节和整体效果，建立了“实践表现＋知识积累＋能力提升＋团队协作＋创新精神”多维评价指标体系，防止评价的随意性。实行评价渠道多元化，由学生个人、任课教师（指导教师）、督导专家各自评价，学院进行综合分析，提出意见。三是注重信息反馈，不断推进实践教学系统向良性发展。四是学院对实践优秀的学生进行表扬激励，对实践效果较差的学生进行帮助。

（四）多措并举，搭建全方位的实践平台

立足于学校办学定位，根据各专业人才培养目标，结合学生的具体情况，统筹安排，课内课外、校内校外、政校行企相结合，构建效果突出的全方位实践教学平台。

1. 搭建以深化课程内容为中心的实践平台

每门课程划出一定的实践实训学时，让学生进行课堂讨论、情景模拟、师生辩驳答疑、模拟讲堂、即时表演等。教师要事先布置，让学生充分准备，撰写讨论提纲、读书报告、演讲稿、表演脚本等。每次实践训练要求学生自评、互评，老师点评，得出相应分数，作为该课程总成绩的一部分。学校要求“一专业一赛事，一课程一展示”，我院将大量操作性强的课程以竞赛或者展示的方式进行考核，任课教师根据评委现场打分和平时表现综合评定最后成绩。

2. 搭建以提升专业技能为重点的实践平台

根据专业特点设置项目，有针对性地对学生进行专业技能训练。汉语言文学、汉语国际教育等师范类专业进行“三字一话”（即钢笔字、毛笔字、粉笔字、普通话）、简笔画、课件制作、说课技能、教学观摩、微格教学等训练。广播电视学专业进行新闻写作、微信公众号、模拟采访、专题片制作等训练。汉语国际教育专业重点进行普通话、中华才艺训练、对外汉语教学训练、留学生“结对子”训练等。文化产业管理专业主要进行大型活动策划监督、布展、广告创意设计等。广播电视编导、播音与主持艺术主要进行大型活动现场拍摄直播、微电影制作、话剧表演、DV 制作、VR 制作、摄影摄像、朗诵、主持技巧等项目训练。

同时，充分发挥学生社团的平台作用。目前我院有巴蜀风文学社、诗词俱乐部、晨曦国学研究会、红烛剧社、青年志愿者协会、影视协会、新闻窗、魔术社等社团，要求学生至少参加一个社团，每个社团配备专业老师指导学生开展相关活动，并做好活动记录。

3. 搭建以学科竞赛为基础的实践平台

为提高学生的专业素质，锻炼学生的实战能力，要求每个专业至少确定两个官方认可的竞赛项目为实践平台，要求学生必须参加与专业相关的竞赛活动，完成后给予相应学分。例如专业色彩鲜明的“课本剧大赛”“诗词朗诵赛”“原创诗词比赛”“演讲比赛”“辩论赛”“金话筒主持人大赛”“教学技能大赛”“文化项目策划比赛”“微电影微视频大赛”“挑战杯大学生创业大赛”“摄影大赛”等；两年一届的全国、全省、全校的“大学生艺术节”；每年一次的校级大型活动“文化传媒节”等。

4. 搭建以创新创业为目标的实践平台

主要包括大学生创新创业项目、大学生科研项目；制作专业作品，发表文章、学术论文、影视作品、广告设计、专题片等。学院加强对学生创业的培训指导，给每个创业团队、创业项目、研究项目配备专业教师进行指导，保证选题紧密结合社会生活、地方经济文化建设，提高学生的实践创新能力和社会适应能力。倡导学生树立勇于创新、勇于实践的创客精神，鼓励学生成立工作室或者文化传媒公司，孵化创业项目，将实践训练与就业创业能力培养结合起来。鼓励学生公开发表文章、展播作品，对优秀的成果予以奖励，促进大学生创新创业的热情。

5. 搭建与业界共建的校内训练平台

我院拥有四川省社科联授牌的青少年文学艺术社科普及基地、达州市文联授牌的文艺创作基地、达州市作家协会授牌的文学创作基地，组建了社科普及专家团队、文艺创作指导教师团队、社科普及志愿者服务队，在校内外开展文艺专家讲座、音乐、美术、文学、摄影、书法辅导等普及活动。在全校范围内实施“青年作家工程”，培育数十名文学新苗，培养了贾飞、罗耀、王良勇、黄龙友等青年作家。

6. 搭建以就业为指向的校外实习平台

实习基地是学生专业技能的练兵场，会对学生顺利就业产生重要影响。我院建设了校外实践教学基地 26 家，其中中学 8 家，企业 10 家，事业单位 8 家，分布在四川省的成都、达州、绵阳、巴中、广安、南充、广元等市以及重庆市的万盛、万州、沙坪坝等区。每年选派学生去成都、重庆的文化企业实习，为专业优秀的学生搭建了良好的就业平台，苏洲毕业后进了中央电视台，林晨进了福建卫视，甘沐轩、应磊、李涛进了湖南卫视，韦庆祥、李宏伟、赵斌等创办了自己的文化传媒公司、影视公司。我院鼓励学生到国外从事汉语教学，培养跨文化交流能力，积累国际化实践经验。两年来，已有 60 多人有海外实习经历。

二、今后需要努力的方向

我院在实践教学方面取得了一定的成绩，积累了一些经验，但因专业多、学生素质差别大，还存在一些不足，特别是如何调动教师积极性，如何建立科学合理的评价体系，如何增强实践教学实效性等方面还需进一步探索，不断完善方案，提高成效。

（一）进一步提高认识，强化制度保障

培养合格的应用型人才，首先需要认识到位。理念和认知是行动的先导。全体教职工都需要提高认识，真正重视实践教学，树立实践育人观念，才能积极进行实践教学改革，实现从“知识导向”转到“能力导向”的转变，培养现代社会所需要的高素质应用型创新人才。[2]学校在管理上，要制定切合实际的高素质应用型人才培养方案、强化教学运行管理和目标考核，建立合理有效的保障制度，落实到人员保障、经费保障、绩效分配等方面，确保实践教学的顺利实施和良好效果。

（二）充实实践教学内容，增强其科学性和系统性

教育部曾规定人文社会科类专业实践教学占总学分（学时）不低于 20%，但在具体实施中，除实习实训、毕业论文（设计）、军训等方面比较明确外，其他如专业技能训练、社会实践、综合素质训练、创新创业训练等实践教学环节还处于摸索之中。许多高校的做法就是实践教学环节的简单加减，对其系统性、科学性研究重视不够。以后我们将对 2016 版人才培养方案中的实践教学进行研究、改进，对实践教学内容按照不同年级课程体系进行优化，突出重点，突出特色，使之具备科学性、系统性、可操作性。充分利用第二课堂活动、社团活动、学科竞赛以及各种科研实践平台，为学生提供充足的训练机会和条件，培养学生的实践能力和创新创业能力。

（三）加强“双师双能型”教师队伍建设，提高实践教学质量

与其他高校一样，我院理论课教师偏多，“双师双能型”教师严重不足。这需要更新师资队伍建设机制，一是“引进来”和“送出去”，有计划地引进行业精英、企业骨干为专业教师；与此同时，派遣任课教师到企业顶岗或者挂职，参与重大项目和产学研合作项目，逐渐提升教师专业实践技能。二是聘任数量足够的校外兼职教师，承担专业课程、实验教学，指导课程设计、毕业设计等。三是试行“双导师制”，按照教学计划给学生配备来自校内的理论指导教师和来自校外企事业或实习基地的实践指导教师。双导师利用自身优势和特长在课程教学、学科竞赛、创新项目、实习指导和毕业设计等多个环节中共同指导学生，使学生的理论知识和实践能力更好地衔接。通过参加培训、挂职锻炼、考取职业资格证等方式培养具有较好理论功底又具有实践经验的“双师型”教师队伍，成为实践教学的中坚力量。

（四）完善监管考核体系，实现管理规范化、高效化

实践教学环节繁多，内容复杂，监管难度大，教育质量很难保证。因此，我院在以后要进一步完善质量监管手段和考评体系，根据专业特点，加强对实验实训、集中实习、毕业论文（设计）等重点环节的质量监控，严格考核，务求实效。加强对专业技能训练、综合实践训练、社会调查、创新创业等各个项目的指导和管理，制定合理有效的实践活动监控制度和多种多样的考核方式。我们将继续改革实践教学课酬管理改革，遵循多做多酬、优绩优酬的原则，激发教师参与实践教学的积极性。

（五）进一步加强校地合作，完善协同育人机制

实践育人离不开地方政府和企事业单位的支持。我院还要与校外机构建立健全协同育人长效机制，拓展合作领域，建设更多实训基地、研发中心、创业基地、文化产业孵化园，使之成为学生能力培养的平台和学生从学校到社会的桥梁。我们还将尽力拓宽出国实践的渠道，在东南亚、一带一路国家建立更多海外实习基地。

总之，我们要不断更新观念，积极改革，把培养“会做人、会学习、能做事、能创新”的应用型人才作为终极培养目标。[3]在教学实践的设计上，要结合专业特点，不断深化实践教学改革，促进应用型人才的培养，为地方经济和社会发展做出应有的贡献。

【参考文献】

[1] 裴云，任丽婵. 重新认识实践教学的内涵和外延［J］. 当代教育科学，2015.15：14－16 转 58.

[2] 时伟. 高师院校实践教学体系的生成与运行［J］. 教师教育研究，2012（5）：1－6.

[3] 王伟方，景永平. 高素质应用型人才定位下的教学问题与对策研究［J］. 国家教育行政学院学报，2018（3）56－72.

全面深化实践育人工作　培养三心四能五复合人才

——马政学院 2016—2017 年实践育人工作总结

王秀珍　张善喜*

加强实践育人工作是推进教学改革、提升教学质量和培养具有创新创业精神和创新创业能力的高素质应用型人才的重要途径，马克思主义学院、政法学院一贯重视实践育人环节。近两年，学院认真贯彻落实学校《关于加强实践教学的实施意见》《关于进一步加强实践育人工作的实施意见》和《加强和改进新形势下学校思想政治工作实施方案》，进一步加强实践育人工作，推动新时期实践育人工作不断创新。

一、实践育人工作的基本做法

近两年，学院紧紧围绕学校“四圆同心”办学新思路，落地“三心四能五复合”人才培养目标，认真践行“一知二守三讲四会”育人理念，落实落地“322”大思政工作实施方案，我们确立了深入推进学院发展的“1233”工作目标，即一个中心（资源整合、创新发展），两个推动（推动教学水平、科研水平持续提升），三个实现（实现创新能力、成果转化能力、服务社会能力稳步增强），三个保证（保证课堂教学质量、实践教学质量、教师德能质量全面提升）。在推动实践育人工作常态化、规范化和特色化、全面提升学生综合能力、管理实践育人、文体实践育人、社团实践育人、主题实践育人等方面积累了一些有益经验。

（一）全面规范集中实践

以 2016 版人才培养方案修订为契机，学院进一步完善集中性实践教学环节，为实践教学的常态化和规范化奠定了基础。从 2016 级新生开始，学院要求各教研室严格按照本专业人才培养方案统筹安排集中性实践教学环节，并将这些实践课程及指导教师录入本期开课任务之中。接下来，学院加强过程管理以保证实践课程的有效开展，具体做法如下：每门实践课程须提交活动方案；外出实践活动须签订安全承诺书并对学生进行全过程安全教育；通过校园网进行通讯报道；要求学生及时提交作业（报告、心得等）；

---

* 王秀珍，女，副教授，研究方向：思想政治教育、行政管理等。
张善喜，男，讲师，研究方向：政治学。

指导教师根据活动表现和作业质量评定成绩并录入教务管理系统；将活动全过程资料进行归档。为深入推进政法专业“四化一体”应用型人才培养模式改革，突出“理论实践融合化”的育人理念，院长带领法律专业的全体同学到达州市政务中心开展了“以问题为导向”的“现场观摩体验”实践教学活动，这也是我校师生首次与该中心的合作。张涛老师带领思想政治教育专业学生到学校档案馆实地体验档案工作、观摩档案整理流程并模拟进行档案整理操作，在日常教学中开展了体验式实践教学活动。通过以上措施的实施，学院近两年实践育人工作实现了常态化、规范化，并逐渐形成文科实践教学特色。

（二）系统训练表达能力

表达能力是大学生的核心竞争力。近两年，学院采取系列措施培养学生的表达能力。在书面表达能力即写作能力培养方面，学院建构了“专业实践报告与毕业论文”相衔接的写作训练模式，要求大一本科生撰写专业实践报告（调查报告或实习报告）、大二学生撰写课程小论文，大三本科生在专业实践报告的基础上撰写毕业论文。这种组合型训练模式既可保障学生的写作与实践紧密联系，又可循序渐进提升学生的写作能力。学院创造性开展“访谈＋口述＋写作”为特点的“历史记录”写作比赛活动。该活动要求学生每年寒假走近身边亲友，通过采访，获得与主题相关的口述史资料并进行文字加工。该活动使学生增长了历史知识，加强了与家人的感情沟通，提升了写作能力。学院开展各类征文比赛，激发学生写作的积极性，培养学生写作能力。近两年，学院先后开展了“弘扬长征精神，坚定理想信念”“书香四月”“政法寝室日记”“缅怀小平丰功伟绩，弘扬改革创新精神”“我和近平有个约定”等主题征文活动。在口头表达能力培养方面，近两年学院主要依托大学生论辩协会、演辩分部等学生组织，通过“群英杯”“新苗杯”辩论赛、“修身成才报国”演讲比赛、法律知识精神、国学知识竞赛、创新创业知识竞赛等调动学生的参与积极性并在活动中提升学生的思辨能力和口头表达能力。

（三）全面提升创新创业能力

创新创业能力是“四能”中的两种重要能力，学院高度重视双创工作，采取多项措施，在实践中培养学生的创新创业能力。其一，鼓励和指导学生申报国家级和省级大学生创新创业训练项目、校级大学生科研项目。其二，召开创新创业经验交流大会，通过分享“学长和学姐成功创新创业实践经验”激发全院学生的创新创业热情。2016 年 11 月，学院邀请宋宇成、蒋苗妙、王万粉、徐国晖等 4 人分享其创新创业经验；2017 年 10 月，学院邀请通川区启智培训学校执行校长、通川区青年企业家协会副会长施丛军分享其创业经验。其三，举行院级创新创业大赛，直接锻炼学生的创新创业能力。由于措施得力，我院学生的创新创业意识明显增强，创新创业能力明显提升。2016 年，我院 2013 级学生蒋苗妙主持的项目荣获达州市第三届“创青春”青年创新创业大赛亚军。2017 年，我院学生李健团队的“达州致远教育咨询有限公司”和沙飞团队的“全国高校民族服装租赁”项目进入学校第二届“梦想杯”创新创业大赛总决赛，最终李建主持的项目获二等奖。此外，学院有多个创业项目入驻学校大学生创新创业俱乐部。

（四）注重培育全球视野

学院注重通过实践培养学生的开放理念和全球视野，主要采取两点措施。其一，及时向学生宣传国际交流合作处发布的赴港澳和国外学习、实习和体验的合作项目，鼓励符合条件的学生积极申报。其二，举办赴国外学习和实习学生经验分享会，直观拓宽学生的国际视野。如，2016 年 10 月，学院举办赴美带薪实习生和赴韩交换生经验分享会。赴美带薪实习生石亮之从工作、生活、旅游三个方面介绍了他在美国奥兰 Sea World 的实习经历，他建议大家多外出拓宽视野，不要怕、敢于说、努力做。赴韩交换生江雪瑞则向大家分享了她在韩国草堂大学的学习、生活和旅游经历。

（五）管理实践育人

管理即育人，在教育教学管理过程中注重发挥育人功能，能在潜移默化中达到育人目的。近两年，学院结合学科专业特点，尤其重视学生管理与实践育人的有机融合，具体做法如下：其一，在学工议事决策中实现育人目的。2016 年下半年，学院建构常态化的学生工作议事决策机制——二级学院学工联席会议制度，参与学生在了解和运用学工联席会议议事决策规则的过程中增强了对社会主义民主和我国两种基本的政治决策机制——合议制和首长制的理解与认同。其二，通过团学机构改革进行育人。2017 年，学院对团学机构进行大部制改革。改革的顺利实施使学生潜移默化中加深了对政府机构改革的理解与认同。其三，通过干部换届机制改革进行育人。2017 年，院学生会主席首次由全院学生直选产生，同时，部长和副部长提名权下放给主要学生干部，这一改革使学生加深了对社会主义选举制度和干部提名制度的认识。其四，在强化纪律管理的同时加强学生思想政治教育。近两年，为改变学生纪律宽松软状况，学院整合纪检机构，实现纪检工作“信息化”，将自下而上的汇报与自上而下的监督相结合，实行分级纪检和纪检扣分量化，强力推进学生纪检改革。改革初期，多名学生因违纪被全院通报并取消奖助优评定资格，学院对这些学生逐一进行深入细致的思想政治教育，不仅使其放下思想包袱，更使其端正态度，明确奋斗目标。其五，在加强网络管理中进行育人。学院重视对网站、微信公众号、各类工作 qq 群等网络平台的管理，杜绝网络安全隐患和消极影响，有效发挥网络的正面育人功能。2017 年，学院建立覆盖全院学生的知政明德崇实尚公 qq 群，学院领导、学工人员、学生干部均能积极主动正面引导群内言论，既有效防止触碰底线的言论，又保证了群活力，在管理中实现育人目的。

（六）文体实践育人

文体活动可以强身健体、陶冶情操、磨炼意志、激发活力、传播正能量。近两年，学院高度重视文体活动。以校园杯篮球赛为例，2016 年学院男篮队夺冠，2017 年男女篮双双小组第一，最终男篮获季军，女篮获亚军。骄人的成绩实际上也展现了体育活动育人的强大力量。比赛全过程，学院持续进行充分动员，用“顽强拼搏、团结自信”的体育精神和习近平体育思想激励运动员和全院学生，从而使学院球队展现出最拼意志、最强信心和最磅礴合力，创造出学院史上最辉煌战绩。而全院学生在赛事服务和观战助威中也直观体会了体育精神，他们的意志品质、心理素质、团队意识、纪律观念、觉悟程度等均得到提升。因此，篮球赛的育人效果已超越篮球赛本身，成为激励学生学习和工作的强大动力。又如迎新晚会，学院在确定主题和选择节目时均考虑育人因素。近两年的晚会主题分别为“家”和“筑梦想·政青春”，其宗旨就是引导学生热爱集体大家庭，引导学生树立正确的理想信念。而晚会的诸多节目则旗帜鲜明地传递正能量，弘扬社会主义核心价值观。小品《运动会》揭露了腐败分子的丑陋灵魂和脆弱意志；话剧《永远的长征》直观呈现了艰难困苦的长征历程，既扣人心弦又鼓舞人心；小品《手机综合征》展现了移动网瘾的巨大危害；《民族走秀》反映了我院各民族学生的独特魅力与团结互助；小品《装在套子里的人》生动诠释了旧中国政权的腐朽性和新中国政权的合法性；《新年诵读》普及了博大精深的国学知识；小品《惩恶扬善》普及了婚姻法知识；手语节目《国家》演绎了真挚的爱国主义情感。

（七）社团实践育人

社团是具有某些共同特征的人相聚而成的互益组织。通过有效的社团活动，能拓展学生的视野，培养创新精神、合作精神和实践能力。学院一直重视通过社团活动进行实践育人，即学院和专业教师指导挂靠在学院的专业学术类社团开展一系列有教学、学术性质的社团活动，从而在潜移默化中实现实践育人目的。如被团中央评为百佳理论社团的“大学生中国特色社会主义理论研究会”通过开展理论宣讲、申报创新项目、提交理论征文、旁听和模拟人大、模拟政府常务会议、模拟选举、基层调研等系列特色活动充分调动学生的积极性，使参与学生对人民代表大会制度、中国共产领导的多党合作与政治协商制度、基层群众自治制度、行政首长负责制等有了比较直观的理解，从而增强了学生对于社会主义政治制度的自信心，同时这些社团活动锻炼了学生的语言能力、组织能力、协作能力、应变能力、实操能力等。挂靠在我院的“蒹葭汉服社”自 2016 年成立以来，先后开展了端午节和中秋节传统节日活动、传统汉式成人礼、传统文化知识竞赛、汉服文化周活动等特色活动，2017 年，该社团获团中央百佳国学社团。挂靠我院的博文学社则通过组织会员到博物馆参观、开展历史知识竞赛、举行纪念南京大屠杀公祭仪式等活动拓宽和深化了学生的历史专业知识，加强了爱国主义教育效果。大学生法律协会、大学生论辩协会、知政尚公读书社等社团均开展了一系列特色活动，普及了法律知识，锻炼了学生的表达能力，培养了学生的阅读习惯。

（八）特色主题教育实践育人

通过主题实践活动系统育人是实践育人的重要形式。学院强化教师、学生两类群体的主题实践锻炼。

一是突出教师层面“知行合一”的教育。为贯彻落实习近平在全国高校思想政治工作会议重要讲话内容、响应学校党委学习青年习近平的重要举措，落地学校提出的三条主线、两翼阵地、两轮驱动的“322”大思政工作格局，2017 年暑假学院开展了以“知行合一”为主题的学习青年习近平暨思政课教师暑期教学实践考察活动。思政课老师普遍认为：通过实践活动开阔了视野，接受了教育，坚定了信仰，升华了马克思主义学院的精神。思政教师要想成为一位受党和学生欢迎的老师要做到三个维度，即坚持历史的维度、注重现实的维度、要凸显人民的维度。

二是注重学生层面的主题教育。为认真贯彻校党委《关于开展“文理青年学青年习近平”教育实践活动的实施方案》文件精神，学院在全体学生中开展“文理青年学青年习近平”教育实践活动，围绕“学习青年习近平矢志不渝的理想信念、爱国为民的家国情怀、勤奋好学的进取精神、吃苦耐劳的优秀品格”，学院于 2017 年下半年精心组织并推动落实了一系列“文理青年学青年习近平”教育实践活动：9 月，在火车站和西客站开展“文理青年学青年习近平，马政学子迎八方新同学”主题党员活动日活动；在新生入学教育中解读青年习近平曲折入党历程，对新生进行入党启蒙教育，端正学生入党动机。10 月，举行以“文理青年学青年习近平”为主题的团组织生活；赴西外镇龙家庙村开展“文理青年学青年习近平，政法学子助力精准扶贫”志愿服务活动；举行以“《习近平的七年知青岁月》读书心得交流”为主题的党员活动日活动；以“学习近平体育思想，弘扬体育精神”为主题开展学院第二届篮球联赛。10—11 月，举行“我和近平有个约定”主题征文活动；举行旨在学习青年习近平敢想敢干、务实创业、无私为民的优秀创业品质的学院第二届创新创业大赛；11 月，举行以“文理青年学青年习近平”为主题的修身成才报国演讲比赛院内初赛。此外，学院思政课教师也在教学过程中将“青年习近平的先进事迹”有机融入教学内容之中。

二、实践育人工作存在的问题

由于受文科专业重理论轻实践、职称评定重科研轻教学等传统片面理念的影响，学院实践育人工作也还面临诸多困惑与挑战。

（一）校内实训条件与环境欠佳

目前，我院有模拟法庭实训室，主要供法律事务专业实践教学使用，但因设施、设备和配套软件不到位，该实训室的使用率较低。而思想政治教育、历史学、行政管理等 3 个专业均没有建成独立的专业实训实验室，这显然不利于学生实践能力的提升和专业应用能力的拓展。以往，学院在利用学校的会议室、教室开展模拟人大常委会会议、模拟政府常务会议、模拟选举、模拟面试等专业实训环节方面，积累了较多经验，但近两年这些实训活动总体上呈现停滞状态。

（二）思政课实践教学环节有待进一步加强

近年来，学院在思政课方面探索“2+1”改革，“1”即实践教学环节。目前实践教学环节存在的突出问题：不同思政课的实践教学环节存在交叉重复率较高的现象；实践教学专业针对性不强、实效性不足；实践教学质量保障与评价机制不健全，从而影响实践教学成效。

（三）教师实践育人的积极性不高

近两年，学院采取的激励措施虽在一定程度上调动了教师实践育人的积极性，实现了集中性实践育人环节的常态化和规范化，但由于学校层面对教师实践育人工作的考核与激励机制尚不健全，导致教师实践育人的积极性仍较有限，突出表现在课程中的实践教学环节开展情况还不普遍。此外，开展校外实践教学活动存在维护安全稳定压力，也在一定程度上抑制了教师实践育人的积极性。

（四）教师实践育人能力有待进一步提升

学院绝大多数教师都是在大学毕业后直接从事教学工作，双师双能型教师和具有与所从事教学相关的行业实践经验的教师较少。近两年，学院在双师型教师培养方面采取了一些措施，但从总体上看，多数教师的实践育人能力有待进一步提升。

三、加强和改进实践育人工作的建议

（一）突出特色：强化校内实践教学环节

校内实训实验室是实践教学的重要平台，对于提升学生实践与创新能力，实现应用型人才培养目标具有重要意义。因此，应积极思考为行政管理专业、思想政治教育专业和历史学专业申报校内实训室，为学生提供经常性实训平台。此外，要利用校内各种资源，传承已有经验，加强校内实训教学。

（二）突出实效：加强思政课实践教学环节

改进思政课实践教学工作是切实提升思政课教学质量和增强育人成效的重要举措。今后可从以下三个方面加强思政课实践教学环节：一是贴近课程、强化课程育人。具体问题具体分析，不同的课程确定不同的实践教学内容与模式；二是贴近专业，强化分类指导。针对不同专业的学生采取不同的实践形式。三是突出实效，构建适切的实践教学环节质量保障与评价机制。

（三）突出激励：构建实践育人工作考核与激励机制

扎实有效推进实践育人工作，应当首先在学校层面建立实践育人工作考核与激励机制，切实调动教师实践育人的积极性。首先，应制定便于量化的实践育人工作考核办法。其次，应将实践育人工作与劳务分配、职称评定、岗位评定、年度考核、荣誉评选等挂钩，从物质和精神两个方面引导教师认真开展实践育人工作。再次，探索实践育人工作风险规避办法，消除教师开展校外实践育人活动的后顾之忧。

（四）突出主导：多途径培养“双师双能型”教师

教师在实践教学中发挥主导作用，要增强实践育人效果，必须有针对性地提升教师的实践育人能力。“走出去”即在学校的统一领导和协调下，安排专任教师到本专业或本课程相关的行政企事业单位或基层社区进行不少于 3 个月的顶岗实践，积累实际工作经历，使专任教师成为具备较高理论教学素养和实践教学水平的“双师双能型”教师。为保证正常的教学秩序，可分批安排教师“走出去”，也可安排教师在寒暑假到有关行业顶岗实践。

多措并举　完善实践教学体系　培养学生实践能力
——外国语学院实践教学经验总结

刘彦仕*

实践教学是巩固和加深理论认识的有效途径，是培养具有创新意识的高素质复合型人才的重要环节，也是检验本科理论教学水平、教学效果和学生知识技能实际运用能力的重要手段，同时也是把语言知识学习和语言技能实践相结合的良好契机，有利于学生素养的提高和正确价值观的形成。

外国语学院坚持以培养满足区域经济社会发展所需要的复合型、应用型外语人才为目标，以学校“四化一体”人才培养模式的指导思想，专业建设规划科学、合理，体现“重基础、突技能、强应用、求创新”的专业特色，不断更新教学理念，修订并完善了英语（师范）、商务英语、翻译等三个本科专业人才培养方案，体现办学特色和德、智、体、美全面发展的要求。根据教育部有关文件精神以及《四川文理学院关于实践育人的实施意见》等文件，学校对实践教学内容与体系进行了改革探索。结合学院近五年来的实践教学实际情况，现做以下经验交流与总结。

一、构建完善的实践教学体系

根据学校人才培养目标的总体要求，结合社会发展需求和地方经济发展需要，外国语学院2016年全面修订各专业人才培养方案（尤其是新办的翻译、商务英语专业），增加实践教学比例，实践学分占总学分不得少于20%，完善了课程实践、专业实践和综合实践三个层次的实践教学内容，完善了由专业技能训练、见习、实习、毕业论文（设计）、社会实践、课外科技创新活动等环节组成的实践教学体系。

整个实践教学环节占教学计划总学时的20%～25%。基础实践环节包括通识教育系列课程中的实验课、军事训练课、义务劳动、公益活动、社会调查等实践活动，着重培养学生的基本技能与素质；专业实践环节包括学科基础系列课程与专业方向课程中的实验课、专业见习、认知实习、第二课堂等实践活动，着重训练学生的专业技能；综合实践环节包括毕业实习、毕业论文（设计）、创新实践、社会服务等实践活动，着重培

* 刘彦仕，男，副教授，研究方向：翻译理论与实践、英汉文化比较。

养学生运用所掌握的知识和技能从事实际工作的能力。采用课余时间，利用专门教师指导，结合大学生科研和大学生学科竞赛等，在校内外实践教学基地开展各类技能训练活动，使实习实训的时间得到充分保障。

按照学校通识实践选修课的要求，学院坚持为学生提供不同层次的实践锻炼平台，结合专业特点，打造一专业一竞赛的特色赛事。英语（师范）专业开展教学技能大赛，翻译专业进行翻译（口笔译）大赛，商务英语则开展商务英语实践大赛。在集中实践环节的学分设置中，增加了三个英语类专业的语言技能训练实践环节学分，还制定了明确的任务和要求，注重实践学时的同时，也加大了对质量的检查。学院坚持全员育人，在学校首先开展了本科生导师制，将具体任务落实落地，不仅防止了实践教学活动的盲目性，也规范了实践教学内容以确保外语教学的质量。制定了三个英语类专业见习、实习（实训）等环节的教学大纲。从总体要求、学生要求、内容完成、指导教师要求、成绩考核与评定等方面做了详细规定。英语（师范）专业的实践环节有教育见习和教育实习，商务英语有专业见习和商务实训，翻译则是专业见习和专业实习。毕业论文是进一步深化和拓展学生所学的基础知识、专业知识，提高自学能力、理论联系实际的能力，属于综合实践环节。根据学校要求，学院成立了本科毕业论文（设计）组，严把论文质量关，制定了毕业论文实施办法和操作规范，论文撰写采用学术论文、翻译实践报告或翻译作品、调研报告等形式；严格工作流程，对论文选题、指导教师遴选、论文开题、过程指导、论文答辩等提出了严格要求，强化过程监控，确保论文质量。多年来，学院在校评估处的专项督查评估得分一直在各二级学院中排列前茅。

外国语学院以学校的“教师主导，学生主体，环境育人，社会合作”办学思路为引领，加强对教学方法的改革与创新，进一步转变教育教学观念，深层次推进课堂教学方法的创新，鼓励教师使用微课、翻转课堂等教学手段，倡导启发式、参与式、案例式等各种有效的教学方法，构建理论教学与实践教学一体化的创新型教学模式。以课堂实践教学和上机训练为基础，以实习、毕业设计（论文）为重点，以社会实践和课外科技活动为补充，与理论教学相互协调，着重巩固理论知识，提高动手能力和专业技能，培养学生的创新精神和实践能力。从课堂内外、学校内外等方位全面立体构建了学校的实践教学体系。

二、实践教学取得的成效

（一）结合实践教学的特点，外国语学院制定了符合各专业的实践教学大纲

2016 年全面修订了三个本科专业的课程教学大纲，专业必修课 67 门，专业选修课 86 门，提高了课程实践教学学时的比例。修订并细化了三个英语类专业见习、实习（实训）等环节的教学大纲，以及实践环节语言技能训练等相关的学分认定办法。制定了本科生专业实习工作细则，采取分散实习和集中实习相结合的方式，组织学生进行实习。学院对学生的实习单位进行严格审核，并选派教师负责指导实习。学生须认真完成实习并做好总结与报告。这让实践教学的实施不再停留在文字材料的层面，更好地达到了预期效果。

（二）建成省级基础外语实验教学示范中心

加大了实验室建设力度，有 CAT 笔译实验室 1 间，同声传译实验室 2 间，英语情景（商务）实训室 1 间，补充和完善了各种实验管理制度，建立了结构合理、管理有效的实验室运行管理体系，提高了教学仪器设备的使用效益。通过指导学生参加学科竞赛，构建了开放式实验室。吸引了大批学生在各个实验室进行技能训练等。完成了省级高校质量工程项目“实验教学”的建设。

（三）加大了实践教学基地建设力度

根据专业需求，拓展了校外实践教学基地，在成渝、广东、浙江等地建立并逐步开展了实践教学。强化了实践能力训练，有助于培养学生的创新精神、动手能力和团队意识。

（四）加大实践教学师资队伍建设

采取在岗学习、专题培训、定期考核、走出去与请进来相结合等方法，提高了教师的教学实践指导能力。近年来共派出 30 多人次外出培训。

（五）开设了相关的专业必修与选修实践课程

必修课旨在使学生打好扎实的语言基础，形成良好的学习方法。通过多样的通选和专选课程培养学生的语言应用技能，并提高学生的文化素养。有针对性地列出专业必读书目，让学生广读书籍，并与一定的学分挂钩。

（六）开展第二课堂实践活动

学院开展了一系列形式多样、丰富多彩的“以赛带学”的第二课堂实践教学活动，进一步激发了学生的学习热情、增强了专业课堂教学效果。通过参加专业竞赛给学生提供了较大的自主学习的时间和空间，易于调动学生学习的主观能动性，培养他们的学习兴趣和创造性思维能力。学院学生近年来在各类大赛中成绩良好：获“外研社”杯英语演讲赛四川赛区二等奖 1 人、三等奖 1 人，1 人获最佳风采奖；英语阅读赛获全国三等奖 1 人，省级一等奖 1 人；写作赛获省级二等奖 1 人、三等级 1 人；获中西部翻译大赛笔译一等奖 3 人次，口译二等奖 3 人次；获商务英语实践大赛西南赛区二等奖 1 次，三等奖 1 人。

学院成立了英语俱乐部、英语文化村等学生社团组织，配备了专业指导教师及外教，定期组织开展相关活动，使学生社团活动与英语赛事相辅相成（每年定期举办的比赛有：文理杯英语演讲比赛、英语话剧比赛、文理杯翻译大赛、英语辩论赛、商务英语实践大赛等）。创办了 *Four Rivers Magazine* 英文刊物，已出版 5 期，为外语学生在实践中提高语言运用能力尤其是写作、翻译等创新能力搭建了很好的平台。

（七）实行本科导师制

学院细化学生实践能力的培养，实行本科生导师制，加强课后学生实践能力的训练指导。从 2014 年开始，学院遴选专业指导教师 13 人，指导学生课外翻译实践，制定了翻译实践具体计划，要求学生在校期间完成 2 万字笔译以及 25 小时口译实践实训任务，导师检查翻译任务，并给予质量评价。2016 年以来，学院在三个本科专业全面实行导师制，制定了明确的导师任务及学生在大学四年各阶段的任务。从师生两方面，加强交流监督，引领学生在思想、学习等方面全面成长成才。

（八）加强与校企合作，促实践教学的发展

在校外实践教学中，除了专业见习、实习外，与各中小学校如来凤中学、达川区四中、通川区莲湖一小等开展不定期的教育教学研讨活动。与地方共同建立了通川区中学英语听说训练基地、达川区初级中学教师教学能力培训基地等。邀请职业译员梁锐、肖洪等校友回校做讲座，介绍职场知识与阅历经验。通过开设 CAT（计算机辅助翻译）等课程指导学生利用网站如译马网、译言网等申请会员注册，参与翻译实践，利用移动端，完成了众包模式下碎片化的翻译任务。与武汉传神翻译公司开展了项目合作，专门承接 G2 项目涉外证书的翻译任务。

（九）加大学生创新创业力度

外国语学院在学生会成立了创新创业部，专门负责相关事务。在导师的指导下，学生已成功申报了多项大学生创新创业训练项目，获国家级项目 1 项，省级项目 2 项，校级项目 4 项。参加省级、校级等“互联网+”创新创业大赛，获校级一等奖 1 项，市级二等奖 1 项。

（十）鼓励学生参加国际交流项目，拓展学生的视野

近年来，有 40 余人次学生参加了为期四个月的赴美带薪实习、为期半年的马来西亚博特拉大学交换生、为期一年的韩国草堂大学交换生，以及捷克帕拉茨基大学暑期文化交流学习培训等项目。

（十一）重视学生能力的提升，学院考研及录取人数创新高

2015 年学院学生考研录取 15 人，2016 年录取 25 人，2017 年录取 35 人，2018 年已达到 44 人。

三、实践教学存在的问题及建议

（一）实践教学环境亟待完善

应用型专业实践基地建设力度不够，难于满足实践教学的需求。实践教学的组织管理也还存在问题，主要是实践教学的管理制度不够完善，经费使用与支出受限，教学质量评价体系不明确，实训教学的质量难以保证。实际上实践教学的考核也不够规范。尽管有实践教学的考核办法，但执行力度不够，落实较差，对实践教学的要求远没有对理论教学要求那么严格。

（二）对实践教学的重要性认识仍然不够

这不仅仅是学校自身的主体意识，也是教师自身的教学理念问题。在新时代新征程的大背景下，教师应及时更新观念，改变传统的教学模式，给予学生更多的实践机会。部分外语教师重视课堂书本知识的教授，而轻视实践技能的训练和提高。在课堂实践方

面，不够重视学生的阅读数量及质量，因而学生的语言知识储备在应用时捉襟见肘。要使学生认识到阅读的重要性并且深入学习及了解多方面的人文知识。在校内课外实践环节，可多组织一些竞技性较弱的趣味英语大赛，使每个同学都可以参与其中。加强对现存英语社团组织的管理，以多变的形式保持各项活动的吸引力，使各项活动真正发挥其作用。在校外实践教学方面，应严格要求学生到与自己所学专业相关的岗位进行实习，并定期检查其所得。完善校外教学实践服务体系，尽力为学生提供足够的、合适的、高质量的实习岗位。

（三）实践教学师资队伍不稳定

应加大力度对实践教师的培养和引进，比如指导实践教学的“双师型”教师队伍的建设，逐步形成合理的师资结构。目前我院的实践教学教师多为兼职教师，在专业见习、实习时，常常会耽误其正常担任的课堂教学任务。因此，学院要出台政策，对指导实践的老师要有明确的职责划分及待遇标准，鼓励教师积极承担实践教学工作，按照各实践教学环节的管理规范，努力完成各项实践教学任务。

如何加强英语类专业学生在与其他专业同学的竞争中突出其能力和优势，是当前各高校英语类专业所面临的重大问题和严峻挑战。根据今年 1 月教育部颁布的《外国语语言文学类专业教学质量国家标准》，我校以新时代新发展为契机，外国语学院将紧紧围绕学校人才培养总体目标，以社会发展对人才的要求为背景，以基本实践能力训练为基础，以综合素质培养为核心，从专业实习、创新创业实践、社会实践、国际交流等实践教学层面，积极建设并完善基于能力培养的实践教学体系，结合学校的实际情况制定切实可行的具体标准和要求，为促进学生的全面发展，为培养“二心、四能、五复合”的高素质复合型、应用型人才而不懈努力。

深化实践教学改革 构建实践教学新体系
——数学学院实践教学工作总结

胡 蓉*

数学学院遵循“秉德乐数，探渊索珠”的院训，坚持“以质量求生存，以改革促发展”的办学宗旨，形成了“重基础，强应用，突技能，抓创新”的办学思路。在抓好理论教学的同时，加强实践教学环节，重视培养学生的科研意识和创新精神，培养学生分析问题、解决问题的能力，已经形成“教学团队建设”和“创新能力培养”的办学特色。为了更好地提高人才培养质量，近几年我们在实践教学方面做了一些有益的探索和新的尝试，取得了一定的成效。

一、领导重视，统一认识，树立实践育人的教学理念

数学学院党政领导班子经过充分的思考、认真讨论和研究，达成共识，认为在抓好理论课教学的同时，必须加强实践教学环节，把实践育人的理念贯穿到教学工作中去，建立符合本院人才培养特色的实践教学体系。在学校领导和相关部门的支持下，结合本院本科专业的人才培养目标和特点，我们对实践教学的内容和形式都做了较大的改革和调整，制定了相应的质量保障文件，形成了新的实践教学体系。

二、针对专业特点，结合社会需求修订完善人才培养方案

数学学院现有数学与应用数学、应用统计学两个本科专业，这两个专业的特点和培养目标完全不同，数学与应用数学专业的培养目标是培养具有较高的文化素养、科学素养和较强的创新意识的中等学校数学教学、计算机基础教学的教师，以及在金融机构、政府部门等单位工作的高素质应用型、复合型人才；应用统计学专业培养掌握应用统计学的基本理论与基本方法，具有熟练运用计算机软件处理和分析统计数据、解决实际问题的能力，从事统计调查、市场研究、信息管理、数据分析等工作的高素质应用型、复合型人才。两者的思维特点和侧重点不同，要求不同，针对这些特点，我们在广泛讨论和调研的基础上，结合社会需求，分别于 2016 年和 2017 年制定了全新的人才培养方

* 胡蓉，女，副教授，研究方向：应用复分析。

案。在新制定的人才培养方案中，加大了实践教学的比重，贯穿实践育人的理念。经过两年来的推行，我们认为新的方案更适合专业发展定位，更有利于人才培养目标的实现。

三、适应形势发展，积极探索课程改革新思路

应用统计学专业为我院新办专业，2017 年 9 月，该专业开始招收第一批学生，目前学生还处于基础课程的学习阶段，对该专业学生的实践教学及实践指导部分将从学生大二阶段开始。对于已有多年办学经验的数学与应用数学专业，我们在总结以往开展实践教学工作的基础上，积极探索课程的改革思路，调整了部分教学内容，重新修订了数学与应用数学的实践教学大纲，对该专业的实践教学部分也重新进行了梳理和调整，具体做法如下。

（一）调整教学内容，增加实践教学环节的教学课时数

根据人才培养方案的培养目标，在不影响学科内容科学性和保证基础课程必修知识前提下，我们适当削减了数学中的抽象理论教学，增加了与初高中数学教学、生产和生活实践密切相关的一些环节的教学内容，比如竞赛数学、初等数论、规划论、运筹学、数学模型。对于传统的数学教学内容，则要求教师始终把数学建模的思想融于整个教学环节中，要在教学中体现出数学思想和数学方法的形成过程，重在培养学生提出问题、分析问题、解决问题的能力。

（二）改革课程的考核方式，注重对学生实践教学环节的考核

我们加大了实践教学环节在各门课程中的考核比重，实践环节在课程总成绩中所占比重最高可达到 40%～50%（比如数学建模等课程），一般课程可以达到 30%，期末的笔试成绩所占的比重最高只能占到 70%，这样一来，只有实践动手能力强，理论知识掌握得好的学生才能取得较好的总评成绩。学院通过改革课程考核方式，促使学生重视平时的教学和实践环节，达到了培养目的。

四、对免费师范生针对性地进行实践教学

我院于 2017 年 9 月招收了第一批免费师范生，对免费师范生的培养，我院制定了专门的培养计划。从学生入校开始，就有针对性地对他们进行了师范技能方面的培养和锻炼，比如安排他们练写三笔字，每周交一份作品；每周一次上台演讲或朗诵，锻炼他们的表达能力；每周举行一次班级讲课比赛。待学生具备一定的师范技能后，学院再安排他们去通川区邱家小学进行义务支教活动，通过该活动，一方面锻炼学生的实践能力，提升了教学技能，另一方面也对社会奉献了爱心。

五、加强实践教学师资队伍的建设和管理

实践教学能否按期进行，能否达到预期的成效，很大程度上取决于实践教学的教师队伍素质。为提高队伍的整体素质，我们一是建立了青年教师指导教师制，采用了校内“传、帮、带”及校外培训相结合的方法提高青年教师的综合素质，使整个教师队伍素

质稳步提高。二是加大对实践教学工作的监督和管理，建立学生信息反馈机制，通过学生会学习部收集教学信息，定期不定期举行学生座谈会，针对教学中出现的问题，及时和任课教师沟通。三是充分发挥教研室在提高教师技能方面的作用。我们制定了《教研室工作手册》，规定了教研室主任的工作职责和考核办法，要求每学期教研室至少开展实践教学专题教研活动一次，针对专业及实践教学过程中出现的问题，教研室集体研讨，统一标准和要求，采取有效的办法和措施。

六、加强实践教学的过程管理，培养学生的实践动手能力

我们制定了《数学学院学生试讲指导工作管理规范》《数学学院学生实习指导工作管理规范》等文件，在这些文件中，明确了指导教师的职责，学生的任务，具体的内容和要求，管理的目标和考核的办法。如师范专业的试讲，规定内容包括说课，讲课，多媒体课件的制作，对新课程标准的理解和把握，对每项内容的考核都制定了详细的评分标准，教师不仅要对每个环节给予具体指导，而且要严格考核，给出合理的成绩，院上考评时，不仅要看结果，而且要看过程。此外，根据每年的试讲指导，由各试讲小组推荐一名学生参加学院的教学能力大赛，让学生通过竞赛锻炼和提升自己的教学技能，同时，也为学校及四川省的教学能力大赛推送选手。近几年，我院推选的学生参加校级教学能力大赛均获得一等奖，代表学校参加四川省教学能力大赛获得一等奖一项、二等奖两项、三等奖一项。

七、加强毕业论文的写作指导，培养学生的科研意识和创新能力

毕业论文写作是大学综合性的实践教学活动，我们高度重视毕业生毕业论文的写作、指导答辩工作，制定了《数学学院毕业论文写作格式规范》《数学学院毕业论文指导工作规范》《数学学院毕业论文答辩工作规范》，编写了《数学学院毕业论文选题指南》。成立了以院领导牵头，教研室主任、教学秘书参与的院毕业论文写作、指导、答辩工作领导小组，选派了具有讲师以上职称或具有硕士研究生学历的老师担任毕业论文的指导教师，并规定每位教师指导的学生人数不超过 6 人。保证对选题充分指导，选题加大理论研究型题目和应用型题目的数量，使学生的综合能力得到充分训练。同时加大对毕业生毕业论文写作过程的指导，规定教师指导学生的次数不少于 5 次。学院还制定了详细的毕业论文评分细则，在论文评阅中，坚持公平、公正原则。答辩时，把相近领域的论文分在一组，增强可比性。同时，我们也鼓励有条件的教师吸纳学生参加自己的科研项目，特别是鼓励从事数学教育研究的教师吸引学生参加自己的教育科研项目，鼓励教师带领学生开展研究性学习，鼓励学生参加数学建模竞赛、挑战杯竞赛以及创业大赛等课外科技学术活动，鼓励在校学生申请学校大学生科研项目，并安排高水平的教师给予指导。近两年，我院成功申报校级大学生科研项目 15 项、四川省创新创业训练项目 1 项。

八、加强对学生社团的管理和指导，为学生课外实践教学活动创造良好的条件

学校数学建模协会大多数成员为我院学生，作为业务的管理和指导部门，我们选派

了实践教学经验丰富、年富力强的教师为社团的指导教师，指导社团结合专业特点开展丰富多彩的课外实践活动和竞赛活动，比如苟格、胡攀等老师多次为数学建模协会的成员讲解数学建模的有关知识和建模的技巧。学院成立了数学建模指导小组，指导每年一届的全校性的数学建模大赛，为全校数学建模大赛命题、阅卷、评奖。通过这些活动，既为学校每一年参加全国大学生数学建模竞赛取得好的成绩选拔人才，又奠定了群众性的“学数学、用数学”的基础。近年来，参与学校的数学建模竞赛活动的人数逐年增加，受益面逐年扩大。

实践教学是提高教学质量的重要环节，不断深化实践教学改革，培养理论基础知识扎实，实践动手能力强，具有一定的科研意识和创新能力的高素质人才是我们的努力的方向。我们将按照数学学院“十三五”建设规划，进一步加强实践教学师资的培养，逐步形成知识结构合理、梯队明显，熟练掌握现代实验技术，具有发展潜力的实验实训师资队伍。继续加强实验室的建设和管理，充分发挥实验室在教学和科研中的作用。继续加强学术交流和实践教学研究，把教师的学术研究与学生的科技创新活动有机结合起来，为社会培养高素质人才做出积极的贡献。

新工科专业实践教学探索与总结

张　丽　蒲国林　范开敏*

【摘　要】 实践教学是教学工作中的重要组成部分，通过实践教学，一方面可以帮助学生加深对理论知识的理解，促进知识向能力的转化，培养学生科学实践的基本方法与技能；同时在实践中培养学生实事求是的科学态度、一丝不苟的严谨作风，锻炼学生的探索进取精神和坚韧不拔的毅力以及与他人合作的能力，最终达到综合能力的提高。本文就实践教学体系、实践教学内容和教学方式改革、学科竞赛、实践基地建设等方面进行了分析总结。

【关键词】 工科专业；实践教学；学科竞赛

四川文理学院智能制造学院设置了物联网工程、计算机科学与技术、数字媒体技术、机械工程、机械电子工程、电子科学与技术、物理学七个本科专业，除物理学为理学，其余6个专业都是工学专业，培养应用型、复合型工程技术人才，实践教学显得尤其重要。

一、进一步完善了专业实践教学体系

学院现有七个本科专业均形成了由实验、见习、实习、课程设计、毕业设计（论文）、社会实践、课外科技创新活动、学科竞赛等环节组成的实践教学体系。该体系以实验教学和上机训练为基础，以课程设计、实训、实习、毕业设计（论文）为重点，以社会实践和课外科技活动、学科竞赛为补充，与理论教学相互协调，着重巩固理论知识，提高动手能力和专业技能，多渠道培养学生的实践能力、创新精神和创业能力。整个实践教学环节占教学计划总学时的35%以上。

* 张丽，女，助理研究员，研究方向：计算机教育。
蒲国林，男，教授，研究方向：人工智能研究。
范开敏，男，副教授，研究方向：储能材料、电池电极材料。

二、进一步深化实践教学内容和教学方式改革

（1）课堂实践教学环节主要以实验和上机训练为主，在课堂教学的基础上，低年级以验证性实验为主，高年级以课程设计为主，围绕人才培养目标，通过实验实践加深对知识的理解，培养基本的操作和实践技能。根据各年级的具体情况，对实验项目、实验内容进行调整和整合实验项目，根据专业特点增设部分独立实验和综合性试验，减少重复性和单纯验证性实验内容，提高实验的效果和质量。

（2）加强校地校企合作，将实践教学场地移至工厂车间或企业研发基地。近年来，各专业均加强了见习的组织与实施，通过到一线生产企业的参观访问，帮助学生加深对专业的认知，对培养学生专业学习兴趣和进行职业规划有很大的帮助。在专业实习阶段，各专业更多地鼓励学生进行顶岗实习，通过在实际工作岗位上的训练，进一步提升专业技能和综合运用能力。

（3）加强毕业设计（论文）的组织实施。各专业毕业设计（论文）题目（或项目）的选择大部分来源于生产实践中的案例，一部分选题与教师的科研项目相关。比如计算机专业毕业设计一般由合作企业根据市场需求提供选题，90%以上的选题均来自于真实的项目。

三、充分发挥课外科技活动和学科竞赛的辅助作用，鼓励学生参加各类竞赛

近两年智能制造学院学生在各类竞赛中均取得了较好的成绩（详见表1）。近两年学生参加省级、国家级大学生创新创业训练项目建设情况见表2。

表1　智能制造学院学生近两年获省级以上的奖励情况

奖项	等级	获奖年份
“挑战杯”四川省大学生课外学术作品竞赛	省级二等奖2项 省级三等奖1项	2017
软银机器人杯2017中国机器人技能大赛	国家级一等奖1项 国家级二等奖1项	2017
中国大学生计算机设计大赛	省级二等奖3项，三等奖5项 国家级二等奖2项，国家级三等奖1项	2017
中国大学生计算机设计大赛	省级二等奖1项，国家级三等奖1项	2016
全国软件与信息技术专业人才大赛	省级一等奖1项，二等奖4项，三等奖7项，优秀奖2项 全国三等奖1项	2017
全国软件与信息技术专业人才大赛	省级一等奖3项，二等奖4项，三等奖2项 全国三等奖1项，优秀奖1项	2016
全国大学生机械创新设计大赛	省级三等奖	2016
全国大学生物联网设计竞赛	西南赛区二等奖	2016

表 2 智能制造学院近两年省级、国家级大学生创新创业训练项目建设情况

序号	负责人姓名	项目名称	参与人数	指导教师	级别
1	曹俊洁	“魅数据”网络数据接口集成中心	4	唐青松，贺建英	省级
2	徐全林	基于蓝牙技术的智能台灯设计	4	伍世云，王益艳	国家级
3	李志蓉	基于物联网技术的鱼塘监测系统的研究	5	苏博妮	国家级
4	杨阳	基于 WIFI 的短距离无线监控系统	4	唐炳华，涂朴	省级
5	辜燕	陆空双功能控制飞行器设计与实现	3	易鸿	国家级
6	罗云	智能跟随行李箱的设计	3	潘刚	国家级
7	江蕾	应力对锡烯电子结构和能带的影响	3	贺欣	国家级
8	程先鹏	基于 Android 的智能灌溉仿真系统	6	蒲国林	国家级
9	周吉	幼儿看护机器人	6	涂朴，伍世云	国家级
10	蔡文杰	基于机器人产业的中小学生创客创新教育	5	郝加波	国家级
11	林发毅	果树修枝采摘装箱一体机（苹果、水蜜桃、柑橘）	5	肖辉进	国家级
12	王羲	基于物联网技术的农作物生长环境监测控制系统	5	杨代利	国家级
13	周雨昕	基于 Android 的智能运动平台的设计与实现	3	成淑萍	省级
14	任良梁	无链条自行车	4	郭利	省级

四、强化校外实践基地建设

学院各专业均建设有相对稳定的实践教学基地，它们在见习、实习、实训和毕业设计（论文）实施过程中起着极为重要的作用。计算机类专业建设有成都天荣北软和四川华迪两个实训基地，机械工程专业建设有四川宜宾普仕集团、四川新达水泵有限责任公司，四川金恒机械有限责任公司、四川省鼓风机制造有限责任公司等实训基地。电子科学与技术教研室与广东步步高教育电子有限公司、苏州东山精密制造股份有限公司、牧东光电科技有限公司（苏州）、成都品胜电子、三泰路科、柏信电气、易腾创想等公司形成了相对稳固的合作关系。物理学专业在达州市一中、八中、达州中学、达州市职业高级中学进行见习、实习，着力训练和提升学生师范技能和素质。

实践教学基地充分发挥自身优势，为学生见习、实训、实习提供了较好的训练场所，部分企业派工程师与校内教师一起承担毕业设计指导工作，对学生实践能力的提升起到很好的引领作用。

五、存在的主要问题和建议

（1）实践教学师资缺乏，尤其是专职的实验教师队伍人员配备不足。学院现有 42

个实验、实训室，专职实验教师队伍人员不足以支撑实验教学任务，大部分实验和实践教学工作由教师兼职承担。

（2）实践教学资源不足。一是部分实验设备陈旧，与迅猛发展的现代科技相比严重滞后。二是实验设备数量不足，如金工车间各工种只有一两台设备，学生实习、实训轮流操作，耗时多，效率低。三是实验场地不足，实验设备分散到不同场地，不便于集中管理。四是校外实践基地建设投入不足。建议加大投入，逐年更新实验设备，充分利用校外实践教学基地的资源，用好实践教学经费，保障实践教学效果。

探讨充分利用实践教学资源，构建一体化实践教学体系

——化学化工学院实践教学总结

邓　祥*

【摘　要】 实现一体化专业人才培养目标的关键是建设科学的实践教学体系。本文针对四川文理学院化学化工学院多年的实践教学经验，从一体化实践教学体系的构建原则、一体化实践教学内容、资源和评价体系的构建等方面对一体化实践教学体系进行了深入探讨。在此基础上，逐渐完善实践教学目标和内容，构建了以“四性、五结合”为指导，“三位一体、六模块”为基本框架的一体化实践教学体系。

【关键词】 教学资源；一体化；实践教学体系；构建

2010 年 7 月 29 日发布的《国家中长期教育改革和发展规划纲要（2010—2020 年）》指出“提高教学质量是教学的核心任务，教师要把提高教学水平作为教学工作的首要目标，加强教学教材、实验室及校内外实习基地等基本教学建设，不断强化实践教学”[1]。四川文理学院实施四年递进式创新创业教育计划，提出了“三新四能五复合”的人才培养目标，将学生培养成为具有高素质应用型、复合型人才。四川文理学院化学化工学院作为川东北地区化学、化工等领域人才培养和科学研究的重要基地，必须重视对化学、化工人才实践能力的培养。化学、化工领域对学生专业实践要求较高，学生通过化学、化工实践不仅能加深基本理论和基本技能的学习，更能养成严谨治学的学习态度，这些对于化学、化工学科来说都十分重要。

一体化实践教学体系是以实践教学为核心，以强化教学内容为根本，坚持循序渐进与分层次能力培养的一种整体培养目标体系。该体系将整合各个实践教学环节，把培养学生综合实践能力作为一个整体考虑，制定实践教学计划与大纲，构建综合实践能力整体培养目标，通过各个实践教学环节的落实来保证整体目标的实现。本文以化学化工学院为例，对一体化实践教学体系的构建进行较深入的思考和探索。

---

* 邓祥，男，教授，主要研究方向：不对称合成及天然产物研究。

一、一体化实践教学体系的构建原则

（一）区域性原则

区域产业结构和经济的发展方向是构建地方本科院校一体化实践教学体系的出发点和归宿[2]。因此，化学化工学院的立足基石应该是紧密围绕地方产业和优势行业，培养出服务地方经济发展的实用人才。基于以上原则，化学化工学院紧密结合区域行业特点和资源特点，在优化配置自身教育资源基础上，构筑起一个由校内外和课内外相结合且具有可持续性的实践教学体系。

（二）学科性原则

一体化人才培养的实践教学体系构建一方面应遵循学科专业的特点、课程体系及学科发展规律，另外一方面需要满足行业发展的最新要求。在此基础上，化学化工学院打破传统按课程设置实验室的规矩，而是着力按照学科特点，对化学化工学院校内实验室和校外实践教学基地的资源进行统筹优化、合理配置、统一管理，并最终实现共享。在教学资源整合过程中需要突出地方性、实践性和综合性等特点[3]。

（三）以人为本原则

化学化工学院在构建一体化实践教学体系过程中坚持“以人为本”的科学发展观为指导。为提高实践教学的有效性和可操作性，根据学生的认知规律，将培养学生应用能力的总目标进行分解，从而分步实施不同阶段的小目标。在一体化实践教学体系的实践过程中，着力突出学生的实践动手能力和专业创新能力的培养[4]。

二、一体化实践教学内容的构建

（一）逐渐形成“四性、五结合”为指导的一体化实践教学体系

“四性”是指自主性、开放性、实践性和创新性。主要体现以人为本的原则，通过开放性实践教学，学生自主学习，将理论应用于实践，开拓创新意识。以“四性”为指导有利于提高实践教学的有效性和可操作性，突出学生的实践动手能力和专业创新能力。“五结合”是指知和行、校内与校外、课内与课外、虚拟与实训、教学与科研的结合。主要体现学科性原则，根据本学院学科专业的特点、课程体系及学科发展规律，将教学资源进行统筹优化、合理配置、统一管理，实现结合和共享。通过不断的实践和探索，化学化工学院逐渐形成了“四性、五结合”为指导的分层次、多模块、理论与实践既相互衔接又相对独立的一体化实践教学体系。

（二）基本构建“三位一体、六模块”为基本框架的一体化实践教学体系

“三位一体”是指应用性实践教学目标、应用性实践教学内容和应用性实践教学条件一体化的实践教学体系。“六模块”是指认知实习模块、社会实践模块、课程实习模块、实训与实验教学模块、综合与毕业实习模块、科研与竞赛训练模块。认知实习模块主要强化学生的专业意识，培养学生对专业岗位的认知能力；社会实践模块主要加深学

生对社会的认识和了解，培养学生的社会理解、社会适应能力和综合素质；课程实习模块主要巩固强化学生的课程专业知识，拓展专业视野；实训与实验教学模块主要提高学生专业实践能力和创新精神；综合与毕业实习模块主要培养学生综合运用知识，分析问题和解决问题的能力；科研训练模块主要通过科研讲座、毕业论文（设计）、学生科研立项、学生参与教师科研课题、实验竞赛等，培养学生进行创新思维和科学研究的能力。

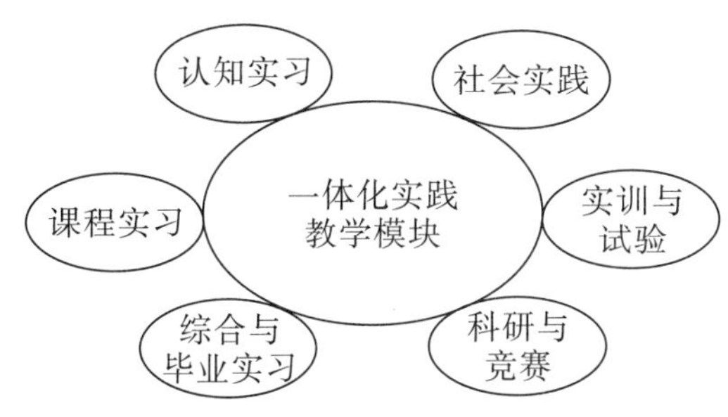

应用性实践教学体系

（三）完善实践教学目标和内容，构建有效的实践教学体系

构建有效的实践教学体系是提升学生应用能力的着力点。实践教学体系是学生应用能力培养的载体与实现手段，我们针对化学化工学院人才的特点，构建了明确的实践教学目标和实践教学内容。

1. 完善实践教学目标体系

学院针对多年来实践教学过程中对学生应用能力培养目标不清晰的现状，加大调研力度，认真研究市场对本学院毕业生应用能力的需求，制定了科学且具有一定前瞻性的应用能力培养目标体系。大一、大二通过认识实习、社会实践活动等，提升学生认识社会的思维能力；大三通过课程实习（实训）、综合实习（实训）、社会实践活动等，提升学生专业能力；大四通过科研训练、毕业实习、毕业论文（设计）等，提升学生提出问题、分析问题、解决问题的综合应用能力。通过分学年度的分体目标的实施，有效地实现应用能力培养的总体人才培养目标。

2. 优化实践教学内容体系

实践教学内容体系是学生应用能力培养的载体与实现手段，我们针对本学院人才的特点，将实践教学的内容体系设置为基础实践教学、专业实践教学、综合实践教学和创新实践教学。基础实践教学主要培养学生无机化学、有机化学、分析化学、物理化学等相关学科基础课程的基本技能和企业认知能力；专业实践教学主要提高学生专业实践技能，具备专业知识应用能力；综合实践教学主要培养学生综合运用知识分析问题、解决问题的能力；创新实践教学作为第一课堂的延伸，主要通过课外科技活动、学科竞赛、科研训练、创新课题等对学生进行创新思维的训练，提升创新能力。

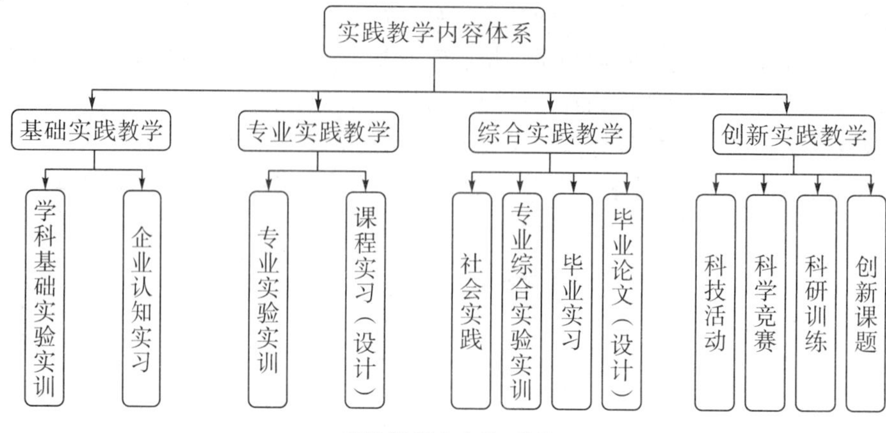

实践教学内容体系图

三、一体化实践教学资源的构建

实践教学资源是实践教学的保障层面，服从于实践教学目标和内容体系，主要涉及师资队伍建设、实验室建设、实习基地建设等方面。

（一）加强高质量“双师双能型”师资队伍建设

实践教学的师资培养是基础性工程，合适的培养模式是努力实现实践教学资源一体化的核心环节。首先鼓励教师考取各类职业资格证书，并派遣中青年骨干教师访学深造，通过“学习提高”，掌握更多的学科前沿知识、富有特色的研究方法和学术风格，切实提高教师的学术水平和教学质量；其次要充分利用校外实习基地，制定“教师企业进修制度”，鼓励专业教师到教学实践基地调研实习或挂职锻炼，促进专业教师理论与实际的结合，大力培养既具备讲授理论课能力、又具备指导实践实训能力的一体化教师，开展“双师双能型”教学团队的建设，为提高实践教学质量、培养“应用型人才”打下坚实基础；第三通过改善相关政策以及考核体系，吸引更多优质“双师双能型”教师。

（二）强化实验室开放制度建设

为了使学生能够利用业余时间进行实验、实训操作，要建立开放性实验室，安排适量的专业教师进行业余指导，适应“一体化”教学的要求，改变过去单一的教学方式。开放式实验室能够充分调动学生学习专业的积极性和主动性，提高学生的实际动手能力。

（三）增强优质校外实践基地建设

校外实践基地是学生将理论应用于实践，提高学生动手能力必不可少的场所。校外实践基地是确保一体化实践教学体系实施的关键，加强校外实践基地建设显得十分重要。因此，学校应本着“互惠互利”“校企双赢的合作理念，努力开辟优质校外实践基地，增强学校和企业的对接、专业和职业的对口、产学研一体化，适应各专业实践性、应用性、操作性要求，为学生提高专业技能提供更广阔的实践平台”。

四、一体化实践教学评价体系的构建

实践教学内容落到实处，实现实践教学目标，离不开制度上的保驾护航，因此，还必须加强实践教学评价体系的一体化。

（一）优化实践教学评价维度

目前对实践教学的评价机制还不够全面科学，通常在实践环节结束后，只是教师对学生实践结果进行评价，而学生不考评教师，即使有，也是流于形式，对教师教学业绩不构成实质性影响，从而造成教师重理论讲授、轻实践指导的现状，难以保证实践教学质量。因此，必须将对教师不具有约束性的单维评价机制转为双维评价机制，将学生评价体系和教师评价体系两个部分融为一体，相互促进，而且还应将学生对教师实践指导的评价结果与学生对教师课堂理论讲授的评价结果一起纳入学年末的教师教学质量业绩考核中去，实行教师教学质量业绩考核一体化，从制度上改变教师重理论讲授、轻实践指导的现状，促使教师对理论讲授和实践指导并重，在教学中切实做到理论与实践的有机结合，建设一支适应一体化教学需要的一体化师资队伍。

（二）细化实践教学评价指标

实践教学质量评价是很复杂的，无论是教师对学生实训成绩的评定还是学生对教师指导效果的评价，都不能仅重视结果的评价，还应重视对过程的评价。应在分析调研的基础上，结合专业实训状况，确定评价要素，在此基础上设定评价指标，指标应尽可能细化和量化，尽可能排除人为因素影响，使实践教学评价指标有机地融为一体，对实践教学质量进行准确合理的综合评价。

综上所述，一体化实践教学体系是一个分层级、多层次、全方位的实践教学体系，它充分考虑学生实践能力培养的层次化、资源利用的最大化、评价机制的科学化，形成以目标、内容、资源、评价为构建要素的一体化实践教学体系。其中以目标体系为构建基础、内容体系为构建主体、资源体系为构建条件、评价体系为构建机制，四位一体，既相互联系、相互递进又相互制约。通过一体化进行实践教学体系的整体构建、整体优化，做到实践教学与理论教学之间的有机结合、实践教学与职业岗位之间的零距离，从而实现应用型本科院校各专业的培养目标。

【参考文献】

[1] 吴丽艳，金元宝，王艳珍，等. 独立院校药学实践教学方法的改革与实践［J］. 教育教学论坛，2018（5）：131－132.

[2] 陈利强，刘立红，孙晶，等. 地方本科院校应用化学专业实践教学体系的构建与创新［J］. 山西农经，2017（12）：105－106.

[3] 杨金田. 化学化工专业大学生实践教学体系的构筑［J］. 湖州师范学院学报，2008，30（1）：128－132.

[4] 金凌虹. 地方本科院校应用型人才的培养路径选择［J］. 教育理论与实践，2009（4）：24－26.

音乐与演艺学院实践育人工作总结汇报

何凤先*

抓好高校实践育人工作，是全面落实党的教育方针，大力提高高等教育质量的必然要求，是高校德育工作的重要环节，是大学生健康成长、成才的重要载体。党和国家历来高度重视实践工作，坚持教育与社会实践相结合，是党的教育方针的重要内容。坚持理论学习、创新思维与社会实践相统一，坚持向实践学习、向人民群众学习，是大学生成长成才的必由之路。进一步加强高校实践育人工作，对不断增强学生服务国家、服务人民的社会责任感、勇于探索的创新精神、善于解决问题的实践能力，具有不可替代的重要作用；对坚定学生在中国共产党领导下，走中国特色社会主义道路，为实现中华民族伟大复兴而奋斗，自觉成长为中国特色社会主义合格建设者和可靠接班人，具有极其重要的意义；对深化教育教学改革、提高人才培养质量，服务于加快转变经济发展方式、建设创新型国家和人力资源强国，具有重要而深远的意义。音乐与演艺学院秉承“博文大理，厚德笃行”的校训，立足川东，面向全国。

在教育部、省教育厅的领导下，我院带领全体师生以十八大精神为指导，深入贯彻党的教育方针，大力实施素质教育，与时俱进，开拓创新，使我院育人工作稳步健康向前发展。现将我院近两年来的实践育人工作汇报如下。

一、召开音演学院首届教育教学实习实践研讨会

为进步巩固加深我院与达州三十余所中小学教学实践育人的协作，共同探讨新形势下高素质应用型人才的培养方式，我院于 2016 年 12 月 21 日召开了实习实践研讨会。出席会议的有学校王成端书记、侯忠明副书记、李壮成校长等各职能部门负责人和达州市 35 个实习实践基地法人。会议对我院实习实践基地的特色、成功经验和存在问题进行了充分讨论，对实习实践基地合作育人进一步进行了梳理。王成端书记为新加入的实习基地进行了现场授牌。

* 何凤先，男，副教授，研究方向：声乐、声乐教学法。

二、用亲和之心架设教育之桥

我们经常这样扪心自问：做一名优秀的教师，最重要的究竟是什么？优美的语言，广博的知识，还是丰富的经验？终于，我们发现，这些都是一名优秀教师不可或缺的优秀品质，但更重要的是爱心——穿越心灵的无私的真爱。师爱，是发自内心深处的真爱，是老师的体贴和关爱，它能使学生感到舒畅、亲切。一句恰如其分的赞扬和关心远远胜过冷冰冰的指责，这就是亲和力的作用。教育是育人的伟业，用真心触动学生的心弦，也同样能收获来自学生真诚的爱，如指路的明灯，能照亮学生前进的路程。“捧着一颗心来，不带半根草去”，这心，就是为师者赤诚的真心，如春风化雨，点点滴滴滋润学子心田。师德，绝不是简单的说教，而是一种无私精神的体现，一种不息的师魂！

三、用无私之心铺就事业之路

教师对学生的爱应该是博大无私、宽广无边的，也是无微不至的。教师，可以感染同事，同心同德，齐心协力；可以感染家长，树立威信，真诚沟通；可以感染学生，积极进取，勤奋努力；更可以感动社会，爱岗敬业。

四、用研究者之心搭建教学实践之梯

在学校“科研兴校，内涵发展”思想的引领下，我们认真钻研，努力实践，优化课堂结构，提高课堂实效。2017 年 4 月我们跟实习单位共同商议，把实习分为四个阶段。第一个阶段是见习期，第二个阶段是教学期，第三个阶段是实习实践的成果展示期，第四个是成绩评定期。同时，学院实行了艺体教师导师制和以校为单位的小组负责制。学院分管领导和老师们对集中实习单位的学生及时进行指导并督促其实习工作。

五、“知行合一”协同实践的育人模式

“知”就是要求学生学好专业知识、提高综合素养；“行”就是学校要努力为大学生搭建实践平台，让学生用掌握的知识去实践。两年来，我院开展了各类活动，如一年一度的春季拔河比赛、促进师生互动的“音乐桥”，等等，这些活动都进一步增强了学生的实践意识。此外，我院还为音乐舞蹈专业的学生联系了通川区一小、通川区七小、通川区八小、通川区八中、通川区实验小学等实习实践基地进行教学实践，为今后学生进入中小学就业积累了宝贵的经验。

六、言传身教，严格要求

言传身教、严格要求是提高教学质量的催化剂，中国古代教育家孔子说：“其身正，不令而行；其身不正，虽令不从。”教育实践表明，教师的道德品质、治学态度、工作作风、生活态度，乃至一言一行，都直接或间接地影响着学生的心灵。正因为言传身教有着这种特殊的育人效用，所以教师的行为规范也就成了一种重要的教育手段和途径。因此，在某种意义说，人才的素质主要取决于教师的思想政治素质和业务水平。教师要在学生心目中树立崇高的威信，首先必须具有渊博的知识和严谨的治学态度。教师的言

行对学生起着潜移默化的作用，有时简单的一句话会给学生留下终生难忘的印象。教师展示的不仅是丰富的科学知识、严谨的教学风范、解决问题的方式方法，还有教师的个性及心理素质。教师在课堂上的一言一行，学生尽收眼底，因此教师在课堂上所表现的品质会潜移默化地感染学生，在“教书”的同时起着“育人”的良好作用。严以自律，以身作则，垂范后学。此外，教师还要关心学生，课后倾听学生的声音，做学生的良师益友。爱是人类的情感之一，情感就是人们对于客观事物是否符合个人需要而产生的态度及情绪体验，它在教育过程中具有巨大的作用。

学院在全体师生的共同努力下，在育人工作方面取得了一定的成绩，但是相比之下，我们也深深感到与兄弟院校、与家长的期望还有一定的距离，希望学校领导给予宝贵的建议。我们将继续努力，开拓进取，锐意创新，努力提高我校全面育人的质量和水平。

搭建实践教育平台　创新实践育人模式

——美术学院实践育人工作总结报告

王赠怡*

高校实践育人的工作具有十分重要的意义，2012 年《教育部等部门关于进一步加强高校实践育人工作的若干意见》指出："坚持理论学习，创新思维与社会实践相统一，坚持向实践学习，向人民群众学习，是大学生成长成才的必由之路。"美术学院结合国家要求和社会需求，围绕学校"三心四能五复合"培养目标，高度注重实践教育在人才培养中的重要地位，努力探索、创新实践育人的方式和方法，近两年来学院在实践育人工作方面获得了一些经验，主要体现在以下三个方面。

一、夯实实践教学的基础，加强实践育人的保障

学院根据刁永锋校长 2017 年《以本科教学工作审核评估为导向全力推进学校整体转型发展落地落实》工作报告对"加强实践教育教学改革"的要求，着力做好以下几点工作。

其一，为实践教学的实施提供有利的条件保障：首先，加强实验的软件和硬件建设，完善实验教学体系。学院着力规范仪器设备计划申报论证和招标采购工作，努力建设一批设备先进、技术先进、功能齐全的，能够满足实践教学以及服务社会的重点实训室。其次，加强实训室内涵建设，提高实训室管理水平。强化管理，履行职责，提高管理水平，建设一支结构合理、专兼结合、技术过硬的实训室管理队伍。规范实验实训的管理，提高教学质量。第三，加大实践教学检查力度，开展期初、期中、期末实践教学检查，按教学大纲要求，开足开好实践实训课，做到实践实训有计划、有操作过程记录、有实践实训总结。第四，创新实践教学的形式，开展多样化的对外合作。

其二，抓好课堂内外实践教学的环节。学院要求实践教学提前安排，要有计划，有申报，有完善的实施过程，有安全保障。

其三，认真组织好学生的实践教学工作。实践学习主要有教育实践学习和企业实践学习两种形式。教育实践学习主要在机关事业单位中开展；企业实践学习主要通过公

---

* 王赠怡，男，教授。研究方向：艺术美学、中国美学。

司、企业来完成。

二、梯度性搭建实践教学平台，多渠道创新实践育人模式

为获得实践育人的最佳效果，美术学院充分考虑大学生身体和心理发展的阶段性和适应能力，注重实践教学平台建设的梯度性，逐步拓展实践育人的广度和深度，不断探索对渠道创新实践育人的培养模式，建立、建全实践育人的长效机制。

（一）重视校内学习在培养学生实践意识和实践能力方面所起的基础性作用

美术学院注意培养师生树立广义的实践平台观，让老师和学生习惯于把课堂学习、作品展览、课题申报、成果转化、成果深化、实训竞赛、创新创业等教育学习环节作为锤炼学生实践意识和培养学生实践能力的基础性实践育人平台，而不把校内学习环节如课堂学习、课题申报、论文撰写等与狭隘的实践观对立起来。譬如利用课堂学习锻炼学生的表达能力、逻辑思辨能力同样属于培养学生实践能力的行为，因此，我们可以把校内学习的各个环节称之为基础性实践育人平台，其在培养人才方面起着奠基的作用。虽然校内学习环节少不了在专用教室、雕塑实训室、陶艺实训室等场地利用实践设备展开技能性较强的训练，但是这样的实践育人活动仍旧是基础性的，这种实践就是一种能力学习，而不是劳动者的劳动，故而不具备社会化劳动的特征。

（二）注重校外实践基地在实践育人过程中所起到的过渡性作用

在校外实践基地的实践过程中虽然带有劳动化特征，但是劳动化不是主要的，学生不是以社会劳动生产者的身份出现在社会生产关系中，专业训练仍然起着主导作用。

此外，学院还构建了19个稳定的实践教学基地，主要包括：

学校类——宣汉职业中学、宣汉教师进修学校、通川区第一小学校、通川区第七小学校、通川区实验小学、达州市第一中学、通川区金山小学校。

企业类——达州市概念广告公司、达州市中欧广告公司、力方国际数字科技有限公司、宣汉巴山大峡谷写生基地、湘西景森文化创意写生基地、渠县万花谷写生基地等单位。

上述企事业单位为学生的专业见习、毕业实习、艺术采风等校外实践教学提供了有力保障。

（三）注重通过校企合作的社会化实践育人平台检验学生的专业技能

学院根据刁永锋校长“加强校企合作，建设企业课程，推动企业教育与引进企业入驻”的校企合作指导方针，通过项目化实践教学平台，创新人才培养模式。在这个过程中，学生实践的劳动化程度高，学生是以劳动者的身份出现在这个由校企共同搭建的实践育人的平台中，其实践能力要接受社会化的检验。美术学院实现项目化实践教学的方式是一种人才培养方式，是应用型专业发展的必然趋势。美术学院在院校合作整体发展良好的势头下，陆续与多家企事业单位签订了院校合作协议。学院先后与四川华迪、成都力方、昱帆装饰、九木堂装饰、尚格装饰、星艺装饰、三星装饰、晴星装饰、云木装饰等公司建立广泛的合作关系。拟成立“四川文理博大公共艺术分公司”，以“产教融

合、校企合作、资源共享、平台共建、共育人才”为公司发展目标，整合美术学院智力及设备资源，以公司化运营模式，探索“项目化教学”的实践路径。

学院在理清人才培养的具体规格、相关专业的岗位群，以及相应岗位所需的知识、能力、素质等要求下，完成了美术学专业人才培养方案、课程体系设置和教学（实践教学）大纲，为培养适应相关岗位的人才打下坚实基础。如在人才培养方面，我们增加了许多有专业针对性的课程。针对四川省中小学美术师资缺口较大的情况，我院增加了与师范技能相关的课程，极大地推进了学校教学改革的深入。

此外，我院支持专业教师深入行业第一线，了解行业发展现状及行业发展的最新需求，在此基础上，积极拓展教学内容和更新教学方法。

三、实践育人工作需要完善的地方

虽然我院在实践育人工作方面取得了一些成绩，但也存在一些不足。具体表现在以下方面：实践育人资源分配不均，部分新办专业校外实践基地开拓不够；部分实践教学秩序有临时变动现象的发生；部分实践育人方式无过多贡献，不能很好地培养人，等等。在接下来的时间里，我院将在教育部、教育厅、学校相关文件精神指导下，吸收国内外先进的实践育人理念，从制度建设、资金支持、领导关怀这三个方面进行弥补和改进，以更好地推进实践育人工作。

“三型”人才协同共育模式的实践探索研究
——来自康养产业学院的尝试

靳能泉*

一、引言

十八大报告指出，高校走内涵式发展道路，必须坚持以人才培养为根本任务、着力推进创新人才培养模式的转变，坚持以协同创新为突破口、着力实现创新发展模式的转变；以此促进大学向创新驱动、内生力量驱动转型发展，形成学校科学发展的内生驱动力。2012 年教育部、财政部联合颁发的《关于实施高等学校创新能力提升计划的意见》明确指出，“引导和支持高等学校同科研机构、行业企业开展深度合作，建立战略联盟，探索创新要素有机融合的新机制，加快学科交叉融合，推动教育、科技、经济、文化互动，实现人才培养质量、科学研究能力和创新能力的显著与持续提升”。2015 年，教育部、国家发展改革委员会、财政部印发《关于引导部分地方普通本科高校向应用型转变的指导意见》，要求作为培养地方人才的地方本科高校更应该牢牢抓住专业集群建设这个重点，使得专业集群与地方产业集群相互融合、互相支撑，探索出一条满足地方需求、产教融合的高等教育发展新路。这些政策制度架构都对应用型本科院校尽快转向产教融合、协同育人的创新发展、协调发展、开放发展和共享发展轨道提供了强力的支撑、提出了强烈的要求。尤其在共享经济条件下，人们对事业共建、职业需求与系统教育之间的隔阂越来越反感，对其融通互动的呼声越来越高，这更加需要教育系统尤其是应用型本科院校及时回应并设法满足，积极培养适合学生发展需求、社会行业认可和职业岗位需要的职业型、服务型、应用型人才。

康养产业学院自 2016 年成立以来，在认真贯彻落实“育人为本、德育为先”，“立德树人、立业立心”等教育教学理念和方针的同时，牢牢把握工商管理教育面向企业、面向社区、面向一线、面向实操的具体要求和现代服务人才培养使用的“应用性、需求性”导向，及时明确专业性人才未来发展所需的立职（职业型）、立岗（服务型）和立业（应用型）指向，不断探索与企事业单位协同共育“三型”人才的机制和路子，进一

---

* 靳能泉，男，教授，研究方向：会计理论、财务管理应用及民营经济。

步增强了“三型”人才的就业面、适应性和新活力。

二、协同解决五大问题，消除“三型”人才培养困惑

虽然国家对普通本科院校明确提出了“厚基础、宽口径”，对普专、职专明确提出了“以服务为宗旨、以就业为导向、理论够用、实践为重”的育人思想，但对这些都缺少进一步的细化说明。甚至有些学校提出人才培养要以国家需要为前提、社会需求为导向、通识教育为基础，或者是能力培养为本位、知识应用为基础、创新能力为目标，但这同样缺乏可量化、可操作的具体指标和办法，从而致使所培养人才的能力目标不清晰，专业能力不足不厚不稳。即或是高度重视和强化实践教学，但究竟是以学校课堂内的理论教学为主、校外统一安排见习实习为辅，还是采用学校课堂理论教学、学校实训室模拟仿真教学、校外企业专业实践教学和学生自主体验职业与岗位学习兼顾并融合的培养方式方法，基本上都是公婆占理，莫衷一是。对此必须及时梳理并有效解决。

（一）以明确的培养思想解决思路不清的问题

在人才培养实践探索中，我们认真践行“学生主体、教师主导、环境育人、社会合作”的办学思路，积极推动学校“四化一体”人才培养模式改革、人才培养知识体系新格局构建、“三心四能五复合”人才塑造，倍加注重学生实践技能、应用能力创新精神和健全人格、健康心智、健美形象的培养。在此基础上，我们提出了“人才立院、质量兴院、服务活院、管理强院”的办学宗旨，“师生为本、和合精进、四化一体、共享大成”的办学方针，全人教育和职业化教育的办学理念，“一切为了学生的发展、为了一切学生的发展、为了学生的一切发展”的育人思想，“内修、外圆”的学院训言，“博学修身、厚德纯正”的学院精神。同时明确了“立足地方、服务社会、融入市场、强化质量”的教管定位和“产业指向行业、行业凸显专业、专业夯实学业、学业带动就业、就业面向职业”的专业建设改革思想，加大了“确立教学中心地位、实施教学质量工程、全面提高教学质量”的人才质量保障；并以基于工作过程和岗位能力的课程要求创建直观学习情景为原则，狠抓教学常规与常态，营造全员参与、全程监控、全面规范的教学管理服务氛围，强化了以“教学做用悟相结合、产学研训创相配合”为主导的教书育人观，以整体性、发展性、转化性教育为主流的全人教育观、以“三走、三请、三动”方略为主线的职业化教育观。

（二）以健全的组织机构解决保障乏力的问题

学院组建后，我们新成立了专业建设领导委员会、专业建设指导委员会和教材建设指导委员会等，加强了专业建设、课程设置、教材选编等工作的领导和指导。成立了社会实践领导工作小组、见习实习指导小组等，加强了实践教学的事前动员、事中检查、事后总结和表彰工作，以及校外企事业单位的联系与合作、校内有关职能部门的协调与沟通工作。尤其是专业建设指导委员会，有企业高管和中层参与，增强了专业建设的指导性和实用性。

（三）以完备的规划制度解决工作迷茫的问题

学院先后制定了“十三五规划”、人才培养方案制定的原则意见、人才培养方案修

订的原则意见、专业建设规定、课程建设规定、教材建设规定、精品课程建设规定、社会实践管理办法、见习管理办法、实习管理办法、毕业论文（设计）管理办法等规划制度近90项，使得教师和管理队伍岗位职责明确、党建与思想政治教育思路清晰，教学计划管理、教学运行管理、教学队伍管理、教学基本建设、实践教学管理、学生管理、教学质量管理、教学研究与改革等有法可依，专业建设、课程设置、教材选编等有的放矢，学生社会实践、见习实习指导和专业素养、职业操守培养有力有效。

（四）以开放的共享共赢解决协同不力的问题

我们按照不求所有、但求所用的原则以及“合作共享、互惠双赢”的思路，通过签订“校企合作协议”“共青团创业实践基地”等方式，继续加强了与合作方平时联系、节假时问候、关键时拜访、重要时商谈工作的互动模式；继续开展了共同参与课程实践、课堂实践和教材、教法、制度等实践性研究与改革环节的各项工作；继续灵活了课程论文、项目教学、现场教学、调查研究、案例分析等实践性教学方式。尤其是加强了以“写、说、算、变、创”五种技能为核心的多方面训练和考评，从时间、内容和要求等方面确保学生知识的获得感、能力的增强感、素质的提升感。

（五）以共同的愿景解决隐忍不绝的问题

在一年多的实践探索中，校政企明确了协同共育的教学、科研、服务和管理愿景，包括“三型”人才协同共育的组织体系、制度体系、监督体系和考评体系愿景，实践教学方式、空间、场所、形式愿景，教学管理、教学资源、专业吸附力及影响力、社会评价度认可度愿景，等等。围绕这些愿景，我们牢牢把握住“育人为本、德育为先、教学为主、能力为要”的办学方向，始终坚持以学科建设为龙头、人才培养为核心、实践教学和特色专业建设为重点的发展思路，不断提振学生学习兴趣，积极发展学生个性、发扬学生特长、发挥学生优势，逐步放大学生的获得感、自信心、满意度，全面刷新学生的就业率、适应性与晋升格局。也正是因为这些愿景及配套举措，学院教学水平、科研能力和服务面向得到展延，学风教风不断良化，较好地证明了“三型”人才协同共育中所采用的一些方法与手段的正确性，有力地解决了曾经所有的犹豫不决、论而不断、瞻前顾后的思想包袱和行为迟缓等问题，坚定了用现有好思路、好做法、好经验继续做好“三型”人才协同共育的信心和决心。

三、协同助推五项工作，凸显“三型”人才培养亮点

“三型”人才协同共育需要理论与实践的融合与促进，必须满足各专业的人才需求和岗位需要。具体实践时，要不断推进专业人才的职业化教育、专业化培养和服务性建设，切实发挥相应的组织机构和三大育人系统（即教师“教”“授”育人系统、学生“学”“习”育人系统、社会“训”“练”育人系统）及其具体执行机制的作用。

（一）以市场为导向，调整人才培养方案

人才培养方案是进行教学设计的首要环节，是按照人才标准与培养目标，以及人才能力和品德的形成发展规律，对培养过程、培养方式和课程体系的总体设计，是学校保

证教学质量权威性的核心教学文件，是安排教学任务、进行教学管理的基本依据。在制定人才培养方案时，课程设置要更加精准地针对市场的需求，学时安排要更加凸显理论和实践的均衡，学生选读要更加彰显个性和爱好的优势。也就是说，从人才培养方案的整体设计应集中针对教育教学的四个面向（服务应用型人才的职业化培养应面向各级人民政府、各种类别企业、各种经济形式、各种科研机构）、从加强教育教学主体建设到凸显实践教学的地位作用、夯实实践教学的内容和改进实践教学的方法等方面，都要制定明确的目标、方向和措施，都得紧密结合地方社会经济发展、管理服务改革和学生自身建设的要求。

（二）以课堂为根基，编制专业系列教材

一般所说的课堂主要指学校的教室、机房、校内实验实训室，现在我们需要将其扩展到除学校室内课堂以外的其他场所，如项目现场、企事业单位、会议室或活动地等。同时，在网络化、信息化、数据化时代，教学内容也远远不是纸质教材能满足的，需要符合实际情况、满足现实要求、理例兼容的补充材料及配套资料。因此，围绕广义的课堂，编制广义的教材就显得十分必要和迫切，尤其是新兴专业。我们已出版的《物业管理学》《物业管理实务》《物业服务企业会计》和将出版《分类物业管理》《物业服务企业财务管理》《物业经营管理》系列教材，正是按此进行编制的。在具体编制中，我们邀请了部分高校、企业人员参与。在编制过程中，我们先拟定编制原则、编制要求、编制体例和编制大纲，充分体现理论知识、专业指导、实验实训“三合一”，教、学、做、用“四重奏”，教学目标、时间、空间、资源和形式的“五交融”等特点。以“就业导向”为宗旨，按照每章中有“本章要点”和“本章目标”、每节后附有“专业指导”和“实验实训”的体例，着力突出“科学性”和“实操性”，多方面夯实学生的专业理论，积极培养学生“写作、协作与合作能力”，以及“发现问题、分析问题和解决问题”的能力等，我校“全国物业管理专业应用型人才培养规划系列教材”，已被全国十余所物业管理本科院校选为该专业的专业教材，反响较好、效果明显。

（三）以企业为平台，培养学生实践能力

为适应社会对专业人才的需求和产业发展的需要，进一步推进和强化“三型”人才协同共育，有效培养学生的实践能力和创新精神，向社会、行业输送合格人才，我们积极与企业合作，全方位培养人才。比如，成都万科物业服务有限公司作为我校的实践教学基地，他们根据岗位需求接受物业管理专业学生到该单位进行顶岗实习、专业见习，我们根据教学安排选派学生和教师参与教学实践；而我们作为成都万科物业人才培养基地，聘请该公司专家及管理人员和我们的老师共同组成专业建设指导委员会，共同参与专业建设、课程建设、教材建设及人才培养方案的修订，共同探讨工、学结合的人才培养模式，构建校企合作人才培养框架。此外，该公司还在学院设立“万科奖学金班”，学院每年为该公司培养 50 名物业管理专业学生，双方共同制定教学计划、教学要求，共同确定培训教材和教学方法，公司根据工作岗位需要将所需知识、技能、综合素质等以“万科植入培训”的方式与专业课程培养标准相结合，通过理论教学、工学交替、顶岗实习等方式在大学教学过程中有计划地开展，并在合作方案中细化分配理论学习和实践锻炼的时间和方式，并设定“万科奖学金”的获得标准和要求。通过这些协同育人实践，学生较顺利地走上“万科”岗位并获得不错的发展平台和岗位晋升空间。“成都嘉善商务服务管理有限公司”与我们采用“嘉善圆梦计划”的合作方式，即企业与物业管理专业学生签订“圆梦计划协议”，对签订协议的学生进行奖学金资助，帮助学生完成大学学业并直接就业。具体资助时间为第三、五、七学期，但同时在下一个学期对上一学期所资助对象进行综合测评，检测其是否达到资助要求，以决定是否在下一个学年对其实施继续资助；同时，还要完成对资助对象的整体评价，最后报告给合作企业决定是否录取该资助对象上岗。这些“学校、学生和企业”三方协同，专业学习、职业训练、就业指定的三面育人，可行性强、成效显著，是很好的协同育人经验，值得深挖。

（四）以校园为港湾，孵化学生创业梦想

学院根据各专业都是应用型很强并市场化极高的朝阳专业的特点，紧跟“大众创业、万众创新”的时代步伐和“大康养、大物业、大协同”的合奏节拍，在做好第一课堂的同时，丰富发展第二课堂、第三课堂，让学生的梦想从校园港湾起航破浪、让学生的希望从校园腾空飞翔。我们将第一课堂与第二课堂的各项安排在人才培养方案中进行了组合设计，积极构建专业类活动与综合类活动密切协作、课堂内参与与课堂外参与有机结合的机制；并通过组织学生参与学术科技类和专业竞赛类活动、实践教学基地的文娱体育类和专业技术类活动、修圆物业服务有限公司（以下简称“修圆物业”）的业务类活动和生活类活动，以及其他的实习经验交流会、考研经验交流会、校友报告会等，进一步丰富了第二课堂。同时，我们以“修圆物业”任职、“学创杯”竞赛前仿真训练、企业顶岗作为第三课堂，让学生在积极参与、大胆工作中孵化创业梦想、成就美好人生。比如，作为我校唯一一个专业性模拟企业的“修圆物业”，完全按照实体企业开办的程序设置、按照实体企业工作流程和管理规程运作，在“内修、外圆”的企业宗旨下，明确业务范围和经营方向，让学生在竞选总经理、副总经理和部门经理、副经理中熟悉企业使命和经营规则，让学生在招聘、录用、考评中体验人力资源管理魅力，让学生在定期开展的物业管理宣传周、模拟招投标大赛、市场调研策划、周末实践、定岗轮岗锻炼和其他业务中感悟专业的强度、产业的厚度、职业的宽度和事业的长度。这些活动基本上都是深入企业并通过合作方式完成的，使得学生的创业梦想不断升华、执业理想不断丰满。

（五）以知识为源泉，培养企业后备人才

“三型”人才协同共育以实操为突破口，通过校内、校外的两个教育循环，全面培养人才的专业素养、职业技能、责任意识、创新精神、管理能力和服务品质等，促使所培养的人真正成为国家需要、社会需求、单位满意、个人成功的职业型、服务型和应用型人才。校内教育以教室课堂为主体、以“修圆物业”为主打、以实验实训室为主导，全面开展“写、说、算、变、创”的训练；校外教育通过与住建部门及成都万科物业服务有限公司、成都嘉善商务管理服务公司、成都华玮物业、保利重庆物业和达州市一些物业服务企业及社区街道等长期合作的方式，开设“万科奖学金班”、实施“嘉善圆梦计划”、设置“校友创新创业基金”、开展“定向培养班”和“专题培训课”，形成了定期见习实习以及与企业共抓实践育人、共研专业建设、共育导师队伍、共享资源优势的运行机制。比如，在物业管理专业建设和人才培养中，我们明确提出了物业管理人才规格所需的学科目标、专业目标、技能目标和人文目标，随着学院“协同共育”理念的推广及共育人才的直接影响，越来越多的企业尤其是物业服务企业主动联系学院对其开展形式多样的专业人才培训，主动到校招聘宣讲。四川省宏冶公司在 2014 年委托学院对其开展为期 1 周的“物业管理综合能力研修班”，经过实践检验之后又继续联系学院对其新进职员、非科班职员等进行物业管理专业知识的系统培训，职员通过培训后回到工作岗位上进行实践锻炼。通过学院的培训，绝大部分学员很快晋升为公司中层及以上管理人员，担当起公司的重任。学院专业教师还为达州市物业管理专业委员会、达州市清新物业、达州市好吃街物业等开展多次培训和咨询活动。

四、结语

英国著名思想家约翰·密尔（Jhon. Mill）有句关于大学功能的名言，他说：“大学不是职业教育的场所，它不是为了教给人们一些谋生的知识……人们在成为律师、医生、商人和制造商之前必须先成人，如果你使他们成为有能力和明智的人，他们也将会成为有能力和明智的律师和医生。”虽然这句话常被人误解，并被借以扭曲大学教育的应用性；但其思想落脚点恰恰是人的职业能力提升，只不过这种职业能力的提升不应是即时性的知识、而应是基石性的品格。1999 年 UNESCO 召开的第二届国际技术与职业大会的“主题工作文件”中就明确指出：“对人的素质要求在变化，不仅是知识、技能的提高，更重要的是能应变、生存、发展。”因此，无论高校的类型是否明确定位于应用型，人才的应用价值都是其中的应有之义，即使是具有自由教育传统、崇尚大学精英文化的英国也是如此。地方本科院校应用型转型的意义是，在促进人的自我实现和服务社会发展的同时，重视人才培养的应用性，重视办学的应用型转型。我院对各专业加强“三型”人才协同共育，理应如此。

体育学院实践教学工作总结

李文华*

2017 年，学院本着实践教学工作是学院的一项重要工作之一，在做好实践教学管理工作的同时，严格执行实践教学的有关规章制度，自觉遵循教育教学规律，努力做到实践教学管理科学化、规范化、现代化。在上级主管部门、院领导的正确领导下，在学院全体教职工的共同努力下，圆满完成了各项实践教学工作任务。现总结如下。

一、认真做好实践教学管理，确保实践育人工作有序进行

我院认真做好实践教学计划、任务落实等工作，将实践育人纳入教育教学体系。我院非常重视实践育人工作，在思想政治教育和教学改革的过程中，坚持“快乐实践”理念，以“寻实践育人规律之真，务实践育人效果之实”的原则，促进大学生的全面发展和个性发展，确保实践教学工作的正常运行。特别是体育学院的实习工作，因专业的特殊性，所需实习单位较多，在具体落实任务的过程中存在着许多的困难。学院通过院领导及全体教师的共同努力，将实习工作一一落实，圆满地完成了本学年我院的实习教学工作。此外，学院力求实践健康发展的长效机制建设，确保实践育人贯穿于教育教学的全过程。

二、加强实践教学质量建设，切实提高实践育人水平

学院建立健全了学生实践教学工作管理和组织机制；建立健全了大学生社会实践基地建设机制。学院积极搭建专业课的社会实践教学平台，整合教学资源和师资力量，拓展更多稳定的专业实习基地。2018 年度在原有的实践教学基地的基础上增加了“菲仕特健身”，为社会体育指导与管理专业的实习创造条件；建立健全了大学生实践教学考评激励机制。学院建立了科学合理的实践教学质量监控体系，包括网络反馈、电话督查、教师访谈等，对大学生实践运行情况进行跟踪监控，及时反馈问题，同时学院强化过程和结果相结合，动机和效果相结合的评估方式，实事求是地评价学生实践教学成绩。学院修订了《体育学院实践教学管理办法》《实习管理制度》以及各学科实践教学

---

* 李文华，男，副教授，研究方向体育教学。

管理要求等，作为对学生进行考评、评定奖学金、评选先进、确定入党积极分子的依据之一，以多种方式督促和激励学生。

三、实践教学活动开展有声有色，凸现学生创新能力培养

为了将我院教育实践活动开展得有声有色，不流于形式，不走过场，教育实践活动领导小组结合学生实际和学校特点，认真组织开展了丰富多彩的教育实践活动。体育学院领导高度重视，合理部署，把教育教学实践活动落到实处。

（一）教育教学实习有独到之处

学院开展了看课、试教、说课、实习等形式的实习实训工作。看课：由体育学院经验丰富的教师上公开课，大三学生参加看课、评课，了解体育教学过程、教学结构；试教：大三下学期学生分组参加大一公共体育课的试教，通过备课、看课、试教、评课等形式，了解体育教学的基本情况以及目前中小学基础教育改革的实施方案，使学生尽快地接触体育教学。说课：利用教材教法课，让学生走上讲台进行讲课、说课的锻炼，加强实践教学环节，锻炼学生的语言表达能力，培养师范技能，提高学生理论水平，给学生提供了一个展现自我的平台，且举办了说课比赛。我院每年毕业生参加教师公招考试，效果较好。本届教育实习按照教务处要求，我们体育学院采用集中实习的方式进行。实习期间，实习生能认真参加实习学校的政治学习，强化自身素质，为人师表，能给学生树立一个良好的教师形象。教育教学期间能重点把握学生的思想品德教育、养成教育。学生通过集中三个月的实习，了解了教师的职责，逐步规范了自己的言行，且效果较好。教学方面，在第一周的见习期间，学生能认真听课，向指导教师学习先进的教学经验、在课堂教学中如何提高学生的学习兴趣等，能做到不懂就向教师请教，初步把所学的理论知识与教学实践结合起来。在实习期间，学生在指导教师的指导下，认真备课，精心设计，把自己所学的体育专业知识、技术、技能和教育学科的相关理论知识用于教学实践之中。能把新的教学理念带入课堂教学，能抓住体育教学的特点，做到先备课，让指导教师检查后进行试讲，最后上课。同时认真参加听课、评课，虚心听取指导教师的意见，发扬优点，改正不足之处，正确地对待本次实习。能力方面：在班主任实习实训工作中，学生在原班主任教师的指导下，听取该班的情况介绍，针对该班的具体情况，认真开展班主任工作。大多数实习生早晚跟班学习，了解学生的学习、生活情况，与学生打成一片。课余活动：带领学生认真参加早操、课间操及课外体育活动。同时有很多同学带了田径、篮球、足球、健美操等校代表队，早晚组织训练，受到实习学校领导和教师的好评。运动竞赛：大多数实习生都为实习学校组织开展了田径、球类、广播体操等校运会，提高了自身的组织能力。通过实习，学生已初步了解了基础教育现状，为毕业后走上教育岗位打下了良好的基础。

（二）精心组织、认真做好毕业论文管理工作

体育学院 2017 届本科毕业论文（设计）工作从第七学期（2016 年 6 月）全面展开，至第八学期论文答辩、材料整理、分析总结完成后结束。经过两个阶段答辩，学生论文答辩于 2017 年 6 月 12 日全部结束，本届毕业论文答辩采用集中答辩的方式进行，

实行组长负责制。全年级最高分为83.8分，最低分为63.1分，最后由答辩委员会统一评定，推选出18篇校级优秀论文。

（三）近年来，我院组织学生参加各级各类比赛，均获得很好的成绩

2017年3月31日至4月2日，我院付宏教师带领学生刘杨秋、汪林春、袁楚尧、余仿、何兴治、李弘毅、邱俊源、逮瑞敏、郭岳鑫、杨刚、吴云杰、苏中文参加了由中国大学生体育协会和四川省教育厅主办的2016—2017“特步”中国大学生五人制足球联赛（四川赛区），获省级三等奖；2017年4月20日，冉卫东教师带领学生熊庆雪、梁艳秋、陈瑜、张国燕、周小丽、蒋凤珍、陈晓敏、刘露参加2017年四川省“运动健身、科学指导”系列活动（达州站），获市级一等奖；2017年4月24日至28日，由徐永燊教师带领学生丁李捷、何美琼、耿敏参加亚洲杯室内女子曲棍球比赛；2017年9月24日，由冉卫东教师带领学生曾子芮等参加由国家体育总局体操运动管理中心和中国健美操协会主办的全国全民健身操舞总决赛，获国家级大学组有氧舞蹈项目第一名；2017年10月12日至18日，由徐永燊老师带领丁李捷等十名学生参加由国家体育总局、全国大学生体育协会主办的第七届“宏奥杯”全国大学生曲棍球锦标赛，获国家级第二名；2017年10月27日，由唐绪明老师带领2015级健美操班17名学生参加由四川省教育厅主办的四川省健美操、啦啦操体育舞蹈三操大赛，获省级啦啦操花球规定动作一等奖、啦啦操自编花球动作一等奖，啦啦操自编街舞风格健美操获得第一名。

（四）各专业教师在抓好教学的同时，注重学生技能的培养

2017年我院学生取得了篮球、田径、足球、乒乓球、羽毛球、健美操、网球、武术等国家二级裁判员资格。

四、取得的经验和成绩

(1) 实践育人工作的开展首先要有领导的支持，其次要有各位教师的鼎力协助，各司其职，才能圆满完成好各项工作。

(2) 实践育人工作的开展离不开学校在人力、物力上的大力支持。

(3) 严把实践育人质量关。质量是关键，实践育人工作要注重以人为本的理念。关注学生的选择，结合学生自身发展的特点来开展相应的工作。

(4) 开展实践育人工作经验交流会，创新实践育人工作模式，以点带面、以局部带动全局，促进实践育人向更高层次迈进。同时要围绕学生就业作好实践育人的各项工作。

五、存在的问题及整改措施

(1) 加强对学生的素质训练，提高学生的整体素质。要求学生掌握扎实的基础理论、专业知识和基本技能，使学生适应中小学教育由应试教育向素质教育转变的要求。

(2) 加强实习前的培训，开设必要的讲座，指导学生实习，突出时效性和针对性，符合专业发展方向。

(3) 应加强对教育实习的规范化管理，做好对实习过程的监督、检查、指导工作。

（4）在实践育人工作中，缺少相应的奖惩机制。没有充分调动老师、学生的积极性。

六、整改措施

（1）加大对实践育人工作的人力、物力支持，在学生实习实训期间，加强与各实践育人基地的联系，了解各基地实习实训学生的学习、生活及工作情况，及时反馈至学校，从而建立起学校与各实习实训基地沟通的桥梁。

（2）在实践育人基地的选择上，尽量选择一些条件较好、师资力量相对较强的学校，请比较负责的老师负责同学的实践育人工作。同时考虑体育专业的实际情况，尽量在相应层次的基地完成相应的实践育人教学计划，对在实践育人工作中表现较优秀的老师，应给予奖励，从而提高教师的积极性。

（3）完善相应的实践育人管理规章制度，以制度管人，以理服人。

开拓实践育人新局面　培养“三心四能五复合”应用型人才

——教师教育学院实践教学工作总结

刘　箭*

【摘　要】　实践教学是高校课程体系的重要组成部分，是我校培养“三心四能五复合”应用型人才的重要途径。教师教育学院具有重视实践教学的优良传统，我院所开办的学前教育、小学教育、特殊教育、应用心理学专业具有很强的应用性，学院通过加强实践教学基地建设，开展社区服务活动、组织职业技能大赛、规范基本实践教学环节，以及开展学生实践活动，切实推进实践教学，积极开展实践教学的理论研究，形成了“观念明确、规划合理、管理规范、措施落地”的实践教学工作格局。

【关键词】　实践教学；组织管理；活动育人

一、实践教学工作的组织开展

（一）实践教学基地建设

为满足学前教育、小学教育、特殊教育、应用心理学专业的教学需要，我院建立了达州市机关幼儿园、达州市特殊教育学校、达州市民康医院、通川区第一小学等 24 个稳定的实践教学基地，近两年来，新增六一上观南城幼儿园等 3 个实践教学基地，这些基地单位为学生见习、顶岗实习、毕业实习提供了便利的平台。我院邀请基地单位部分领导和业务骨干，参与本科专业人才培养方案的编制、新生入学教育、实习生校内试讲、科研课题申报以及部分专业课协同教学等工作。特别是我院组织的近两届毕业实习校内试讲，每个指导小组安排 3 名教师，其中 2 名来自院内教师，另外 1 名来自基地单位教师，他们对试讲的精彩点评和细心指导，深受学生的喜爱和好评。

（二）社区服务活动

社会服务是大学的基本职能。教师教育学院积极主动、开拓创新，不断深化学院与

---

* 刘箭，男，讲师，研究方向：教育学。

地方合作的新项目、新路径，相继与达川区曹家梁社区、新桥社区、叶家湾社区建立合作关系，开展多样化的社区服务活动，主要包括心理健康教育知识宣传、现场心理咨询、心理情景剧表演、廉政心理文化建设、文艺节目表演等活动，学院为社区建“心理聊吧”，为社区居民建心理健康档案，在社区服务的基础上，组建研究团队，申报和建设与社区文化相关的横向科研项目，社区服务有效地提升了师生的服务水平和实践能力。

（三）职业技能大赛的组织

职业技能大赛是教师教育学院实践教学的传统特色活动。为了有序开展工作，我院成立了职业技能大赛工作领导小组，制订了大赛活动方案，比赛内容包括手抄报、三笔字、手工制作、演讲、朗诵、心理剧本创作等 11 项比赛项目，该项大赛具有持续时间长、项目设置多、师生参与面广的特点，目前已成功举办了四届比赛，通过职业技能大赛培养了学生多方面的职业技能，深受学生的广泛好评。

（四）基本实践教学环节的组织

1. 实验实训课教学

在实验实训课教学中，我院制定了教学大纲，教师按照教学大纲填写教学进度表，指导学生填写实验报告和实验运行记录，制定了成绩考核评定办法，为开展教学内容和教学方法改革，2018 年 3 月召开了实验实训课教学研讨会，重点研讨 2016 版本科专业人才培养方案和新教学管理文件，对实验实训课教学提出了新要求，了解了相应的调整变动情况。

2. 分阶段见习

为强化师范技能训练，积累教育教学经验，我院学前教育、小学教育、特殊教育专业制定了分阶段递进式见习计划：第 1 学期见习 3 天，第 2 至 7 学期各见习 1 周，并将该计划列入 2016 版本科专业人才培养方案。每学期由教育学教研室主任负责组织实施，先向教务处提交见习停课报告，再安排专业教师带队前往见习学校，教研室编制了三个师范专业见习手册，制定了成绩考核评定办法。

3. 毕业实习

学院成立了毕业实习工作领导小组，由教育学教研室主任负责填报毕业实习计划，召开实习生动员会，组织申报教师资格证的实习生进行校内试讲，实习生以集中为主、分散为辅，集中实习生由学院统一安排实习单位，分散实习生自主联系实习单位，学院抽查或定点检查实习情况，实习结束后组织学生开展实习总结、成绩评定和资料归档。2016 届共有 242 名学生完成了毕业实习，2017 届共有 241 名学生完成了毕业实习。

4. 毕业论文

学院成立了毕业论文工作领导小组，由教师教育教研室主任具体负责，组织教师编制毕业论文选题指南，安排指导教师，撰写开题报告，开展调查研究和论文写作，组织毕业论文答辩、成绩评定、优秀论文评选和资料归档。2016 届共有 169 名学生完成了毕业论文，2017 届共有 169 名学生完成了毕业论文。

（五）学生实践活动的开展

1. 师范生教学能力大赛

我院高度重视校级大学生教学能力大赛和省级师范生教学能力大赛，成立了教师教育学院教学能力大赛工作领导小组，制定了初赛方案，通过班级选拔赛和院级初赛，先推荐优秀选手参加校级竞赛，再推荐优秀选手参加省级竞赛，学院为参加校级和省级竞赛选手安排指导教师，开展有针对性的赛前训练，组织现场模拟赛，所有参赛学生的师范技能得以提高，部分优秀学生从比赛中脱颖而出。

2. 学生科研和创业活动

我院组织学生积极申报校级大学生科研项目，安排教师指导学生开展调研和写作，组织学生积极申报国家级、省级大学生创新创业训练计划项目，安排教师指导学生开展研究和创意创业活动，通过参与活动提高学生的科研意识和实践能力。

3. 其他学生实践活动

我院应用心理学专业学生在学生处和专业教师的指导下，积极开展心理健康知识宣传活动和现场心理咨询辅导活动，特别是在“5.25”“11.25”心理健康教育活动中有较为出色的表现。我院现有学生社团 4 个，其中手语协会的活动颇具特色，该协会已举办手语比赛四届，参加活动的相当一部分学生来自非特殊教育专业，这类活动对培养学生跨学科的职业技能非常有助益。学院党总支、团总支组织学生积极参加农民工子弟义务支教活动和青年志愿者服务活动。

二、实践教学的成绩和经验

（一）主要成绩

近两年来，我院学生获得四川省师范生教学能力大赛三等奖 3 人，获得校级大学生科研项目立项 13 项，结项 8 项，获得省级大学生创新创业训练计划项目 8 项，结项 4 项。学生舞蹈作品《背山・背水・背太阳》获得四川省第八届大学生艺术节舞蹈类普通组一等奖。我院与达川区曹家梁社区共建的“心理聊吧”被四川新闻网、四川都市网、达州市人民政府网、达州网、达州日报等省市媒体报道，开展的系列社区服务工作多次受到达州市达川区区委、区政府领导的高度评价。

（二）基本经验

1. 树立实践育人观念

地方高校的使命是培养运用型人才，在处理理论与实践的关系上应侧重于学生实践能力的培养，牢固树立实践育人观念。我院在长期的实践教学工作中，认识逐步提高，观念逐步清晰，学院领导在专业建设、课程体系建设中实践育人的取向明确；大多数教师具备实践育人意识，并自觉转化为教育教学行为；各专业学生能将实践能力的养成作为自身学习和成长的重要内容。

2. 强化组织管理职能

规范有序的实践教学离不开组织管理职能的发挥。我院严格按照学校的规章制度和教学管理文件开展实践教学活动，成立了毕业实习工作领导小组、毕业论文工作领导小组、职业技能大赛工作领导小组、教学能力大赛工作领导小组等管理机构，为实践教学的开展提高了组织保障。

3. 实际工作与理论研究相结合

没有理论的实践是盲目的实践，理论研究是实践教学的“助推器”。我院张桢老师主持的《地方高校自主开放实验的改革、创新与实践》（校级教学成果三等奖）即是对实验教学的理论探索；何树德教授主持的《四川文理学院与曹家梁社区、新桥社区、叶家湾社区合作进行心理咨询、社区文化教育服务建设》（达州市社区教育和职业培训项目）即是对社区服务活动的理论研究；李壮成教授主持的《高校特殊教育专业见习实习模式创新研究》（教育教学改革研究校级重点项目、省级项目）即是对见习、实习改革的理论升华。

三、存在的问题及今后工作思路

（一）存在的主要问题

1. 教师的实践能力有待提高

社区、中小学、家庭对教育学和心理学有巨大的市场需求，我院虽然开展了多方面的社会服务，但有些服务项目还没有承接能力，已承接的服务项目效果不尽理想，根本原因在于我们的教师理论研究的深度不够，尤其缺乏专业知识的转化能力。实验实训课教师具有丰富的学科理论知识，但他们大多经历单一，缺乏心理咨询、特殊儿童康复训练、中小学教育教学的“临床经验”，影响了实验实训的教学效果。

2. 见习实习指导与业务工作的矛盾

见习实习是基本的实践教学环节，对培养学生的实践能力至关重要。学生在见习实习过程中需要教师的悉心指导和严格管理，我们虽然安排了指导教师，但由于教学科研业务工作繁重，他们大多难以全程跟踪指导。在见习实习指导与业务工作关系的处理上，还未找到切实可行的办法，但又必须应对解决，否则见习实习的质量和效果难以得到保证。

（二）今后的工作思路

1. 强化实践教学的理论研究

我院特殊教育专业教师在见习实习过程中，最初萌生了多次实习的想法，后来在教改项目建设中开展理论成果的转化应用研究，形成了“分阶段见习+毕业实习”的新模式，并在学前教育、小学教育专业推广应用。实践教学的培养目标、课程体系、内容方法、考核评价等重要课题需要深入的学理探讨，我院今后的工作思路是分专题组建研究团队，梳理国内外理论研究成果，针对问题开展转化应用研究，将理论研究与实际工作紧密结合，基于实践开展研究，理论研究“反哺”实践，促进研究和实践的良性互动，全面提升实践教学质量。目前计划申报省级教育教学改革研究项目 1 项，校级项目 3 项。

2. 改革教学内容和教学方法

实验实训课教师除了利用好校内实验实训场所的仪器设备外，还可拓宽思路，将部分实训项目活动安排在实践教学基地进行现场教学。聘请幼儿园、小学和特殊教育学校部分领导和业务骨干与我院的教师联合开展协同教学。在毕业论文指导中，教科研方法和统计测量的教师要注重对学生进行文献综述、调查研究、数据处理等研究技能的实际训练，将课程论文列入考试成绩；要求低年级本科生积极申报大学生科研项目和创新创业项目，在实践中锻炼科研能力；在毕业论文开题初期组织讲座，选派多名科研经验丰富的教师开展专题培训。

构建“信、济、敏、能”的财经文化实践研究

——以财经管理学院财经文化建设实践为例*

傅忠贤**

【摘　要】 构建“信、济、敏、能”的财经文化是培养高素质应用型专业人才的需要，是推动财经管理专业转型发展的突破口和切入点。剖析构建“信、济、敏、能”的财经文化的科学价值，探讨“信、济、敏、能”的财经文化的基本内涵，从以诚信文化基地建设为依托、以留学生教育为抓手、以实践教学为重点、以教学质量保障体系建设为核心、以科学研究为纽带五个维度总结特色财经文化建构的实践经验，探索特色财经文化的发展路径。

【关键词】 财经文化；价值估量；体系建构；实践经验

财经管理学院是学校在资源整合中新组建的二级学院，设立有人力资源管理、财务管理、物流管理、审计学四个本科专业，招收留学生财务管理本科专业，在校学生规模1300余人。2016年学校成为全省整体转型发展示范高校，财经管理学院的转型发展也随同提上重要日程，2016年12月学院制定了《财经管理学院转型发展实施方案》，构建“信、济、敏、能”于一体的财经文化成为支撑财经管理学院转型发展的基础，也成为确立财经类人才培养目标的依据。

一、构建“信、济、敏、能”的财经文化的价值估量

“诚信、济世、敏学、尚能”，简称“信、济、敏、能”，构成了我院财经文化体系的核心价值理念，它既是凝心聚力的旗帜，也是转型发展的路标；既是财经文化的底色，也是人才培养的蓝图；既体现了财经文化的鲜明个性，也彰显了财经类专业人才的独特魅力。

---

* 基金来源：2017四川文理学院教育改革项目“转型发展协同育人背景下高校财经类人才培养综合改革实践研究”的阶段性成果，项目编号：2017JY40。

** 傅忠贤，教授，入选2017年达州市高端人才名录，现任财经管理学院院长，兼任达州市社科联副主席，主要研究方向：区域经济。

（一）构建“信、济、敏、能”于一体的财经文化是教育国际化进程加速和深入实施“一带一路”战略对财经类专业人才的深切呼唤

经济全球化催生教育国际化，教育国际化又进一步推动经济全球化。教育是全球共同事业，在教育国际化背景下，社会对人才素质提出了新要求，“厚基础、宽口径、复合型”成为人才培养关注的焦点。国际组织招募人才时更看重人才的“国际视野、社会交往能力、专业知识结构、管理经验、进取心和创新能力”。欧洲国家倡导的全人培养目标以“健康的人、独立的人、创造的人、道德的人”为主要内容①。“一带一路”战略秉持共商、共建、共享理念，聚焦设施联通、政策沟通、民心相通、资金融通、贸易畅通，作为携手沿线国家共同应对当前世界经济新挑战、“构建人类命运共同体”的“中国方案”，使金融、投资、国际贸易、市场营销、会计财税、电子商务、现代物流、人力资源管理等专业人才成为炙手可热的紧缺人才，而具有国际视野、独立精神、创新意识和可持续发展能力的人才更能够引领未来发展。财经类专业人才主要在经济建设主战场建功立业，直接经手或掌管人、财、物、信息等经济要素，是否具有“信、济、敏、能”的基本素养不仅直接关乎其成长成才，也直接关乎“一带一路”倡议的落实落地。

（二）构建“信、济、敏、能”于一体的财经文化是适应区域经济发展需要的必然选择

四川文理学院是四川省布局在川东北地区唯一一所省属普通本科院校，学校所在地达州既是第二次国内革命战争时期全国第二大苏区——川陕革命根据地的核心区域，也是国家集中连片扶贫攻坚区域——秦巴山区的重要组成部分，更是长江上游重要的生态屏障。随着五大发展新理念的贯彻落实②，2016 年国家出台《川陕革命老区振兴发展规划》，连同国家实施的“五位一体”总体布局③、“四个全面”战略布局④、创新驱动发展战略、中国制造 2025、“大众创业、万众创新”、区域发展三大战略⑤、“互联网+”、精准扶贫等国家重大战略的实施，这一切为川陕革命老区带来加快发展的宝贵历史机遇。川陕革命老区正在加快进行经济结构和产业结构的转型升级，传统产业转型升级和战略性新兴产业培育都在加速朝着低碳、绿色、循环、可持续轨道行进。地方院校只有立足地方、融入地方、服务地方才能培育出加快发展的新增长点。财经管理类专业与地方经济发展需求高度契合，必须培养出符合区域经济发展需要的具有核心竞争力的专业人才，才能顺利完成担负的“人才培养、科学研究、文化传承、服务社会”四大历史使命。基于当前经济建设中普遍存在的社会信用缺失、社会责任淡化、社会心态浮躁、创新创业能力不足等问题，财经管理学院作为财经类专业人才的培养输送基地，加快构建“信、济、敏、能”的财经文化具有特殊的紧迫感。

---

① 唐少清．全人教育模式的中外比较［J］．社会科学家．2014（12）：110－118

② 五大发展新理念：创新、协调、绿色、开放、共享的发展理念。

③ 五位一体：经济建设、政治建设、文化建设、社会建设、生态文明建设。

④ 四个全面：全面建成小康社会、全面深化改革、全面依法治国、全面从严治党。

⑤ 区域发展三大战略：“一带一路”、京津冀协同发展和长江经济带。

（三）构建“信、济、敏、能”于一体的财经文化是财经类专业对接学校“四圆同心”办学思路和“三心四能五复合”人才培养目标的切入点和突破口

“四圆同心”办学思路和“三心四能五复合”人才培养目标是学校针对14个二级学院从整体、全局上确立的学校发展模式①，财经管理学院具有特殊的院情，财经类专业具有独特的专业属性，既不能脱离学校整体发展轨道，也不能照抄照套学校提出的现成发展模式，必须从实际出发，走出一条既符合学校“建设高水平应用型大学”总体目标、“四圆同心”办学思路和“三心四能五复合”人才培养目标要求，又能体现自身专业优势和特色的发展道路，“诚信、济世、敏学、尚能”就是财经管理学院在实践中探索出的切入点和突破口。“诚信”和“社会担当与健全人格、职业操守与专业能力”的总体要求一致、“济世”能体现出“人文情怀与科学精神、历史眼光与全球视野、创新精神与批判思维”兼备的精神宗旨，“高度的责任心、持续的进取心、强烈的好奇心”是实现“敏学”的前提和基础，“学生主体、教师主导、环境育人、社会合作”是达到“敏学”要求的渠道和途径，“较强的表达能力、实践能力、创新能力与创业能力”本身就是“尚能”的最重要、最核心的内容和组成部分。

二、“信、济、敏、能”的财经文化的基本内涵

“信、济、敏、能”几个要素能够从总体上体现财经类专业人才区别于其他类型专业人才的特殊素质要求，是财经类人才培养目标的主要指标，是财经文化的“文化基因”。

“信”即诚信，是从“德”的角度对财经类人才提出的要求，即诚实、信用、真实、可靠、不欺骗、不怀疑，实事求是、说话算数、说到做到。“诚信”不仅是中华民族优秀传统道德的重要内容，是财经职业道德的核心要素，是财经学子终生践行的行为准则和职业操守，更是财经学子安身立命的可靠保证。因此，自古以来，中国人都把“背信弃义”作为人所不齿的最大罪恶，而把“诚实守信”当作毕生遵循的生命逻辑。“诚信”作为一种文化，还是个人、团体、企业、政府、社会应共同遵守的价值观、信念和行为方式，它体现了“知”和“行”、“主体性”和“社会规定性”的统一，不仅是整合人们利益关系的实现机制②，更是维护市场经济正常秩序的重要手段和可靠保障，是人生旅程中极为稀缺的战略性资源。

“济”即“济世”，是从“情”的角度对财经学子提出的要求。“济”在《说文解字》中从水，本义是渡过、通过，又有救济、周济、接济之意。我们赋予“济世”以经邦济世、经世济民、赈济苍生、周济天下、同舟共济的特殊意义，这不仅需要财经学子有博大宽广的胸襟，还要有强烈的社会责任感，把“济世”列为财经文化的核心要素和人才

① “四圆同心”办学思路：学生主体、教师主导、环境育人、社会合作；“三心四能五复合”的人才培养目标：着力把学生培养成具有高度的责任心、持续的进取心、强烈的好奇心，具有较强的表达能力、实践能力、创新能力与创业能力，具有优良的社会担当与健全人格、职业操守与专业能力、人文情怀与科学精神、历史眼光与全球视野、创新精神与批判思维等复合品质的高素质、应用型、复合型人才。

② 陈丽媛．构建财经职业学校诚信文化体系［D］．沈阳：沈阳师范大学，2005（9）：13-14.

培养的具体目标，能够体现财经学子以国富民强、民族振兴为己任的远大政治理想和以感恩奉献、心系祖国人民为本分的浓厚家国情怀。

“敏”即“敏学”，本义指勤奋好学，是从“智”的角度对财经学子的期盼。当下，我们赋予“敏”以迅速、敏捷、灵活、聪慧、机智、善变等特殊含义。“敏学”是财经学子的主要职责，既要确立终身学习的学习理念，又要养成勤勉勤奋的学习习惯；既要掌握科学的学习方法，又要练就坚忍不拔、持之以恒的学习意志；既要培养浓厚的学习兴趣，又要塑造执着的学习信念；既要有渊博的学识，还要有敏捷的思维。实践反复证明，在市场经济优胜劣汰机制下和国际竞争的激烈荡涤中，唯有视角敏锐、反应快捷、思维灵活方能抢占先机、立于不败之地。因此，“敏学”既是对财经学子的特殊要求，也最能体现财经类人才与其他类别专业人才的亮点和特色。

“能”即“尚能”，是从“行”的角度对财经学子发出的动员令，通常有才干、本事、胜任、擅长之意。财经类专业人才效力于经济建设主战场，面对国际经济竞争这场“没有硝烟的战争”，必须练就一身过硬的本领，具有突出的发现问题、分析问题、解决问题的能力，才能确立优势、稳操胜券。他们不仅要达到“胜任”的资格水平，还要掌握娴熟的操作技巧。“较强的表达能力、实践能力、创新能力与创业能力”应该成为财经学子的基本能力结构。因此，因该把“尚能”列入财经文化的核心内涵。只要坚定地朝着“诚信、济世、敏学、尚能”人生目标共同努力，财经管理学院一定会成为财经学子放飞梦想之地，一定会实现“学财经、闯天下”的夙愿。

三、构建“信、济、敏、能”的财经文化的实践探索

财经管理学院着力打造“信、济、敏、能”于一体的财经文化，付出了艰辛的努力，实践探索中取得了良好开局，基本找准了转型发展的突破口和切入点，初步搭建了转型发展的主体框架。

（一）以诚信文化基地建设为依托，推动“信、济、敏、能”的财经文化建设

财经管理学院是达州市社会诚信体系建设领导小组授牌的市级首批诚信文化教育基地，目前正在创建省级诚信文化教育基地。学院重点开展了以下工作：

（1）促成银校合作，推动合作办学、协同育人迈出实质性步伐。2016 年我们促成学校与中国人民银行达州市中心支行和中国工商银行达州分行成功签署三方合作协议，积极探索合作办学、共育财经类专业人才的发展路子。

（2）扎实推进诚信文化教育系列活动，逐步培育教育品牌。学院在新生入学教育中植入诚信文化教育专题，每年举办大型诚信签名活动，迎新晚会打造“诚信财经”主题，每年举办全校性“诚信文化”演讲大赛，着力培养诚信文化教育志愿者队伍，推动诚信校园建设迈上新台阶。

（3）组建银校合作性质的联合教学团队和科研团队，在现有四个本科专业都开设“现代征信学”专业基础课程，面向全校开设“现代征信学”校级选修课，组建了 7 个联合科研团队，围绕金融精准扶贫、产业基金支持实体经济发展、金融业务开展和金融

产品创新等进行课程研究。

（4）合作建设信用管理本科专业。已经商定构建银校合作长效机制，积极推进信用管理本科专业的规划和科学研究，共同推进该专业建设。

（二）以留学生教育为抓手，推动“信、济、敏、能”的财经文化建设

财经管理学院是学校唯一招收留学生的二级学院，留学生教育完全可以成为特色和亮点。主要推进以下工作：

（1）整合师资队伍，提高教学质量。遴选全校最优秀的师资力量组建联合教学团队，形成老中青结合的梯次结构，通过传帮带推动青年教师专业化成长。

（2）搭建实践平台，培养实践能力。组织中秋节、泼水节等中外传统节日活动，探索在知名小学建立留学生文化教育实践基地，举办中国传统文化知识竞赛活动，参加省级、国家级中外文化交流活动。

（3）推进教育综合改革，增强教育的针对性和实效性。修订人才培养方案，在语言课程和专业课程之间增设过渡性课程；在教育方式上采用中外学生之间和留学生高低年级之间“结对子”的方法；在实践教学中推广“导师制”。至目前，HSK4 过级考试 14 级 20 人通过，通过率为 100%，16 级 19 人通过，通过率为 95%；HSK5 过级通过人数为 12 人；留学生 80%以上获得各级奖学金。在第八届中国—东盟教育交流周期间，苏塞（SAYSANA SOUKHAPHONE）获得第二届东盟留学生汉字听写大赛优秀奖、文理学院代表队获团体三等奖；在四川省高校首届留学生文化节中，获得“‘一带一路’架金桥，‘中国方案’促发展”主题汉语演讲赛一等奖、在“品味四川”留学生美食厨艺比赛中获团体三等奖；在“HSK”趣味游园活动中获得团体三等奖，文艺节目“最炫中国爱”在“游学天府，印象绵州”留学生文艺风采展示晚会上获得参赛学校的高度评价。

（三）以实践教学为重点，推动“信、济、敏、能”的财经文化建设

（1）适当压缩理论课教学内容，着力加强实践性教学环节。大一进行专业认知、大二大三开展专业见习、大四进行毕业实习；开发独立的实验实训课程、保障理论课教学中的实践教学环节，构建了完善的实践教学体系。

（2）改善实验、实训条件，提高教师实验、实训能力。申请中央财政专项经费建设了川东北特色农产品电商物流开放实验平台、ERP 沙盘实验室、财务决策综合实训室、模拟银行和各专业虚拟仿真实验室。

（3）建设稳定、可持续发展的校外实践教学基地。先后与中国人民银行达州市中心支行、中国工商银行达州分行、达州市地方税务局、达州市公路物流港等单位建立了稳定的实践教学基地。

（4）举办专业技能大赛，如人力资源管理专业的校园模拟招聘大赛、物流管理专业的电商物流创业营销大赛、财务管理和审计学专业的点钞大赛、财务综合决策大赛，同时推选优秀代表队参加省级、国家级专业技能大赛。我院代表队先后获得 2017 年“网

中网杯”大学生财务决策大赛线上大区赛全国西区三等奖、2017“学创杯”全国大学生创业综合模拟大赛四川省选拔赛二等奖、2017 年四川文理学院“学创杯”全国大学生创业综合模拟大赛二等奖、三等奖、2017 年四川文理学院第二届大学生“群英杯”辩论赛总决赛冠军。

（四）以教学质量保障体系建设为核心，推动“信、济、敏、能”的财经文化建设

学院重点抓了以下工作：

（1）着力教研室自身建设，打造专业建设龙头。修订教研室和教研室主任工作职责，改善教研室办公条件，选配好教研室主任作为专业带头人。

（2）以专业评估和审核式评估为契机，完善专业建设和教学过程管理。

（3）按专业相近的原则，把学生社团划入教研室管理和指导。

（4）加强对教研室工作的指导和督查。在第四届青年优质课竞赛中程子彪老师和李健老师分别夺得人文社会科学组和自然科学基础学科组一等奖，在第五届青年优质课竞赛中，刘小艺老师获得自然科学基础学科组一等奖，张源老师获得二等奖。2017 年 6 月学校评估处组织专家对全校 14 个二级学院 2017 届毕业论文（设计）从运行管理、论文（设计）选题、论文（设计）水平、论文指导和论文评定 5 个方面进行专项检查，财经管理学院毕业论文（设计）获得运行管理第一、论文选题第二、论文评定第二、论文指导第八、论文水平第八、总分第三、论文（设计）达到“良好”等级的好成绩。2017 届毕业生有 10 人考上硕士研究生，被中国石油大学、中央民族大学、香港岭南大学、西南财经大学、电子科技大学、西南石油大学、四川师范大学等学校录取。2017 届毕业生一次性就业率达到 89.6%。

（五）以科学研究为纽带，推动“信、济、敏、能”的财经文化建设

学院主要抓了以下工作：

（1）落实科研目标责任制，教授、博士每年完成一项高级别科研项目申报，鼓励青年教师申报各种级别的科研项目。

（2）聘请有学术影响力的专家做名誉院长，加大对科研的指导力度。

（3）组建稳定的科研团队，发挥团队作战的优势。

（4）制定激励措施，营造科研氛围，改善科研环境。

（5）加大对大学生科研的指导力度。近年来，开发建设有“政治经济学”“企业战略管理”“基础会计”“财务管理”“审计学”5 门校级精品资源开发课程，建设有 2 个校级科研平台——区域经济研究所和财务与会计研究所，1 个科研创新团队——川渝鄂陕结合部经济社会发展创新研究团队。有 1 人入选 2017 达州市高端人才名录，学术专著《区域特色农产品加工产业集群的培育与提升——产业链视阈下对达州的审视》，2017 年被评为四川省第十七次社会科学优秀成果三等奖，获四川省人民政府表彰奖励。2017 年共申报 6 项校级教育教学改革研究项目，有 8 项科研项目获达州市哲学社会科学规划立项，有 7 项科研项目获达州市金融协会批准立项。2015 年度大学生科研项目

校级立项 9 项，省级大学生创新创业训练计划项目立项 1 项。2016 年度大学生科研项目校级立项 10 项。2017 年度创新创业训练项目校级立项 3 项。

【参考文献】

[1] 张亦春. 中国社会信用问题研究 [M]. 北京：中国金融出版社，2004.

[2] 王前. 社会诚信论 [M]. 北京：中共中央党校出版社，2003.

[3] 林毓生. 中国传统的创造性转化 [M]. 北京：生活·读书·新知三联书店，1996.

[4] 王峰，郭德红. 财经类高校特色文化建设的实现路径 [J]. 北京教育（高教），2015（6）：24—26.

[5] 冯俊波. 和谐社会视阈下的财经类高校大学文化建设研究 [J]. 中央财经大学学报，2014（s1）：95—98.

以应用型人才培养目标为驱动全方面构建实践教学育人体系

——建筑工程学院·生态旅游学院实践教学总结与探索

冉　燕*

实践教学是高校人才培养体系中的关键环节，是当前我国高校改革的重点之一，是培养社会应用型人才的重要手段。建筑工程生态旅游学院是2016年根据学校改革发展部署成立的一个由工程造价、土木工程、酒店管理、城乡管理、旅游管理五个专业融合而成的一个新建二级学院。五个专业均是非师范应用型专业，针对这一突出特点，建筑工程生态旅游学院（简称建筑旅游学院）高度重视实践教学，以应用型人才培养为驱动，不断思索，锐意进取，改革实践教学模式，建立递进式专业实践教学体系，形成校内实训与校外实训的联动模式，加强校企合作，逐步探索出一条符合专业发展需要、符合社会行业需要、符合学生自我成长成才需要的实践教学之路。

一、经验总结

（一）加大实践教学比重，突出实践教学重要地位

人才培养质量的评价，既不是学校的课程分数，也不是教育行政部门的评估，而是社会用人单位对学生从业能力和综合素质的认可程度。学院在制定2016年版人才培养方案时，将应用型、复合型人才的培养作为各专业培养目标，高度重视实践教学在应用型人才培养中的重要作用，改变重理论、轻实践的传统做法，大大加重了实践教学在整个课程体系中的比重，并将集中实践或实习的时间由原来的半年延长到一年，充分保障了实践教学的有效时间，突出了实践教学的重要地位。

（二）构建递进式、形式多样的实践教学体系

根据学生学习规律，学院各专业建立了从认知实习、校内实训、企业专业见习、毕业实习到毕业设计（毕业论文）阶梯递进式、形式多样的实践教学体系。

* 冉燕，女，副教授，研究方向：旅游管理。

1. 开展认知实习，引导学生尽早了解专业、行业

为了让学生尽早接触社会、接触行业，学院在大学一年级开设专业引导、专业认知的实践课程，既确保了学生在接触专业、接触行业在时间上的“早”，又实现了学生接触专业、接触行业在时间上的“长”。安排不同专业的学生在大一阶段分别前往建筑工地、历史文化名城、星级酒店、旅行社等企业进行专业考察、认知实习，大大增强了学生对行业基本情况、工作环境、工作流程、工作岗位的深入了解。

2. 开展校内实践教学，强化学生专业技能

学院四个本科专业，结合自身专业性质和特点，均开展了符合专业人才培养需要的校内实践教学。土木工程、工程造价主要开展以任务驱动为导向的校内实训，城乡规划专业开展以课程设计为主要内容的校内实训，酒店管理专业开展以课程实训为主要内容的校内实训。这些实践教学活动的开展，大大提升了学生的专业技能、实践能力和创新精神。

（1）土木、工造专业校内实训——以任务驱动为导向。

土木工程专业和工程造价专业需要培养学生较强的工程施工、工程测量、工程设计能力，两个专业分别在大四的第一学期，集中开展校内实训。实训以任务驱动为导向，分为若干个任务模块，在实训老师的指导下分小组进行。工程造价专业主要实训任务有：施工实训、工程测量实训、建筑装饰工程造价设计等五大模块。土木工程专业主要实训任务有：测量实训、高层结构设计、结构抗震设计等六大模块。

（2）城乡规划专业校内实训——以课程设计为主要内容。

城乡规划专业需要培养学生较强的专业制图及设计能力，该专业从大二开始，大部分专业课程均以一半理论讲授课加一半课程设计实践课的形式开设，课程设计实践均需要在专业设计教室或机房进行。

（3）酒店管理专业的校内实践——以课程实训为主要内容。

酒店管理专业需要培养学生过硬的专业实操技能，因此该专业将酒店行业最基础的操作技能开设成“酒店服务技能”“酒店服务礼仪”等实训课程。该实训课程专门聘请企业技能型专家为学生授课，亲自操作示范，并指导学生实训，充分保障了学生技能操作与行业标准无缝衔接。

3. 开展企业专业见习，提升学生实践工作能力

专业见习是专业实习的前奏。有针对性的、指导性较强的专业见习能有效加快理论知识向实践能力的转化。学院各专业在相应的学期，开展为期一周的企业专业见习。土木工程专业、工程造价专业安排在建筑施工单位见习，城乡规划专业安排在设计公司或设计院见习，酒店管理专业安排在星级酒店见习。一周的企业专业见习，强化了学生的专业知识，极大地发挥了学生的主观能动性，通过见习单位的指导，学生逐步获得了实践工作的能力。

4. 开展毕业实习，提升学生就业竞争力

毕业实习即到实习单位参与一定的实际工作，是了解社会、了解行业、获取专业知识技能、培养初步的实际工作能力和专业技能的有效途径；是获得独立工作能力，在思想上、业务上得到全面锻炼，并进一步掌握专业技术的实践教学形式；也是高等教育、

人才培养、实践教学不可或缺的环节。

(1) 不断拓展优质实习基地，为学生搭建良好的实习平台。

为了满足各专业学生的毕业实习需求，学院多方寻求实习合作基地，为学生搭建广阔的实习平台。在合作过程中，学院通过学生的反馈意见，逐步淘汰一些学生反映较差的实习基地，经过多次合作考察，遴选了部分有实力、有口碑、学生比较满意的优质实习基地。目前，学院已建成以下实习基地：四川九鼎建筑工程集团有限公司、四川中泰天顺集团有限责任公司、四川天元工程造价咨询事务所有限责任公司、核工业西南勘察设计研究院有限公司达州分院、四川蜀通工程造价咨询招标代理有限公司、中磊工程造价咨询有限责任公司、上海红塔大酒店、成都钓鱼台国际精品酒店、成都世纪城天堂洲际酒店、成都科华明宇豪雅酒店集团、达州宾馆、凤凰国际大酒店、华夏康年大酒店。为了进一步满足学生的毕业实习需求，我院将不遗余力地拓展更多的优质实习基地。

(2) 坚持集中实习为主、分散实习为辅的原则。

为了避免分散实习达不到预期的目的和效果以及产生学生管理不便等弊端，学院采取集中实习为主、分散实习为辅的方式。对于分散实习的同学，学院要求其履行各种手续，签订分散实习承诺书。

(3) 切实做好毕业实习各项工作。

为了保障毕业实习的顺利开展，学院成立了实习工作领导小组，各教研室制定了详尽的毕业实习方案，包括实习目的、实习内容、实习要求、实习时间、实习单位、分组名单以及指导老师等内容，并召开毕业实习动员大会。实习过程中有检查、有反馈。要求学生完成实习手册，提交实习总结，并召开实习总结大会。

5. 严格毕业论文（设计）规范，全面提升学生专业素养

毕业论文可以培养学生综合运用所学知识和技能、理论联系实际、独立分析、解决实际问题的能力，使学生得到从事本专业工作和进行相关工作的基本训练。学院高度重视毕业论文的组织与实施，每年 9 月份成立毕业论文工作领导小组，部署安排相关事宜。各教研室对毕业论文选题、毕业论文（设计）要求、毕业论文（设计）工作进度、指导老师以及分组情况做好详细计划，每年 5 月底完成毕业论文（设计）答辩工作。学院对毕业论文（设计）整个工作实行高标准、严要求，有效促进学生高质量地完成毕业论文（设计），并通过这一环节提升学生综合运用知识的能力。

（三）课堂实践教学方式方法灵活多样

实践教学的空间和形式并不完全局限在实验室和校外的实践基地，课堂也是开展实践教学的重要阵地。为了强化课堂理论教学的实践性，学院积极鼓励并倡导老师们改革创新课堂教学方法和教学手段，最大限度地让理论知识实践化，抽象知识形象化，高深知识浅显化，与生产实际、行业技能、岗位需求无缝对接，让学生学有所用，学能实用，学能适用。在理论课堂上，老师们根据课程教学内容的不同，纷纷采用多种教学方法，例如：示范演示法、情景模拟法、问题探究讨论法、案例教学法、布置小论文、写调研报告，等等。部分老师因教学内容需要，将教学场景由教室转移到了室外，以寻找适宜的教学场景进行授课，例如：“导游业务”“会展管理”“施工技术”“房屋建筑学”

“画法几何与建筑制图”“工程测量”等课程，均有部分教学内容在室外进行授课。

（四）校内实训室建设初见成效

学院大部分专业为新办本科专业，校内实验室严重不足，为了保障学生校内实践教学的顺利进行，我院领导高度重视，积极申报学校、中央财政支持地方高校实验室建设项目，在学校的大力支持下，校内实训室建设初见成效。近两年学院分别申请获批校级“建筑工程虚拟仿真及测量实训实验室”项目，获得资金支持 80 万元；中央财政专项支持“康养产业链专业集群实验实训中心”项目中的“特色小镇规划与工程实验中心”子项目，获得支持资金 181 万元；2018 年获得校建“BIM 实验中心”项目 100 万元建设经费。这些项目对学院的硬件和软件实验设备做了较大的补充和完善，极大地推动了土木、工造、城乡规划专业实验室建设，将大大改善相关专业的实践教学条件。学院为建好各类实验室，用好各类项目资金，走访调研多个兄弟院校相关专业的实验室建设情况，学习先进经验，对各项实验室建设项目进行详细周密规划，以期达到最佳建设效果。

（五）加强校企合作，人才互培互送

为了更好地培养行业需要的应用型人才，学院通过多种渠道，联合多家企业共商校企合作之事。经过深入考察调研，学院与多家有资质、有实力、发展前景较好的公司或企业建立了校企合作关系，并签订校企合作协议书。2018 年新确立的校企合作单位有成都长瑞集团公司、达州报业旅行社、达运旅行社、达州凤凰国际酒店、达州柏栎酒店等。校企合作的主要内容涉及人才互培互送（学校选派青年教师、学生前往企业定岗见习、实习、就业；学校派遣优秀老师为企业做培训指导；企业选派优秀人才来校指导实验室建设、学生实验实训，举办讲座）、项目共同研发、企业课程开发等。我们将企业相关负责人、学院方负责人和有意愿参与企业实践活动的同学紧密联系起来，共建微信群，将大家的需求和信息及时发布在群里，加快校、企、生三方之间的沟通交流。与达州本地几家校企合作单位建立合作关系，极大地方便了学生利用课余、周末、寒暑假等时间参与行业顶岗实习，让学生在校内学习和企业锻炼间轻松切换，这种实践模式深受学生欢迎。今后，我们将继续不断开拓校企合作单位，加大合作力度，实现校企协同育人的共同目标。

（六）注重双师双能型教师队伍的培养

实践育人、培养应用型人才必须有一支数量庞大、业务过硬的双师双能型教师作支撑。学院大部分年轻老师都是从高校到高校的理论型老师，学院领导高度重视双师双能型教师队伍的培养。学院主要采取了以下措施：首先，暑假分批派送教师前往校企合作单位进行顶岗锻炼，参与企业生产过程；选派教师参加各种短期专业技能培训、学术研讨会议、学科专业建设会议等含金量较高的培训和会议；鼓励教师参加各种职业资格考试，获得职业从业资格证。通过这些方式，大部分老师的实践能力得到较大提升。其次，充分利用校外企业的优秀师资，聘请企业技能型专家开设实训课，指导学生实验（实践），有效地弥补了本院双师双能型教师的短缺。

（七）依托学科竞赛，提升实践教学水平

学科竞赛是对知识深入理解、系统整理和实践运用的过程。竞赛结果集中体现了学生对知识的理解运用及其心理素质和协作精神，并反映出教学计划、教学内容的合理性。按照学校“一专业、一竞赛”的指导思想，学院积极鼓励并支持各教研室组织学生参加一些有影响力的学科竞赛项目。在各教研室详细计划、周密安排下，在老师悉心指导、学生精心准备下，各类学科竞赛成绩显著，土木工程专业尤为突出，连续两届参加国家级学科竞赛获得多个一等奖，为学校、学院争得了荣誉。学院将继续加大学科竞赛的支持力度与指导力度，力图通过学科竞赛平台，进一步提升学院实践教学水平。

二、找准问题

1. 实践育人意识不够

尽管学院目前把实践教学的重要性提得特别高，但教师受传统“理论为先、实践为辅”思想的影响还是较大，从管理者到教师，对实践教学的重要性认识不到位，重视程度不够。

2. 学生重视程度不够

学生方面，“90后”部分大学生表现出依赖性强、人际关系淡薄、读书成才观念淡薄等特征。他们在实践教学中也表现出重视程度不够、学习动力不足、学习主动性缺乏等特点。

3. 实践指导能力不强

大部分老师从高校到高校，即使清楚实践育人的重要性，但因缺乏实践经验，导致实践指导能力不强，影响了实践教学效果。

4. 实践教学监控不足

实践教学因教学环节多、内容复杂、教学过程难以实现监控，所以实践教学效果也难以得到有力保障和客观评价。

5. 实验场地不足

目前，学院部分专业已获得相当的资金进行实验室建设，但是酒店管理专业实训室建筑简陋、场地小，实验设备数量少，导致学生动手机会较少，实践效果得不到保障。

三、努力的方向

1. 转变观念

高校应用型人才培养目标的实现，必须实现由知识为导向转向以实践能力为导向，进一步强化实践育人观念，强化保障机制，让实践育人的思想深入人心。

2. 加大校企合作的广度和深度

学院应多措并举，不断提升校企合作的数量和质量，扩大校企合作的广度和深度。一是不断扩充合作单位数量，为学生搭建更多的实践锻炼平台。二是积极与企业沟通，有针对性地分派学生到企业进行实践锻炼，同时主动帮助企业完成一些项目的开发和应用，为企业创造一定的价值，让企业有收获感、满意感，让企业更乐意与学校进一步开展合作，实现双方共赢。

3. 更广泛聘请企业专家为学生授课、开设讲座

为了培养适应社会行业需求的应用型人才，除了加快自身双师双能型教师队伍的建设，同时应广泛利用企业优势资源为学生授课、作实训实验指导、开设讲座，以保障学生接受的知识技能、思想观念是与社会、行业发展同步的。

4. 规范实习管理相关工作

高度重视实习工作，规范实习管理，成立实习工作领导小组，完善实习管理规章制度，加强对实习过程、学习安全、实习成效的管理，加强与实习基地、实习学生的沟通与信息反馈，落实学生实习责任保险制度，严格落实实习计划，达到预期实习效果和目的，防止实习“变质”“变味”或“缩水”。

5. 加强学生综合素质培养

应用型人才不仅具有专业实践能力，还应具有语言表达能力、判断能力、管理能力、指导能力和传播信息能力，这些能力的获得，不能仅靠课堂教学，还要借助丰富的第二课堂。丰富校园文化生活，开展第二课堂活动，提高学生的综合素质也是实践育人、培养应用型人才不可缺少的途径。

四 、结束语

在人才的培养过程中，实践教学起到了至关重要的作用。为提高人才培养的质量，必须克服当前实践教学中存在的问题，完善实践教学体系，加长实践教学课时，加大校内外实训室、实训基地的建设，优化实践教学内容和方式，使实践教学突破围墙、走出校门、融入社会，更要有目的地对接行业前沿，贴近实际岗位需求，把握职业发展变化的脉搏，让学生掌握先进知识技能，适应时代需要，迎接企业挑选。

高校创新创业实践平台建设
——创新创业学院实践教学的探索*

文　武**

【摘　要】 随着高等教育的发展，每年高校毕业生大量地涌入社会，当前的就业市场日渐趋于饱和状态，高校毕业生的就业压力不断增大。为缓解就业市场供大于求的现状，国家倡导高校推进创新创业教育，提升学生自主创业能力，创新创业实践平台是完善创业实践教育的首要必备条件，构建适应大学生创业需求的创新创业实践平台成为高校首要的任务。创新创业学院从构建创新创业实践平台的实际意义出发，探讨目前高校在现有实验教学的基础上构建创新创业实践平台存在的问题，从实验室软硬件设备更新、创业师资队伍建设、考核评价体系以及递进式实践训练等方面提出了相应的建议。

【关键词】 创业；实践平台；实践教学

在全球化和信息技术革命浪潮的影响下，世界发展的引擎已经由生产要素驱动、金融投资驱动，转变为创新创业驱动。在这轮经济变革中，中国正面临难得的发展契机。2015 年 6 月，国务院制定了《关于大力推进大众创业万众创新政策的实施意见》，“大众创业、万众创新”已成为时代发展的潮流，同时也上升到国家发展战略的高度。2017 年 1 月，四川省政府印发的《四川省“十三五”科技创新规划》提出，到 2020 年，全省总体进入创新驱动发展阶段，创新型经济格局初步形成，加快建成国家创新驱动发展先行省和创新型四川。

创新驱动发展需要创新型人才的参与，大学生是我国未来社会创新创业的主要力量，他们的创新创业能力是实现国家创新驱动发展战略的重要保证。高等院校是构建大学生创新创业教育的基地，是实现创新创业教育的主要场所。大学生是创新创业的生力军，创新创业学院要立足于大学生创新创业意识培养、创新创业能力提升、创新创业实践平台建设，推动大学生勇于创新创业。

---

* 基金项目：四川省高校人文社会科学重点研究基地科研项目“农村儿童数学思维启蒙研究”（项目编号：NYJ20150604）。

** 文武，男，副教授，主要从事运筹学与控制论研究。

一、创新创业实践平台构建的重要性

学生创新创业实践能力的培养，主要包括学生创新创业能力、发展事业能力的培养，学生创新创业能力的提高，除了在校期间到单位进行实习外，大部分取决于校内的创新创业实践教学。因此，高校应为学生构建完善的创新创业实践平台，提供实验、实践的软硬件资源，培养学生的创业意识，不断提升学生的创业能力。大学生是创业的生力军，推动大学生自主创业具有重要的现实意义。然而，目前高校的创新创业实践教育面临着许多的难题，如目前部分高校的创新创业教育课程和高校创新创业环境无法满足大学生创业实践的需求。大学生创新创业实践平台主要是指大学生开展创新创业活动所必需的硬件和软件设施。一般来说，包括创业实践实验基地、相关硬件设备、配套设施等，以及"创新创业竞赛平台、创新创业实验实训平台、创新创业项目孵化平台、校外落地实战平台"四阶段创新创业实践平台，这些平台是大学生进行创业实践活动的前提条件。因此，高校要构建完善的创新创业实践平台，为大学生提供创业培训指导，开展创业政策、创业意识、创业能力等针对性强的创业系列教育培训，为正在进行自主创业的大学生搭建大学生创业交流平台，为创业者进行互动交流提供平台[1]。

二、高校创新创业实践平台建设存在的问题

我国高校的创新创业实践教学开始于20世纪90年代，经过近三十年的飞速发展，创新创业实践教学取得了不少的成果，尤其是各高校积极构建创新创业实践平台，为学生提供了完善的创业软硬件环境。但是，目前我校在创业实践教学平台构建过程中仍存在一些问题亟待改善。

（一）实验室的软硬件设施不能完全满足创新创业项目的顺利开展

实验室的软硬件设施是学生进行创新创业实践活动的基础。高校实验室在满足正常的教学需求之外，应该提供现有的软硬件设施为学生开展创业实践活动。学生在开展创业实践活动的时候，要用到一些特殊的设备，很多高校的实验室都无法满足其需求。很多高校开设了与创业教育相关的课程，增加了创新创业实践类课程的安排，但对于创新创业能力的实践训练不够重视，创新创业课程教育缺乏实践操作。

（二）缺乏专业的创新创业师资队伍

创新创业实践教育对师资有更高的要求，要较好地完成创新创业课程的讲授，首先要求创新创业实践指导教师必须具备较强的创新创业实践能力和丰富的创业知识，能够在创新创业课程的教学中运用非传统的教学方法和手段对学生进行合理的引导。

（三）创新创业平台的考核评价机制不健全

对于创新创业教育效果的评价不适合采用传统的课堂教学考核评价机制，各大高校在开展创业教育的过程中，普遍发现难以设计一套合理的考核评价体系来对创新创业教学的实际教学效果进行科学的评价。现有的创新创业教育考核评价体系已经涵盖了教师评价、学生评价及创业成果评价等要素，仍然需要不断完善。如果对创新创业教育的效

果评价仅仅依赖于不健全的考核评价方法，会直接影响到创新创业教育的教学效果，最终将阻碍创新创业实践教学进一步深入发展。

三、构建创新创业实践平台建设的路径思考

（一）提高高校实验室地位，加大软硬件设备的投入

高校应充分发挥创新创业基地和平台对创新创业的支撑作用。高校创新创业实践平台的构建、总体要求是能够激发大学生的创新创业意识、服务于大学生的实际创业需要。具体而言，一是学校的创业教育理念要落实到创新创业实践平台，对自主创业学生实行持续帮扶、全程指导、一站式服务。二是创新创业实践平台作为创业的模拟实践平台，要做到能全真模拟创业过程，让参与其中的创业导师和创业学生都能够通过“创业平台实验”真实体验创业的全过程，积累创业经验，学习创业技能，培养创业素质。三是作为创业实践基地，高校实验室应该配备适用于创业活动开展的场地以及软硬件相关设备，使得创业导师和创业学生在创业实践基地能充分利用现有的资源完成创业过程[2]。四是全面开放创新创业实践平台，做到资源共享共建。学校将重点实验室、中心机房、大学创新创业俱乐部等基地和平台都面向学生开放。

（二）高校创新创业实践平台应专门配备专业的创业导师队伍

创业指导教师的质量是衡量创新创业实践平台运行水平和建设水平的重要指标。教师队伍的组成可以采用专职教师和兼职教师相结合的方式，专职教师首先应选择高校具有创业经验的教师或有企业工作经验的专业教师，其次可选择学生创业主管部门的教师和辅导员；兼职教师主要包括社会上成功的创业人士、企业管理人员，以及处在创业过程中的毕业生和在校生。创业指导教师通过不定期地开展创业政策咨询、创业技能培训和创业相关课程的讲授为大学生创业提供支持。专职教师和兼职教师可以通过开展课程组活动或集体备课等方式加强沟通和交流。另外，高校要注重创业指导教师的培养，创造条件让专职教师到企业中去实践，从而获得更多的宝贵经验。通过这样一系列的培养和交流，指导创业实践的教师队伍才能胜任高校创业实践教育，真正成为学生创业的领路人。此外，学校还应大力支持学生参加科技竞赛、科研课题，依托发明专利自主创业等科技创新活动，将科研成果转化和学生创新创业紧密结合，形成“师生共创”的生动局面。

（三）建立健全科学有效的创业实践教育考核评价机制

首先，必须制定明确的创新创业实践教育的考核评价标准。考核评价标准是进行考核评价工作的前提，创新创业实践教育应该区别于传统课堂教学的考核，应更加强调对学生创业理念和创业能力的培养，因此考核标准要遵循切实可行、突出能力培养等方针制定。其次，建立操作性强、全方位的考核评价方法。创新创业实践教育的考核主要是对创业学生和创业指导教师的考核，针对不同的考核对象，考核要求不一样。可以引入学分制或第三方评价机制对学生的创业活动进行考核；在指导教师考核方面，可以将指导教师参与创新实践教育纳入日常的教学质量考核内容中去，设置一定奖励措施予以激

励。最后，建立考核评价结果公开机制，以利于良好创业氛围的建立[3]。

（四）完善创新创业实践平台的构建和升级

创新创业实践平台必须具有高仿真性，应该整合现有的资源，对传统的创业实践教育平台进行升级改造。如制定创业教育工作的规划，设计全真模拟的创业实践课程，组建经验丰富的创业团队，以及开展一系列的创业竞赛活动等。学校可通过这样一系列的举措来丰富创业实践教育的内涵，为学生创业实践活动提供全真体验，提升学生的创业实践能力和创业素质。同时，由于创业实践活动具有很强的实战性，高校必须充分利用信息、政府、企业等自身现有的相关资源来服务于创业教育的全过程，真正构建一个全方位、全真模拟的创业实践教育平台。

（五）通过四阶段递进式实践训练提升学生创新创业能力

高校可通过“竞赛提升、实验实训、培养孵化、校外实践”四阶段递进式实践训练提升学生的创新创业能力。依托各类各级大学生创新创业大赛，实行创新创业项目“引进来，走出去”战略，激发大学生的创业热情，通过竞赛比拼为创新创业团队提供项目展示、创业指导、成果转化等服务；加强实践教学，强化技能训练，强化学生实践创新能力，建立校内孵化园，为创新创业学子提供场地、资金、技术等方面的支持，培育学生创新创业项目；积极推进政校企合作，共建大学生创新创业实践基地，充分利用政府、社会、企业资源，形成三方联动，合作共建，为大学生创新创业搭建实战平台，帮助高校创业团队把握时代商机，促进科技创新成果转化，为大学生创业打造商业品牌，建立“教、学、研、产、创”为一体的创新创业实践平台。

总之，创新创业实践平台建设应该充分利用现有的实践教学条件，通过对实验室软硬件设备进行更新升级、自主培养和引进优秀的创业指导教师等多管齐下的措施，构建能基本适应大学生创业实践需要的创新创业实践平台。在构建完善的创新创业实践平台的基础上，不断完善相关的平台管理制度以及相关的考核评价机制。通过“竞赛提升、实验实训、培养孵化、校外实践”四阶段递进式实践训练全面提升学生创新创业能力。

【参考文献】

[1] 胡献林，李德华. 地方院校创业教育特色实践平台实证研究 [J]. 大学教育，2012 (9).

[2] 陈妮娜. 高校应用型创新人才培养模式中的第二课堂创业教育平台构建——以中央财经大学为例 [J]. 中央财经大学学报，2015 (12).

[3] 李伟铭，黎春燕，杜晓华. 我国高校创业教育十年演进、问题与体系建设 [J]. 教育研究，2013 (6).

[4] 梅伟惠，徐小洲. 中国高校创业教育的发展难题与策略 [J]. 教育研究，2009 (4).

[5] 赵志军. 关于推进创业教育的若干思考 [J]. 教育研究，2006 (4).

[6] 王文静. 中国教学模式改革的实践探索——“学为导向”综合型课堂教学模式 [J]. 北京师范大学学报，2012 (1).

课程建设篇

马克思主义学院思政课实践教学工作总结

王秀珍　兰　奎*

马克思主义学院根据教育部印发的《高等学校思想政治理论课建设标准》的通知（教社科〔2015〕3号）、中宣部、教育部印发的《普通高校思想政治理论课建设体系创新计划》的通知（教社科〔2015〕2号）、中共中央国务院印发的《关于加强和改进新形势下高校思想政治工作的意见》（中发〔2016〕31号）和学校“322”大思政方案的要求，积极探索思想政治理论课“2+1”教学改革，坚持走出去，相继在市内外建立了实践教学基地，组织思政课教师暑期实践研修和外出考察，资助大学生实践教学项目，鼓励支持教师申报各级各类课题和教学团队建设项目，笔者现将近两年来的实践教学工作总结如下。

一、实践教学工作的主要做法

（一）共建共享，加强实践教学基地建设

马克思主义学院先后在达州市张爱萍将军故居、南充市仪陇朱德故居、巴中市将帅碑林纪念馆、川陕革命根据地博物馆、广安邓小平城乡发展学院建立了思政课实践教学基地。先后组织学院思政课教师和部分学生代表赴基地参观考察，与基地研究人员合作开展相关课题研究，邀请基地研究人员为学院师生开设 学术讲座和红色革命传统教育培训。根据实践基地需求，先后选派了5名优秀应届毕业生赴基地见习、实习，选派了优秀学生干部、入党积极分子赴基地开展志愿服务。学院专兼职教师先后以实践教学基地红色资源为依托撰写出版了《红色巴山》教育读本、《神剑将军张爱萍》等系列教辅教材，《红色巴山》教育读本已成为我校选修课教学的教师、学生参考用书。

（二）改革创新，探索实施思政课“2+1”改革

为了贯彻《高校思想政治理论课建设创新计划》《普通高等学校思想政治理论课建设标准》文件精神，落实学校培养“三心四能五复合”高素质、应用型人才的要求，马

* 王秀珍，女，副教授，研究方向：思想政治教育、行政管理等。
兰奎，男，讲师，研究方向：政治学、思想政治教育教学。

克思主义学院在借鉴其他院校思政课教学方式改革基础上，结合我校思政课教学实际，提出在“马克思主义基本原理概论”“毛泽东思想和中国特色社会主义理论体系概论”“思想道德与法律基础”等课程中开展“2+1”教学改革，现已于2016年在思政课中全面实施“2+1”教学。

“2+1”教学方式是在学分、总课时不变的前提下，把过去3学时/周的理论课，调整为2学时/周的理论课和1学时/周实践课，实践课学时由学生按要求在第二课堂完成，课酬等同于理论课学时课酬。为保障实践课不流于形式，全院全程负责管理，做到实践课有计划、有过程、有验收，实践成绩并在期末学生成绩登记表中体现。“2+1”教学方式打破了以往枯燥单一的教学模式，将理论与实践高度融合起来，调动了学生课堂积极性，取得了显著的教学效果，受到了师生的一致好评。

刘世仁等老师主持申报的《思想政治理论课“2+1”改革探索》荣获学校教育教学成果三等奖。思政课“2+1”教学改革先后被四川省教育厅、四川教育网、《教育导报》等媒体报道。

学院正在按学校要求，积极实施思政课专题式教学的试点工作，2018年已在“思想道德修养与法律基础”“形势与政策”两门思政课进行试点，并不断创新和完善“2+1”改革，抓好实践教学成果的汇编。

（三）实践育人，资助大学生思政课题立项

为进一步加强实践育人，贯彻落实理论与实践相融合的指导方针，学院于2016年上半年发布了《大学生思想政治理论与社会实践研究项目申报通知》，共接收申报书120余份。学院组织党委宣传部、教务处、学生处等部门专家对申报书进行了评审，共立项32项。2017年5月实施了结题工作，对6项重点项目，26项一般项目予以结项。学院通过项目资助的形式，加强大学生实践育人，较好地解决了理论与实践的融合问题。大学生在社会实践调研过程中把课堂学习的理论应用到实践中，发现问题，分析问题，解决问题。

（四）提升能力，组织思政课教师暑期实践考察

根据中宣部、教育部“本科院校按在校生每生每年不低于20元的标准提取专项经费，用于教师学术交流、实践研修等”的要求，学校于2016年落实了专项经费，并足额划拨学院。学院于2016年、2017年先后组织全校部分思政课专兼职教师赴陕西省延安市、西安市，赴辽宁省、吉林省、黑龙江省，赴四川省巴中市，重庆市城口县等红色基地开展暑期实践考察和主题党日活动。活动一方面加强了教师的党性教育和红色革命传统教育，另一方面为思政课教师更好地丰富课堂教学内容提供了素材，提升了教师的课堂教学能力和组织学生实践教学的能力。

（五）整合资源，支持教师申报各级各类课题和教学团队建设项目

近两年来，学院专兼职教师先后申报立项了校级思政专项课题、校级面上课题、校级教改课题、省教育厅思政专项课题20余项，陈岗教授领衔主持立项了“中国近现代史纲要教学团队”建设项目，部分课题已顺利结题，教学团队项目也已结题。

二、实践教学工作存在的问题及建议

（一）实践教学基地建设还要继续加强

思政课实践教学基地数量偏少，形式单一，双方联系不够，合作开展课题研究、教学研究还不够。目前学院的实践教学基地挂牌后，深入合作还不够，学生实践也仅仅停留在参观考察或提供一些志愿服务的层面，深度交流还不够。下一步，学院要继续加大实践基地的开拓，要实现市内红色教育基地挂牌的全覆盖，争取在省外挂牌1～2个实践教学基地。此外，还要与现有的实践教育基地重新签订合作协议，定期开展学术交流、学术研讨活动，定期选派教师赴基地挂职，选派学生顶岗实习，共同编著出版系列教辅教材。

（二）思政课“2+1”改革还要继续推进

思政课“2+1”改革实施两年来，虽取得了一些成绩和实效，但离预期目标和要求还有一定的距离。比如，“1”的内容，应如何进一步规范和细化，如何做好监督和检查，杜绝实践教学流于形式，等等。同时，要积极在五门思政课中探索专题式教学，探索实施多维考核评价模式，把思政课“2+1”改革做成学院的亮点，打造成为省内高校思政课改革的品牌工程。

（三）教师暑期实践考察形式还要不断创新

学院实施了两年的思政课教师暑期实践考察，确实起到了一定的效果，尤其是2017年暑期东北红色实践考察，对教师的教育和触动很大，部分教师从来没有去过东北，他们在红色基地身临其境的考查、学习，进一步坚定了教师理想信念，也为教师授课提供了丰富的教学素材。但是，这种单一的考察形式还要不断丰富，考察的地点选择还要继续拓展，除了红色基地外，还要选择一些传统文化圣地、改革开放前沿阵地，甚至到英国、德国、美国等国家访学，扩展国际化视野。在考察形式上，可以采取委托相关培训机构以“培训+考察”的模式，不断增强实践考察的效果。

（四）思政课题研究和教学科研团队建设还要持续加强

只有教学与科研相互结合，才能相互促进。单一的教学对学生的吸引力不够，只有来源于生活的研究，才能对现实问题有所回应，才不至于让思政课成为一种“说教课”，才能让思政课更有魅力、更有生命力。这需要教师加大课题研究，以研究促教学。下一步，学校除了在思政专项中提高立项数量和经费额度之外，学院还应从专项经费中以一定比例实现经费配套。学院拟在5个思政教研室进一步整合资源，以学科带头人挂帅，在校内和实践基地遴选师资，成立1～2个思政课教学科研团队，加强思政课教学方法和实践育人等课题研究。

关于思想政治理论课实践教学探索的几点思考

——以“毛泽东思想和中国特色社会主义理论体系概论”为例

黄　珊*

【摘　要】　实践教学作为思想政治理论课的重要组成部分和巩固理论教学成果的重要环节，是深化思想政治教育教学效果的重要途径。近一年来，本校对思想政治理论课实践教学进行了积极探索，取得了不少的成效，但仍存在很多亟待解决的问题，笔者在实践过程中对此提出了自己的几点思考。

【关键词】　思想政治理论课；实践

一、思想政治理论课实践教学实施细则

教育部关于印发《高等学校思想政治理论课建设标准》的通知（教社科〔2015〕3号）明确提出："实践教学纳入教学计划，统筹思想政治理论课各门课的实践教学、落实学分（本科2学分，专科1学分）、教学内容、指导教师和专项经费。实践教学覆盖全体学生，建立相对稳定的校外实践教学基地。"为了贯彻落实该通知精神，结合我校"学生主体、教师主导、环境育人、社会合作"的"四圆同心"办学思路，从2015－2016－2学期开始，我校在三门思想政治理论课中开展"2＋1"模式的实践教学。由于几门课程涉及的内容、范围、学生都比较广，笔者只简单介绍所教课程"毛泽东思想和中国特色社会主义理论体系概论"（简称"概论课"）实践教学的实施要点。

（一）实践内容

该课程实践内容由两部分构成。第一部分为"心得体会""学习汇报""观后感"等。即学生根据自己的喜好，选择与课程相关的书籍、电影、纪录片等，最后完成心得体会的交流或学习汇报。第二部分是校内外的实践活动。包括"时事周周看""社会调研""传承文明""发现之旅""文明劝导行动""人物专访""参观考察学习""学习雷锋志愿服务""假期'三下乡'社会实践活动""真相探究"等内容。

---

* 黄珊（1987—），女，四川达州人，四川文理学院马克思主义学院教师，硕士，研究方向：农村问题。

（二）实践形式

实践活动采取团队形式进行。任课教师按每组5～8人进行分组。

（三）实践成果

学生第一部分的实践内容完成后，任课教师收集并验收，主要考查学生是否真的通过看书等方式进行学习，考查所写内容是否存在抄袭现象等。

学生第二部分实践内容完成后，任课教师要求每组派代表向全班同学展示，主要说明为什么选择这一主题、组员的分工情况、活动的具体实施情况以及活动所产生的效果等，最后上交纸质汇报材料。

二、"概论课"实践教学过程中存在的问题

我校在一年的实践教学探索中，采取了一些行之有效的措施，也出现了一些问题。笔者在这里简单地予以梳理，希望能找到解决这些问题的方法。

第一，学生积极性不高。

在这一年的实施过程中，笔者发现大部分学生参与实践教学的积极性不高。比如在2015—2016—2学期实践过程中，有的学生的实践教学任务直到课程结束都未完成，任课教师、学习委员提醒、催促了很多次，但最后仍然不了了之；学生在实践教学实施之前，都必须填写《思想政治理论课实践活动申请书》和《实践活动合作说明及诚信书》，而在2016—2017—1这学期的实施过程中，有的班级在进行学生分组及填写这两张表格上竟花了四周的时间，积极性不高，态度极其不认真。这只是比较普遍的两个例子，究其原因，笔者认为主要有两点，一是学生对"概论课"这门课程不重视。思想政治理论课虽然是必修课，但是在整个高校教学中，普遍存在二级学院、学生不重视，甚至轻视这门课程的现象。很多学生认为，这门课程和自己的专业及毕业找工作没有任何关系，所以对这门课的理论教学、实践教学都漠不关心，因此导致在实践教学实施过程中部分学生积极性不高。二是部分学生对自己的学习不负责。现在的大学生普遍比较浮躁，存在很多学生不关心自己的学习、不关心自己期末是否过关等现象，导致他们对于一切课程教学不参与、不学习。

第二，实践内容过于单一，缺乏创新。

"概论课"实践教学内容包括两个部分，第一部分比较常规化，因此学生的发挥空间不是很大；第二部分实践活动跨度较大，涉及的领域多，相对比较开放，因此学生选择性更宽，有利于学生创新，但是真正实施起来却发现不是这样，存在学生创新能力不足的问题。2016—2017—1这学期，笔者所教7个本科班，334名学生，总共44组，各组所选实践内容虽有所不同，但实践成果重复性较大，比如44组中，选择"参观考察"的有16组、选择"雷锋志愿活动"的有7组，而"参观考察"中又以参观张爱萍故居居多。因此怎样引导学生创新实践内容形式是今后"概论课"实践教学中必须解决的问题。

第三，实践成果未能体现团队协作。

在2015—2016—2学期，实践教学的第一部分采取个人完成的形式，最后成果心得

体会抄袭严重、重复率高；而在2016—2017—1这学期，实践教学第一部分的考核方式有所变化，最后成果由团队合作完成，但是我们却无有效的方法来确定这个成果是否真的是由团队协作完成。在2015—2016—2学期，在第二部分实践成果的展示、验收过程中笔者发现，真正参与实践过程的是少数人，展示实践成果的也是这部分人，部分同学只是挂名而已，未参与任何过程，因此，在“概论课”实践教学过程实施中，团队效果未能更好地发挥出来。产生这个问题的原因，笔者认为，主要在于实践过程缺乏实质性的监督。虽然2015—2016—2学期，教师要求学生填写中期检查表，以监控学生实践活动的实施情况，但这个表格的效果却没能发挥出来。因此，我们怎么检验学生实践内容是否协作完成也是一个亟待解决的问题。

笔者在此主要分析了在“概论课”实践教学过程中学生存在的问题。不可否认，在这个过程中，任课老师也存在一些问题，如某些老师敷衍了事，只负责布置实践课实施细则，不关心学生具体完成情况；如某些老师不珍惜学生实践活动成果，不展示、不验收，最后只是简单地打一个分数，等等。因此，要想解决“概论课”实践教学中的问题，必须在各个环节加以改进完善。

三、解决“概论课”实践教学问题的几点思考

笔者通过对近一年的“概论课”实践教学进行考察，发现需要解决的问题很多。笔者在这里只简单地提出几点思考，但不够完善，仍需要深层次地思考全面的解决方法。

第一，调动学生的积极性、参与度。

调动学生的积极性，首先需要学校、二级学院重视思想政治理论课。目前，高校普遍存在对思想政治理论课不重视的现象，因此需要从学校层面重申思想政治理论课的地位，同时各二级学院可以制定相关的规则，思想政治理论课应该成为衡量一个学生是否优秀、是否能够评奖学金的重要指标，而不是一门毫无关系的课程。其次需要学生正确认识思想政治理论课的地位。学生普遍认为，思想政治理论课可有可无，可上可不上，这是因为学生认为这个课程和自己毕业找工作、自己以后的发展毫无关系，因此，需要学生转变观念，同时也需要任课教师在教学过程中体现出这几门课程对于学生发展的重要性。

第二，加强实践内容、形式的开放性，鼓励学生创新。

根据我校培养方案，“概论课”教学是两个学期。因此，在上半年和下半年的实践教学实施课程中，更要避免学生实践内容的单一性，要鼓励学生创新。首先，从学生分组上来看，第二学期分组必须和第一学期不同，因此笔者打算第一学期由学生自由组合，第二学期可规定由哪些学生组成一组。这样既可以有所区分，也更加方便同学之间的交流，打破小团体主义。其次，从实践内容、形式上来看，必须有所变化，不能重复。比如笔者打算凡学生在第一学期参观考察过的地方，在第二学期时绝不允许任何一个团队再选择该地方，以促使学生走出去，多去接触外面的风土民情、文化。同时，笔者希望在第二学期的实践成果形式上有所创新，而不是只局限于PPT、调研报告等形式。再次，实践内容应结合社会现实，分析现实问题。从笔者所教班级实施的实践活动来看，学生们在选择主题时结合社会现实的情况非常少，如2016年是长征胜利80周

年，但没有一组同学选择这个主题。因此，为了更好体现“概论课”课程内容，在今后的实践教学实施过程中，应鼓励学生多选择社会现实问题作为实践主题，分析现实问题，参与社会生活，从而提高学生的主人翁意识，增强学生“天下兴亡，匹夫有责”的爱国情怀。

第三，建立实践教学监督、验收机制。

首先，应发挥实践教学过程中的监督作用。笔者上文分析到在“概论课”的实践教学中，有的学生并未参与这个过程。因此，对实施过程必须制订出一个监督的方法。思想政治理论课教师所教班级多、学生多，且分布在不同学院，因此，通过任课教师在课外监督学生是否参与实践教学以及跟踪实施的具体情况，难度较大，可操作性不强。笔者认为，应发挥每个同学在这个过程中的监督作用。所以，笔者设想可以通过组内同学互相监督、互相评分的方式，了解学生是否参与了这个过程。其次，建立合理的验收机制。实践成果是大部分同学积极参与的结果，我们必须要验收、展示。在本年的实施过程中，第二部分的实践成果验收机制已基本成型，笔者要求每一组学生都必须在课堂上对成果进行展示、说明，而第一部分实践成果的验收方式一直还在思考尝试当中。因此，笔者试想在课程最后一周选择合适的时间，根据学生分组的情况，随机抽取某位同学向大家分享第一部分实践成果的心得体会或观后感，以此督促每位同学必须认真去看所选择的书籍、视频，真正落实第一部分的实践内容，而不是流于形式。

高校思想政治理论课研讨式教学需要把握的几个问题*

兰 奎**

【摘 要】 高校思想政治理论课是大学生社会主义核心价值观教育，帮助大学生树立正确世界观、人生观、价值观的核心课程。研讨式教学注重教师主导、学生主体，能增进学生对思想政治理论课理论、原理的理解和把握，增进师生之间的互动交流和平等沟通，拓展课堂教学的时间和空间，激发学生学习的主动性和参与积极性。通过调整师生角色定位，设计好教学各个环节，落实教学保障措施，贴近时代发展，贴近青年大学生的成长需要，提升思想政治理论课教学质量，能够有效增强大学生思想政治理论课“获得感”，让思政课教改见实效。

【关键词】 思想政治理论课；研讨式教学；改革

高校思想政治理论课是巩固马克思主义在高校意识形态领域的指导地位，坚持社会主义办学方向的重要阵地，是全面贯彻落实党的教育方针，培养中国特色社会主义事业合格建设者和可靠接班人，落实立德树人根本任务的主渠道，是进行社会主义核心价值观教育，帮助大学生树立正确世界观、人生观、价值观的核心课程。党的十八大以来，高校思想政治理论课的时代感和主动性、针对性、实效性明显增强，取得了很大实效。但也面临着一些亟待解决的问题，尤其是如何进一步提升思想政治理论课教学质量，增强大学生思想政治理论课“获得感”，让思想政治理论课展现其应有的“魅力”，真正成为学生成长、成才的“修身”课、“导航”课，还要不断创新教学方式方法，贴近时代发展，贴近青年大学生的成长需要，让思想政治理论课教学改革见实效，是当前高校思想政治工作和思想政治理论课教学改革的重要任务。

一、研讨式教学的概念

研讨式教学法源于早期的柏林大学，它作为柏林大学一种重要的教学方式，对近代

* 基金项目：四川文理学院资助项目“高校思想政治理论课‘一课多师’协同教学模式研究”（项目编号：2016SZ001Z），四川文理学院 2017—2019 年校级教育教学研究与改革项目“新时代高校思政教师实践教学能力培养模式与提升路径研究”（项目编号：2017JY09）。

** 兰奎，男，讲师，研究方向：政治学、思想政治教育教学。

德国大学的发展具有一定的影响力，而且已经推广到了美国、英国、加拿大、澳大利亚等国家大学本科和研究生教学中，成为一种被普遍使用的重要教学模式（Cohen 等，2004）[1]。在国外的许多著名大学，研讨式教学是仅次于课堂讲授的第二教学手段（Michele，2007）[2]。研讨式教学是以解决问题为中心的教学方式，通过由教师创设问题情境，师生共同查找资料，研究、讨论、实践、探索，提出解决问题办法的方式，使学生掌握知识和技能。研讨式教学要求以“导”为主，设置贴近学生生活、富有吸引力的情境，提出有思考价值的问题。郭汉民认为，“研讨式教学就是将‘讨论’与‘研究’组合在教学的全过程中，具体开展教师示范与布置任务——学生查找资料、撰写讲稿——学生参与讲课、师生共同讨论——教学总结、评价的程序”[3]。唐洪俊等认为，“研讨式教学模式是指教师以课程授课内容和学生以知识积累为基础，教师指导学生创造性地运用自己所拥有的知识和能力，发现问题、研讨问题和解决问题，在研讨中积累知识、培养创新思维和能力的一种教学方法”[4]。研讨式教学模式，包含了研究、讨论、讲授等多种因素的相互作用，体现了教师主导和学生主体，激发了学生学习的参与性和主动性，增强了教学效果，提升了学生综合能力。“研讨式教学具有研究性、讨论性、自主性特点，有利于培养学生解决问题的能力和创新能力。”[5]

二、高校思想政治理论课研讨式教学的主要作用

高校思想政治理论课既不是一般的政治课，也不是一般的德育课，它是“思想+政治+理论”的综合性课程群，这就决定了它在讲授和学习中不能浮于表面，不能浅尝辄止，更不能不讲政治。习近平总书记在全国高校思想政治工作会议上强调，“要用好课堂教学这个主渠道，思想政治理论课要坚持在改进中加强，提升思想政治教育亲和力和针对性，满足学生成长发展需求和期待”[6]。坚持从课程本身出发，深入研究课程教学内容，结合青年大学生的特点，创新教学方式方法。

（一）研讨式教学能增进对理论、原理的理解和把握

《毛泽东思想和中国特色社会主义理论体系概论》包含了马克思主义中国化理论成果、新民主主义革命理论、社会主义改造理论、社会主义本质理论、社会主义改革开放理论等，这些理论仅仅依靠在课堂的有限时间讲授，学生很难全面掌握，对理论掌握得似是而非，必然影响到学习的效果，也难于同实践有机结合。还有《马克思主义基本原理概论》包含了马克思主义哲学、经济学等大量的概念和原理，也需要进行深入的研讨，才能学通、弄懂。“形势与政策”课包含了最新的时政和国家大政方针政策，要进行深入解读才能让学生领会其精神和实质。

（二）研讨式教学能增进师生之间的互动交流和平等沟通

目前以课堂“讲授”为主的教学模式，重视了教师的“主导”，忽视了学生的“主体”，强化了“灌输式”的教学，师生之间缺少互动交流和平等沟通。思想政治理论课教师除了搞好教学之外，还要加强育人。而现实情况是，教师上完课就离开了课堂，没有更多的机会与学生交流。育人任务交给了班主任、辅导员、学工队伍。教书和育人本互为一体，现在却成了两张皮。中共中央国务院印发《关于加强和改进新形势下高校思

想政治工作的意见》指出，要“在平等沟通、民主讨论、互动交流中进行思想引导，有的放矢、生动活泼地开展工作，发挥师德楷模、名师大家、学术带头人等的示范引领作用”。研讨式教学为师生之间开展互动交流和平等沟通提供了平台，在研讨中不仅能强化课程的深入学习，还能及时对学生存在的思想问题、生活困难、心理危机予以关注，并提供咨询、解答、干预，从而实现全过程、全方位、全员育人。

（三）研讨式教学能拓展课堂教学的时间和空间

传统的课堂教学既有时间限制，又有场地空间的制约。研讨式教学可以在课外任何时间、任何地点进行，可以通过举办圆桌会议、学术沙龙等形式，由学生主持、汇报、交流，实现课堂的“翻转”。“互联网+”教育的广泛应用，也为开展研讨式教学提供了新的平台。通过建立网络研讨，召开网络视频会议、进行网络直播等形式，实现学生和教师在不同的地点同时展开讨论和互动，大大提高了研讨式教学的实效性。通过开展课题研讨，以课题调研的形式，赴调研地点开展调研活动，进行现场座谈、访谈、讨论，增强对问题认识、了解的现场感。

（四）研讨式教学能激发学生学习的主动性和参与性

由学生主讲，教师点评，大家互评，可以激发学生主动学习的热情。思想政治理论课长期以来都是以教师为主，教师主讲，学生被动地听，教与学之间形成了固化的模式，束缚了学生的思维和创造性。实施研讨式教学，需要学生结合研讨主题和问题，阅读大量的文献材料，并对材料进行分析、提炼、归纳，制作成 PPT 在讨论会上分享汇报，并接受其他学生的提问。这种教学方式，改变了学生的定位，创造了新型的师生关系，师生角色互换，使学生不再是单一的受众群体。学生为了讲好课，就必须要像教师一样提前备课，激发了其强烈的学习参与意识。

三、高校思想政治理论课研讨式教学需要注意的几个问题

（一）调整师生角色定位

研讨式教学对长期以来形成的师生角色定位是一个巨大的冲击，需要师生解放思想，调整好角色定位，在研讨过程中，实现角色的互换。教师从知识的传授者成为学生的导师、咨询者、知识构建的促进者和团队的协助者，帮助学生学会查阅资料，准备授课教案，组织讨论会，把控讨论进度，总结讨论得失。学生则从被动的受教育者成为主动学习者、知识构建的实践者、交流者。因此，教师要引导学生放开手脚，大胆尝试，通过在角色互换中展现自我，积极主动地去认识问题、分析问题和解决问题。

（二）设计好教学各个环节

实施研讨式教学，科学的教学设计是教学效果的重要保障。一是研讨问题的选择。研讨问题必须紧扣思政课教学内容，结合当前时政热点话题和学生密切关注的问题或容易感到困惑的问题。教师列出研讨问题或话题清单，供学生自主选择。思想政治理论课教师要对研讨问题严格把关，坚持树立“四个意识”，不能将什么问题都纳入课堂讨论。二是研讨团队的组建。也就是分组问题，科学的分组对研讨非常重要。可以按学生学号

分组，按寝室分组，按兴趣分组，甚至可以随机自由组合，等等。教师将主动权交给学生，由学生主导团队的组建。三是撰写研讨方案。教师要对方案反复修改，力求准备充分，重点突出。每一次研讨都要认真筹划，做好工作分工，切实做到准备充分。四是做好教师的分工。研讨式教学需要两个以上的教师协同开展，也就是要实现“一课多师”。目前，个别高校设立了助理教师，协助开展教学。国外实施的研讨式教学一般由3个以上不同的教师各负其责，确保研讨教学的有序进行。研讨式教学的组织实施，要做好教师的分工，哪些教师负责组织学生研讨，哪些负责现场答疑，哪些负责后期跟踪考核等。甚至可以根据研讨主题邀请校内外专家现场指导，解答学生提问，增强与学生的互动，进一步丰富研讨形式。五是研讨现场的组织实施。可将教室桌椅移动组合为圆桌型，设置主持人席位、嘉宾席位，配备多媒体设备。确定好研讨议程，组织协调好相关人员提前做好发言准备，在讨论阶段，要合理把控时间，确保研讨有序进行。教师对研讨过程要做好全程监督，“研讨主体是学生，研讨的主导是教师，教师不能放任自流”[7]，营造积极向上的讨论氛围。六是考核评价。“研讨式课程考核必须突出对学生的平时成绩考核，促进学生在全教学过程中积极参与教学活动。通过大幅提高平时成绩的考核比重，激发学生平时学习的主动性和积极性，使学生无法通过期末突击复习方式而通过课程考核。”[8]要通过嘉宾评审、大众评审等，对研讨情况进行考核评价。为参与研讨的学生量化分数，记载成绩。七是研讨总结。每次研讨结束都要对本次研讨进行总结，撰写总结报告，分析得失，汇编研讨成果。

（三）落实教学保障措施

要保证研讨式教学的顺利开展，并取得实效，需要有一系列的保障措施。一是政策保障。开展研讨式教学势必对现有的教学模式造成一定的影响，需要学校出台相关文件，比如，在课时的规划、教室的选择、师资的构成等方面，都要有具体的政策支持。二是硬件保障。研讨式教学需要大量的教学设备，比如，组成圆桌会议的桌椅，目前本校一教楼只有不到5间教室的桌椅可以移动，其余教室的桌椅都无法进行移动。还有多媒体设备，校内思想政治理论课实验室、校内实践基地等，都需要进一步规划、打造。三是师资保障。师资是开展研讨式教学的重要因素，开展研讨式教学需要多名教师协同开展教学，长期以来，思想政治理论课教师都习惯了一个人从头讲到尾，不善于和他人互动、协同，一方面是工作量不好计算，另一方面教师都有自己的教学任务，很难有更多的时间去和他人协作。这些难题也在一定程度上阻碍了研讨式教学的有效执行。所以，要通过加强教学改革，遴选一部分年轻教师或新进教师，专门从事助教工作，与老教师结对组合，既解决了师资问题，又让年轻教师在“传帮带”中迅速成长。四是经费保障。实施研讨式教学，需要根据研讨教学的需要，提供一定的经费支持。五是机制保障。要根据研讨式教学实际，建立完善相关的制度，保障研讨式教学的有序实施和持续发展，做好监督和评估工作，确保教学效果和学生满意度。

【参考文献】

［1］Cohen，Manion and Morrison. *Guide to Teaching Practice*（*Fifth edition*）［M］. New York：Rutledge，2004.

［2］Michele ，ed. *Teaching at Stanford*：*an introductory handbook*［M］. Denver：The center for teaching and learning，Stanford University，2007.

［3］郭汉民. 探讨研讨教学的若干思考［J］. 湖南师范大学学报，1992（2）：32.

［4］唐洪俊，等. 大学本科研讨式教学与实践［J］. 石油教育，2011（2）：53.

［5］毛小平. 大学本科研讨式教学实践与反思——以思想政治教育专业教学为例［J］. 高等教育研究学报，2017，40（02）：104-109.

［6］习近平在全国高校思想政治工作会议上强调：把思想政治工作贯穿教育教学全过程 开创我国高等教育事业发展新局面［N］. 人民日报，2016-12-09（1）.

［7］聂智. 论高校思想政治理论课基于问题导向的研讨式教学模式的建构［J］. 思想理论教育导刊，2017（09）：126-129.

［8］宫克勤，武传燕，卢丽冰. 研讨式课堂教学方法探讨［J］. 教书育人（高教论坛），2017（15）：74-75.

马克思主义实践观在高中与大学思想政治理论课教学中的衔接探究*

白　雪**

【摘　要】　马克思主义实践观在高中与大学的教学中有很大的关联性，但二者也存在着教学内容重叠、教学方式单调、重理论轻实践等方面的问题，其原因在于教育层级之间相对独立封闭、教师队伍建设缺乏沟通和互动、不重视教学的层次性和针对性等问题。要搞好马克思主义实践观在高中与大学中的衔接工作，应从教学理念、教学内容、教学方法、教学评价、沟通机制的建立等方面入手。在高中新课程改革的背景下，实现马克思主义实践观在高中与大学的教学衔接，将有助于提升马克思主义实践观的教学实效。

【关键词】　马克思主义实践观；思想政治理论课；教学衔接

新课程改革使得中学与大学的思想政治教学取得了长足的发展，但一个教育系列的不同教育阶段之间相对独立封闭的状态使教育链条的割裂问题日益凸显出来，这种阶段性的隔阂，使得我国的德育教育出现脱节倒挂、重复浪费等一系列的现象。从低级阶段向高级阶段提升或者发展的过程强调学习者的建构性和主动性，其核心思想在于学习者在已有知识的基础之上的主动建构，高中的思想政治课程是学习大学的思想政治理论课程的基础，是学习者在大学阶段主动建构的前提和铺垫，因此，做好高中和大学思想政治理论课的教学衔接具有重要的意义。

一、“马克思主义实践观”在高中与大学教学中的比较

（一）高中与大学关于“马克思主义实践观”的课程标准比较

1. 课程性质

马克思主义实践观是高中思想政治课程中关于“认识论”的基础理论部分，属于高中思想政治必修（4）《生活与哲学》中“探索世界与追求真理”的必修内容。课程设置

* 基金项目：2017—2019年校级教育教学研究与改革项目“地方高校新工科创新创业培养模式研究”（项目编号：2017JY46）。

** 白雪（1992—），女，四川达州人，助教，硕士，研究方向：思想政治教育、学科教学。

旨在引导学生紧密结合生活，领悟马克思主义的基本观点和方法，提高其参与现代社会生活的能力。而马克思主义实践观在大学的学习过程中属于《马克思主义基本原理概论》中马克思主义哲学的基础理论部分，教学对象为各本专科专业的学生，是全国高等教育全校性必修的公共基础课，旨在提升本专科学生的马克思主义理论素养。

2. 教学目标

马克思主义实践观在高中的课程目标是了解实践的概念及特点，理解实践与认识的关系，了解真理的特征、真理与谬误的关系，理解认识的过程，树立与时俱进的发展观。大学关于马克思主义实践观的学习目的，是为了使受教育者掌握马克思主义实践观的基本观点，为树立科学的世界观打下理论基础；了解认识的本质及其发展规律、实践与认识的关系，坚持理论创新和实践创新，不断提高在实践中自觉认识世界和改造世界的能力。

（二）高中与大学关于“马克思主义实践观”的相关知识点比较

1. “马克思主义实践观”在高中与大学教学中共有的知识点

马克思主义实践观在高中与大学教学的知识框架上主要包括实践及其特点、形式；实践是认识的基础；辩证唯物主义的真理观；认识运动的基本规律。《马克思主义基本原理概论》与高中思想政治必修（4）《生活与哲学》都分析了社会生活本质上是实践的，实践是认识的基础，认识运动的基本规律、辩证唯物主义的真理观。

在共有的知识点上两者也存在差异，通过比照，主要体现在以下方面：

（1）实践及其特点、形式。

高中主要强调的是实践的概念及特点，注重对知识点本身予以阐述和说明，实践及其特点是高考必考之处，实践活动的形式这一知识点在高中教材中通过“专家点评”的形式予以简单说明；而大学则更加注重说明概念之间的逻辑关系以及从经典著作中探求理论的来源，在“是什么”之后，探究“为什么”和“怎么样”，分析更加的透彻、深入，同时还详细介绍了人类实践活动的形式。

（2）实践是认识的基础。

高中的政治教材基于实践对于认识的决定作用予以分析阐释，注重结合学生生活经验等导入主题，以观点统率知识点，知识点支撑观点。大学教材增加了实践和认识的主体与客体的内容，从主客体关系这一角度说明认识关系和实践关系，使论述逻辑更为严密，较全面细致地阐述了原理的内核，更注重学生的理性思考。

（3）辩证唯物主义的真理观。

高中教材对辩证唯物主义真理观更注重结论的陈述，如真理和谬误的区别在教材中以陈述性知识呈现，理论推导过程较少，导致同学对程序性知识的掌握及知识的逻辑建构产生了一定的困难。大学教材注重对哲学思维的综合考评，但在教材内容编写上对哲学四大模块的区分相对模糊。在理论深度和论述严密程度上，大学教材明显高于高中教材；在贴近生活方面，高中教材则更加注重灵活地运用生活中的实例来支撑观点。

（4）认识运动的基本规律。

高中强调认识过程的反复性、无限性，从认识的性质出发，间接得出认识运动的基本规律。而高考又常常涉及对认识运动的正确理解，故教材在最后部分强调了认识运动不是圆圈式的循环运动，以起到误区警示的作用。《马克思主义基本原理概论》教材从认识的两次飞跃这一角度，直接阐明认识运动的基本规律，为了论述的严密，引入了感性认识及理性认识的概念和特质，在此基础上说明造成认识过程反复性和无限性的原因。

2. 大学“马克思主义实践观”教学独有的知识点

大学的课程有许多独有的知识点。例如，在介绍了实践及其特征、形式之后，大学教材还补充了实践是人的存在方式这一知识点。尤其强调从实践出发理解社会生活的本质，将理论运用于实践，让学生高度抽象概括和理解生活的本质，以此树立辩证唯物主义的基本观点。在实践中坚持和发展真理，突出了创新的作用，尤其重视理论创新，引导学生高举中国特色社会主义伟大旗帜，从理论和实践的结合上不断研究新情况、解决新问题。在认识世界和改造世界的内容上，详细介绍了认识世界和改造世界是辩证统一的；认识世界和改造世界、改造客观世界和改造主观世界的过程就是从必然走向自由的过程。在基本理论阐述的基础之上，《马克思主义基本原理概论》对实践观的阐释转向方法论的论述，呼吁广大青年在马克思主义思想路线指引下，以辩证唯物主义认识论为武器，正确认识人类社会发展的基本规律和世界历史的大趋势。

综上，笔者对高中与大学关于“马克思主义实践观”的比较进行总结。其一，我们发现高中教材更重视知识点的讲解，对知识点的区分更加明确，在某些重难点的讲述上更加细致、通透，注重“是什么”的讲解，因此得出的方法论更加具有侧重性，主要为学生在实际生活中遇到的问题提供哲学思考服务。大学则更注重学生理论水平的提升和思维的严密性训练，更加重视学生素质的提升，大学教材在对理论的分析上较高中教材而言，着重于马克思主义哲学的基本原理及方法论的推导与论证，讲解原理强调在“知其然”的基础上“知其所以然”，“知其所以然的所以然”，以此得出的方法论更多地体现出宏观方面（自然界、人类社会、人的思维）的意义。其二，针对马克思主义实践观的教学，高中教学的目的注重学生价值观的引导；大学在此基础之上强调方法论的意义及运用。其三，大学教学更加注重唯物论、辩证法、认识论、历史唯物主义之间的相互融合，对知识点的讲解更为灵活多变；高中则对各知识板块的区分更加明确，需要教师具备对教材更加准确的把握和整合能力。最后，高中教材从学生的心理和认知程度出发，在教材编写上基于学生的生活经验及感悟，利用生活实例旁征博引地说明理论，更加注重学生哲学观点的培养；而大学教材更多地以论述的形式来阐明理论，从原理本身推演入手，更加注重学生理性体悟和理论本身的严密性，更加强调训练学生的理性思维能力。

二、“马克思主义实践观”在高中与大学教学衔接中遇到的问题及原因分析

（一）“马克思主义实践观”在高中与大学教学衔接中存在的问题

其一，教学衔接的层次性和针对性弱。“马克思主义基本原理概论”在课程性质上，属于全国高等教育全校性必修的公共基础课，但不同院校及不同学生有着不同的学科背景和文化积淀，高校采用统一的教材进行教学导致思想政治教育的针对性和实效性明显

减弱。高校思想政治理论课大部分采用大班额教学模式，教师与学生以一对多，教师难以通过教学实践了解学生的具体情况，进一步阻碍了教学衔接的层次性和针对性。

其二，高中教材在内容的编排上弱化了知识点之间的逻辑关系。高中教材中关于马克思主义实践观的讲解，偏于直接给出结论，而忽视了理论层次上的过程性推导。

其三，从教学目标来看，教学目标与教学实际之间存在差距。在教育体制改革的大背景下，高中和大学的思想政治教育是为了促进公民素质的形成和发展以及对学生参与社会能力的培养，但压在高中师生身上的升学压力依然存在，高考指挥棒无形间异化了高中政治教学的内容和方式，学生的学和教师的教更多地围绕着高考考点的不断调整而调整，忽视了思想政治教育的初衷。

其四，从教学内容来看，高中和大学关于马克思主义实践观的教学内容存在重复性。对于学生而言，内容重复使学生失去了对知识的新鲜感和学习积极性；对于教师而言，在有限的课时内，为了追求知识的完整性必然放弃教学发挥的空间，照本宣科地完成教学任务，也无暇顾及学生的实践活动。

其五，从教学方式来看，现今高中与大学的教学方式多数是灌输式教学。在马克思主义实践论的教学中，基本上是先讲原理，再让学生记忆和理解，或者通过实例加以印证，然而实例往往千篇一律，创新性和时代性不强。

其六，高中和大学的思想政治理论课“重理论轻实践”的现象较为普遍。思想政治教育强调理论知识内化之后，需要外化于行动，付诸实践活动。理论本身就来源于实践中积累的经验，学习理论的目的也是为了指导人们的实践，忽视实践的思想政治教育就是纸上谈兵。

（二）“马克思主义实践观”在高中与大学教学衔接中存在问题的原因分析

1. 教育层级之间相对独立封闭的状态使大学与高中教学改革的进程不同步

教育层级之间的阶段隔阂依旧存在，尚未形成教育合力，导致高中与大学两阶段在教育上的相互脱节，造成了教育资源的浪费。在教育各阶段的本位主义现象较为普遍的时代，教育者们大多只看到了教育的局部，而忽视了整个思想政治教育整体的连贯性，只看到局部而忽视整体，导致教学衔接问题日益突出。

2. 教师队伍建设机制落后导致大学与高中教师的教学工作缺乏沟通和互动

随着高考制度的改革，文理不分科的趋势在一定程度上导致高中的政治教师弱化了对本学科的进一步研究，也不重视与高校的马克思主义基本原理课程的教学衔接工作。在高校，“马克思主义基本原理概论”课程作为公共基础课，学生们在思想上不重视，在行为上松懒懈怠，缺乏学习政治教育理论的主观能动性；从事政治理论课教学的教师，课时压力大，科研任务重，缺乏研究教学衔接的时间。同时教师队伍建设机制缺乏制度上的支持和保障，因此建立一套大学与高中教师的教学工作沟通和互动体系仍有很长的一段路要走。

3. 高校思想政治理论课与高中政治课教学衔接中存在教学内容重叠、教学内容的渐进性不够、缺乏实践性、教学方式单一等问题

思想政治理论课在教学内容上，着重理论知识的传授，忽视实践，远离当今社会的

现实需要，脱离学生生活实际，未能有效地将学生的实际与国情、社情相结合。在教学方式上，以教师讲授，灌输式教育为主，导致学生在心理上抵触，在思想上松懈，上课动机往往出于应付。

4. 不重视教学的层次性和针对性，忽视高中生与大学生在认知结构和心理特点上的差异

劳伦斯·科尔伯格的道德认知发展理论指出："个体道德发展在不同阶段有其相应的特征和要求，道德教育的主要任务是培养受教育者的道德判断能力。"对待不同心理发展程度、教育背景、学科性质的学生，应以生为本，因材施教，然而，在现实教学中，由于高考指挥棒的影响，不少高中学习的内容难度超越了大学所学习的内容，教学实际超出学生的认知能力。在大学，不同学科背景、专业背景、文化层次的学生通过全国统一的教材一刀切地学习政治理论，仅有的区分大多来源于教师的人为因素，改或不改，讲或不讲，大多取决于教师本身，缺乏有针对性的教学标准和体系。

三、实现"马克思主义实践观"在高中与大学教学中有效衔接的对策和建议

（一）关于教学理念的衔接

高中与大学的思想理论课是教育链条上呈螺旋式上升的两个教育阶段，思想政治教育具有连贯性，德育教育应与学生成长阶段的完整性相对应，把握好高中与大学政治理论课的阶段性特点，树立以"教师为主导，以学生为主体"的现代教育理念。做好教学衔接工作，将学生的专业发展和身心健康放在第一位，分层次、分专业、分文化背景开展教学，因材施教，重视课堂教学与实践教学相结合；把握学术前沿，教授马克思主义理论的最新理论成果；加强与高中政治教师的教学交流，及时了解高中政治课教学的动态。

（二）关于教学内容的衔接

针对教材内容重复的现象，一是从教材本身入手，在编写过程中尽量避免重复，保证内容的渐进性；二是发挥教师和学生的主观能动性，对重复知识点通过采用视频教学或问答讨论等方式开展，或通过教师概述、学生讲述的方式进行。对于新出现的知识点可采取"以问题引发学生深度思考，激发探究欲""结合社会发展新问题新实际进行讲解""概述高中政治相关知识，并深入讲解新内容"等多样的方式开展教学。

结合高中与大学关于马克思主义实践观的比照分析，两者的差异与共性要求教师发挥主观能动性，适度地把握好高中与大学教学的知识点讲解的程度、角度和所要达到的深度，根据不同的教学对象，把握好教学内容的层次性及针对性。比如，在学习实践及其特点的相关内容时，高中仅要求学生掌握实践的含义及三个特性，对实践的形式不作要求。那么大学则应更加强调知识的学科逻辑。以此观之，教师可以略讲旧知识点，着力于对新知识点的剖析，强化知识之间的逻辑关系和知识的实际运用。

（三）关于教育方法的衔接

为了做好与大学思想政治课的教学衔接，应在高中阶段的思想政治课教学中让高中

生了解大学生活，帮助学生进一步明确人生目标和理想；与其他学科教学相结合，把思想政治课中学到的知识践行于日常生活，使思想政治理论真正“进学生头脑”，做到思想政治认知和思想政治行为相一致。在“马克思主义基本原理概论”教学中强调大学生的教育与自我教育，创新教育方式，如启发式、案例式、研讨式、对话式，等等，增强思想政治教育的吸引力和感染力。将政治理论教育和社会实践教育相结合，将解决思想问题与解决实际问题相结合，真正帮助大学生化“思想政治理论”为“思想政治方法”，进而转化为符合中国特色社会主义事业发展需要的人才的“思想政治行为德性”。

（四）关于教学评价的衔接

多元化教学评价机制，将形成性评价与终结性评价结合起来，如采用分阶段考核与期末汇总；无领导小组讨论考核法；学生出卷，交换答题；论文加答辩等多样化的评价方式，扩充单一地以考试成绩作为唯一的考核标准的模式。在教学评价的过程中，应注重对学生的能力发展给予肯定性评价，采用适度超越原则，以发展的眼光看待每一名学生，促进政治理论教育真正内化于心，外化于行。

（五）关于衔接教学的沟通机制

高校思想政治理论课教师应增强衔接意识，树立整体意识。一方面高中与高校应在思想上高度重视，积极学习现代教育理论，树立正确的教育观、师生观、人才观、教育质量观；另一方面，建立高中与高校之间“走出去，请进来”的教学交流研讨长效机制，加强高中政治课教师学历提升和教育培训，大学思想政治课教师要增强对高中课堂的了解，双方合力研讨提高教学实效性。研究马克思主义实践观在教学中的实践情况，需要通过深入课堂一线，对大学与高中的教学进行专题调研。

【参考文献】

[1] 思想政治必修（4）：生活与哲学［M］. 北京：人民教育出版社，2015：42—49.

[2] 马克思主义基本原理概论［M］. 2013 年修订版. 北京：高等教育出版社，2013：34—39，62—91.

[3] 教育部. 普通高中思想政治课程标准（实验）［M］. 北京：人民教育出版社，2004：6—9.

[4] 顾海良，佘双好. 高校思想政治理论课程教学改革研究［M］. 武汉：武汉大学出版社，2006：142—149.

[5] 陈超. 高中思想政治教育与大学思想政治理论课教学内容衔接研究［D］. 乌鲁木齐：新疆大学硕士学位论文，2007.

[6] 王惠琴. 也谈初中数学教学中的困惑［J］. 数理化解题研究（初中版），2013（3）：31.

[7] 金梦兰，李娟. 大学思想政治理论课与高中政治课教学有效衔接问题研究［J］. 沈阳航空工业学院学报，2010（6）：32—33.

[8] 张青红. 高中德育课与大学思想政治理论课的有效衔接探析［J］. 文教资料，2006（6）：25.

[9] 蔡晓红. 论高中和大学思想政治理论课的差异与衔接［J］. 青岛大学师范学院学报，2005（7）：114.

[10] 金鑫，陈丽杰. 中学与大学思想政治教育体系衔接现状及对策［J］. 辽宁经济管理干部学院学报，2013（5）：101—102.

高校思想政治理论课教学方法发微
——马克思主义基本原理概论教学体会

万书平*

【摘　要】 高校思想政治理论课有着基本原理多、逻辑性强等特点，而且还肩负着教化青年、统一思想的政治功能，不可避免地带有抽象性和一定的理论性。为了把思想政治理论课讲透彻、讲生动，让学生愿意听、听得懂，不断改进教学方法是至关重要的。笔者长期致力于思想政治理论课教学，特别是讲授“马克思主义基本原理概论”(以下简称“马原”)。在多年的教学实践中，通过互动式教学、突出重点、注重联系实际、采用多媒体等现代教育技术、采用灵活多样的考试等多种方法的综合运用，收到了较为理想的效果。

【关键词】 思想政治理论课；教学方法；实践教学

在2005年实施的“新四门”课程体系中，毫无疑问，“马原”为其他三门课程提供了理论支撑，是一门更具基础性的课程。但在实际中，“马原”因其主题宏大、内容抽象、讲解空泛，在大学生中的接受度相对较低。如何扭转这一现状，让更多的学生接受“马原”，这是每一个“马原”课老师必须认真对待的问题。作为老师，对“马原”的宏大主题和抽象内容难以细化，然而对其“讲解空泛”的问题却可以通过教学方法的改进使“空泛”不再空泛，至少可以降低空泛的程度。毛泽东非常重视方法对完成任务所具有的重要意义，他指出：“我们的任务是过河，但是没有桥或没有船就不能过。不解决桥或船的问题，过河就是一句空话，不解决方法问题，任务只是瞎说一顿。”[1]在长期的教学实践中，笔者积累了一些经验。现将其梳理成文，望大家批评指正。

一、坚持理论学习“要精，要管用”的原则，突出重点

“马原”的内容比较丰富，我们现在使用的高教版教材实际上是马克思主义哲学、马克思主义政治经济学和科学社会主义三门学科的综合集成，而且在政法与公共管理学院非思想政治专业中开设的“马原”课是一门学期课，因此多内容与少学时的矛盾在这

* 万书平，男，副教授，研究方向：马克思主义哲学及高校思想政治。

里就尤为突出。同时，每个老师都不是百科全书式的全能型人才，都有自己的研究方向和专长，由于老师知识范围所限，不可能把每一章节的内容都讲得精彩。由于这些主客观因素，在“马原”课堂上，老师要还原完整形态的马克思主义几乎是一项不可能完成的任务，因而突出教学重点就成为一项必然性选择。为此，笔者在教学中着重处理好以下几方面的关系。

（一）理论体系与理论讲授的关系

“马原”是系统的科学体系，比较全面地介绍了经典作家在哲学、政治经济学和科学社会主义方面的基本原理，以及这些原理的形成背景、理论基础和重要意义等。理论讲授当然要把这些基本问题讲清楚，给学生构建关于马克思主义基本原理的全面、准确、严谨的知识体系，但在教学中也要突出重点。一方面要把唯物辩证的世界观、历史观讲清楚，另一方面要把资本主义和社会主义的本质讲清楚，关注资本主义和社会主义的新发展，增强大学生对有中国特色的社会主义现代化建设的理论自信、道路自信、制度自信和文化自信。

（二）教材体系与教学体系的关系

教材体系是教材的组成部分及其理论逻辑，即是说教材体系侧重于理论内容本身。相对于教材体系，“马原”的教学体系打破了教材章节的内容结构，其重心则是在以教材体系为基本原则的前提下，如何结合学生的思想实际、生活实际和社会生活的大背景，采取有效的方法和手段来讲述马克思主义理论的基本观点，根本任务是使马克思主义的基本观点和方法内化为社会实践的指导和人生指南。事实上，“马原”课的教学体系如果不以现实为关注重心，而只是简单机械地重复教材体系，教学内容完全等同于教材体系，那不就是照本宣科吗？众所周知，照本宣科是对教育精神的根本背离，是教学之大忌。

为了保障课程的系统性，教材的内容应该是全面的。但在实际教学过程中，由于课时有限，不可能对每一部分内容平均用力，必要的取舍或增补是必须的。作为教学体系，应该在符合教学大纲基本要求的基础上，重点讲好若干个基本问题。也就是说，教学体系应该有老师自己的特点。如果一章中有三四个问题，对于课程来说当然都是重要的，但在讲课过程中肯定要有所侧重。对某一两个问题要展开来讲，通过严密的推理或丰富的实例把问题讲深讲透；而对于其他问题，或作一般性介绍，或一带而过，或让学生自己看书。这样，每次课下来，学生都能够有几个印象深刻的问题，教学目的也就达到了。

（三）知识传授与思想政治教育的关系

讲授一门课程，当然要系统地传授相关知识。但“马原”与其他专业课程明显不同的是，该门课程既是一种知识论体系，也是一种科学的世界观和方法论。而且从根本宗旨上来说，它是专门为强化大学生的思想政治教育而开设的，主要目的不仅在于让学生记住多少个知识点，而是通过对马克思主义基本理论的学习，使大学生确立起正确的世界观、人生观和价值观，坚定中国特色社会主义的理想信念，坚定不移地选择社会主义和坚持不懈地建设、发展社会主义。因此，在“马原”的教学实践中，笔者坚持马克思主义理论学习“要精，要管用”的原则，在做好基本知识讲授的同时，又特别注重理论的实际应用，即在实践中实现对学生能力的养成、价值观的确立和人格的塑造。

二、互动式教学，发挥好学生的主体作用

上课是老师和学生的共同活动，因此，能否充分调动学生的学习积极性，让学生切实参与到教学活动中来，借以实现师生、生生之间的互动和交流，是保障教学效果的根本途径。如果每一个学生都被要求研究、观察、思考和得出结论，教与学就能真正互动，教学目的也就不难达到。

（一）注意课堂提问

在讲课中，当涉及一些重要概念、事件、人物、著作等问题时，向学生设问。如果有学生主动做出了正确回答，就给予充分肯定和补充，如果没有学生主动回答，还可以点名提问。这种方式主要的不是测试学生的知识掌握情况，而是为了吸引学生的注意力。同时，对一些重大问题，还可以提出若干个“为什么”，留出一定时间让学生思考，并让学生准备回答，促使学生都能够跟着老师的思路思考问题，这样既可以缓解学生连续听课的疲劳，又可以让学生真正参与到教学中来。

（二）组织好课堂讨论

和其他多数高校一样，我校的“马原”课也推行大班教学。这一教学模式虽然提高了学校的办学效益和老师的工作效率，但却增大了教学互动的难度。如何使课堂讨论这一教学中经常使用的方法在“马原”课的教学中发挥作用？要破解这一难题，笔者认为关键在于以下一些方法的使用。

1. 要选择好题目

课堂讨论的题目，一般来说是课程中比较重要、学生比较关心、能够引起讨论的问题。笔者在课堂上就如何看待马克思主义、当代西方发达国家无产阶级正在消失、共产主义是否是“乌托邦”等问题，让学生展开讨论。为搞好讨论，一般是提前一周布置题目，提供参考书目，让学生写出发言提纲，并要求讨论后上交提纲作为平时成绩之一，促使学生认真准备。

2. 化整为零，分好讨论小组

如 100 人的班级，可将其分成 10 个小组，每小组具体成员构成可自由结合，每组选出一位组长，而且每组成员在教室的座位集中，最好能固定，每组成员名单交由老师保管备案。各小组在组长的组织下展开课后讨论，然后由各小组选派代表做主题发言，或与老师、其他组同学做互动交流。

3. 把控好讨论进程，做好引导

为避免学生在课后的讨论流于形式，老师应让更多的同学有发言机会。对每位发言同学的表现，老师要认真记录并给出成绩。在讨论中，尽可能鼓励学生主动发言，并提倡不同观点的讨论，以避免点名发言造成的紧张和被动，这样学生的发言会比较积极。当无人发言时，要善于打破沉默，或提出不同的观点引发讨论。老师要做好引导，并适

度点评，对于不正确的观点要明确进行纠正和阐释。使理论在与现实的结合中进入学生头脑，在解决学生们关切的热点问题时，让其真正为学生所理解和掌握。

（三）引导学生读书并做好点评

为达到教学目的，引导学生读一些毛泽东、邓小平、江泽民、胡锦涛、习近平等领导人的著作包括他们的一些重要讲话是十分必要的。新教材推荐了阅读书目，但由于各种原因，学生课下自觉去阅读的基本没有。为了督促学生学习经典，笔者将其纳入教学计划之中，根据课堂进度，精选部分作品推荐给学生，不仅要求学生读，还要求写出读后感，作为平时成绩之一。对于写得好的文章，在课堂上进行点评。由于学生是带着任务去读，大都能够认真阅读，读后的收获也比较大。

三、坚持“三贴近”原则，做到理论密切联系实际

传统的“马原”课教学较注重系统知识和严谨逻辑的讲授，但显得僵硬死板，理论同实际相脱离的情况较为突出。原教育部部长周济指出：“努力使马克思主义基本原理概论课成为大学生真心喜爱、终身受益的优秀课程。”[2]这就要求老师把教学内容同社会现实有效结合起来，才能激发出学生学习的积极性和主动性，把学习过程转变为自觉自主的行动。

（一）关注学生关心的热点问题

努力使理论教学与学生的兴趣点有机结合。只有对学生关注的问题心中有数，才能在教学中恰当选择实例，并运用科学理论进行阐释，从而增强教学的针对性。为此，笔者在开学初或期中，在学生中进行调查，让学生把自己最关心的或最感兴趣的问题写出来。通过整理，笔者把大多数学生普遍关注的问题与教学内容相结合，根据教学进度适时进行解答。在回答问题时，也避免就事论事，而是着重从正面引导，做到以理服人，充分发挥真理的力量、逻辑的力量，努力帮助学生提高科学认识和分析复杂社会现象的能力。

（二）实施案例教学

所谓案例教学法是指在课堂教学中运用具体案例还原真实情境，引导学生以实践者的立场在该情境中针对具体问题独立做出分析和判断，从而培养学生解决问题能力的教学方法。激活学生的主体性是案例教学的出发点和归宿。[3]因而案例教学不同于一般的课堂举例，要求有学生的充分参与，实际上是学生的探究式学习。笔者的做法是，根据教学内容，选择一些典型事例，让学生分组或单独准备，结合案例分析课程中的基本理论问题，或用所学理论分析案例中的材料，然后每组选出代表阐述观点或让学生发表独立看法，最后由老师进行点评。这一方法比一般的课堂讨论更深入，更有针对性，集中实现了知识传授、能力培养和价值观教育三大功能。

（三）恰当选用“古今中外”实例

学生往往认为理论比较枯燥，希望老师能多用实例，多联系现实，使课堂生动活泼。学生的要求并不过分，思想政治理论课，不应该就理论讲理论，而必须联系现实，

回答学生关心的问题。这也是学习理论的必然要求，因为理论来源于实践，只有在实践中弄清问题才能更深刻地把握理论。这就要求老师在教学过程中提供丰富的信息，特别是对于国际国内的重大时事问题，要及时补充到教学中来。这既是理论联系实际的要求，也扩大了信息量，开阔了学生视野，提高了学生学习兴趣，才能使学生听进去、愿意学，从而达到传授基本理论知识和思想政治教育的目的。

四、合理利用网络、多媒体等现代教育技术

充分运用现代多媒体技术是做好教学工作的重要保证。特别是在网络非常发达、学生接触信息比较广泛的情况下，如果不采用现代技术去传达更丰富、更深刻的教学内容，是很难吸引学生注意力的。近来，笔者努力学习教学所需的基本技术，使得课堂教学的方式方法更加丰富多彩。

（一）做好多媒体课件

随着知识水平的提高，学生对课件的要求也越来越高，不再满足于仅仅有文字和图片，还希望有图表，能穿插视频，并要有老师自己的特色。因此，笔者在课前都会精心准备，在充分把握教学内容的基础上，尽可能把课件做得更加精美，以此增加学生的感性认识，使抽象的理论知识直观具体、形象生动，更容易为学生所掌握。

（二）精心选择影视作品辅助教学

在教学过程中适当穿插一些影视作品，对于提高学生的学习兴趣、增强课堂的生动性，都是非常有效的。笔者认为三节课中平均有 15 分钟的放映时间是合适的，或者在课前放，为讲课做铺垫，便于在讲课中引述；或者在讲课过程中放，边讲边引用，便于学生理解所讲内容；或者在课后放，使学生对所学内容能更形象、更直观地了解。只要所选影视作品与教学内容关联度高，在讲课中做必要的解释说明，或者进行讨论，效果还是理想的。

（三）开设网上课堂

利用网络技术，开设网上课堂，可以拓展教学资源，实现师生互动。这样可以将本课程的教学大纲、电子教案、教学案例、多媒体教学课件、参考文献、课程习题库、教学拓展资源等材料在网上开放，让学生既能课下浏览，也可与老师互动。这实际上也是教学资料数据库，老师之间可以实现资源共享。老师及时更新相关内容，利用网上论坛解疑释惑，很受学生欢迎。

五、明确教学目的，采取多样化的考试考核方法

2010 年 7 月 13 日，胡锦涛同志在全国教育工作会议上的讲话中指出：“教育成效不应只看学生是否能准确填写标准答案，更要看学生的学习能力、实践能力、创新能力，看他们是否掌握了发现问题、解决问题的关键能力，看他们是否具备了高度的社会责任感。”显然教学目的不是为了考试，但考试成绩常与能否顺利按时毕业、奖助学金评定、优秀学生评选甚至入党等紧密相关，因此绝大多数学生对考试成绩是高度重视

的。为使考核成为督促学生学习的有效手段，可以把考核纳入教学过程之中。这样既可避免期末学生负担过重，疲于应付，又可在教学过程中督促学生学习，达到对学生进行思想政治教育的目的。[4]

从根本上说，建立一套开卷与闭卷、平时考核与期末考试相结合的考核制度，也是为了适应培养学生独立思考和分析能力的需要。学校目前采取的方式是，在每个学生的总体成绩中，平常考核 30 分，期末测试 70 分。我们学校作为应用型的本科院校，笔者认为平常考核的比重还应加大加重，至少应占到总成绩的 40%，而期末考试最多占 60%。笔者的具体做法有以下一些。

（一）平时成绩考核

平时考核形式可以灵活多样，但态度必须严肃认真，把各项相关工作做细做实。

(1) 做好考勤记录，对于那些旷课次数较多者，每次扣减一分，直到扣完平时成绩为止。

(2) 写读后感、小论文。根据教学内容，让学生阅读推荐作品，并写出读后感。所推荐的作品难度适中，最好能同学生的实际有着密切联系。比如在党的十八届五中全会召开之后，我们组织学生学习全会公报，让学生写读后感，或就其中某一点如生态文明建设、互联网经济等写作小论文。

(3) 讨论提纲。为督促学生认真准备课堂讨论内容，要求学生写出发言提纲。

(4) 每讲内容完成之后，布置适量的思考题目，要求学生及时完成。在期末考试之前，会安排专门时间集中评讲并检查作业的完成情况。

（二）期末考试

我们学院“马原”课的期末考试，无论是考试的题型、题量、内容，还是考试形式，都较为合理。但要让期末考试能有效测试出学生的学习情况，使之成为促进教学的有力手段，还须指出的是：

(1) 考试前，绝不围绕考试内容进行复习，即不要考前指重点。这一点必须在平常教学过程中给学生讲清楚，而且要反复讲，目的就是要断绝学生平常不学只希望考前背老师“考点”的侥幸心理。

(2) 考试中，师生严守考试纪律，认真监考参考。对于违纪作弊者，一概依规严处。

(3) 考试后，老师严格评卷，对所有同学一视同仁，既不打“人情分”，也不为避麻烦搞强行及格过关。

当然，以上这些方法的运用不是孤立的，需要老师根据自己的知识素养和课程内容的性质、特点等综合取舍。总之，只要教学有法，“马原”课就一定能够对大学生们产生吸引力，就一定能够成为一门让大学生真心喜爱、受益终身的优秀课程。

【参考文献】

[1] 毛泽东. 毛泽东选集（第 1 卷）[M]. 北京：人民出版社，1991：139.

[2] 周济. 努力使“马克思主义基本原理概论”课成为大学生真心喜爱、终身受益的优秀课程——在

高校思想政治理论课骨干教师第一期研修班上的讲话［J］．思想理论教育导刊，2007（5）：40－42.

［3］王阵军，刘英杰.案例教学法与高校思想政治理论课教学［J］．黑龙江高教研究，2011（45）：40－42.

［4］张丹华，顾晓英.毛泽东思想和中国特色社会主义理论体系概论教学有效性研究［M].上海：复旦大学出版社，2009：221.

应用型高校“广播电视写作”课程教学改革与探析

曾美静*

【摘　要】　“广播电视写作”作为广播电视学专业的基础核心课程，重在培养学生的写作能力和新闻敏感性。随着时代的变化，传统的教学方式出现了诸多的困境，课程改革迫在眉睫。通过合理分配理论与实践的教学课时，实行情境教学，承接项目，为学生搭建一个作品发表平台，不失为一种教学改革的有益探索。

【关键词】　应用型高校；广播电视写作；教学改革

“广播电视写作”是广播电视学专业的核心课程，它的曾用名为“新闻写作”。之所以出现这样的变化，主要是为了适应广播电视学专业的改革和时代的发展。在课程名称上，“新闻”两字被“广播电视”取而代之，意在强调写作的载体已经由传统的报纸转移或扩展到了较为现代的广播和电视。作为地方的应用型高校，核心新闻写作能力的培养，新闻敏感性的提升仍然是这一门课程的基础和核心。只有夯实了基础，广播电视学的学生才能在高速变动的信息社会中有解决工作中实际问题的能力。大众传媒不断地更迭换代，“95后”新一代大学生的涌入，使“广播电视写作”的教学环境迎来了新的挑战。传统的教学方法，已经难以适应“95后”学生的需求了，课程改革迫在眉睫。

一、“广播电视写作”教学中存在的问题

（一）学生阅读习惯的改变

1996年至2010年的15年时间，是中国报业发展的黄金时代。在这15年里，不论是新闻学专业的学生抑或是其他专业的大学生，看新闻了解时事是当时盛行的风潮。但是随着智能手机的普及，传统报业受到巨大冲击，日渐式微。随着微博、微信等社交媒体的强势崛起，腾讯视频、优酷视频、b站等视频媒体的兴盛，在“微阅读”“视频阅读”中成长起来的“网络原住民”——“95后”大学生，他们更注重社交、娱乐、消费方面的需求，看新闻关注时事成了凤毛麟角的事。

* 曾美静，女，四川文理学院助教，研究方向：新闻与影视研究。

虽然有一部分学生仍然有听广播新闻或看电视新闻的习惯，但是不论在电视新闻中还是广播新闻中，新闻写作都只是配角，并不突出。他们没有关注新闻的环境，更没有关注新闻的兴趣。这对于需要通过长时间浸润才能培养起来的新闻敏感性而言，无疑是巨大的挑战。

（二）脱离实践的纯理论教学

新闻写作理论是基础，是新闻写作教学中的主要组成部分。新闻写作理论涵盖的知识量大，欲把新闻写作的理念，写作要求，消息、通讯、特稿、广播和电视媒体写作技能等理论向学生讲授清楚，必将占去绝大部分的学时。留给学生实践的学时，微乎其微。

不论是广播电视学专业还是“广播电视写作”课程效果，均自带应用属性。这就要求“广播电视写作”教学不能仅仅停留在将理论知识讲解清楚的层面上，还要更深一步地将理论转化为实际操作的能力。从理论知识到实际操作能力，只有反复实践一条路，而反复实践需要充足的时间。由于广播电视学专业课时压缩，“广播电视写作”只有48个课时。时间的冲突，往往导致了居后的实践教学被牺牲。这也成为“广播电视写作”教学中的一大隐患。

（三）缺乏动力的实践教学

部分危机感较强的“广播电视写作”教师，通过缩减理论课程所占比例，留下了宝贵的时间开展实践教学，但教学效果却不理想。究其原因不外乎两个方面，一则学生在实践教学中缺乏足够的动力，二则教师在实践教学中任务过重，难以轻装远行。

“95后”大学生阅读习惯的改变，使得他们本身对新闻缺乏兴趣。而且教师要求学生在实践中辛苦撰写的新闻，在反复改稿后，被束之高阁，让学生毫无成就感而言。长此以往，必将他们仅存的积极性消磨殆尽。

理论知识转换为实践能力，需要大量的实践。“广播电视写作”课程中新闻写作能力的培养，是一个需要在老师反复修改中蜕变的过程，其艰难可想而知。单就新闻写作中消息这一文体写作能力的培养，就需要每个学生完成至少三篇不同题材的消息写作，而每篇消息至少需要任课教师认真逐字阅读修改两次以上，方可基本成型。而“广播电视写作”并没有分成小班授课，一个班少则20多人，多则40人，其中的教学任务量之大难以想象。教师只能勉励支撑，但长此以往，也必造成教师有心无力的局面。

二、培养习惯，提升新闻敏感性

学生阅读习惯的改变和需求重心的转移，导致学生缺乏关注新闻的习惯。为了营造一个良好的学习“广播电视写作”的环境，培养学生的“新闻鼻”，在课堂上，教师可以要求学生按照学号，每次在开始上课之前占用5分钟的时间，让学生轮流分享最近的新闻事件。教师再用5分钟左右的时间对学生所分享的新闻进行点评、分析、补充，保持学生的认知和新闻时事同步。

新闻敏感性的培养，需要学生对于新闻作品进行大量的阅读和积累。仅仅靠课堂上10分钟的时间是完全不够的，所以要积极利用起第二课堂。“第二课堂”这个概念最早来自于在课堂教学之外开展的校内校外活动，是相对于学校传统常规教学的第一课堂而言的。要求学生单独准备一个较厚较大的笔记本，以周为单位，每周抄写三篇精选的新闻作品。在选择的过程中，学生必将阅读超过三篇以上的新闻作品。在抄写的过程中，学生将逐字逐句地感受到新闻语言的特性。学生需用不同颜色的记号笔将所抄新闻作品中出彩的部分进行勾画，在文末对该篇新闻作品进行分析和评论。为了保证抄写效果，教师必须在每周上课前对学生所抄写的新闻作品进行评阅，根据完成质量进行等级的划定。实践证明，经过一学期的实践，学生的“新闻鼻”有了明显的提升。

三、落实实践教学，引入情境教学

优化教学计划，增加“广播电视写作”的教学学时。由过去的 48 个学时，增加到 64 个学时，为“广播电视写作”的实践教学提供充分的课时保证。同时，教师需合理分配理论与实践教学的比例，将实践教学的比例控制在三分之一以上。在将实践教学落地的同时，引入情境教学模式，保证实践教学的效果。情景教学法是由布朗·科兰和杜古德于 1989 年在《情境认知与学习理论》中提出的，他们认为：“知识的价值只能在生产和应用的背景下体现出来，而学习知识的最佳途径是在一定的情境中，知识永远不能孤立于它所处的环境而独立存在。”

在新闻消息写作教学部分，可以待理论讲解完成之后，展开实践教学。教师可以跟当地报社的记者沟通，提前取得当地的新闻线索。如会议新闻线索，在会议召开当天，可以以小组为单位带领学生采写会议消息。然后再根据业界媒体记者针对此会议的报道与学生所完成的作业进行分析、比对，提出修改建议，再定稿。切切实实地让学生掌握会议消息写作的能力。

在特稿写作教学上，根据学生的阅读习惯，在学期一开始向学生推荐优秀的特稿类微信公众号，让他们熟悉特稿这一文体，感受特稿的魅力。在特稿理论讲解完成之后，展开实践教学。带领学生深入了解社会上的不同阶层，如棒棒军、黑色摩的哥、盲人等，以小组为单位进行采访，最后单独撰稿。

四、引入 PBL 模式，为学生提供实践平台

“基于项目的学习”即 Project－based Learning，简称 PBL。PBL 最早是在西方盛行的一种探究性学习模式。“95 后”大学生个性突出，更喜欢站在台前，感受别人的关注。如果将他们辛苦完成的作品束之高阁，他们难以获得自我效能感。自我效能感理论由社会学习论创始人班杜拉提出，自我效能感是指人们对影响自己行为的自我控制能力的自我知觉，自我效能感直接影响个体的行为结果。自我效能感的形成主要依赖于行为的成败经验、情绪的唤起等因素的影响。提高学生在新闻写作上的自我效能感，则需要任课教师为学生的实践作品搭建一个可以公开发表的平台。最理想的平台是能让学生作品在地方报纸上发表。但是地方报纸对时效要求高，能提供的机会少，并不适用于 20 人以上的班级实践教学。每所高校都有官方的新闻中心，实际上对新闻的需求是很大的。但是由于编制人数少，常常无法满足新闻宣传的需要。如果能将高校新闻中心的大部分任务承接过来，学生的作品就不愁没有发表的平台。

在实际操作中，教师根据新闻中心提前一周的工作安排，将新闻任务细分发布在微信平台上，学生根据自己的时间和兴趣进行抢单，然后在规定的时间内提交作品，任课教师一审、修改，新闻中心负责人二审、修改、定稿、发布。

关注学校新闻的都是本校的同学，来自同辈人甚至师长的关注，将为新闻专业的学生提供较大的自我效能感，从而使其真正爱上新闻写作。同时在这一过程中，学生的作品经过任课教师和新闻中心负责人的双重修改，既减轻了教师的课业负担，也优化了学生作品的质量，一举三得。

五、总结

综上，“广播电视写作”课程改革，经过一学期的实践，取得了较好的效果。但还有一些不完善的地方，需要通过今后的实践和理论方面的研究，进一步去完善它。让“广播电视写作”这门课程真正成为学生步入工作岗位上的一个有力的核心武器，并且支持他们在新闻的路上越走越远。

【参考文献】

[1] 余习惠. 新闻写作过程中的情景创设 [J]. 湖南科技大学教育科学学报，2007 (3)：6-4.
[2] 缪小春，等. 自我效能：控制的实施 [M]. 上海：华东师范大学出版社，2003：52-87，113-162.
[3] 郭莉，李兴德，邵国平. 基于项目的学习模式在研究生课堂教学中的应用研究 [J]. 教育技术导刊，2007 (2)：9-11.
[4] 李吉林. 情境教学实验与研究 [M]. 北京：人民教育出版社，2006.

比较文学方法在外国文学教学中的运用

成良臣*

【摘　要】　比较文学学科的性质及其研究方法为文学研究开辟了新的天地，也为文学课的教学提供了借鉴。将比较文学纳入外国文学的教学和研究中具有重要的理论价值和实践意义。本文结合教学实践，探讨了这一方法在外国文学教学中的具体运用。

【关键词】　外国文学教学；比较文学；方法

比较文学是19世纪末20世纪初，随着资本主义生产方式的高度发展，为适应人们认识更新以及人们的全球意识和学术上宏观意识的形成与发展的需要而迅速兴起的一门独立学科。它不受语言、民族、国家和学科的限制，从国际主义的角度出发，历史地比较研究两种及两种以上不同文学之间的关系、文学与其他学科之间的关系，在世界文学的背景下，通过比较，寻求各民族文学的特点和文学发展的共同规律，具有开放性、宏观性和理论性等特征。其研究方法主要有影响研究、平行研究、阐发研究和科际研究等。这一新学科的性质及研究方法为文学研究开辟了新的天地，带来了勃勃生机，也为文学课的教学提供了借鉴。尤其是在外国文学这门学科的教学与研究中，纳入比较文学的研究方法，更具有重要的理论价值和实践意义。本文结合笔者的教学实践，对此从以下几个方面略加论述。

一、加强了教学中的宏观把握和整体观照

外国文学指除中国以外的世界各民族的文学。它是一个包罗万象、错综复杂、各类文学既独立存在又互为联系的整体。而在过去传统的外国文学教学中，大都以时间（年代）的先后和文学思潮的发展演进为序，以东西方地域划块，主要着眼于对国别文学尤其是作家作品的单一介绍，缺乏一种宏观把握和整体观照，尤其对东、西方文学之间，各国文学之间，中外文学之间的关系以及各个时期文学与文化的密切联系重视不够，讲授甚少。因而学生所接受的知识往往较为单一、零碎、死板，甚至只见树木，不见森

* 成良臣（1953—），男，四川宣汉人，四川文理学院文学与传播学院教授，主要从事外国文学、比较文学的教学与研究。

林。只知其一，不知其二。这就造成了学生学习这门课程的局限性和狭隘性。

在教学中纳入比较文学方法后，便大大地改变了这种现状。比较文学研究，强调从宏观的角度研究文学，它从民族文学的范围内跳了出来，从国际的角度俯视各种文学现象，即便对微小的领域，也能给以宏观的比较剖析。在教学中，注意到这一点，教师就能够通过各个时期的文学发展，把握住国别文学与世界文学的关系，也能从世界文学的大框架中来观照中国文学。这样，世界各民族文学就真正连成了一片，成了互为观照的整体。同时能使学生在学习中明确，各国文学既有自身的特点，也具有一定的共通性，而且互相影响，密不可分，因此在学习中必须从整体和全方位出发，才能高屋建瓴，收到好的效果。如讲授古希腊文学，就要特别注意讲到它对后世欧洲文学的重大影响，强调它在欧洲文学史上的重要地位，引起学生足够重视，为此后的教学打下“伏笔”。讲到阿里斯托芬的喜剧情节的荒诞性时，也可把它放在后代欧洲文学的整体中来认识，便会自然联系到20世纪50年代形成于西方的“荒诞派戏剧”在艺术技巧上对传统的继承和创新。讲到希伯来文学的总集《圣经》时，不仅要讲它在东方文学史上的地位，同时更要讲它传入西方之后，对西方文学产生的巨大影响，从而加深学生对文学与宗教关系的认识。再如西方文学中的“人道主义”问题，尽管它作为一种文学思潮产生于近代，但也必须把它放在古代、近代乃至现当代的世界整体文学中去分析，才能全面、准确地认识它的实质与内涵、进步与局限……所有这些，离开了宏观的角度，离开了整体观照，在教学中就不能收到令人满意的效果。

二、扩展了教学领域，丰富了教学内容

传统的外国文学课程教学，大都局限于外国文学的教材范围内，就文学讲文学，就思潮讲思潮，就作家讲作家，就作品论作品，教学方法都比较程式化，学生接受的知识面较窄，学的知识较死。在教学中适当运用比较文学方法则大大地克服了这一局限。由于比较文学的研究不受时间、空间和学科的限制，也不受大作家与小作家、大作品与小作品的限制，只要是通过比较研究能够得出有意义的结论即可。运用这种方法就为外国文学的教学开辟了广阔的天地，为教师的教学开辟了广泛的联想场所，提供了更为丰富的材料和更为宽泛的内容。如此，教师在教学中就能站得高、看得远、讲得活，做到运用自如，左右逢源。学生在学习中能获得更多的信息，学到更多的知识，从而也就对教材理解得更全面透彻。在世界文学中有很多相似的文学现象，教师如果启用平行研究的方法，通过比较讲授，就能既概括出它们共有的本质特征，又能清楚地揭示出它们的区别之点。如世界文学中的“吝啬鬼”形象，像夏洛克、阿巴公、葛朗台、泼留稀金以及严监生等，他们虽然都具有十分吝啬的特质，但由于他们产生的时间、国家及所处文化背景的差异，其异同点以及产生的原因就显得十分清楚，易于学生理解掌握。像这样“类似”的文学形象在中外文学中比比皆是，诸如中外文学中的“个人奋斗者”形象、“父爱”形象、“仆人”形象、“僧侣”形象、“多余人”形象、“淑女”形象等。如果在教学中能启用一定的“标准”，恰当地（而不是牵强附会地）进行比较分析，都会收到好的教学效果。另外，比较文学的影响研究和科际研究（跨学科研究）方法，在外国文学的教学中也具有重要作用。本来，世界各民族的文学由于各国之间的对外开放和文化

交流，就必然会互相影响，因此在外国文学教学中就不可能忽视这种“影响”的作用。如在介绍莎士比亚、易卜生这些欧洲戏剧大师时，就必然要谈到他们对中国现代戏剧的巨大影响。在介绍歌德、泰戈尔、惠特曼等一系列外国文学巨匠时，也会论及他们对中国现代作家尤其像郭沫若之类的大作家的影响。再如，19 世纪的俄罗斯文学对我国著名作家鲁迅的影响是众所周知的。为了说明这一点，笔者在教学中就以果戈理的《狂人日记》和鲁迅的《狂人日记》，安德列夫的《齿痛》《默》与鲁迅的《药》等作品进行细致深入的比较分析，从而使学生懂得了鲁迅虽然在创作思想和创作手法上受到果戈理和安德列夫的影响，但并不是简单地照搬或模仿，而是结合自己的国情有所创新，且取得了比二者作品更高的成就。这样讲授不仅使学生很自然地把中外文学有机地联系了起来，而且也使他们从具体的作家、作品分析与比较中更加明确“影响”与“接受”、借鉴与创新之间的关系，使学生受益匪浅。至于科际研究用于外国文学的教学中也是很有必要和行之有效的。因为文学与历史、哲学、心理学、宗教、艺术乃至自然科学等其他学科之间本身就有着密切的联系，在外国文学领域中这种现象更是不胜枚举。单就文学与哲学的关系而言，可以说在欧洲文学发展的长河中，每一时期一种文学思潮的形成都与那一时期某种哲学思想或多种哲学思想紧密相关。尤其是 20 世纪三四十年代出现的存在主义文学，简直就是对存在主义哲学的图解。因此在面对世界各国错综复杂的文学现象时，其教学内容也就必须深入到与之有关的哲学领域，才能对文学现象做出正确的评价和阐释。除文学与哲学的关系之外，在外国文学教学中还有很多涉及跨学科的问题。如中世纪的文学与宗教、文艺复兴时期的文学与艺术、启蒙运动与启蒙主义文学、现代主义文学与弗洛伊德的心理学理论、艾略特的《四个四重奏》对音乐上的四重奏在结构技巧上的借鉴、罗曼·罗兰的小说创作与音乐素养，等等，所有这些比较研究，无疑大大地丰富和深化了外国文学的教学内容。

三、开阔了学生视野，拓展了学生的思维空间

由于把比较文学的研究方法运用于外国文学的教学之中，大大地扩展了教学领域和丰富了教学内容，因而也就大大地开阔了学生的视野，拓展了学生的思维空间，使他们逐步变定向思维为动向思维，变单向思维为多向思维，变封闭性思维为开放性思维，从而自觉地把观照文学的视角从一个国家、一个民族、一种文学现象转向多个国家、多个民族和多种文学现象，把思维的空间从狭小的天地，扩展到更为广阔的领域，去综合思考更多的问题。譬如，在中外文学中描写“负心汉”形象较多，笔者在讲到希腊悲剧《美狄亚》中的伊阿宋时，就先提出问题让学生尽量列举出中外文学中的“负心汉”形象，并要他们试做异同比较，在同学们各抒己见的基础上，笔者便以伊阿宋与唐传奇《霍小玉传》中李益为例，进行比较分析，既揭示出他们“利己自私、背信弃义、负心薄幸、自食恶果”的相似点及其产生的原因，又挖掘出两者由于产生的时代、国家和生活环境的差异而形成的负心行为的区别点，即伊阿宋属于“主动果决型”，李益则属于“被动矛盾型”。通过教师的启发和较为深刻的比较分析，激活了学生的思维，开阔了他们的视野，使他们获得了不少教材上没有的知识。像这种“关联”的思维方式的运用还有很多例子，如讲到中世纪意大利的但丁，就可联系到中国古代的屈原；提到俄罗斯的

"多余人"奥涅金，就会想到中国的贾宝玉；谈到塞万提斯笔下的堂吉诃德，就会联想到鲁迅《狂人日记》中的阿Q；还有莎士比亚笔下的福斯塔夫与吴承恩《西游记》中的猪八戒；法国19世纪的于连与中国新时期的高加林；日本古代的《源氏物语》与中国清代的《红楼梦》；意大利的《十日谈》和中国的"三言""二拍"等。对于这些具有可比性的论题，教师在教学中或提示点缀，或条分缕析，或引入讨论，都会收到一定的效果。这对于扩大学生的知识领域，培养学生的思考习惯和思维能力，无疑会起到有益的促进作用。

四、增强了学生的学术意识，调动了学生的学习积极性

过去，学生在学习中普遍存在的一个重要问题，就是停留在对一般知识的被动接受和死记硬背上，对学术理论问题不感兴趣，缺乏主动思维，人云亦云。教师怎样讲，学生就怎样记；教材上说什么，学生就信什么；少有独立钻研和"怀疑"精神，因此在学习中难于发现和提出问题。这既不利于教师的提高，也无益于学生成才。在外国文学教学中纳入比较文学方法之后，由于开阔了学生视野，拓宽了他们的思维空间，从而也就增强了他们的学术意识，调动了他们主动学习、积极思考的自觉性。如笔者在讲授法国喜剧大师莫里哀的《伪君子》时，就把它的结局与中国元杂剧《西厢记》的结局进行比较，完全否定了传统的观点，提出了自己新的看法，即《伪君子》的结尾是真实的，富于现实性；而《西厢记》的结尾不真实，充满浪漫主义色彩（理想化色彩）。这种比较研究，使学生很感兴趣，而且受到启迪，使他们认识到，对学术上的很多问题，不能人云亦云，要有自己的独立思考，要善于发现问题，勇于提出问题，大胆探讨问题。更何况外国文学这门学科在过去由于受到极"左"思想的影响，对其中不少问题的认识和评价难免存在一些偏颇之处，更需要师生在教学中加以研讨和矫正。基于这样的认识，不少同学在教师的指导下，通过自己认真读书和深入钻研，对教材中的一些传统观点提出了质疑，主动与老师商讨，在课堂讨论中提出自己的见解。如西方文学中的"人道主义"问题，"爱情描写"问题，"个人奋斗者形象"问题，李尔王、高老头的"父爱"问题，以及莎士比亚笔下的夏洛克、司汤达笔下的于连，雨果笔下的克洛德，托尔斯泰笔下的安娜·卡列尼娜，易卜生笔下的娜拉等人物形象的评价问题。其中不少都运用了比较分析的方法，表现出较强的学术意识。在历届毕业生中，也有不少同学运用比较文学的研究方法，写出了有关中外文学、中外文论比较方面的毕业论文，有的还显示出了较高的学术水平。这种科研意识的增强，也为学生将来从事教学和科研工作奠定了较好的基础。

此外，把比较文学方法用于外国文学教学，不仅可以增强学生的学习兴趣，调动其学习本门课程的积极性，从而收到好的教学效果，而且教师在这一过程中不断思考新的问题，取得了新的科研成果。反过来，把这些新的学术成果，用于教学之中，又为教学增添了新的因素，丰富了教学、教材的内容。在教学中做到了既依据教材，又不拘泥于教材；既向学生全面传授前人积累下来的优秀成果，又不仅仅停留在原有的基础上，力求有所创新与发展。这样就使得教学充满了生机与活力，使学生受益更多，从而在真正意义上提高了教学质量，为培养学生的综合素质和多方面的能力起到积极有效的促进

作用。

【参考文献】

[1] 王春景. 外国文学教学与比较文学 [J]. 河北师范大学学报（教育科学版），2009（11）.
[2] 兰守亭. 外国文学教学策略之探讨 [J]. 河北科技大学学报（社会科学版），2007（2）.
[3] 唐扣兰. 中文专业外国文学教学方法 [J]. 常熟理工学院学报，2008（12）.
[4] 赵峰艳. 高校外国文学教学的实践与改革思路 [J]. 社科纵横，2011（8）.

“古代汉语”课程试题库建设探析*

丁庆刚**

【摘　要】　试题库建设是教学改革中的重要环节，不仅可以提高教学质量，同时也有利于促进教考分离及夯实一科多考的实施基础。“古代汉语”试题库建设并不仅仅只为古代汉语课程服务，同时也可以为汉语言文学专业和汉语国际教育等专业改革提供重要的参考。

【关键词】　古代汉语；试题库；建设

一、“古代汉语”试题库建设的背景及必要性

应用型本科院校的人才培养目标就是为地方经济建设和社会发展培养高级应用型人才。要适应应用型本科人才培养的目标要求，就必须对现有的教学内容及评价方式进行改革。“古代汉语”是高校汉语言文学专业和汉语国际教育专业的一门主干课程，同时也是一门传统学科。应用型人才的目标是要求培养掌握古代汉语言知识、具备古汉语应用能力、高素质的专业应用人才，这就必须突破传统教学模式，转变教学思想，重新定位课程性质和目标，优化课程的教学内容，突出实践教学，充分利用现代网络资源和技术，改进教学方法手段，从而提高教学效果，提升教学质量，实现培养目标。

考试是检验教学质量和学习效果的有效手段，而试题则是支撑评价手段的重要载体。“地方应用型本科院校致力于探索应用型本科人才培养的新模式，而人才培养模式要切实把握课程考核改革这个关键。”[1]四川文理学院近年来进行了大量的教育教学改革，如推行一科多考，实行在线考试等，这些举措是在倒逼课程改革。因此为适应学校的这些改革举措，每一门课程都要在教学体系和考核评价方面进行深入研究。目前的高校专业课程考试基本由任课教师出题、组卷，是传统考教合一的模式，试卷的题量大小、难易程度、标准化程度等方面难以控制，考试结果不能完全客观地反映教学的实际情况，这也在很大程度上制约了考试对教学的评价作用，不利于教学质量的提高。而标

* 基金项目：“四川文理学院教育教学研究与改革”项目资助（项目编号：2017JY07）。

** 丁庆刚（1982—），男，河南信阳人，四川文理学院文学与传播学院讲师，研究方向：古代汉语教学与研究。

准化考试是未来的趋势，这种考试大量采用标准化试题，具有覆盖面广、题量大的特点，同时试卷的知识点、信度、效度、难度、区分度可以人为控制，从而使试卷达到最佳组合状态。建立试题库是实施标准化考试的基础工程，既可实现教考分离，充分调动学生学习的积极性和主观能动性，增强教师的责任心，又能客观、公正地反映教学效果。因此，建立一个题量丰富、科学、规范、智能化的课程试题库迫在眉睫。

二、“古代汉语”试题库建设的原则

（一）试题命制要科学

“古代汉语”试题库不是试题的简单汇编，它蕴涵了教育学的思想与规律，体现出“古代汉语”课程的教学目的、教学任务、教学要求、教学重点与难点，符合命题学有关难度、信度和区分度等对试题的要求。试题的命制要符合教学大纲和考试大纲。课程教学大纲是课程教学的基本纲要，考试大纲则是教师出题和学生学习的重要依据。“古代汉语”教学大纲要根据专业人才培养目标和课程培养目标进行调整、补充和删改，突破传统普通本科院校的教学模式，构建以应用型人才培养为目标的课程体系，实现“掌握古代汉语的基础知识、培养阅读和使用古汉语能力、学习并继承优秀传统文化、提高人文素养”的知识、能力、素质三位一体的教学目标。我们在试题命制的时候也必须围绕知识、能力、素质这三个方面进行，重点强调学生对“古代汉语”基本知识的掌握能力和实践运用能力，凸显学生的古籍阅读能力和语言文字应用能力，这样才能符合“古代汉语”的课程性质。

（二）入库试题要严格

试题库的好坏在一定程度上取决于入库试题质量的高低。目前还很少有已经建成的“古代汉语”试题库可供参考，我们一定要严把入库试题的质量关。首先要选择具有代表性的试题。“古代汉语”课程内容繁多，知识点分布较为零散，古代文献典籍浩如烟海，我们要精心选择一批能够真正反映古代汉民族语言在文字、词汇、语法、修辞等各方面特点的语言材料来命制试题。粗制滥造的试题或者有争议的试题绝对不能进入试题库。其次要组织师生进行初步检测。在试题库正式使用之前，教师先要对试题的准确性进行检测，在确保试题设计以及参考答案没有问题的情况下，组织部分学生再次进行检测，从学生的角度检测试题的难易程度。第三要组织专家审核把关。在试题库建成以后，要由教学团队牵头，组织校内外的专家同行对试题库进行评价，只有得到专家同行的认可之后才可以正式使用。

（三）组卷方式要合理

试题库具有在线自动组卷的功能，要想让“古代汉语”试题库很好地运行，组成好的试卷，就必须要具有题型合理、难易适中、知识点涵盖全面、重复率较低等特点。针对“古代汉语”课程特点，我们可以设置填空题、选择题、判断题、词语解释题、名词解释题、文献阅读题等。试题的难易要与普通本科院校的学生水平相符合，如果过于简单则无法检测学生的学习状况，同时也不能很好地提升学生对古代汉民族语言文化的掌握和运用能力；反之，如果试题过难，整体的成绩无法呈现正态分布，那么即失去了测试的意义，又会影响学生学习古代汉语的积极性。试卷知识点的涵盖要全面，能够体现“古代汉语”课程中文字、词汇、语法、修辞及文献阅读等多方面的知识。另外，试题库还应该具有足够丰富的题量，至少能够保证在3年内抽题组卷的重复率不超过20%，重复率太高就失去了题库的价值和意义。

（四）维护更新要及时

试题库的建设不是一蹴而就的，需要一个长期的动态管理。以往精品课程建设中也会有相关试题库，但是很少更新，导致考试时试题重复率高，不利于检查学生的平时学习效果。“古代汉语”试题库在建成之后，要有专人负责定期维护和更新。首先要根据教学内容和教学理念的变化，及时补充一些新的题目和题型，对一些新的知识点也要尽快补充进去，这样才能保证试题库有效可行；其次要通过考试反馈已有题型，对不太适合的试题要定时更换，对表达不准确的试题要及时修正；第三，要定期组织教研室教师专题讨论，解决师生在使用试题库过程中出现的问题；第四，要经常参加古代汉语相关的学术会议，并虚心向其他院校学习，听取合理建议，以便更好地建设课程试题库。

三、“古代汉语”试题库建设的价值和意义

（一）有助于实施教考分离，改善教风学风

传统的考试是教考合一，基本上是由任课教师出题，试题评阅和试卷分析也基本上由任课教师独立完成，缺乏必要的监督和客观公正的评价。还有一些教师为了能让考试成绩呈现正态分布，经常会降低考试难度，或者在考试前给学生勾画重点等。这在一定程度上影响了学生学习能力的提升，同时也不利于教师提升教学水平。建设“古代汉语”试题库是实施教考分离的前提，只有这样才能让“古代汉语”的课程教学与课程考试分开进行，才可以避免种种不利于提升教学质量问题的出现。如果没有完善的试题库，教考分离基本上无从实现。

（二）有助于深化一科多考，实现课程考试改革

为深入推进教育综合改革，建立多元化的教育评价机制，构建客观公平的考试评价体系，消除“一考定终身”现象，四川文理学院自2016年下学期开始实行“一科多考”。“一科多考”的推行与实施，激发了学生的学习积极性，剔除了传统考试的弊端，在社会上引起了强烈的反响。这不仅有利于提升学校的教育教学质量，同时也有助于加快高素质应用型、复合型人才培养目标的达成。但是这也给教务管理部门以及任课教师提出了更高的要求，那就是“一科多考”必须要有完善的课程试题库，只有这样才能更方便组织考试。在“一科多考”推行的一年多的时间里，只有部分公共课建设了比较完善的试题库。然而包括“古代汉语”在内的绝大多数专业课程并没有启动试题库的建设工作，在一科多考的过程中任课教师进行了大量重复劳动。因此优质试题库的建设和在线考试方式的推行，才是实行一科多考的前提。

（三）有助于提高教学质量，形成多元评价模式

建设试题库，不仅可以考核学生对基本知识的掌握情况，同时也要充分考虑学生在

学习过程中母语能力的应用以及优秀传统文化的传承方面的考核。“应用型本科人才培养的目标与过程决定了其评价指标不同于传统的学术性、研究性人才，不能仅仅考查学生对知识掌握的情况，而应该更加注重对能力的考核。”[2] 为了适应应用型本科院校人才培养目标的要求，让大学生能够真正了解古代汉语的发展历史，古代汉语课程教学中要加强实践训练，体现出语言文字应用能力和古籍阅读能力的培养。在考核评价上也要跟上教学内容、教学方法改革的脚步，不仅要通过考核评价来检测学生对古代汉语基本理论知识的掌握情况，更应该关注学生的学习过程、学习态度及应用古汉语知识解决问题、探究语言现象的能力，建立科学合理的能力考核体系，形成多元的评价方式，只有这样才能调动学生学习古代汉语的积极性和主动性。

（四）有助于减轻教师负担，专心教学科研

传统的考试方式就是在学期即将结束的时候由教研室组织任课教师出题，由于时间紧、任务重，因此，任课教师临近期末负担加重。很多时候试题的命制并不是十分科学严谨，而且也未必能够做到凸显教学大纲和实践能力。再加上学生补考、一科多考以及毕业前的大补考等各种问题，教师要进行多次重复性劳动，这无疑会浪费教师大量的时间和精力，从而影响教师专心投入教学和科研工作。随着学校的转型发展和教育教学改革的不断深入，教师需要把大量的时间和精力投入到教学科研当中去。这就要求我们去改变传统的课程考核模式，建设“古代汉语”试题库，推行在线考试，这样就可以节省教师反复命题的时间，同时也可以在网上进行阅卷，对试卷进行分析和评判，大大提高了工作效率，减轻了教师负担，只有这样，教师才能有更多的时间和精力来提升教学质量。

三、结语

试题库建设是高校教育教学改革中的一个重要环节，不仅可以提高教学质量，同时也有利于促进教考分离以及一科多考等改革举措顺利实施，推动学校的教学改革走向深入。“试题库建设不是短时期能构建完成的，它需要学院重视，全体教师参与，是一项复杂的系统工程。”[3] “古代汉语”试题库的建设也不可能是一劳永逸的，在建设和使用的过程中要根据实际情况随时调整更新，争取让试题库成为学生学习的检测平台和师生交流的互动平台。当然，“古代汉语”试题库建设并不仅仅只为古代汉语课程服务，同时也可以为汉语言文学专业和汉语国际教育等专业改革提供重要的参考。

【参考文献】

[1] 胡善风，等.地方应用型本科院校的课程考核改革探索与实践——以德国应用技术大学为例［J］.国家教育行政学院学报，2016（1）.

[2] 王青林.关于创新应用型本科人才培养模式的若干思考［J］.中国大学教学，2013（6）.

[3] 左浩.高校试题库建设实践与探讨［J］.电脑知识与技术，2015（26）.

经典阅读与中国古代文学实践教学*

漆　娟**

【摘　要】 为适应新时期高校应用型人才培养的要求，教育教学改革亟待深化，而实践教学环节的重要性显得更加突出。在教学中，教师必须合理运用灵活多样的教学方法来实现课堂教学的有效性。本文结合中国古代文学课程教学，着重探讨经典阅读在实践教学中的重要作用，以期提高中国古代文学课程的教学质量，培养出更加合格的专业人才。

【关键词】 经典；阅读；古代文学；实践

为推动教师教育综合改革，培养出德才兼备的好教师，教育部启动实施了卓越教师培养计划，针对当前教师培养的一些问题，从突出实践导向的教师教育课程内容改革等方面提出了一系列措施，以推进教师教育工作内涵式发展，全面提高教师培养质量。为了认真贯彻落实《教育部关于实施卓越教师教育培养计划的意见》的文件精神，创新人才培养模式，强化实践教学环节，本文拟对中国古代文学课程实践教学中的经典阅读方法展开研究。

中国古代文学课程是汉语言文学专业开设的一门主干课程，包括“中国古代文学史”和“中国古代文学作品选”两大部分。课程内容在时间跨度上，上自先秦两汉，经魏晋南北朝、隋唐五代、宋元明清，下至近代部分，内容非常丰富，学科体系宏大，涉及文献学、历史学、哲学、地理学等众多学科。本课程的教学目的不仅要让学生了解中国古代文学史的演变过程，传承中华传统文明在文学领域的光辉成就，还要学会阅读、分析中国古代文学作品，提高文学鉴赏与批评能力。

---

* 本文属四川文理学院2017—2019年度校级“教育教学研究与改革”项目“卓越教师视角下的汉语言文学专业创新人才培养模式研究”的阶段性成果。

** 漆娟（1969.11—），四川达州市人，古代文学硕士，四川文理学院文传学院副教授，研究方向：中国古代文学及巴蜀文化研究。

一、编制《中国古代文学经典作品选目录》与《中国古代文学参考书籍目录》

一般而言，学生学习中国古代文学的有关资料主要依靠学校颁发的教材，包括《中国古代文学史》与《中国古代文学作品选》。首先，《中国古代文学作品选》中的文学作品都是文学史上一些非常具有代表性作家的作品；然而，众所周知，中国古代文学作品不仅体裁众多，而且数量十分庞大，经典作品也很丰富。由于教材篇幅有限，其所列举的作品仅是其中极少的一部分。因而，学生需要更多的文本阅读量。其次，古代文学的学习需要大量阅读相关学科的书籍。对于如何利用有限的时间，选择适合自己的书籍阅读，学生往往感到一片茫然。因此，这就需要老师的细心指导。在每学期开学的第一节课，老师可在已有的《中国古代文学作品选》外，另编制一本《中国古代文学经典作品选目录》，为学生提供一些传世名篇的篇目，让学生在这个范围内去选择阅读更多的文学作品。经典作品的目录可依据教学进度安排进行分期分段。同时，还要编制《中国古代文学参考书籍目录》，将本学期与教学有关的经典书籍阅读书目布置下去。参考书籍主要根据每个时期文学发展的规律和不同特点而设计，大致可分为：先秦文学阅读书目、魏晋南北朝文学阅读书目、唐代文学阅读书目、宋代文学阅读书目、元代文学阅读书目、明代文学阅读书目、清代文学阅读书目，这些书籍涵盖了文学、思想、宗教、哲学等各个方面，学生可以根据自己的兴趣选择重点阅读与一般阅读。这些阅读书籍可以扩大学生的知识面，使其更好地领会教学的重点、难点。同时又可因材施教，对于那些学习基础有差异的学生，可以适合他们不同层次的学习要求。当然，参考书籍不宜布置太多，一学期十本左右比较合适。如果太多，学生的阅读压力过大，反而会适得其反。

二、让学生撰写读书笔记与专题论文，提高创新思维能力

在实践教学过程中，学生不仅要阅读大量的经典作品与参考书籍，还应在阅读之后撰写读书笔记与专题论文，读书笔记交由老师批阅，专题论文则由老师组织学生讨论。这样，学生读书的时候就不会漫无目的，而是带着一种目的性、主动性去读，所获取的知识也就更加扎实。读书笔记的形式一般有三种：摘要式读书笔记、评注式读书笔记、心得式读书笔记。摘要式读书笔记是在读书时将书中的语句、段落等按原文抄录下来并注明出处；评注式读书笔记是写出自己对所读书籍的主要观点以及对摘录要点的概括说明；心得式读书笔记是在读书之后写出自己的感想、体会、启发等。在撰写读书笔记前，让学生了解这三种读书笔记的特点，以便他们从中选择适合自己的读书笔记形式。在撰写专题论文前，先让学生对某一问题撰写研究综述，掌握关于该课题的一些研究动态，有意识地避免重复研究，去挖掘一些新的研究点。通过这种方式，让学生对该课题的研究现状有一个比较清晰的认识，从而也能掌握更多的相关知识，可以开拓学术视野，逐步提高创新思维能力。

每学期可让学生撰写一篇专题论文，然后组织专题讨论。学生在讨论之前要有充分的准备，讨论的方式是灵活的，可以分为课堂讨论与课后讨论。先将全班学生分成几个讨论小组，每个小组推荐一名组长，负责本小组的讨论记录，讨论结束后由每组组长向

全班汇报讨论情况。

任课老师可以对学生的读书笔记与专题论文进行评分，作为平时成绩记录下来，并推荐优秀的专题论文到学校的学报或者其他公开发行的刊物上发表。

三、定期举办读书会，激发学生的读书兴趣

为了扩大学生的阅读范围，激发读书兴趣，培养良好的读书习惯，使读书成为学生生活中一件不可或缺的事，可以定期举办读书会，让学生共同分享读书感悟，进行知识交流。

举办读书会之前，先要形成一个举办读书会的具体方案，由授课老师与班上的学习委员等班委干部商量后制定。这个方案应包括读书会的主题、时间、地点、主持者、与会人数、会议流程等。制定方案时应集思广益，广泛听取学生的各种意见。接下来便是读书会通知与会前宣传，老师委派班委干部动员学生报名参加。每次读书会，一定要确定一个主题。读书会主题如何确定呢？可采取问卷调查等形式了解大家的需求，老师与班委结合这些需求确定读书会的主题。主题确定后，组织愿意参加的学生成立一个读书会活动团队，由学习委员发布计划方案，给出一定的时间，让他们准备与主题相关的发言。在读书会正式举行的时候，由主持人首先宣布读书会议程，然后与会同学交流自己的读书体会，并展开热烈讨论，最后由主持人总结发言。每次读书会成功举办后，由负责宣传的学生将与会同学的发言整理出来，形成一个读书会的专题资料，让其他没有参加的同学也可以分享读书心得。这样，便可提高读书会的影响力，使读书会活动团队日益壮大起来，更好地传承知识文化。

四、鼓励学生改编经典作品，提高编写能力

针对那些特别爱好写作的同学，还可以鼓励他们对古代文学中的经典作品尝试进行改编，甚至将改编作品搬上舞台。学生们可以自发地组建一些诗词俱乐部、文学社、戏剧社等文学团体。诗词俱乐部侧重对古代文学中的诗词等体裁进行改编，成员们可以定期举办诗词作品朗诵会；文学社侧重改编一些传世的古典小说、戏曲等；而戏剧社则可以将改编过的古典小说、戏剧搬上舞台，由学生自行组织导演、排练与表演。为了更好地发挥这些文学社团的积极作用，学校可以定期举办一些比赛，包括学生们改编的诗词、散文、小说、戏剧比赛等，对改编得比较好的作品予以表彰宣传。在这个经典改编的过程中，学生可从中感受到学生生活的丰富多彩，激发出对文学艺术美的追求。同时，亦可以更加深刻地理解作品内涵，提高自己的编写能力。

总之，经典阅读是中国古代文学教学中必不可少的环节，也是实践教学的一个重点，它的方式也是多种多样的，还需要对其不断进行发掘与探索。

【参考文献】

[1] 教育部师范教育司. 教师专业化的理论与实践 [M]. 北京：人民教育出版社，2006.

[2] 陈金花. 中国古代文学教学方法的改革与实践小议 [J]. 高教研究，2010 (03)：40－42，68.

[3] 魏鸿雁. 古代文学参与性实践教学探索 [J]. 山西财经大学学报，2010 (01)：261.

[4] 祈占勇. 卓越教师专业能力成长的合理性建构培养 [J]. 当地教师教育，2014 (03)：42－47.

翻转课堂教学模式在“新媒体概论”课程教学中的实践与思考*

吴海霞**

【摘　要】　为了适应媒介社会发展的需求，很多大学的传媒专业都在开设“新媒体概论”这门课程。“新媒体概论”是一门理论与实践紧密联系的课程，传统的教学方式无法充分调动学生学习的积极性，无法达到知识的广度与深度的深层次建构，因此进行教学改革，提高学习成效是必然的趋势。翻转课堂教学模式为该课程的教学改革带来了新的思路。本文对翻转课堂教学模式在“新媒体概论”课程的教学中的具体实施和实践过程中存在的问题进行了研究与分析。

【关键词】　翻转课堂；教学模式；新媒体；协作学习

科学技术的迅猛发展，推动了新媒体的诞生和快速发展，它的发展速度与规模是其他媒介形式无法比拟的。新媒体的诞生和发展是人类传播历史上的一次飞跃，它在传播理念、方式、内容及表达形式上都给我们的生活带来了前所未有的影响。各高校也相继开设了以新媒体为核心的相关课程，“新媒体概论”是一门概论性的课程，所以理论性很强，但是该课程所涉及的内容同我们的生活，特别是大学生的生活密切相关，又具有较强的实践性和应用性。目前关于“新媒体概论”这门课程的教学基本上都是以传统的集体授课形式为主，但是传统的集体教学课堂的课时是有限的，不能充分满足“新媒体概论”课程学习的需要，从而影响了学习效果的提升。而翻转课堂教学模式颠覆了课堂教授知识内容，课后布置相应学习任务进行知识内化的传统课堂教学模式，充分延长了教与学的时间，且能充分调动学生的积极性，在新媒体概论课程教学中进行翻转课堂教学模式的实践，则为该课程的教学改革提供了新的思路。

---

*　基金项目：四川文理学院教育教学改革研究一般项目“渗透翻转课堂理念，深化影视传媒专业理论课程实践化的教学改革”（项目编号：2013JY12）；四川文理学院教改项目“四川文理学院影视传媒专业实践教学资源开发与优化配置研究”（项目编号：2017JY06）。

**　吴海霞，女，讲师，研究方向：视觉传达与媒介素养。

一、关于翻转课堂教学模式

（一）什么是翻转课堂

翻转课堂又称颠倒的课堂，由美国 Woodland Park High School 的两位化学老师 Jonathan Bergman 和 Aaron Sam 在自己的教学实践中总结提出的。翻转课堂是和传统课堂相对的教学模式，在翻转课堂教学中，知识的传授被放在课堂外，学生可以进行自主的学习，在这个过程中学生拥有更多的自由，可以按照自己的喜好、习惯自定步调接受新知识；知识的内化是在课堂内进行的，通过一定的学习任务，使学生与学生之间、教师与学生之间通过充分的沟通和交流，达到对知识的深度认识和二次建构。翻转课堂不同于传统的消费式课堂，它具有一定的生产性和创造性。[1]

（二）翻转课堂与传统课堂的不同

1. 教师角色的转变

在传统的教学中，教师是教学的主导，是知识的拥有者和传播者，也是课堂的组织者和管理者；在翻转课堂教学中，教师不再占据主导地位，他们是学习的指导者和促进者，具有脚手架的功能，帮助学生完成所学知识的意义建构。

2. 学生角色的变化

传统的课堂教学中，学生对于知识的接受具有一定的被动性。在翻转课堂的教学中，学生的学习被赋予更多的自由，体现了学习的自主性，学习者从被动接受者转变为主动研究者，成为课堂的主角，可以自定步调，通过与其他学生或者教师的合作、沟通和交流，来完成所学知识的接受和内化，并在协作与交互中对所学知识进行深层次的建构。

3. 教学形式及内容的改变

传统的课堂教学形式和内容以课堂知识的讲解和课外作业为主。翻转课堂的教学形式由课前学习和课堂探究构成，主要的内容集中在问题的探究方面，这种教学形式和内容的转变，使得课堂交互性增强，有助于加深学生对知识内容的理解，帮助学生增强调控学习的能力。

4. 评价方式的变化

传统的教学评价方式以纸质测试为主，具有较强的片面性。翻转课堂的评价方式是从多角度以多种方式对学生进行综合测试，具有一定的科学性。

二、翻转课堂教学模式在“新媒体概论”课程教学中的实践

（一）新媒体概论课程的特点

新媒体是以数字技术、计算机网络技术和移动通信技术为支撑的与报刊、户外、广播和电视传统媒体相对而言的第五媒体。[2]而基于新媒体的“新媒体概论”课程，也具有自身的性质和特点。

1. 理论和实践紧密结合

就“新媒体概论”这一课程本身而言，它属于概论性课程，所以理论性很强，但是该课程所涉及的内容同我们的生活，特别是大学生的生活密切相关，具有较强的实践性和应用性。

2. 表现形式和社会内涵相结合

“新媒体概论”这门课程通过通俗易懂的语言，对新媒体这个当今社会的热门话题进行简明扼要的描述，使得学生对新媒体这一具有技术性的、处于社会发展前沿的事物有一个比较全面的认知，同时，它也是对新媒体深入研究的基础。本课程将新媒体置于传媒生态中，在了解媒体的现状、特征、发展趋势的同时，从“技术—传媒—社会”三维视角考察新媒体。帮助学生掌握新媒体的特征、规律，把握其发展脉络，认识其发展现状，从而逐步掌握新媒体内容的创意思维。[3]

（二）“新媒体概论”课程现有的教学方式

随着技术的发展，为了适应媒介社会发展的需求，很多大专院校的相关专业都在开设“新媒体概论”这门课程，但大多数高校的教学方式仍采用传统的齐步走的方式，课堂上教师讲授、学生被动学习，课后布置相应作业以巩固课堂所学知识。这很难激发学生的学习热情，学习效果并不明显。

由于科学技术迅速发展，关于新媒体的理论层出不穷，软硬件更新换代频繁，现有的教学内容和教学方法总是无法跟上技术的发展，无法适应实践的需求。另外，由于课时的限制，课程不可能讲授更多新的内容。这就促使一线教育工作者不得不改变现有的教学状况，而翻转课堂教学模式则为“新媒体概论”课程的教学提供了改革的思路。

（三）翻转课堂教学模式在新媒体概论课程教学中的实施

1. 课前通过视频资源进行课程内容的学习

翻转课堂将传统的课堂讲授内容放在了课前，让学生自行学习，体现了以学生为中心的教学理念。教师通过录制视频的方式将“新媒体概论”这门课程的教学内容讲授过程记录下来，制作成视频资源，便于学生在课前学习。学生在利用视频资源进行课前学习的过程中遇到难以理解的部分，可以多次观看教学视频，直至完全理解所学内容，这就避免了传统课堂教师讲授稍纵即逝的缺点，弥补了学生容易“吃夹生饭”的不足。但是视频教学内容不宜太长，应合理进行分段，最好是每一段视频都是一个相对独立的学习单元，这样学生在进行自主学习的时候就能够更好、更高效地自定步调进行学习。

例如新媒体之中的网络媒体，它包括门户网站、搜索引擎、即时通讯、网络社区、网络视频等十余种媒介形式，教师在制作视频的时候，就不能把网络媒体的所有内容放在一起制作，而应将网络媒体所涵盖的十余种媒介单独制成视频资源，或者进行归类，比如门户网站和搜索引擎的关系比较密切，可以放在一起；网络视频与网络广播可以归为一类。这样学生在进行学习的时候可以按照自己的需要进行内容选取。

教师还可以制作一些知识拓展的视频或多方面收集一些相关知识的网络视频，便于学有余力的学生对新媒体知识进行深入性的学习和研究。

例如数字电影。“新媒体概论”中关于该主题的教学内容基本上是关于数字电影发展历程的介绍，如果有学生想了解一些关于数字电影技术方面的知识的话，就需要教师多收集相关资料，满足这一类学生的学习需要。网易公开课就有一堂由 DD 制作团队领队就《本杰明·巴顿脸部的由来》讲解的公开课，该课介绍了数字技术及影视特效等技术对于本杰明·巴顿脸部塑造所起到的作用，拓展了学生关于数字电影影视特效的相关知识。

2. 课堂交流协作，进行良好互动

翻转课堂的课堂部分主要是师生和生生之间的协作与互动。在翻转课堂上，教师的讲授很少，主要是学生的学习活动，在这个过程中，教师基于学生课前所学内容及遇到的疑问，布置合理的学习任务，学生根据任务的要求反复地与同学、教师进行互动，对任务内容进行多方位、多角度的思考，集思广益，通过交流和协作达到对知识内容的深度构建。

例如，在“新媒体概论”中有关于网络游戏的知识，网络游戏在几十年的发展过程中，实践多于研究，其基本理论说法不一，难以成型。想要对网络游戏进行一个全方位的深入了解，传统的课堂教学就无法做到。而学生运用翻转课堂可在课前对网络游戏的基本概念、基本知识点进行学习，同时可借助网络这个丰富的资源库拓展和补充关于网络游戏的相关知识，在课堂中可与教师和其他同学进行讨论和交流。这种教学模式，可使学生达到对网络游戏相关知识和内容的深度构建。

翻转课堂是一个构建深度知识的课堂，学生是这个课堂的主角。在这种教学模式中，教师真正做到了授之以“渔”，让学生学会了如何学习，有利于学生创新精神的培养，使学生个性得到尊重和发展。

3. 全方位考核的效果评价

传统教学中的评价方式多为笔试，不能全面涵盖所学内容，对学生的能力考核具有片面性。在“新媒体概论”课程中实施翻转课堂教学，就不能再以传统的评价方式对学生进行考核，可以采用学习效果评价的方式，通过学生个人的自我评价和学习小组对个人的学习评价，从学生的自主学习能力，在小组协作学习过程中与他人协作交互学习的能力，是否完成对所学知识的意义建构等方面进行全方位的考核。

三、翻转课堂教学模式实施过程中需要注意的问题

（一）传统教育观念与模式的制约

随着经济的发展和科学技术的进步，人们的教育观念发生了很大变化，但是传统的“以教为主”、教师是教学的主导和权威的教育观念仍然占据着很重要的地位。应试教育的束缚、填鸭式的知识灌输，依然是我国教育的主流趋势。以人为本、以学生为主体的教育观念很多人依然难以接受。

在我国，无论是学前教育、初等教育、中等教育还是高等教育，基本上都是以集体授课的方式为主。我国班级授课有三种形式：常规班、小班、超大容量的大班。班级规模的不同，人数、时间、空间的不同，实现翻转课堂的难易度也就不同。例如，超大容量的大班教学，如果进行翻转课堂教学，由于人数较多，加之教师自身的精力、时间和

其他因素的局限，很可能会出现马太效应，所以班级规模也是限制翻转课堂教学模式的一个因素。[4]

（二）学科适用性的制约

理科类的知识具有连贯性，逻辑性强，知识概念是有限的，有学“完”的时候，而且答案是唯一的，各个国家、民族学习理科知识的思维模式几乎是一致的。但是文科知识恰恰与理科知识相反，文科知识具有不连续性、无限性、弹性和思维模式多样性的特点。

目前国外翻转教学实验的学科多为数学、物理等理科类课程，理科类课程的特点是知识点明确，很多教学内容只需要清楚地讲授一个概念、一个公式、一道例题、一个实验。理科类的课程特点有利于翻转课堂教学的实施。但是人文类课程在授课过程中会涉及多学科的内容，而且需要教师与学生不断进行思想上的交流、情感上的沟通，才能起到良好的教学效果。[5]

（三）教师自我专业能力的制约

翻转课堂教学的有效性取决于教师录制视频的质量，教师在学生进行交互学习过程中的指导、对学生学习时间的安排及教师在课堂中对于课堂活动的组织，都对教师的专业能力提出了更高的要求。如果教师自我的专业能力达不到翻转课堂教学的要求，那么翻转课堂教学的有效性必然受到影响。

（四）信息技术支持的不够充足

翻转课堂教学的开展离不开与教学内容相关的视频资源，而教师制作教学视频，学生观看教学视频及师生、生生之间的交互都离不开计算机硬件和软件的支持。虽然我国的经济增长迅速，各级各类学校大力发展信息技术，但是信息技术支持仍然不能够完全满足教学的要求，所以信息技术支持的充足与否也是制约翻转课堂教学开展的一个关键因素。

（五）学生自身学习能力的制约

翻转课堂教学相比传统教学模式有着自身极大的优势，学生变被动学习为主动学习，成为学习的主体，教师能够实现因材施教，进行个性化指导。但是在学生自主学习的过程中，学习效果的有效性取决于学生自主学习的能力和自身的控制力，如果学生自身学习能力不强，对整个翻转课堂教学的有效性就有很大的制约和影响。

四、结束语

翻转课堂教学模式从2007年提出后，引起了世界各国教育界的广泛关注，并且很多教育工作者在教学中进行了实践，在理工类课程和人文类课程中都有应用。翻转课堂的教学模式应用于“新媒体概论”课的教学过程是一种积极的教学探索和改革，在实践中，难免会遇到问题和挫折。相信随着翻转课堂教学模式理念的不断发展和完善，翻转课堂的教学模式和理念会在更广泛的领域得到更深入的应用。

【参考文献】

[1] 张金磊，王颖，张宝辉. 翻转课堂教学模式研究［J]. 远程教育杂志，2012（04)：46－51.

[2] 宫承波. 新媒体概论（第四版）［M]. 北京：中国广播影视出版社，2012：2－3.

[3] 周红春，梁静. 新媒体传播环境下高校教学方式的变革［J]. 中国电化教育，2013（08)：91－94.

[4] 王道俊，王汉澜. 教育学［M]. 北京：人民教育出版社，1999：264－265.

[5] 韩丽珍. 翻转课堂在我国发展的瓶颈及路向选择［J]. 江苏广播电视大学学报，2013（02)：41－44.

筑梦巴山映像美·寄情文理影人归 “导演基础”建设与创新育人的辩证思考*

党超亿　张　杰**

【摘　要】　“导演基础”课程是戏剧与影视学专业的核心课程，是该专业学生综合各项专业技能与统筹影视艺术传播理念，开展创新实践、创作应用的关键课程。地方高校由于缺乏基础实验设施，缺少综合实训设置，导致该课程的建设难于取得较突出的成效，学生实践创造的作品层次普遍偏低。鉴于此，笔者选择从创新应用与实践育人的层面出发，通过探讨“导演基础”教材与课程建设的相关问题，透析其与培育创新应用型影视人才的辩证关系。

【关键词】　“导演基础”；教材完善；课程建设；创新育人

一、时代亟需：以实践育人为旨归的课程建设

首先，从应用型教育的层面讲，地方高校需要更加注重应用实践的“导演基础”课程建设。为此，笔者研究了以往的诸多教材，发现撰写一部实用的《造梦之旅：影视导演创作》教程，是广播电视编导专业践行我校主导的育人思路，进行影视片综合创作教学培训的有效选择。

当代广播电视编导专业教学的根本旨归，在于培养学生运用影视语言原理、驾驭影视媒介技术设备、使用现代传媒手段进行影视作品创作的能力，指导学生团队开展协同策划、创意设计与综合创作。而达成这一教学目标的最佳路径，就是通过类似于“导演基础”课程的综合实践教学来实现。同时，使“导演基础”课程能发挥最高效率、实现最高回报的基础，就在于有一部全面讲解媒介原理、完整论述应用理论、细致引介技艺手法、翔实阐述综合创作、注重指导实践训练、反映现实需要与时代前瞻性问题的实用

* 本文系四川文理学院2015年高等教育研究专项课题“新常态下地方高校创新创业素质教育改革的策略研究”（项目编号：2015GJ004Y）的研究成果。

** 党超亿，男，汉族，讲师，研究方向：影视人类学、新媒体文化传播与影视导演。
张杰，女，汉族，讲师，研究方向：影视文化批评、媒介心理学与影视编剧。

教材，然而这样的教材笔者至今还没有看到。

其次，从专业学科发展的层面讲，打造应用型的影视艺术专业，注重应用实践的“导演基础”课程建设迫在眉睫。撰写一部涵盖“导演基础理论”“影视应用原理”“导演实用技艺训练”“导演综合创作指导”等内容的《造梦之旅：影视导演创作》教程，将为广播电视编导专业师生解决在创作应用类课程教学中所面临的现实问题与长远问题提供最佳方案。

再次，从社会需要的层面讲，注重应用实践的“导演基础”课程建设势在必行。《造梦之旅：影视导演创作》教程的编写将解决教学内容与社会现实需求脱钩、教学案例脱离社会生活现实、实践教学环节缺少区域社会要素、学生创作缺乏对社会性问题的思考、教材对导演创作的社会构成探讨不足等问题。

二、发展冀求：创新应用为主旨的人才培养

（一）实用性教学的需求

“实用性教学”的需求，要求为地方高校广播电视编导专业的综合应用性实践课程“导演基础”，编撰一部更加贴近基层院校教学创作需求的实用教材。《造梦之旅：影视导演创作》教程的编写，将就该问题从三个方面予以突破。其一，摒弃之前教材过多讨论原理、史论，而忽视基本操作与实际应用的问题。其二，摈弃将纸上谈兵的冥思空想凌驾于一线操作之上，并蔑视细微技艺、现场操控及片场活用的陈规陋习。其三，祛除某些教材或以探讨空乏、沉闷、另类的案例，或以论述顶尖设备、超级机器、时兴特效创作模式为标榜的浮夸现象；从而避免教材高高在上，全然不顾及基层院校师生实际教学应用的情形，将教材讨论的案例、技艺手法及技巧落到学生创作实践的实处。

（二）影视创作指导的需求

“影视创作指导”的实践需求，要求为“导演基础”课程编撰一部更加贴近一线创作需求的实用教材。《造梦之旅：影视导演创作》教程的编写，将就该问题从两个方面予以解决。

其一，解决一线教师普遍面临的教材中关于实际创作指导环节的论述不足甚至缺失的问题。之前的一些相关教材在创作指导方面的缺憾，主要表现为对选题、策划、导演阐述、导演创意、剧本改编、分镜头方案、整体构思与框架设定（主题表达、情节构思、线索架构、细节处理、节奏设计、拍摄大纲、摄像要求、表演要求、台词要求、声画要求及其他影视语言风格要求）等内容的讲解浮于表面，或仅局限于理论阐释。本次教材编纂将努力克服此种问题，在各具体设计操作、实践运作的环节中进行逐一的、细致的点拨；同时就全片创作实践的阶段摄制、整体架构的整合优化进行宏观的统筹指引。

其二，教材中将增设模拟片场摄制、后期制作、推广宣传等环节的创作指导部分。通过增加此三部分的案例剖析与模拟操作演练，弥补之前该类教材普遍缺少对实际操作环节具体指导的问题。

（三）学生自主研习的需求

“学生自主研习”，要求“导演基础”这类需要综合各项专业知识、包罗诸多文化内容、协同各类人才、整合团队协作的创作实践课程，必须编撰一部更加体现学习者主体地位、更加贴近学生一线学习需求、符合当下文化传播态势的实用教材。我们所要撰写的《造梦之旅：影视导演创作》教程将通过对各类影片案例的分析与创作经验的引介，来实现统筹专业知识、洞悉文化万象、贯通管理协作、强化导演意识、增进导演功底的教学目的。

（四）课程综合打造的需求

“课程综合打造”的要求，要求我们将“导演基础”定义为一门注重对学科原理的应用性探讨、对专业技艺的实用性讲解、对综合实践的贴近性指导、对创意制作的启迪性阐发的课程。于是问题就更加明朗了，之前针对该课程编写的教材虽不乏佳作，但能完全囊括这四个层面并合理分配比重、详略得当地进行阐述的教材至今仍未问世。因此，我们将在《造梦之旅：影视导演创作》教程中努力突破这四项难题，从经典案例、流派原理、大师试验、创作实验等脉络中梳理出基础性原理、应用性理论、实用性技艺，并在启迪创意设计、分类实验演练、综合实践创作的环节重点着墨。

三、学科疾呼：实践课程为主线的系统建构

（一）专业规划建设的需求

“专业规划建设”对课程分类设置、内容构成与专业整体布局的通盘思考有了新的要求。这一点让我们明确“导演基础”对广播电视编导专业而言，一方面它是整合所学专业知识的综合课程，另一方面它也是实现其专业价值、达成其专业目标、完善其应用性专业性质的核心课程。换一种说法，该课程的开设是为了让各种文化通识课程、理论性与技能性的专业学科课程、专业基础课程、专业选修模块课程能有一个整合熔炼、多元再造、影像化呈展的载体。亦可以这样理解，该专业的学习就是为了最终的导演创作实践，为了完成优秀的影视艺术作品，为了能用影像语言反映社会万象、抒发胸中情怀、畅言思想理念、描绘魔幻景状、创造梦境天地。基于此，作为广播电视编导专业规划建设的关键所在，笔者将从专业整体布局的角度考虑《造梦之旅：影视导演创作》教材的编写，为“导演基础”乃至整个专业更合理地规划建构而深入探究。

（二）学科体系完善的需求

“学科体系完善”对于广播电视编导、电影学、影视导演等戏剧与影视学的二级学科而言，其学科体系建设和完善的共同之处集中表现在应用性课程的设置与打造上，这一点又表现在“导演基础”这一课程上。同时该课程的打造也是学科体系建设中联系区域社会需求、服务地方需要的重要环节。之前的教材在完善学科建设方面表现得相对乏力，笔者在从事“导演基础”课程学习、教学、实践与科研中积累了相对较为丰富的理论知识与实践经验，在原有教案、讲义、学习笔记、调研成果及实践积累的基础上，努力编纂出一部在学科体系建设及联系社会需求方面有所创新的教材。

四、专业寄托：师资建设为路径的愿景前瞻

（一）教师团队建设的需求

“教师团队建设”的问题，在本教材的关联性要素中表现得尤为突出。我们知道教师团队的建设与学科完善、专业发展、课程建设相辅相成，其中某一个环节不能跟上进程，其他环节也将出现不同程度的脱节。教师团队建设的内容不仅表现在职称梯度、学历构成、教学经验、科研方向、实践创新目标等层面，还包括课程及教材的系统化建构。这一点在以往的教材建设中囿于未能充分考虑或兼顾到团队建设的同步问题，导致教材思路较窄、教材的普遍适用性较差。由此，导致该课程的教材内容既很难与其他课程的知识完美地匹配衔接，又很难在其他教师同一课程的课堂教学中实现教学效果的最大化。换言之，离开了原著者，教材的生命力就十分微弱了。为了在教师团队建设的同步模式下实现教材能量的最大释放，我们将整合更加完善的编撰团队，广泛调研和听取其他课程教师的意见，在该专业学科范围内开展更加深入、有效的编写讨论会。此外，我们应将课程教材的编写同创新团队的建设相结合，力争在教师团队建设的同时完成教材及课程的有机立体建构。

（二）教师修养提升的需求

“教师修养提升”是提高教学质量、提升科研水平、增进应用实践成效的基本保障。在申请本次教材撰写之前，笔者很难有机会组织本专业及相关专业的学界、业界人士开展互动交流学习；在此次教材编写筹备的过程中，笔者对我校、西南地区乃至国内外诸多影视行业的著名学者及知名传媒人进行了深入的访谈、沟通、交流和学习。

此外，实践应用型教材的编撰项目，对提升教师专业素养、增进业务水平意义重大，笔者虽刚刚着手前期筹备与调研工作，但已然感受到巨大的推动力。可以预见，如果本次教材撰写立项申请能够顺利通过，编写者通过全面周详、认真细致的调研和创作，其教师专业修养的提高将是显著的。

五、结语

笔者在明确实践育人的时代诉求、明晰创新育人的发展需要后，将通过对“导演基础”课程体系的有序建设，逐步推进对戏剧与影视学相关专业学科体系的建构。在以强化实践课程建设为主线的应用型人才培养思路下，完善所在学科各项课程在基础实验、综合实训、创作实战、创新实践等环节的系统化建设；同时以专业发展的前沿需求为导向，加强师资队伍建设，补齐实践指导教师、双师应用型教师的短板，并分层次、有规划地调整各项综合性、应用性、实践性课程，以及学科的结构和构成要素，从课程、教材、学科、专业等微观层面不断完善和积蓄力量，助力学校及国家层面培育创新应用型人才宏观规划的实施。

【参考文献】

［1］鲍黔明.导演学基础教程［M］.北京：文化艺术出版社，2007.
［2］韩小磊.电影导演艺术教程［M］.北京：中国电影出版社，2004.
［3］普罗菲利斯.电影导演方法（第3版）［M］.王旭锋，译.北京：人民邮电出版社，2009.

影像解构与概念重建："影片分析"课程实践教学探究*

党超亿　张　杰**

【摘　要】　在注重应用性、实践性教育的戏剧与影视学专业教学中，"影片分析"课程是改善实践教学、完善专业建设、实现学有所用、促进学以致用、推动创新实践的重要组成部分。该课程对专业学生而言，其作用是无可替代的。这种独有的功效集中表现为，在进行电影、电视剧、电视节目、动漫短片、微视频等影像创作实践活动时，可以系统化地拓展专业视野、指引设计构思、启发创意灵感、提高操作技艺、增强实践能力、提升创作层次、增进业务水平；继而引导学生完成品质优良、意蕴深刻的专业作品。如此重要的专业课程，在当今教学、科研、实践等领域中虽得到了一定的重视，却未能从教学方法、教学思路、实践指导、应用创新等层面进行深入、细致地探讨。鉴于此，笔者对从教学实践出发，结合课程特点、教学经历、学生反馈及现代媒介传播环境等具体情况，展开对"影片分析"课程系统的研究。

【关键词】　"影片分析"；创新教育；实践育人

一、"影片分析"的课程探思

（一）开课情况反思

"影片分析"课程在中外影视艺术院校和专业规划中，多被视为关联理论原理、联通应用知识、贯通技艺手法、关系综合实践的核心课程。在美国的相关专业院校，一般结合具体影视作品或实验案例，将该课程设置成三大部分，即基础原理与实用理论环节、应用技艺与经典手法环节、模拟演练与创作实验环节。随着社会发展与时代潮流的

* 本论文系四川文理学院2015年高等教育研究专项课题"新常态下地方高校创新创业素质教育改革的策略研究"（项目编号：2015GJ004Y）的研究成果。

** 党超亿，男，汉族，讲师；研究方向：影视人类学、新媒体文化传播与影视导演。
张杰，女，汉族，讲师；研究方向：影视文化批评、媒介心理学与影视编剧。

变化，社会对不同类型高校的教育模式提出了相应的要求。在我国影视领域的顶尖院校，如北京电影学院和中国传媒大学，也将“影片分析”作为导演、戏剧影视文学、广播电视编导、摄影、表演等专业的重要课程加以建设。教学资源与传播环境相对滞后的地方影视艺术院校在该课程的开设中，由于受条件限制，亟须考虑增加实践操作、实验应用等教学环节。

对笔者所在院校而言，该课程的建设还处于起步阶段，教材建设、案例设计、实验设备、实验课目、实训内容、综合实践、创意实验等内容还有待完善。同时，由于所处区域的文化生态、传播环境的整体发展还在起步阶段，虽难以为该专业的建设提供丰富的媒介资源，但却从另一个层面为该专业和课程的实践应用提供了更加宽泛的上升和发展空间。

（二）系统建设构思

该课程综合建设的意义集中表现为实际应用的需要与学术理论研究的需要两个方面。其一，实际应用的意义：完善课程教学的目标和任务、加大实践指导的力度和成效、提升学生自学的效果和兴趣。其二，学术理论的意义：完善课程的知识体系建设、促进学科的理论体系建构、填补学界业界的理论空白。

就实际应用的意义而言，该课程的建设，一方面可以提高教学质量、增强教学成果、形成课程特色、优化课程教学团队；另一方面，可以增进教师队伍专业化成长、强化师资力量、建成特色优势学科。

就学术理论的意义而言，该课程的建设，一方面从微观层面促进了学科知识体系的细化、精化与深化，并促成了理论联系实践、理论指导实践，让理论在实践中得到验证和完善；另一方面，可以从宏观层面将整个影视艺术理论与影视创作实践相贯通，为学科的实用性理论建构、应用性原理研究探索新的方向。

（三）实践教学思路

“影片分析”课程的教学与研究需要秉承“从实践中来、到实践中去”的基本原理。也就是说，该课程的建立、建设和完善的目的、目标和成效应该是理论教学与实践教学的一体化。笔者所处的地方院校，当地的地方民俗文化、区域经济结构、社会发展模式与媒介传播生态，为我们的课程教学规定了立足地方、服务区域、体现社会需要、适应传播环境的实践教学方向。就课程实践教学的建设规划而言，笔者所在的四川文理学院的地域文化，为我们打造具有川东北红色文化传统、新农村经济文艺新风尚、巴蜀历史文化蕴藉与传统文化民俗景象的特色专业提供了广阔的空间。

二、创新育人的路径探寻

（一）立足影像创作·实践育人的教学目标

在新形势下，高校的专业、课程、教学、科研需要与社会生产实践相联系，即所谓“产学研教互动一体”，亦可称之为“因时而研、研有所就”，“适势而教、教有所用”，“按需而学、学以致用”。对于地方院校而言，开展广泛而深入的合作式教育是课程教学服务地方、适应社会落到实处的重要依托，也是解决“影片分析”等实践类课程所普遍面临的学非所用问题的重要方法。总的来讲，就是要让“影片分析”一类的实践课程有的放矢，能通过与地方相关企事业部门和各类用人单位的互动合作，在实训、实习、实验、实践的过程中完成实用性教学的目标。

（二）立足地方传媒·合作教学的突破方向

对“影片分析”课程及专业而言，就是通过与地方媒体的合作，分三个步骤来达成该目标。其一，开展“联合办学”，将影视节目的创作实践与课程教学有机结合，从而实现“学有所用”。其二，进行“合作培养”，在地方媒体中设置能给予学生一定实践机会的特设岗位，使“影片分析”等综合实践类课程的实践教学环节与之相适应，继而达到“学以致用”。其三，进行“实践教育”，加快“产学研教一体化”进程，在影视传媒业界制作、经营、传播的第一线进行针对性的课程设置教育，进而实现“学有所为”。

培养实用性人才是地方院校的历史使命，而在具体课程的建设层面，我们可以探知“影片分析”课程的教学需要立足地方高校自身规划，适应实用性人才培养的时代形势。此外，特定专业课程的建设，既要从宏观层面顺应并符合社会发展与高校规划的总形势，还要在中观和微观层面适应并契合教学实践与特色教育的时代要求。

（三）立意开拓进取·求实创新的时代前沿

对于一所地方院校而言，培养应用型人才是办学的根本出路。而该类院校的应用型专业的课程设置在体现实践性、地域性特色的同时，更不能忽略在教学思路、方法、范畴等层面的开拓进取，需秉承求实创新、务实高效的科学教育精神。对于“影片分析”而言，在案例教学、拉片实训、模拟演练、操作实验、创作实践等方面应该与时俱进，不断增加新内容、新任务，为实践教学的高效开展提供源源不断的动力。因此，前沿性的理论知识、技艺手法、创意设计将成为我们学习、研讨、开发与创造中的重要内容。

三、实践教学的成效探析

在模拟实验与拉片实训教学中，笔者对参与的学生进行了广泛而深入的调研。在和学生的沟通中，笔者发现，困扰该课程教学效果、影响学生创作专业水平的关键，其实并不是教学资源匮乏、实验设备落后、教学课时欠缺等问题，而是教学方式、创作理念、实验构成、综合演练等环节存在不足。其一，教学方式缺乏创新，实验内容不健全。我们的案例设计虽然能联系实践、结合潮流，但讲授式教学、课堂教学的方式禁锢了学生的四肢和头脑，使学生参与交流、自由思考、联想学习的热情与创新思路被束缚住了。其二，学生的创作理念滞后，综合演练不足。教师在教学中对当下媒介发展环境的探讨不足，对经典案例的学习常局限于剖析理念、分析思路、研习方法、临摹试验、模拟实训、设计创作等固定模式。程式化教学的现状使学生的自我意识、艺术创新意识、思想认识不能超出课堂之外，难以实现时空的贯通与超越，最终创作不能形成体系，作品也缺乏实质性内涵。

当然，作品的创作理念不是通过一两部经典电影的拉片就能够改良的，这需要数以百计的经典案例剖析，让学生从中汲取精华、沉淀积累，方可有些许成效。而教学方式的改革需要适应地方高校的现实情况，课堂教学模式固然不适合实践教学的开展，不利于实践创作指导；但该类模式的改革却是一个漫长的过程。走出教室、跨出课堂，将实训课程与实验创作相结合，让学生在创作实践中掌握和研习艺术原理、经典技艺和大师手法，这样的“影片分析”课程才是理想模式下的影视艺术创作实践教学应有的状态。

四、课程建设的前瞻探索

按照北美媒介环境学派的理论观点，“随着传播技术与手段的创新发展，媒介的进化和演变，使媒介的信息内容与媒介载体开始更广泛地转化，传播者与受传者的互动和身份变换超出以往任何一个时代，传统媒体与新媒体的竞争、协作、联合与融合，让我们的传播环境发生了质的变化……”媒介环境的变化，对于“影片分析”课程而言是新挑战、新机遇、新路径与新方向。从全媒体与影视媒体，从自媒体的受传者与传统媒体的传播者，从专业性的单向度传播到普及性的智能交互平台的全民互传，微传播的智慧让学习、研究和从事文化传媒工作的我们有了新的研究课题。这要求影像传播的课程架构不能再局限于某一类特定的媒介形式，新兴的媒介形式为我们的创作实践提供了新的舞台。全媒体互动式的微传播媒介环境，将为影像创作的时空铺开更加绚丽多彩的画卷，时代呼唤高品质、更接地气、更有内涵的高水平影像艺术创作，因此，更加凸显了“影片分析”课程的重要性与专业性。

【参考文献】

[1] 梁明，李力. 镜头在说话：电影造型语言分析［M］. 北京：世界图书出版公司，2010.

[2] 王志敏. 电影批评［M］. 北京：中国电影出版社，2010.

[3] 范志忠. 当代电影思潮［M］. 杭州：浙江大学出版社，2008.

[4]［美］林文刚. 媒介环境学［M］. 何道宽，译. 北京：北京大学出版社，2007.

[5]［美］李・R. 波布克. 电影的元素［M］. 伍菡卿，译. 北京：中国电影出版社，1994.

[6]［美］贝尔顿. 美国电影美国文化［M］. 米静，等，译. 上海：上海人民出版社，2010.

地方高校“国家公务员制度”课程教学实效性初探

王莉花*

【摘　要】　“国家公务员制度”课程是地方高校行政管理专业高年级学生的主要专业课程之一。当前，囿于对学生主体地位的忽视，其教学呈低效态势。鉴于此，地方高校应改善对学生和教师的考核评价体系，提升教师的专业素养，重视专业选修课建设并加强实践教学，努力提升其教学实效性。

【关键词】　国家公务员制度；教学实效性；低效

“国家公务员制度”课程是地方高校行政管理专业高年级学生的主要专业课程之一，其教学目的在于使学生深入理解我国现行公务员制度设计的基本原理、作用机制等；培养学生了解分析我国公务员制度发展的相关现象及其原因、后果的能力，以及培养学生成为公务员、特别是进行公务员管理的基本知识储备和能力，认识到公务员制度对于建设高素质的专业化的公务员队伍和提高机关工作效能的重要作用。“国家公务员制度”是一门具有很强的理论性、综合性、政策性和应用性等特点的课程。但在传统的忽视学生主体性的“填鸭式”“满堂灌”的纯“讲授式”的教学模式下，学生的学习积极性、主动性和创造性被严重挫伤，教学实效性大打折扣。为了解决这一问题，笔者认为，不断反思教学中存在的问题、深刻分析其成因，并大胆改革与创新教学理念和方法，对提升地方高校“国家公务员制度”教学实效性是大有裨益的。

一、地方高校“国家公务员制度”课程教学低效的表现

华东师范大学崔允郭教授认为，教学有没有效率，并不是指教师有没有教完内容或教得认真不认真，而是指学生有没有学到什么或学生学得好不好。如果学生不想学或者学习没有收获，即使教师教得很辛苦也是无效教学。同样，如果学生学得很辛苦，但没有得到应有的发展，也是无效或低效教学。[1]根据此观点，目前地方高校“国家公务员制度”课程教学低效的主要表现如下：

---

* 王莉花（1981—），女，四川眉山人，硕士，讲师，研究方向：行政理论研究和大学生思想政治教育。

（一）脱离课程：收获不大

当前，大部分高校没有统一订教材。清华大学在它的“新生指南”读本里就有这样一句话：“学校不统一发课本，学生自己购买。”[2]但是没有统一的教材，并不等于教师在课堂上就可以游离于该课程之外。况且，由于师资力量、学生素质等因素，目前很多地方高校仍然统一为学生订教材。但是不少地方高校的“国家公务员制度”课程的教师在教学时，往往认为该课程的内容脱离实际或出于课程内容少且简单等原因，列举了大量与该课程联系不够紧密的实例或补充大量该课程以外的内容，更有甚者“整天八卦，乱说一通”。虽然这样的课堂貌似气氛活跃，师生关系融洽，但是学生收获不大或根本就没有收获。

（二）任务不明：“雨过地皮湿”

不少地方高校的“国家公务员制度”课程教学目标模糊，教学重、难点不明晰，教师在知识的讲解过程中平均用力，对教学重点讲解不深入，对知识难点讲授不透彻，学生感受不明显、印象不深刻。还有一些教师把该课程的教案密密麻麻地录入 word 文档或 PPT 文稿，课堂教学时“一边放一边念”，这是“多媒体依赖症”，是变相的“照本宣科”，教学效果只能是“浮光掠影”，“雨过地皮湿”。

（三）方法单一：没有兴趣

目前，不少地方高校“国家公务员制度”课程的教师剥夺了学生的主体地位。有的教师在备课时往往“只备教材不备学生和时事”，更有甚者，学生教了好几届，但教案和课件始终不变。有的教师俨然成为知识的“权威”，成为“真理”的代言人和垄断者，在课堂教学时“唱独角戏”，大搞“一言堂”，教学方法“纯讲授式”。还有的教师看似教学方法新潮，课堂气氛热闹，教学手段交替变化，但实则只是形式上的标新立异，华而不实，空洞无物，比如，分组讨论时缺少对论题的精心设计，缺少对学生的有效引导，缺少学生讨论前的充分准备和讨论中的有效参与，课堂看似气氛热烈，实则收效甚微。

（四）实践教学缺乏：理论与实践脱节

现今的大学生大多是“95 后”，他们以往的绝大部分时间都是在学校度过的，社会知识和经验匮乏，对社会实践相当期待。尽管从“国家公务员制度”的知识体系来看，绝大部分制度与现实紧密相关，但是不少地方高校并没有将实践教学纳入“国家公务员制度”课程的教学计划中，或者在计划中有安排，实际授课时却束之高阁，根本不用。这就导致该课程理论与实践脱节，学生或者听不懂，或者不感兴趣，教学实效性难以保证。

（五）学生的学习态度不端正：抵触与轻视

据笔者观察，目前地方高校的一些大学生当中，仍然存在“以学习为耻，以玩乐为荣”的错误思想。有些大学生认为，不逃课的学生不是“好学生”；上课不迟到、早退、玩手机、看课外书、打瞌睡等的学生是“不正常”的；考试不作弊是“傻瓜”；上大学不挂科是“不完整的大学”，会造成“终身遗憾”，等等。所以，面对“国家公务员制度”教师照本宣科式的“侃侃而谈”，很多学生对课堂产生抵触与轻视心理就不难理解了。

二、地方高校“国家公务员制度”课程教学低效的原因解析

（一）地方高校考核评价体系不合理

1. 对学生的考评体系不合理

目前，大学生的就业压力非常大，而且就业当中的专业不对口现象严重，这就导致“读书无用论”思想蔓延，而且对地方高校大学生的学风和考风产生了严重的消极影响。在这种背景下，很多地方高校的学生评价体系却以考试为主，平时成绩为辅。期末考试以笔试为主，题型大多表现为名词解释题、问答题、论述题等，开放性的题型（即反映学生解决问题能力的综合拓展题型）较少。如此容易导致学生不求甚解，只需死记硬背。更有甚者平时不听课，只奢望临考前教师“划重点”。这样的考核方式只能反映学生记忆力的高低，却在一定程度上败坏了学风。而平时成绩主要由考勤、平时作业的完成情况等构成。平时考勤只要有人答“到”即可拿高分；平时作业很多时候流于形式，学生的作业、教师的批改和评讲等都或多或少地存在敷衍的现象。更有甚者，平时成绩无凭无据，全是满分。在这种考评体系下，“高分低能”现象极其普遍。因此，学生很容易对“国家公务员制度”课程课堂教学产生抵触与轻视心理，而要保障和提升“国家公务员制度”的教学实效性更是困难重重。

2. 对教师的考评体系不合理

当前，虽然有些地方高校标榜要办“教学型”大学，但是在实际工作中却是典型的“重科研轻教学”氛围。高校职称评定过分看重科研能力和科研成果，教师在精力投入上也会偏重科研。很多地方高校的教师认为，科研是“名利双收”的事情，教学则是“无用功”。事实上，由于利益的驱动，评价导向的偏颇，科研已经成为很多地方高校教师工作的重心，一些教师对教学的精力投入不够，无心上课。在此背景下，地方高校“国家公务员制度”课程教学低效就在所难免。

（二）教师的专业素养不够

当前，为了迎合各种评估，几乎所有的地方高校都拥有一支数量庞大的教师队伍，但大部分都是教学经验缺乏的年轻教师，而且为了追求“师生比”，有些地方高校不太注重专业的对口性，这就使得教师队伍整体素质参差不齐，这种现象在“国家公务员制度”课程的教学当中尤为突出。“国家公务员制度”课程的教师至少需要有政治学、法学、行政管理学专业背景，但目前在一些地方高校，“国家公务员制度”课程教师虽大多有政治学专业背景，但不固定，对公务员制度本身缺少长期关注和系统研究，学术交流屈指可数，就某一问题进行深入研究者更是寥寥无几。理论水平的欠缺必然导致教学的低效。此外，我国现行的师范教育体系是以培养中小学教师为己任，并没有兼顾大学教育，一些高校教师并没有接受过系统的师范教育。仅靠一个月左右的岗前培训，而自己又不认真学习和探索，一些高校教师的师范技能必然漏洞百出，教学效果也会大打

折扣。

（三）“选修”与“必选”的尴尬

当前，在地方高校行政管理专业的人才培养方案中，“国家公务员制度”课程大多处于“专业选修课”的地位。专业选修课是指与专业相关的一类选修课的统称。但囿于师资和成本的考虑，地方高校大多无法或不愿提供更多的专业课程以供学生选择，故在实际教学安排中此课程就毫无疑问地演变成了“必选课程”。此外，此课程一般都安排在大三下学期或大四上学期。在此阶段，学生或集中精力考研、考公务员，或忙于找工作等。“选修”成了“必选”，意味着对学生选择权的剥夺，必然导致部分对此课程无兴趣的学生的反感。这也是该课程到课率和听课率不高的重要原因之一。

（四）“重理论轻实践”培养模式的弊端

当前，由于实践教学经费的短缺和现行高校人才引进机制的特点（当前地方高校选聘教师，几乎都要求硕士以上学历，而且还要求名校毕业，从现实来讲，这些教师在校读书期间，都是研究型人才，很多都没有实践经验），我国普通高校（除高职院校）大多仍采用“重理论轻实践”的培养模式。这种培养模式的最大弊端就是学生动手能力差、专业知识不深，难以适应社会。“国家公务员制度”课程是一门与现实紧密联系的课程，如果不深入公务员管理实践，或者由没有实践经验的教师来讲授，必然造成理论与实践的脱节，使学生或者听不懂，或者不感兴趣，教学实效性难以保证，即使学生将来努力考上了公务员，也很难快速胜任工作。在互联网高速发展的今天，这些情况或多或少地会影响到在校大学生学习该课程的积极性，这对于提升该课程的教学实效性是非常不利的。

三、提升地方高校“国家公务员制度”课程教学实效性的对策建议

《中华人民共和国高等教育法》第四条明确规定：“高等教育必须贯彻国家的教育方针，为社会主义现代化建设服务，与生产劳动相结合，使受教育者成为德、智、体等方面全面发展的社会主义事业的建设者和接班人。”为了实现这一目标，地方高校的“国家公务员制度”课程也不能马虎，必须采取相应措施努力提升其教学实效性，培养学生获取知识、解决问题的能力以及创新思维和团队合作精神。

（一）完善地方高校考核评价体系

一方面，对学生的考评要坚持原则，并重视考察学生的综合能力。笔者认为，关爱学生，并不是放任、迎合学生。在怎样给学生评分等问题上，一定要实事求是，因为坚持原则更有利于对学生的管理。此外，对学生的考评不能仅由笔试成绩和平时成绩构成，要多方面考核学生的综合素质。在平时成绩中重视考核学生知识的应用能力和动手能力；在笔试中，教师应做到“不漏题”，并增加开放性题目和问题解决类题目，注重考核学生综合运用知识的能力。

另一方面，对教师的考评应适当调整，鼓励教师爱岗敬业。俗话说：“干什么就应当吆喝什么。”作为一个高校教师，培养出高素质的优秀人才是我们的天职。2013 年 9

月10日，在浙江大学教师节典礼上，该校两位教授因长年坚持在本科生教学一线并受到全校师生的广泛认可，每人获得了“浙江大学心平奖教金”100万元的奖励。[3]目前，虽然很多地方高校在职称评定中也有对课时数和教学质量的要求，但它并没有成为核心要件，且考评也存在人为的感情因素。笔者呼吁，应适当提高教学在高校教师职称评定过程中的权重。对于“教学型”的地方高校而言，可以考虑设立“教学型教授岗位”，鼓励教师不断钻研教学方法、改进教学手段，提高教育教学水平。只有在这种背景下，地方高校的“国家公务员制度”课程才能不断提高实效性。

（二）提升教师的专业素养

虽然在教学中学生居于主体地位，但教师的主导性也不可忽视。基于目前地方高校“国家公务员制度”课程教师素养参差不齐的现实，笔者认为可以从以下五个方面努力：一是地方高校在选聘教师时一定要挑选专业对口的优秀人才，避免因盲目追求“师生比”而造成滥竽充数；二是要鼓励并支持该课程教师外出进修并进行学术交流，必要时还可以选派教师到公务员工作机构观摩或实习，增长见识，积累经验；三是地方高校可以开设新进青年教师培训班，聘请师德高尚、师范技能强、广受师生好评的教师上示范课；四是切实实行青年教师导师制，充分发挥高级职称教师的“传帮带”作用，有针对性地提高青年教师的教学与科研水平；五是该课程教师要严于律己，关注此课程最新动态与地方实行国家公务员制度的创新之举，认真备课，力争把课上得与时俱进并接地气。笔者认为，通过以上措施，地方高校“国家公务员制度”课程的实效性必然大大提高，广受好评。

（三）让“选修”实至名归

大学里的选修课可以概括性地分为两类，即公共选修课和专业选修课。无论哪种选修课，都必须给学生充分的选择权。这种选择权是大学生作为教育需求者、学费缴纳者、个性差异者、学校管理参与者应有的民主权利。当前，基于“国家公务员制度”课程的“专业选修课”地位，笔者认为，地方高校可以采取以下三项措施来保障大学生的选择权：首先，尽可能在行政管理专业中开设更多的专业选修课，让学生“有课可选”；其次，鼓励不同的教师开设“国家公务员制度”课程，让学生“有师可选”；最后，在前述二者确实无法实施的前提下，可以鼓励多名教师合作讲授“国家公务员制度”课程，教师们可以按专长分专题授课，这样即使学生的选择权无法保障，但毕竟可以避免学生的审美疲劳。笔者认为，通过以上努力，此课程的“选修课”地位得以实至名归，必将得到学生（尤其是立志考公务员的学生）的重视和欢迎，其教学实效性也更容易得到保证。

（四）加强实践教学

根据教育部等部门《关于进一步加强高校实践育人工作的若干意见》（教思政〔2012〕1号）、教育部《关于全面提高高等教育质量的若干意见》（教高〔2012〕4号）等文件精神，结合地方高校“国家公务员制度”课程“课堂过于理论化，缺乏真实案例支撑”的现实，笔者认为，可以从以下五个方面加强实践教学：其一，在课堂教学中加强案例教学。习总书记说，课堂教学是思想政治教育的主渠道。[4]同样，课堂也是行政管理专业的“主阵地”。案例教学把客观存在的真实情景经过典型化的处理设计后，形成便于学生思考分析和决断的案例，然后通过独立思考和互相讨论的方式来提高学生分析问题和解决问题的实践能力，使理论与实践更好地结合，有助于学生理解和掌握“国家公务员制度”课程的理论，提高公务员管理的实践技能。[5]其二，逐渐转变“重理论轻实践”的培养模式，根据市场需求拟定并切实执行行政管理专业人才培养方案。其三，积极争取国家和社会力量支持，多渠道增加实践育人经费投入，这是加强高校实践育人工作的根本保障和基本前提。其四，将实践环节纳入“国家公务员制度”课程的教学计划并录入授课教师的课表，并加强档案管理和多方位监督。其五，加大教师培训力度，大力提升教师的“双师型”“双能型”素质，可以主动聘请具有丰富实践经验的公务员管理人员为学生授课或积极选派该课程教师到公务员管理机构挂职锻炼。实践出真知，通过以上措施，“国家公务员制度”课程的实践性得以保障，学生的实践能力和创新精神得到增强，亦更能适应未来社会和经济发展对人才实践能力的需求。

【参考文献】

[1] 宋芳明.提升语文课堂教学效益之我见 [J].教育革新，2015（2）.

[2] 北京多数高校不统一订教材 学生带电脑上课 [N].法制晚报，2010-09-21.

[3] 浙江大学两教师坚持本科教学获 100 万元奖励 [N].新京报，2013-09-12.

[4] 习近平：把思想政治工作贯穿教育教学全过程 [EB/OL].http：//www.xinhuanet.com/politics/2016-12/08/c_1120082577.htm，2016-12-08.

[5] 徐世雨.案例教学法在应用型公共管理类人才培养中的实践与思考 [J].德州学院学报，2013（3）.

“数字电路”开放式自主实验模式改革探讨*

易 鸿 王益艳 唐瑜梅**

【摘 要】 为建立一套完善的“数字电路”实践教学体系，培养电子类专业学生综合应用能力和创新能力，本文结合我校现行实验条件探讨本课程实验改革的必要性，以构建一套较为完善的实验体系用于本校教学。该模式能提高学生分析问题和解决问题的能力，有效提高学生自主学习的积极性和知识掌握水平，解决器材损耗与浪费的问题。

【关键词】 数字电路实验；教学改革；工程实践能力

一、引言

随着科学技术的飞速发展，社会对工程师提出了更高的要求。高校要培养创新人才，其重点在于加强工程实践能力的培养，切实提升学生解决实际问题的能力。“数字电路实验”作为电类专业学生必修的一门重要学科基础课程，是为巩固学生数字电路的理论知识，培养学生的动手操作、知识应用及创新设计能力，掌握数字电路的分析、设计和开发而开设的一门重要的实验课，具有很强的工程实践性。[1]

“数字电路”开放式自主实验模式，旨在依托本校数字电路实验室平台，减少验证性实验，增加设计性、实用性与综合性实验，引入开放式的自主实验教学模式，不断提高学生的自我学习能力和兴趣，力图通过实验加深学生对所学知识的理解，培养学生分析、设计、组装和调试电路的能力。

二、改革数电实验教学体系与评价机制

（一）改革的必要性

在以往的数电实验教学中，通常是教师先对该实验原理进行讲解并提出要求，然后

* 基金项目：四川文理学院教改项目（项目编号：2017JY27，2017JY21，2017JY29）。

** 易鸿，男，副教授，研究方向：智能控制与智能信息处理、工业自动化技术研究。
王益艳，男，副教授，研究方向：电子信息与计算机应用研究。
唐瑜梅，女，助教，研究方向：智能控制、图像及信息处理技术研究。

学生根据实验方法选取实验器材进行验证性实验。这种传统的教学方式对学生的独立思考能力和动手能力要求不高，实验操作相对简单，学生只需要按照老师安排的步骤操作即可，一些学生在不理解原理的情况下互相借鉴实验方法和步骤草草完成实验，并且这种教学模式并不适合所有类型的实验。[2-5]这样，完成实验之后，学生难以对各种实验理论和器材有较深入的了解，教学效果不佳。另外，由于一些学生对实验操作不当，容易造成设备损坏和芯片引脚损坏，难以回收利用，造成较大的浪费和损失。

针对传统实验教学中产生的诸多问题，我们急需改变现有教学模式和方法。教师要从传统的验证性实验教学方式中走出来，我校目前数字电路实验教学计划安排表（见表1），在数字电路实验中加大了设计性和综合性实验的比例。

表1　数字电路实验教学计划表

实验内容	学时	对应知识点	实验性质
实验一：组合逻辑电路的性能测试	3	实验设备、芯片的使用、逻辑功能测试	验证性
实验二：时序脉冲分配器设计	3	基本组合逻辑电路应用设计（译码器应用）	设计性
实验三：多数表决器设计	3	基本组合逻辑电路应用设计（数据选择器应用）	设计性
实验四：四人抢答器设计	3	时序逻辑器件的应用和设计（触发器应用）	设计性
实验五：数字时钟设计	3	时序逻辑器件的应用和设计（计数器应用）	设计性
实验六：信号源发生器设计	3	常用组合、时序逻辑器件的使用、555定时器综合应用	综合性设计

数字电路实验课程实施过程如图1所示。首先，学生要根据自己独立设计的实验线路图，自主选择实验器件。学生可以利用课堂理论知识依据网络、虚拟实验室等，熟悉

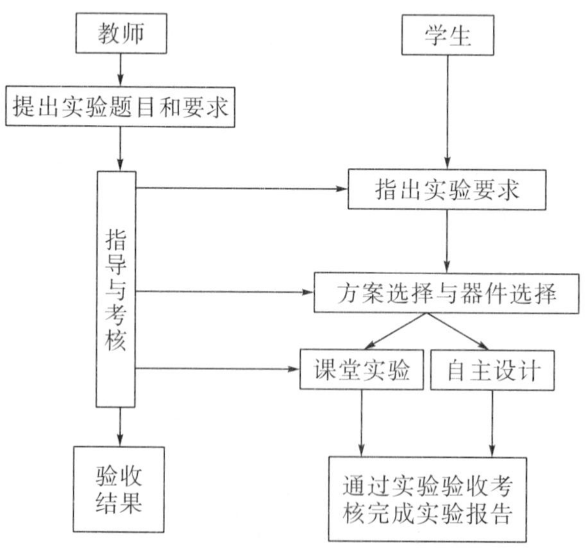

图1　实验课程改革流程图

手中器件的原理及使用方法，着重培养学生的自学与创新能力。其次，数电实验教学要增强开放性，逐步从单纯的课堂内学习向课内外同步学习转变，完善课程内容[6]。再次，在实验结果的考核方面，将实验过程和结果结合起来。不再以教师为主导进行讲解和说明，开放式实验模式采用监督、引导和辅导相结合的方式，在指导实验的同时对学生的学习能力、积极性和知识掌握能力进行评价，对学生的实验学习产生督促作用。最后，实验器件（主要是集成芯片）采取学校补贴加个人购买的形式进行发放，学生在熟悉器件使用注意事项的情况下拥有个人器件，可以单独使用。在学期末再对实验器材进行统一测试回收，纠正一些学生不爱护实验设备的行为，提高器件回收率。

（二）开放式自主实验模式评价机制

目前，我校电子类专业“数字电路”课程实验单独设课，共 18 学时，课程采用开放式实验模式进行教学。如表 2 所示，经过一个学期的实践，广大师生反映良好，学生的学习自主性和自我评价能力明显提高，教师按照教学目标对学生成绩考核的评价更高。同时，相比于以前，学生更关注器件的正确使用方法，器件的回收率有所提高。

表 2　课改前后综合数据统计表

模式	人均学时统计		考核成绩等级百分比				器件回收率
	教学安排	自主实验	A	B	C	D	
以前模式	18	0	5%	30%	60%	5%	82%
改革模式	18	12	18%	50%	30%	2%	95%

通过本次数电实验教学改革，我们摒弃老旧的传统教学方法，将“以教师为主”的模式转变为“学生为主体、教师为主导”的模式。这种启发式的教学方法更有利于提高学生的独立思考能力，并引导学生观察、分析和解决问题，发挥每一名学生的主观能动性和创新意识，保证对每一名学生的培养都能达到预期目标。同时，学生拥有自己实验所需的基本芯片，除了正常的教学安排外学生还可以在课余时间到开发实验室继续完成实验内容。这样即使在实验结束后也可以引导学生积极解决实验中碰到的各种问题，从而更好地培养学生的实践与创新能力。这样不仅能满足学生自主实验的需求，并且能最大化地利用实验资源，提高仪器设备利用率。

三、存在的问题和改进

过去，课程实验的目的主要是验证器件的逻辑功能，基本上不使用大规模集成器件，这与现代硬件技术和信息技术紧密结合的现状不相符合，导致学生的自主创新与设计能力较弱；实验内容与生产生活的关联性太差，且实用性不强，导致学生缺乏学习动力；实验场地有限，为了完成教学任务只能统一安排实验时间和内容，影响学生主动性。这就对实验室硬件条件和开放水平及教师的教学水平提出了更高的要求。

为了进一步提高实验教学水平，从各个方面使广大师生从中受益，今后我们将会从多个方面予以改进。首先，要积极安排实验教学内容，加强元器件参数的测试和新器件的应用，改变过去仅要求掌握数字集成电路使用的旧教学目标，着重培养利用数字集成电路进行电子系统开发的能力和自主设计能力，增强团队合作能力和责任心。其次，在实验教学中更多地利用现代技术方法，授课中尽量形象地将电路原理、仿真等过程更直观地展现给学生，便于记忆与理解。最后，要进一步提升实验室开放水平，尽可能延长实验室的开放时间，同时添加开放实验室的设备与元器件耗材。实验室要做到真正的开放，还需要保证学生能够使用仪器进行兴趣性科技活动，最大化地提高自主使用性，使实验资源得到合理利用。

四、结束语

本次教学改革锻炼了实验教师队伍，提高了学生分析问题、解决问题的能力和学习积极性，有效地杜绝了实验器件的浪费。实验教学是“数字电路”课程教学中的重要环节，抓好该课程的实验教学对培养学生系统设计、技术实现、综合测试等工程实践能力具有十分重要的意义。提高高校数字电路实验教学水平和质量，为后续电子技术相关课程的学习奠定良好基础，紧跟数字技术的发展，适应现代电子技术的发展和社会对创新型电子技术人才的需求，是电类专业基础课教学的重中之重。

【参考文献】

[1] 王振宇. “数字逻辑电路”课程教学改革体会 [J]. 电气电子教学学报，2002，24（2）：18−20.
[2] 唐智强. 计算机专业数字逻辑实验的改革与创新 [J]. 实验室研究与探索，2013，32（10）：182−184.
[3] 阎石. 数字电子技术基础 [M]. 北京：高等教育出版社，1998.
[4] 薛延侠. “数字电路”实验教学的创新与研究 [J]. 实验室研究与索，2007，26（2）：84−86.
[5] 张秀娟，薛庆军. 数字电子技术基础实验教程 [M]. 北京：北京航空航天大学出版社，2007.
[6] 许小军. 数字电子技术实验与课程设计指导 [M]. 南京：东南大学出版社，2007.

“新工科”培养模式下“Web 程序开发”理论课程教学改革研究*

贺建英　王光琼　袁小艳**

【摘　要】 四川文理学院针对“新工科”培养模式下 Web 程序设计课程的理论教学问题，结合专业的培养大纲和专业特点，从教学内容、教学资源、教学方法、考核方式等方面进行改革。从实施情况来看，该教学改革能有效地提高同学们在 Web 课程中理论知识学习的积极性，不仅规范了教师的教学计划，还能得到教学效果的及时反馈，取得了较好的教学效果。

【关键词】 新工科；Web 程序设计；教学改革

在“新工科”培养模式下，针对社会经济发展对软件工程人才的要求，培养高素质、复合型软件人才，合理安排教学计划和教学内容，大力开展“Web 程序开发”理论课程的教学改革，有利于重构课程体系和更新教学内容，推动基于问题的学习、基于目标的学习、基于为推动实践案例项目打基础的学习等多种研究性学习方法的发展，加强学生理论基础知识，扩展知识领域，综合运用知识的能力和素质培养的一体化。同时课程教学改革要适应学生的个性发展方向，使学生能明确自己的职业生涯规划，以寻求“Web 程序开发”理论课程教学的最优解。

一、“新工科”培养模式下“Web 程序开发”理论课程分析

（一）“新工科”模式下软件专业“Web 程序开发”理论课程的教学特点

教育部在 2017 年 6 月 9 日发布了《新工科研究与实践项目指南》，并宣布成立新工

* 四川文理学院教育教学研究与改革项目资助“‘新工科’培养模式下 Web 程序开发课程教学改革研究”（项目编号：2017JY28）；“四川省高校计算机基础研究会教育教学改革研究项目”（项目编号：2015－17）。

** 贺建英，女，讲师，研究方向：软件技术、数据挖掘、概念格。

王光琼，女，副教授，研究方向：软件工程，数据挖掘等。

袁小艳，女，讲师，研究方向：软件技术及开发、云计算、知识工程。

科研究与实践专家组。文件强调教师在抓好理念引领、结构优化、模式创新、质量保障、分类发展等五方面重点工作的前提下，就如何结合课程教学改革来培养工程实践能力、工程设计能力与工程创新能力强的学生，如何重构课程体系和教学内容，展开了研究和探索。基于“新工科”模式下的 Web 程序开发，其建设重点在于培养学生实践能力、创新能力、学习能力，做到知识、能力和素质培养的一体化。在这种大环境下，结合我校计算机科学与技术专业（软件方向）的专业特点，为培养符合“新工程”模式下合格的 Web 开发人员，笔者将该门课程的教学特点总结为以下几点[1]：

（1）分组分团队学习；

（2）针对市场对该专业学生的需求，增加补充资料和教学资源，保持教学内容的新颖和充实性；

（3）采用自学、分组、讨论、启发式的教学模式，多方位提高学生的学习兴趣；

（4）借助网络资料，在线或者线下通过视频、电子书、计算机领军人物博客来学习更多的专业技术；

（5）建立更为客观、完善的课程考核机制。

（二）“新工科”模式下“Web 程序开发”课程的教学目标

“Web 程序开发”是计算机科学与技术专业（软件方向）的一门专业必修核心课程，该课程以基于 Java EE 的 Web 应用软件开发为研究对象，重点讲解 JSP、Servlet、Java Bean、JDBC、MVC、连接池等方面的知识。通过该门课程的学习，在知识上要求学生能够掌握动态 Web 相关技术，Web 数据库访问技术，熟悉 Web 的三层架构运行的原理，了解一些主流组件相关的知识，并能够开发满足特定需求的软件和软件模块/组件；通过该课程的学习培养学生综合使用相关知识设计和实现一个软件的应用能力。本课程需要在掌握数据库知识、静态网页设计语言和相关辅助工具软件（HTML、Dreamweaver、Flash、Photoshop）及 Java 语言的基础上开展。

（三）传统“Web 程序开发”理论课程教学中存在的问题

“Web 程序开发”在计算机科学与技术专业（软件方向）的课程体系设置中，其前导课程有网页设计，包含 Html、网页的基本制作方法、表格、图像、表单、框架技术、图层技术、CSS 样式、JavaScript 等。过去，学生通常在网页设计课程的基础上学习 Web 技术，但是存在一些问题[2-3]：

（1）知识点分解在每个章节中，知识点较为零散，没有融会贯通；

（2）教学方法单一、落后，知识的扩展较少；

（3）采用传统的考核方式；

（4）教学计划的制定和执行缺少监控；

（5）采用填鸭式教学，对学生对知识的接收能力没有区分。

“Web 程序开发”理论课程应怎样利用前导课程和相关 IT 技术发挥该门课程的主导作用，怎么引导学生的 Web 编程思维，如何培养学生的自主学习能力，让学生逐渐适应以后课程的学习环境等，都是亟须解决的问题。

二、"新工科"培养模式下"Web程序开发"理论教学改革探讨

为了提高教学效果，解决本课程存在的问题，本文结合"新工科"培养模式，引入先进的工程培养教学方法，并根据本课程的特点，对课程的教学改革进行探讨。这里主要把课堂理论知识点的教学进行融会贯通，把整个教学内容看成一个整体项目，利用项目知识的方式把整个知识点串联起来，制定教学计划并积极执行，同时通过有效的监控机制以监控执行效果。

（一）教材和参考书目

本课程采用的教材是清华大学出版社的《Java Web编程技术实用教程》，该教材包含了大纲所需要的教学知识点。为培养学生的自学能力和扩展学生的知识面，笔者在课堂教学外，还列出与课程相关的参考书，提供了补充材料（如视频、电子书、在线学习网站等），并定期或不定期对学生的学习效果进行抽查。

（二）教学计划的制定

笔者通过对教材和大纲的分析，制定了针对本门课程的理论课程教学计划。按照先总后分的原则，把学习任务一层一层地进行划分。具体教学计划见表1。教学任务的工作分解结构如图1所示。

表1　课程教学计划表

主题	知识点	学时
JSP技术概述	Web程序设计模式与运行原理 搭建JSP运行环境 集成开发环境简介	4
JSP语法基础	JSP页面的基本结构 JSP的脚本元素、动作元素、指令	2
JSP的内置对象	JSP内置对象概述 对象与内置对象 网站中计数器、登录	6
文件访问	输入/输出流概述 随机读写文件、文件操作案例	6
Servlet	Servlet概述、类的结构 用Servlet实现购物车	6
JDBC数据库技术	JDBC应用程序接口简介 利用JDBC访问数据库、数据库操作案例	6
基于Servlet的MVC模式	MVC模式介绍、控制器的重定向与转发 使用MVC模式设计项目	2
总计	16	32

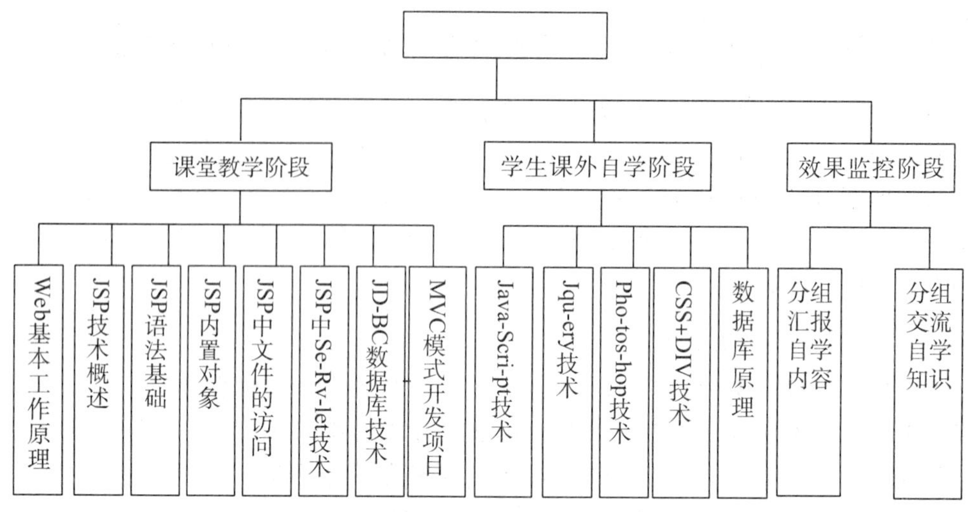

图 1　“Web 程序开发”教学工作分解结构图

（三）具体教学活动

按照前期的教学大纲、教学计划和教学进度表逐步严格执行教学活动：

1. 基础知识教学阶段

本阶段主要完成两方面的基础知识教学：（1）Web 程序设计模式与运行原理，搭建 JSP 运行环境，掌握 JSP 页面的运行原理及其集成开发环境。（2）JSP 页面元素、指令、脚本、动作标记的讲解；教学时间为 6 学时。结合已有的“权限管理系统”页面中涉及的元素讲解 JSP 页面元素，再通过发布该系统讲解 JSP 的运行环境和 Web 程序的运行原理。

2. 通过已有项目讲解课堂知识

掌握了基础知识后，根据“权限管理系统”各个功能模块的具体实现效果，结合课程大纲，讲解 JSP 的内置对象、文件访问、Servlet、JDBC 数据库技术、基于 Servlet 的 MVC 模式。意在让学生掌握项目中所用到技术的理论基础。

3. 分析项目中大纲以外需要自学的技术

根据已有系统的实现效果，分析一般项目中需要用到的技术，超过大纲部分，则安排学生自学，自学的途径有观看视频、阅读电子书籍、浏览在线网站等。自学内容包括 JavaScript 技术、JQuery 技术、CSS＋DIV 技术、Photoshop 技术及数据库原理技术。自学过程中，为了提高学习的主动性和积极性，可以对学生进行分组，每组 4～5 人，利用空余时间讨论和学习相关技术，并要求小组成员轮流讲解相关知识。这样，既学习了知识又锻炼了同学们的理解能力、表达能力、同学间的协作能力和沟通能力。此外，每 1～2 周利用空余时间，让每组派一名同学在全班汇报讲解所学的知识，并把成绩计入平时成绩。

4. 考核方式的改革

“Web 程序开发”的期末考核重点不在于理论知识的具体考试成绩，而在于平时所学理论基础技术在项目中融会贯通的运用能力，故不会在本课程中设置笔试考试，而只是将学生对理论知识的掌握作为平时成绩（30%）来计算。其中，平时成绩的15%是考核学生对课堂理论知识掌握的情况，另外15%则是学生通过自学所获得的平时成绩。

三、“新工科”培养模式下“Web程序开发”教学考核效果改革

在“新工科”模式下，对教学效果的检测不能单一化和固守传统，在“Web程序开发”课程中，其教学活动也是多元化的，涉及的面也较广，那么对学生的考核模式和监控方式也应进一步进行改革。

（一）教学活动的监控机制

规范的教学计划和进度表，为教学活动提供了基础保障和依据，同时也增加了教学活动的透明度，可以有效地纠正教学活动中出现的偏差[4]。可以更准确地评判理论知识的讲解是否到位，扩充知识是否合理，自学技术是否完成，考核方式是否有效等。

（二）教学效果评审

对教学效果的评审，体现在各个教学阶段。当每个教学阶段结束时，教师将统一组织对本教学活动的评审。可进行多次教学评价，一般设置为4次，最少3次。评价的最佳时间是上课2周后、中期、课程结束前2周，以及课程完全结束时。评审的方式多样，可以采取个别抽问法、分组讨论法、问卷调查法、匿名建议法等。个别抽问的方式是在全班同学到场的情况下，结合所学知识现场提问；分组讨论法则是按照已有分组，由组长组织，学生就本阶段所学的知识展开讨论，把课程学习中的优缺点记录下来，交给教师；问卷调查法则是用网络中流行的“问卷星”设置对应的问卷题目，让学生对本阶段的课程教学活动进行评价；匿名建议法则是提供公共邮箱地址，让学生把意见和建议用匿名的方式直接反馈给教师，从而监督教学活动的效果。这几种方式的综合应用，能帮助我们有效获得对本门课程的每个阶段教学效果的评审。

四、结语

通过对“Web程序开发”课程理论教学改革的尝试，在已有教学项目的基础上有针对性地讲解理论知识，不仅能让学生有效地掌握课程本身的知识，而且也能让同学们主动地学习教学大纲中或课程体系中没有涉及的理论知识。这样既锻炼了学生的专业能力，也培养了学生的自学能力、团结协作能力、分析问题及解决问题的能力。通过有效的课程评价机制，更好地对教学活动和教学效果进行评审，教师能在极短极快的时间里得到教学效果的评价和反馈，促使教师经常自查，进而让教师的教学活动更为规范。师生信息畅通，形成了良性的教学循环，全面提高教学质量和效果，为理论知识在实践中的应用奠定了坚实的基础。

【参考文献】

[1] 夏苑，周彦晖.中外合作办学模式下“Web开发概述”课程实验教学改革与实践［J］.西南师范大学学报（自然科学版），2017（1）：148－152.

[2] 杨单，耿迪.面向能力培养的“网页设计与制作”课程教学改革探索［J］.武汉科技学院学报，

2008，21（4）：52－54.

［3］肖隽.范式转换启示下的网页设计与制作课程教学探索［J］.中国教育技术装备，2009（18）：44－45，51.

［4］覃征.软件项目管理［M］.第4版.北京：清华大学出版社，2009：26－32.

基于项目驱动的“移动开发高级应用”课程教学研究*

成淑萍　唐青松　王光琼**

【摘　要】　本文分析了移动应用开发课程的背景，研究目前移动应用开发课程的教学模式及教学内容，并结合当前市场对相关人才的需求，改变传统 Android 的应用开发的知识组合方式，采用项目驱动式的方式对教学内容进行整合，以不断提高学生的实践能力和自主学习能力。

【关键词】　项目驱动；移动应用；教学设计；Android

一、引言

随着移动互联的网络技术和硬件的飞速发展，智能手机已经成为人们生活、学习、工作、娱乐不可缺少的一部分，移动应用开发也已经成为热门职业。市声调研机构发布的 2017 年第一季度的智能手机追踪报告中显示，Android 系统占有 86%的市场份额，Android 平台下的应用程序开发更是热门。[1]为了追随该热点，各大高校相继开设了移动应用开发的相关课程。但该类课程属于综合型开发课程[2]，对学生的基础知识要求较高，比其他的软件开发课程的难度要大些，而常见教材的知识结构体系较庞大，教师的教学模式多延用以往的课程。因此我们在分析当前课程的内容和性质的基础上，采用项目驱动模式，对“移动开发高级应用”进行新的教学设计。

二、相关工作

项目驱动教学模式（PBT）是一种建立在建构主义教学理论基础上的教学法，是在 CDIO（构思、设计、实现、运行）理念下倡导的教学模式。[3]与传统教学模式相比，

* 基金项目：四川文理学院 2017—2019 年校级教育教学研究与改革项目“地方应用型本科高校基于 OBE 的 Java 程序设计教学改革研究——以四川文理学院为例”（项目编号：2017JY23）。

** 成淑萍，女，讲师，研究方向：网络安全，计算机教育。
唐青松，男，副教授，研究方向：网络数据库、软件技术及理论。
王光琼，女，副教授，研究方向：计算机科学。

PBT 以学生为中心，将学生的学习活动与实际的工程项目相结合，在完成完整项目的过程中，逐步深入，全面开展教学。它可以充分发挥学生的主观能动性，学生可以在完成项目的过程中寻找成就感，从而提高学习的兴趣。

大量的教学工作者在移动应用开发类课程的教学方面进行了深入的研究，其中大多数的研究都和课程建设相关。廖龙龙等人从课程教学目标、课程教学内容、课程实施策略等方面对“移动应用开发”课程建设进行了研究[4]；倪红军等人从课程教师团队建设、教学内容的组织、教学过程实施和教学评价方式的改革四个方面阐述了翻转课堂教学模式下 Android 应用开发课程建设的思路；钟石根等人通过探讨高校软件开发相关专业构建 Android 软件开发工程师课程体体系，阐述如何经过半年的实训，快速培养有一定项目开发经验的工程师[5]。学界关于项目驱动教学模式在移动应用开发类课程方面也有不少的研究，徐完平在“Android 手机开发”课程的教学实践中采用项目驱动，分层渐进[6]；陶晓霞等人将项目驱动的教学模式应用到 Android 课程教学中，对构建新型教学模式、提高课堂教学效果、培养应用型人才有着积极的指导意义[7]；吴万琴等人采用基础知识项目驱动式教学模式外加集中实训的教学方法，充分体现了“主导—主体”相结合的教学思想，培养学生的探索和创新能力，提高了学生的学习效率[8]。

上述研究多是采用项目驱动的方式来讲授 Android 平台下的移动应用开发的基础知识，这就很难找到一个能覆盖所有知识点的具有实际意义的项目，已有项目在完成过程中也仅仅是对当前知识点的应用，而没有根据当前知识点提出可扩展的知识供学生自主学习。因此我们将移动应用开发类课程分为“移动应用开发基础”和“移动开发高级应用”两门课程，在“移动应用开发基础”中采用传统的教学方式，待学生有一定基础之后，在“移动开发高级应用”课程中采用项目驱动的教学模式。

三、基于项目驱动式的移动应用开发课程的教学设计

（一）知识储备

在开展“移动应用开发基础”课程之前，学生需要掌握 Android 应用开发的开发环境、测试环境的搭建、UI 设计（布局和基本控件）的使用、四大组件（activity、service、content provider、broadcast receiver）的使用、四大组件的信息交互（Intent）等 Android 开发的基础知识。

（二）教学设计

“移动开发高级应用”课程的总学时为 64 学时，其中基于项目驱动的教学为 40 个学时，另外 24 个学时用于学生完成期末考核项目和答辩等。基于项目驱动式的“移动开发高级应用课程”的教学设计的框架见表 1。

笔者将该课程的知识点分为课堂教学知识点和扩展知识点，把所有的知识点分解到 5 个独立完整的项目中，在课堂教学中完成从项目的需求分析、功能设计、功能实现到最后的测试，并在功能实现中引入主要知识点的讲解及应用。完成一个项目后对其进行总结，引入可扩展知识点的学习方式，鼓励学生进行自主学习，并完成相应的课后练习作业。

表 1　基于项目驱动的移动应用课程教学设计概况表

编号	项目名称	学时安排	主要知识点	可扩展知识点
1	手机通信录	8 学时（理论 3 学时，实践 5 学时）	SQLite 数据库、Content Priverder、文件存储	
2	聊天室	8 学时（理论 2 学时，实践 6 学时）	基本数据通信（Socket）、Android 多线程	
3	天气预报	8 学时（理论 2 学时，实践 6 学时）	基本数据通信（Http）、xml 数据解析、JSon 数据解析	与 Web 服务器进行数据交互
4	地图应用	8 学时（理论 3 学时，实践 5 学时）	百度地图的 App 开发	其他第三方平台的应用开发，如语音（讯飞语音、搜狗语音）等
5	仿微信“摇一摇”	8 学时（理论 4 学时，实践 4 学时）	Android 平台中多媒体（图片、动画和声音）的应用、传感器（加速度）的使用	视频、相机的使用，光传感器、方向传感器等其他传感器的使用

（三）考核方式

该课程的期末考核方式为考查，考查内容为完成一个 Android 应用程序的项目开发。其具体要求如下：

①1~2 人一组，确定项目并阐述其实际意义；

②完成的项目至少包含 3 个功能模块；

③项目的 UI 设计要求合理、美观；

④项目中必须使用数据库和网络的相关技术。

课程的总成绩由考核成绩（占 70%）和平时成绩（占 30%）组成。考核成绩由项目文档、功能实现和答辩组成，项目文档占考核成绩的 10%，功能实现占考核成绩的 70%，答辩占考核成绩的 20%。其中的功能实现从功能设计、功能完成度、UI 设计三部分进行给分。

（四）教学实践情况

在 2014 级和 2015 级的计算机科学与技术专业的“Android 高级应用”和“移动开发高级应用”两门课程中采用了该教学设计，从学生平时学习情况和考核情况可以看到其教学效果十分明显，其中 70%的学生能独立完成完整的 Android 应用程序的设计和实现，学习兴趣浓厚，自主学习能力得到了很大的提高，在考核答辩的项目中有超过 50%的同学使用了可扩展知识点，完成了较为新颖的设计。

但其中也反映出一些问题，例如，一些基础较差的学生会因为知识储备的不足而跟不上教学进度，也难以独立完成 Android 应用程序的独立开发；部分学生还存在自主学习能力较差的现象，只能使用课堂中讲授过的知识点，对扩展知识的学习和应用情况较差，只能做依葫芦画瓢的功能设计。

三、结束语

本文从课程的知识储备、教学设计、考核方式及已取得的实践情况等多方面对“移动开发高级应用”项目驱动模式教学进行了探讨，以学为主，以教为辅，教师引导，以学生为中心，强调学习方式和学习手段的重要性，增强了学生的学习兴趣，提高了学生的自主学习能力，为学生从事移动应用开发打下坚实的基础，有助于培养具有项目开发经验的工程师。

【参考文献】

[1] 孙志强. Android开发现状及职业发展［J］. 电脑迷，2017（06）：88－89.

[2] 周兵，曹大有. “Android应用开发”课程的建设探讨与实践［J］. 现代计算机（专业版），2013（24）：36－39.

[3] 徐雅斌，周维真，施运梅，等. 项目驱动教学模式的研究与实践［J］. 辽宁工业大学学报（社会科学版），2011，13（03）：125－127，130.

[4] 廖龙龙，路红. “移动应用开发”课程建设研究［J］. 现代教育技术，2011，21（12）：58－61.

[5] 钟石根，张振军，张良杰. Android软件开发工程师实训课程体系建设［J］. 计算机教育，2016（05）：151－154.

[6] 徐完平. “Android手机开发”课程教学研究［J］. 电脑知识与技术，2015，11（30）：119－120.

[7] 陶晓霞，王立娟，蔡振之. 基于项目驱动的Android课程教学改革研究与实践［J］. 电脑知识与技术，2016，12（30）：146－147.

[8] 吴万琴，贺元香. “项目驱动+集中实训”教学模式在“Android软件开发”课程教学中的应用［J］. 兰州文理学院学报（自然科学版），2017，31（06）：113－116.

“新工科”模式下“Web程序开发”课程软件工程实践能力培养改革探究*

唐青松　贺建英　廖　婷②

【摘　要】　笔者针对现有计算机科学与技术专业（软件方向）的培养大纲和课程体系下“Web程序开发”课程的实践能力培养问题，结合“新工科”培养模式和SWEBOK V3的软件工程教育标准，把项目教学的思想引入实践教学中，并融入案例法、项目驱动法等教学方法，改革相应的考核模式和评审标准。从教学改革的实施效果来看，已经初步取得了成果，有效提高了学生的实践动手能力，从而提高了对软件工程能力的培养。

【关键词】　新工科；实践能力；Web程序设计；改革

2017年4月，教育部在天津大学召开工科优势高校新工科研讨会，并发布《新工科建设行动路线“天大行动”》。在这一前提下，我们不得不思考，如何在“新工科”模式下培养计算机专业学生的软件工程能力，应该具备什么样的职业素养才能符合“新工科”的培养目标。笔者根据《新工科建设行动路线“天大行动”》的思想，依据SWEBOK V3的软件工程教育标准[1]，结合我院计算机科学与技术专业（软件方向）的办学目标和课程体系结构的设置，按照培养“三心四能五复合”的原则，总结了以下几个学科的培养目标：[2]

（1）程序设计素养：让学生形成快速学习新程序语言的能力，养成良好的代码编写风格。

（2）工程问题认知的形成：为什么要了解工程需求？为什么要做设计？测试的重要性是什么？没有测试文档的不良后果是什么？不做版本管理可能有什么样的问题？

---

* 四川文理学院教育教学研究与改革项目“‘新工科’培养模式下‘Web程序开发’课程教学改革研究”（项目编号：2017JY28）；“地方应用型本科高校基于OBE的Java程序设计教学改革研究——以四川文理学院为例”（项目编号：2017JY23）；“四川省高校计算机基础研究会教育教学改革研究项目”（项目编号：2015－17）。

② 唐青松，男，副教授，研究方向：网络数据库、软件技术及理论。
贺建英，女，讲师，研究方向：软件技术、数据挖掘、概念格。
廖婷，女，讲师，研究方向：数字媒体技术、计算机图形图像处理。

等等。

（3）个人工程素养：让学生在实践中学会需求分析、设计评审、测试设计、文档撰写、版本管理，以及快速学习和应用工程技术的能力。

（4）工程协作能力：让学生在协作实践中学会工程协作，正确使用管理工具，形成概念抽象与表达、工程展示、项目评审的能力。

“Web 程序开发”是培养软件工程专业人才的一门重要实践核心课程，笔者在遵循培养人才的基本思路的前提下，思考如何通过实践教学改革来提高学生的项目设计开发能力，从而提高学生的软件工程能力，进而提高教学质量。

一、“新工科”模式下“Web 程序开发”实践能力分析

（一）“新工科”模式下“Web 程序开发”实践目标能力分析

“新工科”培养模式下，软件工程专业需要学生达到的目标能力分为个人能力和团队协作能力两个方面：

（1）个人能力：代码的风格能力，需求分析和设计评审能力，快速学习能力，测试设计能力，工程实现能力，版本管理能力。

（2）团队协作能力：概念抽象与有效表达能力，工程和项目管理展示，项目评审能力，团队协作能力，相关工具的使用能力。

（二）“新工科”模式下“Web 程序开发”实践课程的教学目标

“Web 程序开发”是计算机科学与技术专业（软件方向）的一门专业必修核心课程，上机实践课程的目的是提高学生分析问题、解决问题的能力和动手编写程序的能力，通过实践环节理解并掌握 JSP、Servlet、JavaBean、JDBC、MVC 等方面的知识。理解 Web 的三层架构运行的原理，了解一些主流组件技术，并能够开发满足特定需求的软件和软件模块组件。具体实践教学课程的教学目标见表 1。

表 1　“Web 程序开发”实践教学大纲

实验项目	学时	内容与要求	实验属性
J2EE 环境搭建与服务器配置	2	My Eclipse 开发环境与 Tomcat 服务器配置	验证
JSP 指令、动作及脚本	4	JSP 指令、动作及脚本代码编写	验证
JSP 内置对象的应用	8	JSP 内置对象操作，综合实现聊天室案例	验证
JavaBean 的创建和使用	4	能使用 JavaBean 进行编程	验证
Servlet、过滤器及监听器	4	掌握 Servlet、过滤器和监听器的使用方法	验证
能熟练对文件进行操作	4	掌握文件的上传下载，文件的读写操作	验证
JDBC 的相关操作	6	使用 JSP 通过 JDBC 访问数据库	验证
课程设计（单独计算时间）	4 周	运用 Web 技术开发 Web 项目	设计与开发
合计（不含课程设计）	32		

（三）传统“Web程序开发”实践教学中存在的问题

“Web程序开发”在计算机科学与技术专业（软件方向）的课程体系设置中，其前导课程有网页设计，包含Html、网页的基本制作方法、表格、图像、表单、框架技术、图层技术、CSS样式、JavaScript等。学生在前导课程的基础上学习Web技术，但以往的实践教学中常常反映出一些问题：[3-4]

（1）实践知识点分解在每个章节中，实践内容缺少连贯性；

（2）实践内容扩展不够；

（3）考试方式较为落后；

（4）实践内容的执行缺少监控；

（5）把学生当成一个整体，没有分组分团队完成项目实践。

二、“新工科”模式下“Web程序开发”实践教学改革探究

为提高学生的实践动手能力，加强学生软件工程能力的培养，笔者结合“新工科”培养模式，力图解决本课程在传统教学中存在的问题。笔者把零散的验证性实验运用在具体的项目中，从而使学生真正完成项目开发，加强其软件工程能力培养，提高学生的实践动手能力。

（一）制定实践能力培养计划

首先，笔者根据本门课程的实践教学大纲，对已有前导课程所学的专业技术进一步加以巩固，再针对本课程的实践部分知识加强练习。其次，笔者对本课程外的实践部分进行扩充，通过视频、电子书、在线学习网站等方式加强学生的学习力度，并定期或不定期对学生的学习效果进行抽查，督促学生加强实践动手能力。最后，笔者把整个项目开发所需要的实践内容分解到不同的阶段。实践操作学习阶段的分解结构如图1（a）-（f）所示。

（二）具体实践教学活动

笔者按照前期制定的实践大纲和教学安排，严格执行具体的实践教学活动：

1. 基础实践知识教学阶段

要求学生按照给出的“权限管理系统”对分散在每章的实践内容进行验证性练习，并清楚实践知识在项目中的具体使用，其技术含JSP页面元素、Response等内置对象、文件的上传下载、Servlet技术、Filter技术、JDBC技术及MVC设计模式。

2. 分析项目中大纲以外需要自学的技术

笔者根据“权限管理系统”的实现效果，分析一般项目中需要用到的技术，安排学生通过视频、电子书籍、在线网站自学JavaScript技术、JQuery技术、CSS+DIV技术、Photoshop技术及数据库技术。把学生按照4～5人的规模分为一组，让学生利用空余时间学习相关技术，并要求小组成员轮流讲解相关知识。这样学生既学习了知识又锻炼了理解能力、表达能力、同学间的协作能力和沟通能力。每隔1～2周利用空余时间，让每组派一名同学在全班汇报所学的知识，以节省学习技术的时间。

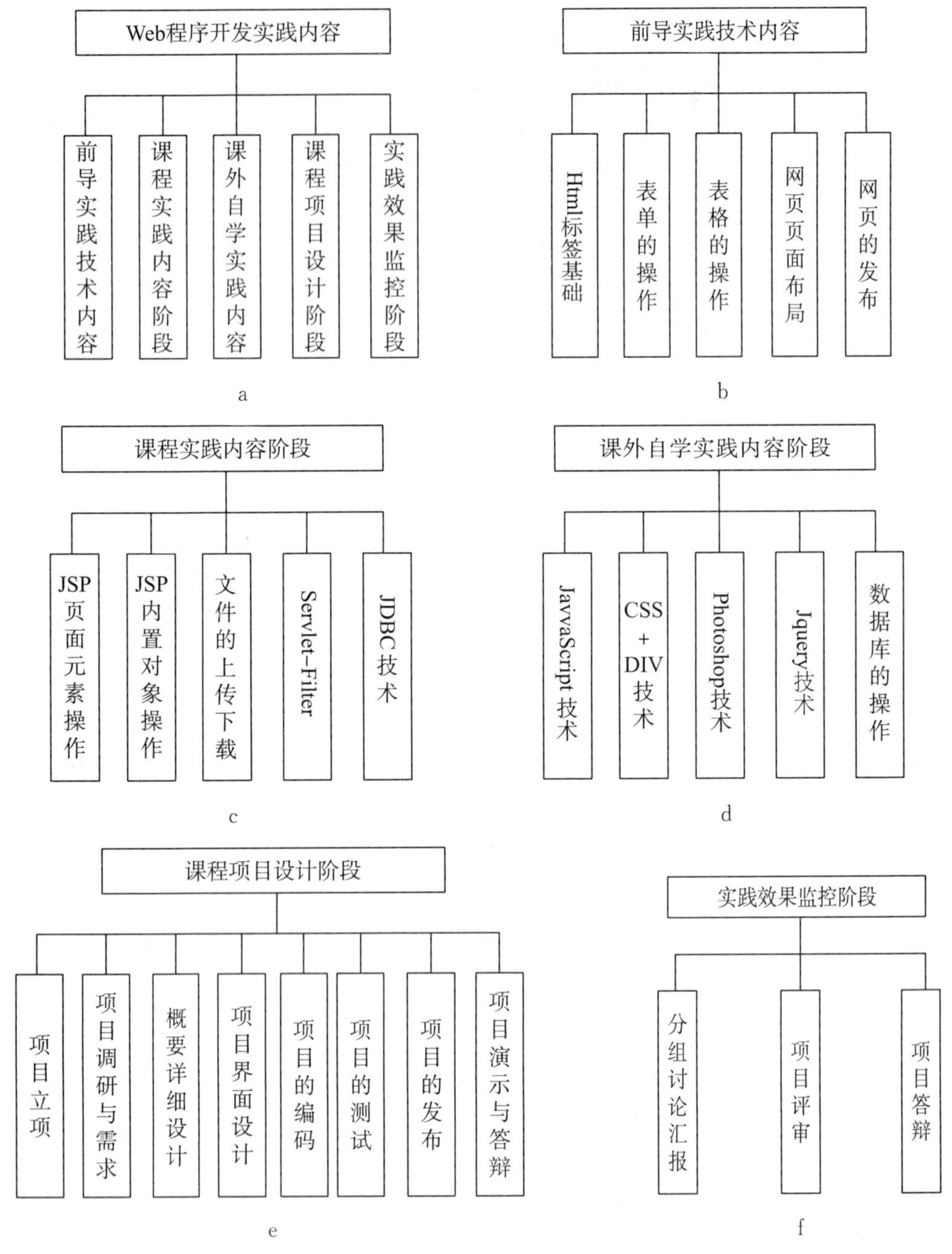

图 1(a)-(f)　“Web 程序开发”实践操作学习分解结构图

3. 课程项目设计阶段

由于课程项目的设计与实现所占用的时间不在教学课时内，故在实践课程教学的同时要布置课程项目设计的任务，此过程可分为以下几个阶段[5]：

（1）项目调研阶段。（两周时间）

（2）在线学习 Web 前端技术、个人开发流程及程序设计的代码风格。（两周时间）

（3）掌握实践的先修技术：数据库、版本管理与工程协作、Web 前端和后端内容、

工作流与项目管理。（四周时间）

（4）项目设计与实践（如图 2 所示）。

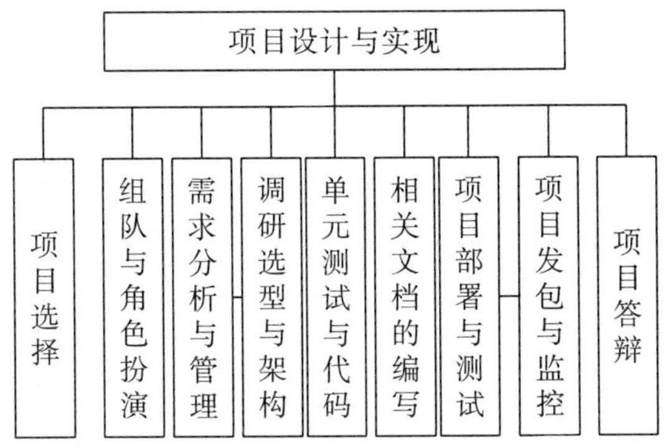

图 2　课程项目设计与实现过程图

由于“Web 程序开发”课程在大学二年级开设，而此阶段还没有开设“软件工程”专业课程，故笔者在教学中对需求文档的要求不是很严格。在做需求文档时，笔者引导学生主要通过下面三个方面获取与分析需求：

（1）通过统一讲解的方式，让学生了解需求的获取与理解，能熟练使用思维导图等。

（2）小组与小组间模拟客户预先进行用户研究，确保在有限的时间里找到足够多的切入点；再组织小组和模拟客户小组进行沟通；最后善于观察老师是如何引导小组成员提出问题的。

（3）通过用户故事梳理需求，并用思维导图进行需求关系梳理，编写需求文档。

4. 考核方式的改革

“Web 程序开发”的期末考核重点不在于理论知识，而在于平时所学理论基础技术在项目中融会贯通的应用能力。笔者通过实践教学设计并开发出 Web 程序，引导学生完成课程项目设计，其成绩占期末考核成绩的 70%。

三、“新工科”模式下“Web 程序开发”实践教学考核改革

在“新工科”模式下，对教学效果的检测不能过于单一和固守传统，在“Web 程序开发”课程中，实践教学活动丰富多彩，涉及的面也较广，因此在考核模式和监控方面也应进一步进行改革。

（一）实践考核机制的改革

实践教学对实践成果的考核主要是对课程项目设计的考核，项目设计与实现占期末考核成绩的 70%。对课程项目考核的评分标准见表 2。

表 2　课程项目评分标准

评分点	分数	考核方式	评分标准
项目立项	5	评审	项目是否具有实用性和新颖性，项目计划是否完整等
需求调研与分析	5	评审	需求内容的清晰程度、需求流程图
概要设计	暂不给分	评审	概要设计的完整性和技术含量
详细设计	暂不给分	走查	详细设计的完整度
界面设计	20	评审	项目界面的整体设计风格
开发模式（框架）	10	走查	项目开发所使用的开发模式和框架结构
编码	20	走查	编码的完成程度、编码遵循的风格和注释
测试	10	评审	小组间互相查找项目中 bug 的大小和数量
版本控制	暂不给分	走查	版本控制软件的使用情况和代码是否出现混乱
开发工具	10	走查	小组项目开发中对开发工具的熟练度
项目发布	10	评审	项目是否成功发布和运行情况
项目答辩	10	评审	答辩具体情况

课程项目完成后，学生应按照要求提供如下的存档材料：

（1）课程设计任务书一份（纸质版）；

（2）课程设计总结一份（纸质版）；

（3）课程设计答辩表一份（纸质版）；

（4）系统使用说明书（电子版）；

（5）需求分析一份（电子版）；

（6）系统源代码（电子版）；

（7）答辩 PPT 一份（电子版）。

（二）教学效果评审

教师对实践教学效果的评审，体现在每个实践教学阶段。当每个阶段结束时，教师将统一组织学生对该次教学活动进行评审。评审时，可进行多次教学评价，一般次数设置在 5 次，最少 3 次。最佳评审时间是上课 1 周后，对学生的前导实践知识进行评审，以了解学生的前导实践基础。中期可对“Web 程序开发”课程实践中的相关知识效果进行评审，同时也可对学生自学实践知识的情况进行评审。期末前 2～3 周可对学生的课程项目设计和实现程度进行评审。课程结束后可通过项目答辩和评审对学生的学习效果进行考核。经过评审，教师能及时得到学生反馈的信息，让学生和教师实现信息对称，以促使教师有效地调整教学计划，形成良好的教学循环。

四、结语

在“Web 程序开发”课程实践教学改革的尝试中，笔者在已有项目的基础上有针对性地讲解实践知识，并把软件工程实践能力的培养划分在不同的阶段，在不同的阶段锻炼学生对不同软件工程的实践能力。课程改革结合实践教学培养大纲，有效地培养了学生的专业基础能力、自学能力、团结协作能力、工程项目能力，并在不同的阶段进行教学效果监控，及时有效地为“教”和“学”提供有效的沟通桥梁，形成了良好的教学循环效果，为提高学生的工程实践能力提供了保障。

【参考文献】

[1] 沈备军. 解读软件工程知识体系 SWEBOK V3［J］. 计算机教育，2014（07）：1－2.

[2] 夏苑，周彦晖. 中外合作办学模式下“Web 开发概述”课程实验教学改革与实践［J］. 西南师范大学学报（自然科学版），2017（1）：148－152.

[3] 杨单，耿迪. 面向能力培养的“网页设计与制作”课程教学改革探索［J］. 武汉科技学院学报，2008，21（4）：52－54.

[4] 肖隽. 范式转换启示下的网页设计与制作课程教学探索［J］. 中国教育技术装备，2009（18）：44－45，51.

[5] 覃征. 软件项目管理［M］. 第 4 版. 北京：清华大学出版社，2009：26－32.

慕课教学实践与反思
——以网络信息安全课程为例*

廖小平**

【摘　要】　近几年来，以“慕课”为代表的在线开放课程发展迅速，为高等教育教学模式带来新的思考。本文结合网络信息安全课程“慕课”的设计、建设与应用情况，探讨基于慕课教学模式的改革研究，以发现适合我校学情的教学模式。

【关键词】　慕课；教学模式；角色

一、背景

慕课（MOOCs），即大规模开放网络课程（Massively Open Online Courses），是一种在线课程开发模式，也是一种新的教学模式，备受国内外教育界的关注。随着宽带网络、智能手机和移动技术的迅速普及，慕课的受众范围越来越广泛，许多来自不同地区的学生以及已经参加工作的学习者通过慕课等在线资源获得了更多、更好的教育[1]。

慕课自 2008 年提出以来，在全世界范围内受到了广泛的关注，触发了全球范围内关于慕课这种新的教学模式的讨论与实践。2012 年如 Udacity、Coursera 和 edX 等著名项目都纷纷上马，组织并吸引了全球范围内包括斯坦福大学、哈佛大学等世界顶尖学府的众多教育资源，力求通过教育模式的改变，将人类的智慧进行最广泛的传播。

慕课在中国同样受到了广泛关注，2013 年 3 月，北京大学启动网络开放课程项目，同年 5 月 edX 新增了北京大学、清华大学、香港大学、香港科技大学的在线课程项目，同年 7 月，复旦大学和上海交通大学申请加入了 Coursera，两个月后，北京大学也加入了 Coursera。到目前为止，“中国大学 MOOC”平台已经吸引了国内 88 所高校，开设了 211 门课程，满足了 35318 名学生的学习。焦建利撰文称慕课对高等教育的信息化、国际化、民主化都将产生重要而深远的影响。李志民在接受《中国教育网络》采访时称，慕课的出现真正体现了高等教育的国际化。慕课的发展为高等教育机构带来很大的

* 基金项目：四川文理学院教育教学研究与改革项目资助（项目编号：2017JY26）。

** 廖小平，男，讲师，专业方向：网络信息安全技术。

冲击，慕课的兴起必将引发教育变革[2]。“慕课”作为一种新的教学模式，已经在全球范围引起了广泛的关注、研究与体验。

在我校，广大师生也对“慕课”这种新的教学模式，产生了浓厚的兴趣。一方面，学生渴望国内外知名学府著名教授讲授的知识。另一方面，教师也想从知名教授“慕课”中，进一步梳理自己的授课内容，通过在“慕课”中的广泛讨论，发现教学过程中存在的难点问题，从而不断对自己的授课内容进行修改，进而达到最好的授课效果，以帮助同学们掌握相关课程知识并熟练应用。

基于“慕课”这种教学模式的广泛发展，笔者结合我校师生对其的广泛需求，以智能制造学院“网络信息安全技术”课程为实践，进行了最广泛的基于“慕课”教学模式的改革研究，以发现适合我校学情的新的教学模式。

二、内容

在研究过程中，笔者通过教学调研和讨论发现，在课程授课过程中，由于信息安全课程理论性和实践性都较强，同学们在学习过程中会有不同的体验和需求。此外，信息安全领域问题发展变化非常快，每年都会有新的热点问题出现。通过与同学们的实际交流，笔者发现同学们对于信息安全领域研究的问题有着广泛的学习兴趣。所以，根据各人所长，结合同学们的专业兴趣，对本课程进行了新的梳理，并从教学资源获取方法的改革，课堂教师角色转换以及课程测试考核方案改革这三个角度，在结合“慕课”教学模式下进行了具体的研究与分析[3]。

（一）教学资源获取方法改革

当前全球范围内，“慕课”形式的教育如火如荼地展开，无论是大家对于人类智慧最广泛的共享，还是每一个普通人关于学习内容自我体会的无私分享，都已经以“慕课”或者其他灵活的展现形式存在于网络中。对于教师而言，教学资源的获取不再只是教材、教参以及可接触到的老教师的经验了。当前，教学资源是非常多而广泛的。这就为广大教师获取前沿的、正确的、广泛的、甚至是有趣的，即适合学生的教学资源提出了挑战。笔者通过研究实践发现，关于教学资源的获取改革有以下两个重要内容：

1. 教学资源类型结构组合要合理

通过广泛的收集，笔者发现当前可用于课程教学的教学资源不论从数量上还是种类上都非常多。任课教师通过各自的努力，一方面构建自己的原创教学资源，另一方面从网络等其他方面获取有效的教学内容。当前可获取的主要教学资源类型有教材、科研论文、音频、视频等。任课教师完成多种类型教学资源的梳理，总结出丰富的经验。首先，笔者在教学资源的重新梳理过程中发现，经典教材中对于学科基本知识点的内容会有最完善最系统的表述，因而教材的选取尤为重要。在教学过程中，教师对教材内容的讲解需要系统细致，为学生在学科学习中打下扎实的基础。所以，教材无论从老师教的方面还是学生学的方面，都要予以重视。更进一步，如果只是一味地在课堂上讲授教材知识，会让同学们产生审美疲劳，因此教师对教材的讲解也要有轻有重、张弛有度。而学生所获得的知识，既有老师讲授的部分，又有其自学的部分。而“慕课”这种教学模式对于同学们的自学过程是非常有帮助的。同学们可以先应用教师给的“慕课”资源进行自学。其次，教学资源形式多种多样，多媒体的教学展示形式，能够很好地帮助同学们进行知识的理解和掌握。当前关于教学内容的视频展示，是一个帮助同学们很好地理解知识的方法。教师需要根据不同知识点，寻找合适的视频资源，如 DES、AES 加密算法等以视频的方式予以展示，更便于同学们的理解。此外，还有一些难点内容，即同学们在课堂上有可能无法理解透彻的内容，教师们可以制作相关视频，方便同学们课下反复观看，加深理解，如 RSA 算法等。再次，前沿研究论文的共享和小项目的实践都可以帮助同学们深刻理解教学内容。信息安全技术课程作为一个本科高年级的课程，具有其一定的前沿性和综合性。学生应该也必须了解本领域的前沿知识，这就需要阅读一些相关的科研论文。教师完成前沿科技论文的收集，并且需要不断更新，以保证论文的新鲜度。此外，教师还可以为同学们布置小型综合性的项目，这样不仅能够检验同学们对知识的掌握水平，而且可以大大提高同学们的专业认可度和学习积极性。

2. 教学资源的来源要权威

当前网络众多的教学资源中，不乏与“信息安全”领域相关的教学内容。那么如何从众多教学内容中判断其科学性和有效性呢？这一方面需要靠老师通过自己的专业素养来评判，另一方面也可以根据教学资源来源的权威性和有效性来判断。“慕课”这种新的教学模式的产生，不仅为大家带来广泛的教学资源，而且还帮助大家对这些教学资源进行了权威性的认定。教师可以根据“慕课”选课人数、授课教师、学校来源、学员评价等对相关“慕课”资源的权威性和有效性进行判别的。优先选取该领域专家的课程资源，然后选取评价较高的课程资源，而这些课程往往都是众多网友选取学习的热门资源。同时，在选取的过程中要根据学生的学习现状进行修改或增删。

（二）利于“慕课”展开教学的过程中任课教师要充当多种角色

把“慕课”学习内容引入到正常的教学安排中，教师的角色就和以往在课堂授课中的角色不一样了。引入“慕课”的课程中，既有授课视频，又有相关的课堂课后题目，在这种新的教学模式下，授课教师的授课模式不再是以往单一的课堂讲授，而是有多种灵活的授课模式，这时教师就会扮演不同的角色。在项目研究过程中，项目组教师主要尝试了三种不同的角色：访谈者，讲授者和情景体验者。

1. 访谈者

教师作为访谈发起者和被访谈对象分别进行课堂内容的安排。当教师作为访谈发起者时，以教学重要知识点为访谈内容，向同学们发问，一步一步引导同学们对当前知识点的理解与学习，这种方法主要是为了激发同学们积极思考，而通过冥思苦想得来的结论印象往往会更加深刻。同时，同学们在思考过程中又会发现新的问题，并会对自己发现的问题刨根问底，这就大大加强了同学们对相关知识理解的深度和广度。而当教师作为被访谈对象出现在课堂上的时候，同学们向老师发问，一方面教师可以将自己的专业知识回馈给同学，另一方面，同学们五花八门的问题，老师们甚至有时候都难以招架，但这种情况往往是课堂氛围最为活跃、大家积极性最高的时候，同学们在发问的时候思维发散到极致，自主地对相关知识进行了广度上的扩展，并主动提高了自己的学习积极性，效果非常好。

2. 讲授者

教师作为讲授者出现在课堂上，这与以往的授课形象有所不同。传统的授课过程中教师主要是完成教案内容的讲解，当引入“慕课”这种教学模式后，教师可以在结合已有“慕课”资源的情境下完成知识的讲授。这有点儿类似讲座的形式，但不是一个人的讲座，而是多个人或者是多个领域的大家和授课教师的共同讲座。这种模式，大大扩展了知识点讲授的深度和广度，同时也增强了讲授内容和过程的权威性。教师在为同学们讲授知识的同时，又让同学们领略了不同大家的风范。

3. 情景体验者

在同学们应用“慕课”资源完成相关知识的学习后，教师可以布置一些专题内容给同学们，由同学们自行设计并实现，教师以情景体验者身份进行检验。在体验的过程中，教师向同学们发问，由同学们解答，这一方面加深了同学对知识点的理解，另一方面，又能够帮助同学们站在应用的角度上理解设计过程。这种情景带入模式，不仅可以帮助学生深入理解相关知识点的内容，而且最重要的是可以帮助同学们站在应用者和客户的角度上考虑设计内容。这种模式的难点在于，不是所有的授课知识点都适用这种方式，要具有较多交互式设计的知识点才能进行这种授课模式。

（三）“慕课”学习过程中测试和考核内容的改革

当把“慕课”教学内容融入一般教学过程中时，项目组教师研讨得出应将“慕课”学习过程中的测试和考核内容纳入正常的教学考核体系中来。当前现有的课程考核方法是：课程成绩=平时成绩×30％+期末成绩×70％，也就是每一门课程的期末综合成绩是由平时成绩和期末成绩综合而成的。当加入“慕课”这种新的形式和资源后，教学方式有所改变，所以最终的课程考核方法也应该有所改革。可以采取的方法是，“慕课”教学过程中产生的测试成绩，结合“慕课”教学过程中学生设计项目产生的成绩、授课过程中学生的课堂表现，这些都应该纳入对学生的最终考核。那么教师对学生的考核方式不再是一个简单的公式，而应以下表的考核表方式予以考核。

课程综合考核成绩表

序号	考核方面	考核具体内容	得分占比
1	课堂表现	课堂参与度，提问、回答问题的情况	20％
2	基本知识点的掌握	平时知识点测试成绩	20％
3	知识拓展	专题内容讨论情况，专题内容总结成绩	20％
4	期末成绩	期末试卷或期末论文成绩	40％

可以看出，由于加入了“慕课”这种新的教学模式和内容，现有的教学内容更加丰富，教学方法更为灵活，同学们的学习积极性更为活跃，所以考核的内容就要更为全面，这样才能给同学们一个综合的、科学的、有效的成绩。

三、思考

笔者通过深入的研究，为“慕课”这种新的教学模式在我校的成功应用与推广提供了宝贵的思路和经验。笔者从“慕课”资源的获取方法方面，教师结合“慕课”教学新模式下角色转变方面，以及改进考核方法等方面总结经验。

首先，不论是从数量上还是从形式上，教师要广泛获取最多的教学资源，而且还要根据不同知识点的内容进行不同形式资源的合理组合，使得相关知识点的展示更加丰富多彩，能够最广泛地调动同学们学习的积极性。第二，注重教学资源的权威性，重点考虑名家大家的“慕课”资源以及评价度高的“慕课”资源。第三，根据不同知识内容，选择不同的授课模式，也就是教师在课堂中选择不同的角色灵活授课，充分调动同学们对知识进行更广泛、更深刻的思考。第四，把引入“慕课”教学的内容纳入到最终课程的考核体系中来，以达到对同学们最为全面的考核。

【参考文献】

[1] 陈江.慕课的建设与实施策略［J］.北京广播电视大学学报，2014（1）：33－42.
[2] 邬大光，别敦荣，贺祖斌.2013 年高等教育改革重要课题回顾与展望［J］.高校教育管理，2014（2）：156－159.
[3] 陈钒.慕课理念影响下的教学模式改革的研究与实践［D］.天津：天津财经大学，2016：3－6.

增强现实技术在数字媒体专业教学中的价值探究*

王海燕**

【摘　要】 Augmented Reality 增强现实技术作为近年来发展的新兴技术，备受人们的广泛关注。Augmented Reality，在数字媒体方面的应用无处不在。基于此，本文通过对数字媒体未来发展趋势的探讨，分别针对数字游戏设计、数字动漫以及数字交互设计等方向，阐述 Augmented Reality 增强现实技术在数字媒体技术专业教学中的作用，旨在探究 Augmented Reality 教学模式，积极搭建实践教学平台，激励学生不断创新，勇于拓展新视野。

【关键词】 Augmented Reality；数字媒体；游戏设计

一、数字媒体技术发展趋势

数字媒体技术包含场景设计、角色设计、游戏程序设计、多媒体后期处理、人机交互技术，是主要针对游戏开发、动漫和交互创意设计类人才的培养。数字媒体技术属于一种综合性的学科，它囊括自然、社会、人文科学等相关知识，从字面上来看，该艺术既包括数字技术，又包括媒体技术，应用的范围较广。数字媒体艺术具有较强的艺术素养与科学素养，从事数字媒体艺术的工作人员，不仅需要掌握先进的数字技术，还要具备一定的艺术感知能力，属于一种复合型设计人才。

“文化为体，科技为酶”是数字媒体的精髓[1]。由于数字媒体产业的发展在某种程度上体现了一个国家在信息服务、传统产业升级换代及前沿信息技术研究和集成创新方面的实力和产业水平，因此越来越多的发达国家都开始把大力推进数字媒体行业的发展作为国家经济发展的重要战略。在我国，数字媒体行业的发展同样也得到了各级领导部门的高度关注和支持，并成为目前市场投资和开发的热点方向。国家 863 计划率先支持了网络游戏引擎、协同式动画制作、三维运动捕捉、人机交互等关键技术研发以及动漫网游公共服务平台的建设，并分别在北京、上海、湖南长沙和四川成都建设了四个国家

* 基金项目：数字媒体技术专业转型发展中人才培养模式的研究与实践（项目编号：2017JY22）。

** 王海燕（1982—），女，讲师，研究方向：模式识别，图形图像处理。

级数字媒体技术产业化基地，对数字媒体产业积聚效应的形成和数字媒体技术的发展起到了重要的示范和引领作用。

近年来，我国已经全面进入了数字化信息时代，在这种形势下，增强现实技术应用而生。增强现实技术的应用，使数字媒体艺术迈上了一个新台阶，为人们提供个性化、人性化的服务内容，为人们的日常生活提供充满乐趣与个性化的服务。

二、游戏与增强现实技术

增强现实技术的出现，给数字媒体技术提供了新的发展空间和学习方向。增强现实技术，是将真实世界信息和虚拟世界信息“无缝”连接，将原本在现实世界的一定时间空间范围内很难体验到视觉、听觉、味觉、触觉等，通过计算机、传感器、摄像机等，模拟仿真叠加应用到真实世界，被人类感官所感知。它包含了多媒体、三维建模、实时视频显示及控制、多传感器融合、实时跟踪及注册、场景融合等新技术与新手段。增强现实技术具有真实世界和虚拟世界的信息集成功能和实时交互性，可在三维空间中增添定位虚拟物体。

数字媒体中的传统游戏开发正逐渐向沉浸式游戏过度。沉浸式游戏将是未来网络游戏的发展核心。网络游戏引擎将通过摄像头实时获取玩家脸部信息，这样玩家在游戏中扮演的是具有自己脸部表情的游戏角色，使游戏玩家获得更加强烈的角色沉浸感。而体感游戏作为已经有产品开发出来的基于增强现实技术的游戏技术更是引领着众多的游戏制作公司的发展步伐。例如：由 Google 制作 Ingress 是一款增强现实游戏。游戏 Ingress 采用的是现实的世界地图，而不是虚拟地图，Ingress 所用 Portal（据点）就是现实中的标志性建筑体，例如牌坊、石狮子、假山、雕塑等。这些 Portal 都是玩家手动上传到 Ingress 服务器搭建而成的，譬如玩家发送的十三封邮件，都是申请建 Portal 的，其游戏空间都是虚拟的，例如植物大战僵尸、萝卜大战等，玩家在屏幕上指定据点并轻轻一点，就能在地图上建立一座塔，这座塔可以帮助你消灭汹涌过来的怪物。它类似于普通塔防游戏，但又与普通塔防游戏不同，普通塔防游戏中玩家处在上帝视觉，可全面俯瞰和控制游戏，而在 Ingress 世界中，玩家处在第一视觉，必须亲自走到现实中 Portal 的位置附近才能通过手机进行攻击、修建和升级。玩家平时随时可见的石像、假山、涂鸦、雕塑等在现实世界中只是起到了装饰的作用，而在 Ingress 的世界中，它们被赋予了另一种价值，起到一种连接作用。它通过网络将玩家、现实和虚拟世界结合在一起，让被漠视的周边环境变得鲜活，让玩家发现现实的有趣，让一个人的行走变成千里走单骑，让在熙攘街市中的穿行变成在千军万马中战斗。

相较传统的游戏方式，增强现实游戏的最大特点是充分的沉浸式体验和强大的交互功能。正如 Ingress 这款游戏的作用不仅仅在于游戏，而在于它为玩游戏的人提供了另一种看待现实景观的视角，恰如 Ingress 的游戏口号那样，“世界并非如你所见”。游戏可调动玩家的深层次思考：同一件物体在不同人的眼中会拥有不同的特性。一座雕塑，在普通人眼中可能是石料，在艺术家眼中可能是艺术品，在 Ingress 中就是据点。这种物体给予人启示，得到灵感，并产生创造的过程，有一个专门的名词来形容——affordance（可供性）。学习可供性就是去探究人与物体交互发生各种变化的可能。不仅如此，增强现实游戏的交互性能使玩家与游戏程序进行复杂的交互甚至沟通。随着软硬件技术的不断发展，人们可以通过游戏达到锻炼身体的目的，达到沟通交流的目的，达到比传统方式更深层次的游戏体验。增强现实游戏领域的未来，毋庸置疑！

三、数字媒体与增强现实技术

数字媒体应用的深入，也将大大增加数字特效应用的需求，使得动画和视频交互处理的应用日益普及。这两方面的发展，将大大促进媒体融合的增强现实技术的发展。将来的电影将以数字电影为主，数字电影将实拍和电脑制作相结合，后期处理采用数字中间片技术，即实时视频融合技术，也就是我们所说的沉浸式电影。沉浸式电影将观众身体的某个部位实时合成到某主角对应的身体部位，进而产生沉浸式的感觉，电影观众以“参与模式”就可以观看到自己主演的电影。

举个例子：某个周末，A 小姐去电影院观看电影。A 小姐走到放映厅门口，一边将电影票交给工作人员，一边走过红外线人体扫描仪。工作人员同时将票根上的编号和座位号码，以及人体扫描资料输入到放映设备中。此时电影院正在播放《X 战警》。观众 A 小姐坐到自己的位置上，在座位手把操控设备上点击“参与模式”，A 小姐的五官被实时地贴到她所喜欢的风暴女脸上。A 小姐就可以在自己的座位上欣赏自己担任主角的电影了。当电影结束时，A 小姐还深深地沉浸在电影的高潮跌宕的剧情中。A 小姐看完电影回到家里，打开电视，拿出电影票的票根，输入电影票的编号，便可以下载由自己主演的电影《X 战警》。于是 A 小姐将这部由自己主演的电影上传到了电视博客上，供朋友在线观看。

四、融合增强现实技术的数字媒体课程优化

教学中培养学生的专业技能，提高学生的职业素养是教学的重点，教学的目标是培养出满足社会需要的具有独立分析问题和解决问题的综合素质人才。如何才能培养出满足社会需要的人才呢？那么一定要让学生具有创新能力，紧跟学科发展前沿。

打个比方，我们专业的学生在大二就开设了虚拟现实技术和图形图像处理的课程，由于增强现实是虚拟现实技术的延伸，增强现实环境中的学习注重虚拟与现实的结合，通过在现实环境之中设置虚拟信息，让学习者使用计算机或移动设备在虚实融合环境中与学习内容互动。学生对虚拟现实和图像处理技术具有有了一定的了解，那么在大三开设游戏开发类课程时，再引入增强现实技术的概念和原理，学生就不觉得生涩难懂。

在学生对游戏脚本编程具有一定基础时，引入增强现实类游戏的介绍，并对 VR/AR/MR 加以区别，在游戏项目中加进增强现实技术的游戏模块，激发学生的兴趣从而拓展他们的视野，强化学生的自主学习能力。增强现实技术还是一门未能成熟发展的新兴技术。就像 30 年前计算机和互联网技术一般。因此，基于动态视频合成与交互的增强现实研究已经成为计算机视觉和计算机图形学等相关领域迫切需要进行的研究课题，也是数字媒体技术未来发展的趋势所在。

不仅在教学中引入 Augmented Reality 增强现实技术，我们还激励学生在参加各类比赛中添加增强现实技术，结合学院购买的实验设备开发项目。通过项目驱动，充分发

挥学生的创新性和能动性，教师再加以引导，同时让学生在备赛时以团队为单位，充分自由地表达自己的观点和想法，通过协同合作解决问题，达到共同进步的目的，同时也培养良好的沟通和团队协作能力。

综上所述，Augmented Reality 增强现实技术对数字媒体技术的影响是颠覆性的，它将改变人们的生活方式，作为数字媒体技术专业的从业者、教育者，更应责无旁贷的肩负起引导该专业的学生在该方向上敢于探索、勇于创新、紧跟行业发展的任务。

【参考文献】

[1] 刘慧. VR 与 AR 技术对数字媒体艺术的影响［J］. 科技传播，2016（8）：62－63.

[2] BrollW.，LindtI.，HerbstI.，etal. Towardnext － genmobileAR games［J］. IEEEComputer Graphicsand Applications，2008，28（4）：40－48.

[3] 周世明，连嘉义. VR 与 AR 技术对数字媒体艺术的影响［J］. 电脑迷，2017（10）：186.

[4] 郭俊峰. 社群网站与扩增实境融入实地随境游戏之成效研究［D］. 台南：台南大学，2016

[5] 申健. 数字媒体未来发展趋势——数字媒体与增强现实技术［J］. 电脑知识与技术，2010（11）：32.

移动学习在化工原理课程教学中的应用探索
——以四川文理学院为例*

周绿山　向文军　王　坤　赖　川**

【摘　要】　移动学习自提出以来，在中国已有近20年的发展历程。随着科学技术的发展，这种学习模式的地位也越来越重要，优势也越来越明显。本文主要在结合传统教学模式的基础上，探索课堂教学与移动学习有机结合的新方式，并应用于化工原理课程教学改革中；通过分析现有教学模式的不足与移动学习的优点，再结合学生特点进行化工原理课程教学设计；同时分析了新模式存在的主要问题，以期促进移动学习在工科专业教学中的应用与发展，为传统教学模式改革提供新思路。

【关键词】　移动学习；化工原理；课程教学；改革

化工原理是化学工程与工艺、应用化学、能源化工、制药工程、化工机械等专业的专业基础课，是理论与实践结合的桥梁，也是从事化工生产与研发的关键知识。提升化工原理教学质量是为后续专业课程的开设筑路铺桥，也是为创建精品课程奠定基础。目前，化工原理的课程教学主要仍是以讲授为主，传统的教学方法已不被新时代的学生看好。伴随着移动互联网和智能终端的不断发展壮大，课堂上的低头族也越来越多，这对现行高校的教育形成了不小的冲击。如何利用好移动互联网和智能终端，在高校课堂发挥其积极作用，已成为高等教育改革中的新话题与重难点。

---

* 课题项目：四川文理学院化学化工学院教学改革计划项目（项目编号：HGJ2015001）。

** 周绿山，男，讲师，专业方向：化工原理等课程教学与研究。
向文军，男，副教授，专业方向：化工原理等课程教学与研究。
王坤，女，讲师，专业方向：化工机械与设备、化工原理实验等课程教学与研究。
赖川，男，副教授，专业方向：日用化工等课程教学与研究。

一、化工原理课堂教学存在的问题

（一）生源质量不理想，课堂重教不重学

四川文理学院是省属公办二本院校，由于是新建本科院校，故生源并不是特别理想，部分学生存在偏科、自控能力差、学习方法不当等缺点。我校化工及相关专业，较大部分学生将其作为调剂志愿，因此在专业学习上存在不感兴趣、好高骛远等问题。对于化工原理这门专业基础课，课时安排一般在周学时为3/4学时，而课程内容多、涉及面广、计算复杂是其显著特征。因此，大部分教师为了完成教学任务，不得不采取满堂罐的方式，没有很好地结合学生特点进行教学选择。在课程前期，学生还能勉强坚持听课，到了中后期，由于难度的加大和任务的繁重，在缺乏学习兴趣的状态下，大部分学生把注意力开始放在更具诱惑力的手机上，从而在课上出现了老师口若悬河、滔滔不绝，而学生随意附和、各行其是的状况。

（二）教学目标难实现，教学内容不对口

唐代韩愈提出，“师者，传道授业解惑也”。教书育人，要求教师不仅要掌握如何教学，更要努力实现在教书过程中完成育人的目的。新时期的教师应该是“既能传学习之道，更能传为人之道；既可授学业之识，更能授立身之领；既会解求学之困，更会解成长之惑”。而当下，在大学课堂里，教师往往只是单纯地体现出教书的一面，忽略掉了育人这一重要职能。在教学目标上，能很好地完成对学生知识的培养和促使其能力的提高，但对于情感与人格的塑造基本属于纸上谈兵，没有切实行动。

化工原理是多个专业的基础课，但各专业对学生的要求并不相同。由于现行教材并没有针对专业进行编排，所以教师通常只是按照教材已有内容和自身已形成的教学方式进行教学，并未考虑到专业自身发展的要求，从而造成课程内容讲不完，能提供专业后续学习使用就更少了。

（三）课堂教学无吸引，学生出勤成难题

化工原理的主要内容涉及数学、物理、化学以及机械等多方面知识，是由理及工，将理论和实践联系起来的重要纽带。在化工原理的授课方式上，传统教学模式基本以讲授为主，不能很好地调动学生的积极性与参与性。大学在创办之初是精英教育，而随着改革浪潮的来袭，我国的高等教育逐渐演变成了大众教育，其原因是招生人数不断扩大，而校园中的大师却越来越稀缺，潜心教育者更是凤毛麟角。这种现象，对于新建本科院校来说，显得尤为突出。在严重缺教师的情况下，不得不实行合班教学，多则两三百人同时上课，少则七八十人一个课堂，老师根本没有充足的精力来照顾到每个学生的发展。一方面，由于专业课枯燥无味，生硬难啃难消化，另一方面，因移动互联网和智能终端带来的无限魅力，大学课堂里的学生不再单纯地追求知识，而衍生出游戏战场、约会场所，等等，甚至出现长期请假、无故旷课的状况。学生课堂出勤率低成了很多高校的头等难题，而在解决难题的面前催生了课前大合影、上课对号入座、期末试卷考查任课老师信息等方法，但结果都收效甚微，其根本原因还是在于课堂吸收引力不够。

二、移动学习在高校课程教学中的应用

2013年3月4日，习近平同志在参加全国政协十二届一次会议科协、科技界委员联组讨论时说，“移动互联网、智能终端、大数据、云计算、高端芯片等新一代信息技术发展将带动众多产业变革和创新”。在全国上下都在移动互联网的背景下进行创新改革时，大学课程教学改革也在如火如荼地进行着。2000年Desmond Keegan在上海电视大学的40周年校庆上将移动学习的概念引入中国，使我国高等教育改革正式步入网络化时代。[1]2011年，上海交通大学倾心打造的移动学习平台正式运行，引发我国课堂教学模式大改革，对传统教学方法带来了不小的冲击。由于越来越多的高校在互联网教学模式中获益，力图将其做大、做深、做强、做精，于是，各方于2012年在北京正式成立“中国移动学习联盟”，标志着我国互联网辅助高等教育教学的改革新浪潮已经来临。[2]

随着科技的不断发展，手机从以往的奢侈品慢慢转变为大众消费品，其功能也不断多样化、个性化。据工业和信息化部发布的数据可知，截至2016年三季度末，中国电话用户总数达到15.32亿户，其中移动手机用户13.16亿户。在大学校园中，基本每人一部手机，而大部分使用者的购买初衷也只是为了方便联系，但由于智能化程度不断提升，手机玩游戏、看电影、拍照等逐渐成为其主导功能。遗憾的是，将如此方便的工具应用于大学实际课堂教学中的则很少，即使有，也主要集中在英语、计算机、医学、实验等方面的教学。事实上，利用智能终端上的微平台（微信、微博、QQ等）或设计专业应用软件（APP）的方式来辅助教学，其效果甚好，但也存在着学生利用不合理、发布信息有限、数据接收慢、专业信息难以表达等情况。[3-8]因此，将移动学习的功效发挥到极致还有很长一段路要走。

三、移动学习在化工原理教学过程中的应用

（一）移动学习应用化工原理教学的教学设计

1. 教学内容设计

由于微信、微博、QQ等微平台在智能终端上一次显示的内容有限，因此在教学内容上需把知识点细化，做到一个知识点的内容尽可能全部显示在屏幕中。为了提升学习的趣味性，对部分能够配图的知识点可适当配上动态图，以便于学生对知识点的吸收，同时增大教学吸引力。同时，对于化工仪器设备的学习，也可以录制短视频来辅助教学。例如在离心泵的学习过程中，首先让学生观看离心泵工作的动画演示，让学生对该设备有了初步的了解后再配以文案，深化教学。为了增强学生的理解，达到会实际操作的目的，还可以播放工厂中离心泵使用过程的视频，在专业工程师的讲解下，学生能很好地理解离心泵的工作原理，以及如何正确地操作，操作不当时会产生什么现象，如何解决，等等。比起单纯地使用黑板授课或多媒体教学，该教学方式的教学效果更为有效。同时，可以将这些内容放在微平台上，学生在课堂上掌握不透彻的可以直接在微平台上再次学习，打破了学习场所的限制。

2. 教学过程设计

移动学习是一种自主学习方式，它的诞生并不能取代传统的课堂教学，只能作为教学的一种辅助手段。因此，合理的安排教学过程非常必要。在教学任务开始前，需先通过微平台向学生发布在接下来2～3学时所要学习的知识，勾勒出知识体系，让其了解本次教学的重难点，同时分享一些精品课程对即将学习的知识的讲解，帮助学生做好充分的预习。接着进行课堂教学，通过作业检查、提问等方式了解学生对新知识的掌握程度，以便在教学过程中做到有的放矢。正常行课期间，教师在按照既定的教学方案进行的同时，也可通过智能终端进行提问和传送教学笔记，以方便老师及时了解学生的接受能力，有针对性地进行教学，同时也避免了传统课堂上老师发问，学生碍于面子没人发言的尴尬。课程结束时，老师应及时发布课后练习，明确练习内容与目标，定期进行交流，从而督促学生及时完成作业和做好复习。当然，如果学生对某些知识点掌握得不牢固，可以通过观看教师发布的相关教学视频和教学笔记进行再学习，也可通过微平台和老师进行一对一交流，改变有问题必须到办公室才能和老师沟通的局限。

3. 教学模式设计

传统教学模式常以老师和书本为中心，采用准备、行课、辅导、反思四大模块的组成方式，着重研究“教什么”和“如何教”的问题，忽略掉了学生的主体作用，不能依据学生个性而发展其能力。在移动学习辅助下的课堂教学（如图1所示）能有效地改善传统教学模式的不足，完全体现出学生的主体地位，解决好学生“学什么”和“如何学”的问题。

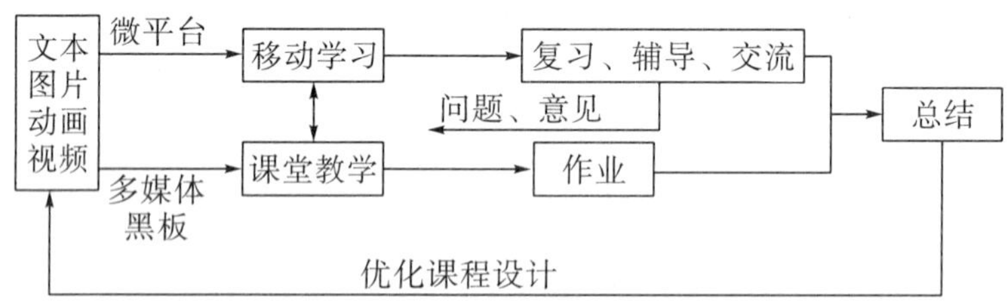

图1　移动学习辅助下的教学模式

（二）移动学习在化工原理课堂教学模式中的应用实例

笔者以“气体吸收”中的吸收设备为例展开研究，其具体教学安排见表1。

表1　移动学习辅助下的吸收设备课堂教学模式

教学环节	教学内容	教学平台	平台作用	时间安排
课前	吸收设备的相关文本、图片、动画和视频	微平台	发布学习知识点，帮助学生预习	闲暇时间

续表

教学环节	教学内容	教学平台	平台作用	时间安排
课堂	课程引入	多媒体、黑板	陈述本课时所学内容	3 分钟
	吸收设备分类	多媒体、黑板	陈述吸收设备分类方式与特点	3 分钟
	典型吸收设备结构	多媒体、黑板、微平台	多媒体、黑板主要用于讲解典型吸收设备的结构与功能，微平台用于学生交流设备间的不同	3 分钟
	填料吸收塔工作原理	多媒体、黑板、微平台	多媒体、黑板主要用于讲解填料吸收塔的工作原理，微平台用于学生交流和提问	6 分钟
	板式吸收塔工作原理	多媒体、黑板、微平台	多媒体、黑板主要用于讲解板式吸收塔的工作原理，微平台用于学生交流和提问	6 分钟
	其他吸收塔工作原理简述	多媒体	多媒体主要用于讲解其他吸收塔结构与工作原理	5 分钟
	填料吸收塔在工厂的实际应用案例	多媒体、微平台	多媒体主要用于播放相关视频，而微平台用于生生交流和师生交流	5 分钟
	填料吸收塔操作不当的后果及解决方案	微平台、多媒体、黑板	微平台用于小组讨论和提问，多媒体和黑板主要用于陈述及交流学习成果	9 分钟
	板式吸收塔的工厂应用实例与使用注意事项	微平台	微平台用于发布相关视频，供学生学习交流	2 分钟
	归纳总结	多媒体、黑板	陈述本课时所学知识要点	3 分钟
课后	作业：1. 归纳总结填料吸收塔的使用注意事项；2. 自主学习板式吸收塔的工厂使用案例，小组完成该类吸收塔的特点、使用注意事项的总结，并提出改进建议	微平台、多媒体	微平台和多媒体都用于发布作业信息，而微平台还用于小组作业间的讨论与交流	闲暇时间
	课堂教学调查、答疑、复习，等等	微平台	用于师生沟通交流	闲暇时间

（三）移动学习在化工原理课程教学过程中存在的不足

首先，由于移动学习需要移动互联网和智能终端，因此常因网速较慢而拖延教学时间，同时流量费用对于学生来说也是一笔不小的开支，建议学校能开放使用校园 WiFi，实施动态上网密码管理，既可满足教学需求，也可避免学生蹭网的现象。其次是智能终端的电池续航能力有限，不能长时间工作；同时屏幕较小，长时间观看影响视力。最后，部分学生自控能力差，交流时会出现讨论与知识无关的内容，同时还有少部分学生仍是以玩游戏、看视频为主。

四、结语

科技的进步不但改变了人们的生活，对学校的教育也有很好的推动作用，但如何利用科技成果发挥出其应有的效果则需要教育工作者的长期实践和不断探索。尽管移动学习能很好地体现出学生的主体地位，让知识更加立体，使学生的学习更生动，有效地解决课程无吸引力的问题，但它也在教学过程中出现出了许多不足之处，有待进一步完善。

【参考文献】

[1] 马小强. 移动学习终端的选择与评价 [J]. 电化教育研究，2007 (5)：52－57.

[2] 钟广锐，郑春燕. 移动学习在高校课程教学中的应用研究 [J]. 嘉应学院学报（哲学社会科学版），2014 (3)：82－86.

[3] 范文翔，马燕，李凯，等. 移动学习环境下微信支持的翻转课堂实践探究 [J]. 开放教育研究，2015 (3)：90－97

[4] 闫晓甜，李玉斌. 微信平台支持下的高校微课程设计与应用研究 [J]. 中国远程教育，2015 (7)：52－57.

[5] 左宝霞. 基于移动终端的微信支持下的高级英语翻转课堂实践探索 [J]. 价值工程，2016 (12)：212－214.

[6] 李立新，曹小明，陈惠，等. 智能手机在解剖学课堂教学中的应用 [J]. 解剖学杂志，2016 (2)：246－247.

[7] 李展飞. 基于移动终端的高校计算机教学研究 [J]. 信息与电脑（理论版），2017 (6)：242－243，247.

[8] 崔凤娟，赵桦萍，张晓红，等. 分析化学实验教学之“微力量”——浅谈“手机”在分析化学实验教学中应用的可能性 [J]. 化工时刊，2016 (10)：35－36，46.

工程测量教学与实训研究

杨　云*

【摘　要】　工程测量课程教学与实训间存在一定的脱节，不能适应实际工程测量发展的需要，需对理论和实训教学工作进行改革。本文从存在的实际问题出发，对理论和实训分别从多个方面进行分析，提出改善意见，以提高教学质量，培养更加合格的工程测量人才。

【关键词】　工程测量；理论教学；实训；改善

一、前言

工程测量是我校土木工程、工程造价和城乡规划专业开设的一门专业基础课，该课程实践性和操作性很强，主要研究的是测量理论知识、测量仪器的使用和测量相关成果的处理。测量贯穿工程的始终，地位非常重要，学生对知识的掌握程度和对仪器的熟练使用程度直接决定以后能否把测量工作做好及能否建造更加优质的工程。该门课程理论课时和实训课时大约为 2∶1，理论和实训相结合，实训能有效检验学生对知识的掌握和运用程度。培养学生的工程测量能力，有助于培养学生的工程实践能力，并为社会培养一批高质量的工程应用型人才。

二、工程测量理论教学与实训现状及存在的问题

（一）教材知识传统

目前各大高校和各大出版社编撰出版的工程测量教材的内容基本大同小异，主要都是从测量的基本原理和早期测量仪器介绍进行教学，对早期老式仪器介绍得较多，而实际工程中老式仪器逐渐被淘汰，教学内容相对滞后，出现了学不能致用，教学脱离实际的情形。

* 杨云，男，助教，研究方向：交通规划。

（二）理论和实训课程分离

根据课程安排和教学计划，工程测量由三分之二的理论课程和三分之一的实训课程组成。传统教学通常是先在教室上完理论课程，然后再去室外上实训课，理论课和实训课相互分离，时间间隔较久。待学生上实训课程时，往往对所学的理论知识不能很好地记忆和利用起来，加上理论课与操作课不同步，导致学生对教学内容的理解存在一定的困难，教学效果不能达到最优。

（三）测量实训场地简单，导致测量内容与实际工程脱节

我校测量实训没有固定的测量场地，实训课往往根据就近和方便的原则来开展，所有的实训课都是在校园内完成的。校园环境比实际测量环境好很多，测量过程简单容易，导致学生对实际工程测量的环境和难度不能有一个清晰和准确的认识。受条件限制，我校不能开展与实际工程类似的实训，实训与实际存在脱节，不能达到工程实际测量的深度和难度。这导致许多学生在校学得很好，在实际工程中却不能很好地开展测量，没能锻炼出工程中需要的实际测量水平。

图 1　建筑旅游学院学生在喷泉广场进行测量实训

（四）分组实训每组学生较多，效果参差不齐

由于目前测量仪器有限，每个班学生较多，分组后使得每组人数较多。实训时，个别学生偷懒、依赖思想严重，测量过程由其他学生完成，导致没有能真正掌握仪器使用方法，存在少数学生在老师忙的时候就开小差的现象。测量作业按小组上交，每组的测量成绩基本一样，不能很好地检测学生的学习效果。

三、提升理论教学效果

教案是衡量教学质量的基本内容，是课堂教学效果的基本保证，是调动学生听课兴趣的基本保障[1]。教师在每次上课前都应该写好教案，充分备课，有好的教案才能让老师讲出更加优质的课程。教案应拓宽理论知识，查询和学习内容相关的前沿知识，做到心中有数。工程测量教案应着重突出以下内容。

（一）优化传统知识，拓展新知识

随着测量学科的发展，新理论、新技术不断出现，推动了测量仪器的进步，教学应引入新的理论和测量仪器。对教材内容而言，同种仪器的基本原理并没有改变，应把一些通用的知识、基本原理、操作方法进行重点讲解。同时，对工程中淘汰的仪器也要进行简要介绍，但应重点教会学生使用工程中的常用仪器，并补充各种仪器的前沿知识。

（二）充分利用现有条件进行教学

好的教学方法能让学生提升学习效果，事半功倍。理论教学应充分利用好学校的多媒体，制作浅显易懂的PPT，集图、文、声、像于一体，多插入仪器使用和工程实例的图片进行辅助教学。学生刚开始学习测量仪器，较为生疏，可辅以教学视频让学生建立使用仪器规范的操作方法，减少以后实训中的不当操作。同时，利用相关的虚拟仿真软件，对测量全过程进行仿真操作，虚拟出实际工程的测量环境和测量内容。此外，还可以给学生推荐主要的测绘网站、论坛及公众号，让学生随时捕捉工程测量的实际问题和发展动态，找准学习方向。

（三）结合实际工程测量实例进行讲解

测量理论指导如何进行实际测量，测量仪器是测量的工具，这些都是工程实践中的基础。只有把所学的知识跟实际工程联系起来，用生动的测量实例加深学生的理解，明白其在工程中的作用，才能让知识深入学生大脑。如水准仪，教材主要讲解了水准仪的原理、仪器构造和操作方法，但在实际工程中很少涉及。理论联系实际，水准仪的主要功能之一是抄平，大多数学生没去过工地，所以对实际工程中用水准仪通过测高差来抄平的认识不深，但是学生经常去足球场和篮球场，可借助平整足球场和篮球场来加深学生对该仪器的认识，故学生印象相对较深刻，提高了学习效率。

（四）改善教学方法

对一些较难的知识点，教师应多花时间学习和备课，合理组织语言，培养讲授技巧。上课时营造良好的教学环境，鼓励学生思考。开展启发式教学，多用问答方法进行讲解，改善学生上课精力不集中的状况。针对小组成员在实际操作中使用他人的成果，可设立小组长进行督促，并带头示范。

四、联系实际打造良好的实训条件

（一）建立专用测量教室

针对理论和实训相互分离，学校可根据具体情况建立专用测量教室，在教室内配备足够的仪器，以便学生在理论课程结束后就能快速开展操作仪器的实践学习。这一方面可以解决目前因仪器不足造成部分学生没有足够时间来进行实训的问题；另一方面，也能使理论知识和实际操作迅速结合，立竿见影，快速解决学生在学习过程中存在的问题，提升教学效果。

（二）改善实训场所

校方应充分利用学校现有条件，建立测量实训场地。土木工程测量实验室周围有较多的空地，可考虑划一片区域作为测量实训场地，并配备全面的测量工具，开展实际工程中的控制测量，拉线撒石灰及弹墨线等放线实训课程。同时，也可以利用学校正在大量建设工程的机会，为专业老师和学生提供进入工地的机会，让老师带领学生进入工地学习；把工程的施工图、立面图和剖面图提供给学生，让老师或工地上负责实际测量的师傅拿着图纸进行讲解，让学生进行真实的施工测量，使施工放样由空谈变成实际。此外，学校应提供学生外出测量的机会，让学生进入实际环境进行地形图测绘，培养吃苦耐劳的精神。开展上述实训，可让学生将所学的理论知识、技术方法、软件操作、仪器使用等进行一次全面的实际应用，认识到现场工程测量的工作内容、工作方法及思维方法，为今后工作打下扎实的应用基础。

（三）举行校内测量比赛

为了提升学生学习的兴趣，学院可提供一部分经费用于举办测量比赛，由本学院三个专业的在校学生报名参加。学校可根据自身条件，并结合全国和全省测量比赛内容开设测量比赛项目，设立奖项和奖金。老师动员学生参加比赛，并联合校外专业测量人员对学生进行赛前培训。好的比赛能提高学生学习的积极性和动手能力，培养学生的竞争意识，增加就业能力。同时，可以进一步可把获奖学生送去参与全省或全国测量比赛，提高我校工程测量专业的影响力，推动我校的发展。

（四）建立测量企业

根据学校的发展方针，我校要建成特色鲜明、优势突出的高水平应用型大学，工程测量可以优先发展。校方可根据国家和学校的政策，利用自有仪器，建立测量企业，打造专业测量队伍，提升教师工程测量能力。加强校企合作，承接测量项目，做出成果，让学校得到社会的认可，塑造自己的品牌。教师工程测量项目能力的提升可以带动理论教学水平的提升，形成教学联系实际，实际促进教学的良好循环。对测量感兴趣的学生，校企可提供测量实践机会，让学生利用假期或空余时间参与到实际测量项目中去，通过项目提升学生的测量理论和实践水平。部分成绩好的学生，可以参与测量的科研项

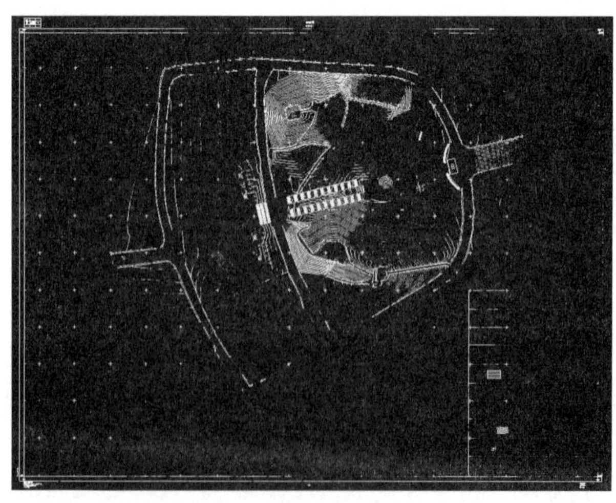

图 2　建筑旅游学院学生测绘的部分新校区数字地形图

目，也可申请大学生创新创业项目，带动学生进一步学习和提高。

五、结语

好的教学方法和实训条件能改善教学效果，对学生学习工程测量课程起到很好的促进作用。工程测量教学工作者要不断总结教学经验，进行教学研究，提高教学水平，从而为社会培养更加优秀的工程测量人才。

【参考文献】

[1] 叶巧云. 程测量的教学研究与实践 [J]. 深林工程，2012 (11)：112－115.

[2] 黄羚，尚艳亮. 应用型路桥工程测量教学研究 [J]. 教育与职业，2011 (2)：129－130.

[3] 杜书廷，王栋. 土木工程专业实习教学模式改革研究 [J]. 高等建筑教育. 2007.16 (1)：108－111.

浅论师范专业简笔画的教与学

赵奎林*

【摘　要】 师范生掌握简笔画技能，是非常必要的。本文从教师的“教”和学生的“学”两个方面阐述师范专业简笔画教学问题。将“教”和“学”分开阐述，其目的是理清二者的脉络，逐一分析，以此为基础将“教”与“学”融合，提高简笔画教学质量。

【关键词】 师范专业；简笔画；教与学

许多文章给简笔画下了不同的定义，这里的简笔画指的是由点、线、面等基本绘画元素来描绘物象特征的一种绘画方式。其主要目的是为教学服务，因此也可以称之为教学简笔画。

1992 年，教育部门制订《师范学校教学大纲》，将简笔画纳入师范专业必修课当中，此后又组织编写《全国小学教师基本功训练教材・简笔画》《中学教师基本功训练丛书・教学简笔画训练》这两本书。同时，实践也证明将简笔画引入课堂教学的确能取得丰富教学语言、化解教学难点的效果。因此，简笔画的重要性不容忽视。

许多国内院校师范专业开设了教师技能课程，其中简笔画是这门课程的主要内容之一。在目的明确的情况下，简笔画教学取得了一定的成果，同时也有一些不足。本文试图理清教师的“教”和学生的“学”这两个方面的脉络，继而融会贯通，并以此来达到提高简笔画教学质量的目的。

一、简笔画的“教”

简笔画的“教”涉及许多方面，这里主要指对教学内容的选择、教授方法的把握、教学过程的配置等，这些情况需要教师花费大量时间和精力来解决。

（一）教学内容

简笔画教学的内容很多，根据表现物象的不同种类来划分，有静物简笔画、植物简

* 赵奎林，男，讲师，研究方向：基础美术教育。

笔画、景物简笔画、动物简笔画、人物简笔画及场景简笔画等。

静物简笔画主要指的是相对静止的物体，最常见的是人们生活中的日用品和学习用品，例如桌椅、书本、杯子、钟表、手机、电话、电视机等。静物是简笔画最常表现的内容之一，是较浅显、易描画、好把握的表现内容之一，一般是师范生最先接触的内容。

植物简笔画的表现内容有花草、瓜果、树木、菌类、蔬菜、藻类等，其中以花草树木、瓜果蔬菜为主要表现内容。

景物简笔画也叫风景简笔画，它是以自然风景为主题的简笔画。自然风景包括山水、花草、树木和建筑物等。在描绘过程中，还可以具体分为山水简笔画、树木花草简笔画和建筑简笔画，这样的分类更加突出主题。

动物的种类很多，有天上飞的、地上跑的以及水里游的动物，因此动物简笔画的教学内容较为丰富，是学生较难把握的内容之一。

人物简笔画主要以不同性别，不同年龄，不同体征，不同职业，不同民族的人为主，也是学生比较难于把握的内容之一。

简笔画教学内容繁杂，并不意味着都要求学生掌握。教师在选择教学内容的时候，应考虑学生的专业和学习目的，即根据不同专业对简笔画的需求确定具体教学内容。如在英语教育专业中，应选择造型简单、概括性强的简笔画形象。在学前教育专业中，要多选择幼儿喜欢的形象和简笔画创编等内容进行教学。

（二）教授方法

教授方法的选择是最值得教师考量的问题之一。在面对学生没有美术基础或美术基础欠缺的情况，教师对教授方法的选择尤为重要。教学常常面对的问题是自己有熟练的绘画技能和丰富的理论知识，却不能把这些的知识与技能转化为学生能够理解和掌握的内容。要解决这种困境，就需要选择合理的授课方式。

1. 培养兴趣，激发学生学习动力

人们都知道：兴趣是最好的老师，兴趣是学生学习和关注简笔画的巨大推动力。因此，在教学中首先要重视兴趣的培养。让学生都对美术感兴趣是不是现实的，但让大多数学生爱上美术却是可能的。教师常常在教学中发现有的学生喜欢用简笔画配上卡通性的文字来写日记和记事，抒发自己的情感；有的学生会对比较拟人的简笔画图案爱不释手等。学生的这些兴趣特别需要教师好好呵护、鼓励和指导，让他们继续保持对美术的兴趣而不消减。对那些对美术不感兴趣的同学也不要放弃，只要多鼓励和引导他们，发现他们的闪光点，也是有可能促使他们对这门功课感兴趣并掌握这门技能的。

2. 实施多样化的课堂教授方法

要学生掌握简笔画技能，任其乱画一气是行不通的。教师必须针对不同情况选择不同的教学方法，除了讲授、示范、演示法外，还可以采用外出写生、田野考查、数据收集等方法。一定要强调学生多看、多思考、多画。在绘画的过程中，做到对事物的感知、认识和理解，并鼓励学生发挥想象力与创新能力。

3. 激发学生的创造性思维

在简笔画教学的过程中，除了书本中的图例必须让学生掌握外，教师还应多提问、多肯定学生，引导他们将现实的物象任意夸张、错位、变形、组合、改动……比如，在临摹某一个形象时，教师可以提醒学生将此形象进行组合、变形，以形成一个场景等，让学生的想象力与创造性思维也得到更好的锻炼。同时，激发学生的创新意识也是简笔画教学的职责。

（三）教学过程

对师范专业学生简笔画的教学，一般可以采取先临摹、再改写、最后进行创编的流程进行教学。

第一，临摹阶段。

教师应先让学生从临摹简单的简笔画形象着手。如，我们可以先从静物开始画起。由于静物简笔画较为简单，学生较容易将物体的形象临准，从而增强学生的自信心和兴趣。

第二，改写阶段。

所谓改写，其实是把有明暗、色彩的物象改写成单线或廓线式的简单图案。如果临摹是将对象的形画得较准的话，那么改写就是将对象一些不适合简笔画表现的因素省略或简化。

第三，创编阶段。在创编简笔画教学中，最重要的一点是不但要教授学生技法，更要在教学中注重学生创造性思维的培养。特别是要求学生掌握在将来的教学中，能根据教学内容设计简笔画图形和场景，以提高学生的简笔画应用能力。

二、简笔画的“学”

简笔画的“学”主要涉及学生对简笔画的学习态度和方法。

（一）选择合适的工具材料

要在短时间内掌握简笔画，应该选择合适的描绘工具。最好不要用铅笔来描绘，钢笔或中性笔是不错的选择。因为它们不能涂改，所以学生在描绘时每一次都比上一次画得认真、画得更好，不能让学生养成涂涂改改的习惯。

（二）坚持线条练习

线条是简笔画的主要造型元素。线条能表达出不同的情感，如直线平稳有力、曲线优美、折线曲折，等等。此外，线条的粗细、疏密、浓淡、虚实等都能使画面产生不同的效果。流畅的线条能使画面更加生动和有趣。

（三）掌握临摹方法、积累简笔画形象

临摹，首先要挑选好临摹范本。临摹的目的是为了掌握形象的特征和技法，掌握简笔画描绘的基本方法。在面对摹本时，不要死记硬背，否则一旦离开范本，就无从下手。所以要学会举一反三，有意识的变通。同时，临摹也是积累简笔画形象的方式。在简笔画的应用设计阶段，如果心中没有够多的简笔画形象，就会感到难于描绘。此时，

临摹就成了我们积累形象的重要手段，是改变形象量少的有效捷径。

（四）有意识训练眼、脑、手的协调

人们生活在千姿百态的客观世界里，怎样观察和看待这些复杂的物象是学习简笔画第一步，也即常说的观察方法。具体到简笔画中，一棵塔松的外形其实可以由一个三角形来概括；而复杂的物象，是多个几何形体的组合，如花草树木，就是由三角形、圆形和方形组合而得到的。这也就是西方学者称的“结构等同物”。人眼先看到的是树木的外形，继而联想到基本的几何形，其本质结构是等同的，这涉及我们的思考方式。我们在观察和思考之后，将其描绘出来，这就是涉及我们的手——表现方法。任何时候都要强调：绘画是眼、脑、手的协调统一，简笔画也不例外。

三、结语

现代教育理念认为，学习是一项综合性的活动，学校教育应当以学生为主体，通过美术教育，促使其全面的发展。本文将教师的“教”和学生的“学”逐一分析，其目的是在梳理了二者各自的特征、要求和脉络之后，能将其更好地融合。即教师采取有效的教授方法，学生掌握正确的学习方法，以及二者的融合交流。这样，就能达到我们设定的预期目标，提高简笔画教学质量，促进学生教学技能的更大发展。

【参考文献】

［1］粟麟.幼师生简笔画教学方法探讨［J].教育教学论，2011（22).
［2］宁娴玲. 培养师范生对简笔画的认知与技能［J].美术教育研究，2011（07).

巴渠民歌的结构特点透视
——以几首民歌研究为例*

李玥欣**

【摘　要】　巴渠民歌是四川东部、中部与部分南部地区的民歌泛称，是古代“巴国”音乐文化的一部分。本文通过对巴渠民歌历史语境、近现代语境和当前语境下音乐结构原则的雏形、稳定与变异的分析，揭示了巴渠民歌的发展历史，以及它与古代“巴国”文化、近代戏曲和当代音乐的关系，并进一步透视其在形态、音韵、节奏等结构要素方面的继承性与差异性。

【关键词】　巴渠；民歌

当前的“巴渠民歌”不仅成为特定地域民歌的泛称，也成为历史文化与当代生活交汇的音乐概念——音乐文化同样具有相对稳定性、传承性的秉性和特征。在目前搜集到的几千首“巴渠民歌”中，不仅有反映古代“巴国”历史、劳动、生产与重要节日、事件等方面的记录信息，也有川东、川中地区的现代人在生活习俗、娱乐习惯、礼仪文化、劳动体验、哲理观念等方面的信息和印记。因此，“巴渠民歌”是一个地域音乐文化概念，也是一个历史上的文化传承概念，是几千年来多种不同民族文化融合与创新发展的当代轨迹，体现出了音乐文化的流动性、变迁性等特点。

一、“巴渠民歌”的历史文化语境与结构规律

早期的巴国文化经历了数千年的演变与传承，早期巴渠地域的民歌大多具有巫术、图腾、宗教崇拜的印记和特点。这些早期的文化也反映在作品结构的形成过程中。

历史上的巴渠音乐，结构思维比较简单，但富有创意性与神秘性色彩。普遍的单乐段结构与二段体结构是历史上巴国时期民歌的基本曲式形态之一。当然，这些结构形态并不是模式固定、整齐划一的，而是在更大程度上追随了歌曲中的语言音韵与韵律、节奏特征。因此，即便是看上去自由的散曲结构，也仍然具有显著的音韵、节奏特征。在

* 课题号：2014BWH002Q。

** 李玥欣，女，副教授，研究方向：声乐表演与声乐教。

“巴渠民歌”的单乐段结构原则下，很多歌曲的音乐结构更多的是依照歌词音韵和律动为前提，因而歌曲本身的结构形态也同样具有千变万化的可能，但是这种音乐结构规则的无序性，却形成了统一的结构形态。因为从早期到现代技术革命之前的巴渠民歌，绝大多数都是围绕着生产、劳动、生活内容展开的。因此，针对不同的场合、不同的习俗便形成了单段体、二段体的常见形态。这些民歌的结构特点是以歌词的完整性而划分结构的。

其次，古代巴国地域的巴渠民歌中也有少量的三段体结构模式。这种结构特点主要是变奏或构成不同素材的联曲形态，从而形成一种在节奏、音调上重复或近似，但在具体的内容上依靠不同的乐句所对应的歌词来演绎民歌基本结构的形态规律，体现出“巴国”文化早期文明的特点。在这一时期的“巴国”音乐文化中，歌词对于音乐是具有明确的主导意义的，歌词音韵也非常富有巴渠地域性的古代语言特点。“巴国”时期的民歌与文化无论是从内容而言，还是从风格形态而言，都体现出民歌的实用性特征。无论是在原始文明过渡到农耕文化的过程中，还是在向着近代文明发展的阶段中，音乐的旋律形态与所使用的歌词、语言具体形态而言，都是次要的。除了语言外，音乐中的节奏性是第一位的，这些段落间的音乐往往凸显出节奏性较为明确的特点，歌曲内容的完整性也往往需要不同的歌词进行连接，歌词音调与音乐旋律之间一般没有很严格的界限，彼此间的逻辑联系依靠歌词来完成。在这些早期的两句乐段中，也可以根据具体的语言习惯将其划分为上下、平行关系。巴渠民歌中拥有这种结构特点的歌曲所占比例较大，达到总数的一半左右。这些不同的作品在结构习惯的基础上，也可进行不同形式的音调反复或变化：不仅可以融入语言性的衬腔，与歌词进行密切的交替形成对原有乐句的扩展，也可以充分利用衬腔的变化，构成音乐结构的下半部分，而且还可以采用部分乐句或者节奏的不断重复形成长大的乐句，从而使得这些乐句在结构方面，体现出更为复杂的特点。

再次，“巴国”文化中的“巴渠民歌”虽然多为两句乐段结构或二段体结构，但其中也存在着大量的平行乐句。这些平行音乐句在音调上也较为强调鲜明的对比效果。这可以体现出四川人对当地“巴渠民歌”的热爱。凡是涉及生产、生活与习俗、节气等方面的内容，都普遍使用上下乐句对比的方式。这些两句的乐段结构，以及二段体的结构，都是“巴国”音乐文化的一部分，都是古老文化的遗存。

二、“巴渠民歌”的近代语境与结构原则的稳定

“巴渠民歌”自唐宋以来，更多的体现出了中原文化与周围少数民族文化交融的特点。

首先，这一时期的民歌中出现了借助五声性的支柱音展开旋律的印记。无论是中原传统的五声音列和六声音列，还是来自西域各国的特性音程，都被融入歌曲中。这一时期的“巴渠民歌”也逐渐形成了自身稳定的结构原则，并且作为一种音乐发展传统流传下来。传统五声调式中的宫、商、角、徵、羽等五声音阶开始作为基础性的骨干音被大量运用。此外，还有很多的色彩音也被大量运用，无论是隋唐时期的七声音阶中的“清角”，还是中原地区的五声性偏音，都在“巴渠民歌”中有很多体现。同时，这一时期

形成的“巴渠民歌”，其影响力也是很大的，不仅形成了“清角为宫”的调式转换技法，也形成了宫调为主、辅以徵羽调式的结构原则。这一点与近代、当代出现的宫调式、商调式为主，徵调式、羽调式为辅、角调式少见的情况是基本一致的。

既有的五声调式作为巴渠地域民歌的曲调展开与演绎的基础，不仅使得“巴渠民歌”的发展出现了持续性，也使得从当地的语言音调中精炼出来的调式成为地域性特征的标志。调性是任何音乐中都会出现的特征，调式是某个地方音乐风格和艺术特点的体现形态之一，因此四川地域的五声调式体现出了最本质的“巴渠民歌”风格特征。“构成民歌的音列具有不同形态，但受语言四声的影响，真正在旋律发展中起到决定性作用的是徵、羽、宫、商 4 音”[1]，五声性骨干音的出现频率也正好在某些方面展现出了古代巴渠地区民歌对于古老的“巴国”文化特征的继承与发展。

其次，在元明时期的“巴渠民歌”音乐旋律中出现了中国传统器乐作品中常见的“起、承、转、合”的结构原则。这一时期的音乐鉴于从属于戏曲、戏剧或娱乐表达的需要，民歌中很多的多句乐段开始出现了这一结构原则。这些歌曲中“起承转合”的比例接近四成左右，这也是一种多乐句的结构原则之一。在这种结构原则中，可以将两句、三句或四句划为一个乐段结构，在此基础上展开音乐，构筑音乐自身的逻辑，结合歌词表达的具体内容进行陈述。这一点在各类中国传统文学、传统音乐作品中也是很常见的。但是“巴渠民歌”的这种结构原则与传统的器乐曲结构原则也是有所差异的：明清时代乐句、乐段结构中的“转”，并不一定是内容的转折，而有可能是为了与前后形成音调、色彩、节奏上的对比，音乐可以在节奏音型、结构形态或分裂展开、调式变换等方面实施一定程度的“对比”。因此，较之中国传统音乐中的“起承转合”而言，“巴渠民歌”中所常见的“转”的意义，更多的是指在具体音乐手法、音乐色彩、情绪对比等方面进行，而不是在“巴渠民歌”的旋律中进行中。这种结构原则也不是传统器乐结构中的四句乐段范式，因此二者有着明显的区别。当然，也有三个乐段结构的，这种民歌也会体现出“起承转合”的原则特点，一般为并列结构或再现结构居多，这一点也应和了中国传统音乐的结构原则。最主要的方面，是它印证了音乐的发挥和扩展，不仅可以在具体的结构中展开，也可以在全新的阶段中进行。即使是一种特殊的并列结构，也不妨碍旋律可能出现在“头、腹、尾”中与“起承转合”相对应的结构形式。这些结构原则既有可能是采用合头或合尾的形态进行的，还有可能是音乐自身的承递变化形式，还有可能是发展后的综合形态，亦可能是依照“巴渠民歌”中的歌词意境进行展开、对比的。

再次，从明清时代的小曲、民歌遗存来看，“巴渠民歌”中也是以不同音列进行作品展开的，在具体的演唱中也较为注重民歌的地方语言特点。一般而言，这些古代的“巴渠民歌”也需要根据每个不同的结构音的具体位置、进行即兴性的时值和音乐调式配置，从而使音乐与歌词配合后产生情感和感染力。无论是民歌作品中的骨干音，还是不常用的非骨干音或地域特有的苦音音程，都需要根据不同的歌词特点，巧妙设计音乐旋律的展开、组合，形成富有差异性的音乐样式，从而展衍出非常多样性的地域音乐形态与调式色彩。如通江地区的很多民歌中，就可以看到以徵音、宫音和商音为骨干音时，歌词音韵对于徵音在终止位置时的独特影响——不仅使得这首歌曲具有典型的徵调式色彩，也凸显了当地的地域色彩和文化特征；万源地区的传统民歌《太阳落西垭》中，能够看到另外一种风格：商音、徵音和羽音分别作为旋律中的骨干音，就产生了另外一种带有商调式特征的印记，这首歌曲结合地方歌词即出现了强烈的商调色彩，其实是一首开始于商音、半终止于羽音、终止于徵音上的徵调式民歌；这种情况也需要与当地的方言联系起来，才可能听辨出更大的差异性来。再比如在以徵音、羽音和宫音为旋律中的骨干音时，则会出现更为柔和性的旋律色彩——一种带有羽调式特征的徵调式民歌色彩。这些都充分揭示出了诸如达州民歌《跟着太阳一路来》的独特语言音韵魅力和即兴性的结构特点。

三、“巴渠民歌”的当代语境与结构原则的发展

首先，当代语境下的“巴渠民歌”经过历史的发展，以及古人对歌曲内容的提炼，已经出现了很强的艺术性特征。作品中不仅蕴藏着非常丰富的结构与转调手法，而且在歌曲中渗透了很多的戏曲元素和戏剧特点。经过多种文化融合后的“巴渠民歌”更能够体现出独特的地域性特征和富于色彩性。比如在很多的巴渠民歌作品中，不仅歌曲的旋律中开始出现了很多的调式色彩音，而且在这些音级序列中也出现了较大的变化。既有的某些色彩音性质的临时音程、特色音也都运用长时值、重要力度、特别的音型等技法，在作品演唱中起到了独特的转调或结构区分作用。这种具有过渡意义的色彩音，逐渐形成了富有民族五声特征的同宫系统转调调式音，并形成了多种组合方式。如在大竹县采集到的佛歌《报恩经》中，就可以看到这种色彩音给作品结构带来的变化——原为二段体结构的作品，因为歌曲的前部分采用了♯F 徵调式音阶，“在歌曲的后部分则是以对置性的手法转入了♯F 商调式音阶中，形成了非常独特的调式对比和色彩变化”[2]。当前语境下的“巴渠民歌”也大量地运用了很多其他艺术的结构因素，比如戏曲中的散曲就被大量的运用进来。一方面，现代文明语境下的民歌中更多的带有故事性情节，另一方面则是更为复杂的情感体现需求，这些都需要采用散板结构对音乐进行展开。而且散板也可以确保歌词语义与音乐断句存在困难时的整体结构连贯性，是传统器乐中“鱼咬尾”式的连环发展技法的变化。这种独特的结构原则也可以解决歌曲的主题素材不明确时如何进行乐段划分的问题。这种结构使得旋律与歌词的结合困难比较大，但是可以使歌曲中的乐句、结构都显得更为规整，从而避免了主题不清晰、连环出现时乐段不明确的复杂情况。

其次，当代语境下的“巴渠民歌”更倾向于与百姓的现实生活、劳动场面相结合。随着民族政策、国家法纪、百姓生活等状况的变化，“巴渠民歌”也出现了很多五句式的乐段结构。比如在这些歌曲中最常见的是“赶五句”和“再现式五句”结构原则。这些歌曲在“巴渠民歌”的历史上所占的总数比例不是很大，但都体现出了中国四川地域的民歌特色与结构原则。“赶五句”的艺术特征是采用戏曲中的垛句进行结构逻辑。“赶五句”本来是中国戏曲中非常独特的技法，后来成为中国民间戏曲中常见的音乐发展原则。这种结构运用在“巴渠民歌”中就产生了一种特色——在歌曲的演唱中，可以根据某句的具体歌词、音乐时值，采用临时加垛字的形式构成垛子句；或采用一种近乎念唱的方式，或采用字数与音数都能够相对应的方式，呈现出一种独特的、但长度自由的结

构形态，从而与前后不同风格的唱句形成色彩、情绪上的细致对比。而到了清朝中期，中国传统器乐结构原则中的“再现式五句”也被运用到“巴渠民歌”的逻辑结构中。民歌在起、承、转、合等原则的基础上对乐段进行了进一步的演变——在音乐的尾句进行补充：或在各个乐句间加入叠词，或对某两个乐句的部分材料进行变化、重复等。这种方式都可以形成独具特点的乐句，从而拉长了结构规模，也可以起到再现前面出现过的音乐材料，从而达到加深印象的目的。比如万源地区的民歌《小小船儿两头空》中，就采用了这种结构——不仅在中间添加了大约十个小节的叠词、垛句，还采用了与歌词音调相似的念唱与宾白技法，从而使得这部分的规模增加，但介于说与唱之间。这一时期的民歌在增加结构规模的技法中，合尾、综合乐句组成新的乐段结构成为最为常见的方式之一。在这些结构原则中，不仅体现出了巴渠地区民歌展开旋律与戏曲方面的结合，也体现出在自由性和即兴性方面，与中国传统器乐的结合，不仅体现出了中国传统文化中的“阴阳”哲学观念，也体现出“写意”与“抒情”的适度结合等特点。

再次，当代语境下的“巴渠民歌”已经出现了调式偏音与偶然音、特性音程综合混用的情况，在更大的程度上导致了偏音地位的上升与调式色彩的丰富性、调式音阶的多样性和逻辑关系的复杂性。有些源自戏曲或地域方言中的偶然音级、特色音比五声音阶出现得更为频繁，直接导致了从属于调式中的基本序列，造成了使用音级的多样性。此时巴渠民歌中的旋律就不再仅限于巴渠地域的色彩了，而是融入了音乐中更为广阔的地区色彩，随着频率的大幅升高，这些音的功能逐渐演化为调式音或调式过度的转换音，甚至有的出现于具有结束意义的落音位置上，直接产生了传统意义上的犯调效果。如在南江地区的民歌《清早起来到姐家》的结尾处，就出现了角音作为特殊音运用——形成了同宫系统犯调的实际演唱效果，彻底改变了最后一个音决定调式的传统，也在很大程度上改变了这首歌曲中的中心调式音的功能。

“犯调”这种情况也出现在六句构成的乐段中，形成一种“迂回”进行式的乐段结构。“在六个分别起着‘起、承、转、合、再转、再合’功能的具体乐句中，调式特殊音级的加入”[3]，不仅影响了作品的结构特点，也影响了调式的既有风格特征。如在大竹地区的民歌《月儿望西斜》中，就有随着歌词变化，旋律中出现犯调的情况。此外，还有一种八句式的乐段，通常也叫“联八句”——将八个乐句连续起来进行贯穿性的发展，在乐句的不断变化、展衍中也往往会出现“犯调”的情况。尤其是同一主题的多次变奏，更容易出现乐句的“犯调”。如大竹地区的盘歌《四季花》中就出现了这种情况——上下乐段在不断地变奏、反复中，调式色彩更为复杂，调式也出现了“漂移”特点。

结　语

“巴渠民歌”不仅折射出了一个地域的民歌文化发展轨迹，也折射出了历史流变的基本特点。无论是在调式终止形式的多样性方面，还是在“巴渠民歌”的和声形成与发展方面，或是其基本结构原则的独立、综合方面，都体现出了地域文化的演变性与延续性。“巴渠民歌”不依靠纵向的声部进行基本的逻辑结构，更多地依靠其旋律自身的音阶功能和横向调式进行中的色彩变化，确定其起音、骨干音、半终止音和落音等不同的地位与作用。无论是采用级进的模式进行乐曲终止、采用环绕迂回的模式进行终止还是采用突然进出、跳进的方式进行乐曲终止，都离不开中间乐句中的骨干音与非骨干音关系的处理，所有这些都导致了“巴渠民歌”风格的变化性与色彩性。

【参考文献】

[1] 赵英，何元平. 巴渠民歌音乐形态解析——以 755 首民歌样本为案例 [J]. 音乐探索，2008 (1)：44.

[2] 赵英，何元平. 巴渠民歌音乐形态解析——以 755 首民歌样本为案例 [J]. 音乐探索，2008 (1)：45.

[3] 赵英，何元平. 巴渠民歌音乐形态解析——以 755 首民歌样本为案例 [J]. 音乐探索，2008 (1)：45.

教学改革篇

融媒体时代播音与主持艺术专业实践教学改革探索*

陈海平**

【摘　要】 随着全球经济与科学技术的迅猛发展，传统媒体与新兴媒体在内容、平台、渠道等方面不断碰撞、渗透、融合，这给传统媒体行业带来了新的发展契机与挑战，高校如何培养适应时代发展需求的播音与主持艺术专业人才成了教学改革重点。本文结合融媒体时代特点，在高校教育改革发展与行业同步的时代浪潮下，分析高校播音与主持艺术专业实践教学存在的不足，在新的教学理念指引下对播音与主持艺术专业的实践教学改革途径进行探索，以期助推国内影视传媒专业的实践教学改革创新与发展。

【关键词】 融媒体；播音与主持艺术专业；实践教学

随着互联网的迅猛发展，传统媒体与新兴媒体从以前的简单叠加、浅层合作，到如今的新老媒体从内容、平台、渠道等多个方面的深度融合，传统传媒社会进入了“融媒体时代”。2014 年 8 月 18 日，中央全面深化改革领导小组审议通过了《关于推动传统媒体和新兴媒体融合发展的指导意见》，习近平总书记在会上强调，“要着力打造一批形态多样、手段先进、具有竞争力的新型主流媒体，建成几家拥有强大实力和传播力、公信力、影响力的新型媒体集团，形成立体多样、融合发展的现代传播体系”。与此同时，高校教育改革也要求与行业变革相同步，使得高校播音与主持艺术专业人才培养从“传统媒体”视野到“融媒体”“全媒体”视野转变。融媒体时代给人们带来的是全新信息传播方式与交流环境，这既是时代变革产生的机遇，也是挑战。因此，为了适应“新环境”，高校影视传媒专业教育唯有准确分析当下自身专业人才培养的“缺陷”，补其不足，并积极探索创新培养播音与主持艺术专业人才的新途径，方是可持续发展之道。

---

* 基金项目：四川文理学院教改项目“四川文理学院影视传媒专业实践教学资源开发与优化配置研究”（项目编号：2017JY06）。

** 陈海平（1985—），男，四川达州人，专业方向：传媒高等教育方向、口语传播艺术研究。

一、当前播音与主持艺术专业人才培养存在的不足

时代变革对“播音员”“主持人”提出新的挑战和更高的要求，然而高校在培养人才上还有存在诸多不足，学校在制定解决策略的时候，需要改变专业教学观念，将教学的重点从知识的讲解转变为实践训练中带入理论的讲解，从知识讲授转变为实践能力的培养上来。

播音与主持艺术专业人才的最大特点就是实践操作能力强。学生对教师课堂讲授的专业技巧理解较为容易，掌握起来较难，行动力偏弱。如今，各大广播电视台的栏目不断创新，“以新求变”，“以新求活”，各种新类型的节目不断涌现，传播的方式也日新月异。这就对高校播音与主持艺术的教学提出了新的要求，从现实情况来看，大部分开设有播音与主持艺术专业的地方院校，在其实践教学过程中，存在一些亟待解决的问题。

首先，播音与主持艺术专业的课程设置缺乏时代性。随着21世纪“自媒体”“全媒体”的兴起，使得各种智能设备逐渐成为当下信息传播方式改变最明显的载体。传统媒体为了跟上时代变革的步伐也在不断创新自己的栏目及优化自己的传播平台。这对高校播音与主持艺术专业学生的能力培养提出了新的要求。传统的在演播室内或在电台直播间里进行简单的播音工作，以“声音传递信息”的方式已远远不能适应当下融媒体时代对播音员主持人的要求。媒介的深度融合、新技术的快速发展，要求播音与主持艺术专业培养的学生能力不能仅限于传统媒体播音员主持人所需的各类基本功的训练，还需要具备熟练运用网络媒体、数字媒体，以及会使用移动终端设备等开展工作，具备较强的“捕捉、观察”能力和实践操作新设备、应对新媒体的能力。因此，高校在播音与主持艺术专业人才培养过程中，课程设置必须与时俱进。

其次，现在学生使用的教材内容比较滞后，与实际情况不相符合，难以满足当今师生所需。融媒体时代，各类媒介融合加速，新媒体发展迅猛，如果教材内容与实际差距较大，便很难跟上时代步伐。例如：以老版播音与主持系列教材为主，这与现在快速发展的时代要求不相匹配，老版教材的核心理论有其实用的部分，但训练内容与学生所处时代有较大“代沟”，存在时代感不强的特点，例如：缺失与融媒体时代相关内容。学生对内容陈旧的实践内容缺乏兴趣，进而教师难以调动学生的实践参与积极性。

同时，教学方式与当前的融媒体时代发展不相适应，创新意识不强，“单项式”“单线性”教学模式激发不出学生的学习热情，教学质量无法保证。通过对已就业大学生的走访调查发现，大部分学生表示进入行业后还需要行业重新培训方能上岗，毕业时只能依托文字稿进行“播”，而不会脱稿进行有条理性的“讲”与“说”，对不同栏目、不同语境的主持更不适应。

再次，教师队伍的整体素质和能力有待提升，特别是“实战状态”的保持方面。自新世纪初始，大批新建本科院校新开播音与主持艺术专业，但自开办此专业之时起，师资就比较匮乏，为了满足教学要求，部分学校受高校所在城市地理位置影响，只能聘请一些非播音主持专业、未经专业系统培训或专业进修的教师直接上岗。这部分教师虽然有一些行业背景，但缺乏播音主持全面、系统的理论学习，更缺乏专业实践方面的经验；学校聘请当地一些电视台、电台的主播、主持人来校上课，虽然他们有丰富的实践

经验，但他们未经过教师师范技能培训，教学经验较少，其中部分受聘教师理论知识不够扎实，素质与学识良莠不齐，受他们个人工作时间的影响，无法保证拥有固定时间前来授课，教学效果不佳；科班出身的播音主持专业教师，大多数都是从学校到学校，虽然理论知识较为扎实，也经历过系统的实践能力训练，但缺乏实际工作经验和实际教学工作经验。

最后，受资金、制度、场地等多方面因素的影响，用于实践教学的设备与场所不足，教学硬件不能营造出与一线媒体工作相同或相近的工作场景，满足不了“实战化演练”条件，自然也无法达到预期的教学效果。大多数在这样环境下毕业的播音与主持艺术专业学生只能选择在行业内进行再培训后再上岗，造成高校实践教学与行业的人才需求“脱节”。这些现实问题，直接影响并制约着播音与主持艺术专业人才的培养，难以保证教学质量，必须开发补充与优化改进。

二、融媒体环境下播音与主持艺术专业实践教学改革路径探索

（一）结合融媒体时代发展需求，更新观念，优化课程设置

1. 更新观念

在媒介不断融合的时代背景下，各类新型媒体不断涌现，使得媒体之间的竞争不断加剧。不过，这恰恰也给播音与主持艺术专业人才制造了更为广阔的就业、发展前景。在新的媒介环境中，工作的形态、方式、平台、理念等方面也都发生了变化，所以，现今社会、行业所需要的播音员主持人不仅仅是在直播间、演播间里，更需要其能随时转换角色从事与声音、艺术语言表达相关的工作中去。如：影视广告配音工作、公众号解说工作、网络视频主播、会议类主持、庆典司仪工作、企事业外宣工作等。应对时代潮流，高等教育需要培养出高素质、复合型应用型人才，应跟紧时代发展，紧密结合行业发展动态，着眼于学生成才和职业发展，改变传统教学观念，不断创新实践教学途径，积极探索人才培养新模式。

2. 优化课程设置

针对融媒体时代变革，传统以广播电视为基础的课程设置需要随形势而不断优化与完善，增加新媒体与特色课程内容。这里的“优化与完善”，是指在保留播音与主持艺术专业理论精华的同时，加入新媒体发展的需求。例如：在“电视节目播音与主持”课程中，可加入大小屏直播版块的内容，既可使学生们能在演播室内进行消息播送、连线、采访、主持，同时，也可以锻炼学生利用手机等自媒体多方位对事件进行全方位报道；在“播音创作基础”课程中，教师在讲述播音语言特点的时候，应加入现今的国内外时事，使得现在的“00后”学生，能在了解世界、地区消息的同时，了解播音语言“三性”、“三感”的特点；在“播音发声”实训课程教学中，保留《白云飞 白云飘》这种经过前人反复实践、检验、总结出来的“经典训练”素材，训练学生口腔控制、声音弹性等。

（二）积极应对媒介融合冲击，开发、整合实践课程的教学资源

实践教学是培养复合型应用型学生的核心环节，其效果也是学生接受社会、行业检

验的重要指标。丰富的实践课程资源是展开有效实践教学的提前和保障。

一方面，需要学校提供足够的经费支持，购买先进的实践教学设备，建设各类专业实践教学场地。为保障实践教学和与之相关的科学研究，应尽最大努力强化自身的实践教学硬件设施。

另一方面，需要整合资源，因为播音与主持艺术专业是一门综合性学科，所培养的人才应该是“杂家”，不仅具有艺术属性，还具有新闻等多重属性。所以，可以将其相关学科资源进行有效整合，拓宽“视野”，推动实践教学的创新与发展。

另外，播音与主持艺术专业学生在实践环节过程中，将会留下诸多“精彩瞬间”，如：广播电视节目的影像、音频资料；参加各类比赛的影像资料；策划栏目、演说等文字资料；这些同样都是极为珍贵的实践教学课程资源，应该搜集并整理，打造成具有学校特色的“教材”“范本”，进而总结、整理、编撰、出版。

（三）互动教学，深化实践教学，确保实践教学效果

播音与主持艺术专业作为一门实践性极强的学科，一定要坚持理论与实践的有机融合。在实践教学过程中，一般都是以继承传统性的“师傅带徒弟”“小课”模式进行，虽有针对性，但是也有一定的局限性。缺乏鉴赏、评论环节，学生的自主性、灵活性无法施展。当今课堂之中，新媒体知识内容较少，使得学生“视野”受限。在“文艺作品演播”课程中，可以通过师生共同完成作品，实践教学内容中，让同学们对作品进行讨论，充分调动学生的参与积极性，在课下也可通过网络、手机 APP 平台进行检查课后实践情况。

在播音与主持艺术专业实践课程中，可增加“以项目带实践”“以比赛带实践”的方式，把专业版块训练内容分成不同项目，采用师生一同“做作品”的方式，在共同完成“作品”过程中，增加师生互动，增强教师示范引领作用；也可以采用“情景教学法”，在实践教学环节中，设置场景、语境，使学生通过想象在特定的语境中进行讲述；还可采用新媒体平台进行“仿真”实践教学，特别是针对高年级学生时，在硬件条件具备情况下，可以“网络电台”“校园电视台”为契机，使学生融入完全“实战化”训练，使学生感受从编导、灯光、音箱、舞美、记者、播音员、主持人、编辑、摄像、制作、包装、营运等全方位感受一档节目制作的全过程，切身感受专业性。

（四）“内引外联”，建设专兼职结合的“双师双能型”教师队伍

播音与主持艺术专业有其自己的专业特点，最显著的就是突出的实践性，因此该课程对教授实践课程的教师要求较高。教师不仅要有较强的专业基本功，同时还需要具备较为丰富的媒体从业经验和实践能力。高校一方面可以加大对“双师双能型”教师的引进工作，另一方面，可以加强校台、校企、校地、校校合作，建立培训平台，既可以鼓励专业教师到行业中去挂职锻炼，在播音与主持艺术专业教师评职称环节时，可加入社会实践经历作为考量标准之一，从制度上向“双师双能型教师”倾斜。再者，学校应主动与媒体一线的专家、名师进行交流沟通，邀请业界的高职称、行业知名从业者来校或远程开展讲授和指导教学，可推行“教学、实战”双导师授课。让专业建设更贴合学生需要和市场需求。

（五）搭建融媒体实践教学平台，完善实践教学体系

网络移动终端的普及，使得信息更为快速、高效地传播，在很大程度上同时也提升了课下实践实训的空间。播音与主持艺术专业教学场所除了需要建设与广播电视媒体一线相匹配的专业演播室、录音室等专业教学设施设备以外，还应及时将新技术运用到实践教学之中，分版块、分小组、分课程建立师生微信群、专业教师交流群，利用手机APP，如喜马拉雅、蜻蜓等交流平台开展课后指导、专业探讨，以更好地进行课下交流，分享最新行业资讯、推荐美文、名家朗诵鉴赏、师生原创探讨等，搭建融媒体实践教学平台，形成新型互动式实践教学环节，完善实践教学体系。这不仅有助于实现信息实时共享，而且还可以提高实践教学的整体效果，激发学生的学习激情。

三、结语

媒介融合的时代，各类信息交叉贯通，行业与社会对影视传媒专业人才和语言传播人才的要求越来越高。在新时代新机遇面前，就影视传媒专业而言，其人才的培养应更具开放性、兼容性、创新性。同时，在地方高校整体转型的大背景下，转变教育观念，以培养实践能力为核心，积极研究创新教学改革路径，强化产学研的紧密结合，促进与行业、社会发展同步，重视学生就业与职业发展并行，努力提升学生的综合素质，才能更好地适应融媒体时代的人才需求。

【参考文献】

[1] 娄艳阁.从文字到作品——高校播音与主持艺术专业实践教学改革的探索与实践［J］.视听，2017（11）.

[2] 罗香玉.播音主持艺术专业教学改革途径探析展［J］.科教导刊（下旬），2016（01）.

[3] 鲁景超.传媒变局对播音主持人才培养的影响和要求——基于对中国传媒大学毕业生的问卷与访谈［J］.中国传媒大学学报，2016（04）.

[4] 彰雨晴，刘玉萍.媒介融合时代播音主持人才培养变革路径［J］.传媒，2017（22）.

双元制教育模式在机电类人才培养应用中的探索与研究*

汤瑞清　肖辉进　郭　利**

【摘　要】　在“智能制造 2025”的指导下，借鉴德国双元制教育模式，探索一条适合我校机电类人才培养发展的“三四三”模式，即三类校企共建模式、四步教学运行机制、三种考核评价方式，促进我校智能制造专业集群机电类人才的培养与发展。

【关键词】　双元制教育；机电；“三四三”模式

一、“双元制”教育模式

“双元制”教育模式，是学校教育与企业实践紧密结合、有机衔接的职业教育培养模式。学校与企业既分工又合作，注重提高学生的动手能力和综合素质。

德国在《德国 2020 高技术战略》中把工业 4.0 作为十大未来项目之一。双元制教育模式是建立由企业与学校共同对学生进行职业教育的人才培养体系。以企业作为主导，学校作为补充；企业进行职业实践能力的培养，学校进行职业理论的培养。二者优势互补而不是重复关系。

制造业是整个国民经济的重要基础，德国的“工业 4.0”，中国提出了“智能制造 2025”，都体现了对制造业的重视，探索机电类专业的教育培养显得尤为重要。

二、我校机电类人才培养现状

我校作为省委、省政府布局在川东北区域中心达州市的一所普通本科院校，有一定的区位优势。我校的机械工程专业，20 世纪 90 年代开始招生，中间曾停办数年，自 2010 年开始招收本科生，目前在校生人数在 400 人以上，远超很多传统专业。该专业

* 基金项目：四川文理学院校级教育教学研究与改革项目（2017JY30 双元制模式在机电类人才培养中应用的探索与研究）。

** 汤瑞清，男，讲 师，研究方向：机械电子工程。
肖辉进，男，副教授，研究方向：机械设计及制造。
郭利，女，助 教，研究方向：机械电子工程。

2013 年获四川省卓越工程师培养计划项目立项建设，2016 年机械电子工程专业获批招生。2017 年获应用型本科省级示范专业建设项目，2017 年获国家外专局立项，就工业机器人相关领域对德国进行了访问。以上足见省委、省政府对我校机电类专业人才培养的重视。机电类人才对于服务地方经济有着很重要的影响作用。近年来我校已培养数百名毕业生走入社会，社会反响良好，不少毕业生已成为企业骨干，担负企业重任。

我校机电类专业依托四川省卓越工程师培养计划项目和应用型本科省级示范专业建设契机，也进行了很多大胆的尝试。与四川省宜宾普什集团有限公司在 2014 年开始实施卓越工程师培养计划，累计联合培养学生上百名，取得了一定的成效。

该专业一般在第一学期组织专业见习，主要是了解行业特点，参观学习。第三学期组织校内金工实训，锻炼基本的动手实践能力。此外，还针对某一门专业课程进行课程设计。第七学期安排校外顶岗实习，实习时间三个月至九个月不等。

我校执行的“卓越计划”一般是在第六学期末或第七学期初由企业到我校进行宣讲，介绍企业概况、实习要求及实习计划安排等。企业根据实习生人数分配在岗期间的指导教师，保证每位工程师指导的学生不超过三人，以保证质量。

校方成立“卓越计划领导小组”，主要由学院分管领导、教研室主任、专任教师、辅导员、班主任等人员组建，负责全方位评价、筛选优秀学生进入企业顶岗实习。根据实习基地情况，校方定期派出经验丰富的教师进行现场指导、答疑解惑，同时做好企业与学生之间的沟通交流，进一步保证实习的效果。

学校同时与三江机械、达州周边的金恒机械、同达博尔、新达水泵、会欧建材机械等企业，重庆的隆鑫集团、雁山机械等摩配企业开展了一定的合作，组织学生参观学习，后期组织部分学生顶岗实习，取得了一定的实践育人的效果。

三、应用探索

德国双元制模式被认为是德国经济迅速腾飞的秘密武器，该模式在我校机电类人才培养上有一定的借鉴意义。

1. 三类校企共建实习实训基地模式

目的：(1) 探索企业主导、学校主导、校企共建三类校企共建实习实训基地模式。(2) 充分利用企业单位的资源，围绕生产与教学，将实习实训基地建成企业式学校、学校式企业，利用企业单位的生产设施、知识与技术技能，培养出更能适应职业岗位要求的高技术技能型人才。通过校企共建实训基地，实现实训基地产业化，改善办学条件，吸引产学合作企业。

目前我校尚缺少企业入驻型实践基地，学校各部门应加快与意向企业达成一致意见，争取早日建成。相关部门应利用我校专业优势积极引进企业，根据权重建成以企业主导、学校主导、校企共建这三类模式的实践基地，以尽快发展校园企业，为提高实习质量提供保障，以便将实习实训与专业课程学习有机结合起来。

目前我校机电专业与重庆某公司开展了新的合作，前期通过组织夏令营等活动，进一步拓宽了学生的专业视野，强化了学生的素质，提高其服务社会和适应市场竞争的能力。通过公司的推荐，学校顺利破解了以前依靠私人关系获取实习机会的局面。目前，我校已在宗申集团等大型企业展开学生见习、实习工作，有力地拓宽了实习基地的数量，同时保证了实习基地的质量，进一步加强了与企业间的联系，目前有部分企业已有在我校建立校内企业的初步意向。校方正在多方争取政策上的支持，为以后的实习实训探索新的道路。

2. 四步教学运行机制

目的：实施教师承担项目、项目对接课程、学生参与项目管理实施、生产实训同步的四步教学运行机制。

高校通过加强与各实践教育教学基地的合作力度，通过教师、学生承担企业项目的形式，不断提升教师队伍的素质，提高中青年教师的工程实践能力，加大双师双能型队伍建设，同时也能提高对学生的培养水平。

在普通高等学校本科专业类教学质量国家标准框架下，高校可以综合多家企业的需求，适时的对人才培养方案进行调整，开设必要的对接课程，实现实践促教学，在教学中加大实践环节比重。此外，还可以组织企业技术人员与实习学生形成师徒结对，共同参与企业具体的项目管理与实施，锻炼学生的综合素质。学生要真正的加入企业管理与项目实施的环节，而不是单纯的顶岗工作。校方应与企业协商，在安排实习计划和实习岗位时，要具备一定的综合性，能让学生了解生产的各个环节。不建议企业在学生见习开始就安排重复、机械的岗位，这样既不利于学生拓宽知识面，又会给学生造成负面影响——“重复、机械”的工作势必会让学生产生一定的负面情绪。

校企合作能有效实现生产与实训同步，通过项目的形式提高教学团队建设成效，促进课程建设，提升人才培养质量。单纯的校内实习很大程度上不能完全体现整个生产环节，因此，学校通过与企业方的协作，做好学生的实习实训工作，能大大提升实习效果。比如零件测绘，这一环节学校基本安排在实验室进行，如果能与企业维修部门或相关设计部门结合，定能加深学生对课程的理解，提高课程的应用能力；又如金工实习，很多年来，学校都是通过加工一把“小锤子”来熟悉基本的机械加工工艺，这一实训环节如果能与生产见习结合起来，效果肯定会更好；再如机械设计课程设计、模具设计课程设计，如果能首先根据企业相应的需求展开一定的课程培训，相信课程效果定将提高很多，定能大大推动应用型人才的培养质量。

3. 三种考核评价方式

三种考核评价方式，即学校考试、企业考核、职业技能认证三种考核评价方式相互结合。

一直以来，在校学生需通过学校组织的基础理论课程考试，我们建议，今后学校在对学生的测试中，应坚持三种考核评价方式相结合，打破以试卷为主的局面，适当降低卷面成绩比例，同时在试题内容上降低理论知识的考察，加大对应用能力的考察，增加实践环节所占的比例。另由企业组织对学生实习实践技能水平的考核与评定，具体内容、形式均由企业安排的导师确定，这也要求企业方与校方充分论证，在实习计划中就拟定考核目标，实习前就做好学生的思想准备工作，使学生实习更具有针对性，以保证实习效果。

学生还可参加职业技能培训，通过实习实训掌握必备的技能；通过参加相关行业技能考试，获取相应的职业技能资格证书等；通过学校的专业学习，企业中的实习实训，达到提高职业技能取得职业资格的目标。目前，我校已通过了省职业技能鉴定中心的考察，职业技能鉴定方案即将运行，这必将促进机电类人才职业技能的提高。

四、结语

本文探讨了校企共建模式、教学运行机制和学校对学生的考核评价方式，这些探索需要在接下来的人才培养中加以检验，并进行进一步的思考、深化。

“双元制”教育模式在很大程度上值得我校学习、借鉴，以提高我校机电类人才的培养，但在学习、借鉴过程中，需要我们结合学校的实际情况，深入展开“大学习、大讨论、大调研”，努力寻求人才培养新思路、新方法，切实提高应用型人才培养质量。

【参考文献】

[1] 牛金成.“双元制”视域下德国职业学校课程结构分析 [J]. 职业技术教育，2017，38（16）：70－74.

[2] 胡越，涂颖清. 德国“双元制”职业教育的特点与启示 [J]. 职教论坛，2017（14）：90－92.

[3] 陈德泉. 德国“双元制”职业教育的重新审视 [J]. 中国高教研究，2016（02）：92－96.

[4] 姜良宝. 机电实训教学的改革与探讨 [J]. 科技创新导报，2015，12（19）：147－148.

[5] 黄智晗. 与生产实际相结合，提升机电实训的教学质量 [J]. 陕西教育（高教版），2008（06）：43－49.

[6] 张燕，史留勇，刘世豪，等. 基于社会需求的机电一体化人才培养模式的探索与实践 [J]. 海南大学学报（自然科学版），2014，32（04）：389－393.

[7] 张鹤. 适应机电行业需求的工程人才培养体系研究 [D]. 哈尔滨理工大学，2015.

[8] 王正初. 地方院校校企联合培养机电人才的模式研究与实践 [J]. 科技信息，2009（23）：165.

加强制药工程专业实践教学的思考

朱　辉　孙家英　彭林彩*

【摘　要】　制药工程专业是培养技术应用型人才的一门学科，实践教学在人才培养计划中占重要地位，它有助于提高学生对专业理论知识的理解，加强学生的实践动手能力，促进学生就业发展。构建制药工程实践教学体系是进行教学改革的重要内容。本文主要针对我院制药工程的教学情况，归纳了实践教学中所遇到的一些问题并提出建议。

【关键词】　制药工程；实践教学；应用型

近年来，学校教育更强调学科知识体系而弱化了工程背景，这使得工程教育被过于科学化和理论化[1]。制药工程专业培养的重点是偏向技术应用型人才，因此如何在实践教学方面适应教育宗旨，是培养应用型人才的关键环节[2]。随着我国的药学教育行业教学改革的不断深入，实践教学作为教学改革的重点，引起了教育部及各个高校的高度重视，深入思考实践教学的改革，进一步推动实践教学改革的步伐，无疑对提高专业教育质量，培养应用型人才，加快制药行业的发展具有极其深远的意义。

一、制药工程专业实践教学的重要性

（一）实践教学的地位

制药工程专业是奠定在药学、生物技术、化学和工程学基础上的交叉专业，是一门工程技术学科，它解决了药物生产中的工程技术问题。制药工程专业是一门技术含量高、学科范围广、应用性强的专业，培养具有药学基本理论、基本知识、基本技能，具有对药品新资源、新产品、新工艺进行研究和设计的能力，能从事医药生产，懂得科技开发、产品经营的高级工程技术人才。同时本学科所涉及的理论、设想和研究都必须依赖于实践来完成。因此，实践教学在制药应用型人才培养过程中占据着重要的地位，是

* 朱辉，男，助教，专业方向：制药工程。
孙家英，女，教授，专业方向：制药工程。
彭林彩，女，助教，专业方向：天然产物提取与活性研究。

教学的关键，具有其他任何教学方式都不可替代的独特作用，学生在实践教学中不仅能学习到科学实验的基本知识、方法和技能，更重要的是受到了严格的科学作风训练，培养科学的世界观和方法论。同时，企业迫切需要的是有资质的专业化工程技术人才[3]，而不是进入企业后需要长期适应学习的毕业生。若学校仅拘泥于书本知识，与实际生产脱节，学生缺乏实践经验，动手能力差，创新意识薄弱，不能快速融入社会，便会成为制约学生就业的瓶颈，降低学生获得工作的概率。学校通过开设有效的实践教学，可让学生深入实际，掌握生产一线情况，积极调整自身符合企业对人才的需求，改善就业情况。

（二）制药工程专业实践教学的意义

制药工程专业中，教学环节包括理论知识教学和实践教学两部分，学校要根据本专业的特点和任务，培养出能直接服务于生产一线，既懂制药，又懂工程，还能独立解决制药过程中工程技术问题的应用型人才，因此实践教学是专业建设中不可分割的一部分，其重要性不言而喻。梳理好理论教学和实践教学的关系，强化实践教学在制药工程专业上的地位，不仅是提升制药工程专业学生创新素质和实践能力的一种良好途径，更是为制药工程专业的理论教学提供了良好的补充和参考。

二、面临的问题

（一）实践教学的重要性认识不够

长期以来，我国的工科教育以传授系统的专业知识为中心，在教学中，“重理论，轻实践”和“重课堂，轻课外”的倾向普遍存在[4]。一些学生没有认识到实践教学的重要性，认为实践教学只是“走形式”挣学分的工具学科，自身并没受到多少锻炼，还总是找借口逃避实践。而一些老师也认为实践教学是理论教学的“外围辅助”，领着学生到实习单位走马观花，对教学准备重视度不够。由于老师在态度上对实践教学不重视，从而导致教与学都不够上心，因此，即使进行了实践教学，也达不到相应的教学目的。

（二）实习单位联系落实不易

对药企来说，学生的实践教学对他们并没有直接利益关系，相反有些时候甚至可能会增添很多不必要的麻烦，如生产实习过程中要派相应的人手指导，如学生操作失误而造成损失，生产工艺的保密工作，等等。作为高技术、高风险、高投入的制药企业，可能会因自身生存发展的需要和技术保密等因素，不太愿意接纳学生[5]。而根据 GVP 要求，进入企业组织生产的车间和机房，对人员有专门的要求和限制，而实习学生在一定程度上也会干扰企业自身的秩序。诸如此类的实际问题，让许多药企不太愿意与学校合作，或者作为学校的生产实习基地。

（三）实践学习设置不合理

由于国内制药工程专业设置时间不长，尚未形成统一的可参考的实践教学方案，因此，各院校在实践教学中，根据自身及当地的情况进行安排。高校受经费紧张和实习单位落实困难的影响，有的学校在实践教学的安排上时间较短，内容设置也不够规范。针对制药工程专业所具有的特殊性和整体性，学生在实习过程中需要较长的时间去学习和适应，而整个生产单元是非常繁琐的。生产一种产品需要多个生产环节和生产线，安排较短的时间学习很难让学生全面地掌握制药工程的生产操作。由于实习时间短，有的学生可能对某一个生产流程较为清楚，但对整体的生产流程不了解，也不明白自己所学部分如何与其他环节衔接起来；有的学生对整体生产程序清楚，但具体到某个生产环节却又不知道了。另外，在实习过程中，企业方面出于对学生操作不影响实际生产及人身安全、工艺保密等因素的考虑，也尽量减少学生上岗操作的机会，只是让学生走马观花的进行实习。这些都导致了学生在实习过程中很难学到扎实有用的第一线的生产知识。

三、解决问题的建议

（一）强调实践教学的重要性

学校通过会议、文件等形式向教师、学生强调实践教学对于工程类专业学生的重要性，制定相关的考核奖励规范及制度，保障实践教学的顺利实施。学校可以针对不同的企业，制定不同类型的实习指导书，规定相关的实习要求和内容，通过学分的完成保证教学质量。鼓励教师前往企业参加培训，并在企业学习期间给予相应的津贴支持，在职称等考评上给予政策倾斜，以保证有充足、优秀的实践教学师资。

（二）多途径加强校企合作，建设实习基地

搞好实践教学工作的重要任务，就是建立和完善一批承担实习的基地。实习基地一般来说，可分为校内和校外实习基地。校外实习基地是学校与外界沟通的桥梁，双方可以利用各自有利的条件，优势互补。学校应与各企业、院所建立良好的合作关系，支持学生根据就业倾向去感兴趣的企业单位实习，如生产企业、精品销售公司、医院等，并分别制定不同类型的实习指导书，规定相关实习要求和内容，以保证实践教学的效果。

（三）创建实践教学的机会

制药工程是实践性很强的学科，这不仅体现在学校的实验教学上，还体现在全面的模拟实践上，因此，高校需重视实践平台的建设，提高学生创新意识和实践动手能力[6]。药品经营质量管理规范（GSP）是对药品经营的全过程（包括购进、储存、运输和销售等）进行质量管理，是药品生产质量管理的延伸。药品经营企业必须通过 GSP 认证，这也就是制药工程的学生必须了解和掌握 GSP 的关键原因。通过系统的 GMP 和 GSP 情景模拟，可以加深学生对它的认识和理解，提升专业能力[7]。

高校与企业的合作，可以充分利用企业工程技术人才和设备优势，培养和锻炼学生的工程实践能力。加强校企合作，创建更多实习机会，可以使学校由简单的教学为主、实验为辅的教学模式改进为校企合作教学和工程实训一体化模式，促使实践与理论相结合，丰富学生的实践能力。现今，我院与制药工程各相关企业的合作并不多，很多学生也并未在各制药相关企业中实习，发挥不了专业优势。所以，我们需发展与企业的合作关系，并在满足教学的情况下支持企业工作，充分发挥企业作为实习基地的作用，以达到双赢的目的。

（四）在实践中逐步规范和优化实践教学的内容安排与课程设置

针对实践教学存在的教学时间不足、内容设置不规范的问题，学校应就不同的实习基地，设置不同的，且切实可行的实习方案，建立一套科学合理的管理、评估和监督机制，这是保证生产实习良性运转的重要因素之一[8]。针对药企，学校可以采取校企结合的管理模式，管理的内容可包括：实习计划的组织、实施、检查和监督等。学生在具体的实习过程中，实行“岗位师父负责制”，“师父”负责学生的岗位训练和操作指导。指导教师全程跟踪学生的生产实习，结合企业的实际生产流程进行专业知识的讲解，以拓展教学内容和改善教学方法、完成对制药工程专业学生专业知识的再培训。在实践教学的时间安排上，如学校的经济状况和实习单位允许的条件下，可适当延长实习时间或针对实习企业的生产情况调整实习计划。

四、总结

制药工程是应用型比较强的专业，实践教学是本专业本科教育的重要组成部分，是提高学生实践能力和综合运用专业知识能力的必要环节，也是实现人才培养目标的有效途径和重要保证。因此，如何建立有效的实践教学模式，是本专业所有教育工作者需要认真思考的问题。

【参考文献】

[1] 曹广胜. 基于现代工程教育体系的实践教学改革与实践 [J]. 实验技术与管理，2013，30 (10)：11−14.

[2] 林强，李可意. 制药工程专业实践教学体系的探索 [J]. 北京联合大学学报：自然科学版，2007，21 (4)：85−87.

[3] 冯修猛，刘春凤. 制药工程专业实践教学的改革与探索 [J]. 实验室研究与探索，2010，29 (7)：283−285.

[4] 汪筱兰. 加强实践教学环节，为工科学生提供施展才能的平台 [J]. 中国现代教育装备，2007 (11)：121−123.

[5] 张国升，宋美. 校所企三位一体培养卓越制药工程师 [J]. 药学教育，2013，29 (5)：55−57.

[6] 于奕峰，刘方方，等. 化工制药类专业创新实践平台建设的探索与实践 [J]. 化工高等教育，2007，1 (3)：35−38.

[7] 张圆圆，王乾，郭慧，等. 复合型制药工程专业人才培养模式探索 [J]. 广州化工，2015，43 (16)：223−225.

[8] 李昆太. 制药工程专业递进式实践教学体系的构建与探究 [J]. 大学教育，2013 (1)：116−120.

关于服装与服饰设计专业的教学实践的创新研究

金小风*

【摘　要】服装与服饰设计专业出现在国内高校的时间还比较短，在教学实践上还有很多创新方式可以实现更好的教学，为学生们创造多元化的课堂展现形式。通过教学实践的探讨与教学创新的多方实验，以此激发学生们更加积极地学习服装与服饰设计专业知识。

【关键词】　服装与服饰；创新教学；多元化

一、国内外现状分析

经过对国外高校在服装与服饰设计专业教学领域的多方调查，笔者发现服装与服饰专业在国内外的现状还存着较大的差距。由于西方发达国家的服装与服饰专业创办时间长久，教学经验丰富，并且拥有较为强大的设计专业人才和硬件设施，使得他们的学生在服装与服饰设计专业上创新能力很强。

（一）国外发展现状

英国艺术设计殿堂级的院校——伦敦中央圣马丁艺术与设计学院，是伦敦艺术大学的一部分，是世界四大时装设计学院之一，为服装与服饰设计专业培养了大批的人才。位于伦敦市中心的中央圣马丁学院是英国最大的艺术与设计学院，它作为盛产时装设计名师而闻名国际时装界，其时装设计专业毕业生大多被 Dior、Gucci 等诸多国际时装品牌公司聘用，每年伦敦时装周上的毕业生时装作品发布会已成为诸多国际时装品牌和国际时装传媒关注和挖掘设计新秀的焦点。该校提供的课程十分广泛：时装和纺织品、美术、媒体制作、平面设计、戏剧和表演、三维设计、跨学科艺术和设计等。

从 20 世纪 60 年代至今，中央圣马丁学院被认为是英国最好的艺术与设计学校，培养出许多知名的学生，包括平面设计大师艾伦·弗莱彻、吉尔伯特和乔治，表现派的卢西安·弗洛伊德，特纳奖得主安东尼·葛姆雷爵士、理查· 隆恩 、约翰·加里亚诺、

* 金小风，女，四川文理学院助教，研究方向：服装与服饰设计。

亚历山大·麦克奎恩、保罗·史密斯，工业设计大师詹姆士·戴森，苹果设计总监乔纳森·艾维，笔记本电脑发明者比尔·莫格里吉、奥斯卡影帝科林·费斯等。同时中央圣马丁学院学生也控制着众多企业的设计路线，如戴森、PUMA、Habitat、亚历山大·麦克奎恩和斯特拉·麦卡特尼等。中央圣马丁学院和业界保持着深入的联系。宝洁、阿迪达斯、飞利浦、三星、奥迪、可口可乐、Gucci、欧莱雅、英特尔、欧洲最大移动营运商 Orange 和麦肯世界集团都在学院设有课题和项目。而学院更是独占来自 LVMH 集团的内部项目。学生在课堂上所做的作品，是英国艺术和设计方面最具有多样性和广泛性的课堂作品。中央圣马丁学院至今仍是世界最受推崇的艺术与教育机构之一，在当代艺术、时装、工业设计、视觉传达、三维设计和表演艺术方面有强大的研究和教育部门。

如今中央圣马丁学院隶属于伦敦艺术大学之下，这所学校在 2004 年升格为大学。学院也于 2011 年搬入位于国王十字区的新校址。中央圣马丁艺术与设计学院校史虽然不长，但由于继承了优异的师资，同时又身处世界潮流中心之一的伦敦，因此也成为孕育顶尖设计师的摇篮。

（二）国内发展现状

在国内比较著名的服装与服饰设计院校，有上海东华大学的服装学院、北京服装学院，以及浙江理工大学的服装专业等，它们都是中国服装与服饰专业教育的领头羊。由于中国的快速发展，科技的进步和信息的全球化，人民物质生活水平跨越式的提高，时装开始成为人民的生活追求之一，这也促使了服装与服饰设计专业进入大学殿堂，并越来越普及。但由于我国时装发展落后于国外，大学的教育还处于初级探索阶段，所以在教学方式上我们更应该在学习国外的教学基础上去创新和开发适合我们自己的教育理念和创新的教学方式。社会上出现的大量服装设计大赛也间接地促进服装设计专业的发展和人才的培养。

二、教学实践和教学成果

四川文理学院的服装与服饰设计是近几年才开设的，犹如一个新生儿一般懵懂。但是学院大力支持这个专业，在开设本专业时就配备了超越很多高校的硬件配置，如智能六头九针的平绣机，这种平时在工厂才能看到的机器出现在了我们学校的教学课堂中。学校出资供专业老师去培训学习，只为了能够培养出多方面的服装专业人才以服务社会。通过对多家工厂的调查，我们得知现今在服装市场中尤其是刺绣印染等方面非常缺乏专业性人才。因此学校开设这样的课程大大地提高了我们学院学生的就业率。我校新型的校企合作方式也为学生提供了工作机会，当他们在学校时就可以提前体验工作流程，锻炼能力，为他们将来的工作积累了宝贵经验。

为了培养全方位服装设计人才，学校开设了多门与之相关的课程。笔者就如何创新服装与服饰设计专业的教学进行了一些探索。

（一）“化妆与造型设计”教学实践和教学成果

服装与服饰设计专业新开设了“化妆与造型设计”的课程，笔者有幸担任此门课程的专业教师，该课程作为服装专业课程的辅助课程，在时装设计的培养工作中占有极其重要的位置，同时，时装界各大时装周以及各类时装杂志，也都不能缺少化妆与造型设计。此课程笔者虽然有一定的专业教学基础，但是为了让学生体验和学到更加贴合市场的化妆与造型设计，笔者特意聘请了在此方面有专长的专家辅助教学。在课前，笔者与专家进行了深入讨论：如何在课堂上实现有效教学？以何种形式呈现专业知识才能让学生更好地掌握教学内容？如何让市场进入教学，让学生掌握市场动态和时装潮流？最终的教学成果以一种什么样的方式来呈现？讨论后，我们会针对自己提出的问题而给出相应的解决办法。课堂上我们以数轴线的形式讲授，从点到线，到面，全方位覆盖，让学生对该课程有直观的了解。同时，外聘专业老师以专业的化妆与造型手法就地实践教学，手把手教授学生，促使学生深入学习，让学生多动手，多思考，多创新。最终，该课程以时装秀的动态展示方式呈现出来，获得了校内外的大量好评，也大大地提升了学生的审美能力和自信心。

该课程结束后，笔者将教学过程重新进行了梳理总结，发现该课程虽然形式新颖，成果也比较理想，但是还有很多不足，在教学过程中，教师不应该仅限于课堂教学，更应该带领学生深入市场，积累经验，为学生提供更加充分的学习环境。

（二）“服装面料与辅料设计”教学实践和教学成果

经过上一门课程的创新教学尝试后，笔者有了更多的信心去开始后面几门课程的教学。“服装面料与辅料设计”这门课程是服装专业的老课程，在教学上很难有创新。但对于服装这个百变的专业来说，追赶潮流已经不是设计师的任务，创新潮流才是每个服装设计师应该具备的素质。面料作为服装的三大要素之一，已经表明其在服装设计中的重要地位。尤其当今的世界和中国都处于高速发展的阶段，面料成为各大品牌的重要武器。教会学生如何创新面料是本门课程的重中之重。在教学上，笔者结合以前的教学经验，并根据市场需求做出了创新。例如，传统教学多以课堂教学为主，讲解传统面料和面料历史，但是笔者大胆尝试带领学生去面料市场进行市场现场教学，并鼓励学生用高科技的技术和材料来创新面料设计。在讲授国外先进案例时，带入中国服装面料市场的现状，让学生结合我国服装的发展现状创新面料。

在该课程中，学生们不但掌握了传统教育中应学习的知识，同时多次的实践教学让学生的动手能力大大加强。而市场的实践教学也让学生们同步掌握了当今的潮流趋势，为他们创造了更好的工作前景。

（三）“立体裁剪”教学实践和教学成果

“立体裁剪”是服装设计专业的主干课程，现今简单的服装款式已经不能满足人们的审美需求，越来越多的服装品牌追求款式的变化，而立体裁剪便是最好的设计形式。这门课程教授的好坏直接影响着学生在以后的服装职业生涯中的发展前景。在这门课程中，笔者以大量的实例和视频资料为学生开启立体裁剪的大门，现场面对面的创作教学让学生直接地通过实践进行学习和解决问题。每堂课都以全新的主题进行创作，不限制学生的想象力和创造力。在完成一件衣服的创作后，给学生足够的思考时间，并在此基础上创新服装，最终以一个全新的作品呈现出来。

三、教学实践总结

以上几门课程的实践教学，过程虽然美好，但是遗憾终究难免。美好之处在于创新成果的分享和学生的进步，遗憾之处在于可能有更好的创新教学形式没有被开发和应用起来。对此，我们更应该多方学习，提高自己的专业能力和素养，在创新教学上不断努力前行，为以后每一位学生的全面发展而不断努力。

A高校物流管理专业实践教学探索*

王情香**

【摘　要】 应用型高校在转型发展中，需要注重学生的综合应用能力，应将学生的实践能力摆在培养的首要位置。本研究在A高校物流管理专业实践教学建设中取得了一定成效的基础上，分析A高校在师资队伍、教学保障、实践课程等方面存在的不足，探寻A高校物流管理专业实践教学建设与改革的发展路径。

【关键词】 物流管理；实践教学；高校

物流行业是新兴的、发展迅速的生产性服务业，与传统服务业的最大差异在于其技术性的要求较高，职业活动相对复杂。而高等教育的人才培养目标是培养高素质应用型人才，相对于其他经济管理类专业，对物流专业实践教学的要求更高。A高校从2015年起开始建设物流管理专业，经过3年多的实践和探索，从专业的实践教学体系构建以及课程的教学改革上，都进行了大量的尝试和探索，积累了一定的建设经验。

一、A高校物流管理专业实践教学现状

（一）校内实训室建设已具雏形，具有一定的现代化水平

物流行业作为现代生产型服务业，其表现出对现代技术的依赖，比如，物流机械设备、电子信息技术的使用等。科技的发展及其在物流领域的运用，将大大改变传统物流的落后现状，提高企业的物流效率，降低成本。为充分体现“应用”的内涵，满足学生对物流的基本认知和操作实训，A高校已建成物流实训室，实训室涵盖了目前物流业所使用的各项先进技术，包括电子货架、条码技术、自动分拣技术、GPS、GIS、RS以及RFID等技术，学生在实训室的每个角落，都能真实地感受现代技术对物流行业的巨大影响，并通过训练和学习掌握物流先进技术。

---

* 基金项目：2016年四川文理学院校级研究项目“应用型本科院校与属地产业合作对接研究——以物流管理专业为例”（2016GJ001Z）。

** 王情香（1984—），女，湖南常德人，讲师，硕士，研究方向为区域经济学。

（二）系统和硬件可实现简单整合，仿真模拟促使学生自主学习

众所周知，信息流在物流中意义重大，现代物流中信息系统的应用普遍而广泛。A高校新建了仓储配送信息管理实训室，该实训室以物流业务流程为基础，以物流系统为模拟平台，以先进的物流设备如条码、射频、电子标签等为实现手段，形成一个整体、先进、实用、经济的现代物流综合模拟实训室。而这种模拟，既区别于传统的电脑系统模拟，又区别于物流硬件设备的简单观摩和演示，而是通过物流流程将现代物流的核心活动——订单、仓储配送、运输、库存控制以及企业的真实需求与先进、实用的物流设备联结起来，以期形成真正意义上的综合实验实训，以期达到一体化物流的模拟效果。

（三）物流管理专业课程建设取得了一定的成果

高等教育应坚持以服务社会为宗旨，以就业为导向，以提高质量为核心，以增强特色为重点的建设目标。物流管理专业的人才培养要为区域经济服务，教学内容和课程体系的设置要和地方经济相结合，以培养生产、建设服务和管理相结合的高端应用型专门人才为主要任务。建设适合物流管理专业、物流行业需要和地方经济实际的课程体系是十分重要的。物流人才培养目标既是高等物流管理专业的教育目的，也是高等物流管理专业课程体系建设的起点。目前，A高校物流管理专业分农村电商课组、智能物流课组、供应链金融课组复合培养多元型人才。学校根据企业对学生应具备的职业岗位能力的要求，将调研分析得到的各岗位对应的基础通用能力、专业通用能力以及专业核心能力三个方面进行汇总，以准确把握企业对物流专业毕业生的能力要求。

二、A高校物流专业实践教学面临的主要问题

在A高校物流专业实践教学体系的构建过程中，既要关注原有的实践教学体系的特点与基础，也要关注物流行业发展的需求，因此，在实践教学体系构建中主要存在以下几个方面的问题。

（一）物流行业特点给实践教学带来的困难

物流行业的不安全因素较多，很难进行顶岗实习，这主要表现在两个方面：一是物流企业多处于城市比较偏远的地带；二是物流作业过程中有很大的风险性，这些风险包括交通、货物堆码、搬运等，学生很难进行岗位上的实习。因此，在过去的很多年中，学生的岗位实习多停留在“走马观花”的层面上。同时，物流企业类型、岗位种类很多，学生很难进行轮岗，这给提高学生实践技能带来了很大困难。

（二）师资队伍的问题

由于物流行业在我国属于新兴的行业，在专业建设初期，该专业的教师多是从学校原有市场营销、电子商务、工商企业管理等专业分离出来的，教师缺乏实践经验，指导学生进行操作时难免会出现和现实脱节的问题。比如，教师在指导装卸搬运时，由于老师没有实际的线路规划、现场叉车操作的经历，在授课时也只能是理论上加以指导和讲授。

为了使实践教学更好地贯彻和落实，积极探索师资队伍建设的路径，应注重提升教

师的实践能力和职教能力。教师应定期进行岗位实践和挂职锻炼，对岗位技能、知识等进行实践和学习，或者针对企业和岗位编写实践教学案例，使教师的实践水平和企业发展一致；教师实践教学能力提升路径单一，基本靠短期的软件培训和自学，部分教师通过教研室集体研讨的方式进行提升，但缺乏更大范围的同行交流及海外学习等机会，使教师在实践教学设计、实施和考核等方面有所欠缺，实践教学效果缺乏可持续发展性。

（三）校内实践教学保障问题

由于物流行业、专业建设都处于发展的初级阶段，对专业培养岗位定位、岗位能力等缺乏系统的研究和规划，因此，校内实训条件缺乏，更没有针对岗位能力培养的系统规划。

1. 校内外实训条件建设

A 高校围绕物流管理专业基础岗位、基本知识和能力的培养，在校内建立了电商物流综合实训室、ERP 决策实训室、模拟银行实训室等，以及仓储管理软件、运输管理实训软件等。实训室可容纳的学生量平均不到 30 人。为了提升物流专业的综合能力，建设了电商物流综合实训室，以培养学生物流综合能力。目前建设的实训中心的技术水平、岗位数还满足不了学生的技能学习和岗位锻炼，校内实训条件还有待优化。为了保障学生岗位实习要求，校方与仓储配送企业、第三方物流企业等多类型企业建立合作关系，满足学生岗位认知和顶岗实习要求。校外实训层次不能仅停留在熟悉流程上，更多的应学会实训的深入运用，如掌握开展流程优化、工作模块的合理化处理等。

2. 实训考核体系建设

考核体系建设主要分成两个方面：一是考核内容；二是考核方式。考核体系的建设紧紧围绕实践教学体系进行，不仅应注重理论知识的考核，更要重实践操作考核，使学生能明确学习的任务。根据实践教学的推进，急需进行动态地考核方式改革。目前，A 高校物流管理专业考核方式局限于理论考核，对学习过程、实训操作的考核较少，对操作规范及团队考核较少。在整体的教学中，如何对实践教学的过程进行有效的测验，是提高实践教学效率的重要问题，但是，在现有的实践教学项目设计中，学校基本上没有相应的测验和详细的考核标准，即使有，其考核方式也不够明确。

（四）课程实践教学的主要问题

1. 设计零散，缺乏整体性

目前，实践项目的设计往往穿插在不同课程里面，由不同课程负责开展实施，设计目的主要是针对教学过程中的重要知识点和环节。虽然实践项目的设计目标明确，实践比例大约为 20%，但是针对阶段性教学内容设计的实践教学项目较少，实践中注重技能和流程的熟悉，应用拓展性训练较少，如开展路径优化训练、物流园区规划等方面的实践操作能力较弱，从而显得整体性较差，层级不高，实践教学实效有待提高。

2. 设计缺乏规范

实践项目设计中，缺乏对过程和操作步骤的设计，操作起来较为困难。比如，“采用合适的方式从出库房取出货物，然后让学生 4 人为一小组，小组厘定方案、讨论如何解决，并展示具体实施”。虽然该设计包含了方案的评比和具体实施的评比，其评比指标包含时间、成本、安全等要素，但是，对如何组织、如何展示分析的结果等，缺乏严谨的设计，而且过程比较简单化，因此，过程设计的严谨度有待提高。

3. 实践教学形态多变。实践教学项目的设计形式多样，教学方式中的案例教学、项目教学等缺乏基本的规范。在实践教学中，由于主体的不同、课程的差异等，每个实训项目的基本形态差异较大。

高等教学改革的推进，只有通过专业的不断改革得到解决，而行业的特点是固定的，不会随着专业改革得到改进和提高，因此，必须依据专业自身的特点调整建设思路，使学生的实践能力得以提高，保障人才培养目标的实现。

三、A 高校物流管理专业实践教学发展建议

（一）建设符合专业能力培养的立体化实训基地

为了更好地满足物流企业对各岗位专业技术人才的需求，A 高校应构建该基地——一个立体化、符合行业发展需要、适合专业能力培养目标的校内实训基地，该基地不但要能满足本专业实训需要，而且还能为市场营销专业、电子商务专业、工商企业管理专业、财务管理专业的学生提供校内技能实训的场地。

（二）校外实习基地建设

学校应积极探索校外实习基地建设的有效途径和方法，使校外实习实训基地能更好地服务于人才培养的需要。

1. 尝试“集团班”订单培养模式

与集团合作办学，校企共同开发培养计划和实施教学管理，使学生充分了解物流活动的服务对象、服务过程及服务内容，与行业实现零距离的接触；同时，也促使专任教师通过与企业的交流提高实践教学能力。

2. 校内实训基地产业化，把企业真实业务引进学校。在实践中，与属地企业签订学生顶岗的校企合作协议，以公司的实际业务内容为载体，在公司业务人员的辅导、培训、带领及帮助下，学生以校内实训室为基地，在业余时间里（特别是毕业季），以公司员工的身份，以我校学生及附近社区居民为服务对象，开展快递业务实训，提高实际应用能力。

（三）实践教学的管理与规范

A 高校为了提高实践教学的效率，对实践教学的落实、执行过程进行规范管理，制定了各种规范性文件。

1. 实践教学的流程规范

为实现对实践教学过程的有效管理，规范操作，A 高校形成了实践教学变更调整流程、实践教学安排流程（包括校内外实践教学）、毕业实习顶岗安排流程表的管理体系，实践教学过程依照教学流程进行管理。

2. 实践教学文件的规范

为了更好地推进实践教学，A 高校从教学文件上对其进行了规范，使教学按照规

范的设计进行，尤其是针对课程的实训、独立实训等项目在设计上进行了有效的规范；同时根据学校对实践教学的管理，进行日常检查、监督和考核。

3. 重点进行优质核心课程建设，带动其他课程的改革

高校在课程建设中，首先应关注优质核心课程的建设，以此带动课程的全面改革。A高校物流专业在示范课程建设完成之后，立即开展了核心课程的建设工作，包括仓储配送管理、电子商务与物流配送管理、冷链物流等课程，并以此带动其他课程的建设，让教师积累课程建设的经验。同时，学校基于就业方向系统化进行课程开发，并全面进行了课程内容的整合和改革，提高其示范效果。

（四）考核体系建设

课程的考核内容应包含多种元素。比如，在仓储配送业务中，安全是最重要的因素，因此，在实践过程中，应加强安全意识的考核，凡学生在作业过程中违反了安全规定，成绩即判为零分；物流注重效率，因此，应在物流竞赛考核中规定完成任务的时间，能否在最短时间内完成任务成为能否赢得比赛的关键因素。

此外，针对实践教学体系的三个层次，其考核内容与考核方式也应有所区别。理论实践一体化课程的考核内容主要是基础理论与基础技能，强调“够用”为度，考核方式是理论考核、过程考核和操作考核；独立实训的考核内容主要是操作技能和职业素质，考核的方式主要是操作考核和过程考核；技能大赛主要是核心技能与团队合作能力的考核，考核的方式主要是操作规范考核和团队考核。

【参考文献】

［1］陈解放. 基于中国国情的工学结合人才培养模式实践路径选择［J］. 中国高等研究，2007（7）.

［2］王情香. 达州物流生态圈可持续发展研究［J］. 四川文理学院学报，2018（1）.

［3］李国艳，天鸣. 系统化实践教学体系（第一版）［M］. 北京：经济管理出版社，2012.

［4］宋丽丽. 高职“五化一体”职业素质教育模式的实践［J］. 辽宁高职学报，2014（3）.

［5］李国艳，郭兆平. 创新实践教学体系培养高素质物流管理人才［J］. 中国职业技术教育，2013（11）.

财务管理专业实践教学互动机制的建立*

张　源**

【摘　要】　财务管理实践教学是应用型本科教学的重要环节，以培养学生专业技能、提高实践能力为宗旨。目前，本校财务管理专业在实践教学上主要采用依附理论教学体系形成的点、线结合的纵向实践教学体系。但现行的实践教学模式、实践教学内容等却已无法充分体现财务管理专业的特色，不能满足用人单位的需要。

【关键词】　财务管理；专业实践教学

实践教学作为应用型本科院校财会专业教学的重要环节已在各大院校教学的实践中被广泛运用，而“建立财会专业校内外实践教学互动机制的研究”就是一种贯穿人才培养全过程、以综合素质为基础、突出应用能力培养的创新型实践教学模式。塑造“诚信、济世、敏学、尚能”的特色财经文化，培养“信、济、敏、能”四位一体的高素质应用型人才正是这种新型实践教学模式所要达到的培养目标。

一、财会专业校内外实践教学互动机制的建立

校内外实践教学互动机制，即在财会专业人才培养计划的各阶段、各教学环节中，充分利用校内外资源的优势，将校内实践教学与校外社会实践相结合，使校内外实践教学相互融合，双轨并行。该机制打破以往实践教学实施中先内后外、前后脱节、流于形式的局面。该机制的建立可以缩小财会人才供需认知的差距，满足企事业单位对财会人才专业技能的需求。

二、建立校内外实践教学互动机制的优势

建立校内外实践教学互动机制，以财会人才培养目标与社会对财会人才岗位与职业能力的要求为原则，体现学校与社会零距离式的“定向”培养，能有效地改进我校财会实践教学的教学体系，因此相对于现行的实践体系，有以下优势：

---

* 基金项目：四川文理学院教育教学研究与改革项目资助（项目编号：2017JY41）。

** 张源（1985—），女，四川达州人，讲师，研究方向：税收理论及应用研究、经济法理论研究。

（一）能有效地改变财会实践教学内容涉及行业领域面窄的局面

本校财务管理专业开展的财会实践教学一般是在学生掌握相关理论的基础上，根据财会工作的流程，在校内教师的指导下完成的。实践中所模拟的行业类型单一、业务典型，学生们只注重操作过程，并未对业务的确认计量等会计理论、方法进行系统的分析、归纳、提炼。建立校内外实践教学互动机制，借助于校外实践涉及行业领域的广泛性和处理业务的复杂多变性，从而弥补校内实践教学的不足。

（二）改进了现行实践教学体系中校内外实践教学融合度不够的缺陷

目前，本校财会专业人才培养计划中的实践教学部分都按照学科知识安排教学内容，考虑到实践教学组织与实施等因素，主要集中在校内进行，最后一学期校外实践。这种依附理论教学体系形成的“基础课程实践—专业课程实践—毕业社会实践”点、线结合的纵向体系，其目的主要是巩固已学过的理论知识。该体系缺乏校内校外实践的融合度，结构上也缺乏牢固度，毕业生对环境的应变能力较差，实践能力的培养达不到预期的效果。建立校内外实践教学互动机制，将校外实践教学穿插在各个教学环节中，与校内实践教学相辅相成，形成围绕应用型会计专业人才培养目标而建立的点、线、面相结合、校内外相互渗透的实践教学体系。

（三）解决了校外实习难于管理，指导不利，流于形式的难题

现行的校外毕业实习，长期以来实行校内的“导师制”，其存在的主要问题有以下一些：一是实习学生分散，老师因有教学、科研任务，对实习指导投入的精力有限；二是老师多重理论教学，实践能力并不能完全满足培养学生实践能力的需要。此外，会计工作岗位的责任大，为避免差错，实习生主要从事杂务工作，真正能够接触会计主要业务的机会不多。种种制约因素使这一重要的实践环节流于形式。校内外实践教学互动机制的建立，实施“双导师”指导机制，明确校内外指导教师的责、权、利，充分利用校外资源，发挥社会会计工作人员的优势，使实践教学达到连续、系统、实用和有效。

（四）校内外实践教学有机融合，缩小财会人才供需认知差距

建立校内外实践教学互动机制，采用“走出去、请进来”等方式，使学校、学生零距离接触社会。从校内外两个方面将基础理论教育、技术操作和实践学习模式有效地结合起来，培育出社会所需专才。

三、校内外实践教学互动机制的构建

（一）校内外实践教学互动机制构建思路

在财会应用型本科教育中，采用校企合作、产学结合，形成多行业、多层面、开放式校内外实践教学体系，实践教学目标、运行机制、学时、教学方法等充分体现实用性、综合性、技能性等特征。教学过程亦可聘请会计师事务所、税务师事务所、法律事务所、财务公司等多行业企事业单位有经验的财会人员走进校门，承担部分实践课程的讲授任务，参与学校财务管理专业人才培养方案的制定，参与实践教学计划、大纲的制

定，参与实践教学改革课题的研究，参与学生毕业论文的指导并在企事业单位实践。

（二）校内外实践教学互动机制体系

针对应用型本科财务管理专业人才培养目标定位，实践教学体系的构建应充分体现“强化应用、重视实践、突出创新”的人才培养原则，实践教学体系由专业基础模块、专业综合模块、学科基础模块、创新与创业模块等组成。专业基础模块主要包括“基础会计学”“中级财务会计”“财务管理”“管理会计”“成本会计”等课程实践。通过实践使学生对会计工作、会计核算、会计技能等有感性认识，并巩固所学的理论知识。专业综合模块实践内容包括财务报表、审计、税务等内容。学科基础模块，实践教学的组织实施应将财会、市场营销、工商管理等专业予以整合，突出特色，如开设 ERP 沙盘模拟对抗实验等。创新与创业模块。创新教育应贯穿于财务管理专业人才培养计划的全过程，通过开展创业大赛、社会实践等活动进行创业实践，使学生切实体验经济生活，激发学生的团队协作意识、创业热情和创新精神，并将其作为实验教学的延伸和第二课堂实践，也为毕业实习、就业上岗做好职业准备。

（三）校内外实践教学互动机制教学方式方法

在实践教学实施过程中，校内教师以实验资料为核心，采用多媒体教学实训软件，注重实务操作、程序方法的基础性、规范性；而校外导师主要以职业活动为核心，结合现实工作中会计业务的复杂性、广泛性、实地性、差异性进行实践教学，注重职业判断能力、分析能力、交流沟通能力、特殊业务的处置能力以及实际工作的操作能力的培养，属于综合应用型学习。校内实践教学的环境主要是课堂、实验室，其教学资料行业单一、规范齐全，学生处理时简单方便，处理结果一致性强，有效地训练了学生的规则性；而校外导师实践教学环境多数是实际工作场所，如经营企业、财务公司、报税大厅，面对的行业不一，业务不同，空间、交流主体不同，处理问题的方式方法灵活，注重实效，其过程既是知识传授的过程，也是实战经验传授的过程，有效地培训了学生的上岗能力。通过校内外双轨并重、双轨互动的实践教学，以达到应用型财会人才的培养目标。

（四）校内外实践教学互动机制的保障措施

为保障校内外实践教学互动机制的有效实施，是建立校内外“双导师”制。“双导师”制的培养模式要求为每位在校生配备两位导师，校内导师主要负责其专业理论学习和校内实践教学内容，校外导师负责其专业见习、社会实践等校外实践教学内容。其目的是充分利用校外企事业单位丰富的经验和管理资源，有效实施实践教学，实现高校与社会的零距离培养，提高学生的上岗能力。另外，校内导师也可通过校内外实践教学互动机制这一桥梁与校外导师长期合作，与外界建立广泛的社会联系。同时，也可以帮助校内教师进一步掌握实践教学技能，收集和撰写教学案例，并与科研相辅相成，进而形成一支校内外结合、梯队合理、素质良好、综合水平高的师资队伍。

（五）校内外实践教学互动机制实习基地建设

有效实施校内外实践教学互动机制的另一关键问题是实习基地建设。依托稳定的实习基地，是实行“双导师”长效机制、有效组织实施校外实践教学计划、杜绝校外实践教学流于形式的基础保障。在校外实习基地的建设中，可走校企合作实践教学模式，并考虑行业分布、规模层次、业务特点等教学因素，同时要考虑实习基地对校外实践教学指导教师的培育和管理能力。在实习基地建设中，校方在投入一定的经费保障下，要充分发挥自身优势，如在进行校外实践教学过程中，学生可义务参与会计事务所的审计业务、企事业单位会计档案的整理业务、财务软件公司的软件培训、安装和操作等业务，为企业服务，实现校企“双赢”。

根据人才培养目标和社会需求，加强对财会管理专业人才需求的市场调研，通过校内外实践教学互动机制的建立，进一步完善专业人才培养方案和教学大纲，加强师资队伍和硬件条件建设确保人才培养质量，为地方经济社会发展培养“三心四能五复合”的高素质应用型、复合型人才。

物流管理专业实践课程体系设计与构建*

李海燕**

【摘　要】　物流管理专业是实践性很强的专业。在实践中，物流管理岗位除了需要学生具有专业知识和技能外，还需要有很强的技能化的综合素质和优秀的企业管理能力。但在物流管理专业的教学中，实践课程的设置不尽如人意。有的过于强调实践性，全部实行项目化教学，导致学生理论功底薄弱；有的过于强调低层次技能训练，忽略对管理能力、业务能力的培养。本文通过对物流管理岗位所需技能进行调查分析，构建了切合企业业务实际的实践课程体系，以期解决上述问题，提高学生就业能力和就业质量。

【关键词】　物流管理；实践课程体系；通用技能；综合素质技能化

一、物流管理岗位所需技能分析

无论在什么工作岗位，要想胜任一项工作，让用人单位满意，除了需要具有较高的专业技能和专业素养外，还需要具备通用技能或基本技能。本文的专业技能指的是与物流管理高度相关的、其他专业无须具备的行业特殊技能，通用技能或基本技能则是比较出色的任职者，或让用人单位比较满意的任职者具备的一般性技能。拥有这种一般性技能的人，无论到什么样的单位，只要在同级同类工作岗位上工作，都会交出让人满意的答卷。这种通用技能、基本技能或一般性技能（以下称为通用技能），我们也可以理解为技能化的综合素质。综合素质高的求职者总是很受欢迎的。

物流管理岗位需要什么样的通用技能和专业技能呢？统计分析如下：

根据对 50 个物流管理岗位任职资格要求的随机调查，物流管理岗位的通用技能包括：沟通协调能力、1 至 3 年相关岗位的工作经验、常用办公软件操作能力（超过 30 个岗位要求具有）；团队精神和强烈的责任心（超过 20 个岗位要求具有）；较强的抗压

* 基金项目：2016 年四川文理学院校级研究项目“应用型本科院校与属地产业合作对接研究——以物流管理专业为例”（2016GJ001Z）。

** 李海燕（1976—），女，山西太谷人，讲师，硕士，研究方向为区域经济学。

能力（有 18 个岗位要求具有）；较强的英语口语和书面交流能力（14 个岗位要求具有）；较强的逻辑思维能力（13 个岗位要求具有）。此外，超过 15%（8 个）的岗位要求具有数据统计分析能力、独立处理问题的能力、管理能力、执行能力、上进心等。然而，目前普通高等院校物流管理专业很少设置通用技能方面的实践课程。学生只能通过社团活动和自我教育、家庭教育获得这些技能。有些学校学生社团活动丰富多彩、管理到位，学生可以从活动中学会沟通交流、合作等技能，但无法获得全面系统的通用技能训练。有些学校不重视社团活动，或管理不善，或听之任之，学生几乎无法从学校获得通用技能。因此，高等院校应当设置通用技能实践课程，训练学生的通用技能，使之符合企业岗位任职资格要求。

从专业技能方面来说，物流管理相关岗位比较宽泛，包含甚广，不同的岗位对专业技能有不同的要求。如下表所列。

表 1　不同层次物流管理岗位及专业技能要求一览表

岗位层次 比较项目	低层次物流岗位	基层管理物流岗位	中高层管理物流岗位
岗位名称	理货员、仓库管理、物流操作员、快递员等	物流专员、仓储主管、物流操作主管、电商运营专员、采购工程师、物流高级专员等	物流经理、供应链经理、运营总监、大区经理等
学历要求	中等学历	专科或本科学历	专科以上学历
工作年限要求	无	1—3 年工作经验	5—8 年以上相关工作经验
专业技能	叉车驾驶、物流设施设备使用、货物出入库、验收货物、储存货物、运输货物、货物配送等	现场管理、运营管理、专业软件操作、库存管理、配送管理、运输调度、采购管理、货运代理等	流程管理、人力资源管理、成本管理、库房规划、资产管理、仓储流程设计、物流项目管理、供应链搭建、供应链架构设计、物流运作改进等

从工作内容的角度看，不同类型的工作岗位，对专业技能也有不同的要求。典型的物流管理专业人才培养方向有下面几个：外贸/货运代理方向、电子商务方向、物流管理方向和采购与供应链管理方向。不同的人才培养方向关注的侧重点不同，所培养人才的技能也各自不同。

表 2　不同类型物流管理岗位及专业技能要求一览表

岗位类型 比较项目	外贸/货运代理岗位	电子商务岗位	物流管理岗位	采购/供应链管理岗位
岗位技能侧重点	外贸函电和外贸单证管理	店铺策划、运营、推广	第三方物流和企业物流管理	采购成本控制、稳定货源、供应链构建及优化

续表

岗位类型 比较项目	外贸/货运代理岗位	电子商务岗位	物流管理岗位	采购/供应链管理岗位
专业技能	外贸函电、进出口业务、报关报检、单证操作、国内外航线、货物跟踪监控、集装箱船舶运输、国际物流等	电商平台的运作经营模式、电商推广工具、店铺推广、店铺日常维护、店铺运营、线上品牌商品分销、客户服务等	物流运营管理、流程管理、成本管理、库存管理、仓储管理、配送管理、物流现场管理、运输调度、流程管理、项目管理、物流信息管理等	采购成本控制、供应商系统管理、招投标管理、市场信息收集与报告、供应链搭建与优化、供应链系统管理、供应链日常运营管理、企业资源计划管理、供应链架构设计等
计算机技能	外贸/货代专业软件操作、外贸邮件操作、办公软件等	数据统计分析、图片处理、办公软件等	办公软件、数据统计分析、专业软件操作（如 ERP、EDI 等）	超强的数据统计分析
外语技能	英语作为日常交流工具（最好如母语）	无特别要求	较好的英语口语和书面表达（四级以上）	无特别要求

几乎所有的高校都已经意识到了综合素质在人才培养中的重要性，也一再强调综合素质培养。但从实际来看，高校对于学生综合素质的培养是远远不够的，很少有高校建立了系统化的综合素质培养课程，更谈不上将综合素质的培养技能化，成为每一位毕业生所具备的通用技能。

二、物流管理专业实践课程设置中存在的问题

目前，高校在物流管理专业人才的培养过程中都比较注重实践教学环节，也设置了相应的实践课程。但在实践课程设置及教学过程中存在着诸多误区。除了只注重专业能力的培养，不注重通用能力的培养这一误区外，还存在不少问题。具体表现如下：

（一）对职业教育的理解不到位，实践课程设置中存在保守或冒进两种极端

许多本科院校认为，物流管理专业本来就是应用型专业，因此无须转型，只需要改进一下现有实践教学环节即可。用不着大张旗鼓地像专科职业技术学院那样进行专业技能培养。持这一观点的人，在实践课程体系设置中会比较被动，没有正确理解职业技能培养的真正内涵。因此，其课程体系设置主要是模仿名校，不进行深入的行业企业调查研究，也不进行学生就业层次和质量研究，理论课程还是按照传统方式授课，实践课程则是想当然的开设，谈不上系统性，当然也很难培养学生的实践能力。专任教师很少来自行业企业，几乎没有企业工作经验，而且也不注重培养教师的实践经验。

与本科院校相反，许多专科院校都改组为高职高专院校，“职业化”得比较彻底。在教学过程中，这类院校主张彻底的“工学结合”，采用项目化教学，将所有课程全部项目化。就算是一些专业基础课，如“西方经济学”“经济法基础”等，也要想方设法项目化，按照企业业务流程顺序进行项目设计。如果说本科院校的转型是消极的、循序

渐进的，高职高专则是积极的、全面彻底的，但两种做法都有各自的不足。全面彻底的项目化教学极大程度上加强了学生的实践能力和动手能力，但也存在比较致命的缺陷：学生的专业功底不扎实，课程的理论深度不够。

（二）注重器械操作、软件操作训练，倾向于低层次、易操作的技能训练，忽视高层次技能的训练

许多学校的实践课程都倾向于器械操作或一些低层次的物流技能训练。如货物堆放、货物出入库、货物清点、分拣货物、叉车驾驶、打包、堆高机使用、立体仓库使用、储配方案设计等；其次就是与之配套的专业物流软件的操作；再好一点的会开设模拟商务谈判、商务礼仪训练、物流企业经营管理电子沙盘等。但却极少会涉及物流企业经营管理能力、规划设计能力、项目管理能力等的训练。许多技能训练，中等职业院校的学生操作绰绰有余，但不少高职高专甚至本科院校却将这些训练作为主干实践教学课程。遗憾的是，企业现实业务中需要的物流企业运营管理、物流企业财务管理、供应链搭建与管理、物流规划与设计等较高级别的技能，学校却没有开设相应的实践课程。

（三）局限于狭义上的物流技能训练，不重视广义上的企业管理训练

许多院校开设该专业的课程，“重物流，轻管理”，学生只懂物流，只会物流基础操作和技能，不懂成本控制、人力资源管理、资产运营，对生产现场管理和控制一无所知，对于商品和货物知之甚少，财务只懂皮毛，不懂得财务管理，不懂市场营销，等等。一句话：只知物流，不知生产，不懂财务，不懂市场。要知道，物流是一个综合性很强的领域，就国内物流而言，学生就业就有几个方向：一是大中型企业的物流部门从事相关业务工作；二是大中型制造企业的生产现场从事生产物流管理；三是专业的第三方物流企业从事相关业务工作。无论从事哪种类型的物流管理工作，只懂物流业务都是远远不够的，将来的上升空间都是极其有限的。

可见，建立完整的物流管理专业实践课程体系是非常有必要的。

三、物流管理专业实践课程体系构建

（一）物流管理专业实践课程体系设计思路

在物流管理专业实践课程的设计上，应既注重理论课程教学，更要注重实践课程教学；既注重专业能力培养，又注重通用能力培养；既要训练器械操作、软件操作等较低层次的物流技能，更要训练企业管理、规划、设计等高层次技能；既要进行狭义上的物流技能训练，又要加强广义上的管理、财务、市场、规划、设计等训练，两手都要抓，两手都要硬。

（二）实践课程体系构建

1. 校内实践课程体系

（1）通用技能训练课程。

一年级：办公软件操作训练、商务礼仪训练等。

二年级：体能训练、沟通协调能力训练、团队合作训练、抗压训练、责任心训练、

创新创业能力训练、执行力训练、工作态度训练、逻辑思维训练、员工忠诚度训练、服务意识训练等。

三年级：市场调研与分析能力训练、数据统计分析能力训练、综合管理能力训练、谈判能力训练等。

四年级：顶岗实习。

（2）专业技能训练课程。

一年级：认识企业、认识市场、认识行业；物流设施设备识别与操作训练。

二年级：专业软件操作、物流方案设计与操作（仓储、配送、运输等）、财务管理实训、市场营销实训、人力资源管理训练、物流企业经营管理训练等。

三年级：物流成本控制训练、战略与风险管理训练、目标管理训练、资产管理训练、物流项目管理训练等。

四年级：毕业设计、顶岗实习。

2. 校外实践课程体系

一年级：参观学习。

二年级：专业见习。

三年级：专业见习。

四年级：顶岗实习。

四、实践课程教学中的注意事项及建议

在日常的实践教学中还要注意以下问题：

（1）注意市场调研，准确定位培养的人才层次、人才服务地域。人才培养层次和服务地域的定位，应当从实际出发，根据历年学生就业情况和用人单位需求进行。不能想当然的进行定位，更不能忽视实际情况进行定位，以免造成学校人才培养定位与学生实际就业严重背离的情况。

（2）实践课程可以自行设计开发，也可以使用全国性的大学生物流大赛教程，还可以使用社会培训机构的专业培训教材，企业员工培训教材等。一些软件开发企业为学校开发的教学软件配套教材也可以选择使用。但笔者仍然建议学校应当坚持在深入市场调查的基础上，自行开发设计实践教材。其他类型的教材应当有选择地使用，或修订后使用。

（3）实践师资力量培养可以采用多种方式进行：可将现有教师送入行业企业挂职锻炼、定岗培养；可以从行业企业引进高技能型人才；可以聘请兼职教师来学校授课。兼职教师可以是企业业务骨干、培训讲师或社会专业培训机构教师，等等。宜放宽学历、年龄、职称、职务等要求，同时要加强对兼职教师授课技能的培养。

（4）灵活安排教学进程，学生在校外实践基地进行专业见习时，应当按照企业业务需求进行。如：企业在业务繁忙的旺季，需要人手时，学校可将学生送到企业进行见习，解决企业的燃眉之急；企业业务繁忙且需要熟手才能开展业务时，尽量不让学生进行见习，以免增加企业负担。

（5）要加强校内外实验实训条件建设。在校内实训室建设中，既要注重硬件建设，

更要注重软件建设。除了机器设备、电脑软件之外，还应当采购专业视频训练课程、电子沙盘、纸质材料等。

（6）重视职业资格的培训和物流技能竞赛。如助理会计师、人力资源管理师培训，参加全省、全国的大学生物流技能大赛等。

高校物业管理专业实践教学存在的问题及对策研究

程　曦*

【摘　要】 近年来，物业管理在我国得到快速发展，社会上需要大量具备一定理论基础、实践操作能力强的技能型人才。目前我国高校物业管理专业在实践教学方面仍存在很多问题，研究这些问题并提出符合高校实际的物业管理教学模式显得尤为重要。

【关键词】 物业管理；实践教学；双师型

随着我国城市化进程的加快和房地产产业经济的快速发展，城市的可持续发展成了人们普遍关注的问题。人们对生活质量、工作环境和效用的要求越来越高，物业管理作为城市管理的一部分，对于城市的进步、发展以及人们居住、生活水平的提高具有重要的作用。在我国，物业管理被称为“朝阳产业”，已经展示出了广阔的发展前景。但是，目前社会上从事物业管理的人员整体素质比较低，缺乏专业性的管理知识，而高校物业管理专业的培养目标与物业管理行业的需求有较大的差距，原有的教学体系难以满足物业管理行业对该专业人才的要求。针对这种情况，高等院校的物业管理专业应进行教学改革，尤其是要加强物业管理专业的实践教学，为物业管理行业培养具有相应知识和技能的实用型人才。

一、当前高校物业管理专业实践教学存在的问题及原因分析

（一）对物业管理专业认识不足，课程设置不够合理

有些学校的物业管理专业对自身专业属性认识不足，对自身的定位不够明确，使得人们把一些低端物业服务企业的工作人员和高校所培养的高级物业管理人才混为一谈，在实际教学过程中不能充分认识到实践教学的必要性，这在一定程度上制约了近年来高校物业管理专业的发展。

另外，现有的物业管理专业教材没有将其独立于房地产学和建筑学的这种独特的专业特色体现出来，而更多的时候是将物业管理专业作为房地产专业或建筑学专业的附庸

* 程曦，女，讲师，研究方向：数据库。

或延伸，使得物业管理专业的身份和地位显得不伦不类。同时，由于物业管理专业发展历史较短，尚未形成专业教材体系，专业教材种类不齐全。已有的专业教材大多理论性太强，内容陈旧，案例分析少且针对性不强，训练习题空洞，可操作性不强，专业实验教材近乎空白，这就使得实践教学仅仅停留在口头上，这种不合理的课程设置对物业管理专业的建设极为不利，也对物业管理专业实践教学的发展带来了极大的阻碍。

（二）师资力量匮乏

物业管理是一个文理交融的新兴边缘学科。它不仅需要工科类的专业技术知识，如建筑学、土木结构、建筑材料、计算机、给排水、能源动力、园艺学、智能化控制、环境保护等，同时还需要管理类及文科知识，如管理学、心理学、统计学、法学、社会学、美学等，由于物业管理是新兴行业，高校开设该专业的时间不长，物业管理专业的教师基本上都是由建筑、房地产、经济、管理和法律等专业教师组合而成，教师对物业管理缺乏全面的认识，更谈不上具有物业工作的实践经验。因此物业管理专业教师的匮乏、教师实践能力的不足严重制约了学生实践能力的提高。

（三）实践教学环节缺乏

高校物业管理专业实践教学分成校内和校外两部分。一方面由于各种原因，如学校领导不重视，资金投入不足，缺乏实验室建设人才，实验室建设定位不准确及没有充分利用校内资源等，导致校内实训基地严重不足，无法满足技能教学的基本要求，影响学生对专业技能的感性认识，使学生的专业技能得不到培养和提高。另一方面，由于没有走出去与物业管理企业合作建立校外实习基地，导致学生没有实习的场所；即使建立了校外实习基地，但由于合作程度不够紧密，企业领导对校企合作的认识存在偏差，使实习内容难以落实，实习流于形式，效果不佳[1]。

二、加强高校物业管理专业实践教学的对策

（一）合理设置课程，加强专业教材建设

在大学的学习过程中，在不同的阶段开设不同类别的课程，使学生在学习的过程中有一个循序渐进的过程，这种设置不仅要求学生具备扎实的人文知识基础，而且还要求其掌握扎实的专业基础知识并具备较强的专业技能，同时还要培养学生获取非专业知识和技能的拓展性思维，使学生能够适应多变的外界环境，形成较强的社会适应性。

在教材建设过程中，必须以行业需求为导向，以应用能力培养为主线，遵循“必须、够用”的原则，编写教材不但要考虑教材理论知识的完整性和系统性，还要从职业岗位的需要来确定其深度和广度，教材编写应突出系统性、实用性和针对性等特点，不断调整、充实教材内容，突出教材的专业建设特色。

（二）努力培养双师型专业教师

现今各高校物业管理专业在一定程度上缺乏专业带头人和“双师型”教师。因而物业管理实践教学指导教师的培养就显得尤为重要。首先要求教师参加物业管理培训，获得物业管理职业资格证书，同时采取“走出去”“请进来”的办法，安排教师到物业管

理企业挂职锻炼，鼓励物业管理企业符合条件的工程技术人员、管理人员和有特殊技能的人才担任兼职教师。其次，积极从社会上引进具有“双师”素质的物业管理人员担任物业管理专业教师，充实教师队伍。

（三）加强校内实训基地的建设、建立校外实训基地

实训基地是开展实训教学的重要场所，其基本功能为：完成实训教学与职业能力素质训导、职业技能训练与职业技能鉴定的任务，并逐步发展为集培养高技能人才的实践教学、职业技能培训、鉴定和高新技术推广应用于一体的重要基地。[3]

校内实训基地的建设应多种渠道、多种形式筹集资金，实现投资主体多元化，充分发挥政府、高校与物业管理企业三方面的优势，共同投资和建设校内物业管理实训基地[4]。

校外实训基地是学校与相关业务单位签订协议建立较为稳定的联系，将业务单位作为实践教学基地，让学生到实践教学基地进行实地实践的一种实践教学模式。人才培养模式改革的重点是教学过程的实践性、开放性和职业性，而实践性教学最有效的实现途径之一便是校企合作。实训基地是学生参与实训的主要场地，建立长久稳定的校外实习基地，以保证学生能及时地参加职业技能培训。

三、小结

加强高校物业管理专业实践教学已迫在眉睫，这是一项长期而艰巨的工作。我们只有不断努力，从优化实践教学方案与人才培养方案、建立校内外实训基地、组建高素质实践教学师资队伍等方面加大推进力度，与时俱进，打造物业管理实践能力强的创新型人才。

【参考文献】

[1] 刘继萍.高校物业管理专业实践教学存在的问题及对策［J］.内蒙古财经大学学报，2014（12）：23－24.

[2] 张喆.浅谈高校物业管理专业实践教学的重要性［J］.现代物业（上旬刊），2014（3）：86－88.

[3] 汪军.物业管理实训教程［M］.北京：中国建筑工业出版社，2004.

[4] 肖广群.物业管理专业实训室建设的实践［J］.辽宁高职学报，2006（5）：117－118.

凸显高校会计专业实践教学的意义与建议

靳能泉*

【摘　要】　在国际会计日渐趋同、和谐会计开始建立、会计领军人才需求日盛的会计大变革、大发展时代，加强高校会计专业实践教学，适应了经济社会发展对高校会计专业实践教学的要求；满足了受教者自身发展对高校会计专业实践教学的要求；切合了高校内涵式发展对会计专业实践教学的要求；符合了马克思主义关于理论教育的原则方法对高校会计实践性教学的要求。对此，就必须继续在目标设计、课时安排、内容调度、方法运用、措施保障等方面进一步做好工作。

【关键词】　高校会计；实践教学；意义；对策

一、引言

一直以来，对理论性和实践性要求均较强的会计专业，广大教师多是重视其理论课的备课与教学。即或是采取了一些实践性教学方式方法，也大多限于校内会计模拟实习或实验、校外实践基地实训等传统形式，有些还因投入的财力、人力和物力有限或缺乏而使其没有真正付诸实施。虽然教育部先后围绕关于深化教学改革、培养适应 21 世纪需要的高质量人才，以及推进高等学校教学内容、课程体系、实践环节等方面制定了有关政策文件、强化并贯彻落实，各高校也采取了一些切实可行的具体措施进行着人才培养模式的综合改革。但究竟如何看待实践教学，如何创新和刷新人才培养的理念、模式和机制，如何培养和提高学生实践能力和实效，却仍存在一些问题，比如实践教学的地位，是作为整个教学的一个环节还是重要组成部分？实践教学是附属于或从属于理论教学还是两者紧密联系、不分彼此？等等。这些问题同样在会计教学中存在，同样有着对会计专业实践教学的“实践”内涵没有把握好、没有基本达成一致看法、没有全面充分理解和运用的缺陷和不足。因此，及时解决和处理好这些问题，就具有十分重大的意义。尤其在全球性揭示、打击会计造假及会计舞弊等会计丑闻，和国际会计日渐趋同、

---

* 靳能泉（1970—），男，四川达县人，四川文理学院教授，研究方向：会计理论作用、财务管理应用及民营经济。

和谐会计开始建立、会计领军人才需求日盛的会计大变革、大发展的时代背景下，作为培养和输送会计执业者摇篮和基地的高校，在其所开办的专业或举办的会计类培训的会计类课程教学中，更需明确会计专业实践教学之内涵，凸显其意义、强化其运用；如此才能走出以前那种产、学、研彼此脱节，教、学、用各自为政，人、财、物割据使用的“囚徒困境”，才能克服“今天的人用过去的经验教未来的人”所存在的诸多困惑与困难。

二、凸显高校会计专业实践教学的意义

根据《现代汉语辞海》（刘振铎，2002）对“实践”的解释：（动）实行（自己的主张），履行（自己的诺言）；（名）人们改造自然和改造社会的有意识的活动。笔者认为：所谓高校会计专业实践教学就是各级各类高校通过对传统教学固定时间（教学学时）和空间（教室课堂）的延伸和拓展，将一系列诸如课堂动手练习、专业资料收集、社会见习实习、学习心得交流、课程论文撰写、毕业论文（设计）等具有可操作性和行动性的实践活动贯穿于整个会计教学的始终，使会计教学能在较多时间、较大范围和较强活性的有限时空界限内形成共同愿景、得到相应相长、产生和谐之美的一种教学活动。按此界定来实施和加强会计专业实践教学，其重要意义就在于：

（一）适应了经济社会发展对高校会计专业实践教学的要求

1. 从经济社会发展对高校的要求看

当今社会，知识经济主宰命运、信息经济主流市场；学习革命主导潮流、教育革命主引创新，一切变革都紧盯着学校及其教育。这无疑对高校及其所施行的教育教学提出了一项强烈而紧迫的任务、一种艰巨而重大的使命；也就促使高校必须尽快适应，积极建立健全或完善相关的一系列制度措施，将锻炼培养受教者能力作为整个学校教育教学的中心和重点；其教育教学不仅要培养新型的高级专业人才，而且必须内化到大学人才培养的全过程（别敦荣，2007），以此全面实现学校教育教学的各项要求和目标。因为，只有学校培养和输送的“受教者”各方面素质过硬，被社会和市场接受与承认，学校才能在“出口畅、进口旺”的良性循环中持续发展。此其一。其二，在知识经济时代，高等教育应更具“孵化器”和“发动机”功能（武毅英，2007）；它不再只是产业链中的一个先期环节，而是事关各产业链的顺利发展的基石，同时为各行各业源源不断地输送新鲜血液，包括专门人才。高等教育不仅具有传授知识和培养人才的教育功能，还具有为经济发展提供人才的社会服务功能；它应在较大规模及更高层次上实现与科学研究和生产劳动的有机结合。作为培养和提高受教者“能力”重要途径之一的高校会计专业实践教学，不仅通过灵活有效地采用包括课堂练习、实验室模拟实习、校外实地实践、讲座性或研究性教学在内的各种方式，而且还要不断丰富完善会计教学和受教者受教的内容；其具体措施和强化方针，追求和实现着会计整体教学中短期行为下的长期效果，确保了会计受教者在接受和适应会计专业实践教学的过程中“学、做、用”的协调。

2. 从经济社会发展对受教者的要求看

21 世纪，科学技术的飞速发展，社会经济的不断变革，将人类带入了一个崭新的

时代。这一时代特征也就对当代的受教者提出了新的更高的要求，即在超越传统受教方法、内容和途径的过程中，受教者必须要时刻拥有主动受教的热情与习惯，要一贯坚持自觉受教的恒心和毅力，要始终追求积极受教的成效和价值等。而要真正实践和实现这些要求，受教者就必须在明确自身“为谁受教”“受教后为谁服务”“应服好哪些”等思想认识问题的基础上，掌握受教的主动权、提高受教的主动性，不断培养和锻炼自己的优势和特长，努力增加和强化自己的素质和能力。为此，加强和实现会计专业实践教学的开放性教育活动，对促进受教者不断向社会学习、向实践学习，努力从劳动锻炼中学得一些必备的社会知识、从市场调查中习得诸多基本的处世能力就具有重要的积极作用。

（二）满足了受教者自身发展对高校会计专业实践教学的要求

1. 从受教者自身发展对高校的要求看

在社会和市场竞争日趋激烈的时代，受教者的生存与发展随之变得日益艰难和曲折，也随之需要有更多更好或更强的基础和支撑，也随之要求其所有受教活动能增强其竞争的实力和能力。为此，受教者就会选择学校和教育者，就会对学校和教育者所施行的教育教学内容、方法等提出更多更高的一系列要求。比如，要求学校改善办学环境和条件，合理设置专业和课程，树立服务观念、强化服务功能等，使其有更多机会和更好条件表现自我、扬其所长、利其所学；要求教育者转变角色，完善知识结构和能力结构，给教学模式注入新的生机和活力，使其在有限的受教时间和空间内战胜自我、提升自我、超越自我。诸如此类的要求，就需要高校在受教者的受教过程中，本着“教书育人、管理育人、服务育人、环境育人”的精神原则，积极为受教者的能力培养和提高想办法、添措施、增实效，承认和鼓励所有形式的学习。新型会计专业实践教学的实施就能从一定程度上满足和实现会计受教者的诸多要求。

2. 从受教者自身发展对经济社会发展的要求看

受教者作为社会成员的一部分，其需要也会不断从低级向高级发生变化；在社会经济高速发展时，他就有很大可能在接受教育的同时，不断追求着受教过程和结果中的诸多“真善美”和“休闲、娱乐、健身、游玩”等方面的体验、感悟、享受和获取，最大限度地实现其内在和外在的人生价值。这就要求社会经济发展变革必须适应和满足其正常而适当的需要，必须对包括高校教育教学在内的各个有关方面进行改革调整，必须强化教育在对受教者心智发展、个体服务和永恒跟踪，以及对文化衔接、知识技能延续与发展、智能开发、人类发展前景预测与长远规划、人类共同理想实现等方面的重大作用。高校会计专业实践教学的有效实施，应该能够达成会计受教者主动适应社会、不断满足较高需要的愿望。

（三）切合了高校内涵式发展对高校会计专业实践教学的要求

一段时间以来，高校配合经济社会快速发展的过程中，也遇到了许多新情况、新问题，其中比较突出的就是生源质量有所滑坡、受教者社会承受能力和心理素质有些欠缺等。面对这一现实，高校为保住现有生源或扩大后续生源、提高现有生源或后续生源的整体质量与能力素质，就在相应采取一系列有关教育教学改革之类的积极政策和有效对策的同时，对受教者也提出了一些具体的培养要求，比如，良好行为习惯的养成、正确思想观念的树立、科学决策意识的塑造、综合素质能力的集成等。这些要求的达成，就需要高校及其教育者加强和加快实施会计专业实践教学类旨在重视和强化受教者在自我约束、口头表达、思维想象、灵活变通、自学成材、受挫自强、创新创造等方面能力培养的教育教学模式和机制建设，以此为主导去修正和促进受教者的成长和成才，凸显和发挥参与其中的受教者的主体地位和内因作用，实现和推进受教者的积极愿望和创新行为。因为高校育人的根本任务是培养具有健全人格、创新人格和创造个性的创新型人才（田建国，2008）。

同时，高校会计专业实践教学充分考虑了学校的教育教学资源和受教者参与实践的条件和期望，以扬长避短、取长补短的思路，采取了分阶段（从课本教学理论及其应用的实践上，按基础会计、财务会计的时间先后和其他专门会计的教、学、做的时间安排）、分类别（按会计书本上的基本理论与社会上实际的一些会计问题或现象等分类）、分层次（根据受教者情况按理论课时与实践课时、实践内容、实践方法等分层次）、分内容（按不同的实践环节确定不同的内容）地对受教者进行记账、算账、报账、用账、管账等技能技巧的培养、训练和提高；保证了其具有较强的针对性和实效性，促使了受教者的“写、说、算、变、创”等能力得到良好培养和提高。

（四）符合了马克思主义关于理论教育的原则方法对高校会计实践性教学的要求

马克思主义强调，理论必须彻底，必须联系实践，教育与自我教育相结合；只有强调理论的透彻性、针对性和契合性，才是理论教育从抽象到具体、从理论到实践转化的有效途径。同时，马克思要求教育应为培养全面发展的人和人的全面发展服务。高校会计专业实践教学遵循了理论密切联系实际的思想原则，运用了素质教育“发展学生个性、发扬学生优势、发挥学生特长”的基本精神，是由一系列与教学质量、水平和效果紧密相关的客观规律和主观因素构成的系统，能达到对学生灵活创新思维、培育创新精神、增强创新能力的起码要求。它采用了马克思“实践人学”的思维方式，重学习过程、主张面对学生本身，尊重学生创造、尊重学生的多样性、偶然性与差异性，重人际关系培育、打破学生的封闭性思考，重具体的实践活动形式、凸显学生的个性和复杂性；它在会计教育基本目标的架构和指导下，既能适合并满足日常“教”“学”的实际要求，促使受教者有兴趣向书本学习、向前人学习、向课堂学习；又注重强化理论与实际的紧密联系，通过鼓励和提倡受教者积极主动深入社会、加强实践锻炼去向实践学习、向他人学习、向社会学习；更在一定程度上实践了终身教育和素质教育，适应了学习型社会需要，造就了社会经济发展所需的高素质复合型人才。

三、凸显高校会计专业实践教学的对策建议

（一）目标设计

高校会计专业实践教学的目标设计主要考虑的因素和采取的策略是：

(1) 在会计人才培养目标指引下，要求会计专业实践教学必须立足学科目标、突出

专业目标、强化技能目标、彰显人文目标、明确制度目标，并按课本理论传授、课外知识接受、课余能力感受的方向和顺序进行。

（2）从实践教学与理论教学融生共进的理念出发，对实践教学区分为一般所说的教室课堂“教学”（如课堂练习）和除教室课堂以外的其他所在的“学教”（如实验室模拟实习、实习基地见习和实习、勤工俭学助学等）。同时要抓好教师“教”与学生“学”的结合、本专业与其他专业的结合、学科内与学科外的结合、广义课堂与狭义课堂的结合等。

（3）根据层次理论和需求理论，对会计专业实践教学从时间上分别可按学科、专业和实际需要进行相应的以培养和训练学生、并适合学生个性发展、特长发挥、优势发扬的相关能力为主要内容的层次性教学实践。比如，课堂练习就只能按先基础会计后专业会计或专门会计的层次进行，基础会计又可按原始凭证审核、记账凭证填制、会计凭证装订保管、会计账簿设置起用填制审核装订等程序组织实施；专业会计或专门会计也需按相关理论教学进行相应的实践操作，且在全部理论结束时进行有关账务处理程序的总练习。再如，实习基地见习和实习也需按所教学课程的内容和进度分次进行，并有间断性的平时见习和定期见习、平时实习和毕业实习之分。在此期间，还涉及任科教师、学生、指导老师和实践性师父等人员分层，学科、专业、课程和环节等目标分层，基本技能、专业技能和特殊技能等技能分层。

（二）课时安排

高校会计实践性教学的课时安排应遵循因校制宜、因时制宜、因地制宜、因人制宜的原则，原则上应保证学生自“学”的时间不少于教师主“教”的时间，学生自“习”的时间不少于教师主“导”的时间；列入教学计划的各实践教学环节累计学分（学时）一般不少于总学分（学时）的15%，而所有层次的实践学分（学时）应与学校课堂理论教学学分（学时）相当（最好超过，因有些实践环节和内容要贯穿于学生整个学习期间）比如，要求会计受教者结合所学会计类课程，每周上交一份“市场见闻”（广义的市场）、每月上交一份“专业资料”（兼顾会计课程与所学专业）、每学期末上交一份“学习心得”与“专业论文”、每一假期上交一份“社会实践或市场调查的报告或论文”等。

（三）内容调度

与会计专业实践教学的目标和时间有专业与学科之分相适应，高校会计专业实践教学的内容应充分体现专业特点、学科要求和学生需要，按专业、学科、课程等进行分期分阶段的实践，不折不扣地如期完成规定的实践性教学内容；并强调内容的综合性、实际性和人性化，力求“教”“学”兼顾、“讲”“练”结合、“学”“习”融通、“做”“用”互动，既要严防减少甚至逃避理论教学而放任学生时时实践的片面做法，又要杜绝产生为了教学而实践、为了实践才教学的单向、消极、被动、僵化型格局。

（四）方法运用

通过全员全过程参与，教、学、练、用结合的方式，力求教完学完、学完练完、学好练好、活学活用、学活用活。同时，按照会计理论的发展层次和顺序，以及学生学习和需求的变动发展规律进行一些实际性的操作、练习、锻炼等，保证教有专法、学有专攻，力争避免那种单纯“为教而学”和“为学而教”的会计教学模式。

（五）措施保障

要紧紧依靠政府、社会、市场、学校和受教者等各方面因素，解放思想、开阔思路、创新思维、活络思考、理性思量，从法律政策、制度规章、机会条件、合作愿景等方面加强规范、增添措施、实现共赢。要围绕国家有关鼓励实践教学的管理法规和激励政策，明确定位高校及其发展，建立健全会计专业实践教学的各项规章制度，并保持其制度安排的连贯性和实效性。要高校政治辅导员和班主任或科任教师对受教者所上交的各种资料，进行逐一仔细批阅、及时回复；对受教者所表现或提出的问题，解答疑惑、传授学业；对受教者所向往或追求的真善美，逐一予以指导、帮助。

四、结语

马克思说过：“人们自己创造自己的历史，但是他们并不是随心所欲地创造，并不是在他们自己选定的条件下创造，而是在直接碰到的、既定的、从过去承继下来的条件下创造。”高校会计人才的培养理应如此，理应在历史与现实、过去与未来、前人与今人的衔接沟通、协调利用中渐进而成，理应在实践检验、总结经验，并冲出认识乃至实践的误区后逐步前行，理应在“充分认识实践教学重要性”的前提下创新方法、创立特色、创出新路。

工程造价实践教学经验与改革

葛　琳*

【摘　要】　工程造价专业是以经济学、管理学为理论基础，从建筑工程管理专业上发展起来的新兴学科。造价文件是基本建设过程中的重要经济文件，工程项目从开工到竣工都要求进行造价管理，包括投资估算、施工预算、进度款拨付、工程竣工结算等。社会对工程造价专业人才的需求量很大，不管是建设单位、设计单位、监理单位、施工单位，造价咨询单位，还是政府财政投资评审中心等，都必须具备自己的专业造价人员。学生毕业后能从事工程造价、招标代理、投资控制、投标报价决策、合同管理、工程预（结）决算、工程成本分析、工程咨询、工程监理，以及工程造价管理相关软件的开发应用和技术支持等工作。由此可见，社会对专业的实用性和实践性要求非常强，对学生的能力要求也比较高。在专业人才培养方案设计中，我们不仅培养学生掌握丰富的理论知识基础，更需要学生有切实的工作实践经验。

【关键词】　工程造价；培训室；实践教学模式

一、工程造价专业实践教学的现状

工程造价专业培养德智体美全面发展，具备扎实的高等教育文化理论基础，适应全国和地方区域经济建设发展需要的具备土木工程技术和管理经济学基本知识，掌握现代工程造价管理科学理论、方法和手段的高级应用型人才。学生应获得造价工程师、咨询（投资）工程师的基本技能，具有工程建设项目投资决策和全过程各阶段工程造价管理能力，有实践能力和创新精神。由此可见，实践教学是工程造价专业很重要的一个教学环节。四川文理学院工程造价教研室的教师，很多是直接从高校毕业马上进入学校从事理论教学的，缺少参与具体项目的实战、实践经历。有实际经验的老师加上教研室主任，只有两位双师型教师。学生与教师的接触缺乏实质性的专业互动和具体实战项目的经验传授。比如说，对某大型医院的中央空调工程进行造价，由于学生在课堂上只学习了工程造价的理论知识，熟悉了用计算机软件计量计价，但对实际安装工程完全不知

---

* 葛琳，女，助教，研究方向：建筑经济，工程造价管理，BIM项目管理。

晓。不知如何对各个环节、各种设备进行造价，造价是否合理等问题，随时都会产生。如果学生能在参与项目的实践中接触过类似的安装工程，进行过相关的造价工作，那么碰到此类问题的时候就会得心应手，游刃有余。这种解决问题的能力，需要在造价项目实战中不断积累实践经验方能培养和不断提升。所以，学校建设造价工作室为教师和学生的专业发展提供一个很好的学习平台。同时，也能以工作室为平台，利用晚自习、周末、寒暑假等时间培训学生，参加省级技能竞赛的人才库储备等。

二、构建工程造价培训室实践型教学模式

工程造价专业“工作室实践教学模式”的构建，是对“学中做，做中学”教学模式的一种升华。其目的是在完成正常的教学任务的同时，教学为实践服务、实践为教学提供验证，并获取一定的经费支持。在长期的教学中，我们意识到只有强化实践能力综合训练，才能培养出真正有实践能力的、受用人单位欢迎的工程造价人才，所以要把课堂教学与工作室实践结合起来，构建以实践能力为中心，以市场需求为导向，打造出具备良好的工程造价实战能力，造价经验非常丰富的优秀毕业生。

（一）如何建立及运营一个造价培训室

首先，需要有工程造价实践能力强的专业带头人作为工作室的负责人，还要有结构合理、专业性强的教学团队，才能应用工作室模式对学生进行培训和强化。其次，要取得学校的支持，工作室场地、办公设备、软件采购等都需要学校的支持。再次，要建立、更新和维护校企合作，企业可提供一定的经费、技术和实训场地的支持。最后，要关注政策及补助。比如，获得批准成立技能大师培训室，每年将有财政拨款支持，可以承担一部分资金投入。

培训室的日常运转是在保证教学计划内容的前提下进行的，通过教师或学生向社会承接工程造价项目，有条件地组织学生参与，把教学融入具体的工程实践项目中去。引导学生直接或间接地参与社会工程造价实践活动，在实践中验证和消化所学的理论知识，形成教学与实践结合的良性关系。同时，日常教学中通过实际项目对设计经验的不断归纳和总结，可不断充实教学内容，有效提高教学质量。

（二）如何构建基于培训室的实践教学模式

1. 教师的选择

学生实践能力的提高离不开专业教师的付出。造价专业类别多，土建、装饰、安装、市政、园林、水利水电等，同一专业使用的软件也有多种。因此，要建立好基于工作室的实践教学模式，需要一支能力突出，对专业有热情，专业特长各异的教学团队。

2. 学生的选择

进入工作室的学生，首先要求其有强烈的兴趣愿意接受系统的强化训练，愿意参与工作室从事具体工程项目的实践。其次，选择通过课堂学习掌握较好基本功的学生，比如工程图纸的识读、计量计价规范、工程造价软件的使用等。再次，可以对进入工作室的学生每学期考试两次，实行末位淘汰制。同时，可补充或增加新鲜力量。

3. 针对不同的岗位采用不同的专业教师进行培训和指导

有了良好的教学团队，还要有优势互补的学生参与，这样就能由不同专长的专任教师对相应专长的学生进行培训和指导，通过这种方式，学生的能力可以得到快速的提高。

4. 针对不同的工程采用不同企业的工程造价人员进行培训和指导

具体实战项目的完成，除了要有专门的教师进行辅导以外，有时还需要有与企业相应的造价工程师进行技术支持。当有些专业性特别强的项目进行攻关时，需要相应的企业工程造价人员进行指导和培训。

三、加强实践基地建设，为课程实践化打下基础

定期组织低年段（大一、大二）学生进入相关实训基地，进行模拟实践教学，从而使学生对工程造价专业有一定认识，使他们学习不再盲目，能有针对性地对自己需要具备的能力加以控制，提升自己动手动脑能力，在实践中学习，在思考中学习。以教学方法改革为重心，真正将教育教学改革落到实处，提升毕业生理论知识和实践能力水平。

四、结语

随着经济改革的迅速深入，国家的工程建设发展将会需要更多的工程造价人才。我们作为高职教育的教师，要有充分的责任感和义务感，要充分创建好具有实战氛围的实践教学环境，与社会接轨，使实践教学与社会需求同步，创造一个能培养学生具备真实实战项目造价的实践环境，培养真正满足社会需求的工程造价人才，为国家的长期稳定发展做出应有的贡献。

乡村振兴战略背景下城乡规划专业实践教学探究

——以四川文理学院为例

张　杨　杨成福　孙小涛*

【摘　要】普通高等学校实践教学是人才培养非常重要的教学环节，是深化我校“学生主体，教师主导，环境育人，社会合作”的“四圆同心”办学新思路的重要体现。为了培养学生理论联系实际的实践能力，提升其综合实践能力，文章从我校城乡规划专业的人才培养方案、学科体系、城乡规划专业应用型实践教学体系的构建、学科建设中存在的问题和对策等五个方面进行论述。通过对人才培养方案、学科发展问题的剖析，提出相应发展对策，为应用型专业建设提供了理论基础。

【关键词】　四圆同心；城乡规划专业；人才培养；应用型；实践教学

一、引言

21世纪以来，我国现代化建设取得了令世界瞩目的成就，国家富强，民族振兴，人民生活水平显著提高。但是，伴随着现代化建设取得显著成效的同时，由于人类活动的加剧，对建设用地需求旺盛，供需矛盾问题突出，进而导致耕地消减快速、自然资源衰竭、国土空间开发无序与空间发展结构失衡问题越来越严重[1]。为了解决现代化建设中所产生的土地供需矛盾和空间开发无序等一系列问题，优化国土空间格局，必须加强土地管理，实现土地资源的节约集约利用与可持续发展[2]。在2017年10月，党的十九大报告首次提出了乡村振兴战略。2018年2月，中央一号文件再次提出实施乡村战略，对农村产业融合和用地布局提出了新的要求，进一步凸显城乡规划的重要性。

高校城市规划专业经过半个多世纪，特别是近20年来的快速发展，培养了一大批非常优秀的城市规划专业人才，为城市建设的飞速发展奠定了基础，发挥了重要的作用，对城镇化的快速推动提供了支撑[3]。城市是一个比较复杂的人口、经济和生态组合

* 张杨（1985—），男，四川达州市人，助教，研究方向：资源环境与城乡规划。
杨成福（1972—），男，四川达州市人，教授，研究方向：语音处理及支持向量机。
孙小涛（1989—），男，助教，研究方向：资源环境与城乡规划。

而成的复杂型系统，其动态性非常强，因此，城市化处于不断变化和发展的过程之中。二次世界大战后，百废待兴，许多国家城市建设飞速发展，尤其是一些发展中国家表现非常突出。在城市化的过程中，城市规划专业也伴随着城市化的发展而兴起，是一门发展中的新兴学科[4]。我国的城市规划专业主要是在中华人民共和国成立后，学习苏联发展模式，当时国家的工作重心由根据地的战争时期转向以城市为重点的和平发展建设时期，由于工业发展和城市建设需要，城乡规划专业得以迅速发展。在此之后，开始向欧美等发达国家的城市规划专业转型，不断优化发展模式和格局，在最近几年城乡一体化发展的背景下，城市规划专业扩展成城乡规划专业[5]。城乡规划专业主要是从建筑学、人文地理学研究和景观规划设计学等3门学科中不断分离出来的，具有系统性、综合性和地域性等基本特点。目前，城乡一体化进程的加快推进，新型城镇化的内涵式发展，乡村振兴战略的加快实施，在这样的大趋势和大背景下，如何实现“优化存量”，实现城乡规划专业合理布局，是下一步各大高校城乡规划专业转型升级的突破点。

城乡规划专业非常重视实践性，强调实践教学。相对于理论教学，实践教学更加强化理论的运用与拓展，其实质是将理论知识运用到实践上，培养学生操作技能和创新能力，服务地方经济社会建设[6]。为了优化城乡规划专业课程设置，提高学生专业和实践能力，因而，不同学者从不同角度，对高校城乡规划专业实践教学进行了探讨，提出了自己的观点。商林艳[7]以江西理工大学城乡规划专业为例，分析了城乡规划专业教学现状，提出了教学方法改革的建议。张茜凤等[8]从基础、专业、创新等多个方面构建了城乡规划专业教学体系。朱兵等[9]从绵阳师范学院城乡规划专业实践教学特色、学科体系构建、保障体系等方面阐述了城乡规划专业实践教学体系的构建。刘富刚等构建了“3+1”人才培养实践教学体系[10]。刘静玉等[11]认为应增加城乡规划实习和规划设计业务的实践。从前人的研究成果看，尚未结合学生就业、教学中存在的实际问题进行探讨。因此，文章基于四川文理学院城乡规划专业服务乡村的定位出发，结合学生实际和教学中存在的问题，展开研究，探讨解决措施，为新农村建设提供专业技术人才。

二、专业设置背景分析

四川文理学院城乡规划专业开设的时间比较短。该专业隶属于四川文理学院生态旅游学院，于2016年开始招生，本科学制四年，实行弹性学制，学习期限可以控制在3～6年，学籍年限：最长六年，授予工学学士学位。符合学院学籍管理有关规定，完成专业培养方案规定的全部课程与其他教学环节，修满191.5学分，准予毕业，获得大学本科学历；符合学院学位授予条例规定条件者，可获得学士学位。本专业现有专任教师7人，全部获得硕士以上学位，专业实力较强，是一支具有一定教学和科研能力水平的师资队伍。目前拥有大学一年级和大学二年级2个教学班，学生人数共90人。

三、城乡规划专业实践教学模式构建

（一）专业定位与培养目标

根据党的十九大提出的乡村振兴战略，进一步说明城乡统筹发展的重要性。城乡要协调发展，资源要集约利用，迫切需要大批乡村规划人才，服务乡村经济社会建设和规划。

因此，根据国家新兴产业的相关需求，本专业人才培养以立足四川、服务西部、影响全国为办学目标。培养适应我国社会发展、经济建设需要，具备坚实的城乡规划学科基础理论、城乡规划与设计及规划管理基本技能；具备较强的计算机绘图能力；具有社会责任感、团队精神、创新思维、可持续发展和文化传承理念；能在各地政府机关城市规划局、专业规划编制机构及管理机构、大专院校和科研机构等部门从事中小城镇、村镇规划设计、城乡规划管理、房地产开发等工作的应用型、复合型、创新型城乡规划学科高级工程技术人才。

（二）专业培养要求与课程体系分析

本专业学生主要学习城乡规划的基本知识与基础理论，接受城乡规划的原理、程序、方法及设计表达等方面的基本训练，具备处理城乡发展与自然环境、社会环境、历史遗产的复杂关系的基本能力，具备城乡规划、村镇规划、城乡生态与环境保护、城乡交通、城市市政工程规划、区域规划等的基础理论和基本知识，注重对管理协调、规划建设、法律政策、经济产业、地质地貌等方面进行培养，在此过程中，加强统筹管理、实践和综合技术应用能力的培养。

具体要求包括：①具备高尚的职业道德素养和正确的价值观、扎实的自然科学和人文社会科学基础、良好的专业素质和身心素质，能够将数学、自然科学、工程基础、专业知识、文献研究分析用于解决城乡规划问题；②具备国际视野和现代意识，具有外语应用能力和计算机应用能力，能够将国外先进知识、技能及现代信息化技术用于解决城乡规划的实际问题；③具备前瞻预测能力、综合思维能力、专业分析能力、公正处理能力、共识建构能力、协同创新能力，具有调查分析和研究能力、规划编制和管理能力；④掌握城乡规划的基本理论与方法，具备进行城乡规划、城市设计和规划管理的能力，具有较高的图面表现能力、规划设计能力和一定的创新能力，能够完成各种类型的城乡规划设计、景观建筑设计等研究与实际工作；⑤熟悉国家有关城乡发展和城乡规划的方针、政策和法规；了解国内外城乡规划学科的理论前沿、应用前景及发展动态；⑥掌握文献检索、资料查询的基本方法，具有一定的科学研究能力；⑦具有自主学习和终身学习的意识，有不断学习和适应城乡规划发展的能力。

本专业课程设置主要参考四川文理学院 2016 年本科专业人才培养方案，将课程分为通识核心课程、通识实践课程、学科基础课程、专业基础课程、专业核心课程、集中实践环节、复合培养课程等 7 个方面，共 191.5 个学分（见表 1）。

表 1　四川文理学院城乡规划专业课程学习学时学分分配表

课程体系	课程性质	学分	占总学分比例（%）
通识核心课程	必修	24	12.5
	选修	4	2.1
通识实践课程	必修	13	6.8
	选修	4	2.1
学科基础课程	必修	36.5	19.1
	选修	4	2.1
专业基础课程	必修	19	9.9
	选修	6	3.1
专业核心课程	必修	32	16.7
	选修	3	1.6
集中实践环节	必修	31	16.2
复合培养课程	选修	15	7.8
总　计	必修	155.5	81.2
	选修	36	18.8
	学分	191.5	100.0

（三）实践教学课程体系

我校城乡规划专业人才培养的基本定位是培养适应我国社会发展、经济建设需要，培养出幸福美丽乡村建设规划技术人才，服务地方建设。

参考我校人才培养方案，依据“理论—技术—应用”等基本步骤和环节，从集中实践环节和符合培养课程等两个方面，选择 18 个课程指标，构建了四川文理学院城乡规划专业实践教学课程指标体系（见表 2）。

1. 集中实践环节

毕业实习环节对于本科学生毕业论文的质量以及专业人才的培养质量具有至关重要的作用[12]。这项实习主要是大四下学期展开，是学生完成相应课题之后开展的教学环节。该实践课程是将学生课堂中所学的基础理论知识应用到实际工作生产实践当中，使所学的基础理论知识得到进一步印证，是学生大学期间理论与实践学习水平高低的度量表。

2. 复合培养课程

该实践教学内容，可以让学生掌握社会调查的基本方法，认识到调查方法的重要性和科学性，使学生在参加工作前提前步入社会[13]。学生在大学三年级通过专业小组分组实习（专题设计）并完成报告，该项实践课程学习，学生可以结合自己知识领域和感兴趣的方向参与课题学习。该环节有利于学生专业基础知识与社会实践相结合，培养学生现场调查与分析、资料收集与整理、数据处理和分析，以及创新创业能力，为就业或硕士研究生学习奠定坚实的基础。

图 1　四川文理学院城乡规划专业古村落调研及测绘实训

表 2　四川文理学院城乡规划专业实践教学课程体系表

课程体系	课程性质	课程名称		学时	学分	考核方式
集中实践环节	必修	认知实习		1	1	考查
		测量实训		1	1	考查
		美术实习		1	1	考查
		城乡调查认识实习		3	3	考查
		城乡规划专题		1	1	考查
		城乡规划专业生产实习		8	8	考查
		毕业实习		8	8	考查
		毕业设计（论文）		8	8	考查
复合培养课程	选修	美丽乡村建设规划课组	建筑单体设计	16	1	考查
			村镇规划设计	16	1	考查
			新农村规划设计	16	1	考查
			新型城镇化设计	32	2	考查
			生态旅游规划设计	16	1	考查
		创新实践课组	古村落调研	16	1	考查
			城乡规划专业科技创新实践活动	32	2	考查
			城乡社会综合调查	32	2	考查
		信息技术应用课组	地理信息系统应用	32	2	考查
			建筑模型动画制作	32	2	考查

四、实践教学中存在的问题分析与讨论

城乡规划实践教学是实现应用型本科教育目标的关键环节，有利于学生将专业理论

知识运用到实际研究中，对培养学生实际操作能力、技术革新能力、创新性思维等方面具有非常重要意义[14]。文章基于我校城乡规划专业学生实践环节的基本情况，总结出城乡规划专业实践教学中存在的问题，并分析其原因。

（一）师资力量缺乏，实践能力欠缺

城乡规划专业是一门实践性和应用型非常强的学科，我校城乡规划专业实践教学课程门类非常丰富，18门，达到271学时，46个学分，占总学分的24.02%。所以，我校城乡规划专业实践教学需要大量的专业实践教师，充实师资力量。但是，由于我校城乡规划专业开设的时间较短，办学经验不足，很多实践教学老师主要是普通高等学校毕业后任教的青年教师，他们大多都是理论水平比较高，但实践经验比较缺乏，无法为学生提供优质的实践教学指导。

目前，城乡规划专业教师队伍比较薄弱。我校城乡规划专业教研室有7名专任教师，但是全部都是助教，专业实践能力比较薄弱，缺乏资历较高的教授和博士指导。并且，教师队伍中各个教师的专业背景有一定差异，研究方向与城乡规划专业实践教学课程有一定差距。单纯是城乡规划专业毕业的教师仅仅只有2名，占28.50%，不到一半。

缺乏“双师型”教师，这主要是由于我校城乡规划专业实践场所和实践设备欠缺，软硬件设备短缺，教研室仅仅只有2台计算机，连GPS、无人机、三维激光扫描仪等实验仪器尚未配备。同时，我校非常重视学生理论学习，重视新教师上课能力的培养，忽视了教师实践能力的训练。并且，生态旅游学院是一个新成立的学院，科研能力不够，校企合作比较欠缺。并且，教师因教学工作量大等原因，教研室对大学生实践教学教育规律的研究不够，很多教师很难深入到设计单位和实训基地锻炼学习。

（二）实验经费投入不足，软硬件设施短缺

生态旅游学院成立于2016年7月，是一个非常年青的学院，办学基础设施和办学经验不足。同时，近年来，全国各大高校不断扩大招生规模，办学经费日益紧张，导致教学经费尤其是实践教学经费投入相对不足，单纯用于城乡规划实训室建设和设备购置的经费相对较少，实训设备更新缓慢，导致实践教学设施和设备远远不能满足教学的需求，导致许多实训课程无法开展，进而严重影响教学质量。同时，实习经费多年没有提高，因而导致实训指导教师积极性不高，从而影响学生实践能力的提升[15]。

（三）实训基地缺乏，实践方式单一

由于学校近年来经费紧张，对城乡规划实训室建设投入较少，以至于实验基本上都是采用演示实验或参观教学这两种模式[16]，因此，学生只能被动接受教师的实训知识，很难通过实际操作获得体验知识，从而导致学生实践与理论结合的水平不易提高；同时，学院校企合作实训基地建设还未真正启动，学生外出实习基本上都是专业教师依据自己的人脉关系去给学生找实习单位，很难使学生去参与“美丽乡村建设规划课题”“创新实践课题”和“信息技术应用课题”，只因这些课题要和公司结合，但学生只有参与具体项目，才能使其实践能力有所提高。

由于学生在做相关课题时经验不足，操作技能水平低，以至于许多公司和单位不愿意接收学生参与实践。即使有些公司接受学生实习，由于实习实践时间较短，一般就2～3个月，公司无法从中获得实际效益，又害怕安全事故发生，以至于实习公司很少安排学生去参与相关规划课题研究，从而学生很难真正将理论和实践结合，参与课题研究，提升实践能力。再次，由于达州市缺乏规模较大的设计院，资源较缺乏，学生很难找到大的设计院参与学习。

（四）实践课程结构不合理，考核指标体系不够健全

由于城乡规划专业是一个非常新的专业，且缺乏有资历的教师和先进的实践教学历史经验，以至于实践教学课程体系主要是参与同济大学、西安建筑科技大学、重庆大学和西南科技大学等国内知名设计高校。这样就导致实践设计课程没有针对学生生源、教师研究领域、区域经济社会发展需求而定，所以课程设置中理论课时很多，而实践教学作为理论教学的辅助环节常常被忽略。同时，我校的实践教学课程设置是依据目前的实验条件设定的，对社会的需求度和市场认可度考虑还不够全面。目前，我校城乡规划专业实践教学课程的考核评价方式比较陈旧，主要是沿用其他学科的考核方法，提交实习报告或实验结果，不利于学生能力的提高。

五、对策及建议

（一）强化师资队伍，优化师资结构，推进“双师型”队伍建设

教师是教育的第一资源，在实践教学中具有非常重要的角色，是一所大学良性发展的基石。教师是实践教学的引导者，高水平的师资队伍是实践教学成败的关键，决定着教学质量的高低，间接影响学生的就业水平。因此，要促进我校城乡规划专业学生理论和实践有机统一，提高实践能力，实现我校“三心四能五复合”的人才培养目标，必须优化城乡规划教研室师资队伍，推进“双师型”教师队伍建设，提升教师的实践教学能力，尤其是新进教师实践教学能力的培训尤为重要。

如何推进城乡规划专业“双师型”师资队伍建设，首先是学校要拓宽师资来源渠道，争取从设计院、企事业单位、高校引进1～2名实践经验丰富的技术人员担任城乡规划实践教学老师，提高师资队伍的实践教学能力；其次是实施校企合作，根据教研室各位老师的专业研究方向，定期开展城乡规划实地踏勘学习，鼓励青年教师到研究院、设计院和设计类公司挂职学习，增强教师基本教学和实践能力，必须保障教研室7位老师每人至少3次校外专业学习的机会；再次继续完善教研室青年教师导师制的建设和监管，促进青年教师的快速成长。组织教师参加城乡规划类学术活动和各类培训，以此推行青年教师听课制度，鼓励新进教师跟踪听课学习，每位新进教师不低于3门，提升老师上课水平；最后，依托本校资源，积极开展教研活动（每学期不低于3次），加强对教学科研课题的规划、申报及实施的督导与检查，确保按计划实施，力争2018年申请校级科研项目2项，市级科研项目1项，加强青年教师科研实践能力的锻炼。

（二）基于人才培养目标，结合教师研究领域，优化实践教学方案

结合城乡规划专业特点，紧紧围绕专业建设、课程建设、教师队伍建设、产学研等

方面开展工作，积极推动新课标的实施，构建全面系统的实践教学课程体系，继续深化教育教学科研课题研究。根据教研室老师专业特长及未来的发展方向，针对城镇化发展，乡村振兴的新常态对城乡规划专业人才的需要，突出“综合性”“实践性”“政策性”的专业特点，改变传统以理论教学为主，实践教学为辅的传统观念，建立理论与实践教学并重的教学课程体系和培养目标。

针对城乡规划专业学科的独特性，推进学生专业竞赛。定期开展学生美术写生实习、测量实习和新村调研等实践学习；积极开展学生品牌活动，例如：2018 年四川省风景园林大学生设计竞赛、2018 年学院规划类设计竞赛等，提升学生专业实践能力；基于教师研究方向，结合学生学习兴趣，推行本科生导师制。

（三）加快实验中心和实践教学基地建设

积极做好申报城乡规划专业实验中心的规划工作，充分利用社会资源，加快校企合作，促进实验室建设，力争到 2018 年年底基本建成，给老师和学生提供一个学习和科研的平台。积极争取上级资金，购买无人机、GPS、三维激光扫描仪等设备，建设实验室，为实践教学提供场所保障。由于我校城乡规划专业办学经验还不够充分，缺乏比较成熟的实践教学基地，因此，学校需要深挖自身资源，和达州市、广安市、巴中市政府建立合作框架，加强政府、企事业单位合作，共同建立产学研实践教学基地。

【参考文献】

[1] 孙小涛. 基于主体功能视角的喀斯特山区县域空间开发适宜性评价与发展格局研究 [D]. 贵阳：贵州师范大学，2017.

[2] 张守忠，王兰霞. 黑龙江科技大学人文地理与城乡规划专业实践教学构建 [J]. 安徽农业科学，2017，45 (5)：247－250.

[3] 张赫，卜雪旸，贾梦圆. 新形势下城乡规划专业本科教育的改革与探索：解析天津大学城乡规划专业新版本本科培养方案 [J]. 高等建筑教育，2016，25 (3)：5－10.

[4] 冯娴慧. 高等学校城市规划专业教育的发展历程与课程体系设置初探 [C]. 第三次城市规划教育学术研讨会论文集，2009：223－227.

[5] 胡守强，张郎山，张献龙，等. 加强和改革实践教学应重视的几个问题 [J]. 华中农业大学学报(社会科学版)，2002，43 (1)：96－99.

[6] 商林艳，李琳. 基于整体观培养的城乡规划专业建筑设计课程教学 [J]. 中国冶金教育，2017，183 (6)：33－35.

[7] 张茜凤，薛丽芳，马晓凡. 人文地理与城乡规划特色专业建设与实践 [J]. 高等理科教育，2016 (1)：96－101.

[8] 朱兵，程茜，朱定峰，等. 绵阳师范学院城乡规划专业应用型实践教学体系构建 [J]. 绵阳师范学院学报，2017，36 (5)：126－130.

[9] 刘富刚，祁兴芬，袁晓兰. 基于特色专业建设的人文地理与城乡规划专业实践教学模式：以德州学院为例 [J]. 高师理科学刊，2014，34 (6)：108－111.

[10] 刘静玉，王丽坤. 地理学视角下的人文地理与城乡规划专业课程体系构建研究 [J]. 人力资源管理，2014 (12)：210－212.

[11] 杨立国，邹君. 人文地理与城乡规划专业产学研结合实践教学体系建设 [J]. 中国现代教育装备，

2014，(15)：71－75.

[12] 赵映慧.东北农业大学人文地理与城乡规划专业课程体系建设［J］.高等理科教育，2013，(4)：94－98.

[13] 成家林，谈淑泳.应用型本科实践教学中存在的问题与对策［J］.教改教法，2014，289 (25)：54－55.

[14] 范海燕，王玉吉.大学生实践教学中存在的问题及解决对策［J］.陕西教育学院学报，2004，20 (2)：33－35.

[15] 胡锦涛.在全国优秀教师代表座谈会上的讲话［N］.人民日报，2007－09－01 (01).

[16] 王成端.以办学的新思路推动学校的新发展：四川文理学院“四圆同心”办学思路的思考与探索［J］.四川文理学院学报，2016，26 (3)：12－20.

信息化时代旅游专业教育教学改革思考

冉　燕*

【摘　要】　信息化时代的到来，给高校教育教学带来了巨大的冲击和影响，高校旅游专业教育者应看清形势，顺应时代发展，建立新型师生关系，教学内容紧贴行业需求，坚持以学生为中心，优化理论课堂，完善人才培养方案，走“双师型”道路，更应有服务社会旅游事业发展的责任担当和角色定位，通过多种途径深化旅游专业教育教学改革。

【关键词】　信息化时代；旅游专业；教育教学改革

随着信息化时代的到来，数字信息和网络媒体技术的不断升级，新媒体的信息内容与形式、传播渠道与载体等方面都具有重大变革和突破，使人们在获取和传播信息时，思维方式，心理状态、语言表达和行为特征等方面产生了全新的改变。信息公开化，使世界变得透明起来，教师的权威受到了极大的冲击，这一时代的到来，也促进了高等院校教育教学改革。科学地认识信息化时代给高校旅游教育教学带来的冲击和深刻变化，探索信息化时代对旅游教学改革带来的新规律、新途径，显得十分重要。

一、信息化时代旅游专业教育教学改革的必要性

旅游专业是应用性很强的专业，要求学生具有很强的应变能力、知识迁移能力、解决实际问题的能力。[1]长期以来，旅游专业的教学大多沿用传统的教学方法和模式，其课堂教学偏重专业理论知识的传授讲解，缺乏专业技能操作实践内容。应用性学科的名号变得有名无实。在教学方法上大多数老师惯用“灌输式”，与学生不能形成有效的互动，单一的授课模式和授课环境，不利于学生组织协调能力、应变能力、职业竞争能力、心理素质的培养和锻炼。学生的语言表达能力及社会交往能力难以提高，随着信息化时代的到来，市场需求的变化，对旅游从业人员的要求越来越高，既要具备多层次、多学科、较为丰富而合理的知识结构，又要善于接受新知识、新技术、新思想，具有较

* 冉燕，女，四川宣汉人，硕士研究生，四川文理学院政法与公共管理学院副教授，研究方向：旅游管理，酒店管理。

强的职业岗位适应能力。这就要求旅游管理专业人才必须具备很强的实践性、综合性、应用性等基本特征。为了更好地解决高校旅游教育教学在当前存在的突出问题，旅游专业教育教学改革迫在眉睫。

二、旅游专业教育教学改革思考

（一）建立新型的师生关系

信息化时代下，信息获得的平等性和开放性对传统师生关系造成了巨大冲击，老师的权威受到极大的挑战，因此，在当下应构建平等、友好的新型师生关系，这也是信息化时代下高校旅游教育教学改革的新要求。首先，老师应该勇于抛弃陈旧、迂腐的传统教学观念，放下教师自我中心的架子，向学生学习、向互联网信息学习，主动汲取学生正确的观念和想法，并鼓励学生在学习过程中发表自己独到的见解，让学生感受到教师对他们的尊重和爱护。

其次，教师要加强对以新媒体为代表的新型传播方式系统的学习、研究以及运用，特别是旅游专业教师，要紧跟现代旅游的发展步伐，了解学生的思维方式，关注学生的话语体系，以平等、友好、无障碍的方式进行沟通交流，从而获得学生的尊重和信任，成为学生的良师益友。[2]

最后，教师要严于律己，在信息化时代积极传播在旅游教学活动中的正能量，起到表率作用，弘扬社会主义核心价值观，坚持依法执教、维护国家利益，与学生一起积极承担社会责任。

（二）教学内容紧贴行业需求

据调查，目前高校培养的旅游专业毕业生其知识结构、能力素质与企业的需求之间存在着一定的差距。企业方认为学生在学校接受的教育与行业要求差距太大或已过时，很多毕业生缺乏企业要求的专业技能、敬业精神、协作精神，自我调整能力、环境适应能力、工作责任心等基本要素，不能满足旅游企业对专业人才的需求。因此教师在日常教学时要熟谙行业岗位特点、专业要求、社会需求，有针对性地讲授与行业密切接轨的课程教学内容。对已过时的、不需要的课程内容予以删除，增加实用的专业知识，使教学目标、课程内容与行业需求、社会需求达到高度统一。此外，教师要积极关注市场行业动态的发展进程，同时教学内容应有适度的超前，观念眼界具备一定的前瞻性。[3]另一方面要提高旅游专业的广泛适应性，使毕业生能够适应旅游业职业的多元化和企业内部岗位的多元化。针对旅游行业出现的新市场、新业态、新情况开展一系列旅游专题讲座，积极主动适应旅游产业的发展变化和人们旅游观念、行为变化的新趋势。

（三）以学生为中心

在探索教育新技术以构建新型课堂教学模式时，应充分利用现代教育技术的优势，使其成为推动现代教育教学改革的巨大动力，但不能仅仅关注技术因素而忽略人的作用。教育的目的在于促进人的全面发展，人在集体中认识自我、发展自我。学生在学校不仅要完成学习任务，也需要与老师、同学进行交流合作，建立和谐的师生关系、同学关系。因此教育应以人为本，构建新型课堂教学模式，关注人的因素。以学生为本，以学生为中心，不仅重视学生在知识上的需求，也要重视学生在情感上、人格上的需求，关注个体差异，想办法尽量满足不同类别、不同层次的学生多方面需要，从而让每个学生都能轻松愉悦地学习，享受学习带来的快乐，体验收获知识、能力、情感的喜悦。新型课堂应以学生为本，面向全体学生。课堂上，教师的主要任务是带领并组织学生进行专业知识的学习，可采取多种方法来提高学生的学习兴趣，比如提问法、讨论法、归纳总结法、情景模拟法等方法激发学生学习的积极性和主动性，让学生由被动式学习变成主动式学习。使学生轻松掌握专业理论基础知识，具备良好的职业道德、工作态度、协作精神以及较强的职业能力。

（四）优化理论课堂

“让课堂活起来，让学生动起来，让效果好起来”已成为评价新时期教学效果的重要标准。现代旅游企业要求从业人员拥有过硬的理论基础，这就要求旅游教育与时俱进，注重专业教学方法改革，不断吸纳好的教学方法，采用有效的教学手段进行课堂教学。[4]其一，利用多媒体设备设置模拟场景，活跃课堂气氛，引领学生进入直观、形象的场景，让旅游知识点更加形象化，直观化，刺激学生的各种感官，提高学生的学习兴奋度，使学生轻松愉悦的掌握原本枯燥的专业理论，并起到开阔视野，拓宽学生思维力的作用。其二，加强互动式、差异化教学模式。面向全体、照顾差异，强调学生在学习中的主体作用，注重发挥学生潜能，强调学生学习的主动性、积极性，达到教学相长的目的。其三，注重案例教学。旅游专业教学如果离开了具体生动的行业案例，课堂教学就变成了枯燥的说教，失去了应有的光芒和吸引力。教师日常应注重案例的收集、甄选和利用。选择具有真实性、客观性、代表性的案例融入教学，用案例来加深对理论的深化，将抽象的理论变得鲜活生动。其四，灵活运用情境教学方式。如在讲授客房服务与管理内容时，若利用客房的图片以及客房服务的视频来授课，其教学效果也会较常规教学好得多。总之，我们应当有这样的认识：在旅游教学中，教师应努力营造一种新型的课堂教学模式，精心设计组织教学，采用新的教学方式，点燃学生学习的热情，让学生成为学习的主人。通过课堂上的引导、探究、互动，使学生的思维能力、专业素养、学习能力、人格品质等得到全面和谐的提升。

（五）加强实践教学

旅游管理专业主要是培养从事旅游行业服务、管理的应用型人才。实践技能的培养在整个旅游人才培养体系中占据相当重要的地位。坚持“以行业需求为导向，以岗位技能为中心，实践与理论并重”的原则指导旅游专业的实践教学，以培养“能操作，会动手”的旅游专业毕业生为宗旨，加强旅游专业实践教学环节。既要在校内实训室开展实训，也应带领学生多走进旅游行业的实际工作环境中去，身临其境进行实践锻炼。把实训实践活动转移到酒店、旅游景区、旅游交通中等开放的教学环境中，锻炼学生临场应变能力、思维能力以及解决实际问题的能力，大大提高实训效果。

另外可通过校企合作的方式加强学生专业技能的训练，选择具有一定的规模和较高水平的旅行社、景区景点、星级酒店作为校外实践基地，并与周边城市的知名企业开展联合办学，为学生提供丰富的实践平台，满足实践教学之需。这种合作方式，一方面可以弥补高校旅游实验设施设备投入不足，另一方，旅游企业也可以对学生开展相对专业的实践训练，这样培养的学生更能满足旅游企业的需求。通过校企合作，也加深了学校对企业的了解，了解其对人才知识结构、技能、素质、能力的要求，可有效避免人才培养与行业需求严重脱节的问题。

（六）制定科学合理的人才培养方案

通过对旅游企业人才市场需要的调研，结合自身的办学优势和特点明确旅游教学“目标市场”——学生毕业后的就业方向、就业领域，确定人才培养目标，制定科学合理的人才培养方案。针对社会、企业人才市场的需求，科学安排课程设置，同时紧跟社会、行业的发展步伐，逐步调整、完善课程设置。合理安排理论课与实践课的比例，使其最佳化，优化课程课时数、师资配置等各个教学环节。在实施过程中，若出现的某些实际困难或问题，应及时采取有效措施加以解决，纠正偏差。尽量做到培养的毕业生在知识结构、能力、素质方面达到预期目标。毕业生质量的优劣需要社会及用人单位的检验和评价。通过学生就业率、工作表现、工作业绩、用人单位对毕业生的满意度等多方面综合评价毕业生质量。这一结果将作为下一阶段市场调研的内容之一，并以此为依据进行人才培养方案的修订和教学活动的调整和改进。

（七）走双师型道路

旅游专业重实践，重能力。为实现培养目标，就必须拥有一支高素质、能力强、能文能武的“双师型”教师队伍。为此，专业教师应主动到旅行社、酒店、旅游策划公司、旅游集团公司等相关旅游企业去实习去锻炼。尽可能地获得企业一线服务与管理从业技能和经验，并获得相应的职业资格证书，增加行业从业经验，提高教学水平。与此同时，采用“走出去，请近来”的办法，聘请企业中的优秀“技能型”专家和优秀管理人才充实到教师队伍中，为学生授课，提高师资力量，提高教学效果。同时，多到旅游专业办学经验丰富的兄弟院校考察学习，开阔视野，更新办学思路和理念。

三、信息化时代旅游教育者的新定位

在21世纪的今天，中国的旅游业正在蓬勃发展，随之而来的是现代旅游业面临着的全新的、激烈的竞争和挑战，在世界旅游业发展竞争的舞台上，旅游业人才的竞争是最核心的竞争。最近几年，高校旅游教育教学随着旅游业的飞速发展而加快了改革的步伐，在旅游人才资源开发和优化配置中发挥着举足轻重的作用。

旅游专业教育与旅游行业的发展密切相关。信息化时代，旅游教育者应认清时代趋势，把握好时局的新特点。作为一名旅游教育者，不仅要立足校园、站好讲台、教好书育好人，同时应该有更深远的社会定位，担当起为旅游事业谋发展、献计谋的社会责任。

在信息化时代，旅游教育者在未来的旅游事业中应该如何定位？第一，为政府旅游决策提供参谋。通过建立旅游信息队伍，及时收集、精心整理鲜活的第一手信息，善于发现新情况，精心洞察新亮点，潜心探究新问题，积极向政府机关提出具有参考价值的工作建议。第二，要成为旅游事业的宣传者。保持高度的新闻嗅觉，紧紧围绕在旅游工作中不同时期的核心任务，随时把握人们旅游需求的共识，策划营销宣传工作，促进我国旅游体制全面深化改革。第三，挖掘旅游活动中丰富的文化内涵。向广大游客诠释旅游文化的品牌价值，弘扬传承国家、地方优秀民族文化。第四，成为旅游市场的探索者。解放思想、开动脑筋，拓展旅游视野，向市场要效益，向改革要出路，推动我国旅游业进一步发展。[5]

四、结束语

中国旅游业的迅猛发展，推动了旅游专业教学的改革。旅游教育旨在培养旅游行业的服务与管理人才。因此，注重培养旅游专业学生的综合素质、专业技能、职业道德、实践能力、合作能力和创新精神的培养应当是旅游教育的培养目标。旅游教育教学改革说到底是教学观念的改革，为适应现代旅游专业人才培养的需要，必须抛弃不适合时代要求的教学观念，确立起科学的、符合时代要求的教学观念。改革现有教学模式和方法，重视培养学生的综合素质、实践能力，开展旅游专业教学模式的创新和实践。旅游专业的教育教学改革，不是一蹴而就的，只有不断经过实践检验，不断创新，才能形成符合自身需求的卓有成效的教育教学模式。

【参考文献】

［1］陈浩，郑嫜婷. PBL 教学法在本科旅游管理专业教学中的实施研究［J］. 教育与教学研究，2010（12）.

［2］程华宁，庞力萍. 旅游管理专业职业意识养成教育之新途径［J］. 职业教育研究，2010（5）.

［3］刘鑫，周佳明. 建构主义教学理论在旅游管理专业教学中的应用研究［J］. 科技信息，2008（5）.

［4］张金凤，张列娟. 旅游管理专业本科教学模式改革探析［J］. 沈阳师范大学学报：社会科学版，2006（5）.

［5］张金霞. 湖北省旅游教育人才培养的现状与对策研究［J］. 旅游学刊，2004（7）.

艺术设计实践教学总结报告

郭成翔[*]

高等院校艺术设计教育要紧跟经济全球化的大趋势，突出专业特色随市场、产业的变化而变化的应变能力。着重培养学生的创新思维能力、视觉艺术感受力及表现能力。强调设计文化的重要性，挖掘优秀的民族文化资源；密切关注国际国内最新设计动态，把握艺术设计未来的发展趋势；树立为市场服务、为商业服务的意识。艺术系专业实验室上机实践正是艺术系课程的实践环节，将艺术设计课程的教学内容深化到应用实践。

艺术系专业实验室上机实践课程以实践教学为主，改变以教师为主体的“灌输式”的教学方法，让学生始终处于主动探索、思考的主体地位，教师由传统以教师为中心的讲解者转变为以学生自主学习为主的指导者和组织者，教师在实践教学中贯穿应掌握的理论知识并引导学生将其应用到实践中。以下是笔者对艺术设计教学的一点感受和探索，分别从以下几个方面来谈。

一、对课程目标的探讨

实验课是学生理解理论、探索未知、创造新知的必不可少的重要课程和手段。学生创新能力的培养，关键在于将学科知识运用于实践，并在实践中拓展知识。作为指导教师，首先应该思考这门课要从哪些方面培养学生的实践能力，侧重点在哪里，然后才能更好地组织教学，有目的、有意识地培养学生，以达到良好的教学效果。我们认为，艺术设计与实践课程对于提高应用能力，培养学生的创新思维能力、视觉艺术感受力及表现能力具有积极的作用，应该重视下面几方面能力的培养。

（一）培养学生理论联系实际的能力

实验不仅仅是对理论的验证，重要的是技术训练和能力培养，包括动手能力、分析问题和解决问题的能力、鉴赏能力和表达能力等的培养。教学活动是教师和学生不断交流的过程，实践是实现这个过程的桥梁，可以启发学生深入思考、敢于创新，增强学生未来的适应性和针对性，达到理论联系实际的良好教学效果。艺术设计实践教学是艺术

---

* 郭成翔，男，助教，研究方向：产品设计。

课程的重要环节，学好艺术设计仅靠理论知识是不够的，课堂讲授是使学生掌握艺术设计的基本知识和基本技能，而艺术设计实践教学的目的是要通过实际操作将学到的知识付诸实际，这是教学的最终目的。艺术设计实践教学无论在掌握艺术设计理论，还是培养学生运用计算机解决专业问题的能力方面，都占有相当重要的位置。

（二）培养学生的艺术设计能力

艺术设计与实践实验课程最重要的是技术训练和能力培养，包括动手能力、分析问题和解决问题的能力、书写能力和表达能力、团队协作能力等的培养，也就是要注重学生的工程能力，培养学生完成项目实践的能力。在艺术设计与实践课程中，对学生来说，要求学生完成的设计内容是一个相对较大的设计项目，这样的项目能够涉及不同课程中所学原理的应用，从而可以使学生把各阶段所学的内容都联系起来，达到综合应用的目的。

（三）培养学生沟通的能力

学生具有较强的沟通能力，能够很好地表达自己的设计思想，这也是设计实践中必不可少的。因此，在整个课程中，指导教师应多次与学生交流设计方案，让学生在交流中逐渐理解设计思路。同时，培养学生整体把握的能力，很多学生只注重操作，而不重整体思路的把握，这需要老师的引导，让学生真正理解设计不仅是做给老师看的，更重要的是通过设计的形式提交自己的作品。

二、课程实践成果转化和存在的问题

高校美术设计类专业和其他专业存在一定的区别，它包括了如产品设计、环境艺术设计、视觉传达艺术设计、各种装饰艺术设计等具体专业。它属于人文类学科专业，又具有很强的实践性学科专业，它的科研成果既与自然科学类成果存在很大的区别，又与理论性的其他人文学科成果不同。这注定了其成果存在的形式与转化方式的独特性。

高校美术设计类专业中很多学科都是具有很强实践性的学科，在其教学过程中都会留下丰富的创新成果。其中表现非常突出的就是教学过程中的实践性成果，它包括了教师的教学实践成果和学生的学习实践成果。例如我们学院的一课一展制教学理念，就是教学成果转化的，但这种转化依然不够。我们还应当和设计公司、企业、工作坊或者加工工厂进行深度合作，让学生的设计不止停留在纸面上，而应当独立地生产出来，这样的教学模式能够培养学生的动手能力和社会实践能力，极大地增强学生学习的积极性。

这种教学实践性成果如果能实现经济价值的转化，那么将具有以下意义：

(1) 使学生能看到学科具体、实在的经济效益和学科成果的价值，这有利于激发艺术设计学生的学习兴趣，提高创新能力，提升项目实训教学效果。

(2) 有了成果转化的这一目标，学生的学习将更具有针对性和主动性，这有助于学生在学习中积累创新实践经验，提高创业能力与就业能力，拓展职业发展空间，从而适应国内外设计职业环境的变化。

(3) 成果转化后不再是囤积或丢弃，这有利于节约资源、保护环境，有利于实现教育成果价值体现的最大化，扩大教育影响力。

（4）成果的转化有利于加强教学与社会的联系，使更多的人能得到艺术的审美享受，实现较高品位文化艺术的传播与推广。

三、培养创新型实用人才

设计教育最大的特点，就是要随市场、产业的变化而随机应变。我们的基础教育缺少设计审美和设计鉴赏内容，以致大众对设计产品表现出冷漠与麻木。基础课和实际案例相结合，在课堂上运用各种教学媒体充分展示优秀作品，有利于培养学生整合优势资源的能力，启发学生从不同角度观察事物，不断寻求创新和突破，加强原创能力的培养，着重提高学生的创新思维能力。良好的职业习惯也不容忽视，教师应引导学生克服自由、散漫等缺点。

综上，我们对学生的培养不能停留在书本教学和学术研究阶段，更不能对商业性太强的设计作品持否定态度。许多没有深入生活的作品，设计者自己感觉非常满意，投放市场后效果并不理想，甚至被客户否决。这就要求我们必须先了解市场，了解企业文化，熟悉产品的性能，关注商业发展的状况，掌握市场潮流与消费者的接受程度。其实，多数学生也想与深入生活参与项目设计，这时老师的引导十分重要，会直接关系到学生应用所学知识设计的产品与市场链接的成功率。为此，笔者在授课过程中穿插很多实务的细节问题，分析成功的经验和失败的教训，使理论与实践自然结合起来。平时除强调专业能力外，高度的责任心、合作能力、沟通能力、诚实礼貌、吃苦耐劳，等等，都是设计师必须具备的素质和能力，只有经过实践才能切身感受到它们的重要性。

四、结语

高校设计学专业的学习应当紧跟时代和行业的发展而不断地变化，以产品设计专业为例，当今产品设计的理念已经和十年前有了很大的变化，我们关注的不只是产品的造型，而应当更加全面地看待整个产品设计的流程，服务和售后等一系列要素。我们还要了解一些经济学、心理学、营销学等相关知识来构建一整套学习系统。这对巩固和深化课堂教学、提高学生的实践动手能力和综合能力，对培养创新型人才是十分有效的途径。总之，艺术实践教学对完善教学环境，构建创新性教学平台，培养学生理论与实践结合的能力，锻炼学生的设计能力和动手能力，培养学生的创新思维能力、视觉艺术感受力及表现能力，提高学生的综合素质，都有极其重要的作用。

“以学生为中心”的教学质量保障体系建设与创新

——基于管办评分离视阈下四川文理学院转型发展的探索与实践*

王秀珍**

【摘　要】　在管办评分离视阈下推进新建本科院校向“新型”本科院校整体转型发展过程中，首先需要进一步明确其科学内涵与评价标准，着力解决新型认识不清、政府行业缺位、质量标准模糊、培养方案同质、学生主体不明、质保队伍不精、质量文化缺失等诸多困境。在此基础上，如何实现由“教得好”向“学得好”的转变，四川文理学院进行了深入的探索和实践，全面建设并创新了“以学生为中心”，即以学生发展、学生学习、学习效果为中心的“五位一体”教学质量保障体系。

【关键词】　应用型；以学生为中心；教学质量保障体系

2015年3月，政府工作报告中提出“引导部分地方本科高校向应用型转变”；2015年10月，教育部、国家发展和改革委员会、财政部联合发文，要求引导部分地方普通本科高校向应用型转变；2016年3月，政府工作报告再次强调“推动具备条件的普通本科高校向应用型转变”，这不仅符合国家社会经济发展实际，也是中国高等教育战略发展的必然要求，更是新建本科院校可持续发展的根本举措。新建地方本科院校如何进一步立足地方、融入地方、根植地方、服务地方，是摆在我们面前亟待破解的难题，也是对我们办学理念、治理结构、发展方式以及人才培养模式的全面挑战。

一、“新型”本科院校的内涵与评价标准

2016年10月28日至30日，全国新建本科院校联席会议暨第十六次工作研讨会在成都召开，来自全国29个省（市、自治区）220余所新建本科院校的630余名代表出席，会议以“创新发展、协同育人、质量保障”为主题，发布了全国新建本科院校联盟“成都共识”，高教司司长张大良在会上作了《对焦需求 聚焦服务 变焦应用》的重要讲话，与会专家学者共话“新型”本科院校建设。

* 基金项目：四川省教育厅人文社科重点科研项目“管办评分离视阈下的教育质量保障研究”（17SA0143）。

** 王秀珍，女，副教授，研究方向：高教管理，宪法与行政法。

（一）“新型”本科院校的内涵

1.“新”在融入地方求发展

新建本科院校办成新型本科院校的“新”，是不受学校新建时间的影响，重在学校发展模式的创新。各新建本科院校要充满信心、不负使命，扎根地方、依靠地方、融入地方，“把握由来、坚守本来、吸收外来、面向未来”，走出一条具有中国特色的新型本科院校发展之路。

2.“新”在发展模式创新

新建本科院校要以更大的决心“对焦需求”，使需求更加清晰，着力把握地方总体发展需求，把握地方各行各业对人才的多样化需求；以更强的定力“聚焦服务”，使服务更加精准，主动服务地方经济社会发展需要，服务地方支柱产业转型升级需要；以更宽的视野“变焦应用”，使应用更加凸显，加强应用学科建设，加强应用研究和科技创新，加强应用型人才培养。立足地方、面向区域，打造特色、形成优势，努力把学校办成具有中国特色的社会主义新型本科院校。

3.“新”在内涵与要求的拓展

新型本科院校的基本内涵、核心要义和实践要求是：需求导向、突出应用、校地联合、科教结合、产教融合、校企合作、协同育人、转化成果、主动服务、支撑发展、办出特色、做出贡献。其中，满足需求是新型本科院校办学之要；服务地方是新型本科院校办学之根；坚持应用是新型本科院校办学之本；应用为本、提高质量是新型本科院校的办学之基；协同育人是新型本科院校的兴校之策；改革创新是新型本科院校的强校之源。

（二）“新型”本科院校人才培养质量标准

1.人才培养质量“十个维度”标准

考察新型本科院校人才培养质量十个维度是：理想信念、道德情操、法治意识、专业智能、创新精神、实践能力、人文素养、国际视野、家国情怀和康健体魄等。要在这十个维度上建立标准、提出要求，努力培养主动适应经济社会发展需要的各类优秀创新创业人才。

2.创新推动“四个全面”提升

新建本科院校必须以创新发展推动教学水平、科研水平和创新能力、成果转化能力、服务社会能力的全面提升。要通过创新人才培养机制和教育教学方法改革、深化创新创业教育改革来提高教学质量。努力造就大众创业万众创新的生力军，为国家和区域经济社会发展提供智力支持和人才保障。

3.努力建构“三力”内部评估体系

新建本科院校要进一步建立对应高等学校分类评估，以“高质量的就业能力、产业服务能力、技术贡献能力”为评价标准的校内教育评估体系。学校要依据国标、行标来结合本校的实际修订学校的专业教学质量标准。要建立自我评估制度，健全校内质量保障体系。要进一步改进科研管理评价办法，形成重在质量、崇尚创新、社会参与的评价方式，建立以科研成果创造性、实用性以及科研对人才培养贡献度为导向的评价激励机制。

二、“新型”本科院校教学质量保障体系建设困境

《国家中长期教育改革和发展规划纲要（2010—2020年）》明确提出，要适应国家和区域经济社会发展需要，重点扩大应用型、复合型、技能型人才培养规模。通过对省内八所新建院校的调研，他们在教学质量保障体系建设方面还存在如下困境：

（一）定位认识不清，内部质量保障意识缺失

新建本科院校基本由地方政府举办，其主要任务就是为地方经济和社会发展培养应用型人才。所谓应用型人才，是相对于理论性和学术性而言的，是指掌握应用性知识、具有较强适应能力、实践能力、创新创业精神、适应区域经济社会发展需要的面向一线的人才，主要包括高技能型人才、应用型本科人才、应用型高端人才三个层次，而应用型本科人才是培养主体。新建院校在应用型人才培养过程中，常用技术能力替代应用能力，忽略了分类分层和创新创业精神培养。内部质量保障意识缺失，重教轻质、重教轻学。学校应做到在规范引导教师教学行为的同时，更加重视学生学习过程、效果与多元评价，逐步提升质量意识，落实质量责任，突出质保成效。

（二）政府行业缺位，内部管、办、评职责不清

“政产学研用”协同育人是优化人才培养机制的创新和途径，通过协同育人，实现人才培养与经济社会发展地紧密结合，破解办学封闭、同质低效、办学资源突出等问题。然而，在新建院校教学质量保障体系实际建设中，政府与行业、企业缺位或虚伪，协同育人的互利共赢的长效机制还未完全形成，造成高校“一言堂”的单相思局面，质保体系不能及时有效反映市场对人才培养的多元化动态要求。内部管、办、评职责不清，教务处既是“球员”又是“裁判”。

（三）质量标准模糊，未能有效对接行业职业需求

教育部正在按照管、办、评分离的原则，理顺中央和地方政府，高校和社会之间的关系，推进高等教育治理体系和治理能力的现代化。如何建立完善高等教育质量分类与评价体系，完善面向应用型人才培养的专业质量标准，为全面提高人才培养质量提供制度保障，也是高教研究重大课题之一。新建院校质量标准模糊，未能与相关行业领域的国标、行标有效对接，关联度和适应度不高。

（四）质量标准与质量评价标准混同，以管代评，重建轻评

从已经经过审核评估的高校内部质量体系建设存在的常见问题是质量标准与质量评价标准混同，以管代评、重建轻评。如何通过一体化质量评价标准的构建，确立“能力取向”教学评价理念，实现从单纯的知识评价向以能力评价为主的多元化评价内涵的转变[1]。进一步明确建设标准与评价标准的区别与联系，解决以建设标准代替评价标准问题，从而促进内部质量管理评估工作制度化、规范化、体系化、特色化和常态化开展是新建院校需要着力解决的课题。

（五）内部质保体系运行低效，主体不明、质保队伍不精

全面推进素质教育，首先要深化教学模式改革，把社会主义核心价值观教育融入人才培养的全过程。着力培养学生服务国家、服务人民的社会责任感，勇于探索的创新精神，解决实际问题的能力，需要着力构建“全员育人”的质保体系。然而，新建院校课堂教学以“一言堂、满堂灌、照本宣科、照屏宣科”的多，课堂“低头族、手机族”多，以“学生为中心”的启发式、合作式、参与式、问题导向式教学模式才刚起步。内部质保体系运行低效问题突出，责任主体不明、质保队伍不精，质量评价更多体现为“自说自话”，质保工作缺乏系统规划与科学统筹，形式化、随意性突出，师生参与度低，获得感弱化。

（六）质量文化缺失，“全人教育”“终身学习”理念缺失

高校质量文化是由价值观念、行为准则、制度规范、教风学风等精神因素及物化形态所构成的有机整体。分为两个层面：一是精神层面的质量文化，是指高校在长期办学历史进程中逐步积累形成的关于质量行为的价值取向，是高校质量保障的内在动力和精神支撑；二是行为层面的质量文化，是能促进学校成员将质量价值、理念转变为教育行动，是真正促进教育质量提升的行为状态。新建院校普遍存在质量文化的缺失，原有的教育教学更侧重于学生“知识、技能”的理解、掌握与应用，教的过程更多体现为“传道、授业、解惑”，忽视了学生理想、信念、责任与担当；考核评价单一，重知识轻技能，重识记轻学法；科学有效、多元激励、以人为本、以应用为核心的质量文化缺位。

三、“以学生为中心”教学质量保障体系的建设与创新

“以学生为中心”即以学生发展、学生学习、学习效果为中心，以学生有效学习为目的，核心是强调心智训练和大脑发展[2]。这是相对于过去的老“三中心”，即以教材、教师、教室为中心，其本质是教师在教室讲教材，核心是传递书本知识。四川文理学院结合新建地方本科院校整体转型发展的“实际”情况，根据中国特色“五位一体”评估制度和教育管办评分离改革要求，从多维视角，着力构建基于以“全人教育”为理念，“问题解决”为导向，“协同创新”为基础，“终身学习”为前提，“全员参与”为保障，“评价标准”为关键，“学生发展”为目标的多层次、立体化、全方位的“五位一体”内部质量保障体系，并引导各二级学院构建了具有学科专业特色的质量保障体系，为培育具有“三心四能五复合”的高素质应用型、复合型人才提供了确切保障。该体系视角新、模式新、重实效，是新建本科院校加强教学质量内部管理的重要实践探索。

（一）以“全人教育”为理念，建构以人为本的内部质保意识

新建本科院校培养的高素质应用型本科人才，是以“全人教育”为理念的，集知识、技能、素养、信念与责任的融合体。四川文理学院的内部质保体系建设坚持以“全人教育”为理念，“以人为本”为构建原则，一是坚持以学生为本，着力采取一系列行之有效的措施，提高教育教学质量和人才培养质量，推动学校“三心四能五复合”的人才培养目标和学校办学定位的达成。二是坚持以教师为本，着力帮助教师提升专业水平

和教学技能，在教育教学过程中突出教师的主导作用。三是坚持以服务为本，通过学校职能部门与人员调整，逐步实现学校各职能部门人岗相适、人尽其才、才尽其用的全员育人和全人教育的新格局。

（二）以“协同创新”为基础，理清内部质保职责与边界

以“协同创新”为基础，从四个层面进一步理清了教育教学管理、教育教学保障、教育教学监控与评价等部门的职责与边界。一是完善了四川文理学院章程，并经四川省教育厅核准发布。二是完善了部门机构设置，学校层面，从宏观上对教学质量保障工作进行指导，抓好顶层设计。两次调整机构设置（2013 年和 2016 年），进一步整合了资源、完善了组织管理机构；成立了教学督导委员会和教学指导委员会，对全校教学秩序、教学管理、教学工作状态及教学质量进行监督、检查、指导、咨询与评议；成立了评估处，具体负责组织、协调、实施内部教学质量监督与评估工作；二级学院层面，各二级学院根据学校的文件精神，构建了二级学院教学质量保障体系，成立了教学督导组，设置了教研室，配备了学生信息员，健全了质量管理制度；教研室层面，根据各二级学院的专业和课程特点，科学设置了教研室，组建了教学团队，明确了工作职责，充分发挥基层教学管理组织在教学质量监控工作中的参谋助手作用。三是明确了工作职责，划清了质量评估部门和质量管理部门的工作职责，并协调开展相关工作。四是完善了目标考核办法，多次修订了目标考核指标体系，坚持对二级单位进行年度全面考评，重在完善激励机制，构建责权利统一、竞争有序的校院管理体制，充分调动二级单位的积极性、主动性与创造性。

（三）以“问题解决”为导向，全面系统构建 PDAI 内部质保模式

以“问题解决”为导向，全面探索构建了基于 PDAI（Plan-Do-Assessment-Improvement），即“计划-执行-评估-改进”为一体的内部质量保障模式。即构建了教学质量保障的组织体系——计划（调整机构设置，建立相关管理机构，明确工作职责，制定年度质保工作计划与责任书等）；教学质量保障的制度体系——执行（建立了一系列与之相适应的规章制度，加大执行力度，通过年度目标考核予以综合评价，为教学质量保障长效机制奠定制度基础）；教学环节的质量评价体系——评估（包括专业建设、人才培养方案、课程建设、教材建设、课堂教学、实践教学、毕业论文等，并常态化开展内部评估）；教学质量反馈与激励体系——改进（以“问题解决”为导向，建立了教学督导反馈体系、学生信息反馈体系、教师意见反馈体系、教学激励机制等，重在改进）。

（四）以“学生发展”为目标，构建主要教学环节质量评价标准

以“学生发展”为目标，着力构建了主要教学环节的质量评价标准，制定了《教学质量保障手册》，狠抓主要教学环节的质量管理，促进内部评估工作规范化、常态化、体系化。主要制定了专业建设、课堂教学、实践教学、毕业论文、试卷等质量评价标准，并坚持常态化的开展、持续改进与质量提升。通过人才培养的全程跟踪监控与评价，直面学生的学习效果，促成学生学习由“记住、理解”的低阶学习向“应用、分

析、评价、创造”的高阶学习递进（美国学者布鲁姆1956年提出教育目标分类法），体现学生学习的增值和获得感。

（五）以“全员参与”为保障，着力实践“五位一体”内部质保体系

以“全员参与”为保障，着力实践“评估处、督导委员（专家）、二级学院督导组、教研室、学生信息员”等协同作用的“五位一体”内部质保与监控体系。一是成立了评估处，在2009年学士学位授予权评估、2011年合格评估设置的临时机构“评建办”基础上，学校于2014年1月成立了“教学质量督导评估处”（2015年更名为“评估处”，并设立办公室、评估科和督导监控科），把内部质量监督与评估职能从教务处分离出来。评估处的成立，既是学校内部管理体制改革的一次尝试，又进一步理顺了学校教学管理与教学质量保障、评价与监督之间的关系，对于学校推进内部“管、办、评”分离和进一步规范教学、培育特色、提升质量具有十分重要的促进作用。二是成立了教学督导委员会，督导专家作为督导委员会委员，全体教学督导委员会委员（督导专家）根据专业背景划分日常对口联系学院，采取“听、看、查、评、访”等方式，常年深入一线实施“督教、督学、督管”，并定期通过《督评简报》将督导情况予以通报。教学督导专家日常督导采取相对固定联系二级单位为主，专项督查、教学指导和专题调研采取分散与联合相结合的灵活多样的工作方式。实践证明，这种模式充分发挥了教学督导专家的特长和优势，实现了教学督导的预期效果，受到了师生的欢迎。三是成立了二级学院督导组，在校级教学督导组的监督和指导下开展督导工作，并在日常督查记录本和《教学质量保障手册》上进行详细记录。四是科学设置了教研室（教研室主任享受正科级待遇）。要求各教研室开展教研活动要有计划、有记录、有总结，提高教研活动的实效性和针对性；要求教研室、教学团队主动参与专业建设、课程建设、教材建设、制度建设、人才培养方案制（修）订等工作，充分发挥基层教学管理组织的参谋助手作用。同时，学校坚持开展单月“教师·校长”座谈会，其目的就是为了充分发挥教师在学校管理和育人过程中的主导作用。五是组建了学生信息员队伍，校级学生信息员基本涵盖了全校所有专业和年级，定期召开信息员会议，坚持开展双月“学生·校长”座谈会，收集学生对教学与管理工作的意见和建议，并及时将有关意见和建议通过“教学督查意见反馈表”反馈至职能部门予以改进。

（六）以“终身学习”为前提，打造绿色共享质量文化

在“互联网+”的信息化时代，对学校教育提出了更高的要求，要求学校教育要为学生终身学习和成长奠基，打造绿色共享的质量文化。一是转变师生质量观念，让师生树立质量意识，通过积极组织学习贯彻各级教育管理文件和会议精神，认真解读本科教学工作合格评估专家组提出的意见和建议；认真对照学校的教学和管理与应用型本科办学存在的差距；认真查找主要教学环节方面存在的薄弱环节，认真思考影响教育教学质量提升的主要因素，认真分析教学质量保障与监控工作方面存在的问题，围绕学校的办学理念、办学思路和人才培养目标做好质量监控工作的顶层设计。二是提高师生质量意识，营造绿色共享质量文化氛围，引导、指导教师认真“教”、学生认真“学”、管理人员认真“管”，服务人员认真“服”，从而形成师生“自我管理、自我服务、自我激励、

自我约束”的长效提升机制。

四川文理学院作为一所新建地方本科院校，本科办学历史不长，办学条件相对薄弱，目前正面临向“新型”本科整体转型的机遇期和挑战期。管办评分离视阈下新建本科院校内部质量保障体系探索与实践，历经三年的实践、应用、改进和推广，因理念先进、目标明确、措施完善、特色鲜明、成效显著，通过在省内外多所高校的实践检验，达到省内领先水平，为新建本科院校内部质量保障体系建设提供了范式，《中国教育报》《教育导报》和四川教育网等媒体对部分做法予以了宣传和报道。该改革成果，2017 年被评选为学校教学成果“一等奖”和四川省教学成果“三等奖”。我们深刻认识到：立德树人、质量提升永远在路上！新形势下，学校的改革发展还面临着内外两方面的巨大挑战，如何在改革与实践中坚持“学生主体，教师主导，环境育人，社会合作”的“四圆同心”[3]的办学新思路，全力推动学校全面转型发展、内涵建设和特色发展，我们将“不忘初心、砥砺前行”，努力把学校办成特色鲜明、优势突出的高水平大学。

【参考文献】

[1] 潘懋元. 应用型人才培养的理论与实践［M］. 厦门：厦门大学出版社，2014：66.

[2] 赵炬明，高筱卉. 关于实施“以学生为中心”的本科教学改革的思考［J］. 中国高教研究，2017（08）：36.

[3] 王成端. 以办学的新思路推动学校的新发展［J］. 四川文理学院学报，2015（05）：20.

大数据对高校教学模式的影响、风险与应对

梁宇栋*

【摘　要】　数据作为信息的载体是权力的重要来源之一。大数据通过对海量数据的结构化整合以及裂变式传播使得数据信息资源的利用更加高效和便捷，并从更高的层面持续影响和改变信息分配与流动的原有格局，最终对既有的社会权力结构构成冲击。大数据在高校教育教学领域的广泛应用，同样在师生角色、教学空间和过程等方面对教学模式产生影响。而这种影响的背后存在教师权威弱化、空间管控乏力、教学内容危及制度合法性等风险。针对这些影响和风险，应从转变教学理念、建设具有权威性的教学平台以及强化教师教学素质的培养等方面予以应对。

【关键词】　大数据；教学模式；风险

一、问题

综观人类历史，知识与暴力、财富同为权力的三大重要来源，而知识以信息的方式来体现。信息的生产与再生产，信息占有的多寡、信息的传播途径与方式的控制等因素成为享有、支配和行使权力的重要因素。而数据是信息的载体，谁掌握数据，谁就掌握权力。一旦新型技术引发信息生产方式、占有模式和传播路径的变迁，权力的分布格局也将随之流变，相应地社会结构也将做出调整。在信息时代的今天，这些因素的权力属性变得越发明显和重要[1]。在互联网和新媒体的递次兴起背景下，大数据技术诞生了。根据美国互联网中心对大数据的定义，它是（4V）技术架构体系，具有大容量（Volume）、多样性（Variety）、高速度（Velocity）、高价值（Value）的特点[2]。它通过裂变式的信息传递方式实现数据生产、占有、传播和消费的日益分散化。公众不仅可以便捷地获取各种信息，而且在互联网开放、共享环境中不断地参与信息数据的再生产和传播。更为重要的是，在数据流动日益分散化的同时也在实现数据的再重组，形成大量的次级数据集散中心。相应地各种基于数据分配格局形成了诸多次级的权力中心，权力格局日益分散化和去中心化，从而对传统的等级权力体系构成巨大的冲击。对此，刘

* 梁宇栋（1979—），男，四川文理学院讲师，研究方向：法理学和法律社会学研究。

少杰就指出，信息的流动导致原有的权力控制遭到削弱，网络化的社会权力“传递到社会结构的各个层面，并进而改变了社会的权力结构，形成了有别于传统社会的网络化时代的新型权力结构”[3]。可见，大数据技术通过海量数据的收集、归类、分析、整合、传播和共享等方式，正在持续渗透到社会生活的诸多方面和领域，通过影响人们的认知与行为全方位地介入和参与社会运作，进而维持和强化人们对大数据技术的需要和依赖，从而在一定程度上改变原有的社会结构和运作模式。

那么，大数据技术在教育教学的应用过程中，信息分布与流动会对传统的教育教学模式产生哪些影响？这些影响是否并且在何种程度上对传统教学模式构成挑战？我们又将如何应对？科学地认识和理解这些问题是更加理性地应对和解决的前提。本文拟以大学教学模式为对象对这一问题进行分析和探讨。

二、大数据对传统教学模式的影响

所谓教学模式是指教师与学生在教学过程中的地位及其相互关系的综合表现形式。而大数据对传统大学教学模式的影响也必然从教师与学生角色的转变、教学各要素和环节的变化而予以呈现。

（一）教师与学生的角色转变

在互联网背景下，人们获得数据信息的成本大大降低，进而提高了人们对信息的利用效率。而大数据技术的应用却在此基础上提升了数据信息的质量和可信度，从而推动数据信息再生产和传播效率的提高。被视为大数据研究的先驱舍恩伯格和库克耶就认为大数据是“当今社会所独有的一种新型的能力：以一种前所未有的方式，通过对海量数据进行分析，获得有巨大价值的产品和服务，或深刻的洞见”[4]。对于传统的大学教学模式而言，由于知识的生产和传播没有相应的技术支撑，只能依赖于具有特定专业知识背景和教学经验的教师为主导开展教学活动。而整个教学模式的构建和运作也都以教师权威的确立和维持为基础。相应地，学生往往处于被动的地位，无力对教学过程和教学内容施加影响。大数据技术背景下，各种占有大量数据资源的信息平台的出现使得学生获取知识的途径多样化，而相应的内容也越发多元和丰富。知识信息的占有和分布的变化直接导致在教学活动中学生有了更多的知情权和话语权，不再仅仅依赖于教师的有限经验，对教学内容和教学环节的参与度可能更加深入与广泛。而教师也更多地运用海量数据确定、描述和分析教学问题[5]，其权威者的角色在逐渐淡化，而教学参与者角色则在逐步的强化。

（二）教学活动空间的延展

在互联网和大数据技术的支持下，不仅为我们提供了海量的数据资料，在互联网和新媒体技术的支持下为我们提供了共享这些数据资源的平台。在教学过程中，教师和学生通过这些信息平台围绕教学确定交流和讨论的方式，将信息平台深深嵌入到整个教学模式内，在现实空间和虚拟平台之间的交替切换中实现教学活动空间的横向延展。不仅如此，教学空间的虚拟化同样也造成了时间的虚拟化，将在场和缺席、当下与延迟之间通过平台实现连接，教师和学生可以完全不受物理空间（教室）和时间的局限，通过平台随时进行交流和互动，从而实现教学活动空间的纵向拓展。因此，教学活动空间呈网络式的扩展与延伸。

（三）教学过程的动态化

大数据的特点之一就是资料并不是杂乱无章、毫无头绪的一堆数据信息，而是可以在各种主题下将这些非组织化的数据予以关联并以类型化的形态采用文本、图片、音频、视频等多种形式表现。在教学中，大数据为教学所需的多样化教学材料提供了技术性支撑。虽然教师可以根据教学主题内容合理使用这些材料，但是学生获取的材料和信息却可能是多角度和多层面的，从而学生形成的认知和结论也存在诸多差异，甚至彼此相悖。为了保证教学内容的系统性，对这些资料和观点的梳理、归纳和总结是必需的。因此，通过在课堂上展示其成果以及其他同学对其成果及相关论据的质疑或支持，在学生和教师彼此的讨论、交流和反驳中推动教学活动的展开。随着学生对所学内容的不断深入，导致这种互动持续进行。同时，数据的开放与共享，不断流动与更新是一种常态。学生获取的信息资源不断更新可能导致学生对所学内容有了新的理解，继而提出新的观点，推动师生以及学生之间的互动与交流在虚拟平台和现实空间的轮流互换中持续进行。可见，相对于传统教学过程而言，在大数据背景下教学过程更加开放、多元和高效，师生活动更加顺畅而深入，呈现动态化的趋势。

三、大数据背景下传统教学模式面临的风险

（一）教师权威的弱化

信息数据的权力属性的重要表现之一就是信息数据的集中与分散，这直接决定了人们在权力结构中的地位。在传统社会中，统治者和社会精英往往垄断了信息或知识，控制信息知识的传播与流动，从而据此拥有号召、引导和管理他人的能力。在传统的大学教学模式中，教师基于多年专业教育和经验的积累以及各种资源的扩展，获得在特定领域中的大量信息和数据，而学生在获取专业信息手段和途径相对有限的情况下，在教师与学生之间的关系中，教师占据主导性的地位，扮演着权威者的角色。而在互联网和新媒体等技术和媒介的支撑下，人们获取数据的手段和方式日益多样化、便捷化和低成本化。这必将打破原有权力主体对信息资源的支配地位，从而影响到权力的既有格局。权力主体的多元化和权力分布的分散化是新的权力格局的基本特点。在教学活动中，学生依凭互联网和大数据技术在获取、收集信息方面拥与教师同等的机会。由此，学生相对传统的教学地位而言也就享有了更多的知情权和话语权。在新技术不断涌现，新兴事物不断地产生的现状下，它们通过介入人们的日常社会生活，不断重塑人们对周围世界的认知和理解，改变人们生活方式和社会交往方式。面对这些新兴事物，教师和学生同样都是初学者。教师以往的知识、经验和资源可能并不能为教师的教学活动带来助益，还可能成为认识新事物的障碍。教师权威的神秘光环逐渐褪去。

（二）教学内容的敏感性

大数据技术的传播与共享的过程也是权力不断分散和扩展的过程。人们不仅是数据

的传播者和消费者，同时也是数据信息的生产者。人们思想观念的差异反应在数据上也将表现出多样性，而彼此之间的互动加剧了这种多样性。而这些数据信息可能与特定的社会主流价值观念相符，也可能相悖。我们称这些与主流观念相悖的信息具有一定的政治敏锐性。在应用大数据开展教学活动的过程中，这些具有敏感性的内容将不可避免地在不同程度上渗入到教学过程中。教育教学的目的在于培养和塑造符合社会主流价值观念的社会人，具有政治敏锐性的教学内容的传授和渗入会直接影响到了教育教学基本目标的实现，从而直接侵蚀教育教学的根本——合法性。

（三）教学活动的空间控制乏力

在空间意义上，大数据技术的应用突破了传统物理空间局限，在虚拟的互联网世界中建立新的数据平台，实现教学活动空间的延展，使整个教学活动空间逐渐模糊化和流动化。学生可以在任何时间、任何地点、基于任何计算机设备获取所需学习资源，接受无处不在的、丰富的学习活动[6]。而此同时，教师对于空间的掌控也被削弱。教师无力对学生在数据平台上进行的教学活动进行可视化监督和控制，教师提出的各种教学要求也可能会被学生有选择性的对待，甚至被完全忽视，从而影响教学效果。

四、如何应对大数据技术带来的影响与风险

大数据对我们日常生活的介入越来越广泛而深入，我们无力抗拒这种力量。因此，我们要做的是面对大数据技术对我们提出的各种问题和挑战，通过深入的分析和思考提出相应的解决办法。对于大数据技术对传统大学教学模式提出的各种挑战，我们应从理念、技术和制度三个方面予以应对。

（一）理念的转变与坚守

理念的转变是应对各种风险和挑战的前提和根本。大数据技术对教学活动的影响让我们认识到，学生与教师的平等参与、表达、共享、合作、沟通与互动的教学模式已经得到技术性的有力支持，传统的教师管控型教学模式必须整体的转型。这种转型我们可以通过对原有教学模式的技术性调整得以实现。同时我们应当结合教育实际主动转变教学观念，包括教师观、学生观、知识观、学习观等，以适应这种技术调整。当然，我们也必须清醒地认识到在教师权威、教学内容与空间的变化方面存在一定的风险，而大数据无限的裂变式再生产和传播可能危及整个教育教学制度的合法性根基。因此，我们可以在技术性的层面以开放的心态最大限度的调整我们既有的教学模式，进一步提升教学效果。另一方面我们必须坚守基本的底线，大数据技术的应用应当以不能危及整个国家稳定、社会发展以及教育根本目的的实现为前提，它的作用在整个教学模式中仍是辅助性的。

（二）从技术层面建设权威性的教学网络平台

虽然大数据的流动与传播形成了大量的数据平台。但是这些平台占有的数据信息资源的多寡、质量优劣参差不齐。建立权威性的教学网络平台的意义就在于能够运用技术性的手段降低这些因素对教学活动的影响，其中包括：首先，通过教学平台对那些非真

实、彼此矛盾的数据资源进行剔除、将大量零散的、非结构化的数据整合转换为具有结构性的数据资源的方式，对数据信息资源进行整合和清理，从而为顺利开展教学活动提供条件。其次，通过教学平台可以据此对学生和教师相应地调整、改善教学内容和方式方法，提升教学效果，从而强化自身对整个教学活动的控制与管理。最后，通过教学平台运用技术性的手段对涉及国家秘密、商业秘密、个人隐私、有损国家形象、社会安定等信息进行脱敏，为教学活动的开展建立起一道坚固的政治信息屏障。因此，我们应当建立权威性的拥有大量的优质信息资源并能够对整个教学活动链条进行有力的监控的集数据、课程和教学活动为一体的教学平台。

（三）从制度层面重塑教师在教学模式中的权威

大数据的裂变式传播和分散占有，导致组织的扁平化、去中心化的趋势越发明显，教师对教学活动的掌控变得越发困难，需要从制度层面提升教师的素质。首先，对教师进行常态化的思想政治教育。通过加强教师的思想政治和师德师风等方面的教育，教师能够始终保持坚定的政治立场，对教学活动中存在的偏离教学目的的错误观点和言论进行科学理性的分析和批判，引导学生回归到正确的教学轨道上来，从而保证整个教学活动沿着正确的政治方向推进。其次，加强对教师专业素养的培训。对教师进行专业素养的制度化、常态化的培训是时代日新月异的变化、发展的必然要求。新技术的不断涌现和在教育教学领域的广泛应用，导致专业知识的更新也在不断加快。教师应当树立终身教育的理念，提升自身的专业素养。因此，对专业教师的制度化、常态化的培养具有重大的现实意义。通过培训，教师不仅能够巩固自身的专业知识，更新和完善自身的知识体系，而且通过不断关注专业学科的前沿动态、积极开展对专业前沿问题的研究，并将研究成果整合进教学内容中，从而保持教师在教学活动中始终掌握精准的专业知识，从而完善教师的知识体系，实现教师角色凝缩与分散的平衡。尤其需要强调的是，面对大数据不断嵌入教学活动的情势，着重加强和提高教师的数据素质。通过对教师的培训，使其能够应用教育统计，理解数据潜能与局限，对大量的、不确定的数据具有心理性预判；学会收集、梳理和诠释数据，将数据应用于教学实践中；并且通过数据分析与规律探讨，对教学实践进行调整与实施，提高教师对教学的掌控力。第三，赋予教师更多的教学自主权。在大数据技术应用的背景下，在具体的教学活动中，教师由权威者的角色更加侧重向组织者、引导者、协调者和评价者角色的裂变。教师在完成确定主题、列出相应资料清单、提出问题议程等课前准备工作之后，组织学生在课堂上按照原定的问题议程展开教学。学生围绕特定的问题从不同的角度运用各自的专业知识和文献资料展开讨论和互动。教师以平等参与者的角色不断地介入到学生的讨论中，引导学生在辩论和思考中对彼此的观点、立场进行分析、判断和质疑，在不断的彼此回应中推动教学活动的开展。最终教师对学生在整个教学活动中的表现进行综合性评价。同时，教师还需要通过教学信息平台对学生的预习、复习、作业以及各种专业问题进行随时的回复与解答。可见，教学过程的动态化、过程性以及教学评价的主观性倾向等因素要求赋予教师更大的自主权。

【参考文献】

［1］刘建义，陈芸. 大数据、权力终结与公共决策创新［J］. 天府新论，2017（6）：73－82.
［2］张冬梅. 大数据背景下的教育革新趋势与风险规避探究［J］. 中国成人教育，2016（10）：25.
［3］刘少杰. 网络化时代的社会结构变迁［J］. 学术月刊，2012（10）：16.
［4］舍恩伯格，库克耶. 大数据时代：生活、工作与思维的大变革［M］. 盛杨燕，周涛，译. 杭州：浙江人民出版社，2013：4.
［5］孟志远，卢潇，胡凡刚. 大数据驱动教育变革的理论路径与应用思考——首届中国教育大数据发展论坛探析［J］. 远程教育杂志，2017（2）：9－18.
［6］胡弼成，王祖霖. “大数据”对教育的作用、挑战及教育变革趋势——大数据时代教育变革的最新研究进展综述［J］. 现代教学教育，2015（4）：101.

数学师范生实践教学的现状分析及思考

刘　双*

【摘　要】　实践教学是师范生教育活动中最重要的环节之一。笔者通过对数学类师范生在实习教学过程中的课堂观察、组织教学、出考卷、作业批改及反思等一系列跟踪培养，课后及时交流分析，发现数学师范生在教育实习过程中表现出诸多问题，同时也体现出学院实践教学体系中存在的一些问题。本文通过提出具有建设性的策略来提升实践教学的有效性，从而促进数学师范生专业化发展，完善学校的实践教学培养体制。

【关键词】　数学；师范生；实践教学；反思

一、问题提出

实践教学是高等院校师范专业教学计划的重要组成部分，是师范教育贯彻理论与实践相结合这一原则的具体体现，是培养合格人民教师的重要途径。教育实习是学校实践教学体系的重要组成部分，实习生在实习中将运用所学的基础理论知识和基本技能进行师能训练，以获得中学教育教学工作的全面锻炼，并培养他们的独立工作能力和协作精神，牢固树立热爱学生、忠诚人民教育事业的思想。教育实习在锻炼和提高师范生的教育教学能力及职业技能水平的同时，在巩固师范生的专业思想、培养师范生的师德、教育科研能力、检验高师教育质量等方面有着不可估量的作用。

《国家中长期教育改革和发展规划纲要（2010—2020 年）》中指出“提升教师素质，努力造就一支师德高尚、业务精湛、结构合理、充满活力的高素质专业化教师队伍”，“加强教师教育，深化教师教育改革，创新培养模式，增强实习实践环节，强化师德修养和教学能力训练，提高教师培养质量”[1]。现阶段教师公招考试以及国家教育发展的需求都体现出对教师教育能力的极高要求。而作为教师专业化发展过程中最重要的实践教学环节对教师队伍的培养作用具有重要意义。

作为青年教师，笔者在数学学院“2017－2018－1 学期”第一次指导了教育实习，通过 13 周的实习指导后，反思了我院师范教育在培养目标、课程设置、教学策略等方

* 刘双，女，助教，研究方向：数学教育。

面存在的问题，并找出问题的症结所在。

二、现状分析

我院现阶段教育实习安排在大四上学期，实习内容共分为两个主要板块：中学数学教学实习和班主任工作实习。教学实习是教育实习的中心环节，目的是使实习生初步掌握中学教学工作各个环节的基本方法，能够独立组织教学、实施教学。许多同学在实习过程中经历了迷茫期、领悟期、反思期。

第一阶段：迷茫期。此阶段为实习初期，实习生对中学数学教学工作不熟悉，主要表现在理论性知识运用于实践教学过程中遭遇的阻碍，大学学习的理论性知识要有效地运用于中学教学需要一个缓冲的学习过程。此阶段大概耗时两周左右。

第二阶段：领悟期。在与中学一线教师的指导和交流过程中逐渐改变教学策略，结合大学期间学习的理论知识，认真钻研课程标准、教材、教法，深入了解中学生的学习现状及心理特点，形成一套不太成熟的教学方案。此阶段约耗时六周左右。

第三阶段：反思期。在前面两个阶段教学活动的培养下，实习生的专业素养得以大幅度提升，但在这个过程中遭遇教学失败的现象尤为突出。主要表现在教学目标不明确、重难点不突出、内容理解不全面、学情分析不到位、问题与过程设计不具体、多媒体辅助不当以及对教研活动不重视等方面，教学效果与课前预估有很大差距。挫败感促使他们反思整个教学活动中存在的问题，不断完善自身的教学过程。教有教法，但无定法。实习生通过一系列的尝试、反思、总结，基本能够针对学生的实际情况确定教学内容和教学方法，明确重点、难点、课堂内容时间分配和作业布置，撰写的教案基本上能够正常实施，能够琢磨出一套属于自己但不算太完备的教学策略。此阶段约耗时五周左右。

在原班主任的指导下，实习生很快明确了班主任工作的具体内容、目的及要求，从原来的班主任那里得来第一手资料，多方面了解班级基本情况。在做好班主任日常工作的同时，制订实习期间班主任工作计划、组织主题班会、后进生的思想转化、学生成绩、学生情感、学生家访工作等。在班主任工作实习期间，实习生能够较好地与学生打成一片，这得益于实习生年龄与中学生的差距较小，更像是中学生学习、生活中的哥哥姐姐，易于沟通交流。部分学生表现得有心无力，不能够很好的管理班级事务，这体现出实习生的管理组织能力还是有所欠缺。

综上，无论是教学实习还是班主任工作实习中，实习生的表现都能反映出诸多问题，在一定程度上影响了实习的效率。若能在平时的培养中加强实践教学模块的培训工作，实习生的专业化发展会更加可观。为建构面向教学的实践知识，培养反思性的教学实践能力，笔者在对经验进行总结后提出以下策略，旨在为数学师范生的专业化发展提供更加良好的空间。

三、策略研究

（一）组织教育见习

培养能够胜任中等学校数学教学的教师是数学与应用数学专业的培养目标之一。组织教育见习活动对培养学生的职业认知有着重要的意义，让学生对未来将要从事的职业有初步的感性认识，从而在今后的学习中有目标意识的进行训练。学院虽然有组织学生教育见习的安排，但教育见习的次数还可以根据具体情况适量增加，在教育见习的培养目标和时间上的安排还可以进行优化。比如：大一的见习目的主要是培养学生对职业的初步认知；大二的见习目的则主要是培养学生对教学工作具体环节的认知，如教学设计、讲课、评课等；大三的见习目的则是为大四教育实习做好全面准备。

（二）在教学设计练习的基础上进行微格教学训练

现阶段数学与应用数学专业的学生在前两学年的时间里主要学习数学专业基础理论课程，数学教育类课程则被安排在大三学年。在前两年的学习里，该专业学生在师范意识方面的培养则有所欠缺。由于学科时数的限制以及课程内容的含量问题，不益在前两年的学习中硬性安排教育类课程，但可以采取第二课堂的教学形式加以补充。比如，开展教学设计方面的讲座、课余组织兴趣小组开展微格教学训练等。初期的微格教学可将重点放在片段式教学，中期逐渐完善，后期形成完整的微课堂教学。现今学校的微格教室设备老化严重，老旧的设备在一定程度上影响了微格教学的效果，故而学校在这方面的投入还是很有必要的。

（三）组织模拟教学活动和师范技能大赛

经过教育见习、微格教学等活动的开展，学生已有了一定的实践教学经验。如果大三年级能在全学院开展大型的模拟教学活动，并组织其他年级学生观看，对师范生的培养也是很有必要的。在多种实践教学活动的熏陶之下，整个学院在理论联系实践方面将越来越突出。

这些年里，数学学院组织了很多次师范技能大赛，参加四川省组织的大学生师范技能大赛的成果显著。这一方面激发学生训练师范技能的兴趣，另一方面学院学生的师范技能在整个循序渐进的过程中得以提升。

（四）组织形式多样的教育实习

目前学院的教育实习主要是集中实习的方式，时间安排在大四学年，集中实习有便于管理、学习交流、体现群体优势等优点。但是大四会有教师公招考试等各种形式的招聘活动，学生一边要忙于找工作一边又要忙于实习，不可避免的影响到实习效果。如果利用假期组织学生支教活动也可以带给学生实践的教学体验。在形式上不应该局限于单一的集中实习，给学生联系顶岗实习的机会可以增加学生与用人单位的深入了解，从而促进就业。

（五）多渠道培养学生组织管理能力

从学生在班主任实习工作中的表现可以得出：担任过院系干部或班委的同学在组织管理能力方面比较突出，特别是在协调处理中学生矛盾方面得心应手。所以在实习前应该注重培养学生这方面的能力，多给他们创造机会。

（六）及时反思和总结

作为实习指导老师，笔者在这 13 周里多次观摩了实习教师与专家型教师的课堂，比较研究发现：实习教师对引入环节的重视程度不够，提问质量不高，教学目标不够明确，对学科知识的理解不够深透，部分实习教师语言表达能力欠缺。而专家型教师提出的问题大都具有针对性、启发性、分析性等，在训练学生思维能力的同时引导学生构建完备的知识体系，整个教学过程详略得当。实习教师教学的灵活性不太高，偶遇教学突发事件手慌脚乱，无法正确处理，体现出实践经验的不足。相比之下，专家型教师则表现得从容不迫，化弊为利。除此之外，实习教师与专家型教师之间的差异还有很多，这些都需要在较长时间的教学经历中提炼，所以反思和总结对整个实践教学是非常重要的。

加强师范院校在教育实习工作中的交流，并进行比较与反思是提高高等院校实践教学的重要途径。在今后的实践教学方面可以与同类型院校合作讨论，共同进步。最后，健全实践教学的评价体系对提高师范生的教学能力以及为就业打下坚实的基础都有着重要的实际意义。

【参考文献】

［1］孙利，魏立平. 基于实践性教学的数学教师专业化发展研究［J］. 数学教育学报，2012，21（02）：67－70.

［2］李渺，喻平. 实习教师数学教育观念的现状分析及其思考［J］. 数学教育学报，2009，18（03）：27－30.

［3］谢珺. 数学师范生在实习中的问题成因分析及对策［D］. 苏州大学，2009.

传统家训文化融入当代大学生思政教育的实践路径探索*

张俊峰**

【摘　要】　中国家训历史悠久，凝聚着中华民族的智慧和力量，具有强大的生命力和超越时代的育人价值。实现传统文化涵养大学生道德人格，需要从强化认知，培养学生对传统家训文化精神的全面把握；陶冶情感，铸就学生对传统家训文化精神价值的情感认同；改革传统的模糊道德评判观念，确立据实可查的道德评判依据等三个方面着手。

【关键词】　家训；大学生；思想政治教育；实践路径

当代大学生的价值观呈现出多元化、功利化、多层次化的特点，加上西方价值观的影响及市场经济利益的驱动，使一些大学生往往过分注重自我价值的实现，由此产生政治信仰迷茫、价值取向扭曲、诚信意识丢失、社会责任感淡漠等问题，中国高校德育面临着严峻挑战。家训，又称家范、家规、族范或家诫，主要是指家族先辈对子孙后代、族长对族众子弟有关治家教子的训诫。中国家训历史悠久，是中华文化史上的独特景观，凝聚着中华民族的智慧和力量，具有强大的生命力和超越时代的普遍性价值，在中国历史上对个体的理想人格的塑造发挥着重要的作用。所以习近平总书记强调："不论时代发生多大变化，不论生活格局发生多大变化，我们都要重视家庭建设，注重家庭、注重家教、注重家风。"个人德性的生长有赖于家庭伦理的滋养，传统家训文化与个体道德品质之间有着内在的关联性和契合点。因此，新形势下以中国优秀传统家训文化为切入点，以期探寻一条行之有效的大学生道德人格养成的路径和工作机制，"以文化人""以德润心"，有利于实现高校思想政治教育的有效性和优秀传统文化的传承，有利于学生社会主义核心价值观"入脑""入心"。

* 基金项目：四川省教育厅一般项目（17SB0450）、全国学校共青团研究课题（2016LX190）。

** 张俊峰，男，讲师，研究方向：思想政治教育。

一、传统家训文化的现代意义

中国传统家训文化精华是新时期传承我国优秀传统文化，增强文化自信的重要内容。历代流传下来的中国传统家训富含中华元典文化的精华，凝聚着中华文化的优秀基因和血脉。它所积淀的民族智慧，如道法自然、立德树人、尊老爱幼、和睦邻里、社会和谐、天下为公、克己奉公等思想，蕴意深刻，至今日仍散发出理性的光芒，对我们现在的精神文明建设、政治建设、社会建设、生态建设都具有巨大的启示作用和借鉴价值，是我们中华民族文化自信的重要支撑力量，我们应该深入挖掘。

中国传统家训文化精华是涵养社会主义核心价值观的重要源泉，它在传统社会的普及方法为我们深入宣传社会主义核心价值观提供了方法论指引。社会主义核心价值观在当前的传播培育过程中遇到了底蕴不厚、亲和力不强等突出问题。对此，习近平总书记曾特别强调："培育和弘扬社会主义核心价值观必须立足中华优秀传统文化。牢固的核心价值观，都有其固有的根本。抛弃传统、丢掉根本，就等于割断了自己的精神命脉。"[1]前文已述，传统家训凝结着中国传统文化尤其是儒家思想的精髓，它所宣扬的仁、和等思想与中华民族的传统美德及社会主义核心价值观是一致的，并在广大人民心中有深厚的心理认同基础，因此，以传统家训为载体涵育社会主义核心价值观，"以文化人"，有利于增强我们对社会主义核心价值观的认同基础。同时我们还应该大力借鉴传统家训的传播之法，用融合亲情、生活化、感染力的方法宣传社会主义核心价值观，增强它的亲和力，使社会主义核心价值观更加"接地气"、具体化、生活化、形象化。

中国传统家训精华有助于丰富、完善新时期的家风建设和家庭教育。改革开放以来，我们的生活水平得到了很大程度的提高，家庭富裕后孩子的教育问题越来越引起父母的重视，他们一方面花重金或找关系给子女找好的学校，不让孩子输在起跑线上，另一方面在节假日还给孩子进行各种文化或艺术的辅导，其目标是期望子女考上好的大学以利于将来的就业。以上家长种种精力和财力的付出，确实提高了孩子的成绩，但这种唯分数论成败，"重智轻德"，过分依赖学校和教育培训机构的教育倾向，导致许多不利的后果，表现在学生与家长的亲情淡薄，学生的习惯养成和心理健康较差，这些问题到大学后突出的表现出来。比如：大学生迟到、旷课现象严重，自我约束力差，经常性的带早餐到教室，甚至正式上课了仍在毫无顾忌地大口咀嚼，老师到宿舍看望学生，学生依然低头玩手机，爱理不理。更严重的是不能和谐处理寝室人际关系和感情纠纷，失控后走向极端戕害自己或同学的生命，这些事情经常见诸报端。其中的根本原因是现在家庭教育目标的偏离。对此，我国传统家训重视家长示范、着重道德教育的主张可以纠正现代家庭教育的偏差。中国传统家训精华汇聚历代家长教育的智慧，培养了数不胜数的仁人志士，非常值得我们借鉴。鲁迅先生也曾说过："倘有人作一个历史，将中国历来教育儿童方法，用书作为一个明确的记录，给人明白我们的古人以至我们，是怎样被熏陶下来的，则其功德，当不在禹（虽然他也许不过是条虫）下。"[2]

二、传统家训文化融入当代大学生思政教育的实践路径

让一种道德观念在一个个体中真正树立起来，实现"内化于心、外化于行，必须在

‘心’与‘行’之间启动‘知’‘情’‘意’‘信’的价值连接”[3]，以实现连带性的价值认同和实践。因此，利用传统家训文化涵养当代大学生的道德人格，也必须经过强化认知、陶冶情感等环节。就大学生而言，还应该与他们的目标需求结合起来，改革传统的道德评判理念，确立据实可查的道德评判依据。

（一）强化认知，培养学生对传统家训文化精神的全面把握

传统家训文化是个“老事物”，其“老”体现在两个方面，一是年代久远，大约从新文化运动后，人们对传统敬而远之，再加上现代生活与传统生活的巨大差异，很多人将家训文化束之高阁；二是文字，记述家训的文献往往是文言文，人们读起来不容易理解。即便是大学生，阅读并理解文意也很困难。但是我们不能因其“老”而放弃传统家训文化的价值发扬。那么如何在高校弘扬、宣传传统家训文化呢？基于高校的资源和实际情形，可以从课程、学术讲座、校园主题文化、学生主题社团等方面开展。比如，课程上可以鼓励相关专业的老师开展“传统家训文化”选修课或者通识课；讲座上可以邀请省内外知名的专家、学者乃至有显著家风影响的家庭成员到高校开展专题的“家训与家风”的学术讲座；校园文化活动上可以开展“晒家风、话家训”主题校园文化活动；社团方面可以鼓励有相同志趣的同学组织成立“家风家训”的社团。从宣传媒体上，高校可以充分利用新媒体微信、微博、直播等平台宣传历史上和当前有影响的家训家风故事。通过以上高校各部门的宣传和教育，使学生达到对传统家训文化的全面把握，即知道中国家训文化形成的历史过程，知道历史上有影响的家训格言，知道中国传统家训文化的精髓和价值，等等。对中国传统家训文化的形成过程和规律有总体上的认识。这些认知将为高校学生从情感上认同传统家训文化奠定基础。

（二）陶冶情感，铸就学生对传统家训文化精神价值的情感认同

通过教育宣传达到了高校学生对传统家训文化的认知，那么如何进一步增强大学生对传统家训文化的情感认同和心理需要呢？可以从个体实践的视角进行探索。一是开展家训家风实践调查活动。在周末或寒暑假带领学生到地方上比较有影响力的家族进行实地调研，引导学生自主发现、体味家训家风在个人成长和家族发展中的巨大魅力；二是实践调研后，引导学生撰写心得体会，引导学生把对家训家风的思考、感悟写出来，达到理性认识和感性认识的统一；三是设计相关的“寄家信、立梦想”活动和“家”主题班会，进一步增强大学生对传统家训文化的情感认同和心理需要。“寄家信、立梦想”，即通过传统的纸张，学生和家长互寄家信，让他们之间进行情感交流，形成他们的家训。“家”主题班会主要借助现代通信工具，电话、QQ、微信平台，实现学生与家长的情感互动。通过以上三种个体实践活动，学生对家训、家风的认知更加深刻，实现情感认同和心理需要的统一，为下文利用家训家风培养志趣和意志提供了精神动力。

（三）改革传统的模糊道德评判观念，确立据实可查的道德评判依据

大学生认知了传统家训精神的内涵，也感受到了传统家训的情感力量，但这并不等于他们会持续践行。因为他们眼前最大的需求是如何考取好成绩、求得师生的认可和充实自己的大学生活，等等，道德的修养和自身家训的思考似乎是以后的任务。如何来引

导他们转变观念，引起他们的重视，并进一步形成持续的意志力和乐趣，确实是一个比较难的问题。需要具体问题具体分析。

大学吸引学生的三个法宝，第一是知识，第二是文凭，第三是大学经历和各项表彰荣誉。这三个法宝既是学生内心渴求获取的目标，也是高校能够有效约束学生的三个重要因素。但是我们在颁发文凭、表彰学生荣誉前，核查他们的道德表现时，往往是模糊的。没有就道德表现据以一定或适当的评判标准。模糊的“标准”与清晰的标准对学生所产生的约束力是显然不同的。例如：某单位招聘毕业生需要应聘者过英语四级，应聘者为达到应聘标准，会坚持每天 3 个小时看英语，坚持约半年后顺利实现英语四级的目标。举例意在说明就大学生而言，引导他们实现利用家训精神完善他们的道德人格，应该首先把道德人格的培养与他们的需求目标统一起来。例如：评选文明大学生时，需要评判学生的责任感，应该核查他的一些言行，如有没有在自己的 QQ 空间中发布对社会不当的言论，对家人是否尽到应有的基本义务，平时的日常消费是否与家庭的经济水平相符合，等等。再如：考察一个学生是否真的勤奋时，可以利用大数据统计出他的图书证的借阅量和电子刊物阅读时间等，而不是仅凭老师或同学的感觉等。即：改革传统的模糊道德评判，制定出科学有效的道德标准或指标，据此对学生形成一定的道德压力，在这样的压力下，学生会起码遵守这样的游戏规则并持续下去，道德的标准在其心里愈发明确，慢慢养成习惯，习惯成为性格，性格改变命运。而其中的坚持也慢慢养成了意志力，熏陶出修身、立德的乐趣。长久下去，自然完善了人格。

【参考文献】

[1] 习近平：习近平谈治国理政［M］. 北京：外文出版社，2014：163－164.

[2] 鲁迅. 鲁迅全集（第 18 卷）［M］. 上海：光明书店，1948：301.

[3] 王泽应，等. 论培育和践行社会主义核心价值观的个体道德路径［J］. 社会主义核心价值观研究，2016（05）.

浅议应用化学综合实验教学改革

朱　华*

【摘　要】　应用化学综合实验是培养应用化学专业学生动手能力、科学思维和创新能力方面的重要环节，具有不可替代的重要作用。以提高教学质量为目的，本文从教学内容、教学方式和考核方式等多方面阐述了应用化学综合实验教学改革的设想。

【关键词】　应用化学综合实验；实验教学；教学改革

应用化学专业属于化学类学科，是一门以实验为基础的学科，因此，应用化学综合实验在应用化学专业的教学中有着不可替代的重要性[1-4]。应用化学综合实验是我校应用化学专业的必修课程，是培养学生动手能力科学思维和创新能力方面的重要环节。四川文理学院应用化学专业已开办多年，并取得了一定的成绩，但是在某些方面仍需进一步改进和完善。

一、教学内容的改革

几年来，应用化学综合实验的教学内容每年都在完善，逐渐降低验证性实验的比重，到目前为止全部改成了综合性实验和设计性实验，但是仍然存在一些问题，主要有以下一些：

（一）教学内容是固定的，覆盖面相对较窄

目前的情况下，学生只能根据安排进行实验，学生不能根据自我兴趣进行选择，失去了教学的主动性，可能会降低学生学习的兴趣和积极性。因此，应该进一步扩充实验目录，增大实验的覆盖面，将相关实验内容分成不同的模块。学生可以按照选修课模式在每一个模块内根据兴趣选择一个实验，然后根据教学大纲要求在整个实验目录中选够学时数。这样将充分调动学生在学习中的自主性，进一步发挥学生学习的积极性，促进教学质量的提高。

* 朱华，男，汉族，中共党员，博士，副教授。主要从事精细化学品教学与科研。

（二）教学内容陈旧，与现实生产生活脱节

针对这种情况，应该在经典实验的基础上，结合学科前沿，将一些新产品、新技术引入到实验教学中。如：可以将双子表面活性剂、可降解表面活性剂、可再生资源制备表面活性剂等内容引入到表面活性剂模块实验教学中；用微波合成技术、超声波合成技术等替代相应的传统合成方法，让学生所学知识与学科前沿相结合，不脱节，毕业后能尽快地融入到工作和继续深造中。

（三）以开放实验和大学生科研项目为补充

应用化学涉及面广，应用化学综合实验难以面面俱到，可以增设开放实验来满足学生的需求。开放实验应以学生兴趣为主导，教师科研项目为基础来进行设置。学生如果有实验目录之外的兴趣和想法，可以与相关教师进行沟通，共同设计实验方案并实施；如果学生对教师科研项目感兴趣，亦可加入到教师科研工作中，根据完成情况，折算成一定的应用化学综合实验学时。另外，为了培养大学生的创新能力，申请了相关领域的大学生科研项目并完成的亦可折算为相应学时。

二、教学方式的改革

在实验教学中，大多存在“照方抓药”的问题，缺乏举一反三的能力，实验过程中稍微存在一点偏差，学生就感觉一阵茫然，不知所措。为了更好地培养学生能力，在教学过程中应该注意以下几个方面的问题：

（一）重视预习报告

在学生实验之前，必须完成预习报告，并且预习报告中应该包括实验原理，所用试剂和原料的物理化学性质，实验的具体步骤和注意事项。通过对实验原理的了解，学生能够较好地巩固理论知识，也能较好地理解实验过程中出现的一些变化和现象；通过物理化学性质的了解，能够更好地理解为什么要在相应的实验条件下进行反应，为什么要选择相应的分离和纯化手段，也才能分析出现意外情况的原因，并进行妥善处理；掌握了具体步骤和注意事项，在实验的过程中才不至于手忙脚乱，不会出现安全事故。对于未能按照要求完成预习报告的不得进行实验。

（二）实验讲解要尽量直观和深入浅出

在讲解过程中可以借助多媒体技术，将实验装置过程和现象直观展示出来，可加深学生的印象。讲解过程要突出重点、深入浅出，结合实验原理和原料性质进行实验步骤和注意事项的讲解，也可以结合相关产品的工业生产方式和最新研究成果进行讲解，开阔学生视野，增强学生学习兴趣。

（三）实验指导要多启发

在实验过程中，教师需要进行实验监督，预防安全事故和答疑解惑，对于实验中学生不能理解的现象则应该从原理上去分析，启发学生思考，尽可能让学生自己找到出现问题的原因和相应的解决办法，避免学生什么都依靠老师，出了实验室什么都不知道的情况。

（四）重视实验室6S建设

6S为整理、整顿、清洁、清扫、素养、安全，在6S管理方面实验教师要以身作则，如，实验教师要在实验之前将本次实验不必要的东西尽量移除实验室，做到整理；教师在准备实验时，将相应仪器和试剂放置在规定位置，让学生在实验过程中能够方便取用，避免错取错用；实验教师要定期安排人员进行实验室的清洁工作，保持实验室的清洁；实验教师必须提前十分钟到实验室开门，等候上课，养成良好的作息习惯；实验结束后，仔细检查门窗水电，杜绝安全事故。学生在实验的过程中也要注意安全，不带实验所需以外的物品到实验室，在药品和仪器使用后，要清洗和放回规定位置，不能故意破坏实验室卫生和按时上下课等。实行6S管理，既能改善实验环境，降低安全隐患，又能培养学生严谨的工作态度，以便毕业后能尽快地适应工作环境。

三、考核方式的改革

为了更好地体现实验课程的特点和考查学生在实验过程中学习成果，考核应采用素养能力过程和结果相统一的方法，不仅要看实验考试结果，更要注重过程，强调过程评价和结果评价并重[5]。在考察成绩中应该加大平时成绩的比重，平时成绩应该不低于50%，平时成绩主要来源于预习报告、实验过程得分和实验报告，在这三部分中，可按3∶4∶3的比例进行。考核应以实验的方式进行，如可以安排学生在指定方向内进行实验设计并实施，根据实验方案的科学性、可行性以及实验结果进行评分。简单点的也可进行一些重要的单元操作进行考核。

四、加大经费的投入和保障

实验教学与理论教学不同，实验教学需要大量的仪器设备和试剂及原材料，需要大量经费的投入和保障。对于地方高校的新建专业，在经费和设备方面存在很大不足，极大地限制了教学质量的提高和教改的实施。针对这种情况，可以在现有资源的基础上进行整合，然后进一步争取各级财政的经费支持。

【参考文献】

[1] 李凡修，孙首臣，邓仕英，等.浅谈应用化学专业实验教学改革与实践［J］.实验室研究与探索，2014，33（4）：198－202.

[2] 马学林，杨威.应用化学实验教学改革［J］.阴山学刊（自然科学版），2015，19（1）：70－72.

[3] 卿大咏，严思明.油田应用化学实验课程的改革与实践［J］.化工高等教育，2010（2）：26－28.

[4] 章青，周双六，王小龙.应用化学专业实验的教学改革与探讨［J］.广东化工，2014，41（4）：122－125.

[5] 张晓丽，杜兆芳，胡凤霞，等.创新型纺织应用化学实验课程体系的构建［J］.纺织科技进展，2014（4）：84－86.

财经管理学院“信、济、敏、能”人才培养的实践教学探索*

孟秋菊**

【摘　要】　“信、济、敏、能”是财经管理学院根据财经管理类专业的属性和社会对财经管理类人才需要的实际而确定的人才培养目标，是学校“三心四能五复合”人才培养目标在财经管理学院的具体落实。“信、济、敏、能”人才培养目标的实现，离不开有效的实践教学，为此，财经管理学院进行了一系列的实践教学探索。一是以诚信文化基地建设为依托，积极探索“信、济、敏、能”人才培养的银校合作。二是以完善实践教学体系为保障，积极构建“信、济、敏、能”人才培养的实践教学体系。三是以实践教学规范化管理为抓手，积极落实“信、济、敏、能”人才培养的实施落地。四是以实践教学常态化为重点，积极践行“信、济、敏、能”人才培养目标的日趋达成。五是以实践教学有效化为检验，认真总结“信、济、敏、能”人才培养的成效与不足。

【关键词】　财经管理学院；“信、济、敏、能”；人才培养；实践教学

自2016年7月学校整合资源新设立财经管理学院以来，财经管理学院党政领导快速进入角色，经充分调查研究，确立了“12345”规划，即围绕一个目标：培养“信、济、敏、能”四位一体的高素质应用型人才，着力塑造“诚信、济世、敏学、尚能”为特色的财经文化；突出两个重点：一是构建三个课堂联动机制，落实以课堂教学为第一课堂，以校园社团活动、学科竞赛及文化活动为第二课堂，以走向社会顶岗实习实训等社会实践活动为第三课堂的整体联动；二是构建三类实践互促机制，落实课程实验、专业实训、综合实践三类实践活动以互相促进；培育三大特色：留学生教育塑窗口、诚信文化基地建设跃层次、职业技能大赛创品牌；打造“四支团队”：着力培育和塑造双师型教学团队、创新型研究团队、服务型管理团队、协作型实践指导团队；强化五大保障：抓好党的建设，激发发展活力；加强制度建设，健全体制机制；落实岗位职责、增

* 基金项目：本文为四川文理学院2017年教改项目“新建本科院校应用型人才培养的实践教学路径探析——以财经管理学院为例”（编号：2017JZ16）的阶段性成果。

** 孟秋菊（1970—），女，四川邻水人，四川文理学院财经管理学院教授，硕士，研究方向：农村经济。

强执行能力；培育财经文化、强化思想引领；整合社会资源、拓展事业平台。经过 5 至 10 年拼搏，力争把财经管理学院建设成有一定影响力的财经管理类、综合性、高素质、应用型专业人才培养基地。

“信、济、敏、能”是财经管理学院根据财经管理类专业的属性和社会对财经管理类人才需要的实际而确定的人才培养目标，是四川文理学院“三心四能五复合”人才培养目标在财经管理学院的具体落实。而“信、济、敏、能”人才培养目标的实现离不开有效的实践教学开展。尽管财经管理学院成立不久，但由于各专业办学时间较长、基础较好，管理团队思路清晰、经验丰富、兢兢业业，目前财经管理学院已建立起校内实践教学（课程实训和专业综合实训）和校外实践教学（社会实践、专业见习、顶岗实习、毕业实习）相互衔接、相互补充的实践教学体系；已实现实践教学规范化、常态化和有效化的实施与管理；已践行实践教学大众化和培优化的有机统一。为了使财经管理学院实践教学更深入、更有效地推进，我们还需要不断总结经验，开拓创新，以把财经管理学院的实践教学推向纵深发展。本文首先分析了“信、济、敏、能”的基本内涵；其次分析了财经管理学院“信、济、敏、能”人才培养目标的确立依据；最后重点分析了财经管理学院“信、济、敏、能”人才培养的实践教学探索。

一、“信、济、敏、能”的基本内涵

“信、济、敏、能”几个要素能够从总体上体现财经类专业人才区别于其他类型专业人才的特殊素质要求，是财经类人才培养目标的主要指标。

“信”即诚信，是从“德”的角度对财经类人才提出的要求，即诚实、信用、真实、可靠、不欺骗、不怀疑，实事求是、说话算数、说到做到。“诚信”不仅是中华民族优秀道德传统的重要内容，是财经职业道德的核心要素，是财经学子终生践行的行为准则和职业操守，更是财经学子安身立命的可靠保证。因此，自古以来，中国人都把“背信弃义”作为人所不齿的最大罪恶，而把“诚实守信”当作毕生遵循的生命追求。“诚信”作为一种文化还是个人、团体、企业、政府、社会应共同遵守的价值观、信念和行为方式，它体现了“知”和“行”、“主体性”和“社会规定性”的统一，不仅是整合人们利益关系的实现机制，更是维护市场经济正常秩序的重要手段和可靠保障，是人 生旅程中极为稀缺的战略性资源。

“济”即“济世”，是从“情”的角度对财经学子提出的要求。“济”在《说文解字》中从水，本义是度过、通过，又有救济、周济、接济之意。我们赋予“济世”以经邦济世、经世济民、赈济苍生、周济天下、同舟共济的特殊意义，这不仅需要财经学子有博大宽广的胸襟，还要有强烈的社会责任感，把“济世”列为财经文化的核心要素和人才培养的具体目标，能够体现财经学子以国富民强、民族振兴为己任的远大政治理想和以感恩奉献、心系祖国人民为本分的浓厚家国情怀。

“敏”即“敏学”，本义指勤奋好学，是从“智”的角度对财经学子的期盼。当下，我们赋予“敏”以迅速、敏捷、灵活、聪慧、机智、善变等特殊含义。“敏学”是财经学子的主要职责，既要确立终身学习的学习理念，又要养成勤勉勤奋的学习习惯；既要掌握科学的学习方法，又要练就坚忍不拔、持之以恒的学习意志；既要培养浓厚的学习兴趣，又要塑造执着的学习信念；既要有渊博的学识，还要有敏捷的思维。实践反复证明，在市场经济优胜劣汰的机制下和国际竞争的激烈荡涤中，唯有视角敏锐、反应快捷、思维灵活方能抢占先机、立于不败之地。因此，“敏学”既是对财经学子的特殊要求，也最能体现财经类人才区别于其他类别专业人才的亮点和特色。

“能”即“尚能”，是从“行”的角度对财经学子发出的动员令，通常有才干、本事、胜任、擅长之意。财经类专业人才效力于经济建设主战场，面对国际经济竞争这场“没有硝烟的战争”，必须练就一身过硬的本领，需要具有发现问题、分析问题、解决问题的能力，才能凸显优势、稳操胜券。他们不仅要达到“胜任”的资格水平，还要掌握娴熟的操作技巧。“较强的表达能力、实践能力、创新能力与创业能力”应该成为财经学子的基本能力结构。因此，应该把“尚能”列入财经文化的核心内涵。只要师生坚定地朝着“诚信、济世、敏学、尚能”的人生目标共同努力，财经管理学院一定会成为财经学子放飞梦想之地，一定会实现“学财经、闯天下”的夙愿。

二、财经管理学院“信、济、敏、能”人才培养目标的确立依据

财经管理学院“信、济、敏、能”人才培养目标是四川文理学院“三心四能五复合”人才培养目标在财经管理学院的具体落实。“三心四能五复合”（让高度的责任心、持续的进取心、强烈的好奇心伴随学生终身；让良好的表达能力、扎实的实践能力、突出的创新能力、基本的创业能力成为学生成功腾飞的坚强翅膀；让有社会担当与健全人格、有职业操守与专业能力、有人文情怀与科学精神、有历史眼光与全球视野、有创新精神与批判思维的人，成为每一个四川文理学院人的自觉追求）是四川文理学院针对14个二级学院从整体上确立的人才培养目标，财经管理学院具有特殊的院情，财经类专业具有独特的专业属性，既不能脱离学校整体发展轨道，也不能照抄照套学校提出的人才培养目标，必须从实际出发，走出一条既符合学校“建设高水平应用型大学”总体目标和“三心四能五复合”人才培养目标要求，又能体现自身专业优势和特色的发展道路。“信、济、敏、能”是财经管理学院根据财经管理类专业的属性和社会对财经管理类人才需要的实际而确定的人才培养目标，是学校“三心四能五复合”人才培养目标在财经管理学院的具体落实。财经管理学院“信、济、敏、能”人才培养目标既能从总体上体现财经类专业人才区别于其他类型专业人才的特殊素质要求，又能将四川文理学院“三心四能五复合”人才培养目标具体化。“诚信”和“社会担当与健全人格、职业操守与专业能力”的总体要求一致、“济世”能体现出“人文情怀与科学精神、历史眼光与全球视野、创新精神与批判思维”兼备的宗旨精神，“高度的责任心、持续的进取心、强烈的好奇心”是实现“敏学”的前提和基础，“学生主体、教师主导、环境育人、社会合作”是达到“敏学”要求的渠道和途径，“较强的表达能力、实践能力、创新能力与创业能力”本身就是“尚能”最重要、最核心的内容和组成部分。

三、财经管理学院“信、济、敏、能”人才培养的实践教学探索

（一）以诚信文化基地建设为依托，积极探索“信、济、敏、能”人才培养的银校合作

财经管理学院是达州市社会诚信体系建设领导小组授牌的市级首批诚信文化教育基地，目前正在创建省级诚信文化教育基地。重点开展了以下工作：第一，为促成银校合作，推动合作办学、协同育人迈出实质性步伐。2016 年我们促成学校与中国人民银行达州市中心支行和中国工商银行达州分行成功签署三方合作协议，积极探索合作办学、共育财经类专业人才的发展路子。第二，扎实推进诚信文化教育系列活动，逐步培育教育品牌。在新生入学教育中植入诚信文化教育专题，每年举办大型诚信签名活动，迎新晚会打造“诚信财经”主题，每年举办全校性“诚信文化”演讲大赛，着力培养诚信文化教育志愿者队伍，推动诚信校园建设迈上新台阶。第三，组建银校合作性质的联合教学团队和科研团队，在现有四个本科专业都开设“现代征信学”专业基础课程，面向全校开设“现代征信学”校级选修课，组建了 7 个联合科研团队，围绕金融精准扶贫、产业基金支持实体经济发展、金融业务开展和金融产品创新等进行课程研究。第四，合作建设信用管理本科专业。目前，学院已经商定构建银校合作长效机制，积极推进信用管理本科专业的规划和科学研究，共同推进该专业建设。

（二）以完善实践教学体系为保障，积极构建“信、济、敏、能”人才培养的实践教学体系

财经管理学院现有的人力资源管理、财务管理、物流管理、审计学四个本科专业以及会计、市场营销两个专科专业都是贴近市场经济发展脉搏的应用型专业，为了落实“信、济、敏、能”人才培养目标，财经管理学院积极构建完善的实践教学体系。第一，构建了校内校外实践教学体系。建立了课程实验（实训）和专业综合实训有机衔接的校内实践教学体系，建立了大一专业认知、大二大三专业见习、大四顶岗实习和毕业实习不断深入的校外实践教学体系。第二，建立了以专业协会为依托，以教研室为抓手，以财经管理学院为保障的专业技能大赛体系。目前财经管理学院已建立起校内实践教学（课程实训和专业综合实训）和校外实践教学（专业认知、专业见习、顶岗实习、毕业实习）相互衔接、相互补充的实践教学体系，已践行实践教学大众化和培优化的有机统一。

（三）以实践教学规范化管理为抓手，积极落实“信、济、敏、能”人才培养的实施落地

实践教学是财经管理学院培养“信、济、敏、能”应用型人才的重要途径，为了提高实践教学质量，财经管理学院从制度上进行了规范，以保障实践教学的规范化实施。首先，成立了实践教学领导小组。为了使实践教学有领导、有组织地进行，财经管理学院成立了由院长任组长，副院长任副组长，党总支书记、副书记、教研室主任及指导教师等为组员的实践教学领导小组。实践教学具体由分管实践教学的副院长负责全面实

施，各教研室主任负责本教研室各专业实践教学的具体组织实施工作。其次，将实践教学纳入人才培养方案。人才培养方案是按专业对学生培养做出的整体设计和规划的教学指导文件，是人才培养的蓝图和总体设计，是组织一切教学活动和教学管理的主要依据。在财经管理学院各专业的人才培养方案中，科学划分了各门课程的实践教学学时学分、各专业综合实训的学时学分，专业认知、专业见习与毕业实习的学时学分，以规范实施实践教学的各个环节。最后，制定了《财经管理学院实践教学实施细则》。该细则对实践教学的目的与要求、实践教学的组织领导与管理、实践教学的内容体系、实践教学计划的制定、实践教学的形式、实践教学指导教师的职责、实践教学对学生的要求、实践教学的成绩考核、实践教学的总结等方面作了指导性、规范性、具体性的规定，使实践教学的各个环节都可以规范地、可操控地进行。

（四）以实践教学常态化进行为重点，积极践行“信、济、敏、能”人才培养目标的日趋达成

为了使“信、济、敏、能”人才培养目标的达成，财经管理学院重点抓了实践教学常态化推进工作。第一，积极改善了实验、实训条件。申请了中央财政专项经费建设了川东北特色农产品电商物流开放实验平台、ERP 沙盘实验室、财务决策综合实训室、模拟银行和各专业虚拟仿真实验室。第二，建设了稳定、可持续发展的校外实践教学基地。先后与达州瑞丰人力资源有限公司、中国人民银行达州市中心支行、中国工商银行达州分行、达州市地方税务局、达州市公路物流港等单位建立了稳定的实践教学基地。第三，组织开展了各专业的技能大赛。人力资源管理专业组织开展了每年的校园模拟招聘大赛和“踏瑞杯”全国大学生人力资源管理知识技能竞赛；财务管理专业和审计学专业组织开展了每年的财会技能大赛、ERP 沙盘模拟大赛、“网中网杯”全国大学生财务决策大赛；物流管理专业组织开展了每年的电商物流创业营销大赛和“娃哈哈”全国大学生创意营销实践大赛。此外，财经管理学院还组织开展了每年的“挑战杯”大赛和“学创杯”全国大学生创业综合模拟大赛。第四，严格落实了实践教学规划。将校内实践教学的课程实验（实训）和专业综合实训纳入排课计划中，实行规范的课堂教学、管理和考核；将校外实践教学的专业认知、专业见习、顶岗实习、毕业实习作了大一专业认知、大二大三专业见习、大四顶岗实习和毕业实习的总体安排和落实。

以专业见习为例。一是财经管理学院严格落实了每位学生 3 至 6 学期分专业、分批次到专业对口的单位进行为期 1～2 周的课间专业见习和为期 1 个月左右的暑期专业见习。二是精心组织了每次专业见习活动尤其是课间专业见习活动。首先联系并落实了见习单位，与见习单位和学校洽谈好见习计划、内容、安排、要求等各个细节；其次对学生和指导老师作了专业见习动员，讲清专业见习的各项规定和计划，讲清本次专业见习的时间、地点、安排、要求及注意事项等。再次，由带队领导（学院的、学校的）、指导老师带领本次专业见习学生前往见习单位，参加专业见习仪式，仪式结束后就开始进行为期 1～2 周的专业见习。最后，专业见习结束后，带队领导（学院的、学校的）、指导老师以及本次专业见习学生与见习单位进行专业见习总结。三是尽职做好了每次专业见习的评定与归档工作。每次专业见习结束后，要求见习学生在一周内提交见习成绩考

核册（含见习总结表和见习鉴定表），以专业为单位交给指导老师评阅，然后由指导老师上传成绩至教务处网页，并打印成绩单。最后，指导老师将见习成绩考核册（含见习总结表和见习鉴定表）、见习成绩单、见习总结等资料以班为单位交财经管理学院完善相关记录后由各教研室存档。

（五）以实践教学有效化实现为检验，积极总结“信、济、敏、能”人才培养的成效与不足

为了充分发挥实践教学对“信、济、敏、能”应用型人才培养的作用，财经管理学院加强了对实践教学的总结工作。一是适时开展实践教学基地研讨会。财经管理学院每年都会适时组织开展一次实践教学基地研讨会，以共同探讨实践教学活动中取得的成效、不足，以及深化合作的意向；共同商讨双方合作的、一年一度的迎新晚会的实施细则。通过实践教学基地研讨会的开展，加深了双方交流沟通，总结了实践教学的经验与不足，夯实了进一步合作的基础。二是及时召开校外实践教学总结会。每次专业见习、毕业实习结束后，财经管理学院都会及时召开总结交流大会，及时总结专业见习、毕业实习的方方面面工作，以便完善专业见习、毕业实习工作。以 2017 年 10—12 月达州市地税局专业见习为例。2017 年 10—12 月财经管理学院组织安排了 2016 级人力资源管理专业、财务管理专业、审计学专业共 180 名学生，分 9 批次到达州市地税局进行了为期 2 个多月的专业见习。此次专业见习从 2017 年 10 月 9 日开始，到 2017 年 12 月 15 日结束，12 月 15 日 15:00 财经管理学院及时地在学校图书馆 B 厅召开了总结大会。地税局主要领导、财经管理学院主要领导、指导老师、见习学生以及相关专业的学生参加了此次总结大会。地税局主要领导、财经管理学院主要领导、指导老师、见习学生代表积极发言，总结此次专业见习的收获、不足与期盼，这为以后更好地做好专业见习工作奠定了基础。第三，及时总结专业技能大赛的得与失。财经管理学院按照“一年建平台、两年建基础、三年见成效”专业技能大赛规划，初步建立起以专业协会为依托，以教研室为抓手，以财经管理学院为保障的专业技能大赛体系，已常规组织开展了各专业的技能大赛，已初步取得了一些成效。如人力资源管理专业的校园模拟招聘大赛、物流管理专业的电商物流创业营销大赛、财务管理和审计学专业的点钞大赛、财务综合决策大赛，同时推选优秀代表队参加省级、国家级专业技能大赛，获得 2017 年“网中网杯”大学生财务决策大赛全国西区三等奖、“踏瑞杯”全国大学生人力资源管理知识技能竞赛二等奖，2017“学创杯”全国大学生创业综合模拟大赛四川省选拔赛二等奖、2017 年四川文理学院“学创杯”全国大学生创业综合模拟大赛二、三等奖等。但总体上看，各专业赛事的档次还不高，需要在不断总结经验的基础上提升档次。

总之，“信、济、敏、能”四个要素能够从总体上体现财经类专业人才区别于其他类型专业人才的特殊素质要求，是财经类人才培养目标的主要指标。“信、济、敏、能”人才培养目标是四川文理学院“三心四能五复合”人才培养目标在财经管理学院的具体落实。“信、济、敏、能”人才培养目标的实现，离不开有效的实践教学，为此，财经管理学院进行了一系列的实践教学探索。一是以诚信文化基地建设为依托，积极探索“信、济、敏、能”人才培养的银校合作框架。二是以完善实践教学体系为保障，积极

构建“信、济、敏、能”人才培养的实践教学体系框架。三是以实践教学规范化管理为抓手，积极落实“信、济、敏、能”人才培养的实施落地。四是以实践教学常态化进行为重点，积极践行“信、济、敏、能”人才培养目标的日趋达成。五是以实践教学有效化实现为检验，积极总结“信、济、敏、能”人才培养的成效与不足。

【参考文献】

[1] 张亦春. 中国社会信用问题研究 [M]. 北京：北京中国金融出版社，2004.
[2] 王前. 社会诚信论 [M]. 北京. 中共中央党校出版社，2003.
[3] 林毓生. 中国传统的创造性转化 [M]. 北京：生活·读书·新知三联书店，1996.
[4] 王峰、郭德红. 财经类高校特色文化建设的实现路径 [J]. 北京教育（高教版），2015（6）.
[5] 全胜跃，等. 财经类高职院校实践教学体系的实践思考 [J]. 当代教育实践与教学研究，2015（12）.
[6] 郝尉君. 基于校企合作视角的高职财经类专业实践教学体系探讨 [J]. 现代经济信息，2016（8）.

翻转课堂研究述评与展望*

程子彪 孟秋菊 李 健 苟聪聪 张 源 彭志琼 傅忠贤**

【摘 要】 通过对以往相关文献的统计与梳理，发现近六年来国内学者对翻转课堂的关注不断上升，国内学者从翻转课堂的起源、含义与特征、教学模式、综述、教学模式实践等五个方面进行了研究。目前翻转课堂的起源已基本达成共识，但翻转课堂的理论体系尚未形成，研究的深度与广度不够、时代感不足。今后应加强翻转课堂与时代深度融合，将研究植根于时代土壤中；要拓展翻转课堂实践研究的广度，稳固翻转课堂的发展基础；要重视翻转课堂综述研究，构建创新的翻转课堂理论体系，实现翻转课堂的发展升华。

【关键词】 翻转课堂；研究述评；展望

一、引言

2012年学者将翻转课堂概念引入中国，翻转课堂在中国大智移云技术兴起的沃土上吸取营养，不断发展壮大，在教育供给侧结构型改革雨露的滋润下开花结果。6年来，关于翻转课堂的研究取得了卓有成效的成绩，新中国新时期新时代赋予翻转课堂诸多新内容，翻转课堂的研究进入深水区，再出发迫切需要对6年来的研究成果进行总结、展望，与新中国新时期新时代紧密结合起来，确保正确的研究方向。

---

* 基金项目：四川文理学院教育教学研究与改革项目资助（项目编号：2017JZ16）；四川文理学院教育教学研究与改革项目资助（项目编号：2017JY40）；四川文理学院教育教学研究与改革项目资助（项目编号：2017JY41）；新建院校改革与发展研究中心2016年度项目资助（项目编号：XJXY2016C01）。

** 程子彪（1982—），男，四川自贡人，副教授，研究方向：旅游管理、旅游经济。
孟秋菊（1970—），女，四川邻水人，教授，研究方向：农村经济、消费经济。
李 健（1983—），男，山东菏泽人，讲师，研究方向：人力资源开发与管理。
苟聪聪（1982—），男，四川平昌人，讲师，研究方向：会计和审计。
张 源（1985—），女，四川宣汉人，讲师，研究方向：税收理论及应用研究。
彭志琼（1971—），女，四川崇州人，讲师，研究方向：汉语言文学。
傅忠贤（1965—），男，四川平昌人，教授，研究方向：区域经济。

二、关于翻转课堂研究文献的数量统计

以下数据获取是在中国知网（http：//www. cnki. net/）高级检索栏以“翻转课堂”为篇名，根据需要添加其他检索条件，勾选“学术期刊”“博硕”“会议”“报纸”四大数据库，选取发表时间从2012年1月1日起至2017年12月31日止，进行检索得到的。

（一）翻转课堂研究文献总量规模

检索时分别添加篇名并含“实践”、并含“实践”并且“大学”、并含“实践”并且“高校”进行检索，共找到以翻转课堂为篇名的成果17222条，在6年时间里国内研究者对翻转课堂的研究逐渐增强，在成果总数上取得阶段性胜利。但高层次研究成果数量不足，硕博论文、国际会议成果总数1075项，占总数的6%；翻转课堂的实践性研究缺乏，篇名包含“实践”的成果共2266项，占总数的13%，针对高校进行的实践研究成果总数274项，占总数的2%（详细见表1）。

表1　有关翻转课堂研究成果数量的统计

检索主题词（篇名）			成果类型								总数（篇）
第一主题词	并含	并且	期刊论文	教育期刊	学术辑刊	硕士论文	博士论文	国内会议	国际会议	报纸	
翻转课堂			9976	6085	36	787	2	211	42	83	17222
翻转课堂	实践		1367	724	6	122	0	29	7	11	2266
翻转课堂	实践	大学	119	35	0	4	0	2	0	0	160
翻转课堂	实践	高校	102	11	0	1	0	0	0	0	114

（二）翻转课堂研究文献时间分布差异

对以“翻转课堂”为篇名进行检索的结果进行年度分布数据整理，制作出图1。由图1可知，2012年是翻转课堂研究的起步之年，成果数量仅有17项；2015年是突破瓶颈之年，成果数量首次突破1000项达到3362项；2016、2017年则是稳步增长年，值得高兴的是稳步增长态势有望得到延续，知网预测2018年发表的成果数能达到8889项。由此来看，2015年以后国内学者对翻转课堂研究的重视程度不断增强，翻转课堂的研究成果数量将持续稳步提升。

（三）研究文献空间分布差异

在中国知网（http：//www. cnki. net/）高级检索栏进行检索时，添加作者单位为各省份名称进行依次检索，整理制作出图2。如图2所示，省级行政区域（港、澳、台3个省级行政区域不在此次研究范围内，因其各自有独立的学术数据库且未与中国知网数据库联通）在翻转课堂研究成果数量上存在较大的差异，成果数量最多的省份江苏达到1493项，最少的省份西藏仅有20项。贵州、内蒙古、新疆、宁夏、云南、海南、青

海、西藏 8 个省（自治区）的研究成果都在 150 项以下，属于教育部根据经济、教育发展水平将全国划分为一区和二区中的二区，经济、教育发展水平相对滞后，由此可知关于翻转课堂的研究成果数量在空间分布上总体呈现经济、教育发展水平高的地方研究成果多的状态，反之亦然。

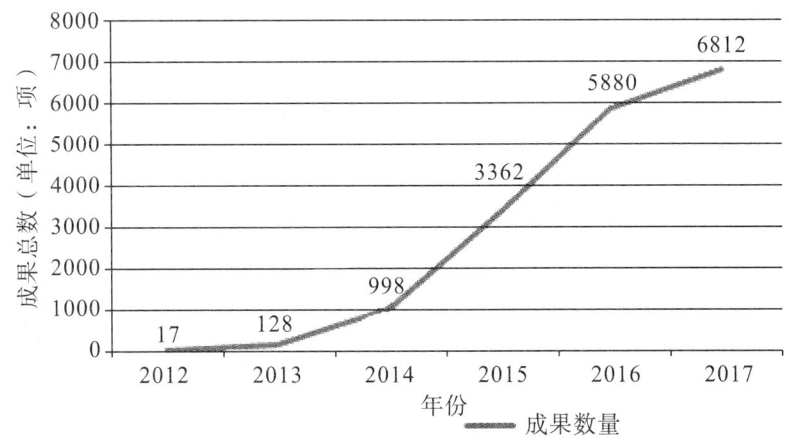

图 1　有关翻转课堂研究成果数量的时间分布

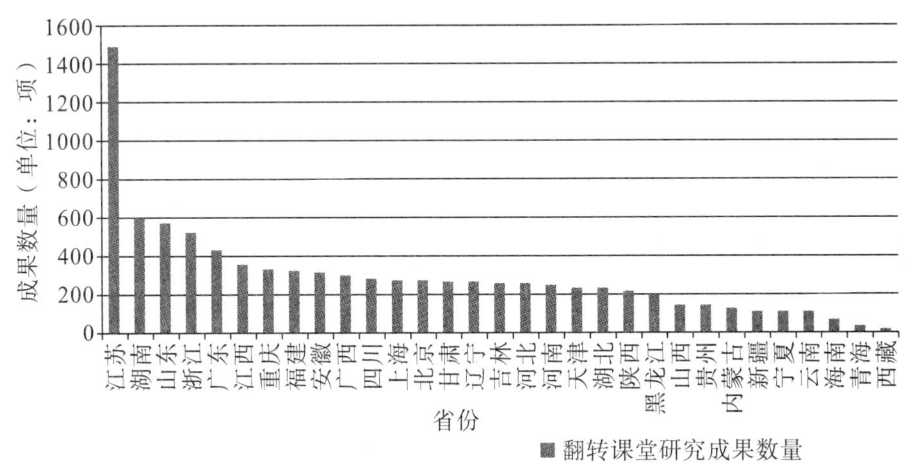

图 2　有关翻转课堂研究成果数量的时间分布

三、关于翻转课堂的主要研究内容

在进行 SCI 论文引用次数统计时，国际惯例一般将引用次数 200 作为一个统计的节点，认为引用次数能达到 200 的论文得到了广大学者的认可，具有很大的创新，极具理论与实践价值。据此，在中国知网（http：//www. cnki. net/）高级检索栏，以“翻转课堂”为篇名，勾选“学术期刊”“博硕”“会议”“报纸”四大数据库，发表时间从 2012 年 1 月 1 日起至 2017 年 12 月 31 日止，通过检索并按照引用次数排序，得到 46 篇引用次数超过 200 次的研究成果，对 46 篇文章研究分析，可将关于翻转课堂的主要研究内容划分为以下几个方面。

（一）翻转课堂起源的探寻

翻转课堂起源的探寻是绝大部分学者展开研究的序曲，46 篇研究成果中有 27 篇将起源探寻作为研究的引言或者文章的第一部分。国内学者对翻转课堂起源的探寻主要围绕美国、林地高中、乔纳森·伯尔曼、亚伦·萨姆斯、萨尔曼·可汗等几个关键词而展开。张金磊（2012）、张跃国（2012）及其他大部分学者都认为，2007 年美国林地高中的乔纳森·伯尔曼和亚伦·萨姆斯为解决山区学生缺课的问题，尝试制作教育视频，让学生在家观看教育视频进行自主学习[1]，是翻转课堂的首次提出与应用。杨晓宏、党建宁（2014）对翻转课堂的起源进行了系统的研究，指出 1991 年哈佛大学埃里克·马祖尔的同伴教学法是翻转课堂理念形成的蓝本，1996 年迈阿密大学莫里拉吉首次明确提出翻转课堂概念，2007 年乔纳森·伯尔曼、亚伦·萨姆斯成功实施翻转课堂，2011 年萨尔曼·可汗通过可汗学院推动了翻转课堂的发展。[2]

笔者在对文献整理分析时，对翻转课堂的起源进行了探寻。笔者认为翻转课堂的萌芽源于 1896 年美国教育家约翰·杜威在担任自己创立的实验中学校长时，反对传统的灌输和机械训练的教育方法，主张从实践中学习，形成的“从做中学”教学论。1991 年哈佛大学埃里克·马祖尔的同伴教学法促进了翻转课堂萌芽的生长。2004 年萨尔曼·可汗成功通过信息技术远程解决表妹纳迪亚遇到的数学难题，众亲朋好友得知后纷纷向萨尔曼·可汗寻求帮助，分身乏术的萨尔曼·可汗尝试制作教育教学短视频并分享到 YouTube 网站上，以解决众友人的求助，这为翻转课堂提供了思路。2007 年美国林地高中的乔纳森·伯尔曼和亚伦·萨姆斯在学校制作短视频，将视频融入课堂教学中，成为真正意义上的第一次翻转课堂。2009 年萨尔曼·可汗发现教育教学短视频的商机而成立了可汗学院，同年“可汗学院”被授予“微软技术奖”中的教育奖，成为媒体追逐的对象，在媒体追逐的光环下翻转课堂得到极大的发展与推广。

（二）翻转课堂含义与特征的探讨

虽 46 篇研究成果中缺失单独将翻转课堂含义与特征作为研究主体的研究，但全部研究成果中都将翻转课堂含义与特征的研究作为了文章研究的理论基础，是论文的重要组成部分。国内学者对翻转课堂含义与特征的探讨基本形成了较为统一的认识（见表 2），国内学者均认为翻转课堂的核心在于知识传授与知识内化阶段发生时角色、时间、地点的翻转。各作者对于翻转课堂特征的文字描述有一定差距，但核心思想大同小异，认为翻转课堂中存在师生角色转变、课堂时间重新分配、互动性增强等特征。

表 2　国内学者对翻转课堂含义与特征的探讨

发表年份	作者	概念	特征
2012	张金磊	指颠覆性完成传统的知识传授和知识内化两个阶段的课堂。即知识传授环节由课堂中通过老师讲授完成转变为由学生课后观看教育短视频完成的教学[1]	教师、学生角色转变，课堂时间重新分配

续表

发表年份	作者	概念	特征
2013	钟晓流	是信息化环境中，教师提供教学视频资源，学生课前完成观看和学习，课中师生互动完成作业、探究的教学模式[3]	师生角色转变，教学流程颠覆，短小精悍的教学视频
2014	卢海燕	是颠倒了传统学校“课上教师讲授、课后学生完成作业”的教学安排[4]	师生角色转变，课堂时间重新分配，学习互动，教育科学性
2015	祝智庭	将知识学习过程中的知识传授与知识内化两个阶段颠倒过来一种教学流程的逆序创新[5]	生本思想，人机劳动分工，混合学习

（三）翻转课堂教学模式研究

围绕翻转课堂教学模式的研究主要有基础理论研究与应用实践研究两方面。

基础研究方面主要集中在翻转课堂的可行性研究、关键因素研究、国外翻转课堂教学模式的启示、宏观层面不同视角下翻转课堂教学模式的构建研究等。卢海燕（2014）[4]从大学英语教师、学生、教育环境三个方面分析翻转课堂应用的可行性，认为大学英语教学中应用翻转课堂教学模式是可行的。卜彩丽（2013）[6]指出高校的教学模式以多媒体集中授课和实验操作教学为主，有较明显的缺点，需通过翻转课堂来弥补。大学生有较强的自学、表达、创新能力，具备适应翻转课堂教学的条件。高等院校教学中应用翻转课堂教学模式具有很好的可行性。李海龙（2013）[7]、吴忠良（2014）[8]、刘锐（2014）[9]、曾明星（2015）[10]分别基于任务、网络学习空间、微课、MOOC 方面对翻转课堂教学模式的构建进行了研究，从课前、课中构建了翻转课堂的具体进行模式。可以看出，学者在对翻转课堂教学模式研究的过程中，认为翻转课堂在我国的应用是可行的，从课前与课中两个阶段对翻转课堂进行了设计，但在设计中考虑的因素不够充分，未充分与时代契合、与新进技术融合，获得环境的支持。

应用实践研究方面，国内学者以不同课程为例，进行了翻转课堂实践研究。崔艳辉（2014）[11]从师生角色定位、素养提升等方面给予了翻转课堂在大学英语教学中的应用对策。刘震（2013）[12]对翻转课堂在思想政治理论课上的实践进行了研究，提出要从转变教学理念，互换“教”与“学”的位置；从灌输式教学走向互动两个方面去将翻转课堂应用到思想政治理论课中。马秀麟（2013）[13]在大学信息技术公共课翻转课堂教学实践研究中，从课前、课中、课后、效果评价等多方面建立了翻转课堂的实施体系，并对翻转课堂应用中存在的优势与缺陷进行了反思与总结。总体来说，关于翻转课堂教学的实践研究成果较多，但因为小范围的实践经验与总结缺乏升华，不具有显著的共性，很难引起学者的注意。

（四）翻转课堂综述研究

翻转课堂理念引入中国 2 年后即 2014 年，张铮（2014）[13]、袁婷婷（2014）[14]、宋琼（2014）[15]对 2012—2013 两年的国内研究成果进行整理、分析、总结，形成了 3 篇翻转课堂研究综述成果，由于文献综述的时间跨度短、可供研究的文献数量少，3 篇文献综述并未引起学者的共鸣，引用次数在50次以下。刘健智（2014）[17]从翻转课堂起源、国内对“翻转课堂”的研究与探索、翻转课堂教育改革面临的挑战与机遇三个方面对翻转课堂研究进行了梳理，形成了《国内外关于翻转课堂的研究与实践评述》一文，论文分析到位，研究细致，受到同行专家的认可，引用次数达到357次。就综合来看，学者在6年间共发表43篇翻转课堂研究综述的成果，数量上稳步提升，但多数文献综述研究成果被引用的次数偏少，有进一步深入、全面研究的空间。

四、综合评价

（一）翻转课堂的起源已基本达成共识

学者在翻转课堂起源的探索研究已趋于成熟，达成了两个方面的共识，基本能准确的体现翻转课堂起源与发展的脉络，认清翻转课堂的起源本质。一是首次提出翻转课堂概念的时间是2007年，地点在美国林地高中，提出人为乔纳森·伯尔曼和亚伦·萨姆斯，目的是为解决山区孩子缺课的问题；二是萨尔曼·可汗与其创办的可汗学院在翻转课堂的发展中起到了重要的推动作用。

（二）翻转课堂的理论体系尚未形成

从实践研究方面来看，翻转课堂的实践性研究成果仅占总数的13％左右，较少的个案实践研究难以支撑归纳与演绎出翻转课堂的理论体系。加之现有的实践性研究，对演绎出的规律、经验、方法论等理论体系要素未进一步提炼、深化，虽解决了“个案”问题，但不具有普遍意义的借鉴价值，难以构建出翻转课堂的整体理论体系。从理论研究方面来看，现有的理论研究主要在进行“个体”研究，如分块研究翻转课堂的可行性、教学模式构建、影响因素分析等，为翻转课堂理论体系的形成奠定了碎片化研究基础，但还缺少将“碎片”进行有机整合的综合性整体研究，比如综述性的研究。

（三）翻转课堂的时代感不足

翻转课堂的核心在于知识传授与知识内化阶段发生时角色、时间、地点的翻转。角色包含教师与学生，教师是翻转课堂的主导，学生是主体、执行者，都是社会人，具有时代特征。社会变化时代变迁不断赋予角色时代内涵，如若翻转课堂脱离时代，不具时代性，不仅得不到当下技术、资源、环境的支撑，还会被处于当下“时代”的学生嫌弃。滞后于时代发展的翻转课堂，出生就意味着已经过时。

（四）翻转课堂研究的深度与广度不够

就深度方面看，翻转课堂的研究主要停留在起源探寻、定义界定、特征归纳、案例实践、教学模式构建等方面，缺乏对其背后的深层次原因的分析研究。就广度方面看，翻转课堂的研究主要停留在高中、大学、职业教育层面，与当前教育热点问题以及幼儿园、小学、初中等不同教育层次的研究不足。

五、研究展望

（一）植根于时代土壤中，加强翻转课堂与时代深度融合研究，是翻转课堂发展获得蓬勃生机的前提

社会、时代是翻转课堂发展的土壤，是养料的来源。翻转课堂的研究必须扎根于社会、时代的土壤之中，方能迸发勃勃生机。以习近平同志为核心的党中央正引领中国进入新发展、新时代，中国已进入大智移云时代，经济发展进入了新常态，五大发展理念正引领中国整体转型发展，翻转课堂与时代深度融合的研究迫在眉睫，应加强以下几个方面的研究：（1）通过分析研究习近平新时代对翻转课堂的影响，理清时代给予翻转课堂带来的机遇与挑战。（2）强化基于时代特征下翻转课堂内涵的研究，摈弃、补充、优化、翻转课堂内涵，保障翻转课堂的内涵与时俱进。（3）深化翻转课堂过程与时代的契合研究，用好用足时代的技术、资源，持续推进翻转课堂的创新发展。

（二）拓展翻转课堂实践研究的广度，稳固翻转课堂的发展基础，是翻转课堂的研究重点

翻转课堂发展的本质是实践，越广泛的实践越可发现、解决更多的问题，积累更多的经验，在深度总结实践经验后，翻转课堂便得到发展。翻转课堂实践研究的广度应从以下两个方面去拓展：（1）将翻转课堂与教育热点结合起来进行实践研究，如可研究翻转课堂在教育供给侧改革中的应用，在教育现代化中的实践，在教育发展不平衡不充分问题上的对策等；（2）翻转课堂与幼儿园、小学、初高中、职业教育、大学各层次教育相结合，研究不同教育层次下翻转课堂的实践。

（三）重视翻转课堂综述研究，构建创新的翻转课堂理论体系，实现翻转课堂的发展升华

大量的翻转课堂实践研究，解决了许多个案问题，积累了丰富的实践经验。但缺少翻转课堂个案之间的关系研究，个案之间的共性、区别研究不透彻，犹如人的血脉不通，大脑不能正常指挥身体各个部分。打通翻转课堂的血脉，需对翻转课堂内涵、动力机制、评价机制，教学流程再造，理论基础进行深层次系统化研究，形成翻转课堂理论体系，翻转课堂的再度实践便有了创新的翻转课堂理论体系的指导，翻转课堂的发展便可实现升华。

【参考文献】

[1] 张金磊，王颖，张宝辉. 翻转课堂教学模式研究 [J]. 远程教育杂志，2012，30（04）：46−51.

[2] 杨晓宏，党建宁. 翻转课堂教学模式本土化策略研究——基于中美教育文化差异比较的视角 [J]. 中国电化教育，2014（11）：101−110.

[3] 钟晓流，宋述强，焦丽珍. 信息化环境中基于翻转课堂理念的教学设计研究 [J]. 开放教育研究，2013，19（01）：58−64.

[4] 卢海燕. 基于微课的“翻转课堂”模式在大学英语教学中应用的可行性分析 [J]. 外语电化教学，2014（04）：33−36.

［5］祝智庭，管珏琪，邱慧娴. 翻转课堂国内应用实践与反思［J］. 电化教育研究，2015，36（06）：66－72.

［6］卜彩丽，马颖莹. 翻转课堂教学模式在我国高等院校应用的可行性分析［J］. 软件导刊，2013，12（07）：9－11.

［7］李海龙，邓敏杰，梁存良. 基于任务的翻转课堂教学模式设计与应用［J］. 现代教育技术，2013，23（09）：46－51.

［8］吴忠良，赵磊. 基于网络学习空间的翻转课堂教学模式初探［J］. 中国电化教育，2014（04）：121－126.

［9］刘锐，王海燕. 基于微课的“翻转课堂”教学模式设计和实践［J］. 现代教育技术，2014，24（05）：26－32.

［10］曾明星，周清平，蔡国民，等. 基于 MOOC 的翻转课堂教学模式研究［J］. 中国电化教育，2015（04）：102－108.

［11］崔艳辉，王轶. 翻转课堂及其在大学英语教学中的应用［J］. 中国电化教育，2014（11）：116－121.

［12］刘震，曹泽熙. “翻转课堂”教学模式在思想政治理论课上的实践与思考［J］. 现代教育技术，2013，23（08）：17－20.

［13］马秀麟，赵国庆，邬彤. 大学信息技术公共课翻转课堂教学的实证研究［J］. 远程教育杂志，2013，31（01）：79－85.

［14］张铮，余静. 信息化环境下中小学“翻转课堂”研究综述［J］. 中国信息技术教育，2014（15）：77－78.

［15］宋琼，宋楠. 关于微课程支持下的翻转课堂研究综述［J］. 科教文汇（下旬刊），2014（06）：28－29.

［16］袁婷婷，王轩，蒋翠，等. 翻转课堂研究综述［J］. 软件导刊（教育技术），2014，13（03）：7－8.

［17］刘健智，王丹. 国内外关于翻转课堂的研究与实践评述［J］. 当代教育理论与实践，2014，6（02）：68－71.

数字微格教学在师范生教学技能培养中的应用研究

魏晓俊*

【摘　要】 微格教学，作为一种基于视听技术的课堂实践观察方式，已经成为高校师范生教学技能培养的有效途径。本文以四川文理学院微格教学的实践教学模式为例，尝试运用S—T分析法对师范生教学视频进行分析，研究在师范生的教学技能培养中应该增强师范生的教学设计能力和关注课堂教学中的技术异化。

【关键词】 量化，S—T分析，教学设计，技术异化

课堂教学，作为推动师生教学行为与统筹的平台，一直都是教育中的重要研究领域。随着教育信息化的日趋深入，课堂教学中教师、学生和媒体形成了一种新的教学生态，评价和引导课堂教学行为走上良性发展的轨道，即将成为新的研究领域。微格教学，一种基于视听技术的课堂实践观察方式，已经成为培养师范生及培训在岗教师的现实途径。通过微格教学实践过程，师范生可以实现自我技能和专业方面的成长。课堂教学过程是一复杂的过程，对课堂行为的有效分析可以促进师范生的职前转变。

一、研究意义

（一）数字化微格教学提供了师范技能发展的技术路径

近年来，教育的研究正从“技术理性”向“实践性理性”转向，基于实践立场来培养师范生的教学技能才能彰显教学的生命力。传统的师范生技能培养以试讲和毕业实习为主要形式，以专家评课为主要渠道，虽然在一定程度上满足了师范生的专业发展，但囿于时空和教师个人因素，还存在诸多弊端。数字化微格教学提供了师范技能发展的技术路径，第一，数字化微格教学呈现了真实的教学环境，师范生在独立的微格空间内完成教学技能的培养，数字化微格教学基于技术实现了师范生教学理论和实践的模拟仿真；第二，数字化微格教学建构了一个可重复、可操作的教学环境。数字化微格教学通过全自动跟踪技术以及数字化回放功能，给师范生提供了实现持续发展的空格键，最终

* 魏晓俊（1983—），男，山西孝义人。讲师，硕士，专业方向：现代教育技术理论与应用研究。

达到师范生教学技能培养的目的。

（二）数字化微格教学满足了师范技能发展的价值诉求

高校师范生作为未来教师的预备者，在教师的专业发展上也存在自身的价值诉求。师范生教学技能的发展要求据马斯洛需求层次理论可以推衍为师范生的基本素质要求、师范生的社交和尊重要求、师范生的自我实现要求。师范生的基本素质要求是师范生对自身专业发展的内在动力，师范生通过不断教学实践，使自身教学技能得到专家和听课者的认可，实现师范生“站上讲台”的基本旨趣。数字化微格观摩室为师范生提供了示范样本，建构了其发展的理想模型，实现了师范生自身行业的目标意蕴。师范生的社交和尊重要求是师范生从“站上讲台”到“站稳讲台”的发展阶段，师范生渴望能解决教育教学中的实际问题，期望得到专家的充分肯定，实现从“讲完课”到“讲好课”的转变。[1]

二、基于视频分析的数字化微格教学培养模式

（一）数字化微格教学的实施模式

以四川文理学院教师教育教学实验中心为例，教师教育教学实验中心建于2014年，属于中央财政支持地方高校的项目之一，建成了教学观摩室2间、教学设计实验室1间和微格主控室1间。教学观摩室和教学设计实验室学生容量均为25人，每次可以开展75人的微格教学实践。根据教学安排，所有师范专业学生都要开展微格教学实践，一般开始于本科三年级、专科二年级，教师教育教学实验中心自建设以来，每年接纳师范生近1500人次，同时还承担了“思政教学论”“化学教学论”等课程的教学工作。其中“现代教育技术”公共课每学期针对开课学生进行为期4周（8学时）的微格教学实践。微格教学每次教学实践时间为90分钟，每个教学班分为3个小组，每次教学实践过程均要全程录像刻盘。[2]四川文理学院教师教育教学实验中心微格教学的实施模式见表1：

表1

教学周次	学时	学生活动	教师活动
第1周	2	了解数字化微格教学系统的工作原理；掌握交互式电子白板的功能；掌握数字化微格教学智能录像的使用方法（F9开始、F10结束）；了解数字化微格主控室内监控系统、控制台的操作方法；掌握微型投影仪的操作方法以及在教学中的应用	教师首先将授课班级进行分组（以20～25人为宜），引导学生参观教师教育教学实验中心，讲解设备基本原理以及基本使用方法；教师系统介绍各硬件设备的功能并作演示，其中包括电子白板、电子讲台、微型投影仪、液晶书写屏等

续表

教学周次	学时	学生活动	教师活动
第 2 周	2	学生体验协同备课的过程；学生学会在协同备课过程中的小组交流与合作；通过协同备课体验过程，打破个别学生偏狭的思维，彰显合作学习的生命力	教师随堂分组（以三个组为宜）；按小组协同备课。主要对所准备教案进行小组讨论并修改教案；形成教案最终稿，按小组上交初稿与定稿；小组长记录小组成员讨论过程中的个人 S—T 图，统计并上交
第 3～4 周	4	开展基于数字化微格教学的实践体验；实验准备：每组学生完成课程教学设计，每个学生要完成至少两次微格实践，个人自选内容授课和班级固定内容授课。授课时间以 15～20 分钟为宜	学生按小组进行微格教学，并录制教学视频，以 15～20 分钟为宜；回放学生教学视频；对学生的微格教学实践效果进行评价

（二）基于 S—T 分析法的师范生课堂教学行为分析

1. 研究方法

传统的师范生教学技能评价大多采用描述性评价，从主观因素上看，囿于评价者的主观性，遮蔽了课堂的宏观效果；从客观因素上看，师范生通过对教学过程的精心包装，陷入了“虚假的繁荣”。本研究采用一种基于数据分析的研究方法，即 S—T 分析法。S—T 分析法撇开课堂繁杂的教学行为，从课堂宏观角度剥离出来两种主要行为：教师行为（T 行为）和学生行为（S 行为）。S—T 分析法通过对课堂教学中教师行为和学生行为的量化研究，来分析当时的课堂风格。S—T 分析法有效地避免了评价的主观钳制，不同的研究者通过 S—T 分析法都会得到一致的量化结果，这样就避免了评价的主观性，增加了客观性。随着各种媒体在教学中的广泛使用，需要厘清课堂教学中媒体—教师—教学的演绎关系。因此本研究在传统的 S—T 分析法的基础上，将课堂中的教师使用教学媒体的行为独立出来作为研究的对象，并将其命名为 Tm，本研究中的媒体对象主要指视听媒体和多媒体教学课件（CAI），这样课堂教学行为的 T 行为就包括教师使用媒体的行为和教师的其他行为 Tt，即 T=Tm+Tt。[3]课堂教学行为中教师行为（T 行为）和学生行为（S 行为）见表 2：

表 2 课堂教学行为中教师行为（T 行为）和学生行为（S 行为）

教师行为（T 行为）	学生行为（S 行为）
教师的讲授行为（Tt）	学生的发言行为
教师的板书、演示行为（Tt）	学生的思考、计算行为
教师的示范行为（实验、操作）（Tt）	学生的记笔记行为
教师使用教学媒体行为（Tm）	学生实验、作业行为
教师的提问点名行为（Tt）	学生的沉默行为

续表

教师行为（T行为）	学生行为（S行为）
教师的评价行为（Tt）	其他学生的行为

2. 视频采样

四川文理学院教师教育教学实验中心微格教学通过智能录制系统将课堂教学行为录制为三个画面，包括教师画面、学生画面和电脑桌面。从三个画面来记录师范生的整个教学过程。本研究的数据采集主要是以观察教学录像视频为主，以每 20 秒为一个时间间隔，以 15 分钟为一个教学单元，并根据教师使用教学媒体行为（Tm）、教师的其他教学行为（Tt）和学生行为（S 行为）进行分类记录，经过多次核对验证后记录下样本的课堂教学行为序列图，每一个样本形成一个独立的序列图。S−T 分析法对教学样本的分析主要是通过计算教学行为中 Rt 和 Ch，以此来评判课堂的教学性格。Rt 用来统计在整个教学行为中教师行为的占有比例，Ch 主要统计教师行为和学生行为的转换频数，通过这两个因素来分析课堂教学风格。本研究同时计算 Tm 在 T 行为中的占用率 Rm，Rt= Tm/T，用来分析教学媒体对课堂的影响深度，例如样本 1 的教学内容《秋天的雨》的 Tm 行为、Tt 行为和 S 行为可用图 1 来展示。[4]通过计算，样本《秋天的雨》Rt=0. 600，Rm=0. 519，Ch=0. 511，属于对话型教学模式。

	0	1	2	3	4	5	6	7	8
0	Tt	S	S	Tm	S	S	Tm	S	Tt
1	S	Tt	Tm	Tm	S	S	Tt	S	S
2	Tt	Tm	Tt	S	S	Tt	Tm	Tm	Tt
3	Tt	S	Tm	Tt	S	S	Tt	Tm	S
4	S	Tm	Tm	Tm	Tt	Tt	S	Tm	Tm

图 1　样本《秋天的雨》课堂教学行为序列图

三、运用数字微格教学培养师范生教学技能的建议

（一）增强师范生的教学设计能力

课堂教学，需要教师具备合理的教学设计能力，但就一个学科、一节课而言，目前还缺乏可执行的教学设计。在对同一学科不同样本的对比研究中发现，师范生基于自身设计的对话情境建构了不同的教学生态。作为师生教学行为推动与统筹的课堂教学，需要关注师范生的教学设计能力。2005 年美国学者科勒和米什拉提出了教师应该掌握的 TPACK 能力框架，认为教师的教学能力包括学科内容知识、教学论知识和技术整合知识，为师范生的培养提出了新的研究路径。从 TPACK 框架的分析可以看出，师范生的培养应增强将自身所学专业知识有效地传播给学生的能力，即技术整合能力。因此要增强教师职前培养的教学设计能力，要让教学设计回归学生、回归课堂、回归知识点。[5]

(二）关注课堂教学中的技术异化

自从有了教学活动，也就有了教学媒体。媒体的使用伴随着技术的发展。从早期的直观教具黑板到现代的交互式媒体，媒体的每一次演变也带来了教育的不断变革。随着教育信息化的不断深入，教师首先应该更加关照媒体使用的有效性，缩小课堂教学中师生间的数字鸿沟，建构合理的教学生态。其次要注意各种媒体技术使用的异化问题，中国古代道家学派代表人物庄子曾提出“物物而不物于物”，告诫我们要合理地使用各种器物，但不能受制于各种器物。教学过程既不能排斥技术，也不能依赖技术，教师只有通过技术实现对课堂的真正关照，才能实现师生智慧的共同发展。[6]

【参考文献】

[1] 魏晓俊.数字化微格教学在高校师范生教学技能培养中的应用思考［J].软件导刊（教育技术)，2017，16（09）：66—67.

[2] 魏晓俊.高校师范生微格教学的量化研究——基于视频分析的视角［J].四川文理学院学报，2017，27（05）：127—131.

[3] 李孔文.微格教学：教师专业发展中的仿真［J].当代教育与文化，2013（5）：74—78.

[4] 王静.基于微格教学系统的师范生专业技能培养分析研究［J].中国医学教育技术，2013（3）：280—283.

[5] 程云，刘清堂，王峰，等.基于视频的改进型的S—T分析法的应用研究［J].电化教育研究，2016（6）：90—96.

[6] 傅德荣，章慧敏.教育信息处理［M].北京：北京师范大学出版社，2004：94—108.

浅谈小学科学教学问题及改进策略

廖腾伟*

【摘　要】　目前，小学科学教育在小学教育中地位堪忧，存在着诸多问题，针对这些问题，本文就如何上好小学科学课提出了改进策略，具有一定的借鉴意义。

【关键词】　科学教学；问题；改进策略

一、小学科学的重要性

小学科学课程是一门与其他学科密切联系的课程。科学课程可以丰富学生的知识，培养他们语言的准确性和精练度，提高他们的表达能力，能有效地促进学生语言能力的发展；科学与数学学科有着天然的联系，数学可以在科学课程中作数据处理和分析的工具，科学课程也培养了学生数学领域中的定量表达和逻辑推理能力。

童年是实施科学启蒙教育的最佳时期，因此及早对孩子们进行科学教育有利于帮助他们建立一些基本的科学概念，发展科学思维和培养科学态度。科学教育承担着培养公民科学素质的重任，早期的科学教育对每个人科学素质的形成具有十分重要的影响。科学对人们认识世界起着关键的作用。

二、小学科学的现状

现今小学科学教育在小学教育中地位堪忧，总的可以归纳为“弱、蒙、懒、怕”四个字。

“弱”：学校硬件设施薄弱，很多学校没有配备实验室，即使有，也形同虚设，根本不能实际操作开展实验，实验仪器也不完善，教师想做一次演示实验的仪器尚不能具备，更别说学生的操作实验了。师资弱，多数学校没有安排专门的科学学科教师，而是由语数教师代替，科学课改上语数课的现象时常发生，即使有专门的科学教师，但也不是专业的，也没有经过专门的培训，无法给学生上实验课，只能照本宣科。

“蒙”：学校领导和教师的思想没有完全从应试教育中解放出来，仍然受应试教育的

* 廖腾伟，男，一级教师。研究方向：小学科学。

蒙蔽。他们认为小学科学教育是“杂”课，可有可无，但是为了应付上级领导检查又必须排出来、“重视”起来，这使小学科学教育处于极为尴尬的地位。这就是上面要求进行考试，教师们也只是应付了事，在书本上下功夫，从网上下载现有的复习资料，拿给学生死记硬背，学生根本就没有学到知识，就更别提培养兴趣了。

“懒”：上好科学课是一件非常复杂的工作，多数教师也懂得怎样去上课才能激起学生的兴趣，但就是怕麻烦，不愿去做，也懒得去做，很多实验需要持久地观察和记录，与其花费这么多的精力去做，不如直接告诉学生结论来得容易，反正考试时只看结果，不会看过程的。正是这些原因导致学校里的实验室和实验仪器成了摆设。

“怕”：科学课免不了让学生动手操作和外出观察，这里面就牵涉诸多问题，一个班的科学课一天只有一节，如果要带学生到大自然中实地观察探究，在时间上是不够的，更何况学生的安全问题让领导和教师望而却步。

三、上好小学科学课的策略

小学科学课的教学应着眼于学生“基本科学素养”的提高，如何上好它，值得深思。作为一名科学课教师，首先要切实转变教学观念，同时要结合科学课自身的特点，在实践中不断反思，不断探索，在实验教学中要坚持以学生为主体，依据教材内容让学生进行观察、实验，激发学生积极主动参与的兴趣和激情。在参与中观察特点，发现问题，动手动脑解决问题，培养学生积极投入实践，善于发现和总结，勇于探索创新的良好习惯。下面笔者就平时教学过程中的经验介绍给大家：

（一）走出传统课堂教学，学生自主探索科学奥秘

根据教材内容的需要，有目的地组织学生到大自然中去。“百闻不如一见”，学生亲身经历，自主探索，这样兴趣更浓、印象更深。例如：笔者在教授三年级上册的科学课时，教材中有要求学生认识植物、动物的教学目标。笔者组织学生到郊外去，观察植物的根、茎、叶、花、果实、种子的形态构造和生长环境，并适当采集植物标本。有目的地组织学生开展找蜗牛、蚯蚓，捕蝴蝶，斗蟋蟀，学鸟叫等有趣的活动，使学生在愉悦的活动中既学到了知识又培养了学生观察自然事物的能力；既体现了教师的主导作用，又体现了学生自主学习的主体地位；同时也激发了学生热爱大自然的感情冲动，达到了科学教学从知识、兴趣、能力和德育四个方面培养学生的教学目的。

（二）灵活选用教法，优化课堂教学

合理、灵活的教学方法能促进学生积极主动地参与学习活动，更能优化课堂教学，提高课堂教学质量。科学课有一个特点：每一个知识点的学习都要经历感性认识到理性认识的过程，所以要根据每一节课中认识实践活动的阶段来灵活选择教学方法，从而获得知识。

1. 采用电教媒体，进行辅助教学

如今多媒体已经广泛用于课堂，在科学课教学中运用多媒体进行教学的效果更佳，它能将无声的文字变成有形的画面，通过多媒体使形、色、音、动、静有机地融合，更快、更准确、更形象地传递教学信息，使潜藏的形象显现出来，变得更生动、更直观，

强化了感知，促进了理解，有效地把感性认识转化成理性认识，激发了学生的学习积极性，从而实现教学目标。

2. 自制教具，促使实验教学

根据各册科学教材实验的需要，科学课上教师还要制作出简单、操作方便的教具。例如：在五年级下册科学教材“沉和浮”的教学中，第一课“物体在水中是沉还是浮”，由于内容简单，知识较为感性，实验便于操作，笔者就上了一节操作实验课，让学生自己动手，从实验中得出结论。第三课“橡皮泥在水中的沉浮”，实验操作要求较高，笔者就设计为演示实验，老师操作学生观察，这样实验的成功性较大，学生通过观察得出的结论也很准确；反之，让学生操作这个实验可能因操作中方法不当导致实验失败而得出错误的结论。第四课“造一艘小船”，这一课如果也让教师操作的话就会抑制学生的思维，阻断学生的探索兴趣。笔者把这节课设计为学生的课外作业，然后课内展示。

总之，小学要上好科学课，必须结合实际，充分利用资源优势，采用灵活的教学方法和先进的教育手段，加强实验教学和学生各种能力的培养，这样就一定能实现科学的教学目标。

【参考文献】

[1] 徐志平. 有效指导科学探究 [J]. 读写算：教育教学研究，2010 (3).

[2] 张博，姚丽辉，盛春环. 小学科学课堂教学怎样培养学生自主学习能力 [J]. 新课程学习：基础教育，2013 (5).

浅析山区小学音乐教育问题与对策

陈　芳*

【摘　要】　目前，山区小学音乐教育仍存在教育理念落后，设备条件基础薄弱，专业教师数量不足，专业水平偏低等问题，急需教育主管部门高度重视，并采取相应对策加以改进，这样才能从根本上切实提高山区小学音乐教育教学质量。

【关键词】　山区小学；音乐教育；问题；对策

国家基础教育音乐新课改已实施十余年，在城市中小学基础音乐教育沐浴新课改的阳光雨露，取得长足发展的同时，目前占全国小学在校生比重近90%的山区小学音乐教育仍存在教育理念落后，设备条件基础薄弱，专业教师数量不足，专业水平偏低等问题，急需引起各级教育主管部门高度重视，并采取相应对策加以改进，以切实提高山区小学音乐教育教学质量。

一、目前山区小学音乐教育存在的问题

（一）教育理念落后

由于长期受应试教育影响，目前应试教育在山区小学仍根深蒂固。一些学校跳不出“片面追求升学率”的思想，个别领导对音乐教育不够重视，对音乐教育在学校教育中的地位认识不清楚，没有从根本上转变旧的教学观念，认为音乐是一门副科，对音乐课的安排没有按照小学音乐课标要求开齐足够的课时；同时不少山区小学教师误认为音乐教育可有可无，只要学好语文、数学就可以了，由此教师普遍怀着音乐课可上可不上的心态，音乐课在山区小学教育中被语文、数学课挤占的现象屡见不鲜。

（二）设备条件薄弱

由于山区小学办公经费紧张，经济十分拮据，很多学校投入音乐方面的经费非常有限，配备的教学设施相对简陋，如某校1—6年级共800余名学生，很多学生是两人或多人一本教材，配备的音乐器材也只有一架破旧的风琴，除此之外，学校再无其他音乐

* 陈芳，女，一级教师。研究方向：小学音乐。

器材了；大多数学校没有专门的音乐教室和音乐器材保管室，即使有音乐器材保管室，室内也是空空如也。由于山区小学音乐设备薄弱，教师上课只靠一本音乐课本和教师清唱教学，教师教一句，学生唱一句，这种现象在山区小学十分普遍。

（三）音乐教师奇缺

山区条件艰苦，交通不便，经济落后，很多专业音乐教师不愿到山区学校任教。笔者走访过一些山区小学，发现部分学校甚至没有一名音乐专业教师，学校的音乐教师往往由其他学科教师兼任。很多学校虽然有专业音乐教师，但由于教师资源紧张，有的音乐老师不得不放弃自己的专业改教其他学科。山区小学音乐专业教师奇缺，在一定程度上影响了音乐教学的效果。

（四）专业水平不高

调查发现，部分山区音乐教师，专业水平还处在初级阶段，他们没有根据音乐教育的发展来提高自己的专业技能，对乐器了解甚少，见识不多。虽有个别教师专业水平较高，但教学水平却很有限，对音乐教材的研究深度不够，备课草率，加上教师没有结合自身的教学情况和音乐教育现状进行总结和反思，一味吃老本，安于现状，不引进新的教学模式，不提高自身专业素质，教学方法不能创新，依然采用陈旧的传统教学模式；个别音乐教师为了激发学生对音乐的兴趣，盲目引用与课程不相关的游戏或故事贯穿在课堂上，虽然学生对这样的教学形式充满兴趣，但音乐教学中的知识学生并没有真正学到。山区学生对音乐理论知之甚少，听觉审美能力不强，难以体会和感受到音乐的节奏美及音乐的情感，因此，许多学生无法真正体会到音乐课的魅力，从而严重影响了音乐教育教学效果。

二、改进山区小学音乐教育的对策

（一）更新教育理念

学校领导要充分认识到音乐教育的重要性，全面推进素质教育，千万不可为了追求升学率、为了应试而轻“副科”，只重视考试科目；作为教师，千万要摒弃音乐教育可有可无的观念，要充分认识到小学音乐教育在启迪智力、塑造人格、培养想象力和创造力、提高民族素质等方面的独特作用。只有领导和教师的理念更新了，才能逐步解决山区学校音乐教学中存在的主要问题。

（二）加大设备投入

一方面，上级主管部门划拨教育经费时，要主动向山区学校倾斜，助推山区薄弱学校的发展，使其有一定的资金投入到配置音乐设备中去；另一方面，学校要多渠道筹集经费，有计划地安排一定的资金购置音乐教育教学设施设备。学校除根据各年级音乐教育教学的实际需要，罗列清单，配齐键盘乐器、音像器材，以及常用的打击乐器、民乐器、西洋乐器，修建专用的音乐教室等，同时还要加大对音乐图书、期刊与教辅资料的投入，这样既可以让老师吸取更多的最新音乐成果，又可以丰富学生的视野。只有加大设备投入，才能更好地服务于音乐教学，不断提高山区小学音乐课堂的教学效益。

（三）实施人才引入战略

首先，当地政府及教育部门要制定“优秀音乐教职人才引入战略”，以优惠的政策和较好的福利，吸引优秀音乐教师到山区小学任教。其次，有关教育部门要与当地各高校合作，通过组建“山区小学音乐教学志愿者团队”“寒暑期山区小学教学实习”等方式，大力号召优秀大学生加入山区小学音乐教师队伍。通过实施人才引入战略，山区学校可以逐步解决音乐教师奇缺的问题，为山区小学音乐教学注入新的活力。

（四）加强专业培训

加强专业培训，一是可采用寒暑假集中培训的方式，由县教师进修学校牵头，聘请一些高水平的音乐教师授课，使山区音乐教师在较短的时间内学到较系统、较实用的音乐专业知识。二是通过赛课等方式，搭建平台，提升能力，促进音乐教师自我成长。三是采取专业引领的方式，大力加强音乐教师的技能培养。唱、弹、跳是音乐教师最基本的技能，音乐教师只有较好地掌握这些最基本的技能，才能保证音乐教学的正常开展，使他们真正担负起山区小学音乐教师的角色，为山区小学音乐教育铸就新的辉煌。

【参考文献】

[1] 李凌宇.新课程下农村小学音乐课程现状与提升［J］.课程教育研究，2015（17）：180.

[2] 谢桂林.当前农村小学音乐教学的思考及探索［J］.少儿科学周刊（教育版），2014（6）：242.

[3] 王丽.小学音乐教学游戏化策略：农村小学音乐教学拾掇［J］.读与写（中旬），2016，13（9）：344－345.

[4] 周春燕.新课改下农村小学音乐教学中存在问题及对策［J］.读写算（教研版），2014（16）：134.

小学数学课堂教学中错误资源的有效利用

李　霞*

【摘　要】　学生在学习过程中出现错误是不可避免的，这是学生在课堂学习中一种最为直接的表现形式之一。在小学数学课堂教学中，教师必须正确面对学生在课堂上出现的错误，并对这些错误加以有效利用，通过一些有效的教学手段和方法将学生的这些错误转化成一种有效的教学资源。数学教师应该重视学生的错误，并巧妙地运用这些错误，充分挖掘其中蕴含的有效价值，提升小学数学课堂的教学质量。

【关键词】　小学数学；课堂教学；错误资源；有效利用

从某种意义上说，错误的价值有时会高于正确。在小学数学课堂教学中，学生不可避免地会出现一些错误，教师要正确对待这些错误，不能因为学生犯错而大加指责，反而忽略了学生错误背后存在的问题。如果教师能够帮助学生对错误进行反思，充分挖掘其中的有利因素，将学生的错误资源转化为教学中的有利资源，就能促进课堂教学质量的提高和学生自身学习能力的提升。

一、现阶段小学数学教学中学生对错误资源的认识误区

（一）教师和学生对学习过程中出现错误的认识

由于缺乏正确的认识，在小学数学课堂教学中，师生对课堂学习中出现的错误均采取一种逃避的态度。这种错误认识直接影响了课堂教学的质量。学生方面，许多学生对错误有一种逃避心理，他们害怕暴露出学习中出现的问题，不愿意接受教师的批评，更不想被其他同学嘲笑。正因为这一心理的存在，学生不敢多问、不敢多做，久而久之，导致学生在学习上和认识上存在的问题越来越多，出现的错误也越来越多。教师方面，很多教师将学生在教学过程中出现错误的原因归结为上课没有认真听讲，于是教师开始对学生的错误大加指责，认为只有经过严厉批评，学生才能够改正错误。同时，教师对知识重新进行讲解，使学生迅速改正了自己的错误，但学生对错误并没有形成深刻的

* 李霞，宣汉县东乡镇第一完全小学老师。

印象。

（二）教师自身没有意识到错误资源对学生学习能力提高的重要性

很多教师认为，课堂教学就是要给学生传授正确的数学知识，学生学习到的也应该是完全正确的数学内容。学生出现错误时，教师总是简单粗暴的批评，然后直接将正确的答案告诉学生，很少有教师意识到如果不找到学生产生错误的根源，就无法让学生真正掌握正确的知识。事实上，学生在学习过程中出现的错误是非常重要的教学资源，如果教师能够正确认识并且充分挖掘其中存在的有利价值，学生的思维就能够被积极地开发出来，这无论是培养学生对数学知识的主动探究意识，还是培养其创新能力，均具有非常高的价值。

（三）教师有效利用错误资源的能力不足

在小学数学课堂教学中，很多教师对学生出现的错误缺乏包容的态度，也不能冷静地面对和处理，更谈不上欣赏。当课堂教学因学生出现的错误不能顺利进行时，教师往往不能以正确的方法来处理，或视而不见，或大加指责，这就是教师缺乏对错误资源有效利用的表现。要想让学生抓住错误资源进行反思，进而提高成绩，教师就必须不断地学习，提高自身的教学智慧，准确把握利用错误资源的时机，使小学数学课堂教学因错误资源的有效利用而焕发出新的活力。

二、如何有效利用小学数学课堂教学中的错误资源

唯物主义的观点认为，任何事物都有两面性。教师要从不同的角度来分析小学数学课堂教学中学生出现的错误，用一种相对客观的态度、积极的心态和科学有效的方法来纠正这些错误。在具体的教学工作中，教师可以充分利用错误资源，从以下几个方面展开数学教学。

（一）从学生的错误入手，激发学生探究数学知识的浓厚兴趣

学生在学习过程中出现错误是不可避免的，这说明他们在探究知识的过程中存在着一些认识上的偏差。教师不要不分情况直接否定，而是要认真分析学生产生错误的原因，继而从产生错误的根源出发，引导学生向正确的方向思考。教师要注意指出学生错误的方式方法，不能对学生全盘否定，而要及时肯定学生积极思考的态度。同时，应针对学生出现错误的地方进行重点分析和讲解，让学生在再次学习的过程中自己找出认识的偏差，帮助学生树立学习的信心。

（二）利用数学教学中学生出现的错误，引导学生进行自我反思

小学数学课堂教学中，学生出现的错误是学生进行自我反思的有利资源。可以说，如何正确运用这些错误资源引导学生积极进行自我反思，是小学数学教师需要认真研究的重要课题之一。学生在反思过程中，要明白自己的错误出现在哪一个环节，为什么会出现这样的错误，并找到问题的根源，解决问题，纠正错误。引导学生利用错误资源进行反思，是培养学生提高学习能力的有效途径，也是培养学生思维能力的有效方法，只有学生认识到错误，才能将思路转移到正确的方向。

（三）引导学生对错误进行反思，在反思中提升数学能力

在小学数学课堂教学过程中，学生一旦出现错误，教师就要充分利用这一错误，询问学生为什么会出错，出现错误的根源是什么。教师作为整个教学活动的引导者，要帮助学生在错误资源中探索出解决问题的正确方法，让学生带着疑问去思考、探究并改正。质疑是创新的前提，只有学生在错误中产生疑问，才能在疑问中进行思考、推理和分析，唤起学生在数学学习过程中的主体性，进一步培养学生的创新思维。

三、结语

学生在数学学习过程中必然会产生错误，出现错误的原因是多方面的，教师要引导学生对这些错误进行深入的分析与思考，找出其中的原因，充分利用这些错误资源，挖掘其有用价值，积极推进数学课堂教学活动的顺利开展，增强学生学好数学的信心，巩固课堂所学知识，从而有效提高课堂教学效率。

【参考文献】

［1］童子双，周佩青，钱丽华．小学数学新课程教学与研究［M］．中国广播电视出版社，2008：1．
［2］孙静．优化课堂教学，提高教学质量［J］．网络科技，2008（11）：95．
［3］陈俊礼．优化课堂教学，提高教学质量［J］．素质教育论坛，2009（15）：93－94．
［4］杨大花．课堂因错误而“精彩”［J］．教育教学研究，2009（02）：20．

如何上好小学美术欣赏课

宋晓帆*

【摘　要】 美术欣赏课不仅有助于提高学生的审美能力和艺术修养，更有助于发展学生的创造力和想象力。一堂生动活泼的美术欣赏课，离不开正确的教学策略。灵活多样的教学策略，会让学生在轻松、快乐的教学环境中去感受美、欣赏美和创造美。如何在美术欣赏教学中真正培养学生的审美素质，实现美育的教学目标，是每位小学美术教师应该认真思考的课题。笔者通过大量的教学实践与探索研究，积累了一些开展小学美术欣赏教学的理性认识与教学策略，并通过本文呈现出来，以就教于方家。

【关键词】 小学美术；欣赏教学；实施策略

一、深入研究教材

（一）加强对美术大纲的研读

小学美术教育的“课标”明确指出，此阶段的美术教学应包括“欣赏与评述”“造型与表现”“设计与应用”和“综合与探索”四个方面。而“欣赏与评述”这一学习领域更注重通过感受、欣赏和表达等活动，使学生将知识内化，形成审美心理结构。如果教师在教学前深入地学习教学大纲，那么在实际教学中就会有的放矢，提高教学效率了。

（二）对美术教材的整体思考和纵向研究，是形成正确定位教学目标的基础

小学一至六年级，共 12 本美术教材。这 12 本美术教材，看似各不相同，但仔细研究，你就会发现它们在教学目标的设置上是环环相扣、层层递进的。以技法教学中的线的教学为例。低年级的美术教材要求学生形成对线的初步感受和情趣认知；中年级的美术教材则要求学生掌握线条的基本技法；而小学高段的美术教材，就要求学生能够将线条的艺术运用到具体的美术创作实践中了。如果教师对此有一个整体的思考，那么就能准确定位各阶段美术教学的目标与任务，并明确其重点和难点了。

* 宋晓帆，女，一级教师，现任教于宣汉县东乡镇第一完全小学 。

（三）准确把握学情

要上好小学美术欣赏课，除了要深入研究教材，还要精准把握学情。只有这样，才能找准深入教学的突破口。无论是同一年级的不同班级，还是同一班级的不同学生，他们在整体性的基础上都存在着个体的差异性，所以教师应在深入了解学情的基础上灵活选择教学策略，以提高教学效率。

二、选好题材和内容

小学美术教师在欣赏题材与欣赏内容的选择上，应选择那些贴近学生生活实际、与学生的认知水平和欣赏水平相当、接近学生最近发展区、能激发学生兴趣的作品。具体而言，可采取以下策略。

第一，教师在课前应对收集到的欣赏作品进行挑选、分类，同时可以组织学生一起挑选。

第二，根据学生的认知水平和鉴赏能力，对即将欣赏的作品进行加工、处理。

第三，可以选择学生自己创作的优秀作品作为补充材料。

三、运用恰当的教学模式

运用恰当的教学模式，是提升美术欣赏教学水平的重要手段。下面介绍几种常规美术欣赏课教学的基本模式。

（一）问题引导模式

问题引导模式是研究性教学的重要手段。教师以问题层层递进的提问方式对学生学习进行层层引导，让学生在努力解决问题的过程中提高思维能力，同时又以新的问题引导学生进行更为深入的学习。老师在整个教学活动中，可以通过设置障碍等方式诱导学生积极思考，从而让学习的主动性掌握在学生手中，凸显出学生的主体性地位。

（二）讨论学习模式

讨论学习模式是在教师的指导下，以学生为主体展开各种讨论，教师则作为援助者。此模式主要由教师提供问题或素材，让学生在学习过程中产生疑团，然后又以讨论的学习方式去自我解答。此模式主要是以培养学生的问题意识为目的。

（三）自我研讨模式

自我研讨模式形式多样，内容丰富，学生能保持较高和较为持久的学习兴趣。此模式用于课堂教学时，老师给出的素材一定要广，定位一定要小而准，这样才能让学生找到自己喜欢的内容进行自我研讨和学习。

四、美术欣赏教学的组织形式

（一）专题欣赏课

专题欣赏课是小学美术欣赏教学的主要形式。教师在进行专题欣赏教学时，可采取多种教学手段调节学生的有意注意和无意注意，如在分析完一幅作品后，及时提出问题，让学生参与思考，鼓励他们踊跃发言，各抒己见，积极讨论。

（二）随堂欣赏课

随堂欣赏课是指在绘画和工艺（包括写生、手工制作等）课中所穿插的欣赏教学。这种欣赏方法在教学中的运用较多，比如，教材在每一课都安排了范图及相关资料，教师在指导学生欣赏的过程中加以讲解，指出作品应怎样欣赏，它究竟美在哪里，等等。又如，为了使低年级学生在蜡笔的涂色中提高色彩的运用能力，可引导学生学习一些素描知识，并出示一些示范画，等等。

（三）现场欣赏

现场欣赏是一种在课堂教学之外的美术欣赏形式，是指到美术创作现场或实地（如美术展览馆、风景名胜区）进行观摩学习的欣赏教学。例如，组织学生生参观美术作品展，访问画家、工艺美术家、雕塑家，并观看其技法表演等。

五、教学方法的灵活多样

（一）常规教学法

通常我们所说的常规教学法指讲授法。讲授法是教学中最常见、最实用的教学方法。在美术欣赏教学中，讲授法常使用于专题和名作欣赏。如在《清明上河图》的欣赏教学中，要小学生通过自主学习对这幅画产生深刻的认识，显然是不可能的。因此，教师就要对该作品的创作背景，作者生平，作品的内容、形式、成就、价值等，进行详细的讲解。

（二）观察教学法

观察教学法是欣赏教学中最基本的方法。其一，整体与局部相结合的观察教学法。教师引导学生进行对作品从整体到局部，再从局部到整体的系统学习，不但能提升学生的观察能力，而且能培养学生的艺术鉴赏能力。其二，对比观察法。对比是美术欣赏的一个重要方法，尤其是作品创作技法方面的对比。如果在美术欣赏课中，教师将不同画种、不同风格的作品摆放在一起，以形成强烈对比，自然能激起学生的好奇心和求知欲，那么教学效果也就显而易见了。因此，我们在美术欣赏中切忌孤立地对待每一件作品，而是要将他们和其他作品联系起来，进行多角度的对比学习。

（三）谈论教学法

谈论教学法也叫问答教学法，即通过老师与学生一问一答的形式引导学生获取或巩固知识的教学方法。可以由教师提问设疑，让学生根据问题去寻找答案；也可是由学生提出疑问，老师通过交谈引导学生去解决问题。

此外，我们还可以运用多媒体教学等方式进行教学，限于篇幅，此处就不一一展开了。总之，一堂生动活泼的美术欣赏课，离不开精准的教学策略。灵活运用教学方法。灵活运用多样教学方法可以充分调动学生的积极性和主动性，让学生在轻松、快乐的教学环境中去感受美、欣赏美和创造美，培养学生的审美能力和理解力，发展学生的创造力和想象力，提升学生的综合素养。

【参考文献】

［1］彭吉象. 艺术学概论［M］. 北京：北京大学出版社，2006.
［2］陈传席. 中国绘画美学史［M］. 北京：人民美术出版社，2002.
［3］顾丞锋. 西方美术理论教程［M］. 北京：北京大学出版社，2008.
［4］王朝闻. 美学概论［M］. 北京：北京人民出版社，1981.

运用多媒体让语文课堂灵动起来

李小芹*

【摘　要】 运用多媒体教学，不仅能使语文课堂变得活泼生动，富有启发性、自主性与灵活性，而且还能使学生乐学善思，让语文课堂灵动起来。

【关键词】 多媒体；语文课堂；灵动

在语文教学中，借助多媒体辅助教学，不但能让课堂具有自主性与灵活性，而且还能使学生乐学善思，成为课堂的主人，让语文课堂真正灵动起来。

一、利用多媒体，激发学习兴趣

所谓兴趣，是指人乐于接触、认识某事物，并力求参与相应活动的一种积极意识倾向，它能激励学生用心去钻研，用脑去思考，主动去探索。因此小学语文教学要善于利用电教手段，创设艺术情境，来激发学生的学习兴趣。有了兴趣，学生就会积极融入艺术情境，主动探究，感受作者的思想脉络，理解作者所描写的意境，做到如见其人，如闻其声，如临其境。如在教学《鸟的天堂》一课时，笔者首先启发学生将作者的思想感情和语言艺术结合起来展开联想，然后再结合多媒体画面听朗读录音，认真欣赏那山幽、鸟鸣的天堂美景。随着优美动听的音乐声和不断传来的鸟鸣声，学生仿佛来到了鸟的天堂，置身于鸟儿们的幸福之中。有的学生情不自禁地说："这地方真美，我仿佛也变成了一只画眉鸟，自由飞翔在鸟儿们的乐园中。"这纯真的感叹，正是教师利用电教手段，激发学生想象力的结果。同时，多媒体的运用也调动了学生的积极性，收到了良好的教学效果。

二、运用多媒体，开阔学生眼界

语文课本的知识含量大，如果老师的讲解不够细致，则会让学生囫囵吞枣，很难理解到位。此时运用多媒体对知识点进行直观的展示，不但便于学生理解，而且有利于开阔学生的眼界，使教学活动变得十分轻松。例如：笔者在教《葡萄沟》一课时，学生对

* 李小芹，宣汉县东乡镇第一完全小学教师。

新疆吐鲁番这个地方十分陌生，对那里的地理环境和风土人情也一无所知，对此，笔者运用多媒体展示吐鲁番的地形地貌、奇瓜异果、风土人情等。从学生们此起彼伏的惊叹声和惊艳的眼神中，笔者感悟到他们对吐鲁番产生了浓厚的兴趣，并开始向往那里了。既然学生的兴趣被调动起来了，笔者便带着学生走进文本，开始学习课文。当讲到葡萄干的制作过程时，笔者又播放了阴房的结构和完整的葡萄干制作过程，使学生一目了然。最后在“课外延伸”环节，笔者又播放了新疆维吾尔族热情待客的风俗和载歌载舞的录像，孩子们由衷地赞叹道：葡萄沟真是个好地方啊！并情不自禁地歌舞起来，整个课堂一下子活跃起来了。

三、运用多媒体，激发学生的写作兴趣

运用多媒体创设情景，把学生的情感引入特定情景中再指导学生作文，有利于调动学生强烈的学习欲望，从而激发学生的写作动机和学习兴趣。

（一）运用多媒体，融入作文情境

很多学生在写作文时不知道如何下笔，更不知道如何才能写好。针对这个问题，笔者在指导学生写“校园一角”的作文时，先让学生观看相关的录像。在播放第一遍的时候，要让学生明确拍摄的顺序，即“整体—部分—整体”，使学生对“校园一角”的景色形成总体的印象。在播放第二遍的时候，要充分利用多媒体教具慢放、定格等功能，一边观看，一边指导，让学生细细观察，慢慢品位，并适时激发学生的灵感，让学生抓住校园景色的特点，说出一些优美的词语和句子。学生融入情境后，在观察时就会有目的、有顺序、有重点；在思考时就会有凭借、有条理；在写作时就会有逻辑、有情感、有文采，从而顺利地解决了学生写作的问题。

（二）运用多媒体，丰富作文素材

新的小学课标要求教师在指导学生作文时要从内容入手，引导学生写熟悉的人、事、景、物；鼓励学生写想象中的事物。俗话说：“巧妇难为无米之炊。”学生平时积累少，没有养成细心观察和积累写作素材的习惯，这就好比无米，自然做不出新鲜可口的饭菜。多媒体网络资源丰富，快捷方便，为学生提供了精彩纷呈的生活画卷和生动活泼的知识长廊，这就为他们找到了的“米仓”。学生可以凭自己的兴趣和爱好自主地去获取信息、收集素材，发挥自己的想象力和创造力，写出了贴近生活的优质作文。例如，在学完《乡下人家》后，教师要求学生写一篇和乡村生活有关的作文。但部分学生没有乡村生活的经验，即使去过，也没有认真观察，所以无从下手。因此，笔者借助多媒体展现了几幅颇具特色的乡村画面让学生仔细观察，最后选择自己最感兴趣的一幅画面进行写作。学生有了写作素材后，很快就用文字描绘出了一幅幅优美的乡村图。

四、运用多媒体，拉近生活距离

运用多媒体，可以拉近课本与学生的距离。以小学语文教材为例，现在语文课本的内容已滞后于时代的发展，课文中所写之事、所绘之景，已与学生的生活相距较远。因此，教师在教学活动中借助多媒体手段，给学生提供必要的资料，让学生亲近生活，就

会使课堂教学收到很好的效果。如人教版小学语文第九册第八单元，有毛主席的诗词《七律·长征》《卜算子·咏梅》，还有《开国大典》《青山处处埋忠骨》《毛主席在花山》等几篇文章，描绘的都是伟人毛泽东主席的高大形象，所写的人和事，距离学生现实生活甚远。如果只将文章的内容呈现给学生，很难使学生有深刻的印象。因此，笔者引导学生在课前通过网络搜寻一些关于毛主席的资料，让学生通过浏览短片、图片等方式，走进历史，亲近生活，与伟人面对面，这样既拉近了学生与教材的距离，又使他们在收集、掌握、存储信息的同时，深入理解了课文内容，感受到了伟人的光辉形象。

总之，在小学语文教学中运用多媒体，不仅能使课堂变得生动有趣，富有启发性，而且还活跃了学生的思维，激发了学生的学习兴趣，大大增强了教学效果，提高了教学效率。

【参考文献】

[1] 冯美军.谈运用多媒体辅助小学语文教学的作用 [J].小学教学研究，2011 (26).
[2] 孙忠芳.在小学语文教学中应用多媒体的尝试 [J].中国教育技术装备，2011 (31).
[3] 杨英.巧用多媒体技术优化语文教学 [J].新课程（教研版），2009 (10).

综合实践篇

高校特殊教育专业分段递进实习模式探新

——基于四川文理学院的实践*

陈 立 李壮成 赵蕴楠**

【摘 要】 教育实习是特殊教育人才培养需要关注的重要问题，如何改革传统实习模式，有效提高特教师范生的实践能力，进一步适应特殊教育事业发展需求，是我国高等特殊师范教育改革研究中的热点问题之一。本文结合四川文理学院特殊教育本科专业发展的实际，提出了“分段递进”的实习模式，并对它的构建依据、内涵、课程目标、内容体系、管理与考核、实施策略等问题进行了初步探索。

【关键词】 特殊教育专业；分段递进实习；实践

近年来，随着国家政策和社会各界大力关心与支持特殊教育（以下简称“特教”），我国特教事业取得较大发展。为了适应当前特教事业发展需求，许多地方高校（尤其是高师院校）先后增设特教专业。高校特教专业发展作为我国高等特教事业的重要内容，承担为特殊学校、实施融合教育的普通学校、康复训练机构等培养具备特殊教育等多方面知识与能力的专业人才的任务。广义的教育实习是指通过参加各项专业实践活动将学到的理论知识应用到具体的实际工作中来锻炼工作能力，包括教育见习、实习、社会调查、支教，毕业论文设计等[1]，这里所指的教育实习是实践教学课程体系中的教育见习和教育实习两个环节，是指实习生在学校组织引导下前往特教机构开展实践学习，获得实践经验，增强实践技能。教育实习是特教教师职前教育贯彻理论联系实际原则，实现培养目标的必要环节[2]，是培养学生学习能力、实践能力、科研能力、创新与创业能力的重要途径。当前大多高校特教专业建设尚处于初步的探索阶段，传统的毕业前“集中定点实习”“自主分散实习”等单一的教育实习模式已滞后于特教专业的实际发展，教育实习已成为影响特教专业改革与发展的薄弱环节[3]。为此，四川文理学院提出特教专

* 基金项目：四川省2013—2016年高等教育人才培养质量和教学改革项目“高师特殊教育专业见习实习模式创新研究”，川教（2013）781号。

** 陈立，（1988—），男，陕西太白人，四川文理学院教育学院讲师，研究方向：特教师资培养。
李壮成，（1970—），男，四川南江人。四川文理学院副校长，教授，研究方向：教师教育。
赵蕴楠，（1983—）女，辽宁辽阳人，四川文理学院教育学院讲师，研究方向：特教师资培养。

业“分段递进”的实习模式，并从2011级本科生开始付诸实践，初步尝试解决特教师范生实习过程中存在的困难和问题，并为同层次高校特教专业实习改革提供有益的启示。

一、分段递进实习模式构建的依据

（一）系统论是构建分段递进实习模式的理论依据

系统论的基本思想是把所研究的对象作为由多个相互联系、相互作用的要素所组成的，具有一定结构和功能的系统；同时研究系统、要素、环境三者的相互关系和变化的规律性，并用整体性、模型化、最优化的观点来分析问题[4]。系统论是分段递进实习模式的理论基础，主要因为：第一，特教师范生的知识结构如教育学、教育心理学、发展心理学、特殊教育学、康复医学等是一个相互联系、不可分割的系统，师范生正是通过在分段递进的教育实习中来不断地整合相关学科的知识信息，并促进知识间的迁移联系，来构建自己的知识体系。第二，特教师范生教育理论知识和实践能力作为个体职业素养的重要组成部分，其中理论知识的学习是实践能力形成的基础，实践能力的形成有助于促进理论知识的深化，两者都与师范生的教育影响、生活经验等有机联系，并通过个人努力内化成个体独特的职业素养。同时，特教师范生综合素养的提升是个循序渐进的过程，传统单一的集中式实习等，其最大的弊端在于很难实现理论学习与实际训练的有机结合，未给学生提供思考反思的再学习的环节。第三，特教实践是涉及医疗保健、教育训练、社会就业等问题的一项系统工程，主要包括教育预防、教育诊断与训练和就业培训等环节。因此，特教师范生的知识和能力需要在特教环境下，通过持续参与和体验教育预防、诊断、训练等一系列实践活动来不断完善。

（二）教师专业化要求是构建分段递进实习模式的实践依据

当前英美等国家特教事业发展迅速，特教对象已由传统的残疾儿童群体拓展到特殊需要儿童群体，特殊教育已实现由狭义的残疾人教育向关注特殊儿童生命价值教育的过渡。相比之下，我国特教事业发展整体水平不高，一直存在特教教师数量不足，专业水平有待提高的现实矛盾。特教事业发展关键在于提高教师素质，要求特殊教师不仅应具备丰富的专业知识，还应掌握扎实的专业技能。然而，我国高校特教专业人才培养大多存在偏重理论知识传授，忽视学生实践能力培养训练，导致培养的人才很难更好地满足特教实践发展的需求。为了进一步引导特教教师专业发展，教育部2015年颁布《特殊教育教师专业标准（试行）》[5]，从专业理念和师德、专业知识和专业能力三方面来规范合格特教教师的基本专业要求，其中专业能力主要包括环境创设和利用、教育教学设计、组织与实施、激励与评价、沟通与合作、反思与发展等方面的能力。可以看出，特教教师专业发展对实践能力的要求越来越高。在特教教师来源日趋多元化、人才竞争激烈的今天，特教师范生应按特教教师专业标准要求有计划、有步骤地提升自身专业素养，这就要求高校特教专业需通过改革和完善教育实习模式及强化实践教学等多途径来不断增强师范生实践能力。

二、分段递进实习的基本模式

（一）分段递进实习的含义

分段递进实习是把特教专业本科生四年的教育实习活动按学段特点确定不同的目标、内容，逐段提升实习要求，将教育实习“弥散”在教育教学的全过程，保持实践能力培养的连续性，使教育实习形成一个有机的整体，强调教育实习的过程性和动态性。具体来说，学生四年教育实习活动按照由易到难的顺序分为体验式实习、定位式实习、探究性实习和入职式实习四个阶段来规划设计，每个阶段的实习活动要求有所侧重，重点突出某些能力的训练，如体验式实习、定位式实习强调师范生诊断评估、教育教学等能力的形成，探究性实习强调师范生康复训练、综合实践等能力的提升。

（二）分段递进实习的主要内容

1. 分段递进实习的课程目标

总体来讲，分段递进实习主要目的在于一方面使特教专业师范生树立并深化从事特教事业的理想信念，培养良好职业道德品质；同时在教育实习过程中检验已学知识，获取实践知识，发展并形成从事特教事业的基本能力。另一方面，为高校特教专业检验人才培育质量提供反馈信息，并有针对性地对学校教育工作等进行改进，从而提高人才培养质量，更好地为特教事业发展服务。

具体来说，在分段递进实习的每个阶段，实习活动有不同的目标：体验式实习阶段，特教师范生大学一年级以“特教感悟”为目标，通过观察、访谈、调查等实践来全面感知特教实践活动，践行“从做中学”的理念，为其后续学习训练明确方向，激发动力；定位式实习阶段，特教师范生大学二年级以“专业领会”为目标，通过参与特教机构课堂观摩、课堂教学与管理，课外活动等实践加深对特教职业的理解，增进对特教教师职业的认同，逐渐形成从事特教相关工作的意向；探究性实习阶段，特教师范生大学三年级以“能力形成”为目标，通过教育见习、日常训练、竞赛活动等促进其形成特教教师所需的必备知识与技能；入职式实习，特教师范生大学四年级以“能力提升”为目标，通过临床实习，在特教实践中扮演与适应真实特教教师、康复训练师等角色来巩固提高其教育教学、康复训练等能力。

2. 分段递进实习的内容体系

分段递进实习根据学生学习时间和特教事业发展需求将教育实习分为体验式实习、定位式实习、探究式实习、入职式实习四个阶段[6]，其中：

（1）体验式实习：时间安排在大一第二学期，统一组织学生去特殊学校或康复训练机构实习 1 周，其目的在于引导学生初步体验特教实践活动，增强对特教事业的了解和认知，培养初步的专业认同感。实习内容主要为参观特殊学校、康复训练机构，认识特教机构文化。

观察特殊儿童日常活动，了解其致残原因，和特殊儿童家长教育观念，了解我国特殊教育法律法规等，初步感知特殊教育，了解我国特殊教育发展历程及现状。实习结束后要求学生完成特殊儿童调查报告或特殊教育认识报告，由班主任负责学生实习考核，引导其对特殊教育形成正确的认识，激发其专业学习热情，提升职业道德素养。

（2）定位式实习：时间安排在大二第三、四学期，统一组织学生去特殊学校分别实习1周，其目的在于引导学生认识特殊儿童教育教学活动的基本规律，了解特殊学校教育教学现状与存在问题，关注特殊教育教师的职业角色，掌握特殊儿童个别化教育训练所需的知识与技能。实习内容主要为观摩特殊儿童诊断评估实践，听课、制作教具、学具、与特殊儿童互动交流，制定个别化教育计划、协助特殊学校教师组织开展各项教育教学活动等，来全面认识特殊教育工作者所需的基本职业素养，理解特殊教育职业的社会价值，增强其从事特殊教育工作的责任意识，从而定位学习方向与目标。实习结束后要求学生完成特殊儿童教育诊断评估报告、特殊儿童个别化教育训练计划或教学设计等，班主任负责其实习考核，引导其初步形成针对特殊儿童展开诊断评估、教育教学的基本能力。

（3）探究性实习：时间安排在大三和大四上学期（第七学期），其中第五学期和第六学期统一组织学生去残联康复机构分别实习1周，其目的在于引导学生熟悉特殊儿童康复训练活动的基本规律，了解康复训练机构发展现状与存在问题，认识康复训练师的职业角色、掌握特殊儿童康复训练所需的知识和技能。实习内容主要为观摩特殊儿童康复训练活动，和康复治疗师交流、了解特殊儿童康复的政策、需求信息，详细了解特殊儿童个案详情，针对其特殊教育需要而拟定康复计划并参与康复训练活动。实习结束后要求学生完成特殊儿童康复训练计划等，班主任负责其实习考核，引导其初步形成针对特殊儿童展开康复训练的基本能力。第七学期统一组织实习生去普通中小学实习1周，其目的在于引导学生熟悉普通学校教育教学实践活动，提升其在普通学校为特殊需要儿童提供教育服务的能力。实习内容主要为听课、与师生交流、协助普通教师开展教育教学活动；同时引导学生在实习过程用心发现特教实践活动中存在的实际问题，运用所学知识与方法针对所发现问题能够开展探究性活动。实习结束后要求学生撰写并完成特殊需要儿童（幼儿）发展指导计划，班主任负责其实习考核，引导其初步形成有效开展随班就读工作的能力。

（4）入职式实习：时间安排在大四下学期（第八学期），采取集中定点实习和自主分散回原籍实习相结合的方式，组织学生在特殊学校、康复训练机构实习8周，其目的在于强化学生实践性知识，提升综合实践能力，为其职业发展做好准备。实习内容主要为到特教机构，直接进入教师（康复训练师）角色，承担教学、班主任和康复训练等工作，参与特教机构研究活动。实习结束后要求学生上一次汇报课，完成特殊教育机构实习总结报告，教研室和学科教师负责其实习考核，引导其综合实践能力的提升。

3. 分段递进实习的管理与考核

（1）实习的组织与管理：首先，成立特教专业学生实习领导小组来协调与安排学生教育实习工作，制定教育实习相关管理办法，组织开展教育实习课程的建设与实施，做好与实习单位的沟通，保障实习活动顺利开展；同时要求学生制定实习计划，明确实习的目的、进程安排，做到学有所获。其次，在实习过程中，明确带队教师、专业教师、班主任、辅导员等人员的相关责任，为学生提供相应指导和帮助；同时邀请特教机构的优秀教师担任实习导师来指导实习，引导实习生实践经验的生成。此外，为充分调动学生自我管理的积极性，提高实习的效率，将实习生合理分组，每组 4～6 人，以小组为单位，明确每组学生实习的目标与任务[7]，这样不仅有利于指导教师对实习生的指导与管理，而且有助于学生间的交流、合作与学习。

（2）实习的考核与评价：每个学段实习结束后，在评价的主体上，强调多方主体参与，除了专业指导教师和特教机构指导教师对实习生成绩进行评定外，还增加了学生自评和小组评价等环节，使教育实习成绩的评定工作更加客观、完善。在评价的内容上，主要从学生实习准备、教学工作、班主任工作、康复训练工作、实习反思等维度出发制定了相应的评价标准，评定者根据制定的不同等级标准对实习生各项工作进行打分，同时采用优秀、良好、及格、不及格四级计分制，学生实习成绩及格，则获得相应的实习学分。

4. 分段递进实习的实施策略

（1）完善实习管理制度：不断完善实习管理制度规范，是推进学生分段递进实习开展的前提条件。首先，在仔细分析职前特教教师培养现存问题的基础上，制定相对完整、科学的《教育实习方案》《教育实习管理条例》《实习生手册》等规范，构建相对稳定的教育实习管理制度，明确实习过程中学生、指导教师、实习单位的责任与义务，保障各方在实习工作中步调一致，推进实习工作有序开展。其次，建立健全教育实习质量监督体系，对学生实习实施全程监控的管理。由专业负责人和指导教师等组成教育实习检查组，对学生不同学段的实习工作实行全过程的督导检查，检查内容主要包括学生教学实习、班主任实习、康复训练实习等，检查结果及时反馈给学生和实习单位，促使实习生、实习单位等做好实习工作。还有，积极尝试从基地建设、实习方式等环节的改革入手，创新教育实习工作。如做好学生顶岗实习的借鉴和管理工作，2007 年教育部下发《关于大力推进师范生实习支教工作的意见》要求高师院校因地制宜地组织高年级师范生到中小学进行不少于一学期的教育实习[8]。为此，研究与制定学生顶岗实习的指导意见，联系部分特教机构，积极尝试组织有意向的学生前往特教机构开展顶岗实习工作。

（2）优化专业课程设置：课程设置是影响分段递进实习效果的核心因素，结合专业发展实际情况和不同学段实习的特点，制定不同学段的实习目标，然后以此为导向，尝试适时调整与优化专业课程设置。在体验式实习阶段开设普通话、普通心理学、特殊教育学、人体生理解剖学等基础课程，主要引导学生初步认知特教实践活动，了解特教对象等。在定位式实习阶段应开设基础手语、基础盲文、特殊儿童教育诊断与评估、发展心理学、教育心理学、教育学等相关课程，以引导学生认识特教机构发展现状和存在的问题，初步理解特教工作者所需具备的知识和技能，明确学习目标。在探究式实习阶段开设个别化教育理论与实践、教学活动设计与实施、特殊教育研究方法、特殊儿童康复等专业基础课程，并结合教育导论、资源教室建设与运作、特殊儿童心理健康教育等专业选修课程，以引导学生形成特教工作者的基本技能，做好职业发展准备。总之，专业课程设置与学生分段递进实习密切关联，突出对学生专业实践能力和探究能力的培养，不仅体现了当前特教实践对应用型人才的素质要求，同时也反映了“以学生为本”的课程改革发展趋势。

(3) 整合指导教师团队：教育实习指导工作在很大程度是影响分段递进实习实施效果的关键因素。长期以来，传统的教育实习指导工作主要由高校带队教师和实习学校指定教师共同负责，但基本以高校教师指导为主，造成指导教师工作任务沉重，专业师资紧张等问题。因此，积极尝试整合现有教师资源，采取现场带队指导与信息化指导相结合的方式，逐步建立起学科多元、相对稳定、经验丰富的指导教师团队，来解决专业师资短缺难题[9]。比如对入职式实习阶段的学生由高校专业教师、辅导员、特教机构教师组建联合指导团队，采取现场指导与网络指导相结合的方式进行；对体验式、定位式、探究式实习阶段学生则实行由班主任教师、特教机构教师组建联合指导团队，采取巡回指导、电话巡访等方式开展指导工作。此外，健全实习指导教师管理制度，加强对指导教师的考核与管理[10]。比如建立指导教师资格制度，选拔责任心强、教学、科研能力优的教师担任指导教师，尝试将实习指导工作列入教师考核、职务聘任和表彰等参考内容，核实指导教师工作量并及时发放指导津贴等，以调动指导教师工作积极性，提高教师指导水平。

(4) 推进实习基地建设：教育实习基地是开展教育教学实践的重要场所，也是保障分段递进实习工作开展的必要条件。在实习基地建设方面，一方面加强与省内、国内开设有特教专业高校的沟通与联系，就特教人才培养、实践教学、师资培养、课程开发等问题开展交流与合作，相互支持、共同促进。另一方面，与部分特殊学校、残联康复机构签订实践教学合作办学协议，安排实习生前往实习，增长实践经验，同时聘请实习基地部分优秀教师作为实习生的指导教师和专业兼职教师，促进学生专业成长。

三、总结和反思

分段递进实习模式改变了以往传统单一的毕业前集中式实习，将实习的时间合理分割、贯穿于师范生人才培养的全过程，强调教育实习的动态性和过程性；同时通过可行的实习目标、翔实的实习内容、科学的管理与评价等保障措施[11]，来促进特教师范生创新精神和综合实践研究能力的培养。具体来说，通过体验式、定位式、探究式、入职式分段层次递进实习，引导学生积极参与和开展教育教学、班主任工作、康复训练等实践活动来积累实践经验，提升教育教学、康复训练能力。我校自 2011 年创办特教专业以来，两届毕业生（共 27 人）中有两人次在四川省师范生教学能力竞赛中获得佳绩，两人次考取特殊教育（学）硕士研究生，多人走向省内一线特殊教育机构从事特殊教育工作，得到用人单位的好评与肯定。同时，学校引导学生通过观察、调查等发现特教实践活动中的现存问题，并予以分析和研究，以提升学生解决实际问题的能力。两届毕业生中有三人次获得校优秀毕业论文设计奖，近年来学校立项的大学生科研项目中特教专业学生立项数累计达到四项。此外，分段递进实习有助于促进特教师范生的专业成长，学生不仅能强化对特教工作者角色的认识，巩固其专业思想，还能较快地掌握特教工作者相应的知识和技能，以“新手”的身份进入特教机构，增强其对特教机构环境的适应能力。近年来，特教专业学生大多是由专业调剂而来，学生专业思想波动大，流动性强，然而随着学生专业学习的适应与深入，其专业思想逐渐趋向稳定，转向其他专业的学生数量迅速减少，成为学校学生专业思想教育的典型。然而，分段递进实习在实践过程中也面临挑战，包括增加实习经费支出、增加实习基地负担和安全隐患、增加教师指导工作负担等问题。诚然，这是其他实习模式也无法避免的问题，也正是分段递进实习需要进一步改进和完善的地方。

【参考文献】

[1] 吴东涛.以分级递进实习模式培养师范生实践能力的探索 [J].广西教育学院学报，2010 (5)：200.

[2] 陈立.高校特教专业学生教育实习现状的调查与思考 [J].贵州工程应用技术学院学报，2016 (5)：71.

[3] 曹卫红．高等特殊教育师范院校公共课程的问题分析与调整策略 [J].中国特殊教育，2005 (1)：93－96.

[4] 何秋钊.用系统论基本思想建立本科专业规范体系 [J].天府新论，2005 (3)：139.

[5] 教育部关于印发《特殊教育教师专业标准（试行）》的通知 [OB/OL]. http：//www. moe. edu. cn/srcsite/A10/s6991/201509/t20150901 _ 204894. html.

[6] [7] [11] 张洋.高师特殊教育专业分段实习模式的实践与探索 [J].重庆电子工程职业学院学报，2013，22 (2)：125.

[8] 教育部关于大力推进师范生实习支教工作的意见 [OB/OL]. http：//www. moe. edu. cn/publicfiles/business/htmlfiles/moe/s7011/201212/xxgk _ 145953. html.

[9] 张向东.地方高校师范类专业学生实习模式的构建 [J].商洛学院学报，2015，29 (2)：61.

[10] 彭婷.地方院校师范生顶岗实习的调查分析 [J].农业教育研究，2014 (3)：17.

高校转型背景下思想政治教育专业应用型人才培养模式构建*

曹红梅**

【摘　要】　在高校转型背景下，思想政治教育专业实现由传统的人才培养模式到应用型人才培养模式的转变已成为一个亟待解决的重要课题。思想政治教育专业应用型人才培养模式必须具有专业特色，是根据思想政治教育专业应用型人才培养的目标和规格要求，以优化的课程体系、注重能力培养的教育教学方式、学校与社会联动的评价体系而进行的一系列人才培养过程的总和。那么，思想政治教育专业应用型人才模式的构建就要明晰培养目标，提高培养规格；深化课程改革，优化课程结构；转变教育观念，注重培养过程；学校与社会联动，进行多元质量评价。

【关键词】　高校转型；思想政治教育专业；应用型人才；应用型人才培养模式

一、问题的提出

当今社会正处于急剧变迁的时期，随着经济的转型和社会的发展，国家对具有深厚的理论知识、较强的创新思维、适应能力、动手能力和实践技能的应用型人才的需求越来越大，国家开始“实现地方本科高校由实施学术型高等教育向实施职业型（应用技术型）高等教育转型”[1]。2014年教育部发布了《关于地方本科高校转型发展试点的指导意见（征求意见稿）》，希望“通过试点推动、示范引领，引导和推动部分地方本科高校向应用技术类型高校转型发展”。为此，有关地方本科高校及相关专业围绕“转型发展”问题展开了积极行动。思想政治教育专业作为我国高校特别是地方本科高校普遍开设的传统文科类专业，经过30多年的发展，其专业建设取得了较大的突破，在为我国各级各类学校、党政机关和企事业单位培养从事思想政治教育工作的专门人才方面也做出了较大的贡献，在当前国家推动地方本科高校转型发展（以下简称为高校转型），着力培养市场所需要的应用型人才的大背景下，思想政治教育专业传统的人才培养模式面临着

* 本文系四川文理学院2017年教育教学改革研究重点项目“高校转型背景下思想政治教育专业应用型人才培养模式创新研究与实践”（项目编号：2017JY24）的阶段性成果。

** 曹红梅（1969—），女，四川省达州市人，教授。研究方向：思想政治教育及性道德教育。

严峻的挑战。

思想政治教育专业传统的人才培养模式注重对学生进行马克思主义理论的系统性和科学性的培养，注重学生思想政治素质和道德素质的提升，忽视了人才的创新能力、适应能力和实践应用能力，因此，社会上对思想政治教育专业的认同度并不高，不是认为它“无用”就是认为它“万能”，从而忽视了思想政治教育的专业特色。很多用人单位在招聘人才的时候很少要求“思想政治教育”专业，或者打着“思想政治教育”专业的旗号招人去从事与思想政治教育专业不相关的工作，似乎他们所需要的思想政治教育、宣传、管理人才都和“思想政治教育专业”不相关，任何专业都可以取而代之。这样的现实怪相也使得部分高校特别是新建地方本科高校对思想政治教育专业不够重视，人才培养目标不甚明确、课程结构任其老化、课程内容不及时更新，专业服务于社会的意识和能力较为薄弱，学生对本专业也缺乏足够的专业兴趣、专业信心和勇气，必然导致思想政治教育专业人才缺乏足够的专业特色。由于“高校转型实则就是人才培养模式转型，为的都是使人才具备市场所需的各项能力”[2]，所以在高校转型背景下，思想政治教育专业必须实现由传统的人才培养模式到应用型人才培养模式的转变，这已经成为一个亟待解决的重要课题。而思想政治教育专业应用型人才培养模式的构建当然包括理论探讨和实践探索，由于篇幅所限，本文先做理论上的探讨。

二、概念的梳理

当前，对应用型人才培养模式的研究主要集中在两个方面，即“什么是应用型人才”?“怎样培养应用型人才”? 那么思想政治教育专业应用型人才培养模式的建构也必须首先明白什么是思想政治教育专业的应用型人才? 思想政治教育专业应用型人才培养模式到底是什么?

简单地说，应用型人才就是要能够满足相关岗位要求，被企事业单位用来解决实际问题的人才。高校转型背景下的应用型人才要与职业院校的技能型人才以及研究型的学术型人才区别开来，应用型人才应该比高等职业教育的技能型人才有更宽、更专的知识结构，比“学术型人才有更强的实践技能和动手能力”，它在与学术型人才、技能型人才的相互比较中体现出两个方面的特殊性：一是注重应用的实践性特征；二是理论与实践相结合的复合性特征。[3]所以，应用型人才必须具有较宽的专业理论知识、较强的实践应用能力，能够紧跟社会及时代发展的脚步，能很快适应工作岗位，有较强的职业能力和创新精神。那么思想政治教育专业的应用型人才就应该具有较高的政治理论素养、思想道德素质和科学文化素质，具备哲学、法学、政治学、伦理学、管理学和教育学等多学科基本理论知识，既能在学校和相应的科研机构从事本专业的教学、科研工作，又能在党政军机关、企事业单位、社会团体和城乡基层组织从事以本专业为基础的教育、宣传、组织、管理工作，成为高素质实践性、复合型人才。

人才培养模式就是人才培养的标准样式和结构体系，是指在一定教育思想和理念的指导下，为实现特定的培养目标而进行的有组织的教育活动，其内容包括培养目标、培养规格、培养过程和培养质量评价等四个方面。[4]很显然，应用型人才培养模式就是应用型人才培养的标准样式，就是按照应用型人才的培养目标和规格要求来实施的一系列人才培养过程的结构体系。思想政治教育专业应用型人才培养模式当然必须具有专业特色，是根据思想政治教育专业应用型人才培养的目标和规格要求，以优化的课程体系、注重能力培养的教育教学方式、学校与社会联动的评价体系而进行的一系列人才培养过程的总和。

三、模式的构建

思想政治教育专业应用型人才培养模式是思想政治教育专业应用型人才培养的结构体系，其模式的构建首先必须进一步明确培养目标和规格要求，然后进一步深化课程改革，优化课程结构，转变教育教学观念，注重在社会实践中培养学生的创新能力和实践动手能力，促进学校和社会的联动与配合。

（一）明晰培养目标，提高培养规格

关于思想政治教育专业本科人才培养目标，教育部在2012年的专业介绍中就指出："本专业培养具有良好的政治理论素养、思想道德素质和科学文化素质，既能在学校和科研机构从事本专业的教学、研究工作，又能在党政机关和企事业单位从事以本专业为基础的宣传、组织、管理、思想政治工作的复合型人才。"但是具体到各高校，本科人才培养目标仍然存在着定位不明确的问题，比如从目标方向来看就有三种，即"中学思想政治课和思想品德课教师化方向、党政企政工干部方向以及二者结合化方向"[5]，到底确定怎样的专业目标方向才能彰显自己的特色，培养的人才才能适应区域内社会经济发展的需要？这是各高校必须首先明确的问题。

当然随着专业的发展，各高校思想政治教育专业也对传统的人才培养目标进行过调整，但实际效果不甚理想，培养出来的大学生对口就业率仍然较低，有不少学生都是另谋职业或者自主创业。原因主要有两个方面，一是高校目标设定的方向单一或者范围过窄，培养出来的思想政治教育专业人才与行业需求脱节；二是学生本身对思想政治教育专业不感兴趣，毕业之后转方向做自己感兴趣的工作。在高校转型的大背景下，思想政治教育专业就要根据高校所在区域的社会发展实际和本专业的课程特色，把中学思想政治（品德）课教师和党政企政工干部结合起来设定应用型人才培养目标，并且还要有针对性地进行拓宽，比如培养党务工作者、社会工作者、企事业单位的高级文员、人力资源师，等等，那些对本专业不感兴趣的学生可能就在拓宽之后的培养目标中找到了自己的兴趣所在。

人才培养规格是根据人才培养目标而规定的人才在素质、知识、能力方面的要求，思想政治教育专业应用型人才培养规格最起码要在教育部提倡的基本素质、基本知识和基本技能方面达到要求，基本素质方面包括思想政治素质、公民道德素质、职业素质和身心素质等；基本知识方面主要是专业理论知识和社会实践知识等；基本能力方面包括理论应用于实践的能力、动手操作的能力，等等。思想政治教育专业应用型人才培养规格的重点在于从事学校思想政治教育教学以及担任党政企政工干部等工作的职业素质和能力，其最大特点是适应学校、党政企各单位、社会团体和基层组织的一线工作，能够立足于行业和工作岗位，用已具备的实践操作技能去解决实际问题。

同时，思想政治教育专业构建应用型人才模式还要根据社会需求适当提高人才培养规格，除了要达到教育部提倡的基本素质、基本知识和基本技能的要求外，还要将这“三基”进一步细化，分别设置不同层级的标准，以便在应用型人才培养模式的实践探索中有标可参，并找准差距，从而能够提高人才培养质量。

（二）深化课程改革，优化课程结构

课程是一个专业的基本元素，课程结构是人才培养的关键，课程结构是否科学合理直接影响人才培养的质量。当前思想政治教育本科专业课程设置中存在“随意性大、专业性不够和知识体系相对传统等问题”[6]，所以思想政治教育专业应用型人才培养模式的构建必须深化课程改革，在夯实学科核心知识的前提下，把握学科前沿，找准研究方向的特色，完善课程体系，优化课程结构。

目前，思想政治教育本科专业的课程设置大体可以分为三类：通识必修课、专业必修课、专业选修课。通识必修课主要包括人文素质与职业基础技能两个方面，比如大学语文、中国近代史纲要、大学外语、计算机基础等课程；专业必修课程主要包括马克思主义理论素质提升和思想政治教育岗位上自我工作能力提升两个方面，比如马克思主义哲学、政治经济学、中国化马克思主义、伦理学、思想政治教育学原理、思想政治教育方法论等课程；专业选修课程主要围绕教育学、管理学、政治学、经济学等学科方向来设置，主要包括两个方面：中学教师岗位和德育管理方向课程，党政机关、企业、社区服务方向的课程。该专业的实践类课程基本设置在专业选修课程里，主要有说课和讲课训练、中学思想政治课教材分析与研究、演讲与口才训练、社会调查、教育见习和实习、办公自动化、电子政务、公文写作、社区工作实践等。

目前许多地方本科高校的课程设置里，通识必修课程和专业必修课程占主导，理论性课程和理论性学时偏多，实践性课程和实践教学环节偏少。为此，各地方本科高校必须围绕思想政治教育专业应用型人才培养目标，根据自身特点和区域实际，进行课程改革和课程优化。

第一，进行课程整合，避免重复开设。目前许多地方本科高校思想政治教育专业的课程设置里，理论性课程偏多，因此必须进行相应的整合，减少理论性的课时。比如有学校开设了教育心理学、中学生心理辅导课程，教育心理学是必修课程，共 48 学时；中学生心理辅导是选修课程，共 32 学时；两门课程里面有重复交叉的内容，完全可以予以整合。因此，开设了教育心理学就可以不开中学生心理辅导选修课。再比如教育学和中学班主任工作，两门课都是理论性课程，分别为 48 学时和 32 学时，在教育学的教学中可以把中学班主任工作融进去，可以不单独开设中学班主任工作课程。

第二，增加实践教学课时，强调人才的实践性。目前地方本科高校的思想政治教育专业实践课时偏少，对理论课程进行整合后，本着“坚持地方性、突出应用性、强调师范性”的原则，突破思想政治教育的专业局限，有选择性地多开设实践类课程，把课时分配到实践性课程上，比如在开设了微格教学与诊断课程（48 学时）之后，在以后的学期增开模拟说课和模拟课堂教学（16 学时），加大对学生师范技能的训练；再比如开设了师范技能实践课程的同时，再开设公文写作（32 个实践学时）、公务员面试理论与实务（32个实践学时），加强对学生公务员职业能力的训练。实践课时增加之后，就可以综合性地培养学生的实践技能，强调人才的实践性，使学生具备较强的解决实际问题的能力，能够创造性地开展各项工作。

第三，增加复合培养课程，强调人才的复合性。地方本科高校思想政治教育专业要强调人才的复合性，必须增加复合培养课程，除了中学思想政治教育教学课程之外，还要开设公务员理论与实务课程，同时还要根据校企（地）合作的要求，适当开设企事业单位思想政治教育的实践课程，例如“如何与问题员工进行沟通”“企事业单位思想政治教育活动设计”“校企（地）联谊活动设计”，等等，当然复合性课程的开设可以作为选修，必须要学校、院系和教师创造条件，最好能在实践教学基地内进行，从而培养学生解决实际工作问题的能力。

（三）转变教育观念，注重培养过程

思想政治教育专业应用型人才培养模式的构建，要求教师必须转变教育教学观念，树立“以学生为本”的教育理念，确立“自主学习、合作探究”的教学观念，从而实现教师角色的转换，即教师根据学科前沿和社会需要，不断更新教学内容，从教材的复制者变成教材的建设者；教师不断改革教学方法和手段，促进学生的学习从被动变为主动，促使学生从知识的“被动接受者”变为“主动求索者”，教师就从“学生的控制者”“知识的传授者”变成学生学习的“促进者”和“引导者”。只有实现教育教学观念的转变，才能在培养过程中促使学生形成并不断提升创新能力和实践动手能力。这要注意以下三个方面的问题。

第一，强调在社会实践中培养人才。实践性和复合性是应用型人才的主要特征，这就要求我们对学生的教育培养过程中更加注重“从实践中来到实践中去”，更加注重理论和实践相结合，强调在社会实践中培养学生的能力和素质：一是要求教学方式以社会实践为主要手段，引导学生在生活实践中感知问题；二是要求教学内容以社会实践的现实环境以及社会重大热点问题为基点，引导学生根据现实环境的需要去解决问题；三是要求学生的学习内容和学习方式可以根据自身兴趣与专业特点，在实践过程中进行灵活选择；四是要求教学评价要以学生在社会实践过程中的能力表现作为依据。

第二，强调课堂内实践教学环节和课堂外专业技能强化的对接。思想政治教育专业应用型人才的培养必须注重课堂内外的对接，比如学生在课堂内的实践教学环节中学会了学习技能、教学设计技能，那么在课堂外的专业师范技能强化中就会形成课堂讲授技能、学术探讨技能等，只有课内的实践教学环节与课外的专业技能强化实现了对接，才能使学生真正掌握中学思想政治课教育教学技能，从而拥有自己的个性特长、创新精神，同时也能在此过程中形成并提升自己的就业竞争力。

第三，强调在实践活动中提升学生的综合素质。思想政治教育专业应用型人才培养还要强调学生综合素养的提升，这就要求学校（院系）团委、学生会举办各种社会实践、文化、体育、竞赛等活动，组织学生聆听校内外专家的讲座、报告会，组织学生参加政策理论宣传、义务支教、三下乡等活动，使学生在活动中培养自己的人文素养，提升自己的综合素质。

（四）学校社会互动，多元质量评价

思想政治教育专业应用型人才培养质量评价必须要学校与社会互动，构建以学校为主导，以政府、行业企业和学生多方参与、协同配合的质量评价体系。第一，应以学校为主导。各高校是人才培养质量的主导者，但人才培养质量不能由自己来评说，学校可为社会、政府、各行各业提供学生的成绩单、就业推荐表等用以证明学生在校期间的学习和表现的各种材料，社会各组织、政府各部门和各行业企业对学生素质、能力等方面进行初步判断。第二，应以用人单位为主体。社会各组织、政府各部门和各行业企业在用人过程中，根据调研或实际了解的情况向学校反馈人才信息，对学校的人才培养存在的问题提出意见和建议，并提出提高人才培养质量的新要求。第三，学生是核心。人才培养质量的核心是学生，在多方了解和信息反馈的基础上，各高校应主动联系各用人单位和学生共同从人才培养目标、规格和过程三个方面着手完善人才培养模式、优化人才培养过程，从而进一步提高人才培养质量。总之，人才培养质量不能是“一家之言”，必须在多方联动、多元评价中促使人才培养质量的提高。

【参考文献】

［1］焦新.地方高校转型发展呼唤顶层设计——访“地方本科院校转型发展实践与政策研究”课题负责人孟庆国［N］.中国教育报，2014-01-06（4）.

［2］王俊飞，等.转型高校应用型人才培养模式创新研究与实践［J］.价值工程，2017（12）.

［3］顾永安.新建地方本科院校的转型发展［M］.北京：中国社会科学出版社，2012：175-176.

［4］孔苏.地方本科高校转型发展背景下应用型人才培养模式研究［D］.桂林：广西师范大学，2015：5.

［5］［6］余双好，邢鹏飞.关于思想政治教育专业建设和人才培养的综合研究［J］.思想政治教育研究，2014（12）.

财经管理学院专业见习目的、经验、困境及建议*

孟秋菊**

【摘　要】 专业见习是指学生在学习了一些专业课程后，为帮助学生增强专业感性认识和提高综合技能，有计划、有组织地实施的时间相对较短的实际工作岗位体验。通过短期的工作岗位体验，可使学生初步了解职业岗位，增强专业感性认识，培养理论联系实际、分析和解决问题的能力，初步提高专业技能；也可使学生初步了解社会，感知社会，学会为人处世的基本方法；还可帮助学生提高专业学习的针对性和积极性，进而提高毕业实习的目的性和有效性，最终提高学生的就业技能和就业数量、质量。财经管理学院一直把专业见习作为实践教学的重要组成部分，促使专业见习规范化、常态化和有效化。但学院也遇到了认识错位、资金短缺、实践教学工作量计算欠公平、平台匮乏等困境，束缚了学生专业见习的纵深发展。因此，笔者建议学校一是要提高专业见习的认识水平；二是要加大专业见习经费投入力度和利用力度，调动见习单位合作的积极性；三是公平计算实践教学工作量，调动二级学院开展实践教学的积极性；四是要积极协调各种关系，搭建实践教学合作平台。

【关键词】 财经管理学院；专业见习；实践教学

自 2016 年 7 月四川文理学院整合资源新设立财经管理学院以来，财经管理学院党政领导快速进入角色，经充分调查研究，确立了“12345”规划，即围绕一个目标：培养“信、济、敏、能”四位一体的高素质应用型人才，着力塑造“诚信、济世、敏学、尚能”的特色财经文化。突出两个重点：一是构建三个课堂联动机制，落实以课堂教学为第一课堂，校园社团活动、以学科竞赛及文化活动为第二课堂，以走向社会顶岗实习实训等社会实践活动为第三课堂的整体联动；二是构建三类实践互促机制，落实课程实验、专业实训、综合实践三类实践活动互相促进。培育三大特色——留学生教育塑窗口、诚信文化基地建设跃层次、职业技能大赛创品牌。打造“四支团队”：着力培育和

* 基金项目：本文为四川文理学院 2017 年教改项目“新建本科院校应用型人才培养的实践教学路径探析——以财经管理学院为例”（项目编号：2017JZ16）的阶段性成果。

** 孟秋菊（1970—），女，四川邻水人，硕士，四川文理学院财经管理学院教授，研究方向：农村经济。

塑造双师型教学团队、创新型研究团队、服务型管理团队、协作型实践指导团队、强化五大保障：抓好党的建设，激发发展活力；加强制度建设，健全体制机制；落实岗位职责，增强执行能力；培育财经文化，强化思想引领；整合社会资源，拓展事业平台。经过5至10年拼搏，力争把财经管理学院建设成有一定影响力的财经管理类、综合性、高素质、应用型专业人才培养基地。

财经管理学院现有的人力资源管理、财务管理、物流管理、审计学四个本科专业以及会计、市场营销两个专科专业，都是贴近市场经济发展脉搏的应用型专业，其人才培养离不开有效的实践教学。尽管财经管理学院成立不久，但由于各专业办学时间较长、基础较好，管理团队思路清晰、经验丰富、兢兢业业，目前财经管理学院已建立起校内实践教学（课程实训和专业综合实训）和校外实践教学（社会实践、专业见习、顶岗实习、毕业实习）相互衔接、相互补充的实践教学体系；已实现实践教学规范化、常态化和有效化的实施与管理；已践行实践教学大众化和培优化的有机统一。为了使财经管理学院实践教学更深入、更有效地推进，我们需要不断总结经验、分析困境、寻求对策。本文拟重点分析财经管理学院专业见习的目的、经验、困境及建议。

一、财经管理学院专业见习的目的

专业见习是指学生在学习了一些专业课程后，为帮助学生增强专业感性认识和提高综合技能，有计划、有组织地实施的、时间相对较短的实际工作岗位体验。

专业见习是财经管理学院校外实践教学的重要组成部分。其主要目的在于：一是通过短期的工作岗位体验，使学生初步了解职业岗位，增强专业感性认识，培养理论联系实际、分析和解决问题的能力，初步提高专业技能。二是通过短期的工作岗位体验，使学生初步了解社会，感知社会，学会为人处世的基本方法。三是专业见习是毕业实习的前奏，而毕业实习是就业的前奏，因此，专业见习的有效开展，有助于提高学生学习专业知识的针对性和积极性，有助于提高学生毕业实习的目的性和有效性，有助于提高学生的就业技能和就业质量。

二、财经管理学院专业见习的主要经验

财经管理学院成立以来，针对学院所属的人力资源管理、财务管理、物流管理、审计学四个本科专业以及会计、市场营销两个专科专业都是贴近市场经济发展脉搏的应用型专业，其人才培养离不开有效实践教学的认识，财经管理学院高度重视实践育人工作，把专业见习作为实践教学的重要组成部分常抓不懈，专业见习工作取得了较好成效和宝贵经验。

（一）专业见习的规范化推进

专业见习是针对财经管理学院所有本专科在校期间都必须进行的一项实践教学，为了提高专业见习质量，财经管理学院首先从制度上进行了规范，以保障专业见习工作的规范化推进。

1. 成立了专业见习领导小组

专业见习领导小组也就是财经管理学院的实践教学领导小组。为了使专业见习有领导、有组织地进行，财经管理学院成立了由院长任组长，副院长任副组长，党总支书记、副书记、教研室主任及指导教师等为组员的实践教学领导小组，指导专业见习工作。专业见习工作具体由分管实践教学的副院长负责全面实施，各教研室主任负责本教研室各专业的专业见习的具体组织实施工作。

2. 制定了《财经管理学院专业见习实施细则》

该细则对专业见习的目的与要求、专业见习的组织领导与管理、专业见习的地点选择、专业见习计划的制定、专业见习前的准备工作、专业见习的形式、专业见习指导教师的职责、专业见习学生的要求、专业见习的成绩考核、专业见习的总结等方面作了指导性、规范性、具体性的规定，使专业见习的各个环节都可以规范地、可操控的进行。

3. 制定了专业见习计划

为了使专业见习有计划地进行，财经管理学院编制了专业见习计划。首先，将专业见习计划纳入人才培养方案。人才培养方案从学分、周数、学期等方面对专业见习进行了总体设计，财经管理学院专业见习是 3 个学分，一般安排在第 3～6 学期，上课期间专业见习 1 次，见习时间为 1～2 周，暑期间专业见习 1 次，见习时间为 1 个月左右。其次，根据人才培养方案中的见习计划编制各专业具体的专业见习计划。根据学校教务处实践教学科的总体要求，财经管理学院每年 6 月就要对本学院下学年的实践教学编制计划，而且会单独编制专业见习计划。专业见习计划将从见习时间、见习地点、见习形式、见习人数、见习目的、见习要求、见习内容、见习分组、指导老师等方面对财经管理学院下年度的专业见习进行具体规划。编制好的专业见习计划会分别交教务处和学院存档。

4. 拟定了专业见习实施方案和专业见习成绩考核册（含总结表和鉴定表）

为了使专业见习学生、指导老师、见习单位清楚每次专业见习的具体要求和安排，财经管理学院根据学校的要求，拟定了专业见习实施方案和专业见习成绩考核册。专业见习实施方案对专业见习的具体时间、地点、内容、要求、考核等方面做出较详细的规定。专业见习成绩考核册要求学生认真总结专业见习的收获与不足，要求指导老师（含校内指导老师和校外指导老师）对学生专业见习情况进行鉴定和成绩评判。

（二）专业见习的常态化推进

为了使专业见习规划落地，财经管理学院常态化地推进了专业见习的落实工作。

1. 积极建立一批较稳定的专业见习基地

为了保障财经管理学院专业见习的规划落地，财经管理学院的主要负责人动用了各种力量，联系见习单位，与见习单位进行反复协商，积极建立了一批较稳定的专业见习基地，主要有：达州瑞丰人力资源有限公司、万科（四川）物业服务公司、成都市嘉善商务服务管理有限公司、达州市地税局、成都金典蓝图科技有限公司、达州市工商银行、达州市人民银行、达州市农业银行等。

2. 严格落实专业见习计划

为了使每位学生都能通过专业见习获得锻炼，达到专业见习目的，财经管理学院的专业见习不撂下任何一个学生，尽最大努力联系见习单位，严格落实了每位学生第3～6学期分专业、分批次到专业对口的单位进行为期1～2周的课间专业见习和为期1个月左右的暑期专业见习。

3. 精心组织每次专业见习活动尤其是课间专业见习活动

首先，联系并落实见习单位，与见习单位和学校洽谈好见习计划、内容、安排、要求等各个细节。其次，对学生和指导老师作专业见习动员，讲清专业见习的各项规定和计划，及本次专业见习的时间、地点、安排、要求及注意事项等。再次，由带队领导（学院的、学校的）、指导老师带领本次专业见习学生前往见习单位，参加专业见习仪式，仪式结束后就开始进行为期1～2周的专业见习。最后，专业见习结束后，带队领导（学院的、学校的）、指导老师以及本次专业见习学生与见习单位进行专业见习总结。

4. 认真做好每次专业见习的评定与归档工作

每次专业见习结束后，要求见习学生在一周内提交见习成绩考核册（含见习总结表和见习鉴定表），以专业为单位交给指导老师评阅，然后由指导老师上传成绩至教务处网页，并打印成绩单。最后，指导老师将见习成绩考核册（含见习总结表和见习鉴定表）、见习成绩单、见习总结等资料以班为单位交财经管理学院完善相关记录后由各教研室存档。

（三）专业见习的有效化推进

为了充分发挥专业见习对应用型人才培养的作用，达到专业见习提高学生专业技能、社会技能和就业技能的目的，财经管理学院加强了对专业见习的总结提高工作。每次专业见习结束后，财经管理学院会适时邀请见习单位相关人员、学校相关职能部门人员、学院相关人员与见习指导老师、见习学生共聚一堂，及时总结每次专业见习的收获与不足，以使专业见习能更有效地推进。

以2017年10～12月达州市地税局专业见习为例。

2017年10～12月财经管理学院组织安排了2016级人力资源管理专业、财务管理专业、审计学专业共180名学生，分9批次到达州市地税局进行了为期2个多月的专业见习。从最初联络到最后的总结，地税局和我们学校、学院的很多领导、老师和学生都积极参与其中，从而保证了这次专业见习顺利地开始、圆满地结束，达到了专业见习的预期目的。此次专业见习，我们收获很多，主要有以下一些。

一是收获了友谊。从学院层面看，这次专业见习，拉近了我校、我院与地税局的距离，使我校、我院与地税局成为合作单位、友好单位；也使我们认识了以杜勤局长、王晓梅总经济师为首的一大批地税人，收获了人脉资源。从学生层面看，这次专业见习，学生收获了师生情、同学情。一方面，通过此次专业见习，学生们得到了地税局和学院双重指导老师的指导，收获了师生情；另一方面，此次专业见习拉近我院各专业学生之间的距离。因为每批次专业见习学生都涉及人力资源管理专业、财务管理专业、审计学三个专业，每批次专业见习学生构成一个小团队，大家相互认识、相互交流、互帮互助，共同进步，收获了同学情。

二是收获了技能。每批次专业见习学生通过一周地税局具体岗位的体验，得到了各具体岗位上老师的点拨指导，学到了学校课堂上难以学到的知识和技能。

三是收获了成长。社会是个大课堂，通过此次专业见习，一是使我们学生初步了解了社会，感知了社会，学会了一些为人处世的基本方法；二是使我们学生认识到了自身的不足，从而能积极主动地去弥补；三是使我们学生认识到了相互学习、相互包容、相互帮助、分工协作、注重细节等的重要性，从而能更快地成长、成熟起来，以更加自信、更加稳重的心态走向社会。

总之，此次专业见习，对我们学生来说，不仅是一次重要的专业实践，还是一次重要的人生经历，更是人生中的一笔宝贵财富。

三、财经管理学院专业见习面临的主要困境

专业见习工作的顺利开展需要学校相关领导、见习单位相关领导以及财经管理学院领导、老师和学生的积极努力和配合。但在具体开展见习工作过程中，常常会遇到诸多困境，制约着专业见习工作的顺利、深入开展。

（一）认识错位困境

目前，从学校层面看，“应用型”的定位总体上还处于认识和谋划阶段，落地阶段的有效举措乏力。在教学管理过程中存在重视课堂教学管理，轻视实践教学管理；重视校内教学管理，轻视校外教学管理。如，学校对课堂教学管理很规范，有严格的制度保障体系、质量监督体系和考核程序，而对校外进行的实践教学如专业见习、毕业实习等的管理却不规范，缺乏制度保障体系、质量监督体系和考核程序。从学院层面看，一些老师认为开展专业见习太麻烦、不好做，且价值体现不明显，因而无心组织专业见习，不愿专业见习、不能专业见习的现象较普遍。而一些学生认识不到专业见习的重要性，不愿走出校门、走入社会、走进见习单位；也有一部分学生迫于学分的需要，消极应付专业见习，在见习单位不积极、不主动地融入和学习，要么对见习工作挑三拣四，要么当一天和尚撞一天钟。从见习单位层面来看，很多单位认为大学生的专业见习时间太短，对单位没有什么积极意义，担心见习学生的到来会扰乱正常办公秩序，甚至担心学生会泄露单位机密，因此不愿接纳学生进行专业见习。以上学校、二级学院、见习单位关于专业见习的认识是当前的真实写照，这些认识极大困扰着专业见习工作的顺利进行。

（二）资金短缺困境

财经管理学院的财务管理专业、审计学专业、会计学专业、人力资源管理专业等由于技能要求较高，没有经过较长的岗前专业培训是难以上岗的，因此很多单位不愿接纳专业见习学生，专业见习工作相当难做。尤其是老挝留学生还面临着语音交流障碍、专业基础薄弱、政策环境的国别差异等因素，使得专业见习工作难上加难。虽然很困难，但为了提高人才培养质量，财经管理学院仍然非常努力地在做好专业见习这项工作。要做好专业见习工作，就必须本着合作共赢的理念，加大经费投入力度。但目前学校对于专业见习的经费投入是按学生人均 50 元划拨的，对于专业见习 1～2 周的见习学生来说，见习经费本身就很少，难以引起见习单位的兴趣；而就是这人均 50 元的专业见习

经费，由于报账严苛，即使开展了专业见习工作，也是很难用上的。财经管理学院目前也就面临着尽管开展了诸多专业见习工作，但人均 50 元的专业见习经费却很难用上的困境。这严重制约着专业见习工作的顺利进行。没有经费的支持和支撑，见习单位缺乏长期合作的动力，使专业见习工作缺乏长期合作的基础，更谈不上深度合作，就会出现联系见习单位不容易、见习效果不佳等问题。

（三）实践教学工作量计算欠公平的困境

2017 年以前，财经管理学院对实践教学的指导老师根据工作量的多少进行了适当劳务报酬分配，尽管劳务报酬不多，但公平合理，所以大多数老师都能尽心尽职地履行自己的责任。但从 2017 年后，学校实行了绩效工资改革。根据四川文理学院《绩效工资实施办法》，指导实践教学工作量的统计依据是：（1）指导实训、见习、实习当量学时标准：实践学分×17×专业人数系数×0.5；（2）指导实训、见习、实习仅限学校安排的集中实训、见习、实习；（3）按学院分专业统一计算，学时人数系数：小于等于 20 人为 1.0，21～40 人为 1.1，大于 40 人为 1.2。对于第三点“按专业统计”的依据，财经管理学院在操作过程中发现严重有失公平。因为财经管理学院各专业尤其是财务管理专业，每届学生人数很多，都要分成几个班。在开展实践教学（包括专业实训、专业见习、社会实践、毕业实习等）时，我院都要付出大量心血联系实践单位、组织动员学生、安排指导老师、实施过程管理、审阅实践报告、填写实践鉴定表、考核上传成绩、总结归档等一系列工作，有很多指导老师参与其中，但学校只按专业统计实践教学指导工作量，而且只有三个档次，以第三档次为例，专业人数为 41 人与专业人数为几百人的工作量完全一样，这显然不公平。尽管我们学院已向学校报告了关于实践教学指导工作量计算中“按专业统计”存在的问题及建议，但学校并未采纳。因此，实践教学指导工作量计算中“按专业统计”的办法将大大影响专业学生人数多的二级学院开展实践教学的积极性和主动性。

（四）平台匮乏的困境

财经管理学院实践教学平台匮乏的困境主要表现为财经管理学院与社会各部门合作的平台匮乏。财经管理学院的各专业都是应用型专业，专业多、学生规模大，需要联系许多企事业单位才能满足财经管理学院学生专业见习的需要。目前，虽然财经管理学院凭少数人的私人关系积极努力联系实践教学基地已有十多家，但由于多种原因导致利用效率不高，使得财经管理学院凭私人关系办公家事的情况难以持续，财经管理学院的实践教学工作面临着既艰难困苦，又难玉汝于成的困境，这与国家实践育人的要求、学生实践成才的愿望、教师实践提升的需求还有很大差距。

四、破解财经管理学院专业见习困境的建议

（一）提高专业见习的认识水平

学校层面上，要强化学校领导及相关职能部门对实践教学尤其是专业见习重要性的认识。要更新教育思想，转变教育观念，彻底改变传统教育模式下实践教学处于从属地

位的状况，将理论教学与实践教学有机融合。要提高开门办学的认识水平，整合社会资源，合作共赢。教学是学校的中心工作，大范围上区分为理论教学和实践教学，实现二者的融合统一是建设教学质量工程的关键。为此，我们要克服教学中理论为主实践为辅、理论在深层、实践在表层的错误认识，重视应用型专业的实践性，要达成在理论教学中融合实践、在实践教学中深化理论的共识，以此促成思想上重视、政策上兼顾、行动上支持、作为上激励的工作风气。

学院层面上，要强化师生对专业见习重要性的认识。专业见习是财经管理学院校外实践教学的重要组成部分，专业见习可以使学生通过短期的工作岗位体验，初步了解职业岗位，增强专业感性认识，培养理论联系实际、分析和解决问题的能力，初步提高专业技能；也可使学生通过短期的工作岗位体验，初步了解社会，感知社会，学会为人处世的基本方法。专业见习是毕业实习的前奏，而毕业实习是就业的前奏，因此，专业见习的有效开展，有助于提高学生学习专业知识的针对性和积极性，有助于提高学生毕业实习的目的性和有效性，有助于提高学生的就业技能和就业数量和质量。

（二）加大专业见习经费投入力度和利用力度，调动见习单位合作积极性

为了培养“信、济、敏、能”应用型、职业型、复合型人才，目前财经管理学院建立了校内实践教学（课程实训和专业综合实训）和校外实践教学（社会实践、专业见习、顶岗实习、毕业实习）相互衔接、相互补充的实践教学体系；实现了实践教学规范化、常态化的实施与管理；践行了实践教学大众化和培优化的有机统一。专业见习是财经管理学院实践教学体系的重要组成部分，学院高度重视，专业见习工作在艰难中有序推进。但由于专业见习经费匮乏，专业见习工作纵深发展困难重重。因此，学校必须加大专业见习经费投入力度和利用力度，调动见习单位合作积极性。建议学校采取以下措施：一是召开实践教学负责人会议，在广听民意的基础上，及时制定切实可行的实践教学方面的规章制度，尤其是实践教学经费投入方面的规章制度，以制度规范实践教学工作。二是加大专业见习经费投入力度和利用力度，调动见习单位合作积极性，使见习工作能与社会相关部门建立较长期、较稳定的合作关系，实现互利互惠，合作共赢。三是根据各专业的实际情况，灵活调剂使用专业见习和毕业实习经费。由于各专业的技术含量不同，联系见习单位的难易程度就不同，见习经费投入大小就不同。一般来说，技术要求越高的专业，联系见习单位就越困难，见习经费投入就应该越大。而应用性专业的毕业实习是无须经费投入的，毕业实习生还可以领取一定的工资薪酬。因此，学校可以考虑将一定的毕业实习经费调剂为专业见习经费，以缓解见习经费匮乏的困境。

（三）公平计算实践教学工作量，调动二级学院开展实践教学的积极性

二级学院是开展实践教学的具体单位，二级学院开展实践教学的积极性直接关系到应用型人才培养目标的落实。而且各二级学院院情不同，专业情况不同，开展实践教学的难易程度不同，对实践教学的需求强度也不同，这就决定了学校在制定相关规则或文件前，必须充分了解各二级学院的情况，在充分调研、讨论的基础上进行，只有这样，学校制定的相关规则或文件才具有科学性和可行性。否则，学校制定的相关规则或文件就会缺乏科学性和可行性，如果强制执行的话，定会伤害二级学院实践教学的积极性。

针对目前学校在计算实践教学指导工作量“按专业统计”存在的明显不公平，从而制约了二级学院开展实践教学积极性和主动性的困境，建议学校把“按专业统计”改成“按班统计”实践教学指导工作量，以更好地体现按劳分配原则。

（四）积极协调各种关系，搭建实践教学合作平台

实践教学的有效开展离不开社会各方面的合作与支持，因此，搭建学校与社会各方面的合作平台就显得非常重要。在搭建这些平台的过程中，二级学院会做更多细致的工作，但学校作为一级法人单位比二级学院具有更多不可替代的优势，因此，学校应积极协调各种关系，搭建实践教学合作平台和联系平台。一是学校尤其是主管实践教学的部门要动用学校资源优势，积极协调与社会相关部门的关系，搭建学校相关专业与社会相关部门的合作平台。二是学校或主管实践教学的部门应加强与其他高校的联系，搭建学校与兄弟院校联系的平台，学习兄弟院校先进的实践教学经验。

【参考文献】

[1] 孟秋菊.新建本科院校应用型专业实践教学的困境与建议——以四川文理学院管理系为例［J］.社科纵横，2012（9）.

[2] 全胜跃，等.财经类高职院校实践教学体系的实践思考［J］.当代教育实践与教学研究，2015（12）.

[3] 郝尉君.基于校企合作视角的高职财经类专业实践教学体系探讨［J］.现代经济信息，2016（8）.

“新工科”理念下地方应用型本科高校机械工程专业人才培养模式探讨*

曾　强　郝加波　肖辉进**

【摘　要】 本文分析了地方应用型本科高校机械工程专业传统教学模式与“新工科”工程教育模式之间的差异，以社会需求为导向，对人才培养模式提出新的要求，并结合“新工科”理念及高等学校机械工程专业本科指导性专业规范，在传统教学方式的改革、课程的设置、师资建设、实习基地的建设等方面提出了几点建议。最后得出了工程科技人才的培养需要学校、政府和企业全面合作，通过丰富教育资源、优化教育环节、完善教育环境，切实提高高等工程教育的质量和水平，为将来的缺口专业输送更高质量的“新工科”人才。

【关键词】 新工科；应用型大学；机械工程专业；培养模式

一、引言

随着工业 4.0 和中国制造 2025 的深入推进，我国的经济发展步入一个新的腾飞阶段，高等教育进入了一个新的改革进程[1]。2017 年年初，教育部在复旦大学召开了综合性高校工程教育发展战略研讨会，达成了“新工科建设复旦共识”，并且发布了《教育部高等教育司关于开展新工科研究与实践的通知》（下文简称《通知》），《通知》里要求各高校进行新工科的各项实践活动，要深化工程教育改革，然后推进新工科的建设和发展，标志着我国的工程教育翻开了新工科建设的新篇章。

四川文理学院智能制造学院的机械工程专业，既是四川省卓越工程师计划项目专业，又是四川省首批地方普通本科高校应用型示范专业，所以本专业也应顺应潮流，对该专业的人才培养模式提出新的要求。

---

* 基金项目：四川文理学院校级教育教学研究与改革项目“地方高校机械类专业基于‘新工科’理念的人才培养模式研究”（项目编号：2017JY24）。

** 曾强，男，讲师，研究方向：数控加工技术、金属热处理。

郝加波，男，教授，研究方向：力学。

肖辉进，男，副教授，研究方向：机械设计及制造。

一、认识“新工科”

什么是新工科？即新理念、新结构、新模式、新质量、新体系——《通知》里所说的“新工科”内容的“五新”。具体内容有：

（1）工程教育的新理念：结合工程教育发展的历史与现实、国内外工程教育改革的经验和教训，分析研究新工科的内涵、特征、规律和发展趋势等，提出工程教育改革创新的理念和思路。

（2）学科专业的新结构：面向新经济发展需要、面向未来、面向世界，开展新兴工科专业的研究与探索，对传统工科专业进行更新升级等。

（3）人才培养的新模式：在总结卓越工程师教育培养计划、CDIO 等工程教育人才培养模式改革经验的基础上，开展深化产教融合、校企合作的体制机制和人才培养模式改革研究和实践。

（4）教育教学的新质量：在完善中国特色、国际实质等效的工程教育专业认证制度的基础上，研究制订新兴工科专业教学质量标准，开展多维度的教育教学质量评价等。

（5）分类发展的新体系：分析研究高校分类发展、工程人才分类培养的体系结构，提出推进工程教育办出特色和水平的宏观政策、组织体系和运行机制等。

所谓新工科，即新兴产业学科，是指针对新兴产业而凸显学科交叉性和综合性的宽口径专业，比如人工智能、机器人、智能制造、智慧城市、云计算等，也可以是传统工科专业应对新科技的革新[2]。机械类专业作为机械、信息、材料、控制相交叉，传统与现代相结合的专业，理所当然地成了新工科专业建设改革的排头兵。

二、机械工程专业的现状

机械工程是一门研究机械制造理论、制造技术、自动化制造系统和先进制造模式的研究性学科。该专业培养具有机械制造和现代制造业中从事设计、制造、生产管理和计量器具管理与维护工作的高等技能应用型人才。所以该专业开设的课程大致包括：机械设计、机械原理、机械制造基础、机械工程材料、公差配合与技术测量、理论力学、材料力学、CAD/CAM 技术、Pro-Engineer、solidworks 等。而该专业学生就业的主要岗位是在现代制造业中从事产品设计、制造、检测检验和计量器具管理与维护工作，也可从事企业管理、培训、认证和设备的研制、开发与生产销售等工作。

据统计，该专业的学生机遇发展机遇非常好，不管是在北京、上海等大城市，还是在达州等小城市，各个行业都需要机械类专业的人才，可是，当前本专业学生的培养模式使学生毕业后难以适应社会，这主要表现为理论知识不够，对企业的各项业务不熟悉，动手实践能力较差。“招来的学生，很多实际业务能力不理想，很难直接上手使用。有的时候甚至不得不采取这样的形式，提前半年让学生来实习，熟悉企业业务，毕业了再正式招进来。”某工业企业的人力资源部主要负责人说：“最重要的是，企业规定，新进两年的大学生要下厂锻炼，很多人听到这个，就不来了。”

三、“新工科”理念下的机械工程专业人才培养模式

机械工程是工学中机械大类的一员，该专业是以机械结构的设计、加工、制造为基础，融入自动控制技术、信息技术、计算机科学技术的交叉学科。该专业的学生，要具备机械设计制造基础知识与应用能力，能在工业生产第一线从事机械制造领域内的设计制造、科技开发、应用研究、运行管理和经营销售等方面工作。而本专业学生业务培养要求是主要学习机械设计与制造的基础理论，学习微电子技术、计算机技术和信息处理技术的基本知识，受到现代机械工程师的基本训练，具有进行机械产品设计、制造及设备控制、生产组织管理的基本能力。

在“新工科”理念下，社会对机械工程专业提出了新的要求：随着微电子技术、信息技术、计算机技术、材料技术和新能源技术等高新技术与机械设计制造技术的相互交叉、渗透、融合，带来了机械设计制造及其自动化技术的深刻改革。当代先进的设计制造技术，致力于运用先进设计制造技术的理论与方法，解决现代工程领域中的复杂技术问题，以实现产品智能化的设计与制造。

基于这样的理念要求，笔者对本专业的学生培养模式建议按以下方法进行改革：

（一）以社会需求为导向推进人才培养模式改革

将科学研究和新工科人才培养深度融合，健全寓教于研的“人才、学科、科研”三位一体工程创新人才培养以及学科交叉人才培养模式改革，根据现代社会企业需要的机械工程专业人才要求对学生进行培养。

根据教育部、工业和信息化部、人力资源和社会保障部印发的《制造业人才发展规划指南》，我国制造业人才面临着较大缺口。由此可见，新工科人才非常紧缺，在不久的将来，新工科人才将成为“香饽饽”。而“新工科”理念又对相关人才提出了新要求：学科间的相互交叉、渗透、融合。所以，在本专业人才培养的模式上，要考虑开设的课程是否适应社会的需求，所学的知识是否能更好地应用于以后所从事的工作。更重要的是，课堂上所学的理论和实践能否更好更快地解决工作中遇到的难题。这些都是在进行人才培养模式的制定中必须考虑的因素，否则培养的学生毕业后到社会上就变成了“不及格”人才。

（二）深入产教结合，加强校企合作

产教结合是指学校或二级学院组织的与专业教学相关的技术服务、生产和科研协作等。这是在培养职业人才时常用的培养方法与模式。但学校应根据不同的专业和不同的实际情况，在具体的“产教结合、校企合作”时更好地根据“新工科”理念提出的要求，探索更合适的人才培养模式，以对接社会各行业的需求；不断建设应用学科与优化专业结构、课程体系，以培养高素质应用型技术技能型和应用研究与开发方面的人才。

根据本专业学生动手实践能力较差的特点，在进行高度的“产教结合、校企合作”中，学校通过引进重庆宗申集团、四川宜宾普什集团等知名企业的优越资源，利用其工程师资、实训设备，用创新理念共同培养本专业人才，并实行“3+1”办学模式，即学校学习 3 年，在企业培养 1 年，让我们的学生可以做到“毕业 = 就业”，成为高薪的

“新工科”卓越人才。

四、结束语

新工科本身还是个新事物，并没有现成的经验和成熟的做法，只是一个理念，还需要不断探索和完善，并在探索和研究的过程中，逐渐找准自己的路，为地方应用型本科高校机械类专业找到更合适本院校的人才培养模式。

【参考文献】

[1] 周崇松，刘卉，何笃贵，等.新工科背景下《计算机在专业中的应用》课程教学改革实践［J］.山东化工，2017（16）：180－187.

[2] 陶铭，曲超，洪小宇．“新工科”背景下物联网工程专业人才培养方案探索［J］.现代计算机，2017，（21）：39－43.

[3] 胡春艳．“新工科”为大跨界时代培养创新科技人才［J］.中国青年报，2017（05）.

[4] 阚凤云.新工科：一场工程教育新革命？［J］中国科学报，2017（03）.

校企合作与广播电视编导专业能力培养的提升探究*

安前进　兰景婷**

【摘　要】 当代广播影视行业的发展对人才提出了更高的要求，但产业、行业人才需求和高校的广播电视编导人才培养之间存在不小的差距，如何提高广播电视编导专业学生的能力，适应产业行业发展需求，成为摆在人才培养面前的难题。本文认为，校企合作、产教融合、协同育人为广播影视行业和高校之间搭建了一个桥梁，可据以实现高素质应用型人才培养的共同目标。

【关键词】 校企合作；广播电视编导；能力培养

广播电视编导专业作为一个典型的应用型专业，对学生的实践能力及创新能力有着非常高的要求，为了适应当前经济发展的新常态以及人才供给与需求关系的深刻变化，很多学校都在努力采取措施，积极改变人才培养同质化，毕业生就业难和就业质量较低的状况。2015 年 10 月 21 日，教育部、国家发展改革委、财政部联合下发了《关于引导部分地方普通本科高校向应用型转变的指导意见》（教发［2015］7 号），各高校都开始了人才与市场对接的新尝试。应用型人才的核心是能力的培养，广播电视编导专业的核心能力可以概括为实践动手能力和持续创新能力，而校企（地）合作、协同育人成为一条具有巨大潜力的发展道路。

一、应用型转型对高校教学的要求

（一）广播电视编导专业教学对培养学生能力的目标

当下各高校专业的应用型转型，要求学校在专业建设时必须主动对接产业（行业），深度融入产业链，有效服务区域影视传媒产业结构优化升级，有效服务区域经济社会发

* 项目名称：校企协同育人机制构建与广播电视编导专业应用型人才培养研究（项目编号：2016GJ001Y，02020050210179）。

** 安前进（1982—），男，河南周口人，硕士，四川文理学院讲师，研究方向：广播影视、影视节目制作。
兰景婷（1982—），女，四川达州人，硕士，四川文理学院讲师，研究方向：电影学、艺术学。

展。同时，这一转型要求，也迫使学校在课程体系建设、课程设置、实践教学设置、师资队伍建设等方面，都以市场需求为导向，分阶段、有层次的培养学生的专业实践能力，以培养出能够适应经济发展需要，符合用人单位需求的应用型、复合型人才，即具有较高的职业技能与职业素养、较强的学习能力、就业能力、转岗能力和创新创业能力，能够在未来的行业中具有较强的竞争力的大学毕业生。对于广播电视编导专业学生来讲，就是要具有创、采、编、播、营的综合能力。既要具备较强的创作能力和写作水平，能够承担项目的文案策划和写作、剧本的创作、脚本的写作等工作；又要具备素材的采集和管理能力，能够熟练使用摄像机、单反相机等素材采集工具，具有较强的拍摄能力和拍摄技巧，并具有对素材进行科学的分类、管理的能力；既要具备后期编辑制作的能力，熟练掌握非线性编辑软件、图像处理软件、特效制作软件等，承担广播、影视节目的制作工作；又要具备新媒体及影视相关工作的运营能力，能够熟练掌握新媒体运营的基本技能、传播、营销的基本理论和方法，可以承担新媒体运营、影视节目发行等工作。因此，从这个意义上看，广播电视编导专业对学生能力的培养目标是非常高的。

（二）学校在能力培养中存在的缺陷及其原因

广播电视编导专业本身是一个应用型专业，在应用型转型建设过程中，更加注重学生实践创新能力的培养，在课程设置、实践教学环节的设置、师资队伍的建设上都做了相应的调整。如，课程设置上，把知识结构模块化，加强课程之间的联动，使能力培养从基础到综合得以延伸，实践教学环节从认知见习到专业见习再到具有综合实践能力锻炼的各级赛事，循序渐进，渐进式培养能力。同时，不断加强双师双能型师资队伍的建设，通过走出去、请进来的方法提升实践教学能力。

应用型专业对于学生来讲，一方面，就是学校要通过专业给学生的成才提供可能，强化实践教学环节，提升专业技能，使其具备一定的就业竞争力；另一方面，本科教育的基础性也决定了其教学内容具有一定的普适性，不能完全做到针对每一个学生的兴趣和能力水平来安排教学，因此在能力培养上存在一定短板。

知识结构模块化的优势在于课程之间关联性更强，但学校在实际教学过程中仍是以每门课程为中心，知识结构相对松散，而实践教学环节又受到实践教学经费、带队教师及公共课冲突等问题的制约，开展效果还有待提高。师资队伍层面上，专业教师多为科班出身，理论水平较高但实践能力不强，尤其是行业从业经历几乎为零，对学生实践创作的参与和指导力度不够，制约学生实践创作能力的提升，这对学生综合实践能力的培养极为不利。总的来讲，由于学校教育中存在的各种制约因素，导致在学生能力的培养上存在着宽度有余而力度不足的状况。

二、企业产教融合中对学生工作能力的要求

（一）行业、企业对学生能力的要求

行业、企业作为用人单位，对人才需求的第一要务就是能胜任所安排的工作岗位，即要具备岗位所需的基本职业技能与职业素养，如具备岗位所需的写作能力、表达能力、沟通能力、综合思维能力、实践操作能力等。广播电视编导专业主要面对广播电视

新闻机构、影视传媒及企事业单位宣传部门，培养从事广播电视节目策划、创作、编辑、制作、撰稿、音响设计以及宣传、管理等工作的社会人才。

行业企业要的是能顶得上、用得了的专业技术人才，所以更看重实际工作能力，而这个能力就是要员工能够承担广播影视节目制作项目中各个环节的相关工作，并且要具有相应的任务执行能力、任务管理能力、应急管理能力和工作/角色环境能力。这就要求高校毕业生能够快速适应工作环境及工作角色的变化，利用学校养成的学习能力，快速补充知识，提高技能，适应岗位需求。

（二）行业、企业在人才培养中的优势及不足

通过长期的工作，行业或企业培养了一大批专业技术能力强，专业素质过硬的技术能手和业务骨干。他们阅历丰富、技术纯熟，在各工作岗位上有着丰富的项目操作及管理经验，尤其是在一些突发事件中有着极强的应变能力，这些都是刚从学校毕业的学生们所不具备的。无论是在传统的广播电视系统，还是其他企事业单位，都形成了一套行之有效的人才培养模式，即师徒传帮带，通过师傅手把手地教授来提高入职新人的专业技能和专业素养，通过具体的实践操作，反复练习，从中寻找不足，加以改进，以此来不断提高新人的岗位技能。

行业企业能够通过技能传授和自身丰富的项目实践来培养自己所需的人才，但是，这种传帮带的人才培养模式受到师傅的性格、学生的特点及项目的复杂程度等因素的制约，培养周期不固定，缺乏相应的系统性，培养效果也不确定，甚至可能会影响产品的制作质量或项目的顺利进行。行业企业更需要的是毕业之后能够直接胜任岗位，甚至有相关项目经验的专业人才，而不是需要通过长时间的培训之后才能使用的新手。

三、学生对自身能力的要求

（一）学生对专业能力的期望

根据马斯洛的人类需求理论，每个人都有实现自我价值的需求。那么，每一个大学生也都渴望毕业之后能够通过所学专业知识和技能来实现自己的梦想，打拼出一片属于自己的天地。广播电视编导的学生希望在学校学习的专业知识和专业技能能够被未来的用人单位认可，能够与社会的发展相适应，在毕业后的就业竞争中获胜，并获得与自己能力相对应的报酬。因此，学校开设的每门课程所对应的相关能力就成了学生们期望获得的能力，这包括写作能力、表达能力、策划和制作能力、拍摄能力、影视后期能力等。同时，学生也期望能在在校期间通过参与相关实践，积累项目经历和工作经验，缩短用人单位要求的差距，在岗位竞争中占据优势地位。

（二）各现实因素对学生能力提升的制约

第一，部分学生学习态度浮躁、好高骛远，重技术轻理论。受整个社会浮躁风气的影响，部分学生较易产生浮躁的学习态度，上课时对知识点的掌握往往一知半解，甚至经常有迟到、旷课等违纪现象，不能很好地达到知识模块所要求的能力培养目标。学生在学习过程中，由于理论教学和实践教学在性质上的差别，导致很多学生只重视能看到

实际效果的实践课程和实践技能而忽视具有重要意义的理论课程。在作品创作过程中，由于缺少理论积累，因此，目标理想高远而现实却眼高手低，完成的作品质量不高，缺乏内涵。忽视理论课的另一隐患就是再学习能力缺少后劲，对未来的转岗能力和岗位适应不利。

第二，缺少实践项目经历。一方面，实践能力的提高绝非简单的实践课就能完成，必须通过大量的实际操作和具体的实践项目才能提高。项目可能是一个课程作业，也可以是一次赛事活动。通过这些可以提高学生的策划、拍摄、制作能力，但遗憾地是，学校无法提供规范化的、流程化的具有生产性质的实践项目。另一方面，学生由于身份的限制，也很少能参与到相关的生产性实践项目当中，因此，在综合实践能力的提升上存在很大的制约。

四、校企协同培养高素质应用型人才

（一）发挥行业企业资源优势

行业企业在应用型人才培养方面具有得天独厚的优势，一方面，企业有较强的人才优势。每家公司，每个单位，都有一大批战斗在生产一线具有丰富从业经验的专业技术队伍，他们技术精湛，工作经验丰富，分析问题、解决问题的能力非常强，同时又有着丰富的项目实施和项目管理经验。另一方面，行业企业掌握着丰富的项目资源。广播影视行业、产业已经形成了较完善的流程化生产机制，行业企业有着较多的合作伙伴和生产项目，这些项目资源又都是真真切切的生产项目，具有极强的实战性，可以为学生提供更丰富的参与空间。他们可以根据学生的学习兴趣和专业特点，将其安排在各个生产岗位。学生的积极参与，再加上企业专业老师的指导，生产、教学紧密融合，将极大地扩展他们的专业视野，改变他们对广播影视产品产生过程的认识，同时，也将使他们的综合实践能力得到极大提升。

（二）发挥企业生产项目优势

生产性质的项目，其最大的特点就是流程化、规范化和团队协作，所有环节都是按流程一步一步实施，从项目立项到策划、拍摄、素材整理、制作、发行，每一个环节都具有自己的规范，流程化、规范化是项目质量的保证。参与此类项目，可以帮助学生树立流程意识和规范意识，提高工作效率、提高产品质量，也可以树立团队分工合作的工作理念。学生通过积累项目生产经验，将来可以更好更快地和用人单位需求进行对接，融入未来工作岗位，适应项目生产特点，少走弯路。

同时，在项目生产过程中，行业企业往往会采用更富有实践性和趣味性的教学模式，更适合现代学生的特点，它比学校课堂教学的传统教学法更具有灵活性和吸引力，也更容易调动广大学生的学习积极性，有助于学生在项目生产过程中不断提升自己的项目实施能力、项目管理能力、分析和解决问题的能力、团队协作能力等。

（三）校企优势互补，共同培养高素质应用型人才

学校和行业企业从本质上来说是一种人才的供需关系。人才培养的核心是能力，而

广播电视编导专业人才培养就是奠定并提高学生的专业实践能力和思维创新能力。学校和企业在人才培养的目标上是一致的，但是又各自存在着相应的短板。校企合作，产教融合，协同育人，为双方人才培养打开了一个新的大门，学校发挥其系统性地对学生进行知识、能力、素质培养的功能，通过理论教学和实践教学，培养出理论知识扎实，具有一定专业技能和专业素养的基础性应用人才。而企业可以充分利用自身的人才资源和项目资源，进一步提升学生的专业实践技能和专业素养，通过生产项目的实际参与，提高学生的岗位工作能力，同时也为企业的用人选择提供了更大的选择性，降低企业人才培养的成本。

校企合作，产教融合，协同育人，共同培养高素质广播电视编导应用型人才是实现人才培养的双赢，也是对未来广播影视产业和行业人才积累的探索，更是广播影视产业繁荣的重要保证。

【参考文献】

[1] 罗国生.校企合作：技能人才培养新模式探索与实践 [J]. 职业教育研究，2010（2）：11-12.
[2] 丁新民. 校企合作探索知识型高技能人才培养的新途径 [J]. 继续教育，2008（11）：90-93.

基于“工作过程”播音与主持艺术专业人才培养模式优化思考*

刘长宇 李彦翰**

【摘 要】 高校“应用转型”的关键在于人才培养模式的制定，落脚点在课程改革。在广播电视媒体高度发展的今天，广播电视行业的从业人员工作具有相当精细、完整和固定的过程，播音与主持艺术专业作为传媒艺术学科的一类，肩负着培养传媒人才的重任。传媒工作者职业要求不断更新，促使播音与主持艺术专业的人才培养模式需要进行调整。本文基于工作过程系统化原理，明确播音与主持艺术专业人才培养的职业特点，以职业要求为导向，制定“专业分流”方向，以工作过程推导教学过程，整合专业课程，从而真正做到播音与主持艺术专业人才培养模式的优化。

【关键词】 应用转型；人才培养模式；工作过程；专业分流；课程改革

根据四川省教育厅《关于举办四川省第八届大学生艺术节的通知》(川教函［2016］480号)，为进一步繁荣校园文化艺术，全面推进高校美育工作，四川省教育厅将在2017年5月左右举办第八届大学生艺术节，本次艺术节参赛类型除了传统的戏剧表演、微电影组之外，还特别增设了朗诵组。增设这样一个组别，可以说为播音与主持艺术专业等传媒艺术类的大学生提供了一个展示和实训的平台，以检验课堂教学的效果，延伸了课堂教学的范围。我校作为一所新建应用型本科高校，为了响应教育部提出的高等教育“应用转型”的教育方针，学校每个二级学院都对各个专业进行了分析，把实践应用性较强的专业分离出来，再由各个教研室组织开会研讨，制定出了2016版人才培养方案。其中，文学与传播学院的播音与主持艺术属于传媒艺术类，致力于培养采编播复合型传媒人才。学校根据学科特点、社会需求、职业要求等，制定出了职业导向明确的人

* 项目名称：四川文理学院校级教育教学研究与改革重点项目“整体转型视野下广播电视类专业集群人才培养模式改革研究”(项目编号：2017JZ01) 阶段性成果。

** 刘长宇，男，重庆，讲师，硕士研究生，研究方向：播音主持与传媒教育，2017年《朗诵艺术系列课程教学探索与实践》获得校级教学成果三等奖，第一完成人。

李彦翰，男，达州，讲师，广播电视艺术教研室副主任，研究方向：播音主持与戏剧表演，2017年《朗诵艺术系列课程教学探索与实践》获得校级教学成果三等奖，第三完成人。

才培养方案，构建技能培养、协同育人的人才培养新模式。

一、人才培养模式优化的理论依据

“工作过程系统化”的理念是最近几年我国为实现应用型人才培养目标，在结合德国高等教育课程教学与方法的基础上，研发出来的一套人才培养的教育模式，它的研究对象是人才培养模式，研究主体是专业课程。“工作过程系统化”融入具体的专业课程的教学内容当中，由社会岗位或者典型职业的“工作过程”设计提炼出工作步骤，教学内容根据工作步骤进行推导。[1]整个理念的核心是“学习怎么工作，工作夯实学习”，在这种理念下制定出来的人才培养模式具有学科融合性和系统操作性的显著特征。从培养目标、教学内容和教学方法等方面，“工作过程系统化”理念契合应用型专业人才培养的目标，在具体的实施操作上也具有可操作性，因此针对地方高校的人才培养方案的制定和课程改革具有很强的指导性。

播音与主持艺术属于传媒艺术类专业，是一门兼具传媒实践性和艺术美育性双重特征的学科。该专业学生主要为全国、省、市以及区（县）广播电台、电视台、报刊或者出版社、文化传媒公司培养传媒工作者。但由于大部分地方高校仍然采用传统的人才培养模式，专业课程教学注重知识系统化、忽略行业导向性，导致人才培养专业知识和职业要求相分离，也就是说地方高校培养的播音与主持艺术专业的毕业生在类型和技术上不能满足用人单位的需求[2]。基于“工作过程”为导向的优化专业人才培养模式，是当前应用型高等教育教学的重要改革方向，重新依据社会需求调整人才培养模式的专业课程，由职业活动中为完成一件工作任务并获得工作成果而建立起来的完整的工作程序课程群。这个人才培养模式追求实用性，让学生在模拟的工作环境中反复真实感受与操作练习，以达到培养学生熟练掌握职业操作能力为最终的教学目标。按照“工作过程”这个思路，结合播音与主持艺术专业的应用特点，优化人才培养模式，不仅对国内地方二本院校有指导和借鉴意义，而且从根本上培养了满足社会需求的职业人才。但如何将“理论”有效转化成“技能”，是播音与主持艺术专业人才培养模式优化的重要问题。

二、播音与主持艺术专业培养的职业人才特点

在播音与主持艺术专业的人才培养过程中，“工作过程”具有重要指导意义：一个职业能够组建成社会分工的集合体，正是由于它和其他集合体相比有其独特性，即实际“工作过程”中环节、内容、方法以及职业特点的历史发展方面有它独特之处。[3]“工作过程系统化”原理顺应“应用转型”的教育方针，因此适用的专业应该是技术操作性较强的专业。“工作过程系统化”原理的总理念是“重复的是步骤，不重复的是内容”，所以采用专业教学的步骤操作应该具有重复的特点。“工作过程系统化”原理主要依据市场需求培养专业技术人才，社会需求量将是检测该专业课程是否适用的重要参考。基于“工作过程”来优化播音与主持艺术专业的人才培养模式，首先要对传媒工作者的职业特点有清晰的认识和了解。

（一）技术操作性

中华人民共和国成立至今，高等教育经历了几十年的发展，数量和规模都在不断地

扩大，但是弊端也慢慢凸显出来。各个高校大力进行外延式发展，忽略了内涵发展，直接导致的后果就是很多地方高校人才培养定位不够明确，专业特色不够突出。2014年国家教育部提出了“应用转型”的教育方针，其目的就在于让地方高校教育工作者明确人才培养的方向，认清自身学校的定位，以行业需求推动高校技术操作型人才的培养。

播音与主持艺术专业隶属广播电视艺术学学科，和文学、新闻学等众多学科都有交叉。这个专业从学科创建到如今只有短短几十年，主要为广播、电视等传媒领域培养播音员或主持人等传媒人才，进行话筒前出声的传媒工作。而现今新媒体的融合式发展，要求播音员或者主持人掌握更多的技术，仅仅靠话筒前的播音是不够的，还需要熟练掌握软件剪辑、新闻采访技巧和撰写技巧、化妆等技能。职业要求越来越精细、越来越多样，需要传媒工作者了解最新动态，并且能够进行熟练的操作，工作内容在扩充，技术操作更加精细多样。因此，传媒工作者的技术操作性是它的基本属性。

（二）重复步骤性

同一个传媒工作者每天在媒体行业中的基本工作是固定的，以电视台为例，播音与主持艺术专业的毕业生的工作岗位有外景记者、写稿编辑、校稿编辑以及播音员、主持人等。外景记者每天的工作是外出捕捉新闻、现场采访、现场拍摄和剪辑素材；写稿编辑每天的工作是收看外景采访剪辑素材、编写文稿；校稿编辑每天的工作是对写稿编辑编写好的文稿进行校对，通常校稿编辑有多个，分为一校编辑、二校编辑、三校编辑等；播音员每天的工作是每天定时在镜头前将校对过的新闻稿件播发出来，而主持人每天的工作是每天定时在镜头前将编辑写出来的主要内容说出来。每个传媒岗位工作内容较为具体、单一，虽然节目创作需要具有创新意识，但是每天的工作是重复循环的，稿件内容、主持内容在发生变化，操作的步骤是不变的。

（三）需求巨大性

传媒领域的竞争是十分激烈，以电视台为例，各级电视台的电视节目大部分采用制片人负责的制作模式，即电视台将每个时段的节目外包出去，由承包者组建团队进行电视节目的编辑和制作。节目的收视率直接影响节目的收益。所以在这样的压力环境下，电视节目的快速更新必然导致传媒岗位的更替，如果像中央电视台这样的全国性电视台制作一档节目，对分散在全国的外景记者等传媒工作者需求量是相当大的。

因此，在了解了传媒工作者的主要职业特点情况后，地方高校的教育工作者需要掌握最新的行业动向，结合市场需求，制定相应的人才培养方案。这样的人才培养模式更加符合专业学科特色，更加贴近最新市场动态，更加满足“应用转型”的教育方针。

三、基于“工作过程”为导向的人才培养模式的应用型探索

播音与主持艺术专业肩负着为传媒工作输送人才的任务，因此需要对行业中的最新需求及时了解和把握，就以传媒行业中主持人这个职业来说，又划分出许多分支职业，比如新闻播音员、新闻评论员、网络主播以及婚庆主持人，等等，其中很多类型是根据最近几年社会需求和经济发展衍生出来的。根据市场的供需关系，四川文理学院播音与主持艺术专业制定出了2016版专业人才培养方案，优化调整了原来人才“单出口”的

培养模式，采用“专业分流”的新思路[4]，以学生兴趣和社会需求两个方面综合考量，细化专业培养方向，在前两年夯实了专业基础之上，在大三设置专业复合培养课程模块，分了播音主持课、培训教育课以及记者编辑课三个方向模块。培养人才的职业目标更加鲜明、课程衔接更加紧密、教学过程更加系统。

（一）以职业要求为导向，建构“行为体系”下的应用型职业培养模式

所谓职业导向，指个体在头脑中要有对职业选择的倾向性，从而根据职业发展的需要制定决策的标准。基于“工作过程”制定出来的人才培养模式最大的独特之处就在于以职业要求为导向，通过具体工作步骤来反向推导教学过程和教学内容，再从具体的教学过程中分析凝练学生的学习过程，整个过程思路清晰、目标明确。[5]2014年教育部提出“应用转型”的教学方针，各个高校的理解和具体实施不尽相同，但是对其大体理解是一致的，“应用”在《中国汉语词典》中有“适应需要，以供使用”的义项，由此可以得出，“应用”应该和社会需求紧密结合。作为人而言，应该和“行动”相关联。因此，2016版人才培养模式改变传统的从理论到理论的课堂教学模式，切实设定指导“工作过程”的步骤，并对每一步的教学效果具体化。

表1为四川文理学院2016年播音与主持艺术专业最新的人才培养方案中复合培养课程表，根据对传媒行业需求的最新调查，结合播音与主持艺术专业的学科特色，制定出播音主持、培训教育、记者编辑三个培养方向，都是紧密围绕学科建设、产业发展、社会需求等调整设置的。

第一个方向是播音主持。具体来讲，以达州为中心，辐射整个川东，为各个地级市和县（区）电视台、电台培养新闻播音员和节目主持人。四川文理学院作为川东唯一一所公办本科院校，肩负着为地方培养输送人才的任务和责任。像巴中、渠县、万源等地属于四川革命老区，经济相对落后，因此传媒人才的引进存在一定的困难。四川文理学院结合自身的办学定位和水平，努力增强人才培养和地方经济发展的融合，学校密切和各个电视台、电台的交流，充分了解职业需求，根据具体要求再完善细化教学课程。搭建校企合作平台，让播音与主持艺术专业大学生实地进入“工作过程”，在实际“工作过程”中不断检验和提高职业技能，真正为地级市、县（区）电视台、电台培养出职业要求清晰的播音员和主持人。

第二个方向是培训教育。在全国提出“增强文化软实力”的口号下，语言艺术被越来越多的家长重视起来，现在的很多小朋友从3岁会说话开始，就被家长送到各个培训班去学习语言艺术。虽然现在全国各个地市对语言艺术工作者的需求在不断增加，但是语言艺术课程的师资队伍还并不健全和完善，中国所有的高校中还未开设语言艺术专业的师范生教育，基于这种社会需求和人才队伍严重失衡的情况，我校的播音与主持艺术专业中设置了这样一个培养方向，一方面让专业教师走出去参加短期学习，完善该方面的教学内容；另一方面请业界现有的权威专家走进学校课堂，对本专业方向的学生进行教学技能的指导和点拨。在探讨和摸索当中，构建出一套满足职业要求、教学过程系统化的语言艺术培训教师。

第三个方向是记者和编辑，随着互联网和自媒体的迅速发展，传媒领域的各个职业

之间再也不是单个独立的个体，“工作过程”之间需要有机融合。播音员和主持人再也不是单纯的以熟练掌握语音标准的播音主持技巧为教学目标，而是追求实现以采访、编辑、播音等逻辑能力、写作能力以及表达能力复合型人才培养模式。因此，逻辑能力和写作能力也成为播音与主持艺术专业人才培养过程中教学的一个重要部分。设置记者、编辑方向的原因在于适应广播传媒行业中的需求导向，每个省、市电台和电视台的各个节目播音员或主持人一般人数较少并且固定，但是对外出记者的需求量很大，就拿中国权威传媒代表——中央电视台为例，他们每年都会在官网上发布招聘新闻记者的通知。基于这样的社会市场，我校播音与主持艺术专业设置记者、编辑方向，一方面强化传媒工作者的综合职业能力，另一方面，真正扩大播音与主持艺术专业应用型人才培养的专业就业范围。

表 1

课程体系	课程性质	课程编码	课程名称
复合培养课程	选修	播音主持课组	
		113374001	电视节目播音主持
		113374002	综艺节目主持
		113374003	新闻配音
		113374004	新闻采访与写作
		113374005	新闻评论
		小计	
		培训教育课组	
		113374006	演讲与口才
		113374007	青少年语言艺术
		113374008	播音主持竞赛技巧
		113374009	教育学
		113374010	教育心理学
		小计	
		记者编辑课组	
		113374011	广播电视概论
		113374012	新闻采访与写作
		113374013	新闻评论
		113374014	电视专题
		113374015	出镜记者现场报道

（二）以工作任务为载体，建构“教学工作一体化”的专业教学模式

优化人才培养模式就是整合和重构专业课程。因此，课程是人才培养方案的基本组

成部分。播音与主持艺术专业要真正培养应用型人才，专业课程的教学模式尤为重要。传统理论知识导向的教学模式一方面不太符合传媒艺术的学科特点，过分重视学理性，忽略了实践性；另一方面教学内容和职业需求脱节。专业授课教师不太清楚传媒行业市场中的最新动态，对行业中人才需求的标准模糊，以至于学生学习专业课程之后，感觉和实际工作的要求之间缺乏必然的关系，没有太大的指导意义。[6]基于“工作过程系统化”原理建构的“教学工作一体化”专业教学模式，最大优势在于：第一，学生明确行业工作任务。应用型人才培养以实践操作为目标，课程教学中以工作任务为载体，通过梳理具体的“工作过程”总结出相应的教学过程，教学内容具有很强的职业针对性。第二，教师教学逻辑明确清晰。授课教师的教学步骤是通过“工作过程”推导得出的，上一步和下一步之间有很紧密的逻辑联系，课程教学更加系统化，让学生在学习过程中明白意义所在。第三，高校加强学生的创新培养。在“应用转型”的教育背景下，创新培养显得更加地重要。所谓创新培养，不是对人才深而精的小众培养，而是根据不同潜质人才的特点创造性构建出个性化发展的培养模式。创新培养也并非无源之水，需要在熟悉“工作过程”的基础上才能进行。[7]

“教学工作一体化”专业教学模式让学生明晰了学习目标，带着工作任务学习，主动参与实践技能的真实演练。在个体熟练实践操作的情况下推进创新能力的培养，更加有效具体。四川文理学院2016版人才培养模式结合社会需求延伸创新培养方向，设立了播音主持、教育培训和记者编辑三个模块，根据每个模块的专业核心实践课程进行“教学工作一体化”专业教学模式的阐释。“工作过程系统化”首先需要选取学习情境，这里需要注意的是：第一，学习情景的类型一般不少于3个；第二，每个学习情景都拥有独立的“工作过程”，相互之间是不受影响的；第三，设定的学习情景之间又具有工作操作的关联。根据学习情境总结出具体的“工作过程”，再根据“工作过程”推导出教学过程，需要注意的是在教学过程中，需要强调的是每节课具体的教学目标要细致精细，切不可空而大。整个过程应将具体工作和教育教学紧密关联，实现“工作过程”和教学过程的一体化。

“电视节目播音主持”是播音主持模块中的核心实践课程，强调学生对各个电视播音类型的熟悉以及具体的播音步骤的操作演练。根据“工作过程系统化”的原理，对“电视节目播音主持”进行了“教学工作一体化”的专业教学模式的构建如图1所示，第一列表示学习情景，即电视播音工作中的不同单元。本门课程选取的四种学习情景——时政新闻播音、民生新闻播音、文娱新闻播音以及体育新闻播音，都具有电视节目播音的典型性，以四种不同类型的新闻播音为依据，笔者细致罗列出第三列的内容，然后凝练提升出第四列所对应的抽象的“工作过程”。根据抽象的“工作过程”反向推导出电视节目播音主持的教学过程。

“青少年语言艺术”是教育培训模块中的核心实践课程，强调学生对青少年各个类型的文体朗诵类型的熟悉以及具体朗诵技巧的掌握。根据“工作过程系统化”的原理，笔者对“青少年语言艺术”进行了“教学工作一体化”的专业教学模式的构建，如图2所示。第一列表示学习情景，即文学作品朗诵工作中的不同单元。本门课程选取的四种学习情景：儿歌朗诵、古诗朗诵、绕口令朗诵以及寓言故事朗诵，都具有文学作品朗诵

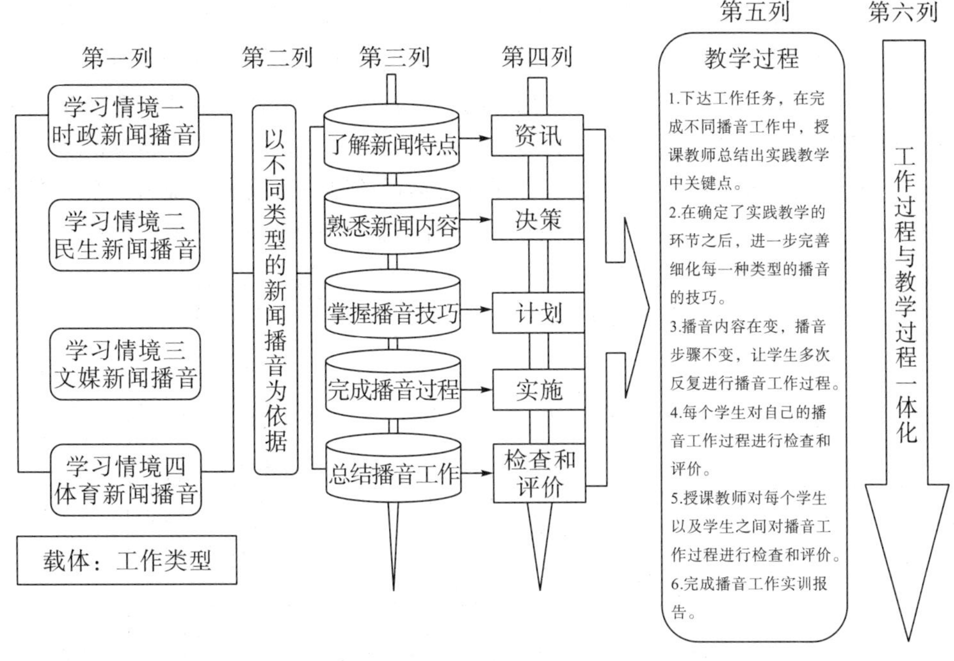

图 1

的典型性，针对四种不同类型的朗诵作品，笔者细致罗列出第三列作品朗诵的“工作过程”，然后凝练提升出第四列对应的抽象的“工作过程”。根据抽象的“工作过程”反向推导出青少年语言艺术的教学过程。

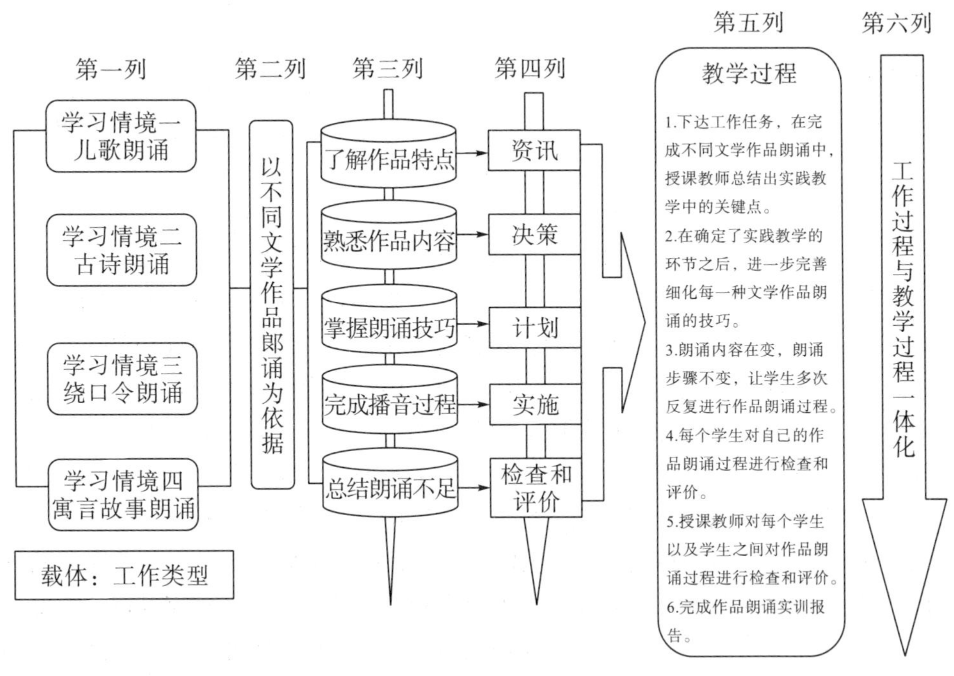

图 2

“出镜记者现场报道”是记者编辑模块中的核心实践课程，强调学生掌握各种类型报道的方法以及学会具体采访的技巧。根据“工作过程系统化”的原理，笔者对“出镜记者现场报道”进行了“教学工作一体化”的专业教学模式的构建，如图 3 所示。第一列表示学习情景，即类型报道工作中的不同单元。如图所示，本门课程选取的四种学习情景——现场事件报道、深度事件报道、深度人物报道以及重大事件报道，都具有新闻报道的典型性，针对四种不同类型的采访报道为依据，细致罗列出第三列采访报道的“工作过程”，然后凝练提升出第四列对应的抽象的“工作过程”。根据抽象的“工作过程”反向推导出出镜记者现场报道的教学过程。

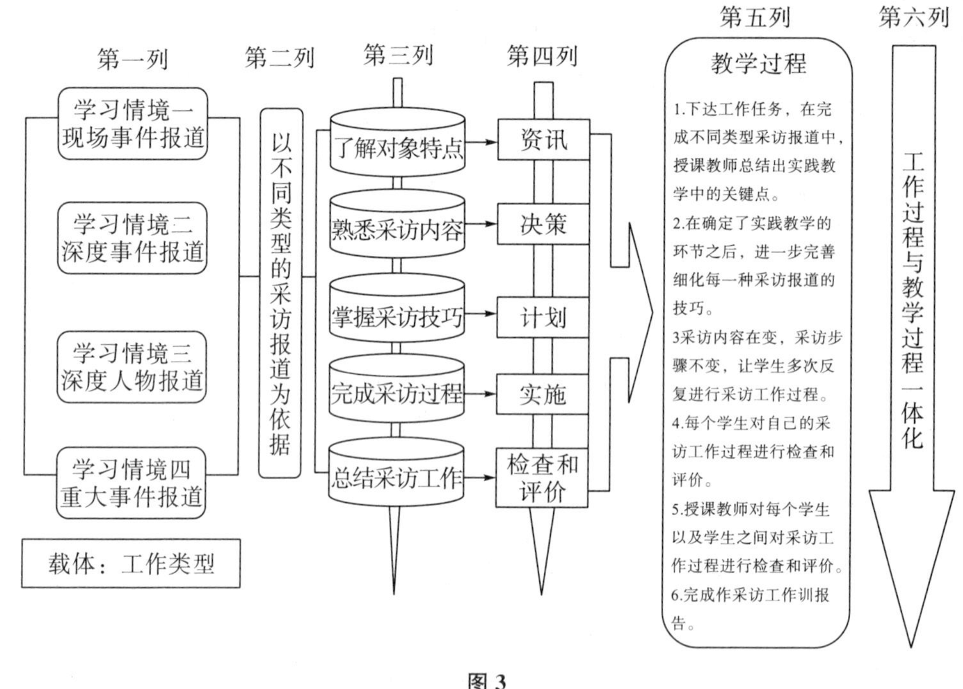

图 3

（三）以专业特点为突破，建构专业创新联动评测模式

上文我们提到了“教学工作一体化”的专业教学模式，工作任务更加明确，但是否达到教学效果，需要靠期末测评来检验。播音与主持艺术专业的实践课程具有实践操作的特点，传统的评测方式是无法达到预期的效果，因此结合专业特色，采用专业创新联动评测模式更加有效。所谓专业创新联动评测，指一个专业的几门相关联的专业实践课程，可以连在一起进行期末考核，采用的方式有汇报演出、录音作品和录像作品等。笔者结合自身的教学实际情况，以“文艺作品演播”课程为例进行分析。

“文艺作品演播”这门课程在播音与主持艺术专业人才培养方案上，期末考核方式为考查。和期末考试这种测评方式相比，期末考查在评测的时间、地点及内容上都更为自由灵活，学生学习自主性表现得更为突出。从 2015 年到 2016 年 12 月，“文艺作品演播”的期末专业汇报演出已经进行了两次，两次汇报演出都是和另一门课程进行联动汇报，2015 年 12 月是和“主持人即兴口语表达”课程一起汇报，2016 年 12 月是和“朗读学”课程一起汇报。在整个汇报演出的准备过程中，每个组的同学进行了细致的前期准备、中期排练以及后期舞台呈现。这个过程中同学们找到了许多在课堂学习中忽略的知识点，夯实了许多舞台表现的技巧，并且提高了文字稿件的创作能力，本次汇报的六个作品从内容到形式全是原创。两门课程的专业老师分别对自己的授课内容进行考评，“朗读学”的授课老师就每个小组文学稿件的选择，舞台上的背景设计、服饰选择与搭配、舞台设计等方面进行打分，“文艺作品演播”的授课老师就每个小组的每位同学语言表达以及演播技巧展现进行打分。就这门课而言，其进步意义有以下三点。

1. 在“工作过程”中打牢职业技能

“工作过程系统化”原理一条线就是专业技巧的考核，在模拟的职业工作场所，按照职业要求设定相应的工作要求考核内容，量化评价指标。舞台展现不同文学作品是朗诵工作的职业要求，采用期末汇报演出的方式，让每个学生在真实的舞台朗诵环境过程中进行工作实践，在汇报演出过程中细致进行工作步骤的自我检验和反思。

期末考核进行了大胆的改革，采用联动专业汇报演出的评测方式。这种评测方式需要在期末考核前一个月将期末考核的要求告知学生，让学生以小组或者个人的形式进行认真准备，在专业汇报演出中，专业授课教师根据当时表现的真实情况现场打分，并在专业汇报演出结束后进行细致点评和总结。这样的期末考核方式有几个优势：首先，考核方式更具科学性。传统的现场短时间考核方式缺乏科学性，一个成功的文艺作品呈现出来需要几个步骤才能达到应有的效果，而这些步骤是需要花费较长时间的，并不能在短时间内就能够完成。专业汇报给学生一个月的准备时间，学生有充分的时间按照演播需要的步骤进行准备，在专业汇报中的整体呈现是完整的、系统的，符合演播的要求。其次，学生之间增强了专业交流。播音与主持艺术专业的大学生普遍存在一定程度的傲气，很多学生不愿意进行专业交流，思想较为封闭，这样的学习方式不利于专业学习。专业汇报这种形式迫使学生以小组为单位进行准备，大大加强了学生之间的沟通交流，增进了专业之间的学术探讨，快速提升了每个学生的专业实践能力。最后，每个学生提升舞台展现能力。一个班级中，很多大学生由于专业不够突出，从大学一年级进入学校之后就一直没有登上过舞台，严重缺乏舞台展现能力。“文艺作品演播”课程期末考核采用专业汇报演出的形式，给该专业的每个学生登上舞台的机会，提升了班级里每一位同学的舞台展现能力。

2. 在“工作过程”中培养创新能力

“工作过程系统化”原理的另一条线就是对创新设计能力的考核。在模拟的职业工作场所，按照重复性的操作步骤进行实际操作的时候，一般会出现不同程度的新问题，学生需要摸索和创造性地运用知识来处理新的问题，因为此部分不能通过量化指标来进行结果性评测，因此需要在一个较长的过程中进行考查。

“文艺作品演播”课程传统的期末考核，其内容事先由授课教师指定，每位同学根据指定内容简单准备，播讲录音后由教师打分，这种方式缺乏一定的合理性。依据“工作过程系统化”原理分析，学生缺少职业工作中创新设计能力。首先，专业汇报演出让学生找到自身的专业潜力。每位同学对文学作品的喜好不同，自身的音色、气息等生理条件不同，适合演播的稿件类型也不同。因此，不同的学生演播特点不同，选择的稿件也是不同的。在专业汇报演出中，学生可以根据自己的特点确定汇报的稿件，增强了学生的学习自主性。同时，也让专业授课教师在专业汇报时更加了解学生的演播情况，为学生做更加细致的专业演播指导。其次，专业汇报演出让学生培养了处理临场应变问题的能力。学生在专业汇报演出前一个月将分好小组，自行寻找演出搭档、确定演播作品、选择演播背景音乐以及确定演出服装等，在这个准备过程当中，学生根据具体的彩排情况不断地进行调整和适应，这个过程中存在的问题完全由学生自己发现、思考、解决。并且，汇报节目的舞台设计等可能需要在“确立—打破—再确立”的螺旋式过程当中最终成型。在这样的情景教学中，培养了学生的思考力和创造力，有利于职业能力的培养。

四、基于“工作过程”专业人才培养模式优化的启示与展望

为了实现地方高校“应用转型”的教育方针，四川文理学院播音与主持艺术专业基于“工作过程系统化”的原理，重新对人才培养模式进行优化，以社会需求设置专业课程。坚持以专业课程改革为突破口，以职业要求为导向，以“工作过程”推导教学过程，坚持“以赛促练”的教育理念，为培养出更加满足传媒艺术领域职业要求的语言艺术教育工作者而努力。四川文理学院播音与主持艺术专业课程教学优化不仅推进了自身的转型发展，也给其他地方高校一定的借鉴启示：在“工作过程系统化”的框架图中，抽象工作步骤到教学过程之间，有一个部分为“创造性加工”，即在统一“工作过程”中凝炼推导出不同的抽象工作步骤，而不同的专业工作到教学的转化过程中，有一个创造性的填充教学内容的部分，这个部分又是不同应用型专业在具体的教学过程中创造型设计的板块，在重复相同的统一步骤以后，根据专业特点设计出特殊步骤，两者的结合正是“工作过程系统化”原理普遍适用于应用型专业人才培养模式优化的重要原因。

当下地方本科高校出现在夹缝中发展的窘境，它既不同于传统的学术研究型重点大学，也不同于技术技能型职业院校。地方本科高校“应用转型”应该如何转？现在已成为教育界热议的焦点，教育研究者还没有得出统一的答案。“工作过程系统化”原理将学科建设、产业发展以及艺术前沿动态三个部分以“社会需求”这条线紧紧地连在了一起，使教学目标更加明确，教学内容更加具体，教学方法更加科学，对地方高校实践应用性教学改革的推进具有积极的作用。

【参考文献】

[1] 张虹. 培养应用型人才 课程改革是关键——兼论工作过程系统化课程 [J]. 北京联合大学学报（人文社会科学版），2008（6）：118-122.

[2] 刘琼. 创新型人才与人才培养模式的创新——从市场需求看高校播音专业创新型人才的培养 [J]. 新闻天地（下半月），2010（3）：50-51.

[3] 赵志群. 职业教育与培训新概念 [M]. 北京：科学出版社，2003. 12-14.

[4] 游媛媛. “专业分流”培养模式在播音与主持艺术专业人才培养中的应用研究 [J]. 求知导刊，2016（2）：139.

[5] 陈国清，朱永琴. 应用型本科课程体系建设的思考——以工作过程为导向的课程体系改革 [J]. 齐齐哈尔职业学院学报，2010（12）：1-3.

[6] 严希清 陈红艳. 基于工作过程的“教学做”一体化教学模式探索与实践 [J]. 职业教育研究，2009（4）：149－150.

[7] 张健. 工作过程系统化课程视阈下学习情境设计研究 [J]. 河南科技学院学报，2013（2）：96－100.

基于卓越教师培养的物理专业学生创新创业实践研究*

唐　瑜**

【摘　要】 本文以四川文理学院物理学专业学生为研究对象，对物理学专业的教学、管理及教学实践等方面的现状进行调查，分析学生创新创业能力不佳的原因，提出建构科学合理的人才培养方案及与之配套的课程体系，并深化教学方法和评价考核改革，充分发挥学校宏观指导、教师主导和学生主体作用，在实践应用中提高物理学师范生创新创业能力和职业技能，因此具有较大的实践意义和社会效益。

【关键词】 卓越教师；物理；创新创业；素质养成

一、引言

党的十九大报告指出，建设教育强国是中华民族伟大复兴的基础工程，必须把教育事业放在优先位置，深化教育改革，加快教育现代化，办好人民满意的教育。早在四川省教育厅印发的《关于深化教育领域综合改革的指导意见（2014—2020年）》（川教〔2014〕41号）中就指出："实施卓越人才培养计划，切实加强实践教学和创新创业教育，提高学生综合素质、创新精神和实践能力"之后，卓越教师培养计划在省内陆续展开。

国内学者孙道胜、祁占勇、邓玉福、张秀平等[1][2][4][5][6][7][8][9]，对师范生创新创业能力培养进行了相关研究，提出了"加强特色领域的科学研究与社会服务，形成特色区域文化教育教学体系""学科教学知识对卓越教师专业发展的意义""构建'理论、实践课程双路融入，多向选择'的创新创业课程体系"等观点。但是，目前学界对地方转型高校师范生卓越人才培养的研究不多，相关措施并不完备。

以教师教育为基础的高校中，物理学师范专业学生大多数将从事教育工作，因而研究课程设置、教学设计、授课答疑、项目研究等教学环节，按卓越教师培养目标，探索

* 基金项目：四川文理学院教改一般项目"基于卓越教师培养的物理专业师范生创新创业素质养成研究"（项目编号：2017JY45）成果之一。

** 唐瑜（1980—），女，四川达州人，讲师，硕士，主要从事理论物理教学与研究。

学生创新创业素质的养成途径，对提高教育教学质量具有重要意义。通过培养具有较强创新创业能力的拔尖学生，进而带动全体学生向更高水平发展，可以有效提高学校人才培养质量。

二、卓越教师培养对人才创新创业素质的要求

时代迫切需要大批真正具有引领能力的创新创业人才，国家实施卓越教师培养计划，目的是推动以“自主、合作、探究”为主要特征的教育教学改革创新，培养一大批师德高尚、专业基础扎实、教育教学能力和自我发展能力突出的高素质专业化中小学教师[10]。培养师范生的高校，应该改变常规教育教学模式，以师德和素养为核心，着力提升师范生的学习能力、实践能力和创新创业能力。

国务院办公厅《关于深化高等学校创新创业教育改革的实施意见》（国办发〔2015〕36号）明确指出：“以推进素质教育为主题，以提高人才培养质量为核心，以创新人才培养机制为重点”“推进教学、科研、实践紧密结合，突破人才培养薄弱环节，增强学生的创新精神、创业意识和创新创业能力”。创新是特质，创业是目标。以扎实专业技能为基础的创新创业能力，在竞争激烈的今天显得尤为重要。做好师范生的创新创业教育改革，促使专业教育和创新创业教育深度融合、协同发展，增强学生的创新创业意识和能力，同样是卓越教师培养的目的。

三、物理学专业学生创新创业素质养成存在的主要问题

据有关文献，物理学专业在师范培养方向上存在如下问题：一是学生普遍认为物理学科难度大；二是学生从教的志趣不高；三是大班教学、优秀教师短缺和课程结构不尽合理，70%的师范生不认为自己比非师范生有明显的从教优势；四是学生教学实践能力较弱，科研能力和创新创业能力较差。

这些现象有主客观方面的原因。物理学涉及小到肉眼无法看见的粒子，大到宇宙天体运动，需要做大量的实验、处理复杂的数学问题。哪怕是一些看似简单的问题背后都蕴藏着复杂的逻辑和物理理论。物理专业课程包含理论物理四大力学：理论力学、电动力学、热力学与统计物理、量子力学，这些都是学生普遍认为难度较大的课程。加之部分学生不重视实验，因此学习物理学专业课程的兴趣不高、效果不理想，导致一些学生心中没有底气，影响了其从事教育工作的志趣。

为此，需要解决如下问题：

第一，帮助学生树立“以实践促理论学习、以创新促创业”的观念。提高学生创新创业能力，可以在一定程度上平衡学生的心理，增强学生的信心；通过培养学生教师教育实践能力，有助于增强学生从事教育事业的动力。

第二，需要促进师资队伍建设和教师发展。在有计划地实施卓越人才培养中，使教师学习到先进的教学方式和技术手段，提高其专业技术水平，督促和鼓励教师通过学习和实践提升自身的科研和教学水平，进而增强自己的职业技能和职业素养。只有这样，才能通过教师引导学生重视教师教育这个职业。

第三，需要促进教学方法、手段的改革和教学观念的转变，促进课堂授课水平和教

学质量的提高。高等教育的中心工作是教学，教学质量是高校办学的生命线。而课堂教学是主要的教学活动，因此，提高教学质量必须着力提高课堂教学的质量。只有这样，学生才能学好专业，进而通过专业促创业，同时学生也会感到教学的神圣与意义。

第四，需要促进学生整体素质提升。卓越人才培养势必改变传统知识传授模式、实践教学模式和学生的管理模式，充分践行以教师为主导、以学生为主体的理念，先进带动落后，使学生的创新创业能力和整体素质得以提升。

四、提升学生创新创业实践素质的具体措施

培养物理学师范生专业能力、师范技能和科研水平，建立学生自觉学习、综合发展的长效激励办法和管理机制，对推进物理学专业向应用转型发展实用价值较大。地方应用型高校就是培养地方所需各行各业的人才，培养中学物理教师后备力量也是地方教育事业不可或缺的重要内容。

（一）制定卓越型创新创业能力培养计划

卓越教师是研究型教师、魅力型教师和个性化教师的合体，具有良好的职业道德、扎实广博的专业知识和机智灵活的专业技能。因此，依据物理学（师范）专业人才培养目标，研究与制定学生创新创业能力培养方案，建构科学合理的人才培养方案及相配的教学内容和课程体系，并深化教学方式方法和评价考核体系改革，是提升学生创新创业素养的前提。

转变教育观念，设计新的课程体系，实现创新创业教育与专业课程教学内容的深度融合。除通识教育课程体系中，实施学校“四年递进式”创新创业教育计划外，在学科基础课程中开设科学研究方法、程序语言等选修课，培养创新意识；专业基础课程中开设教育学、教育心理学等师范专业必修课程，并加强物理教学法及其实验的教学，培养良好的职业素质、创新能力和敬业精神，提高师范生的发展后劲，推动“师范性”与“学术性”的统一[11]；专业核心课程开设近代物理、量子力学、天文学、固体物理学、新型材料技术等必修、选修课，使之对物理学前沿有较深了解，培养学生协同研究的能力；应把中学物理教学涉及的课件制作、说课、实验、中学考题研究等内容纳入复合课程体系，促使学生对中学教育全过程、各环节有清晰、深入的把握，同时可以设置物理应用系列科组，培养物理师范类学生其他专业相关技术特长。

（二）改革传统的教学方法

学生学习、科研和实践是日常性的、内需的、自觉的，其创新创业素质培养应该由学校、社会、教师和学生互联互动来推动。因而教师上课、导师指导均应以激励学生自觉学习为目的。在诸多教学方法中，探究教学法是在教师引导下，学生主动参与学习、发现问题、探求答案，以培养学生解决问题能力为主的教学活动，可以较好地激发学生主动学习的动力。

教育家施瓦布说过：“有什么学习比通过积极地投入到探究的过程中去更好呢?”探究性学习是学生掌握终身学习方法的有效途径，它能够有效克服传统教学模式下，课堂沉闷、缺少热情、交流不多的弊端。通过精心设计的问题，激发学生的好奇心和求知

欲，充分调动学生学习的积极性及主动性，启发学生思维潜能，达到学生主动学习知识和提高创新能力的目的。物理学专业课内容具有一定的深度和难度，教学中，鼓励学生带着问题进行探究式学习，可以培养学生的创新思维、探索意识和创造能力。在教育教学中，调动教师和学生的积极性，采用新理念和新媒体技术等，同时采用探究教学法，探索项目教学、案例教学、情境教学、实验教学、在线教学等多种教学方式，多角度提高学生学习的主动性和积极性，实现在现有教学资源条件下更有效地组织教学活动和提高课堂教学质量的目的，进一步促进学生能力培养与教育教学的融合。

（三）开设开放式创新性实验

班杜拉的社会学习理论认为，人的复杂行为主要是后天习得的，并强调观察学习或模仿学习的重要性。但这种学习不仅仅是简单、重复的模仿，而且是改进性、创新型的。物理学课程难度相对较大，研究的现象、原理需要大量实验数据和数学推导来印证，大量的理论知识，需要在实验中理解、消化，包括应用专业知识若要进行创新创业均需要做大量实验。教师通过实验（包括虚拟仿真实验）指导学生将理论应用于实践中，边实践边学习。要提高学生包括基本实验能力、科研实验能力、创新创造能力在内的实验能力，最重要的是培养学生创新创造能力[6]。为此，学校应尽量开设开放式创新性实验。

开放性实验是充分利用实验室优质资源，配备经验丰富的实验指导教师，根据学生需要灵活调配实验仪器设备，在正常行课时间外照常开放的实验。开放式实验有利于学生自主设计实验和数据交流共享，为学生提供更广阔的学习、科研空间。学生的实验方案设计、实验仪器使用、数据结果分析、技术创新改进等，都可以在开放实验中完成。而创新性实验是在教学计划内规定实验基础上开设的，旨在探索以实用问题和课题为核心、以学生为主体的实验教学模式。学生带着问题和课题参与实验，充分调动学生的主动性、积极性和创造性，激发其创新意识，在实验中逐渐掌握实验技能、理论知识和应用技巧，提高其创新实践能力。通过创新实验，学生把新的想法和设计变成了现实技术、产品，改进了某项工艺和方法，增强其自信心，为其今后工作（包括从事教师职业）打好基础。

（四）鼓励大学生参与创新创业相关训练和实践活动

创新创业训练实践活动最重要的形式是参与大学生创新创业训练计划项目、参加SYB培训、创办公司运营等。其中大学生创新创业训练计划项目是学生在校期间创新创业实践的最好方式。我校大学生创新创业训练计划项目自2013年实施以来，共有162个省级项目，其中主持人是物理学专业学生的仅有4项。这说明物理学学生不太重视创新创业能力的训练。且高校普遍存在重科研轻教学的现象，教师为了进行科研完成课题，无暇顾及对学生创新能力的培养。

大学生创新创业训练计划项目为学生提供了平台，帮助大学生实现自己的创新创业梦想。学校应该建立学生创新创业激励机制，引导学生在教师的指导下进行创新创业训练；鼓励学生参与教师科研项目进行科学研究；设立大学生科研项目创新创业模块，从政策和经费上鼓励学生科技创新和创业实践，将科研项目、创新创业训练项目、创业项目有机连接，形成设计、训练、培育、孵化连贯式项目管理模式；营造良好的创新环境和创新氛围，创建校内外创新实践教育基地，发挥区域经济优势，打造创新开放实验室、应用物理实验室等，构建了多种创新实践场所，使理论教学与学生实践能力的培养有机结合，通过科研促进教学，提高学生的创新创业素质，培养学生的科学精神；积极为学生开设科学研究方法、学术思维训练、文献检索与信息查询等选修课，举办学术讲座、研究论坛、成果汇报等，让学生了解物理学发展的学术前沿动态，拓宽其学术视野和思想境界；鼓励大学生参加国家、省级学科竞赛，通过竞赛强化专业学习和技能训练。

同时，建立大学生创新创业学分的考核与认定机制，对学生的各种创新创业行为及其成果给予激励与认可，将其作为学生专业发展和毕业授予学位的重要依据。对教师指导学生进行创新创业活动、承担项目获得相关成果的，给予教学工作奖励，从政策导向上激励和支持教师在教学中注重培养学生的创新思维能力。

（五）改革教学管理，建立多元评价机制

长期以来，对学生评价主要以考试为主，重终结性评价、轻过程性评价，这在一定程度上导致学生片面追求考试成绩，而忽视其科学研究能力、创新学习能力和创业实践能力。这种教学考核评价机制的不完善，不利于调动师生的积极性。[12]

加德纳的多元智能理论，对学生采用多元评价机制具有很好的指导意义。加德纳认为，智力的基本性质是多元的（一组能力），基本结构也是多元的。而新时代需求各种人才，这就要求教育必须促进学生的各种智力全面发展。评价作为教育管理的重要环节，是对学生学习效果检验的重要手段。对学生学业的评价不仅要重视知识的全面考查，更要注重其能力（包括创新创业能力）的考核。实施考试评价方式多元化，采用包括试卷在内的成果展出、演出表演、发明专利、学术论文、科研项目，甚至通过社会考试、资格证认证等多种形式对学生进行考核评价，将即时性评价与阶段性评价、定性评价与定量评价、终结性评价与过程性评价相结合。考核方式、考核时间根据课程特点和学生学习情况而定，促进学生个性发展，提高考核评价的科学性和实效性。

五、结　语

围绕卓越人才培养目标，分析培养学生创新创业素质的需要，寻求适合物理学专业学生向卓越教师发展的教学内容和教学方法，通过实践证明，注重培养学生创新创业能力的教学模式，是顺应国家创新创业战略和符合地方应用性人才培养目标的新模式，提升了大学生职业素养，提高了其创新创业能力。

【参考文献】

[1] 孙道胜，潘和平，丁仁船. 地方应用性高校卓越人才培养实施路径研究［J］. 高等建筑教育，2014（4）：25－29.

[2] 祁占勇. 卓越教师专业能力成长的合理性建构［J］. 当代教师教育，2014（3）：42－47.

[3] 祁占勇. 卓越教师专业能力成长的合理性建构［J］. 当代教师教育，2014（3）：42－47.

[4] 邓玉福，刘玲，张浩华，等. 创新创业教育与物理学专业教育深度融合的探究［J］. 沈阳师范大学

学报（自然科学版），2017（1）：121－124.

[5] 张秀平，成国力，等. TRIZ 理论指导下物理教学开展“创新创业”教育问题探析 [J]. 黑河学院学报，2016（8）：15－16.

[6] 李祖君，于雪苓，等. 深化培养学生的物理实验能力，提升师范生的创新创业能力 [J]. 经济师，2016（3）：213－214.

[7] 方淑荣，查书平，董艳. 基于卓越教师培养的递进式教师教学能力训练模式探究 [J]. 黑龙江教育，2016（4）：42－44.

[8] 熊瑛. 地方本科院校转型背景下的大学生创业教育思考与探究 [J]. 轻工科技，2018（3）：159－160.

[9] 曹宇巍. 谈新课程改革背景下物理师范生教学能力的培养 [J]. 教育探索，2011（2）：107－109.

[10] 中华人民共和国教育部. 关于实施卓越教师培养计划的意见 [Z]. 教师 [2014] 5 号，2014.

[11] 赵振宇，白丽娜，张迪. 高师物理专业学生课程设置与职业技能培养的改革与实践 [J]. 学理论，2011（2）：248－249.

[12] 呼格吉乐. 基于大学生创新能力培养的教学改革探索 [J]. 教育探索，2010（7）：39－40.

地方本科高校舞蹈专业应用型人才培养探索

杨 荔*

地方本科高校转型发展是为了适应和引领经济新常态、实施创新驱动战略、推动产业转型升级、提供有力人才支撑的战略需要，更是新时代高等教育内涵发展、特色发展、分层分类发展的自身需要。对于地方本科高校舞蹈专业而言，应用型人才的培养，就是要通过准确定位人才培养目标、完善人才培养方案、挖掘地方舞蹈资源、改革课程教学方法等措施，着力培养地方文化产业和文化事业发展所需的应用型、复合型舞蹈人才。

一、明确舞蹈专业应用型人才培养目标

（一）人才培养目标要体现地方性

地方本科高校办在地方，就要充分体现办学的地方性，学校的服务面向就要明确定位于服务地方文化，满足地方经济发展对人才的特定需求。因此，“地方性”服务面向的定位，就决定了其培养目标的定位，不是追求“高”，而要追求“准”，只有准确定位，才能合理高效地运用教学资源。对于地方本科高校舞蹈专业而言，就是要在满足该专业人才培养基本需要的基础上，针对地方文化发展对舞蹈人才的需要，充分挖掘地域文化，为地方舞蹈文化的传承、发展和创新服务。

（二）人才培养目标要体现复合性

地方本科院校人才的培养要注重专业性，努力提升学生的专业水平，但更要针对社会经济发展对人才综合能力的实际需要。综合能力是复合型、应用型人才必须具备的素质，也是创新教育培养人才的重要方向。由于受传统教育理念的影响，很多地方本科院校对专业类人才培养过分强调专业知识，忽视对学生综合素质的培养。比如舞蹈类专业，注重学生舞蹈技能的锻炼和培养，相对忽视对学生人文、道德、心理、审美等方面素质的培养。地方本科院校舞蹈专业既要重视专业类课程，也要重视通识类课程，同时还要注重一些复合培养类课程的开设，着力培养学生的综合素质和能力。

---

* 杨荔，女，副教授，研究方向：民族民间舞、舞蹈教学及理论。

（三）人才培养目标要体现应用性

应用型人才是指具有创新思维能力以及实践操作能力，不仅要求具有扎实的理论基础知识，同时也需要具备动手能力以及运用现代化信息技术的能力。地方本科高校舞蹈专业在人才培养改革过程中，要广泛进行社会调查，准确把握社会对舞蹈类人才在知识、能力、素质等方面的具体要求，从而有针对性地设置和调整课程体系，改革教学模式，只有这样，才能真正做到从行业实际需求出发，落实地方高校人才培养的要求。

二、构建舞蹈专业科学合理的课程体系

我国高等院校（非艺术类）本科舞蹈专业的课程设置，仍然存在“两个照搬”：一是照搬专门培养舞蹈表演人才的专业舞蹈院校的教材和课程设置；二是照搬西方高等院校舞蹈专业的课程设置。从整个课程结构来看，很注重结构及内容的系统性和整体性，但对教师教育相关课程开设不足，跨专业、跨学科的课程开设不足，专业理论课程和选修课程比例偏小，这在一定程度上制约了学生的全面发展。地方本科高校舞蹈专业的课程体系，就必须紧紧围绕人才培养目标的要求，设置科学合理的课程体系。

（一）增加实践课程，注重学生艺术实践能力的培养

学校应按照应用型人才必须具备的核心能力与核心理论知识的要求，确定舞蹈专业的培养标准与规格，设计课程体系与课程模块。同时，要按照联合设计开发的原则，围绕应用型舞蹈人才培养的定位，按照职业岗位群的需要，联合行业、企业共同成立培养方案修订工作组织机构，共同研究确定专业培养标准与规格，共同设计课程体系、共同开发课程资源、共同开发传统课程中职业岗位能力培养的新内容。[1]通过构建合理的理论课程与实践课程比例，既要注重对学生艺术实践课程的开设，又要注重对教育实践环节的有效监控和管理，使学生把所学的知识转化为自己的东西，并创新性地展示，以促进学生艺术实践能力的提升。

（二）增加通识课程，注重学生综合艺术素质的提升

对舞蹈专业人才而言，“复合型”人才就是多才多艺，能够在很多领域大显身手。当今社会复合型人才特征是学科交叉，知识融合，技术集成。“一专多能”是社会对复合型人才的需求，所以舞蹈教育专业的学生应在努力学好专业理论知识的同时，广泛涉猎其他知识，使自己有一个完整的知识结构。“一专多能”的“专”，在这里指专业能力，它在以后的工作中是不能迁移的，也就是说，专业知识离开专业就失去了应有的价值。我们这里更多地强调“多能”，也就是指以后可以迁移的能力，比如语言表达能力、社交能力、写作能力等。就课程开设而言，要注重通识课程的开设，培养学生多方面的能力；同时，也要注重艺术理论课程的开设，启发学生将自己的感受从艺术学、艺术社会学、艺术心理学、艺术哲学的角度阐述出来，达到拓展学生的视野，加深艺术修养教育的程度，从而丰富、完善艺术素质教育的内容，使学生的知识和能力既有一定的广度，也有一定的深度。

（三）开设企业课程，以市场需求为导向培养人才

学校应面对不断发展变化的社会文化市场，将单一的培养中小学舞蹈教师的目标拓

展为培养具备表演、编导、研究、艺术服务等能力的社会所需求的全方面的舞蹈专业人才，既以培养中小学舞蹈师资为主，同时也为艺术团体、广播电视、文化单位等部门培养从事舞蹈表演、创作、研究、策划、管理群众文化辅导以及美育、专业理论等多方面工作的舞蹈艺术高级人才，这就对人才质量提出了新的要求，向传统知识型、单一型的人才观提出了新的挑战。这就需要学校从文化艺术行业的实践出发，开设部分企业课程，引导学生学习解决生产、社会生活现实问题中所需要的知识、技能和方法，启发学生提高理论思维水平，以提高学生综合素质，培养学生分析、解决问题的能力和从事实际工作的基础职业能力。

三、将地域舞蹈文化资源融入教学内容

（一）地方舞蹈课程资源的特点

地方舞蹈课程资源是指学校根据专业课程标准，结合地方社会、经济和文化发展的特点及学生身心发展的特殊需要，引入课程和增加的具有地方特色的舞蹈资源。地方舞蹈课程资源主要有以下特点：一是独特的地方性。地方舞蹈课程资源，重点体现在“地方”二字，不同的地域，不同文化背景、不同风俗习惯和信仰下可开发和利用的舞蹈课程资源具有其地方上的独特个性和风格。二是广泛的共享性。地方舞蹈课程资源具有鲜明的地方性特征，但是不同于其他学科地方课程资源，特定的地方舞蹈课程资源不仅适用于特定的地方和社区学校，被整理的、具有地方舞蹈风格独特性的地方舞蹈素材资源可以推广至其他院校，达到高师院校地方舞蹈素材的资源共享，同时，也对某地方舞蹈资源起到传承和保护作用。三是鲜明的针对性。地方舞蹈课程资源具有更强的针对性，高校舞蹈教育是社会舞蹈教育的基石，主要任务是培养各级学校需要的舞蹈教师，因此，在高校地方舞蹈课程资源的选择上要更加有针对性，针对高师院校的培养目标选择适合高师学生掌握和学习的地方舞蹈课程资源；针对各地方的思想文化和传统习俗选择有特色、有价值的地方舞蹈课程资源，将其整合为舞蹈课程。

（二）地方舞蹈课程资源的开发

开展地方舞蹈课程资源，一是要尊重传统、突出特色。地方舞蹈课程资源，最有特点的就是民族民间舞蹈资源。舞蹈来源于生活而高于生活，是生活的真实写照和人物心理的真实表述，在地方舞蹈课程的资源开发过程中，要本着尊重民族传统的理念来对舞蹈课程资源进行开发、整理、改编。值得注意的是，地方舞蹈课程资源是以地方民族民间舞蹈为主导的具有地方特色的风俗舞蹈资源，并非单指民族民间舞蹈，在开发利用的过程中要以“突出地方特色”为理念，对地方舞蹈课程资源进行深度挖掘、整理。二是要注重舞蹈文化的传承。舞蹈课程资源并非只是存在于当地的肢体表达资源，还有很多文字记录的和非文字记录的舞蹈文化资源，在地方舞蹈课程资源开发过程中，可将其进行整理、归纳，注重地方舞蹈文化的保护和传承。三是从舞蹈素材到舞蹈教材。舞蹈课程教材是为了提供舞蹈课堂教学，舞蹈素材不等于教材，只有将舞蹈素材整理为课堂教材，才能使舞蹈资源转换成舞蹈课程资源，才能有利于舞蹈教学。因此高师院校舞蹈教师要对地方有代表性、训练性和系统性的舞蹈素材和片段进行筛选，并经过整理和提

炼，大胆抛弃一些不合适的内容，将地方舞蹈素材上升到舞蹈课程教材。

四、加强舞蹈专业教育教学方法改革

（一）树立正确的艺术教育理念

人们欣赏舞蹈艺术时，首先是从舞蹈的外部动态开始，舞蹈通过自身形象所表述的美感，使舞蹈具有了艺术的生命力。情感是舞蹈表演艺术的生命线，没有情感的舞蹈是不会感动观众的。因此，我们应该在注重学生基本功训练的同时，关注学生舞蹈美感的培养和训练。为此，舞蹈教师在教学工作中，要树立正确的舞蹈艺术理念，并将这种理念贯彻于教学之中，这样才能取得好的效果。作为一名舞蹈教师，必须认识到良好的教学培养的学生是需要走上舞台去塑造和表现各种不同舞蹈形象的，他们要完成这样的艺术创作，不仅需要各种舞蹈基本功和技能，更需要具有舞蹈形象的美感和创作具有美感的舞蹈形象，这需要的是艺术想象力和创造力。在教学中，要求教师在训练学生努力刻苦地学习舞蹈基本技能时，还要将舞蹈美感和表现力，也就是将舞蹈艺术所蕴含的情感，融进自己的教学训练之中，并呈现于舞台。

（二）重视学生的个体差异

舞蹈教学作为实施美育教育的重要手段，不仅要让学生完成和掌握舞蹈的最基本的技术、技巧；教师还要考虑到在这一过程中学生的各种差异，充分调动学生的积极性和主动性。一是教师要正视学生基本素质的差异。对于每个学习舞蹈的学生来讲，基本素质存在着很大的差异。针对不同的情况，教师需要考虑学生之间的差异性，践行因材施教的基本精神。二是教师要正视学生心理素质的差异。学生心理素质的差异往往被教师忽视。由于基本素质差异性的存在，导致了学生在心理素质方面也存在一定的差异性，一些基础好的学生容易产生骄傲感，而基础差的学生容易产生挫败感，所以教师要把握每个学生的心理情况，制定有针对性的教育对策，这样才能达到事半功倍的教学效果。三是教师要正视学生主体参与意识的差异。在舞蹈教学过程中，很多学生没有形成主动参与意识，学习舞蹈时没有充分发挥主观能动性，他们只是被动式地接受教师的灌输，没有活力可言。只有少部分学生能主动提问，与教师一起讨论舞蹈技巧。针对这种差异，舞蹈教师应该在教学过程中采取“口传身授”“主体参与”和“赏识教育”等课堂教学方法，充分调动学生的学习积极性。

（三）“教学演”结合的教学方法创新

在舞蹈专业教育教学改革中，既要注重第一课堂，也要注重第二课堂；既要注重课堂教学方法改革，也要注重课内向课外延伸，通过课堂教学与课外演出相结合的方法，把理论与实践、课内与课外、培养专业能力与综合素养等有机融合起来，创建与专业教学相关的学习团队，实现对以课堂讲授为主的传统教学方式的突破，实现教学渠道与空间的多元化、立体化。通过课堂、课后、课外延伸三大系统，进行实践教学、教学实践和综合能力培养，充分调动学生学习课程和参与教学活动的积极性，同时也可以培养学生的团队意识、创新精神和创作能力，提高学生的综合素质与社会竞争力。

【参考文献】

［1］刘丽梅，张英良.建设应用型课程，实现新建本科院校转型［J］.河北大学学报：哲学社会科学版，2014（5）：74.

小学教育专业“递进式”教育见习的建构与实施

王振华*

【摘　要】 面对小学教育专业教育见习中的突出问题，四川文理学院教师教育学院党政领导给予了高度重视，启动小学教育专业师范生教育见习改革，以调整、改进、充实《小学教育专业学生见习手册》为抓手，以点带面，促进教育见习改革落地。本文拟对小学教育专业“递进式”教育见习建构的理论依据、路径、成果进行梳理。经2016级小学教育专业学生两个学期的见习实践，小学教育专业“递进式”教育见习已初见成效，同时，本文针对小学教育专业教育见习中的反馈评价、如何深入挖掘和分享学生见习中的信息进行了分析。

【关键词】 小学教育专业；师范生；递进式；教育见习

一、问题的提出

教育见习是小学教育专业实践类课程重要的组成部分，是学生将理论知识转化为实践能力的主要环节。小学教育专业学生在大学学习期间，多接触小学教育实际，走进小学教育现场，对其成长至关重要。教师教育学院小学教育专业着力培养能在各类小学和教育机构从事语、数、外、科学、艺术等学科教学及儿童心理健康教育、营养与膳食、家庭教育指导工作，同时在相关教育学科领域具有进一步发展潜力的，能适应区域经济发展和基础教育改革需要的高素质、应用型、创新型小学教师。这就决定了教育见习必将在小学教育专业师范生接受教师教育的过程中举足轻重。教育见习不仅给小学教育专业学生提供实践锻炼的机会，还可以让见习学生学习一线教师身上的优点，并对自己掌握的教育教学理论进行针对性的反思，把教育教学理论内化为个体教育教学知识，提升自己的专业素养。

师范生通过观察、接触、体验等形式感受充满生机的小学校园生活，观察充满冲突的真实的课堂教学情境，体验充满挑战的教师职业生活，使师范生真正理解教师的职业

* 王振华（1982—），男，河南洛阳人，四川文理学院教师教育学院讲师，教育学硕士，主要从事课程与教学论、教师教育研究。

内涵和职业要求，掌握教学的实践性知识。[1]实际上，目前师范院校通常的做法是，印一份教育见习计划下发给指导教师和学生，计划中只有笼统的教育见习目的和任务，见习学生的作业一般是要求做听课记录，指导教师的职责原则上都是要求随班按时见习，尤其是师范一年级的学生对教育见习的目的、意义、内容和方法缺乏深入的了解，也没有教育学、心理学、各科教材教法老师的具体指导，他们带着模糊的认识进入小学课堂教学情境，以为见习就是听听课、做几篇记录，其他一概不管，即使做听课记录，老师若不提前讲清格式和要求，学生也只是将记成流水账一样的内容交给老师应付差事。[2]长此以往，学生对见习产生了厌烦的情绪，见习效果也一次比一次差。

上述问题如何解决？上述现象在教师教育学院多大程度上存在？如何改进小学教育专业教育见习工作？如何更有效地通过教育见习促进小学教育专业学生师范技能的提升？教师教育学院党政领导对此给予了高度重视，召集小学教育专业专任教师开会共同商讨，启动小学教育专业师范生教育见习改革，以 2016 版本科人才培养方案修订为契机，着力解决小学教育专业教育见习议题。最终，决定以调整、改进、充实《小学教育专业学生见习手册》为抓手，以点带面，促进教育见习改革落地。

二、小学教育专业“递进式”教育见习的建构

（一）什么是小学教育专业“递进式”教育见习

小学教育专业“递进式”教育见习是指小学教育专业学生在本专业学习期间处于不同的年级对教育见习的要求也不同，整体上呈现出随年级升高教育见习要求也逐步提高的态势，从而保证小学教育专业学生循序渐进地融入教育见习，并能够把小学教育专业学生在校参与学科学习所接触的教育教学理论与教育见习对接，做到理论与实践融通。其特点主要有以下内容：第一，循序渐进。随学生年级增高而不断增加见习项目，引领学生反思教育教学实践。第二，整体设计。统筹考虑小学教育专业学生参加教育见习的学期安排，兼顾不同年级学生的特点和其教育教学理论基础。第三，强调反思。注重引导学生主动把其教育见习见闻与其掌握的教育教学理论对接，比如，学生的见习手册（第 2 期）中“我见习学科的对应学段课程标准的基本要求”“重温教育学知识”等栏目都是在突出见习学生反思的重要性。

（二）小学教育专业“递进式”教育见习建构的理论依据

1. 教育学依据

教育的本质是培养人，它的特定功能或基本职能是通过人类已有的文明成果的传授促使受教育者从知之较少到知之较多，从智力的沉睡状态进入激活状态，使其沉睡状态的潜能发展为动态的潜能，最终成为一名合格的社会成员。[3]小学教育专业教育见习作为师范学生了解小学教育现实，接触教育教学实际的重要途径，应当在促使师范学生从对小学教育的知之较少到知之较多，从自身智力的沉睡状态进入激活状态的过程中发挥相应的作用，而“递进式”教育见习的建构能为学生融入小学教育现场提供一条循序渐进、路径清晰的引领架构，实现对学生的潜能激活。

2. 建构主义学习理论

建构主义批评传统教学使学习去情境化的做法，提倡情境性学习，情境性学习以情境性认知理论为基础，主张学生应着眼于解决生活中的实际问题，因此教学应该使学习在与现实情景相类似的情境中发生。[4]小学教育专业教育见习正好为师范学生提供了小学教育真实场景中的情境化信息，帮助他们更好、更真实地了解小学教育状况，而“递进式”教育见习真正要做的就是提供给师范学生走进现实中小学教育的脚手架，以具体的框架化信息引领学生主动投入，全面了解小学教育。

（三）小学教育专业“递进式”教育见习的建构路径

小学教育专业“递进式”教育见习的建构路径主要依托院内、院外两个层面展开，院内主要是分析梳理以前教育见习的做法，院外主要是借鉴其他学校小学教育专业教育见习的做法，见下图：

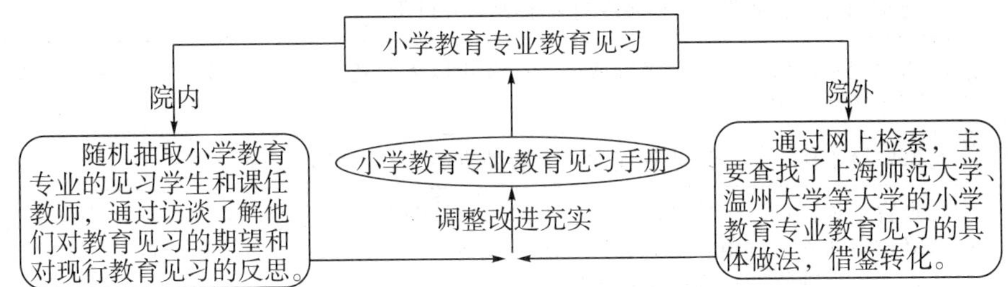

小学教育专业“递进式”教育见习建构路径图

（四）小学教育专业“递进式”教育见习的建构成果

通过建构，主要形成了小学教育专业“递进式”教育见习手册，小学教育专业见习安排在第2～6学期，共5个学期，每学期见习一周，见习的基本内容包括：（1）认真听取见习学校领导和老师介绍，了解学校基本情况、教育教学改革情况等；（2）认真听取指导老师介绍见习班级情况，了解小学生的日常活动和教师的日常工作情况，了解学校教育教学常规；（3）认真听取指导老师介绍班主任和少先队工作方法，了解班主任工作计划的制订、班集体的建设、班会组织、班级日常管理、偶发事件处理和学生思想工作的主要内容和方法；（4）认真听取指导老师介绍教学工作经验，观摩课堂教学，了解教学计划的制订、教材处理、教案设计、课堂教学、个别辅导、作业批改等教学内容的方式和要求，了解学科教学改革趋势；（5）协助指导老师做好学生课业辅导，作业批改等工作，协助班主任开展班队活动，关注并学习处理小学生的思想教育工作。具体安排如下：

小学教育专业“递进式”教育见习安排表

学期	项目	见习要求和说明
第2学期	1	见习准备
	2	观察记录：见习学校外部环境、见习学校校舍布局、见习班级基本用房布局、见习班级教室活动区（角）布局、见习班级教室活动区（角）设置、教室内外环境创设与布置、小学师生一日学习工作生活流程等
	3	听课：10节（包括集中听、分班听，有书面记录及评析意见）
	4	班队会工作：了解班队管理常规，协助班主任参与班队管理
第3学期	1	观察记录：见习学校外部环境、见习学校校舍布局、见习班级基本用房布局、见习班级教室活动区（角）布局、见习班级教室活动区（角）设置、教室内外环境创设与布置、小学师生一日学习工作生活流程等
	2	课堂观摩：做到课前有准备，课堂有记录，课后有反思。重点研究师生在课堂上的教与学的特点。听课10节（包括集中听、分班听）
	3	访谈记录：访谈一位新老师或教龄在2年以下的老师。事先选好主题，拟好访谈提纲，做好访谈记录
	4	班队会工作：了解班队管理常规，协助班主任参与班队管理
第4学期	1	观察记录：见习学校外部环境、见习学校校舍布局、见习班级基本用房布局、见习班级教室活动区（角）布局、见习班级教室活动区（角）设置、教室内外环境创设与布置、小学师生一日学习工作生活流程等
	2	课堂观摩：做到课前有准备，课堂有记录，课后有反思。重点研究师生在课堂上的教与学的特点。听课10节（包括集中听、分班听）
	3	采访低、中、高年级的教师：在低、中、高年级中分别采访两位教师，了解一下每个年级段的学生最容易产生哪些问题，根据收集到的资料，结合小学生身心特点的内容，分析这些问题与儿童身心特征有何关系，并提出对策
	4	班队会工作：了解班队管理常规，协助班主任参与班队管理
第5学期	1	课堂观摩：做到课前有准备，课堂有记录，课后有反思。重点研究师生在课堂上的教与学的特点。听课6节（包括集中听、分班听）
	2	课堂教学观摩小结：针对上述听课6节做深入的分析
	3	教师素质与教学行为观察与分析
	4	观察并记录所在见习班级班主任的一天工作日程
	5	见习总结
第6学期	1	课堂观摩：做到课前有准备，课堂有记录，课后有反思。重点研究师生在课堂上的教与学的特点。听课6节（包括集中听、分班听）
	2	课堂教学观摩小结：针对上述听课6节做深入的分析
	3	学生学习状态与行为特征个案观察与分析
	4	撰写访谈报告
	5	观察并记录所在见习班级班主任的一天工作日程
	6	见习总结

三、小学教育专业“递进式”教育见习的实施

（一）小学教育专业“递进式”教育见习的实施效果反馈

小学教育专业“递进式”教育见习手册自2017年上半年在2016级全体小学教育专业学生（分本科、专科学生见习手册）参加教育见习使用以来，以其全新的手册面貌和框架结构，引领学生从多个角度收集与反思教育见习见闻，从而与以往的见习手册相比发生了根本性的变化，以前的见习记录手册仅提供听课的记录栏目，而现在的手册包含了小学教育的全方位信息，从课堂教学到班主任一天工作日程，从班队会组织到观察访谈学生，从了解见习学校校舍布局、见习班级基本情况到小学师生一日学习工作生活流程，可以说，目的非常明确，就是帮助师范学生尽快、尽早、尽好地熟悉小学教育实况。见习时间也从过去的8节课调整为现在的一周，见习学生有了更充分的时间花在见习学校，熟悉小学教育教学，和小学生、小学教师有了更充分的接触。

站在见习学生的角度来看，经2016级共4个班全体小学教育专业学生两个学期的见习实践，小学教育专业“递进式”教育见习已初见成效，见习学生能具体地感知到两个学期见习项目的区别和要求的提升，在见习记录手册具体栏目的导引下，观察收集见习学校的各项信息，并按照具体要求，如“听课要有书面记录及评析意见，重点研究师生在课堂上的教与学的特点”“访谈一位新老师或教龄在2年以下的老师。事先选好主题，拟好访谈提纲，做好访谈记录”等，明确了自己的见习任务，有针对性地开展教育见习。实施效果可以从两个方面来看：一方面，通过教育见习物化的成果（即学生见习手册）来看，学生根据见习手册中的项目要求，更加准确地了解了自己的见习定位，见习工作更有针对性，这从学生见习手册的记录结果可以看出，不同的学生在见习的不同方面均获得了相应的发展；另一方面，2017年以教育学教研室牵头组织2016级学生见习反馈会，学生反映见习手册对本人的教育见习引领到位，框架清晰，能够非常清楚地知道“自己到见习学校去干啥”。

（二）小学教育专业“递进式”教育见习的实施展望

大家都清楚这是一个新的尝试，未来“递进式”教育见习需要细化的工作还有很多，面临的挑战也不少。笔者就以下两个议题展开讨论：

第一，小学教育专业“递进式”教育见习的评价。这里着重讨论的是，如何用评价促进教育见习，谁来评价？指导教师评价？见习学校评价？见习学生自评？如果更新了教育见习的项目指引，见习框架发生了全新的变化，而教育见习的评价依然是原来的做法或者是更改不多，停留在百分制打分或是简单单一的评价上。鉴于评价的导向功能，让人不免怀疑如果评价不能跟进，会不会使教育见习中“忙于对付”的现象再次抬头，冲击改革教育见习的初衷。

第二，如何更好地深入挖掘和分享见习中的信息。我们都知道一个事实：没有几位同学会去翻阅其他同学的见习手册，分享他人的见解，对见习见闻进行深入挖掘。实际上，每个人都是站在自身经验的立场来选择和解释教育中的现象，教育见习中一个班的学生也是如此，即使是他们同时在听一节课，每个人的理解和关注点可能都不一样，翻

开学生见习手册，绝对找不到完全相同的记录和分析。在这种情况下，如何更快更多地了解他人的见习收获，会更有助于见习学生关注见习的视角，反思见习，通过一个点深入挖掘见习信息。当前，信息时代提供了这样的技术和可能，是否可以组建微信群、QQ 群及时共享见习信息，保持见习的热度，收获更多。

四、结语

小学教育专业教育见习拥有其自身的独特性，对见习模式的完善也是专业建设者不断思考与追求的目标。从见习的实践内容来看，以“见”为主是师范生见习过程中的宗旨，观摩与学习则成为其主要任务。小学教育专业发展至今，在课程设置、培养模式等领域尚无统一规范，故教育见习也连带性地具有其不明确的一面。在教育见习过程中，师范生由于缺乏问题意识普遍在听课期间容易出现消极的态度，部分学生始终处于孤立的状态而没有融入课堂的氛围中。见习结束后，学生往往对见习作业敷衍了事，这使得对见习的反思与总结的功能在此过程中产生极大的消解。[5]面对上述问题，小学教育专业“递进式”教育见习希望通过对见习手册的改进，着力引领学生明晰见习任务，融于自己的见习行动，提升见习实效，但教育见习是非常复杂的教育现场，涉及教育的方方面面，今后还有许多的细化工作需要跟进。

【参考文献】

[1] 陈珂. 小学教育专业教育见习评价的改革与实践［J］. 教育教学论坛，2016（10）：133－134.

[2] 张海燕. 教育见习：问题与对策［J］. 新疆师范大学学报（哲学社会科学版），2008（3）：90－93.

[3] 柳海民. 教育学概论［M］. 北京：北京师范大学出版社，2015：63.

[4] 张大均. 教育心理学［M］. 北京：人民教育出版社，2005：125.

[5] 林琦. 从实践环节到综合课程：小学教育专业教育见习的模式变革［J］. 现代教育科学，2016（11）：134－138.

高校财经专业实践基地建设与地方经济发展实证研究

苟聪聪[*]

【摘　要】　随着市场经济的深入发展，全国各地的经济在各种有利条件下都得到了蓬勃的发展，其中高校在地方经济建设中起到了重要的作用，地方政府部门也为地方高校实践教学及基地建设提供了政策和场所，推动了高校实践教学向纵深发展。本文就四川文理学院的财经专业实践基地建设与达州市地方经济互动发展进行研究，分析了市场需要什么样的财经人才、如何培养财经人才，高校需要建设什么样的财经专业实践基地，以及需要地方政府部门给予怎样的支持。全文采用实证研究，结论客观，方法科学，为学校和地方政府相关部门的决策者提供决策参考。

【关键词】　ERP 平台；产学研；t 值分布

一、市场定位下的财经人才理论技能德育结构分析

地方高校的财经人才的培养目标是立足地方，看齐全省，放眼全国，既要体现出层次性，又要体现出地域性，培养“宽口径、厚基础、强能力、高素质”的复合型、创新性、应用型财经人才（孟焰，2007）。为了达到这样的要求，笔者根据 ACCA 对会计人员所需的理论知识、实践实训技能、创造性能力要求及地域特点绘制了图一。

* 苟聪聪，男，讲师，研究方向：会计与审计。

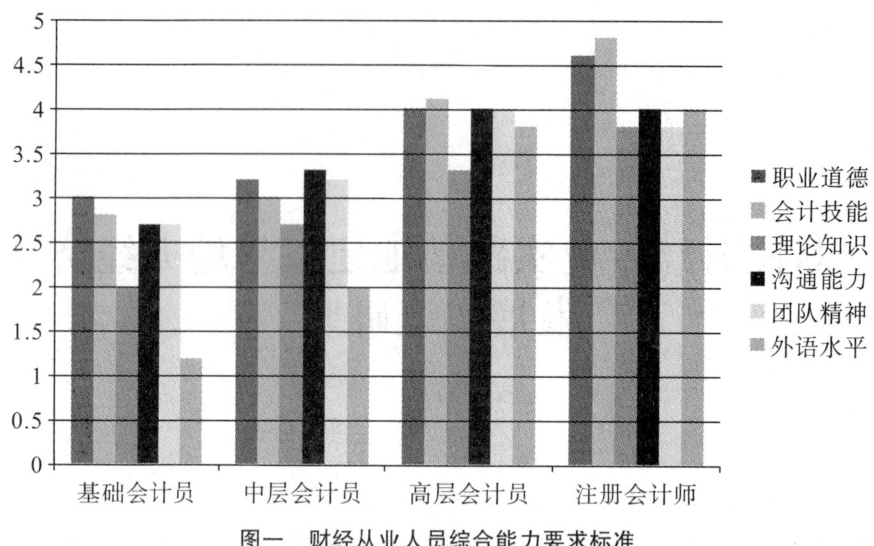

图一　财经从业人员综合能力要求标准

从图一中我们可以看到，市场对不同层次的会计人员在职业道德、会计技能、理论知识、沟通能力和团队精神方面的要求是不同的，也表明了不同层次的会计人员应具备综合能力的结构也是不同的，具体分析如下。

（一）基础会计员综合能力要求

从总体看，基础会计员在综合能力结构方面都低于其他层次的会计人员，无论是职业道德，还是会计技能、沟通技巧、团队精神，都没有较高的要求，只要从业人员遵守准则、制度，具备基本的职业道德，具备基本的会计核算、账簿登记、成本计算、财产清查和报表编制及基础报税的能力即可，对外语水平的要求不高。这类人员在企事业单位中主要从事窗口业务和基本核算业务。

（二）中层会计员综合能力要求

从图一可以看出，市场对中层会计员综合能力有更高的要求，市场对这类人员的定位是既会记账、算账和报账，又会起草比较重要的文件，具备内优控制、投资决策、财务预算、公司治理和风险管理的能力，外语水平要求达到四级标准，能够看懂外语报表和编制外语预算表、决算表及外语报表。

（三）高层会计员综合能力要求

高层会计员不仅负责企业的财务工作，制度建设和财务预算等，还要协调沟通与外部单位在资金流、物流、财流、人流（简称“四流合一”）等方面的关系，能制定出科学发展规划、长期战略目标，做到内优外安，企业内部财务管理优化，外部关系安全和谐。这就要求会计员具有较高的分析和理财能力，以及高瞻远瞩的战略眼光，外语水平高，沟通能力强，具备一定的外国地域文化知识。

（四）注册会计师综合能力要求

注册会计师是会计行业界的一种执业资格，是会计师事务所的主要成员，是履行社会监督职责的中坚力量，是国家和社会赋予的一种权利，这就要求这类会计人员具备较高的会计综合能力素质。会计国际化不仅是发达国家，也包括发展中国家，经济转型国家所面临，并予以关注的问题（冯淑萍，2003），这就需要注册会计师审计外资企业时要求理论基础扎实、技能熟练、职业道德高尚、善于协调沟通，更要懂得外国企业文化和国际准则。

二、实证调查分析

本文的研究立足于四川文理学院，为服务地方，为地方经济的发展做贡献，我们选取了达州地区的十家单位作为样本，采用实地调查的方式，搜集整理数据，并力求在取样上做到层次分明，结构合理，地域代表性强，行业多样化。我们所选的单位均对会计技能、职业道德及团队沟通能力要求较高，这对四川文理学院的人才培养方案提供了指导思想，为学校的财经专业实践基地建设提供了实证基础，为四川文理学院培养怎样的人才，怎样去培养，培养应达到效果，都提供了很好的思路。

下面我们通过调查数据分析样本企业人才综合能力的各项指标。

（一）调查对象

为了准确反映达州地区的经济状况，我们选取了中国移动达州分公司、华润蓝剑啤酒有限公司达州分公司、四川川汉子食品有限公司、中国工商银行达州分行、达州巴山物流有限公司、大竹海螺水泥有限公司、达州通用有限公司、达州地税局、达州市公物物流港、中石化普光气田达州天然气净化厂等十家企业作为样本。笔者选取的这些企业具有以下特征。

（1）企业均位于达州地区，这对研究四川文理学院财经专业实践基地建设具有很强的针对性。

（2）企业类型多样，有上市公司、有限责任公司、行政单位、合伙企业等。

（3）行业分布广泛，有工业企业、农业企业、通信服务企业、交通运输企业、行政事业单位等，选取不同的行业，有利于研究高校财经专业实践基地建设及产出效益。

（二）问卷设计

我们借鉴 Franciso 及 Kelly 问卷调查的框架进行数据搜集和分析，问卷结构共三大部分：第一部分，从对财经理论基础要求标准进行设计；第二部分，从要求的财经专业人员手工及软件操作技能方面设计，目的是了解高校培养的财经人才会计技能的适应性；第三部分，从高校培养的财经人才职业道德满意度进行问题设计；第四部分，对市场要求毕业生具备的沟通协调能力进行了量化；第五部分，从新时期单位要求的团队合作精神进行设计；第六部分，重点调查企业对财经毕业生外语水平层次的要求，以利于高校调整双语教学课时比例和课程内容。

表一　问卷调查收发情况统计表

单位名称	发放问卷数量	收回问卷数量	有效问卷数量	无效问卷数量	有效问卷占收回有效总样本的百分比
中国移动达州分公司	30	23	21	2	12.28%
华润蓝剑啤酒有限公司达州分公司	20	17	14	3	8.19%
四川川汉子食品有限公司	20	16	12	4	7.02%
中国工商银行达州分行	40	38	38	0	22.22%
达州巴山物流有限公司	15	10	8	2	4.68%
大竹海螺水泥有限公司	18	14	12	2	7.02%
达州市地税局	25	20	17	3	9.94%
达州市公路物流港	20	15	14	1	8.19%
达州通用有限公司	15	14	13	1	7.60%
中石化普光气田达州天然气净化厂	30	25	22	3	12.86%
合计	233	192	171	21	100%

本次问卷调查发放问卷数量共233份，收回问卷数量192份，回收率82.40%，有效问卷数量171份，有效率89.06%。

（三）问卷调查统计结果分析

我们对样本企业需求的财经人才综合能力六项指标进行了定量统计和分析，如表二所示。表中集中反映了六项调查指标的平均值、标准差、t一值分布和重要性排名。

表二　达州市单位、企业人才需求综合能力描述性统计

单位要求的综合能力指标	平均值	标准差	t一值	重要性排名
财经理论知识需求水平	3.12	1.02	4.1122***	5
财经手工及软件操作技能要求标准	4.95	0.81	9.5832***	1
职业道德量化标准	4.74	1.52	5.2531**	2
具备沟通协调能力	4.73	1.10	6.3211***	3
团队合作意识	4.68	0.95	5.3245***	4
外语要求水平	3.41	2.33	4.2714**	6

注：表二中的每个项目满分5分，打分越高则代表在该项目上要求具备的能力越高。

和*分别表示在5%和1%水平上显著。

1. 强调财经学生的操作技能

从表二可以看出，单位对财经人员的手工及软件操作技能平均分基本上接近满分（5分），离散程度较小，符合标准正态分布，强调的重要性最高，说明企业对财经毕业生到企业后的技能操作满意度不高。高校培养的财经人才更强调理论的学习而忽视了实

训实践技能的培养。这折射出高校对该专业的教学目标定位不清楚，课程设置不合理，实验建设投入不足，管理缺乏经验，专职实验员缺乏等问题。

2. 强调财经职业道德建设

单位对学生的财经职业道德要求的重要性排第二，单位很看重学生这方面的素质，表二中职业道德量化标准平均分值 4.74 分，远高于 3 分的一般水平，反映出财经毕业生的职业道德素质较差，需要高校大力加强财经专业的职业道德培养。目前高校开设的思想政治课程很多，但效果不佳，财经专业开设的财经法规和职业道德课程也是如此，学生学后即忘，也没有特殊的途径去加以巩固，学生没有从根本上净化思想，规范自己。

3. 加强了沟通协调和团队合作意识能力要求

单位认为良好的沟通和团队合作有助于工作更顺利地开展，工作效率更高。表二中关于沟通协调及团队合作的二项，其分值高于 4.50 分，重要性靠前。目前高校在财经专业培养的方案中还没有与此相关的课程，学生在这方面是盲区，不适应市场潮流，造成人才供需结构不对称。

4. 财经理论知识和外语水平要求一般

在达州地区，经济整体发展状况是滞后的，这与历史原因和达州地域、交通、信息、人口、文化状况息息相关。当前达州市各企业和单位更需要财经应用型人才，对理论知识和外语水平不像发达城市的要求那么高，但这与我校培养财经人才重理论轻实践的现状恰好相反。

三、构建四川文理学院财经专业实践基地建设框架的几点建议

（一）发扬革命老区红军精神，加强高校财经专业职业道德建设

达州是中国工农红军红四方面军曾经战斗的地方，这里英雄辈出，诞生了无数的革命英雄事迹，这里的人民思想淳朴，红色文化厚重，我们要继承和发扬这种精神，四川文理学院应该对学生进行“1+1”教育，前面的“1”表示红色文化教育，后面的“1”表示与之配套的职业道德教育。具体措施如下。

1. 构建财经职业道德实践基地

前总理朱镕基同志 2001 年在视察上海国家会计学院时题词：“诚信为本、操守为重、遵循准则、不做假账。”这体现了我们财经人员要有过硬的会计职业道德素质，讲诚信、守准则。我校作为革命老区地方高校，应如何加强财经职业道德建设呢？首先，要构建财经职业道德校外实践基地。加强校企合作，校地合作，对合作企业和单位进行挂牌，建立长期的职业道德实践基地，特别是那些声誉好、知名度高的地方龙头企业，要力争与他们建立合作关系。其次，在校内财会机构挂牌财经职业道德实践基地，组织学生学习、观摩和监督。

2. 调整课程结构，加大财经诚信和财经职业道德教育

我国地方高校在课程设置上仍以众多的专业课为主（何玉润、毛新述，2012），并且课程之间重复性较高，财经诚信教育和财经职业道德教育多流于形式，未能增强财经

人员职业道德素质（李明辉，2004）。教师上课空对空，学生厌倦学习，学习效率低，如何改善这种局面呢？首先，应进行红色文化爱国教育，让学生继承和发扬革命老区厚重的红色文化精神；其次，以经典的案例借助多媒体、网络等媒介形象地给学生展示出来，对学生进行警示教育，如安然事件等。

（二）构建财经实训实践基地，提高财经职业技能

实践教学是“经验”传递的过程（潘建华，2009），财经实践教育是培养财经人员的动手能力和理论运用于实践的程度，是实际经验的课堂重现，是一条解决市场和高校的供需矛盾的途径。目前，四川文理学院财经实训实践建设还面临一些问题，如资金获取困难，实验室及专业实验人员缺乏，学校重视程度不够，配套软件缺乏，实验教材缺乏等。如何解决这些问题？我们的建议如下：

1. 建设财经专业实验室

国外在该领域的研究题目往往很具体，定量研究结论很精练，成果大都可以用实验检验和指导实验（刘慧凤和姜苏娱，2015），我国地方高校也要学习和借鉴国外的经验。构建专业实验室是财经人才培养的物力保障（田冠军，2009），只有这样，学生才能通过实验很好地掌握知识。

2. 力争获取政府和学校资金投入

我国大部分高校在实践教学的人、财、物的投入上，普遍存在文科少于理、工、农、医、科的现象（潘建华，2009），革命老区的地方高校也是如此，如何改变资金短缺问题？建议政府和学校加大财经实验室投入，实行奖惩投入、项目投入、贡献投入等方式，让学校积极为地方做贡献，解决地方经济问题，为地方输送更多的、更优秀的财经人才。

3. 建设全面的财经虚拟实训平台

目前高校财经专业学生到单位实习多流于形式，学生去后大多从事财经档案管理工作和外围工作，只有在少数急需人员的单位，学生才能进行具体业务处理，学生的实习流于形式。同时学校很难和单位建立稳定的合作关系，学生都是分散实习，实习效果参差不齐。如何解决这个难题，把企业搬进校园——建设财经虚拟实训平台让学生学习和实践同步进行，建立财经虚拟实训平台，包括场地、硬件和软件的配备，以及专职实验员和配套教材。其中，硬件包括：计算机、投影设备、装订机、其他实验配套设备、实验原料；软件包括：ERP 系列软件（ERP 综合实训、ERP 电子沙盘，ERP 教考系统、成绩管理系统和题库制作系统）；实训平台（出纳实训平台、基础会计实训平台、财务会计实训平台、财务管理实训平台、成本会计实训平台、审计实训平台、电子报税实训平台、虚拟实训平台、财务决策实训平台、增值税开票模拟实训平台、税务会计实训平台等），构建这样的实验室能虚拟模拟上市公司、中型公司和小型公司的常见业务，真正实现把企业搬进校园的理念。

4. 聘请专业实验员和软件开发人员

高校在财经实验管理方面缺少专业的实验员和软件开发人员，许多实验员都是会计教师兼任实验员，使得教师任务重，压力大，实训效果不佳。要想培养优秀财经实践人

才，就必须有优秀的实验员和懂得实训软件开发和维护的人员，专业的实验员只负责实训课程，精力充沛，有更多的时间用于实训课程的教学、科研和效益产出上。开发人员可以开发适合本校学生实训的财务软件，解决地方高校的供需矛盾。

5. 开发适合本校的实验教材

我校地处川陕革命老区，经济、教育都落后于发达城市，因此，在财经实验教材的选用上，建议有实践经验的教师结合地方经济和教育实际情况参与编写适合本校的实验教材。

（三）响应国家政策，结合财经专业特点建设高校创新创业基地

党的十八届五中全会提出了“大众创业万众创新”的新思路，带领全国人民深化改革开放共同创新创业，四川文理学院要借助国家改革的大船和创新创业的思路发展优势专业、突出特色，培养“三心四能五复合”财经人才。四川文理学院要为地方培养复合型的财经人才，需要克服困难，解决问题，结合前面的分析，财经专业需要培养学生较强的实验动手能力以适应市场的需求，学校应建立一个创新创业孵化基地让财经学生进行实践，解决外面企业流于形式的实习现状，也为财经教学人员进行科研，运用科研指导实践提供一个良好的场所。同时，这样的创新创业基地也能为学校带来经济效益，真正实现“财经实践基地带动经济发展、经济发展培育财经实践基地”的互动关系。

【参考文献】

[1] 潘建华，张国伟，陈义吉，等. 基于网络技术的会计实践教学模式的研究［J］. 生产力研究，2009（12）：185－187.

[2] 田冠军. 我国会计教育改革与国际化问题探讨［J］. 新会计，2009（12）：59－60.

[3] 赵峰. 会计人才培养与会计教育改革问题研究［J］. 山西财经大学学报，201032（1）：248－250.

[4] 李明辉. 论会计专业本科生能力的培养［J］. 南京审计学院学报，2004（2）：90－94.

[5] 唐晓萍. 创新实践教学对高校会计专业素质教育的影响［J］. 长春理工大学学报，2011（10）：167－169.

老年服务与管理专业人才培养的问题与对策研究*

张俊浦**

【摘　要】　老年服务类人才培养质量直接影响着养老事业的发展。当前我国老年服务与管理专业人才培养存在着办学思路不明晰、课程内容不合理、师资力量弱、生源质量不高等多种问题，亟须改进人才培养模式、提升教学师资能力、吸引优秀生源及加大政府对养老服务类专业支持，才能促进养老服务人才培养，提升养老服务质量。

【关键词】　老年服务与管理专业；人才培养；困境

在人口老龄化日益严峻的社会背景下，我国的社会经济面临着新的挑战和机遇。老年群体的巨大需求催生了快速发展的老年服务行业，而老年服务行业的发展则需要教育的支持与推动。老年服务教育在这样的社会背景下得到了极大的发展。然而在行业规模、人才需求、合作发展等方面存在不足的情况下，老年服务教育更面临着诸多制约因素，老年服务人才的培养还处于刚刚起步的探索阶段。如何培养综合素质强、服务质量好及专业水平高的养老护理人才成为我国社会养老服务体系建设重要而紧迫的任务。

一、高校老年服务人才培养存在的问题分析

（一）办学思路不清楚

1999年起，继长沙民政职业技术学院之后，陆续有大连职业技术学院等十余所学校开办了老年服务与管理专业，办学层次多为中专或大专，办学模式多以职业教育为主。经过近二十年发展，养老服务类专业取得了重要成果。但是由于大多数高校都是刚刚开办此专业，在办学思路方面还很不明晰。首先是职业定位不明确。社会对养老服务人才认识不一，养老机构也不知道该如何设置相关的岗位。国家还没有统一的人才培养目标与大纲，以至于各院校各行其道，想当然地办学。其次是缺乏统一的、规范有效的教材。缺乏完善的办学条件，特别是实践教学条件不能满足需求。最后是缺乏高素质专

* 基金项目：四川文理学院重点项目“多层次老年服务与管理专业人才培养研究”（编号：2015GJ005Z）。

** 张俊浦（1982—），男，山东菏泽人，四川文理学院康养产业学院讲师，研究方向：老年社会政策，老年社会问题。

业师资，特别是实习指导教师。以上原因导致了我国目前养老服务相关专业教学水平较低，直接导致专业招生极为困难，人才培养质量不高。

（二）课程结构与内容不合理

开设养老服务专业的高职、中专院校所用教材不统一、编写不规范；高等院校中，与养老服务相关的课程比重小，各校多沿用医学基础课程、护理专业课程与实践指导相结合的模式，采用全国高校医学类、护理专业人才培养规范教材，与养老服务专业所需理论与技能相差甚远。在课程内容上，多重视医学理论知识，忽视学生及培训学员的职业道德、交流沟通等人文素养的培养。大部分医学院校已开设老年护理学、护理伦理学、护理美学等课程，但只作为选修课，不利于养老复合型人才的培养。笔者经走访调查发现，当前各类涉老机构急需具有顶层设计能力的管理团队和实践操作能力强的养老护理团队，但当前高校培养的老年服务与管理专业人才在这两方面都有所欠缺。另外，根据当前养老方式多元化的特点，各种涉老机构对人才的需求也有不同，但高校的人才的培养更多地是针对养老机构的人才需求，而对当前涉老企业重点发展的居家养老项目需求兼顾不够。

（三）师资力量弱

高职、中专院校养老服务专业教师以本科及以下学历居多，缺乏专业知识和实际工作经验，专业性强的课程多是由其他学科教师兼职完成，院校提供的见习、实习单位少，见习时间短、次数少，实践带教教师学历水平低，带教内容片面，以养老院实习为例，学生只在护士或管理层工作人员的带领下，参观养老院的设施、环境，远达不到实践要求。进一步推动养老产业的发展，人才是关键；高素质、专业化的养老服务人员是优质养老服务的重要保证。加快发展养老服务业，人才是重要支撑，无论是养老服务业的专业技术人才、技能人才，还是面向老年人的心理抚慰和社会功能修复的新型工作人才、专业社会工作人才，都急需大力培养。

（四）生源质量不高

老年产业被称作“夕阳之上的朝阳产业”，老年服务管理专业毕业生供不应求，但现实是老年服务与管理专业“叫好不叫座”，各个学校面临着招生难的困境，尤其是发达地区学生报考情况较差，有的高校开设的养老护理专业只招到了个位数学生。即便养老护理专业招到了学生，流失率却很高，有的学生在校期间换了专业，有的毕业后没几年就离开了养老护理岗位。因此，很多学校将主要招生名额放在偏远地区的农村学生，但招生情况依然不理想。虽然存在专业成立时间较短、宣传度不够的原因，但究其根本，实则为社会认知偏差造成的。社会上普遍认为老年服务行业是“伺候人”的工作，社会地位低下，直接导致人们不愿意从事养老护理行业。但现实情况并非如此，经过专业培养的学生，主要从事医疗服务和机构管理工作。人们对于老年服务工作的认知误区是招生困难的重要原因。

二、高校老年服务人才培养发展对策分析

（一）改善人才培养模式

首先，由于专业选择与就业前景息息相关，因此应开展“订单式”“委培式”合作办学计划。院校与健康、养老服务机构签订人才录用协议与实习指导协议，健康、养老机构作为教学实习基地，促进学生尽早熟悉工作环境、适应角色，提供专业对口的就业岗位，保证毕业生的就业率。

其次，对于养老服务人才而言，实际动手能力、操作技能的培养十分关键。学校在培养过程中，可以通过建立课程实验实训、专业见习、假期社会实践、职业技能培训与鉴定、毕业实习等一系列实践性教学环节，探索一条以能力培养为主体，重点培养解决实际问题能力的实践教学体系。

最后，组织相关专家编写适用的老年服务与管理系列教材，如《老年学概论》《老年机构管理实务》《老年机构护理管理》《老年健康照护》《中医康复保健》《老年社会工作》《老年常见疾病康复》《老年心理照护》《老年运动保健》《老年文体活动与策划》，等等。通过编写适合学生学习基础与职业能力要求的教材，提升老年服务与管理专业学生的专业自信和行业竞争力。

（二）提升教学师资能力

师资力量影响着专业人才的培养质量，当前急需培养大批职业能力强、专业视野广的老年服务与管理专业师资，只有这样，才能真正提升我国养老服务专业人才的培养质量。

首先，选送符合条件的高等院校健康、养老服务相关专业优秀教师及研究生通过国家留学基金委、本院校资助等形式出国到养老服务专业领先的知名大学留学，为我国高等院校培养一批养老服务专业顶尖人才，以带动学科发展。其次，定时邀请国外健康、养老服务专家讲课，聘请国外相关机构兼职专业教师等。通过这些方式，达到教师资源利用最大化，提高师资“软实力”。最后，加强对中青年教师的培养力度，鼓励他们在养老机构挂职锻炼、参加职业资格培训和考试，提高专业实践能力，成为“双师型”教师。

（三）吸引优秀生源

制定鼓励性政策，扩大老年服务人才招生规模，提高生源质量。人才数量上的巨大缺口首先需要在现有高校招生基础上扩大招生规模，提高学生质量，并同时鼓励相关专业毕业生从事养老服务行业。纠正社会上对老年服务专业的认知误区，服务行业并非是大家认知上的“端屎倒尿”的工作，但工作内容相对繁琐，较其他工作辛苦，需要有较强的爱心和责任心。转变养老护理观念，养老护理现已成为我国老年卫生工作的重要组成部分，是帮助老年人预防疾病、减少痛苦、安享晚年的神圣而伟大的工作。

观念的转变需要树立先进典型人物，开展宣传，进行正面引导，同时学校在招生时就应该对学生在专业学习、就业前景等方面进行详细的介绍。老年服务人员在我国属于

紧缺型专业人才，应该在政策上鼓励。首先，各级院校增设专业点，对报考养老服务专业学生给予减免学费、生活补助、安排就业等激励政策；其次，提高健康、养老服务从业人员的工资与福利待遇，缴纳社会福利保险，加强职业防护与劳动保障，增加健康、养老从业人员的职业成就感与归属感，提高养老服务业的吸引力；再次，政府利用公众媒体效应，宣传健康、养老服务业的前景，树立从业人员的良好形象，以公共舆论的力量逐渐改变“养老服务就是伺候人”的传统观念，吸引人才流向，扩大专业人才培养规模。

（四）政府大力扶持

养老护理事业作为改善我国人口老龄化趋势的事业，具有重要的地位。针对当前我国养老服务体系还不健全、养老护理人员不足的现状，政府有关部门有必要加强对社会养老护理事业的扶持。首先，要完善和落实养老事业的法律和优惠政策。应该实行养老护理人员持证上岗制度，完善养老护理事业的法律法规，落实优惠政策，充分保障养老护理人员与老年人的权力。其次，政府有关部门要加大对养老护理事业的财政投入，以政策性补贴为主重点增加对民办与社会力量兴办的养老服务机构的投入，通过政策性补贴以提高养老护理人员的薪酬与福利水平。最后，政府有关部门还要研究养老护理行业的发展方向，规划养老护理人员的职业蓝图，使其拥有更大的岗位上升空间。

养老护理人员的专业素质与道德素质是养老护理事业长期保持活力的保障，国家和养老服务机构都有必要加强对养老护理人员的培训工作，在提升其专业技能的同时改善其工作态度。为此，我国应借鉴西方先进的老年护理人才培养方案，对老年护理人才进行多层次、多渠道的培养，鼓励学校开办老年护理服务专业，并规范其专业办学，统一制定教学大纲，使老年护理专业办学规模化、规范化、科学化。与此同时，还要积极开展社会培训，使养老护理专业人才进入社会实践，并加强对现有养老护理人员的在职培训工作，利用现代化多媒体教学手段扩充养老护理人员的专业知识与专业技能，使其文化水平与道德修养得到迅速提高。

【参考文献】

[1] 马三津，范耕新. 老年服务人才培养问题及对策研究 [J]. 人民论坛，2013（32）.

[2] 王莎，何国平，姚菊琴，等. 健康服务业与养老服务业人才培养 [J]. 中国老年学杂志，2016（07）.

[3] 于先清. 依托医学院校资源建立养老服务人才培训基地可行性研究 [J]. 齐齐哈尔医学院学报，2015（23）.

[4] 徐同文，房保俊. 应用型：地方高校人才培养的必然选择 [J]. 高等教育研究，2012（06）.

[5] 李洁，徐桂华，姜荣荣，等. 我国养老护理服务人员现状及人才培养展望 [J]. 南京中医药大学学报，2012（04）.

“三维一体”的物业管理人才培养模式研究*

何江华**

【摘　要】 随着物业行业的快速发展及行业要求的提高，物业企业对从业者的要求也更为严格。培养高素质的专业人才是物业企业在“转型升级”背景下的新要求及发展趋势。本文从政府、企业及学校等三方面探析物业人才的“三维一体”培养模式及路径。

【关键词】 物业管理；人才；培养模式

经过 30 多年的快速发展，物业管理行业在我国正走向成熟化与专业化，在国家经济和社会发展中起着重要作用。然而据中物协对从业人员总数达 772032 人的员工学历调查显示，具有硕士研究生以上学历者 1622 人，占总人数 0.21％；本科生 33396 人，占 4.33％；大专生 89625 人，占总人数 11.60％；中专生 147575 人，占 19.12％；高中以下学历 499814 人，占 64.74％。对比数据不难发现，物业管理行业的劳动密集型与从业人员的低学历成正相关。物业企业也因缺乏专业人员而难以走上专业化发展道路，高校毕业的人才资源也因此浪费甚至流失，致使物业行业发展停滞不前。因此本文通过对高校人才培养和企业内培训进行分析研究，提出创新物业管理人才培养模式。

一、我国物业管理行业人才需求现状

（一）物业服务行业人才数量缺口大

随着城市化进程的加快，物业行业的发展遇到了前所未有的机遇。据中物协调查结果显示，截至 2014 年末，物业管理面积达到 164.5 亿平方米，比 2012 年发布的数据增长了约 13％，2014 年末，全国物业服务企业已达 10.5 万之多，相较于 2008 年末增加了 4.7 万，增速达 81％。随着物业管理面积和物业企业数量不断增加，导致行业对人才的需求随着增加，而人才市场的供不应求，特别是行业专业人才的不足，凸显了行业

* 基金项目：四川文理学院 2015 年度高等教育研究专项一般项目“转型背景下应用型人才培养模式研究”(2015GJ010Y)。

** 何江华，男，四川达州人，研究生学历，副教授，研究方向：不动产经济管理。

人才缺口巨大的问题。

（二）物业服务人才的专业素质需要提升

物业服务行业有着符合自身行业特色的人才要求。从行业特点和员工资源成本两方面考虑，专业型复合人才更能满足行业需求，这类人才既了解工程技术，也懂得如何管理，能在必要时刻满足多个职位的工作需要。专业素质也是物业服务专业人才最为严苛的素质要求。首先，物业服务理念和行业定位已经变化，需要从业者掌握专业必备技能并为客户提供一对一的高效率、高质量的服务，除此之外丰富的管理经验、灵活的应变能力、较强的沟通能力包括应用文写作能力和一定的外语水平等都是一个专业人才必须具有的。

二、物业管理行业人才培养现状

（一）高校人才培养现状

传统的高校培养重理论、轻实践，实践课程不足和实践机会缺乏导致理论和实践脱节，在实际工作中表现出丰富的理论知识不足以解决工作中的问题；专业课程的设置多体现为基础性培养，缺乏专业技能要求（主要区别于职业教育），专业特色难以凸显；师资力量薄弱，主要表现为大多专业老师都无行业背景、更无从业经验，导致教学内容具有一定局限性；专业人才培养方式单一，高校人才培养主要是课堂教学，而未开展校企合作和“学工交替”等教育形式，难以培养出实用性人才。

（二）企业人才培养现状

企业对专业人才培训的重要性认识不足导致效率不高，受传统意识的影响，认为物业服务只是一个体力劳动且劳动密集型行业，不需要员工拥有高素质和专业知识，这也致使员工忽略企业培训，从而直接影响培训效果；企业培训目标模糊不清，没能将培训和发展同时考虑，进行有效的规划，随着经济的高速发展，集信息化、智能化、专业化、网络化为一体的小区日益增多，但物业企业没能跟上发展的步伐，对日益变化的物业服务新需求难以提供相应的服务而减缓了发展进程。

三、“三维一体”的物业人才培养模式

通过学校和企业的培养现状可知行业的发展离不开政府层面的支持，因此本文在原有基础上改进提出“三维一体”人才培养模式，主要立足于国家、企业及学校三个层面，即国家维度着重以国家政策为指导，重视物业服务行业的发展；物业企业维度视企业内部员工培训，学校维度重视校企合作和加强实践教育等。

（一）国家支持物业教育政策

1. 国家相关部门应给予高校物业专业以专项资金支持

物业服务现已成为我国服务行业的重要组成部分，有其特定职业属性和行业规范，介于传统的高等教育和职业教育之间，而我国现行对职业教育支持有专项职业资金支持，物业教育绝大部分属于的本科教育而无此项资金支持，而行业属性又要求技能和实

践的锻炼，此笔资金在现行的教育体制下远远不能满足对专业教学的需要，因此需要国家层面给出政策性支持。

2. 国家相关部门应适当降低资格证报考门槛

据中物协调查显示，目前取得物业管理师资格的5万多人，仅占全国从业人员的0.9%，每家物业服务企业只有平均0.6个物业管理师，远远不能满足需求。导致这一现象产生的原因主要是较为严苛的报考条件。这些资格证考取对学历也有较高要求，同时要求较长的工作年限也导致高校本专业学生无法报考，无法进一步提升自身工作技能。若相关国家部门能合理放松报考条件，将学生到企业实践也算入从业实践经历中，那么将会产生更大一批持证的专业人才。

3. 各地方政府应规范行业培训机构

传统的物业服务作为劳动密集型企业劳动力需求巨大而会吸引大量从业者，且处于快速发展阶段并对专业人才的需求较大。因此众多的培训机构也应运而生并占了很大部分的培训市场。但这些兴起的培训机构更多地注重盈利，缺乏专业的培训师资和专业的培训设备，自然导致它的人才培养难以达到专业化、规范化的要求。因此，要解决物业管理的供需问题需要政府出面规范培训机构，并宣传提倡高校培训专业人才的模式。

（二）企业重视内部员工培训

1. 创新企业内部人才培养机制

对企业的发展历程、企业文化和内部管理流程最为熟悉的莫过于长期在企业工作的内部员工，能缩短人员与岗位的磨合期、降低员工培训的成本。因此，企业内部员工培训是为企业乃至行业提供专业人才的有效途径。一方面，制定接受培训人员的选择标准，有学习激情和工作欲望，有进取精神的人员是培训的主要对象；另一方面，选用合适人员担任培训专员。培训专员应具备丰富的理论知识，更重要的是拥有丰富的从业经验，了解物业行业前沿及发展动态等都是十分重要的参考因素。

2. 增强新进员工的行业认知

如今物业企业员工专业素质和技能匮乏的原因是他们绝大多数无专业背景，进入该行业的从业者都缺乏对物业管理行业的准确认识，对行业的了解多停留在传统观念中，这极大地阻碍了员工能力提升。因而对非专业以及新进员工开展企业内部培训十分迫切。对于专业知识欠缺人员着重基本专业知识的培训，使其全面了解并深刻认识到该行业不再是劳动密集型，更需要高素质、高技能的全能专业人才。使其在岗培中提升专业技能和专业规范性等。

3. 明确内部员工培训理念

每个发展中的企业总会有这样的误区，重发展而忽略制定规划。而物业服务企业发展误区则体现在重管理而轻服务。现如今的物业管理行业属于服务行业也就是第三产业，其显著特点在于为客户提供最好的服务，而非以往错误的“管家”角色。因此，内部员工培训的首要便是形成“客户至上”的服务理念，培训过程中重点培训如何为客户提供最为合适、贴心的人性化服务。其次，是必不可少的管理技能，也就是帮客户管理相应物业产品，而工作的最终落脚点依旧在“服务”二字上。

（三）高校创新人才培养模式

1. 积极开展校企合作办学

校企合作是指学校、企业都将自身的优秀资源进行整合，使资源得到有效配置，结合两者的要求开展有利于学校育人，有利于企业发展的合作模式。校企合作最显著的特点在于看重人才培养质量，不仅重视校内课堂教学同时也关注企业实践教学。

企业负责实习基地、设备、岗位的提供，同时企业也将参与学校的实际教学计划制定，将企业对人才的具体需求告知校方，为高校制定明确的教学目标提供依据，并依据学校教学安排指派专业人员参与学校的专业授课和定期讲座活动；开展校企合作后，便可将学生的校内学习与企业实训进行合理分配，当理论知识的储备达到一定程度，便可将学生分批次分时段轮流安排到就近的合作企业进行实习，通过企业实习，学生可以积累工作经验，也能很好的锻炼到学生的社会交际能力；当校企合作到一定深度可以在学校建立实训基地（实体物业公司），主要管理层由本专业老师构成，面向本专业学生进行招聘，通过招聘选择有能力的学生加入公司，进行实习体验。这种模式既解决了企业场地不足、人才不足的问题，同时也解决了学校实习实训设备不足、实训基地难找的问题，真正做到企业与学校的资源共享，获得了“产学研”相结合的多赢。

2. 科学制定专业培养方案

在坚持以学生为本、充分发挥学生主观能动性的基础上课程设置应做到“精而专”“少而全”，具体来说是课程设置应适当精简，精简过后的课程又必须满足实际工作所需。即物业管理包括企业管理、绿化、保洁、维修、设备设施的维修、建筑、装修、社区文化等多个领域，是一个综合性很强的行业，与此相适应的行业专业型人才应该是“一专多能”。在“精而专”的课程设置下激发出学生的潜能发挥主观能动性自主成才；高校作为人才培养的专业机构也是特别需要人才支撑的，可实行专业教师队伍“三三制”，即建设以校内年轻专职教师、国内知名专家学者以及企业物业经理人各占三分之一的教师团队。教师团队中的每位老师相互学习取长补短，不仅能教授学生专业知识也能提升实践教学能力，真正做到人才的全方位培训；校内开展专业性活动，可以由高校物业管理专业的老师带领学生策划并开展相应的具有专业特色的游戏和活动，如：开展大型物业管理知识竞赛、物业公司招投标书撰写比赛、物业情景剧表演等，调动学生专业学习热情，营造更好的学习氛围，既建设文明活泼的校园文化，又锻炼了学生学以致用的能力。

结论

“转型升级”背景下，物业行业面临着更大的机遇和挑战，在机遇与挑战并存的企业竞争，实际上就是人才的竞争，当企业拥有了可用之才也就赢得了发展的机会。面对如此严峻的人才竞争和人才需求，本文对物业行业的人才培养提出了一些拙见：重视并支持高校人才培养、企业内部员工培训是物业服务企业面对人才压力最为积极有效的解压方式，虽并不能完全解决当下市场和社会对该行业人才需求的矛盾，但也窥探了一些行业内部发展存在的不足，分析研究的不全面和不深刻等问题，有待同行进一步探讨，积极探索满足物业服务行业人才的具体需求，探索一种合乎市场规律并能实现社会、行业、企业、学校和学生“五赢”的物业管理人才培养新模式。

【参考文献】

［1］贾玉兰.重视应用文写作是当代社会的需要［J］.教育学论坛，2010（11）：212－213.

［2］马松，马瑛，陈前利.高等院校校企“共赢”合作模式分析［J］.科教导刊，2014（1）：35.

［3］张树彬.高职物业管理专业人才培养研究与实践［J］.吉林省经济管理干部学院学报，2013（8）：73.

［4］钱亮亮，傅娟. 南昌大学共青学院创新物业管理人才培养模式研究［J］.现代物业，2013（11）：12.

专业集群建设背景下人力资源管理专业培养模式研究
——以四川文理学院人力资源管理专业为例*

李　健**

一、引言

根据《国务院关于印发统筹推进世界一流大学和一流学科建设总体方案的通知》（国发〔2015〕64号）和《教育部 财政部 国家发展改革委关于印发〈统筹推进世界一流大学和一流学科建设实施办法（暂行）〉的通知》（教研〔2017〕2号）精神，2017年11月，四川省颁布了《四川省人民政府关于统筹推进一流大学和一流学科建设的实施意见》（川府发〔2017〕58号，以下简称《实施意见》），确定了四川省高等教育的建设目标、建设任务和改革任务，对全省“双一流”建设提出了明确要求。为贯彻落实《实施意见》，引导我校突出的学科优势和办学特点，在不同层次和领域争创一流，推进高等教育内涵发展，按照《四川文理学院一流学科专业整体建设方案》的统一部署安排，人力资源管理专业及财经管理学院的其他专业被统称为“经管政法行业专业群”，建成时间为2050年。

随着全国本科高校转型发展的深入，专业集群成了这些高校专业建设与设置的基本理念与热门词汇。赵昕等人就专业集群的内涵进行了较为深入的分析，认为专业集群是相关专业与专业群在空间上的集聚[1]。《现代职业教育体系建设规划（2014—2020年）》也提出：推动专业设置与产业需求、课程内容与职业标准、教学过程与生产过程对接，根据各主体功能区的定位，推动区域内职业院校科学定位，使每一所职业院校集中力量办好当地经济社会发展需要的特色优势专业（集群）。

现阶段我国产业结构面临着深刻变革的重任。各省市为了实现经济集约式发展，走产业集群化道路已成为必然趋势，这对于高素质应用型人才也提出了更高的要求。

地方应用型高校是培养地方经济社会发展所需应用型人才的摇篮，其专业设置是培

* 基金项目：四川文理学院教育教学研究与改革项目资助（项目编号：2017JZ16）；四川文理学院教育教学研究与改革项目资助（项目编号：2017JY41）。

** 李健（1978—），男，山东菏泽人，讲师，研究方向为人力资源管理、技术创新等。

养社会所需人才的载体，通过专业人才培养计划的制定、专业课程体系的构建、师资队伍、实践教学设施设备等资源投入，最终输出有用的人才。一般说来专业集群是与产业集群对接的，专业集群源自对产业集群思想的研究借鉴，两者在范围、组成、目标、建设方式、管理体制及发展运行方面有所不同。从构成来看，专业集群组织不仅包括内部横向、纵向上的直接联系，还包括外部支撑性和服务性组织，各部分建设内容各有侧重[2]。

二、四川文理学院人力资源管理专业的发展现状分析

人力资源是21世纪的第一资源，人力资源管理的重要性也毋庸置疑的摆在了每一个组织的面前，而高校作为人力资源管理专业培养人才的重要基地，在日常的教学管理和人力资源管理专业的教学却面临较多的问题，主要体现在以下几点：

（一）学校和学院的重视程度不够

纵览学校和学院近五年的发展规划和日常的教学管理工作，对人力资源管理专业的重视明显不足，主要体现在以下几个方面：首先，在思想认识上，有很多的领导、老师认为该专业是文字性科目，随便怎么教都可以；其次，对人力资源管理专业的投入不足，体现在实验室建设、教学资源的供给上。我校该专业2010年开始招收本科，到现在依然没有一个完整的、系统的、配套的实验室，而其他专业申请的实验室建设都已经完成了。

（二）师资严重短缺

我校人力资源管理专业师资严重短缺，现在人力资源管理教研室一共7人，但是专业科班老师只有两人，其他都是上公共课程的老师。人力资源管理专业实操性要求高，因此纯理论教学并不适用，相关专业课程应该选择具备一定实践经验的双师型教师，能够给予学生更多职业认知和工作技能技巧、社会实践环境等方面的帮助，让他们提前做好在投入专业岗位上的知识、技能和心态的准备。但有丰富经验的人力资源管理者因薪酬、福利及发展机会等各种原因很少转型成为高校教师。因此，该专业师资大多数是直接从硕士研究生、博士生而来。尽管学历上有保证，但是由于缺乏人力资源管理的实践经验，在教学过程中，对教材的把握，知识点的讲解会与实际有出入，也不利于及时更新知识，不利于向学生传播更多人力资源管理的理论发展趋势和实践内容。另外，在教学方式方法上，很多老师习惯传统课堂的讲授方式，以教师为主，缺少互动和沟通，也不利于培养学生掌握知识并灵活运用于实践，解决实际问题的能力。

（三）教学资源缺乏，教学方式和手段单一

学校在进行教学改革时由于对培养学生的创新思维能力不够重视，导致教师并没有将教材内容与提高学生创新能力方式相结合，在授课时依然按部就班的讲解教学内容。教学管理方式的形式化严重阻碍了学生创新能力的发展。为有效提高学生思维能力，要解决教学方式形式化的问题，积极为提高学生思维能力考虑，构建更多有利于学生发展的教学平台。

（四）人才培养特色不鲜明，课程体系和教学内容体系尚需进一步完善

人力资源与社会保障部2015年统计显示，全国各类人力资源服务机构2015年底共2.7万家，从业人员已达45万人，行业规模达9680亿元。但与此同时，我校虽然提出了“三心”“四能”“五复合”的人才培养目标，但是人力资源管理专业没有突出管理复合型、实践型人才的培养特点，在人才培养规格、教学内容和课程体系的改革与建设方面尚未取得突破性进展，学生专业综合能力不强，对人力资源管理各环节的专业知识深度仍需加强。

三、专业集群建设背景下人力资源管理专业培养模式的对策建议

（一）动态调整人才培养方案，准确设定人力资源管理专业的定位方向

我校2016年组织了大规模的人才培养方案的修订，现行的专业都进行了人才培养方案的修订，制定出了符合当时发展的科学的人才培养方案。但是随着时间的推移，尤其是外部社会环境的变化，我们要适时地对人才培养方案进行修订。结合笔者多年的教学经验，认为对人才培养方案可以实行动态调整的方式为“一年一小修，三年一大修”，真正让人才培养方案保持科学性和合理性。

（二）建立多层次专业课程体系，切实满足现代社会的实际需要

作为一门交叉型的学科，在人力资源管理专业的人才培养方案中，要体现相关学科知识的支撑，比如管理学、心理学、社会学等。按照现行的人才培养方案，我们设置了通识核心课程、通识实践课程、学科基础课程、专业基础课程、专业核心课程、集中实践环节和复合培养课程，这当中都包含了必修课和选修课。这就考虑到了层级性，又体现了必修和选修的区别。除此之外，学生还应掌握英语等外语，以适应未来的发展。

（三）深化课堂教学改革，搭建人力资源管理专业的实践教学平台

深化课堂教学改革一直是我们教育改革中始终提倡的一个导向，但是如何深化课堂教学改革，不同的专家学者有不同的观点。就笔者近几年课堂教学的实践观察，笔者认为应该基于人力资源管理专业实践教学平台来深化教学改革。基于岗位胜任力，搭建人力资源管理专业实践教学平台。首先，搭建校内实践教学平台，通过操作人力资源管理专业软件，能够训练同学们基于案例背景资料和市场的实时动态变化，分析市场及竞争对手情况等能力，同时开展企业管理决策、人力资源规划、工作分析、人员招聘与甄选、绩效管理、薪酬管理、培训与开发等方面的仿真管理工作，让学生能够在仿真的环境中，站在企业中高层管理的角度去考虑组织机构的运营决策问题，这样既锻炼了学生们综合运用人力资源管理理论知识的能力，又提高了学生从事管理岗位工作的能力。其次，搭建校外校企合作平台，扩大学生实践训练的外部资源，促使学生能够更多更充分地走进专业并将专业知识应用于具体实践工作，并尝试探索校企协同培养模式如订单班模式的培养等深度合作模式。为学生提供更多的参观参访、顶岗实习的机会，为专业认知实践、专业基础实践、专业提升实践、专业跟岗实践等教学的开展提供了便利。

四、结语

当前，培养创新型人才已经成为共识。管理专业教学改革的本质在于从国内教育体制实际出发，不增加学生负担，有效利用其在校学习时间，通过对课程设置的优化调整，从全局和整体的角度增加其思维能力培养训练时间[3]。人力资源管理的工作岗位对该人力资源管理专业的学生素质要求较高，作为培养人才专业机构的高校，要紧贴时代的脉搏，顺应社会对人才的需求，注重培养学生的创新能力。在教学实践中不断地反思与探索，改革教学方法和教学组织形式，构建起人力资源管理专业一体化创新教育实践平台，培养更多的创新型专业人才。

【参考文献】

[1] 赵昕，等.基于产业集群的职业教育专业集群基本内涵与特征 [J].职业技术教育，2013（04）.
[2] 魏明.集群思想下区域职业教育专业建设逻辑 [J].教育与职业，2014（18）.
[3] 朱勇.人力资源管理专业立体思维能力培养研究 [J].人力资源管理，2017（04）：197－198.

论创业创新的精神实质战略定位及对策

阮碧辉*

【摘　要】　创业创新是新时代推进我国创新驱动发展战略的重要举措，具有鲜明的时代特色和并蕴含了丰富的思想文化内涵，彰显了中国创业创新和科技文化传统精神，反映了国家和个体的价值诉求，体现了结构性与战略性的高度统一，实现了创业与创新的高度融合。政府应为创业创新提供强有力的政策支撑和经济保障，高校应为创业创新提供智力支持，家庭应成为创业创新的坚强后盾。

【关键词】　创业创新；精神实质；战略定位；对策

党的十九大报告指出，创新是引领发展的第一动力，是建设现代化经济体系的战略支撑，创业创新是强国之举和富民之道，是新常态下推进我国经济转型升级和创新驱动发展战略的重要举措。要推动创业创新不断地向前发展，一个极其重要的前提就是必须要正确认识和准确把握其鲜明特征、精神实质和战略地位，才能不断凝聚起创业创新的强大精神力量，这对于激发家庭、高校支持并参与创业创新的热情，进一步推动当下我国经济结构战略性调整，坚定不移地走创新驱动发展道路无疑具有重要的现实意义。

一、创业创新蕴含了丰富的思想文化内涵

（一）创业创新彰显了中国创业文化传统精神

创业文化包含文化与创业两个部分的含义。“创业”一词在《辞海》里的解释为“创立基业”。[1]有学者认为创业是一般性的企业创建管理和基于创新的创业。[2]而当下的创业也可以理解为人们借助党和国家的创业创新政策优势来创立自己的事业。文化是一个民族或国家千百年流传下来的思维方式、价值观念、行为规范、风俗习惯、生活方式等的集合。人们对创业文化的认识至今没有统一定论，有学者指出创业文化是人们在追求财富、创造价值、促进生产力发展的过程中所形成的思想观念、价值体系和心理意识。[3]我们认为创业文化是人们在艰苦创业的过程中所形成的创业意识、创业观念、创

* 阮碧辉，女，研究员，研究方向：大学生思想政治教育。

业精神和创业能力，等等。中国是一个具有悠久创业传统的国家，华夏民族则是一个具有艰苦创业精神传统的古老民族，在中华民族繁衍生息的过程中形成了创业文化传统，这些创业文化传统在国家创立进程、诗词歌赋中比比皆是。首先，无论是秦皇汉武还是唐宗宋祖，都经历了艰苦的创业历程，在国家发展过程中逐渐形成了艰苦创业的精神传统。其次，艰苦创业的精神传统散见于古代诗词歌赋中。如《诗经》中对祖先祭祀的描写就充分表现了周部落形成时的艰难；又如，《孟子·梁惠王下》记载："君子创业垂统，为可继也"；韩愈的"业精于勤而荒于嬉，行成于思而毁于随"；如"艰难困苦，玉汝于成""天行健，君子以自强不息"，等等，无不生动形象地表现了中华民族艰苦创业的精神传统。当下党中央提出的创业创新同中国创业文化传统精神是一脉相承的，而且创业文化传统精神是创业创新的核心和精髓，创业就是要继承和发扬这种艰苦创业的传统精神，只有这样，才能创造出更多的新技术和新产品。只有通过大众不断地艰苦创业，才能增加更多的市场主体；只有通过万众持续不断地创新，才能进一步增强市场的核心竞争力和活力，从而转化为经济发展的原动力，也才能变中国制造为中国创造。

（二）创业创新彰显了中国创新文化传统精神

创新文化是指一国（区域）在基础科学研究、技术创新、科技社会化传播，乃至人们的生活方式等领域中所表现出来的有利于创新型国家建设和竞争力提升的价值观、理念习俗、制度体系以及外在环境因素。[4]我国创新文化传统博大精深，源远流长。比如《诗经·大雅》中的"周虽旧邦，其命维新"；又比如《礼记·大学》中的"苟日新，日日新，又日新"；再比如《国语·郑语》中的"夫和实生物，同则不继"；不但反映了我国古代创新的基本思想，而且对创新做了更高层面的哲理概括，是中华民族创新精神生生不息的思想源泉。当下的创业创新就是要进一步传承不断创新的精神传统，并以之为原动力，把创业创新者的智慧和力量充分地发挥出来，不仅要构建低成本、便利化、全要素和开放式的众创空间，而且要进一步降低创新创业的门槛；不仅要鼓励大学毕业生和科技人员广泛地参与创业创新活动，而且要大力支持创新创业公共服务行业；不仅要加强对财政资金的引导，而且要进一步完善创业创新投资融资的机制；不仅要积极丰富创新创业活动，更要营造创新创业浓郁的文化氛围。只有继承了中国创新文化精神传统，才能创造出更多更优秀的新技术、新产品和新市场，也才能提高我国经济发展的质量和效益。

（三）创业创新彰显了中国科技兴国传统精神

中国众多科技发明创造熠熠生辉。其一是种植了水稻、粟、大豆等农作物，驯养家畜牛、羊、猪，种桑养蚕等，使中华民族得以繁衍生息；其二是造纸术、印刷术、指南针、火药四大发明，并发明了天干地支、二十四节气、圆周率和勾股定理等，而且还运用到农业生产生活中；其三是修筑都江堰、长城、灵渠、大运河等水利工程。近代鸦片战争以及甲午海战的失败，张之洞、李鸿章、曾国藩等一批先知先觉者，对中华民族的富强之道进行了积极的探索思考和实践，他们提倡兴西学，引进西方先进的科学技术、军事装备和机器设备，发展民族工业，使中国出现了近代第一批工业企业，为中国近代科技发展开辟了道路。而十九大报告提出的进一步加强创业创新教育，彰显了中国科技兴国的传统精神，就是要促进创新创业与科技的深度融合，坚持科学技术是第一生产力要素，把科技创新摆在核心的位置，大力发展新兴科技产业并打通科技成果转化的渠道，不但要引领创业者向高科技领域创新，而且要重点支持新兴科技产业的发展，运用“互联网+”催生新兴产业和新兴业态，培育新的经济增长点。[5]只有这样才能促进我国经济向深层次的转型升级，实现中国制造、工业 4.0 和“互联网+”计划，从而形成创业创新的新局面。

二、创业创新具有鲜明特色

（一）反映了国家和个体的价值诉求，体现了系统性与整体性的高度统一

创业创新是一个社会经济可持续发展的不竭动力。人类社会奔涌向前的历史充分表明，对一个国家和一个民族的兴旺发达来说，最深层和最持久的力量是全社会所有成员共同参与的创业创新，而创业和创新既反映了当下我国发展科技和扩大个体就业渠道的价值诉求以及总体发展规划目标，又体现了我国社会经济发展调整意愿的系统性和整体性，是一个内在统一的科学体系。创业创新是当下我国社会经济发展的主题，创新在某种程度上不仅体现了创业创新的关键环节，而且同我国社会政治经济良性发展所要求的价值取向高度契合，创业创新更符合国家对创业者所倡导的个人行为价值，高度体现了国家发展的方向目标、社会的价值尺度和公民的个人价值的内在有机统一，体现了几者内在的有机衔接和紧密联系，具有内在的整体性和系统性。从创业创新的实践上来看，由于分别从国家和个体两个维度上提出了要求和价值取向，从而展现了创业和创新的系统性与整体性要求，因此有助于在实践中把不同层次的创业创新要求有机贯通起来，有助于国家积极开展创业创新活动和个体积极参与到创业创新实践活动中去。创业创新不但蕴含了科教兴国的本质属性，而且同时也体现了创业创新的内在要求以及价值体系，从而实现了创业创新的重大突破，引领着当代中国经济的发展方向，极大地彰显了创业创新价值理念系统性与整体性的高度契合。

（二）反映了政府职能的转变和社会公平渠道的拓展，体现了结构性与战略性的高度统一

在创业创新热潮下，政府职能部门必须彻底转变职能，必须充分地认识创业创新的重要性，必须充分地思考怎样更好地、更全面地提供公共服务产品，必须充分地对市场进行有效的约束和监管。从本质上讲，就是要求政府和职能部门主动地进行自我革命，只有这样，不合理的行政审批门槛才能被破除，才能提升政府的社会治理能力，才能使创业创新者顺利地走进市场。创业创新为一切爱拼搏、有才华、肯奋斗的人搭建了公平竞争的平台和向上流动的空间，有助于加快当下我国不同阶层的上下流动融合，有助于形成更加良性的互动社会群体，才能进一步地防止不同群体的相对固化和阶层割裂，从而进一步地促进社会的公平，否则社会的公平公正就会遭到质疑，社会的创业创新活力就会降低。与此同时，创业创新实现了结构性和战略性的高度融合。新时代的创业创新是党中央为了促进经济更加平稳健康发展，实现科教兴国而做出的重要战略部署，它不仅是国家层面的顶层设计，而且也是创新发展的本质要求，更是当下调整产业结构和稳

定经济增长的重要引擎，具有极其重要的战略意义。创业创新就是要实现我国产业从低端的过剩产能结构向高附加值的创造性供给结构转变。既要发挥创业创新者作为市场主体的积极作用，又要发挥市场主体在资源配置中的作用，只有这样才能充分调动创业创新的积极性，最大限度地激发出创业创新者的聪明智慧与创造活力；才能提高“供给侧结构”的质量与效率，才能剔除各种陈规对创业创新的束缚，从而形成结构性与战略性高度统一的新格局。

（三）反映了创业创新的新趋势和新特征，实现了创业性与创新性的高度统一

创业创新是人类社会的永恒话题，也是社会经济发展的重要支撑。在政府大力倡导创业创新的新形势下，创新创业不仅已经形成了一种时代气息，而且成了一种价值导向和生活方式，呈现出了一些新趋势和新特征：一是创业主体发生了变化。创业主体由小众转向大众，由精英转向创业者，越来越多的海归留学生、大学毕业生、科技人员和企业高管及草根群体和大型企业、投资机构、新型研发机构开始了自主创业；一是创新趋势层出不穷。一大批自主创新示范区、大型综合创业社区和集市场化、集成化、网络化为一体的新型创业孵化模式蓬勃兴起，促使了我国经济的提速升级，实现了创业性与创新性的高度融合。因此，创业不仅是推动经济社会发展的重要引擎，而且是改善民生的重要途径，创新则是推动社会向前发展进步的灵魂。创业的本质是创新，创新是创业的灵魂，创新既是创业的基础，创业又推动着创新，两者之间存在着密切的内在联系。创业和创新是相辅相成和互相促进的关系，创业是创新的条件和基础，创新是创业的升华和发展，也就是说二者是互相促进、互相依托和互相支撑的关系，缺少一方，都会成为水中月，镜中花。只有广泛地创业、勇敢地创业，才能最大限度地激发起群众创新的勇气和热情，也才能使群众更加善于创新和敢于创新，只有在不断地创业的基础上才能创造出愈来愈好的创新探索和创新需求，也只有在不断创新的基础上才有可能使创业者想创业、能创业和创成业。因此，只有包含了创新的创业才是最有发展前途的创业。

三、对策与建议

（一）政府应是创业创新的政策保障，并将支持创业创新工作纳入年终政绩考核指标

新时代创业创新已经成为国家发展战略。首先，政府部门应为创业创新营造更加良好宽松的政策环境和给予必要的资金扶持。各级政府既要加强创业创新政策的专项研究，又要加强其顶层设计；既要进一步简政放权，又要对症下药；既要不断完善体制机制，又要统筹协调；既要积极营造有利于创业创新的政策环境，又要千方百计地调动起创业创新者的积极性。其次，政府应为创业创新提供相关的资金、技术扶持。国家针对创业创新出台了许多的减税免税和资金补贴政策，但对创业之初的人来说，减税免税的力度还不够，政府应将创业创新扶持资金纳入财政年度预算，而且逐年增加创新创业扶持资金数额，将对创业创新的支持力度纳入政府的年终政绩考核目标督促落实。看各级政府是否重视创业创新，看各级政府是否为创业创新简政放权，是否为创业创新减税免税并提供相关必要的资金扶持，看各级政府是否只注重形式还是为创业创新排忧解难办

实事。将创业创新工作纳入政府的政绩考核，不仅可以使各级政府部门真正将创业创新工作摆在优先发展的战略位置，而且可以使其内化为自觉支持创业创新的行动。在政绩考核的压力下，地方政府部门如果要大力推动创业创新，就必须简政放权，进一步简化行政审批手续的环节和流程，降低市场准入门槛，以此激发每一个创业者想创业乐创业，从而形成创新创业的良好局面。

（二）高校应是创业创新人才培养的主阵地，为创业创新提供智力支撑

高校既是创新创业人才培养的主战场，又是创业创新的发源地。新时代高校要主动与创业创新工作对接，既要充分理解创业创新的战略地位和精神实质，又要充分认识开展创新创业教育的重要性。首先，要强化创新创业组织领导，并建构大学生创新创业人才培养模式体系。构建大学生创新创业人才培养模式是新时代高等教育主动适应创业创新发展的必然选择，又是更好地促进毕业生就业的重要举措。因此，高校应把大学生的创新创业教育作为教育教学改革的重要内容，打破以往以专业、学科和院系为单位的人才培养机制，构建跨专业、跨学科甚至跨院校的创新创业人才培养模式，进一步培养大学生的创新创业理念、精神和意识。其次，要加强创新创业课程建设，建构大学生创新创业教育体系。应根据国家创业创新的具体要求，将创新创业课程纳入教学计划，并让动手能力和科研能力强的教师开设创新创业培训课程，注重对学生进行创新创业教育，以培养大学生的创新精神和创业能力。再次，搭建创新创业实践活动平台，建构大学生创新创业实践教学体系。应高度重视大学生的创新创业实践活动平台建设，在校内外为大学生开辟固定的创新创业基地，为大学生提供创新创业体验，并鼓励大学生在创业创新实践中熟悉市场。最后，建立大学生创新创业的长效机制，建构大学生创新创业制度体系。高校要将创新创业活动纳入教师职称评定和绩效工资考核范畴，并将创新创业活动与学生的学分和奖优助困相结合，只有这样才能推动创新创业活动的深入开展。

（三）家庭应是创业创新的大后方，为创业创新提供坚强的后勤保障

家庭是提高创业创新能力的基础组织，也是创业创新最大的动力。家庭既是创业者赖以生存的生活环境，又是其避风港，更是创业创新的坚强后盾。首先，家庭可以为创业创新提供经济支持。绝大多数的创业者，在创业之初经济都比较拮据，有的甚至是穷困潦倒，无钱添置设备器材、租用场地、雇佣人员等，是家庭伸出了援助之手，才使创新创业者有了起步资金。其次，家庭可以为创业创新提供情感支持。创业创新的道路上或许荆棘丛生，或许万丈深渊，不是一蹴而就的，充满了许多的未知数，创业创新者也可能面临着无数的挫折和失败，当他们面对惨烈失败时，家庭可以为他们遮风挡雨，为他们抚平创伤以图再战。再次，家庭可以为创业创新提供时间保障。创新创业者，可能是一位上有老下有小的父亲或者母亲，也可能是一位上有老的儿子或女儿，由于每个人的时间和精力是有限的，创业创新需要花费大量的时间投入，必然对家庭付出少，家庭可以为创业创新者教育小孩、照顾老人，以解决创业创新者的后顾之忧。最后，家庭可以为创业创新提供行为支持。家庭可以动用父母亲戚的人脉与经济资源，为创业创新排忧解难，只有这样，才能实现创业创新与家庭和谐共生双赢。

总之，创业创新是新时代的必然选择，是增强我国综合国力的重要途径，政府、学

校和家庭应紧跟时代潮流，为创业创新营造出良好的社会氛围和提供必要的保障。

【参考文献】

[1] 辞海编辑委员会.辞海 [M].上海：上海辞书出版社，1979：183.

[2] 余昶，王志军.高校创新创业教育模式研究 [J] .学术论坛，2013（12）：231.

[3] 于雪丽，等.试论创业文化培育的机制创新 [J].学术交流，2013（11）：188.

[4] 吴金希.理解创新文化的一个综合性框架及其政策含义 [J].中国软科学，2011（05）：68.

[5] 辜胜阻，等.让互联网+行动计划引领新一轮创业浪潮 [J].科学学研究，2016（02）：162.

[6] 尹建国.发展创业投资促进产业结构转型升级 [J].学术论坛，2014（06）：47.

创新创业思想如细雨般润泽当代大学生

姜元明*

【摘　要】　素质教育是区别于我国传统应试教育的新理念。国家大力提倡创新创业进校园，实则是在大力推进我国素质教育的进程，作为国家的教育机构——高校，要适应社会的发展，为国家培养出适应性强的新时代人才！本文就高校的“大学生创新创业”教育提出建议，以此来丰富我国素质教育的理论资源。

一、当代大学生的生活现状

当代大学生经过十余年的寒窗苦读，来到大学实属不易，而大部分学生的父母又是经历过他们那个年代的苦难，根本不能忍受自己的孩子再吃一点儿苦。因此，当代的大多数大学生在学校里根本不愁吃，不愁穿，不愁用。再加上国家和学校出台的各项扶持和鼓励政策，大学生们在校期间完全可以无任何后顾之忧。据统计，当代大学生的最低生活费每月不低于1000元。然而，这样的数字并不是所有家庭都可以轻松承担，有一部分父母宁可自己在家节衣缩食、马不停蹄的奋斗，也不想让孩子在学校被人瞧不起，更不会让孩子吃点苦。就是在这种学习环境下，同学们也并没有全身心地投入到学习和工作中去。不少学生每天都是讲究吃好的、穿好的、用好的，相互攀比，甚至有些同学没有那么多的资本宁可网贷也要去追求这些。当然，也有很少一部分同学家境不好，自己本身也懂事，能够为家人和自己负责，学习认真刻苦、生活勤俭节约。

二、当代大学生的学习动机

当代大学生的主要学习动机可大致分为三大类。一是为完成父母的心愿而读书，二是为自己及家人的幸福而读书，三是为了祖国繁荣昌盛而读书。第一类是被迫读书，试想，一个人被强迫去完成自己不愿意做的事情，那完成的质量也就可想而知了；第二类是属于追求小我的幸福而读书，这一类同学占相当部分。因为缺少崇高的奋斗信念和人生观做支撑，在奋斗中容易被苦难击垮而改变方向，缺少持之以恒的韧劲和勇往直前的

* 姜元明，男，讲师，研究方向：音乐表演与教学。

冲劲。第三类同学是当代大学生中的佼佼者，数量上要少些。这类同学因为有着崇高的信念、远大的志向，往往韧性十足、不怕磨难、勇往直前，直至人生的终点。当然也有学生是将这三种动机是集合在一起的。

三、树立大学生正确的人生观和价值观

当代大学生因为受到社会大环境中“一切向钱看”等不良社会风气的影响，以及“怕孩子吃苦”等错误的家庭教育观念的引导，使得当代大学生中很大一部分人的人生观和价值观出现了较为严重的问题。比如我能得到什么好处、我个人的生活应该怎样等唯我主义观，直白点，就叫自私自利。这种严重错误的人生观和价值观往往使得学生本人的内心特别脆弱。这也是近年来大学生安全事故频发的主要原因之一。作为人才培养和民族复兴的重要职能机构——高校，坚决不能出现“哄孩子”现象！不能因为怕“得罪”而对犯了错误的学生一再“放宽”政策！更不能把什么责任都推给直接教育学生的老师们。

老师作为社会教育的主体，对学生人生观和价值观的引导和纠正是其主要工作之一。正所谓“教书育人”，只教书不育人的老师不是称职的人民教师。引导纠正学生们的人生观和价值观不能单纯地讲“要如何如何的做”，更主要的是要想办法让学生们体会“必须要这么做”才行。当代大学生正处在全面实现民族复兴的重要转折时期，必须要有“我为人民谋福利、我为国家做贡献”的人生观和价值观才行。要让学生们清楚地认识到这不是什么空话、白话，转变同学们认为这是“大道理”的观念。但是，到底什么是“大道理”呢？笔者认为所谓的“大道理”是大家都认为正确的道理。那么，大家都认为是正确的道理而你不去履行，这不就恰恰说明了你的不正确？在当今的和平社会，人们生活水平不断提高、国家综合国力不断攀升，我们自己为国家和人民做的贡献越多而个人的利益收获就越大。比如：为国家纳更多的税说明自己赚得更多、为人们提供更多的职位，自己的权利和责任就更大，等等。对学生们讲清这些道理，再想办法提供实践这些道理的平台，就成了我们教育工作者的重中之重。笔者认为让学生们“微创”试水是一种特别好的办法，所谓“微创”在此有两种意思，一是微小的创业、二是微弱的创伤。让学生们在小成本、小创伤的创业过程中体会“我为国家、我为人人”的崇高的人生观和价值观给自己带来的乐趣和收获。

四、培养大学生良好的作息规律

俗话讲，身体是革命的本钱，有一个好身体是人的立身之本、是聚集人生财富为国家和人民做出贡献的载体。随着人们生活水平的不断提高、科技的迅猛发展和生产力的大幅度提高，当代大学生的生活环境出现了更加丰富多彩的“诱惑”。高科技电子产品的普及、夜生活的丰富使得大批学生晚上睡不着、早上起不来。原本勤奋的双脚也被不断升级的交通工具惯坏了。因此，当代部分大学生的身体素质也每况愈下。在这种大背景下，如何提高当代大学生的身体素质就成了高校的重要研究课题。在此，笔者认为学校和老师应该做到以下几点：

第一，学校要在必要时间段和必要区域做到停电停网，强迫学生切断丰富多彩的网

络平台回归平静的自我。

第二，学校不要怕担责任，应当适当增加室外课程，包括植树、爬山和野外生存训练等有意义的活动，从而不仅能增强学生们的身体素质，而且还可以提高学生们的团队意识；树立吃苦耐劳、坚持到底的奋斗精神，对团结集体起到积极的促进作用。

第三，老师要以身作则，带领和引导学生多参加体育锻炼。

第四，老师还要时时对学生们进行健康教育，真正做到“勤洗脑、带着跑”。

五、培养大学生创新思维

“大众创业、万众创新”是由李克强总理在2014年9月的夏季达沃斯论坛上提出的，这并非是一句简单的口号，而是我国当今民众自觉践行的“国策”，这里的创新是“无中生有”。培养学生们创新思维的前提是要让学生们有个灵活的大脑和一双善于发现的慧眼。这就要求我们的老师在课堂上尽可能地做一些互动式教学来拓展学生们的发散性思维，比如“头脑风暴”、启发、讨论等教学法就比较容易使学生们在课堂上自主动脑从而发现真理。生动活泼的案例分析也更能够扩展学生们的创新视野。当学生们的创新视野足够宽阔、头脑足够灵活时，对事物创新点的发现和提出就不再是“梦”。这是需要老师平时对学生们不断开发和启迪的结果，正所谓量变的积累达到质变的飞跃。在此期间老师要做到多鼓励，哪怕开始是比较荒谬的想法也要以鼓励为主，不能打压和禁锢住学生们的思维。创新思维有时就是要天马行空，不落窠臼。往往大众认为对的、合理的事物是比较缺少创新点的，我们要学会打破传统思维，把少数的真理普及开来，使其正常化、规模化。这一切都是建立在老师嘴里那一句句“好”“不错”“非常棒”的鼓励之上。正所谓“随风潜入夜，润物细无声”。一句句的鼓励，使得学生们的自信心逐渐增强，自主学习的劲头儿也就逐渐增大。当他有一天真正的发现和掌握了真理，那才是对老师培养的极大肯定！所以，笔者在此极力反对老师在课堂上“念教案、读课本”。

六、树立大学生创业思想

（一）培养大学生创业兴趣

当代高校已把大学生创新创业纳入了主要课程，培养学生创业兴趣已然成为各大高校的新课题！作为国家的教学机构，高校应该多多开展有关大学生创业的活动，课堂上创业导师也要积极引导学生自主创业、自力更生的思想！多给同学们讲解一些生动的案例，让学生了解创业的本质是什么、如何才能创造出属于自己的一片天地。利用一些小游戏和有特点的案例分析来提高和增强学生们的团队意识和创业意识。总而言之，政策是死的但人是活的，教材是死的但课堂是活的，要利用我们自身的一切优势，想尽办法结合课堂来提高当代大学生的创业兴趣。

（二）指导学生创业文案的撰写

课堂上老师要想办法来启发学生们的创业思想，引导学生们的创业思路。适当的布置一些团队性质的实操作业，当然这里的实操是指创业文案的撰写还并非真刀实枪的市场化运作。作为创业导师，要不断鼓励学生撰写创业文案，哪怕开始时写得不尽如人意，也要给予适当的肯定！同时，也要多问问学生们“为什么”，让学生们自主动脑从而发现问题和解决问题。指导创业文案并非给学生们“划框框”，更不是告诉他要如何如何去做，而更多的是启发学生们自己的创业思想、引导学生们自主动手的能力和判断方向，通过自己的努力而创作出逐渐成熟和漂亮的创业文案。

（三）鼓励并扶持学生小型项目的落地实施

作为大学生创新创业的重要孵化机构，高校要给学生们留出适当的空间和政策来扶持学生们的初期创业项目，鼓励大学生在校内规定的空间和时间内进行初期创业项目的市场化实操，让学生们获得更多关于创业的一手经验。作为教育一线的创业导师也要尽力扶持学生们的初期创业项目，多提点子和思路、提供平台找资金，鼓励学生挽起袖子加油干。课堂上项目文案的撰写和演练结合课堂以外初期项目的市场化实操，让学生们在校期间真正的领会到国家提出的“大众创业、万众创新”和“大学生创新创业”的时代思潮，从而获得新时期“弄潮儿”的过硬技能。

当代大学生的创新创业教育是一种新型的教育模式和教育方向，它的核心价值在于培养和拓展当代大学生更好地适应社会、立足社会的新时代重要能力！随着我国全面实现民族伟大复兴时期的到来、经济的高速发展、科技生产力的迅猛提高，当今社会对新时代大学生的要求也更高。“创新创业”看似好像在培养学生们应该如何“做买卖”，实则是在培养学生们自力更生、艰苦奋斗、适应时代发展、灵活把握人生的重要能力！国家在当下提出大学生创新创业的重要思想，一是为提高大学生的就业率，解决大学生毕业就业难的问题；二是为当今社会经济全球化发展打下坚实的人才基础；三是推进国家素质教育的进程，以不断推动我国社会的全面进步。

大学生竞赛与应用型复合型人才培养相结合的管理机制探究*

——以四川文理学院为例

曾宪文**

【摘　要】 大学生竞赛活动能以赛促学，以赛促教，培养学生的创新精神、批判思维、责任心和团队意识，也能提高学校办学声誉。但是，大学生竞赛活动还存在参与的广泛性不高，系统性不强，激励机制不完善等不足。因此，需要合理构建大学生竞赛活动运行管理机制，从管理制度、组织机构、竞赛划分、条件保障、激励措施等方面统筹规划，切实保障大学生竞赛活动有序进行，取得良好的效果。

【关键词】 大学生竞赛；应用型；复合型；管理机制

大学生参加各级各类竞赛活动，已经成为高校培养学生实践能力和创新精神的一项重要举措。教育部《关于全面提高高等教育质量的若干意见》（教高［2012］4号）指出，要强化实践育人环节。竞赛活动是进行实践育人的重要环节。四川文理学院作为一所地方本科院校，以塑造具有“三心四能五复合”（即高度的责任心、持续的进取心、强烈的好奇心；良好的表达能力、扎实的实践能力、突出的创新能力、基本的创业能力；社会担当与健全人格、职业操守与专业能力、人文情怀与科学精神、历史眼光与全球视野、创新精神与批判思维相结合）的高素质应用型、复合型人才为培养目标。因此，探究竞赛活动与培养高素质应用型复合型人才如何有效对接，探索大学生竞赛活动的管理模式，创新举措，具有重要意义。

一、大学生竞赛活动在人才培养中的意义

（一）以赛促学，以赛促教，提高教育教学质量

近年来，国家教育主管部门越来越重视学生竞赛活动，把竞赛成绩作为学校办学水平、人才培养质量的一个重要指标。事实证明，竞赛活动并不仅仅是学校办学水平的点

* 基金项目：四川文理学院2017—2019校级教育教学研究与改革项目“基于应用型复合型人才培养的大学生竞赛活动运行管理模式研究与实践”（2017JZ22）研究成果。

** 曾宪文，男，教授，研究方向：外国文学、高等教育研究。

缀，而且在促进学生学习，促进教师提高教学质量等方面都具有重要作用。一是能提高学生的学习兴趣，检验学习效果。竞赛活动具有明确的规则和目标，强调知识的应用性、实践性，能促进学生加强理论与实践的结合，激发其实践动手能力。同时，竞争的激烈性，获奖后的荣誉感，更能激发学生的学习兴趣，营造你追我赶的学习氛围。二是能促进教师教学水平，提高教学能力，推进教学改革。传统教学往往重理论轻实践，重知识轻能力，教师常常只注重传授书本知识，考试也以考核知识为主，忽略知识的实践和应用。通过竞赛活动，则可以促进教师转变教学观念，强化实践教学，加强专业知识与生产实践的结合，深化教学改革，从而提高教育教学质量。

（二）培养学生的创新精神和批判思维

创新是一种创造性的实践行为，是个人成长成才，民族兴旺发达的标志，而大学生竞赛活动是培养和检验学生创新精神的重要载体。竞赛活动是以凸显差距、选拔优秀为目的，赛事内容必然具有一定的挑战性、前沿性，就要求学生必须具有创新精神、批判思维。有的赛事，对学生的临场应变、应急处理能力要求很高，学生通过赛前训练，紧张参赛，赛后总结，创新能力、创新精神会不断提高。

（三）培养学生的责任心、进取心和合作精神

大学教育不仅仅是教会学生一定的专业知识，而且要培养、提高学生的综合能力和素质，特别是培养学生强烈的责任心、持续的进取心和团队合作精神，大学生竞赛活动就是重要的平台。学生参加竞赛不仅仅是个人的事，也是自己所属团队和集体的事情，通过参加比赛，学生的集体责任感得到培养。竞争的激烈性，竞赛的荣誉感，促使参赛学生持续进取，不断努力，并内化为以后持续进取的动力。同时，不论是何种赛事，都需要团队协作能力，无论是赛前培训时与老师的沟通，比赛时与小组成员间的配合协调，还是处理竞赛时的各种事项，都需要学生具有合作精神。

（四）提升学校的办学声誉

竞赛活动往往具有很强的社会影响力，特别是省级以上赛事，因其集中了众多高校参与，成为不同学校之间沟通交流的桥梁，取得优异成绩的团队也为大家知晓。因此，一所学校往往通过其竞赛活动取得的优异成绩而产生良好的社会声誉，其正面宣传效果不容低估。同时，也能从一个侧面体现学校的办学质量和水平。正因为如此，学校在对外宣传时，学生竞赛所取得的成绩往往是其呈现的亮点，也是培养效果的有力佐证。

二、大学生竞赛活动存在的问题

（一）学生参与竞赛的广泛性不高

由于竞赛活动是以选拔优秀选手为目的，建立淘汰机制也成为竞赛活动的必要措施，这就导致很多自认为不优秀的学生存在畏难情绪，不愿意参加比赛，因此，竞赛成为部分优秀学生的“专利”，学生参与竞赛的广泛性不够。特别是省级以上赛事，很多学生甚至并不知晓，也不关心，这使竞赛活动在人才培养中的重要作用大打折扣。

（二）竞赛活动的系统性不强

从实际情况看，学校、二级学院每年都会有一些常规性竞赛活动，如辩论赛、演讲赛、田径运动会、数学建模比赛、歌手大赛，等等，但这些赛事在人才培养目标中承担何种功能，不同的竞赛如何归类，学科专业竞赛与综合性竞赛怎么有机结合，等等，少有人认真思考和研究，这就导致竞赛活动的系统性不强。这样，学生不清楚哪些竞赛是自己必须参与并努力取得好成绩，哪些竞赛是靠兴趣和爱好来参与的。从学校管理来看，如果竞赛活动缺乏系统性，不同竞赛活动各自为政，会导致统一协调性不足。

（三）激励机制不够完善

要使学生、教师、各职能部门及二级学院高度重视竞赛活动，必须有相应的激励机制。目前学校虽然出台了一些激励措施，奖励方案，但还不够完善。对学生的激励来说，很多竞赛活动并不是其完成专业学习的必要条件；对老师来讲，对参赛学生的指导往往只是额外的工作，只有获得相应奖项才有一定的奖励；对各二级单位，则组织竞赛活动会增加工作量，且对常规工作形成冲击。所以，激励机制的不够完善，成为制约大学生竞赛活动的一个重要原因。

三、合理构建大学生竞赛活动运行管理机制

大学生竞赛活动意义重大，但在现实中又存在诸多问题，就需要我们总结经验，直面问题，合理构建大学生竞赛活动运行管理机制，从管理制度、组织机构、竞赛划分、条件保障、激励措施等方面统筹规划，切实保障大学生竞赛活动有序进行，取得良好的效果。

（一）注重顶层设计，完善竞赛管理制度与组织机构

学校要高度重视竞赛活动，加强顶层设计，从竞赛的各个方面、各个层次、各种要素统筹规划，集中有效资源，高效快捷地推进大学生竞赛活动。首先是完善竞赛活动相关管理制度。学校出台了《大学生竞赛活动管理办法》《教学成果奖励实施办法》《学生奖励实施办法》等文件，对竞赛的组织管理、奖励措施等做了规定，但还需不断完善相关举措，细化方案，使之有章可循。其次，加强竞赛活动组织机构建设。由于竞赛的种类多，涉及面广，可以在相关部门各司其职的基础上设立全校性的协调机构，使竞赛管理更完善，更有效。再次，建立“四年一贯制”大学生竞赛体系。一方面梳理已有的赛事，另一方面根据人才培养目标需要设置新的必要的赛事，再将所有赛事统筹安排，形成以专业为划分依据的大学四年竞赛计划，将其纳入专业人才培养方案，加强管理，建立科学合理的“四年一贯制”大学生竞赛体系。

（二）科学合理划分竞赛类别划分，分类管理

随着时代的发展，大学生竞赛活动的种类和项目越来越多，给竞赛活动的管理提出了更高的要求，因此，科学合理划分竞赛类别，实施分类管理，显得尤为重要。从竞赛层次来看，可以分为国家级、省级、市厅级、校级、院级竞赛等，不同层次的竞赛应有相应的管理措施，配套政策。从竞赛种类来看，可以分为学科专业竞赛、职业技能竞

赛、综合竞赛等。学科专业竞赛是与学生专业学习、专业能力培养密切相关的赛事，学校实施“一专业一竞赛”“一课一展”，就是竞赛活动与专业学习紧密结合的举措。“一专业一竞赛”就是要求每个专业原则上都要有一种与学科专业密切相关的赛事，通过竞赛促进学生学习，检验专业学习效果。“一课一展”，即课程教学成果展示，将学生最高水平的课程论文、设计、方案、创作作品、艺术表演等展示出来，进行评议。以展出为竞赛平台，促进学生学习，激发竞争意识，为专业竞赛打下坚实的基础。职业技能竞赛，则是结合生产和经营工作实际开展的突出操作技能和解决实际问题的竞赛活动，这类竞赛可以与相关行业企业联合举办，也可与职业技能鉴定密切结合。综合竞赛是人人皆可参与，主要检验学生综合素质和能力的竞赛活动，如演讲赛、辩论赛、创新创业大赛、大学生艺术节的各种赛事等，这类赛事要营造人人参与的氛围，既要选优，更要普及，使每个学生都能得到锻炼，都能在应用型、复合型人才培养上得到提升。

（三）建设一支高水平师资队伍

加强师资队伍建设，是提高竞赛水平和成效的重要保障。从总体上看，教师需要提高实践教学水平，能做到理论与实践相结合。就组织选拔竞赛指导教师来看，一是对校内教师加强培训，比如派到企事业单位挂职锻炼，参加一些赛事的观摩学习，考取资格证书，等等。通过这些措施，打造“双师双能型”教师队伍，使参赛学生得到专业的指导。二是聘请相关行业专家、技术骨干直接参与赛事指导和管理，或举办讲座，或座谈交流，或进行技能展示等，将校内指导与校外指导有机结合。三是将竞赛指导与本科生导师制相结合，使学生在专业学习、竞赛活动、创新创业、职业规划等方面与老师建立起卓有成效的联系，使老师成为学生真正的人生导师。

（四）打造竞赛活动实验实训平台

大学生竞赛要取得良好的成绩，赛前训练十分重要，而训练必须依托一定的实验实训平台，学校应将竞赛训练需求纳入实验实训平台建设规划之中。一是要利用好已有的专业实验实训室、实验实训设备等，提高实验室开放性水平，购置相关竞赛所需的设备。二是加强校企合作，打造校外竞赛训练平台，将其与专业实践教学基地建设有机结合，有条件的相关专业学生还可参加企事业单位的劳动技能比赛等赛事。三是加强与职业资格认证机构的联系，依托相关认证机构，将竞赛活动内容与职业资格认证标准有机结合，以竞赛为助推力，提高学生获取相关职业资格证书的能力和水平。

（五）建立有效的激励机制

近年来，学校出台了相关文件，制定了一些措施，对竞赛活动予以支持。一是将学生参加竞赛活动纳入人才培养方案通识实践课中，给予一定的学分，同时，对参加省级以上赛事的同学予以资助，竞赛获奖给予相应奖励。二是对竞赛指导教师给予相应教学服务工作量，若指导学生获奖，教师也有相应奖励，同时在评优、评职称等方面在同等条件下给予优先考虑。三是对竞赛承办部门视其实际情况给予支持，并纳入目标考核。

总之，开展大学生竞赛活动，需要精心组织，强化管理，建立和完善有效的管理措施和激励机制，使之成为学校应用型整体转型发展的重要支撑。同时，能使学生真正学有所得，学有所长，符合社会时代的需要，提高应用型复合型高素质人才培养水平。

【参考文献】

[1] 付兴锋，等. 以大学生竞赛活动为契机，推进实践教学改革 [J]. 中国现代教育装备，2015 (11).
[2] 杨一涛. 大学生竞赛与本科教学相结合培养人才的方法探索 [J]. 南昌高专学报，2010 (3).
[3] 汤勇明，等. 大学生竞赛组织和创新能力培养的探索 [J]. 电气电子教学学报，2009 (8).

基于学科竞赛和大学生科研项目为驱动的电子类专业人才培养模式改革与探索*

王益艳　唐瑜梅　易　鸿**

【摘　要】 培养具有实践创新能力的高素质应用型人才是社会发展的需要，也是地方普通本科院校的人才培养定位。本文在分析了传统人才培养模式存在的不足的基础上，主要针对电子类专业，提出了基于学科竞赛和大学生科研项目为驱动的人才培养模式改革方法与实现途径。

该人才培养新模式不但能有效提高电子类学生的实践创新能力，并且能推广到其他相关的工科专业，具有极高的应用价值。

【关键词】 人才培养模式；实践创新能力；学科竞赛；大学生科研项目

一、引言

随着新一代信息技术的迅猛发展，电子信息技术在各行各业应用越来越深入，社会也迫切需要电子信息类学生具备较强的工程实践能力和创新能力。因此，将实践能力和创新能力的培养融入电子专业高等教育的过程中，是时代发展的需要，社会发展的需要，更是教育自身发展的需要。

现行高校教育越来越强调理论教学与实践教学相结合[1]。其中，实践教学作为一个重要的组成部分，能很好地培养工科学生的实践技能和创新能力，是体现实训特色的一个重要方面。对电子信息类专业来说，目前，在我国各大高校开展的以“挑战杯”和“电子设计大赛”为主的大学生科技创新活动对于大学生形成创新意识、培养实践能力发挥了积极的作用，也受到了社会的高度关注[2][3]。本文旨在以地方本科院校为例，在结合传统教学的基础上，将大学生科技创新活动融入课外实践过程中，以“学科竞赛”和“大学生科研项目”为两翼驱动，来培养大学生的创新意识，提高他们解决实际问题

* 基金项目：四川文理学院教改项目（2017JY27，2017JY21，2017JY29）。

** 王益艳（1982—），男，湖北咸宁人，副教授，硕士，主要从事电子信息与计算机应用研究。
唐瑜梅（1991—），女，四川宣汉人，助教，硕士，主要从事智能控制与图像处理技术研究。
易鸿（1981—），男，四川平昌人，副教授，硕士，主要从事智能控制与智能信息处理研究。

的能力。

二、现阶段人才培养模式中存在的问题

对地方本科院校而言，在校学生学习基础一般、发展潜力较大，但是在创新能力方面表现出严重不足，亟待提高的境况。其中，在大学生培养过程中比较明显的问题主要可归纳为以下几个方面：

(1) 大学生接受的大多是以教师和课本为中心的灌输式的教学方法，长期处于被动的学习状态而很少发挥主动思考能力，难以激发出学生深层的创新潜力。

(2) 地方本科院校对于学生学习过程中的激励机制和评价机制不健全。很多大学生平时都把时间精力用于应付各种考试，虽提高了书本知识的掌握水平和应试能力，拿到较好的成绩，却忽视了在学习过程中的创新意识和创新能力的培养，所以出现了很多“高分低能”的现象。

(3) 课程教学未能很好地与实践相结合，学生缺乏实践、训练的渠道和平台，从而导致学生只能学习理论知识，无法把知识与实际联系起来，严重阻碍了大学生创新能力的培养。

鉴于上述存在的问题，为了提高现有工科学生在实际工作的适应能力和工作效率，以电子设计大赛、“挑战杯”和大学生科研项目等作为实践教学中的重要检验环节，通过学生参加、教师指导、项目实训等诸多环节，使得大学生的创新能力得到锻炼和提高。

三、新人才培养模式的本质内涵

基于“学科竞赛”和“大学生科研项目”为两翼驱动的培养模式是以学校的创新型人才培养目标为宗旨，努力提高电子类学生实践创新能力的教学活动[4][5]。通过学科竞赛、科研项目训练等方式，培养一批实践创新能力较强的学生开展实践创新创业活动，将部分竞赛或者科研项目的内容真正孵化成可具操作性的实践创新创业活动，从真正意义上提高学生的实践创新能力。同时，学生将在实践创新创业活动中积累的经验进一步反哺并丰富学科竞赛和科研项目的内容，使之更丰富、更具有实践性，这种“学科竞赛”和“大学生科研项目”两翼驱动的培养模式（如图1所示）和创新实践活动之间形成相辅相成、相互促进的关系，以此共同提高学生的实践创新能力。

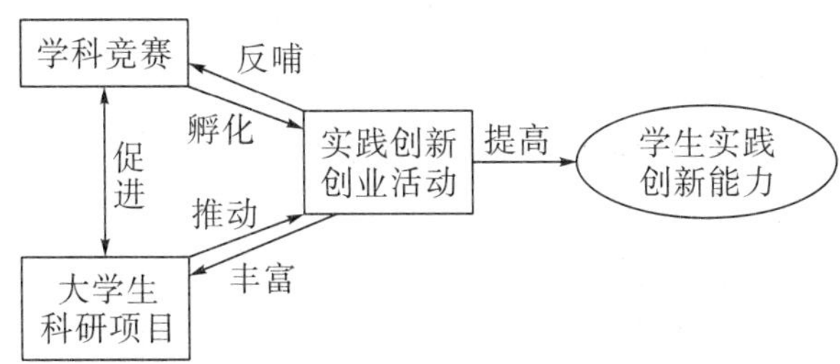

图1 基于“学科竞赛”和“大学生科研项目”的两翼驱动模式

四、新人才培养模式的实现途径

（一）构建学科竞赛中“四年竞争”的学习机制

传统实践教学和管理模式导致学生就业困难，没有竞争力，这迫切地要求电子类学生能够适应社会需要，在掌握基本专业技能的基础上综合运用新的思维方法，勇于发明和创新。大学生学科竞赛有着常规教学不可及的特殊的创新创业教育功能，对培养学生实践创新能力，优化人才培养过程，提高教学质量，具有独特的和不可替代的作用。

因此，为了使学科竞赛成为高素质创新人才培养的一条有效途径，构建了“四年竞争”的学科竞赛学习机制（如图 2 所示），形成系列化、全程化的学科竞赛，使学科竞赛围绕“国省级科技竞赛——提高水平，争荣誉；校院级科技竞赛——扩大学生受益面，强能力”的思路开展工作，将实践教学与竞赛有机结合起来。

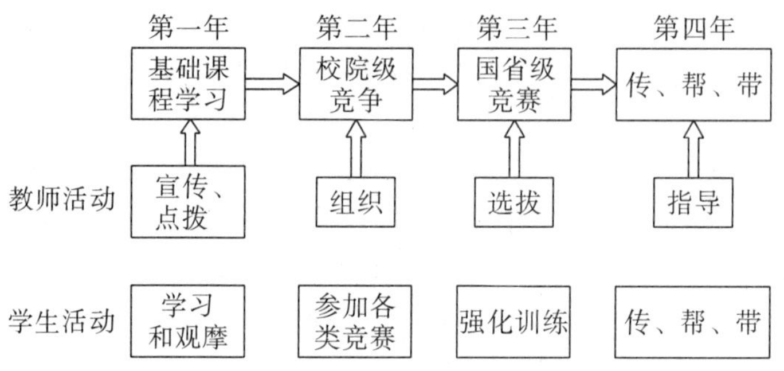

图 2　“四年竞争”的学科竞赛学习机制

（1）第一年是基础课程学习。新生入校后，任课教师在学生的课程学习中逐步介绍相关竞赛的内容，并有意识地进行指导和点拨。组织新生观摩高年级学生的竞赛作品，宣传以往的竞赛成果，激发新生对科技竞赛的兴趣。

（2）第二年校院级竞赛。进入大二阶段，教师将根据学生的兴趣爱好进行组队，并且为每个团队指定一名指导教师和若干学习助理（竞赛经验丰富的高年级学生担任）。教师根据学生的兴趣爱好进行不同类别的竞赛内容辅导，定期开展相关课程知识点讨论、学习心得交流等，以多种方式来激发学生的学习兴趣，提高学生的实践创新能力。这种以兴趣小组形式，组织学生参加校院级组织的各类科技竞赛，对提高学生动手实践能力，积累经验，并为选拔人才参加更高层次竞赛提供了帮助。

（3）第三年国省级竞赛。在校竞赛中表现优异的学生，选拔进入高一层次的竞赛团队，准备参加省级或国家级的科技竞赛。将选拔出的优秀学生进行组队，进行强化训练，团队成员之间通力合作。这既能培养学生的团队协作精神又能提高学生的实践能力和创新意识，最终能培养出高层次、全方位、创新实践型人才。

（4）第四年“传、帮、带”。高年级的学生在专业知识和参赛经验上都比较丰富。以能力较强的学生为核心建设项目团队，高年级和低年级学生、老成员和新成员间进行“传、帮、带”，促进团队成员的快速成长。最终达到以竞赛促教学发展、以竞赛培养学生的实践创新能力。

（二）以大学生科研项目为载体，构建“三位一体”的学生科研活动模式

培养电子类学生的创新实践能力，仅通过学科竞赛单一模式是远远不够的，因此，本文还将积极探索以科研项目为载体，学生主持或参与科研活动的人才培养模式。师生在科研过程中共同探讨解决问题的方法，这改变了以教师、教材为中心的传统教学模式。学生能够利用掌握的专业知识，带着问题去学习和研究，在发现、分析和解决问题中必然会大大提高学习兴趣和热情，培养其创新意识和实践创新能力。

学生参与科研项目的形式有：主持各类创新创业项目、实验室开放项目、参与教师主持的科研项目以及学术论文的撰写等[6][7]。在指导教师的引领下，鼓励学生积极参与不同项目的申报和研究。指导教师针对学生欠缺的科研思维以及科学选题进行引导，而对科研过程中如何进行查阅文献、论文撰写以及结论总结等方面进行详细指导，使学生能完整地了解项目如何申报、立项、研究并总结整个过程。这不仅提高了学生的科研水平和创新能力，而且提高了学生的团队协作精神。以学生主持的科研项目为例，构建“学院→指导教师→项目组成员（学生）”三位一体的学生科研活动模式（如图3所示）。

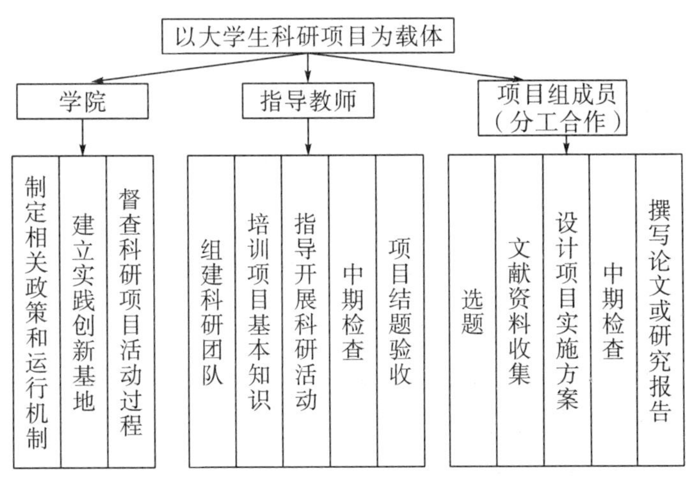

图3　“三位一体”的大学生科研活动模式

在图3中“三位一体”的学生科研活动模式是对学生创新思维和实践创新能力培养最有效的途径之一，可将学院、指导教师、项目组成员进行划分，设定不同职责。

（1）学院的主要职责是在项目管理上制定相关政策措施和运行机制，支撑和鼓励学生参与科研活动；并建立实践创新办公室，以各类学科竞赛、课外科技创新活动、社会实践等为主要载体，给师生提供良好的科研平台；并对科研项目的活动过程进行督查。

（2）指导教师负责组建科研团队；为使项目组成员对该项目有所了解，指导教师对整个项目的研究背景、技术路线等进行详细介绍，对整个科研团队进行科研基本知识培训；做好对科研团队的指导工作、中期检查和项目完成后的验收工作。项目指导教师不仅让学生参与课题研究各个环节的具体工作，而且对提高学生的科研水平、培养学生的科研态度、方法以及科研精神都具有重要意义。

（3）项目负责人在教师指导下先做好选题工作，再对课题小组成员进行工作分工。项目组成员分别负责文献资料收集、课题调研、制定项目的实施方案、项目的具体实施

以及撰写阶段性研究成果论文或研究总结报告等，使得处在不同水平程度、不同专业方向的学生都拥有适合自身锻炼的机会。这种科研活动模式切实实现了培养学生科研素质、科研能力的目标，使学生能积极主动地参与到指导教师的项目研究中，从而实现教师与学生在科研方面的充分互动和融合。

（三）构建四层金字塔式课外开放工程教育实践训练体系

以“学科竞赛”和“大学生科研项目”为重要抓手，强调理论教学模式和实践教学内容的改革，重在强化对学生动手实践和创新能力的培养。整合学校电子专业现有的软硬件资源和师资力量，将开放实验、开放选题、系列选修课、项目教学及系列学科竞赛相融合，分步骤、有梯度的针对不同年级、不同专业开展系统培训。笔者构建了自下而上的四层金字塔式课外开放工程教育实践训练体系[8]（如图 4 所示）。

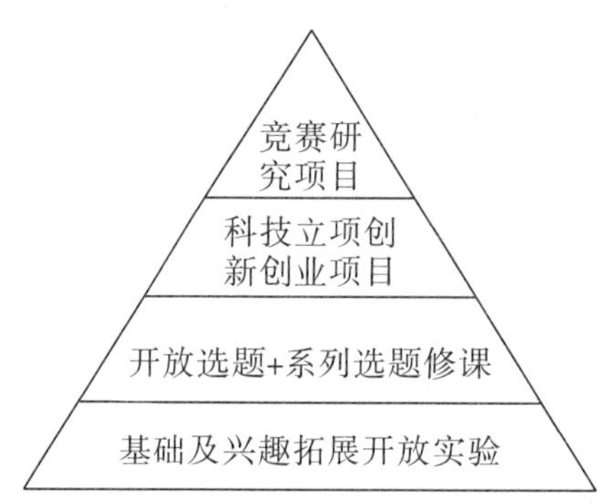

图 4　四层金字塔式电子类专业创新人才课外培养体系

（1）第一层，开放实验拓展兴趣，培养学生严谨的科学实验能力。作为培养体系的基础层，面向广大电子类学生，将课内实验开放和课外实验拓展相结合，激发学生兴趣，开展基础知识和基本技能培训，鼓励有兴趣的同学选报开放选题和选修课。课内实验室定期开放，学生可完成课内实验的拓展；课外创新实验室不定期开放，学生可完成课内多科目综合实验以及课外兴趣创新实验。开放时间辅导均安排值班教师。

（2）第二层，开设系列开放选题，培养学生的应用设计能力。为提高电子类兴趣爱好学生的应用能力，促进理论知识与动手实践能力相结合，立项开放选题指南，并以任选课的形式面向学生开设。开放选题和选修课，分层次有梯度的开设，在给定学分的同时，选出优秀学生开展前期项目培育。

（3）第三层，组建项目小组，培养学生的工程实践能力。经过前两个层次的训练和学习，借鉴 CDIO 工程教育培养模式，组成项目小组，在教师的辅导下，积极申报各类大学生创新创业项目。通过项目训练形成课题小组，进一步提升学生的工程实践能力。

（4）第四层，成立课题研究组，培养学生研究创新能力。组建电子综合设计、物联网类、机器人系统等大类项目群，形成师生混编相对稳定的可持续课题研究组，通过课题研究和项目教学，最终培养出理论联系实际、实践应用能力较强的创新人才。

另一方面，为保障上述四层金字塔式课外开放工程教育实践训练体系的实施效果，采用如下负责制度，以课内外相结合的方式促进电子类创新人才的培养。

（1）第一阶段，学长负责制。针对大一、大二的学生，开放实验室以实践基地为平台，每年定期开展电子设计兴趣宣讲，并同时举办电子设计沙龙系列课外科技活动。参加电子设计沙龙的学生根据兴趣选择不同的小组，如模电类、控制类等，学长加入兴趣小组，采用“传、帮、带”的模式，对低年级的学生进行入门引导，并完成低难度实物制作。

（2）第二阶段，任课教师负责制。针对大二、大三的学生，根据各专业特色平均每学期开设多门实践选修课。对电子设计感兴趣的学生选修相关课程，将理论知识在实践中加以应用，提高动手能力，同时修得相应的学分，很好地实现了对专业课程的承接和拓展。

（3）第三阶段，指导教师负责制。针对大三、大四的学生，组建日趋成熟的研究小组，以学科竞赛和创新项目作为两翼驱动，让学生在提升能力的同时，实现自我价值。

五、结论

本文在分析传统大学生培养过程中存在不足的基础上，提出了基于“学科竞赛”和“大学生科研项目”为两翼驱动的人才培养模式改革方法。一是提出了构建学科竞赛中“四年竞争”的学习机制。二是提出了以大学生科研项目为载体，构建“三位一体”的学生科研活动模式。三是构建了自下而上的四层金字塔式课外开放工程教育实践训练体系。这种人才培养新模式不但能有效提高电子类学生的实践创新能力，并且能推广到其他工科专业，如“计算机”“物联网工程”“机械工程”等，具有十分重要的应用价值。

【参考文献】

[1] 李泽光，张玉霞，李晓梅，等. 电子设计竞赛与创新人才培养体系建设［J］. 大连大学学报，2005（6）：29－31.

[2] 张瑞成，陈至坤，王福斌. 学科竞赛内容向大学生实践教学转化的探讨［J］. 实验技术与管理，2010（7）：130－132.

[3] 吴文通，李和平，赖成瑜. 基于赛事的高校学生创新能力培养的实践研究［J］. 井冈山学院学报（自然科学版），2009（10）：143－145.

[4] 汪云路. 依托学科竞赛，培养创新工程型人才［J］. 大众科技，2011（08）：227－228.

[5] 张友琴，王萍，朱昌平，等. 以大学生创新性实验计划为契机培养创新型人才［J］. 实验技术与管理，2011（1）：167－170.

[6] 刘静. 依托教师科研项目培养工科大学生实践创新能力［J］. 科教文汇，2013（7）：54－55.

[7] 马彦兵，董昌文，聂思敏，等. 以科研项目为主导，提高大学生实践与开发能力［J］. 赤峰学院学报（自然科学版），2012（5）：237－238.

[8] 王业社，王放银，向文江. 大学生科技竞赛与创新能力培养的研究与实践［J］. 中国电力教育，2013（10）：187－189.

地方转型高校教师信息技术应用能力提升研究*

罗　江**

【摘　要】 本文分析了地方高校转型对教师信息技术应用能力的要求，从信息技术应用现状、信息技术能力培养、激励考评机制、教学观念和教学设计等方面展现了教师信息技术应用能力提升的主要问题。提出了增强教师应用信息技术的意识、加强信息技术培训力度、开展信息技术与教学融合研究、建立信息技术考评机制和促进优质教育资源共享等五项措施。这对提升教师队伍信息技术应用能力和提高教学质量具有积极的意义。

【关键词】 转型高校；教师；信息技术；应用能力

一、引言

《国家中长期教育改革和发展规划纲要（2010—2020 年）》明确要求“提高教师应用信息技术水平，更新教学观念，改进教学方法，提高教学效果”；四川省教育厅《关于深化教育领域综合改革的指导意见（2014—2020 年）》中指出，“全面提升教师信息技术应用能力和水平，推进信息技术与教育教学的深度融合”。可见，提高教师以计算机、网络、多媒体为基础的信息技术应用能力和水平，是高校师资队伍建设中必须关注的重要问题。

在师资建设方面，学校更关注教师学历、职称的提高、科研能力的增强和专业技能的强化，对提高教师信息技术应用能力更多局限于短期培训上。国内学者王颖[1]、杨宗凯[2]、田永晔[3]等进行了相关研究，提出了将应用能力与创新能力培养相结合、完善培训评价体系、改革培训模式等观点。

“地方转型高校教师信息技术应用能力培养研究”项目所在高校适应转型发展，创新性地提出包含“教学服务信息化”在内的“四化一体”人才培养模式改革，大力推动信息化建设。“信息技术应用能力”已不只是强调技术本身，而是与教学、管理深度融

* 基金项目：四川文理学院教改重点项目“地方转型高校教师信息技术应用能力培养研究”（项目编号：2017JZ08）成果之一。

** 罗江（1978—），男，四川南江人，副教授，硕士，研究方向：计算机应用研究。

合的综合能力。地方转型高校如何提升教师信息技术应用能力是值得深入研究的问题。

二、地方高校转型背景下对教师信息技术应用能力的要求

高等教育信息化的实践主要可分为学术科研信息化、行政管理信息化和课程教学信息化三个方面[4]，即教师的信息技术应用主要在教学、科研、管理服务等工作中得以体现。其中，科研工作中的信息处理主要涉及资料查询检索、数据分析统计、成果展示推广和科研信息管理等方面；行政管理的信息化主要体现在管理信息化和办公自动化。充分利用先进的信息、网络技术，多渠道、全方位地进行信息资源的加工、检索、预测和利用，可以大大提高科研人员和管理人员的工作效率和质量。

2015 年 10 月教育部、国家发展改革委和财政部发布《关于引导部分地方普通本科高校向应用型转变的指导意见》，明确了地方高校转型的方向。地方本科院校应用型转型，应该遵循高等教育的规律，根据实际情况在办学定位、培养方式、学科专业设置、应用研究、社会服务、师资建设等方面进行整体转型。其中，高校深度转型发展体现在人才培养从“知识本位”转向“综合素质本位”[5]。这就要求全面提升教师包括信息技术应用能力在内的教学能力。国外学者 Dineke E. H. Tigelaar 认为教师的教学能力是综合的个人特征，是支持在各种教学环境中满足有效教学所需要的知识、技能和态度。由此，教师信息技术能力就是教师开展教学活动、实施教学过程中，需具备信息技术的认知、综合运用和实践能力，并应用信息技术辅助教学设计、教学实施、教学评价与反思，以确保学生高效、顺利地完成学习任务。

项目所在高校教师面对的学生近 1/3 将从事教育工作，课堂上小到一张 PPT 的颜色搭配，大到教师人生观、世界观，教师的言传身教深深地影响着他们。学生毕业后又会影响他们的学生。因此，提升教师的信息技术应用能力，不仅仅是现代教育技术在教学中应用的问题，也是端正教师治学态度、提高教师职业素养和专业能力、促进教学改革的重要途径。

三、提升教师信息技术应用能力的主要问题

教学质量是学校的生命线，而学校教育的主阵地在课堂，因此课堂教学质量的高低直接关系到学生素质的优劣。当前大学课堂基本采用多媒体教学手段，提高单位课堂的信息量和授课效率。但同时出现了多媒体教学的困境：大学教师的“PPT 依赖症”更加严重，学生的思维过程被“课件流程”取代，大学课堂变得更加感性和平面化[6]。这些问题反映出教师的教学态度，也反映出教师的信息技术应用能力参差不齐。

从信息技术应用现状来看，教师需要制作和使用多媒体教学资料授课，利用计算机网络和专业软件查询信息并辅助完成科研任务。由于计算机硬、软件更新速度快，教师的计算机应用技能各异，教学科研任务重、时间紧等原因，导致教师自制的多媒体教学资料良莠不齐，软件使用效率低，电子文档格式不标准、信息缺失等，造成资源浪费和授课效率下降，难以实现现代教育技术深度应用的目标与优质资源共享的愿景。

从信息技术能力培养来看，相关培训不多。一般高校都会为刚入职的教师提供短期培训，设置有信息技术课程，但是时间较短，少有针对性的系统培训。教师入职后容易

忽视信息技术在教学中的作用，将大量精力用于提高业务能力和职称评定。在培训过程中，多数教师都是被动接受和依靠单纯记忆技能及经验，并没在实际工作中遇到相关问题。而遇到问题时，仅凭个人的计算机基础和对信息技术的理解来处理，缺乏综合运用文字、图像、音视频和动画等多媒体的经验，导致制作课件时不得不照搬网络素材或教材的内容。

从激励考评机制来看，很多高校重科研轻教学，教学往往更看重工作量、教学事故、指导学生获奖等情况，听评课、网络评教等能够直接反映教学质量的数据仅作为参考。这在一定程度上忽视了课堂的信息化程度。

从教学观念来看，角色迁移不到位。教师们能够主动更新教学观念，认识到“以学生为主体”的角色转变，课堂上也使用多媒体课件，与学生进行教学互动，注意学生的感受、激发学生学习的积极性[7]。但在实际运行中不能长期坚持，在设计教学进度和教学内容上，仍以“教”为中心，为方便自己教学的实施和完成教学任务，致使信息化教学方式流于形式。

从教学设计上看，缺乏信息技术与课程的整合。教育信息化的重要标志及实现途径就是信息技术与课程整合[8]。教师都会制作和使用多媒体资源，但对多媒体教学的研究却比较滞后。在进行课堂教学设计时，常常只是利用多媒体课件展示内容要点或必要的图片、视频等，并未将信息技术、教学内容和教学法做深层次整合，未提出切实有效的教学设计策略。

四、教师队伍信息技术应用能力提升措施

（一）增强教师应用信息技术的意识

当今高等教育信息化建设不断发展，要求高校教师具备较强的信息获取能力。要教好学生，要求教师熟练掌握信息技术，提高信息素养，获取丰富信息，这样才有能力指导学生获取信息、解决问题。特别是在信息大爆炸的网络时代，信息来源和传播途径更为复杂和广泛，网站、论坛、微博、微信等成为信息传播的重要渠道。这迫使教师必须具有较强的获取、选择、贮存、利用和加工信息的能力，不断更新自己的知识。这些能力要求教师要树立主动应用信息技术的意识，无论是利用信息技术获取数据资源，还是应用信息技术进行辅助教学都要有主动性。

在教学中，教师遇到实际的信息技术应用问题，通过请教、查询资料等解决了问题，这才能体现教师的需求，加深教师记忆。他们会对解决这些问题的方法给予高度重视并积极学习。因此，学校有必要积极引导和激励广大教师潜心教学，充分应用信息技术提升教学效果。

（二）加强信息技术培训力度

实施教师能力培养工程，对教师进行定期校本培训，使其学习并掌握先进的信息技术及手段，培养其职业技能和素养。学校人事部门或教师教学能力发展部门，应树立正确的培训观，实施模块化培训，探索混合式培训模式。采取“网络教学+实践指导”相结合的培训方式，减少培训中的理论讲解，将信息技术的培训回归到促进学生有效学习

的教学本质上来。培训内容可以由浅入深，从通用软件到专用软件，如 Office、WPS 等办公软件，办公自动化系统，图形图像处理软件，教务管理系统等。形式上可以将应用能力与创新能力的培养相结合，帮助教师快速掌握信息技术应用技能。比如将多媒体课件制作比赛、信息化授课观摩等活动纳入教师培训计划，以提高教师信息技术在教学中的应用能力。

鼓励教师参加教育部在线课程的学习培训。教育部提出：开发面向各级各类教师的教育技术培训系列教材和在线课程，建设教育技术能力在线培训平台和网上学习指导交流教育教学改革社区，实行学科教师、管理人员和技术人员的教育技术培训[9]。教师通过在线学习，了解、掌握信息化教学的特点和方法，交流、积累信息化教学经验，再将经验应用于教学，不断提高自身信息技术应用能力。

（三）促进信息技术与教学融合

经过实践证明有效的建构主义理论，强调学生对知识的主动探索、主动发现和对所学知识意义的主动建构。这种以学生为中心的教学观念，强调的是“学”。故教师在进行教学设计时，应寻找信息技术与教学深度融合的途径，进行信息化教学设计、信息化教学实施、信息化教学评价，推进以学生为中心的教学改革。

地方转型院校以培养应用型、复合型人才为主要目标，办学定位一般是应用型、地方性。因此，教与学都应体现应用能力培养的目标：在教师教学设计中，教师应充分应用信息技术，制作适合教学要求的电子教学材料；在教师开发基于地方建设特色的课程时，材料的收集、教学资源的处理和网站的建设也应充分体现信息技术的作用。

在教育教学中，调动教师和学生的积极性，应用计算机技术，探索新的信息化教学方式，实现在现有教学资源条件下有效地组织教学活动和提高课堂教学质量，进一步促进信息技术与教育教学的融合。

（四）建立信息技术考评机制

地方转型高校建立激励教师自觉学习和应用信息技术的长效机制和管理机制，并通过一定的测评办法反映和评价学习效果，以提高教师的积极性。一是在教学实践、教学竞赛、教研教改等方面给予更多的政策和经费支持。鼓励教师利用信息技术开展教学和赛课活动，举行优秀教学课件评比和教学示范课活动，并将结果与教师评优评先、项目申报、职称晋升相联系；支持教师应用信息技术进行教改、科研，通过研究促使教师不断提高信息技术素质和能力。二是加强信息化教学团队的建设。依托高水平带头人建立信息化教学团队，融合信息技术、教育实践、师资队伍、学术资源于一体，发挥其示范与辐射作用。三是尝试建立动态评价体制。教师运用信息技术于教学、科研、管理是日常性的、内需的、自觉的，其能力培养应该是由学校、教师和学生三者互联互动来推动。学校在每学期结束后通过学生评价对任课教师进行评价和同行评教，检测教师信息技术应用效果。信息技术应用评价主要从教学设计、课堂组织、教学资料、工具使用、课程融合等方面进行，促进教师应用信息技术和改进教学方法。四是开辟教师职称晋升新途径。高校教师发展的重要目标是晋升职称。在职务任职资格评审中，对教育技术应用效果突出的教师建立快速通道，如获得校级教学竞赛（含课件设计比赛、微课比赛等）一等奖以上的教师直接晋升讲师，等等，激发教师参与信息化教学及研究的积极性[10]。

（五）促进优质教育资源共享

教师在长期实践中提升计算机应用技能，有能力将优质教育资源按自己意愿创作出来并通过计算机网络共享，发挥教育资源更大的价值。教师设计开发有自己特点的教学资源，本身就是应用信息技术创作的过程，不仅技能得到训练，同时通过资源共享，相互借鉴、取长补短，进一步提升信息技术应用水平。

学校应搭建教师学习的网络互助平台，提供相应的资源库。教师遇到技术问题或思路障碍，可以与同行、教育技术专家进行交流；教师需要教学资源可以从平台搜索、下载，并将自己优秀教案、课件、授课视频等上传，不断充实和完善资源库。

五、结语

地方转型高校教师的信息技术应用能力，关系到教学质量和教师专业能力的提高。建立恰当的制度保障机制，提供经常的信息技术培训，开展信息技术与教学融合研究，鼓励教师主动地将信息技术融入教学过程，将使高校教师信息技术应用能力得到提升。

【参考文献】

[1] 王颖.高校教师信息技术应用能力的提升策略［J］.教育探索，2015（8）：128－130.

[2] 杨宗凯，杨浩，吴砥.论信息技术与当代教育的深度融合［J］.教育探索，2014（3）：88－95.

[3] 田永晔，刘海春，姜文秀.高职教师计算机应用能力培训问题研究［J］.扬州大学学报，2011（5）：36－39.

[4] 徐世东，姚远，袁磊，等.促进高校教师信息技术应用的思考［J］.中国电化教育，2012（9）：63－66.

[5] 陈光磊，张婕.地方本科院校建设应用型高校的转型路径研究［J］.高校教育管理，2017（3）：66－72.

[6] 方明建.大学课堂多媒体教学的困境与突破［J］.中国大学教学，2013（2）：65－66.

[7] 江珩，徐紫泠.信息化背景下高校教师教学能力提升策略研究［J］.高等农业教育，2016（6）：36－39.

[8] 徐世东，姚远，袁磊，等.促进高校教师信息技术应用的思考［J］.中国电化教育，2012（9）：63－66.

[9] 杨艳华，秦跃林，何红，等.慕课背景下高校教师信息技术应用能力探讨［J］.中国冶金教育，2017（6）：3－5.

[10] 文娟.地方高校教师教学能力发展机制研究［J］.黑龙江高教研究，2017（2）：68－70.

应用型院校教研室教学基层组织功能建设研究：以四川文理学院为例*

胡成霞**

【摘 要】 教研室是应用型院校的教学基层组织。应用型院校的教学中心地位的确定，奠定了教研室在高等教育三级管理体制中的组织地位。本文从组织学视角分析教研室在应用型院校中的组织属性，分析应用型院校教研室的教学组织现状，探寻应用型院校教研室的教学组织功能建设途径。

【关键词】 应用型院校；教研室；教学基层组织；功能建设

一、应用型院校教研室的结构体系

不同层次和类型的大学因自身的发展历史和水平，对自身的发展目标做出科学的定位，为大学的组织结构的选择提供科学的依据。应用型院校的功能定位决定了应用型院校要以教学为中心，将人才培养作为各项工作的核心和重中之重。人才培养是应用型院校的首要目标，教学成为应用型人才培养的重要途径。由此，确立了应用型院校的教学中心地位。大陆高校广泛采用校、院、系室（教研室）三级管理体制，教学与管理重心下移，教研室成为高等教育专业教学与行政管理的一线部门，是教师教学专业素养养成的重要平台，是教学与行政功能兼具的二位一体的综合性组织。应用型高校的培养定位侧重应用性，强调教学的中心地位，教学属于教研室的本职工作，应用型院校对教学中心地位的强调，彰显了教研室的教学组织设置价值。我国的高校自成立之初，其组织机构设置本质就是一种高等教育组织，大学是一种功能独特的文化组织，是与社会的经济和政治机构既相互关联又鼎足而立的传承、研究、融合和创新高深学术的高等教育组织。“教研室是按学科、专业或课程设置的教学研究组织，是高校教研活动和教学管理的最基层单位，它承担着组织教师进行政治、业务学习、指导教师进行教学与科学研究

* 本文为2017—2019年四川文理学院校级教育教学研究与改革项目“应用型院校教研室教学基层组织功能建设研究：以四川文理学院为例”（编号2017JY02）成果。

** 胡成霞，女，硕士，讲师，研究方向：高等教育管理。

等重要任务，教研室以教学工作为中心，集教学、科研与师资培养于一体，是构成高等学校结构体系的基本组成部分。”[1]

教研室作为教学管理的最基层单位和教师人员组成，也受高校组织化性质的影响，从组织社会学视角看，教研室也是大学组织的子组织之一。从组织的角度看，教研室在应用型院校中的组织属性主要体现在以下方面。

（一）受二级学院直接领导——组织领导垂直化

社会公认大学具有育人、科研与服务的三大功能，这三大功能为大学的立世之基，各类型高校对此都很重视，不过因高校的财力、物力和人力等资源限制和实际定位不同，不同类型的大学因功能取向不同，各有侧重。相对来说，应用型院校更注重教学育人和与地方的合作，育人和服务地方的主要途径就是教学，所以，应用型院校将教学放在首要地位。依教学的过程展开为主线，应用型院校采用学校—二级学院—教研室（学科）的三级管理模式。学校主导，二级学院垂直管理，教研室成为应用型院校管理链条上的最基础的一环。直接接受学院的指挥领导，按照学院的指令做事、开展教学与其他活动，教研室成为学校和二级学院上级组织机构的制度策略的实际执行机构。

（二）依学科划分组织——组织机构学科化

大学自缘起时就依托“知识”，与学科建立了如影随形的亲密关系，学科制度与大学“联姻”后，就渗透至大学的各层面并产生持续影响。“知识”和“学科”是大学立世的逻辑起点，大学是统合教学、科研和服务社会三项基本职能的载体，是大学办学水平、教学特色和综合实力的具体体现，学科制度发展与大学教研室发展机制之间存在严密的内在逻辑，学科制度既是知识传递的重要体系，也是大学组织建制的基石，学科制度是“概括大学制度的更佳端点”[2]。新中国成立之初，对全国的教育组织进行机构改革，采用了苏联式的高等教育管理方式，在高校设立教研室，教研室成立之初，表面上是仿效苏联的教育管理组织模式，实质上是依学科划分而成，学科成为教研室设立的最主要依据，这从教研室的名称由来和教师人员组成专业背景就可以循见，教研室的主要活动也围绕专业展开，活动是围绕专业重心的活动，团队是相同或相近专业的人员集合。其组织设立遵循明显的学科化轨迹，学科划定了教研室活动的范围和外延，教研室的系列教研活动又强化了专业分界线。

（三）教研与行政双肩挑——组织功能多重化

教研室承担教学实施和科研任务，即所谓的“教研”任务，教研室大多承担教学及和教学相关的科学研究任务。教学与学术密切扭合于高校教学的全程，教学自带研究色彩，学术渗透于整个教学过程，科研与专业教学结合可以更好地为教学和人才培养服务。教研室可以将教学与科学研究两项任务有效结合，为教学质量的提高和教师科研素养的养成搭建桥梁，为教学与学术的良性互动注入活力。除此之外，教研室还承担大量的行政管理职能。我国高校采用科层制机构管理模式，高校管理体制呈现校级—院级—教研室的垂直行政管理特征，教研室作为高校基层管理组织的基层机构，承担部分日常的学校行政任务，是学校推行教育管理方略的前沿阵地，其职能模式也相应承袭科层制管理特点，组织运行不可避免地会带有行政化特征，组织管理职能也升格为教研室的主要职能之一。

（四）柔性化的人员结构——组织结构松散化

我国高校历经多次机构设置改革，现在普遍沿用的“学校—院（系）—教研室”组织建制，在一定程度上强化了教研室的组织地位，将教研室的专业职能和校院放在同一个平台层级，提升了教研室在教研活动中的独立性与自由度，赋予了教研室的学科权威性，承认了教研室教研活动的专业性，使教研室顶着学科的光环，有足够的专业资格开展教研活动和服务社会的相关工作。教研室受学院的直接领导，属于应用型大学垂直管理链条上的一环。由于受科层制组织管理模式的影响，尽管如此，教研室因依据学科而设立，教研室的成员也因学科专业聚合而来，既归属于某一学科，也归属于特定学院，教研室成员可根据课程群落、教学团队、课题组、项目等具体学科任务进行科学分工、组合。由此，教研室的组织结构就打破了严苛的层级化限制，利于应用型院校教师的学科和专业特色，便于挖掘学科团队的总体潜力。

二、应用型院校教研室的教学组织现状分析

（一）组织目标取向不明晰

教研室作为高校组织建制的基层机构，其设立时目标就很明确，组织名称可以表示组织使命，就如其名字中的核心词“教研”所彰示的，教研成为组织设立的首要目标，在教学中启发研究，用研究带动教学的提升。随着高等教育的深入发展，为了适应高校本身的管理体制和实际生存需求，教研室在教研目标取向之外，还衍生出行政管理取向，行政管理职能本来只能是教研主功能外的辅助功能，管理围绕教学中心，管理是为了更好地为教研服务，管理为教研而管，管理是教研和专业教学主导下的服务工作。而现实状况中，教研室因为是三级管理体制的最末一环，往往承担了很多行政性的事务性工作，行政琐事挤占了教研室的教研主目标设置，甚至有晋升为主目标的趋势，出现了本末倒置的现象，偏离了教研室最初设立的原始目的。

（二）组织职能发展偏狭

教研室的组织功能定位是围绕教研而设立的，教研室就是为教研而生，教研成为教研室组织的立命根本，除却教研功能，教研室就失去了组织前进的动力和永葆组织生命活力的根基，教研成了教研室约定俗成的功能，教研室演变成最基层的教学组织和行政管理机构，承担了琐碎的行政性事务及基本教学事务。此外，随着高校对科研功能的重视，出现了教学与科研的分野，科研地位的提升，使教研从教学功能中剥离并独立出来，教学、科研分属于不同的管理部门，教研室成员的日常工作被分割成教学和科研两个板块，教研室的研究功能大大弱化，使教研室徒剩教学和行政管理职能。

（三）学科组织特性不凸显

作为高校三级建制组织，依据学科成立的教研室体现了集体治学与教师自主发展的理念，具有组织界限明晰、功能完整和结构稳定等特征，高校的三级管理体制中的学院

和教研室很大程度上基于学科的管理模式，是一种有利于学科成长的组织运行模式。反观现在的应用型教学中心院校，学科建设的权利主要集中在教务部门主管主导下的二级学院，学科建设的主体是二级学院，教研室只是参与了一些常规性的学科建设任务，更大程度上沦落为学科建设相关规定的执行组织。在学科建设及专业规划方面主体性角色发挥不到位，沦为了充分行使三级教学组织建制的基石和底盘。

大学被视为一个组织系统，应用型院校组织结构的存在状态决定着组织发展系统目标的实现和院校功能的有效发挥，也决定着应用型院校的办学模式、管理体制和运行机制，应用型院校的基层教学组织的组织结构要与应用型院校的组织目标和组织功能，以及院校本身及价值取向相适应。

三、应用型院校教研室的教学组织功能建设途径

（一）明晰教研与行政功能的主次

作为高校基层教学管理组织，教研室要依据学校办学目标和办学性质确定教研室的职责和工作任务，应用型院校确立了教学中心地位，建立新型的理性的教研室职能定位，特别是要理顺行政事务和教学研究之间的关系，突出教研室的“对教学与科研的组织、指导、协调及课程设计与学科发展的功能”[3]。所以，我们应重新正名，强调教研室的主要工作职责——组织教学及其以促进教学效果为目的的研究工作，提倡教研室工作始终围绕教学中心的宗旨，做好赋权与明责的有机协调。教研室成立伊始，就被认定为基层教学组织，教研室一直被赋予课程设置、教学组织、考核评估和师资建设等任务，是保障高校教学正常秩序和提升教学质量的重要组织制度，教研室的教研职责举足轻重，在实际运行中却并能没有被赋予对等的职权，造成职责和权力之间的不对称局面，会影响教研室的本位职能的行使，只有清晰教研室的主要组织功能，才能做到教研室“室”尽其能，发挥出最佳的组织效用。

（二）协调教学与科研的基本矛盾

从教研室的命名核心词“教研”二字，可见教研室最初的核心任务就是教研，二者并无偏重，位次并列。经历了半个多世纪的发展，随着高等教育改革的纵深发展，教研室的教与研的关系也历经变化，逐渐出现了教学与研究的分野，科研跃身成为高校的重要职能。教研室的成立依据为学科分类，是学院制在教学基层组织的具体延伸，以学科为基石创立的学院制三级管理模式，可以有效协调教学与科研的基本矛盾，避免教学与科研的进一步割裂与分化，实现教学与科研在学科视阈内的整合，有效遏制教学与科研的两极分化，做到在教学中发现科研问题，用科研拉动教学质量的提升，促进教学与科研的互惠互利，在教学中做科研，在研究过程中加深对教学进程的理解，以教促研，以研启教，教学与研究共进步。

（三）强化教研室学科建设的主体地位

大学与学科（知识）如影随形，大学组织因为高级知识和学科而创立，学科成为大学组织的安身之本，大学的教育、科研与服务三大功能最终要付诸学科来实现，通过学

科及其学科知识体系的传播、应用、融合和创新，来承担并实现高等教育的三大功能，学科承载了大学的使命，肩负着大学的责任，学科建设是各类型大学均重视的问题。学科的建设不能仅仅停留在学校的宏观规划设计层面，还要落地生根，学科的培育及成长需要有良性的组织保障，基于学科组织的大学管理模式是学科成长发展最佳的体制选择，这种基于学科的大学管理模式实际就是通行的高校三级管理模式：学校—学院—学科（教研室）组织建制。教研室作为三级组织管理中的底盘，在校院的学科建设总体规划设计进程中，既起到承上启下的作用，肩负着由学科建设设计转向实践的重任，同时教研室及其教师成员也是学科建设的主体，享有学科建设的决策权，发挥学科建设中的主体作用，以教研室为组织媒介，充分调动广大一线教师的专业建设的积极性。

【参考文献】

[1] 时丽冉. 充分发挥教研室职能，加快地方院校特色专业建设［J］. 考试周刊，2014（18）：144－145.

[2]［美］伯顿·R. 克拉克. 高等教育系统：学术组织的跨国研究［M］. 王承绪，徐辉，等，译. 浙江：杭州大学出版社，1994：313.

[3] 李有文. 高等院校教研室改革与建设的思考［J］. 安徽农学通报，2013（8）：19－20.

微公共空间与公共性培育：当代大学生公民身份建构的实践探索
——基于一个大学生读书社团的案例分析*

罗大蒙**

【摘　要】 微公共空间是公民参与公共生活，进行公共交往的重要场域。公共空间所形塑的公民身份具有“公共人”的基本特质。处于公共空间中的公民主体以普遍性的伦理原则为基本原则，人们之间的交往在一定程度上超越了个体的情感、利益和认知，个体的价值体现于对公共事务的关怀、公共价值的认可和对社会公共利益的实现之中。“知正尚公读书社”作为一个微公共空间场域，它不仅为组织成员的公共性培育提供了显性的符号和标记，还在其运行机制上，为成员的公共生活提供了样本，读书社的公共实践形塑着大学生对公共生活和公共利益的认知。作为大学生学习和成长的重要场所，学校应鼓励读书社这样的微型公共空间的发展，激发学生进入公共生活的热情，在公共交往中培育学生的公共情怀和公民品德。

【关键词】 微公共空间；公民身份；公共性；读书社

“学校公民教育是培养学生的公民品质和公共精神的主要途径，它承担着‘使学生成为公民’的重要使命。”[1]学生在进入学校学习和生活的同时，便自觉或不自觉的卷入了政治社会化的进程，并形塑着其作为公民的公共身份。公民公共身份意识的养成逻辑，既是公民在日常生活场域中受到隐性渲染的过程，也是公民进入一个公共交往的实践平台而逐渐有意习得的结果。大学生的公共性是在这两种逻辑影响/作用下共同演进和建构的，它们构成了大学生公共身份养成的空间场域。由于“公民教育不可能是在孤立的、自私自利的交往生活中完成的，而是需要通过公共性的交往生活来实现其目标”[2]，因此，学校在大学生的公共性培育中，不仅要通过课堂教学传达公民教育理念，更应该着意为大学生公民品质的成长提供微型的公共交往空间。本文以四川文理学院一

* 基金项目：四川省教育厅思想政治教育研究项目：“社会主义核心价值观视阈下当代大学生公民意识教育研究”（CJS14－081）；四川省2014年度高等教育人才培养质量和教学改革项目“行政管理专业实践教学的改革与实践”（川教函［2014］156号）。

** 罗大蒙（1985—），男，安徽砀山人，四川文理学院政法与公共管理学院，讲师，研究方向：当代中国政治，基层治理。

个大学生读书社团为样本，分析其作为一个微型公共空间的建构逻辑及其在大学生公共精神培育中的重要价值，从而为学校公民教育提供一个新的理念和实践途径。

一、公共空间：公民身份建构的重要场域

公共空间，也被称为“公共领域”，哈贝马斯将其描述为一个关于内容、观点也就是意见的交往网络，在那里交往之流被以一种特定方式加以过滤和综合，从而成为根据特定议题集束而成的公共意见或舆论[3]。公共空间相对具有私人领域而言的“公共人格”，它既“牵涉到公民的公共性活动所及的社会生活区间”，也意指一种“兼有批判的功能和操纵的功能的理想范型”。[4]公共空间的存在和发展，是建立在明晰的公共领域和私人领域严格分离基础上的，它既区分于以血缘为基础的家庭等私人生活空间，也相异于以契约精神为支配性原则的市场交换体系，公共空间是一个“生产规范和构筑共识的精神文化领域”，在这一领域中，“人们相互承认对方发表意见的权利和自主的思想表达”，人们在公共空间中可以就他们私人生活中共同关注的话题或事关他们共同利益的论域进行相互的交流。

公共空间，作为个体化的公民主体进行社会交往的基本场域，它为现代公民身份的建构提供了丰富的沃土和坚实的社会依托。公共性是现代公民身份的基本特质，它注重公民美德的培育和公共责任的承担，有利于为国家及其他社会共同体的有效治理提供公民文化基础。但在权利政治时代，个人主义有滥觞之势。个体化社会过于珍视私人领域的价值，作为独立的个体而存在的公民，都“沉浸在私人空间中”，既遮蔽了公民对公共责任的承担，也造成了社会的原子化和碎片化。原子化的个人主义的直接后果便是个人“无公德”的普遍存在，“社会公共规则与公共秩序在短时间内面临挑战，社会公共事务可能处于瘫痪状态，人与人之间缺乏共同的认知和集体行动的意识”，公共道德的力量也逐渐式微和消解。[5]在极端的私人空间领域建构中，每个公民作为独立的原子而存在，以自我的封闭拒斥开放性的社会交往，以个体化的私人生活遮蔽公共性的信任网络，最终导致个体丧失公共精神和公民品质。正如杜威在《民主主义与教育》中指出的，“孤立的生活只能使生活僵化和形式制度化，使群体内部只有静止的和自私自利的思想”[6]。

公共空间理论，以公共性为核心价值诉求，它的存在和发展，正是为了促使人们走出过于私密化的生活状态，从而转向公共交往网络，进而形成信任、规范、合作的公民社会形态。汉娜·阿伦特在对公共领域理论的探讨中，认为“一个人如果仅仅过着个人生活（像奴隶一样，不让他进入公共领域，或者像野蛮人那样不愿建立这样一个领域），那么他就不是一个完整的人”[7]，黑格尔也指出：“个人的生活和福利……都同众人的生活、福利和权利交织在一起，它们只能建立在这种制度的基础上，同时也只有在这种联系中才是现实和可靠的。”[8]也即是说，一个完整、平等、独立的公民人格，只有在公共交往活动中，在公共性培育和公共精神的养成中，才能得到健全和完善。作为“公众”的社会活动领域，公共空间依赖于广众他人的“在场”和具有“超越个体生命限制”，“从独处的、自身单一经历的‘主观性’走向了耳闻目睹他人、也为他人耳闻目睹的相联系或者相分离的‘客观性’”[9]的特征，这就决定了公共空间所形塑的公民身份具有

“公共人”的基本特质。处于公共空间中的公民主体以普遍性的伦理原则为基本遵循，人们之间的交往不再是“以私人的情感来限定，而是以公共伦理来约束”，个体的价值体现于对公共事务的关怀、对公共价值的认可和社会公共利益的实现之中。公民在一定程度上超越了个体的情感、利益和认知，他以一种“积极的公民身份”投入于社会公共实践中，并把“自身的思考、批判和行动自觉融入公共社会当中，从公共社会的整体利益出发来看待问题”。[10]在公民的平等交往中，公民之间进行平等的商讨和对话，以理性的态度对公共事务进行思考、批判及采取行动，从而汇集了多样性的民众意见并形成公共舆论，进而在民主开放的社会空间中建构了公民共同体，实现了公共的福祉。

二、一个现实运作中的微公共空间及其公共“印记”：知正尚公读书社的实践

微公共空间的概念是由基恩提出的，他认为，公共空间并不是只有在一个非常理想的状态下才存在的模型，而是广泛地存在于社会的各个领域，它们就像“马赛克”一样，各种零散的、相互重叠的、不同形式而又相互联系的微型公共空间遍及于社会的日常生活层面。在基恩看来，在一个国家内部存在着无数的相互交叉和重叠的微型公共空间，由两个以上的人聚在一起喝咖啡、对地方政府行为进行抗议、对公共议题进行讨论等，他们便构成了一个微型公共领域，人们在这种小规模的日常接触中，“相互交流情感，畅谈生活经验，讨论生活中面对的具体问题”，通过这种交流，“人们或者成为朋友，或者形成有共同爱好的群体”，还会就某种利益或观点达成共识。[11]本文所介绍的“知正尚公读书社”便属于这种场域规模较小的微公共空间领域。

“知正尚公读书社”是由四川文理学院几名从事政治学、行政学、历史学、社会学、哲学等教学和研究工作的青年教师发起成立的学生读书社团组织，旨在为四川文理学院“爱读书、会读书、读好书的有志青年学生搭建一个团队学习平台”。“知正尚公读书社”成立于2015年6月，其名源于读书社挂靠的一个四川文理学院二级学院——政法学院的院训，即“知正明德，崇实尚公”，意在通过读书活动的开展，在帮助学生提升专业素养，拓宽知识视野的同时，培养学生的“正义之气”“德行操守”和“尚公情怀”。目前，读书社设有社长一名，副社长三名，秘书一名，社内设七个读书小组，分别由青年教师担任小组导读教师。各小组设组长一名，社长、秘书及小组长均由学生担任。社长、副社长和秘书由读书社社员大会根据一人一票匿名投票原则选举产生，采取相对多数票制。各读书小组组长由小组指导教师与小组成员协商产生。社长、副社长、秘书和小组长任期为两年，不得连任。读书社每个导读教师根据自己的专业特长各向读书社发布约50本的读书清单，清单中所含书目均为国内外的经典著作。小组成员的确定采取导师和学生双选的方式进行，首先由社团学生根据自己感兴趣的书单选择导读教师，然后指导教师会对学生进行一个初步的考察，最后确定小组成员。成员加入和退出读书小组均遵循自愿的原则，小组成员在参加本小组读书交流活动的同时，也可以自愿选择其他小组，参与其他小组的读书活动。导读教师每学期向小组成员发布4本必读书目，若干本选读书目，由导读教师指导阅读，并定期召开读书交流会，每月至少一次。每次读书交流活动均围绕本月的阅读书目开展，由一名成员担任月度主持，并轮流进行。成员

既可介绍自己的读书情况，也可围绕书中的某一主题展开阐述，其他成员可或作补充，或就有争议的观点进行充分的辩论。指导教师虽然全程参与活动，但并不主导讨论和左右成员的争论，而是做一个“聆听者”，给成员充分辩论的自由。每学期末，读书社会举行全社团范围的读书经验交流会，由小组长代表本读书小组做读书汇报。读书社还创办了内部刊物《读书与探索》，主要用于汇编成员的读书心得、读书笔记、调研报告、讨论记录、学术论文等，每学期印刷一辑。一年多来，读书社已成功开展读书交流活动80余场次，阅读经典著作百余本（各小组8～15本）。

微公共空间作为一个人们之间进行相互交流而形成的“社会空间”，它是一个由私人组成的公众群体，公众在该场域交流的议题具有弗雷泽所言意义上的公共性含义，即“与共同的善或者共享利益有关”。该场域也是一个开放性的空间，允许所有人“作为平等人的身份而参与意见交流”。[12]“知正尚公读书社”作为一个微公共空间领域，不仅在外在形态上打上了公共性“印记”，而且在运作机制上也凸显了公共性的精神品性。

（一）就外在形态而言，“知正尚公读书社”具有一系列公共性符号

首先，读书社的社名凝聚了其公共性主旨。组织的名称是一个组织核心价值的提炼和凝聚，它是一个组织的文化符号，好的组织名称不仅会成为组织成员的共同追忆，它也会对成员价值观的形成具有“编码”意义。“知正尚公读书社”作为一个互益性的学习型社团组织，其倡导的核心价值理念便内嵌于名称中，读书社不仅注重知识传播和需求分享，更期望在互动学习和集体阅读中培育学生的正义之气和公共精神。

其次，读书社设计了专属“LOGO”和“书签”，体现了集体身份认同。组织的“LOGO”是一个组织的形象代表及组织文化底蕴与深刻内涵的体现，拥有专属“LOGO”的组织，其成员更容易形成集体归属感和荣誉感，成员的积极性也会在这种无形的精神产品中得以增强。“知正尚公读书社”为培育成员的集体身份认同，便设计了专属“LOGO”，还为加入读书社的每位成员印制了印有“LOGO”标记的书签。

第三，读书社的阅读书目以彰显公共关怀为主。公共关怀作为一种内在的精神品性，不仅需要在公共生活中进行实践塑造，也需要在经典阅读中培育。经典著作是“古圣先贤在文明轴心期精心淬炼而成的典范之作，凝聚着圣贤完整、丰富、光明、深湛的内心境界”[13]，经典著作往往包含着深刻的社会关怀和家国意识，具有“超越地域和时间的‘普世价值’和永恒意义”[14]，通过对经典著作的品读，不仅可以使多元主体间获得哲学意义上的“交往行为”，也可进一步提升阅读主体的精神境界、形塑其民族精神和公共意识。“知正尚公读书社”所推荐的阅读书目是以能够彰显受众的公共关怀意识为主的中西方经典著作，学生在阅读中既赏阅了文字之美，也砥砺了人文情怀，启悟了公共精神。

第四，读书社为培养学生的公益精神，开展了一系列公益活动。公益精神是公共性的具体表现，它在利他原则中追求社会公共利益的最大化。公益活动是培育公民公益精神的重要载体，“公益活动由于有着彰显助人为乐品质、体现主体社会责任意识和无私奉献精神”的价值蕴含，借助公益活动的开展，能够满足“公众对个人价值和社会价值的追求，在持续的公益实践活动中，促使公益理念逐渐内化为实践主体的道德品

质”[15]，进而提升公民的社会责任感和团结互助意识。“知正尚公读书社”在其运作过程中，围绕读书活动开展了一系列公益项目，如在2016年9月，读书社面向全校开展了“人文社科50本好书评选活动”；2016年10月，读书社开展了“‘阅享校园’读书笔记征文活动”；2017年4月与四川文理学院图书馆合作开展了第二届“书香文理，阅读致远”读书节活动；为了培养学生的写作能力，读书社还与校内其他社团合作创办了《政法论苑》（季刊），在校园内部公开发行。

（二）就运作机制而言，“知正尚公读书社”凸显了公共品性

公共性作为一种公共精神和公共价值，公共性的型塑路径“是建立在社会多元化、异质化之上的，呈现出的是一种整合的力量”[16]，它既可借助于“共同的物质利益”，塑造一种“物质共同体”，也可诉诸“国族意识”，塑造公民的“民族认同”，同时，也可借助于“价值整合”，形成公民“价值共同体”。[17]公共性作为一种复合型的价值理念，是公民身份意识的核心元素，“知正尚公读书社”在其运作机制上塑造了基于公共性的价值共同体。

首先，读书社的管理机制以民主和自治为内核，有利于培养成员对社团事务的公共责任感。读书社在日常管理中倡导民主参与、社团自治的原则，社员大会是读书社的最高决策机构，每学期召开两次以上（开学初和期末各一次，其他时间随需要而定），有关读书社重大事务的决策均由社员大会做出，三分之二以上会员参与方可召开社员大会，与会人员三分之二以上同意的决策才具有合法性。读书社的社长、副社长、秘书等均由社员大会选举产生，社长、副社长每学期末需向社员大会做述职报告。读书社指导教师和各小组的导读教师的职责仅限于开展读书交流活动，并不干预社团内部事务。民主自治的社团管理机制，既提升了社员对社团的认同意识，也培养了成员的公共责任感。

其次，读书小组的读书交流活动鼓励自由发言和充分辩论，有利于集体共识的达成。读书社作为一个观点和智慧汇集的平台，成员在交流活动中可以在预定的讨论规则之下，就阅读书目中的某一观点，或时政中的某一话题展开充分辩论，在知识和思想的碰撞中达成集体共识。共识的形成并不是基于对某一权威的遵从，而是在观点的辩论中相互认可和妥协的结果。而在个体化的社会中学会妥协，恰恰是公共秩序得以维持的关键。通过读书小组的讨论活动，既进一步吸引了准备充分、兴趣浓厚的成员，增强了他们的社会关系，也提高了社团的凝聚力，为成员提供了满足感。

第三，读书社成员具有人格的平等性，在知识分享中，易于形成学习共同体。读书社是一个基于知识分享和思想碰撞而形成的学习圈，在这个学习圈中，成员围绕某一主题开展的讨论，就如朋友之间展开的日常对话，相互之间的关系是自然而平等的，“每个参加者可以基于自身的经历和观点一起谈谈问题和构建观点”，且在读书小组的讨论活动中，“参加者可以在规则范围内直接与他人平等互动，能够实现话语轮换”。[18]

第四，读书社的讨论话题具有公共性，有利于培养成员的公共关怀意识。在读书小组的读书交流活动中，所谈论的话题多涉及公共性论域，在对经典著作的理论辨析中，组织成员会选择一种公共性的话语进行言说，他们会自觉地在理论与现实中进行话语对

接。他们不仅善于运用理论对现实进行批判性思考，而且还初步学会了从实践理性出发对理论进行修正。借助这种公共话语的理性交流方式，组织成员的公共生活立场和公共精神受到了潜移默化的影响。

第五，读书社作为一个社会交往平台，在促使成员由私密阅读转向集体阅读的同时，成员的社会共同体意识也会得以培养。读书社是一个开放、多元、平等的社会交往空间，成员在其中既接受了广博的人文社科知识的熏陶，也拓展了成员的社会关系。传统的阅读模式主张在私密空间中进行"静谧"的阅读，却不注重阅读分享和集体讨论，读书社倡导集体阅读模式，成员通过对各类主题进行集体解读，寻找不同的视角和观点，最终在对话学习中达成集体共识。参加读书社的成员多是志同道合者，他们在交互学习模式中，既建立了友爱的朋友关系，也强化了他们对共同体的认知，并会把这种社交模式延展到社会生活区间，促进各种社会共同体的形成。

三、公共空间、公共生活与公共性培育

作为对个体性、私人性的一种超越，公共性意味着在一个敞开的公共领域中，"自我"与"他者"的和谐共在，并且"自我"只有在与"他者"的共融中才能获得人格的完善和过上有意义的生活。脱离了"他者"，个体便会陷入极端的原子化状态，没有了公共生活和公共交往，一切以自我为中心，社会公共之善被个人的算计、功利和利益所代替，立基于公共善基础之上的良好社会秩序也会随之付之阙如。而在今天，随着市场经济的发展和自由主义思想的传播，在突显了个体自由和独立人格的同时，个体化也由隐性转向显性，"造成了人的自我与孤独，失去了公共性和公共生活"，利己主义者甚嚣尘上，公众社会被个体社会所代替，社会人被经济人吞噬，公共精神逐渐消解，公共性陷入了危机之中。随着公共性的消解，社会道德规范便丧失了传统的约束力，公共德性和公共伦理也处于销蚀之中，社会共同体在这场公共性的危机中日渐瓦解，而"被各种瓦解了的共同体抛出来的个人，特别是年轻的一代人，实现了'以自我为中心'，却找不到与公共生活、公共社群的有机联系，因而也难以产生社会所需要的相应担当，于是有的就成了'无公德的个人'"。[19]在这场公共性的变革中，现代大学教育也深陷"政治化""市场化"和"私人化"的泥沼，不仅大学本身成为"政治的名利场"，其培养的精英也多是"精致的利己主义者"，他们对公共事务缺乏参与的意愿，对弱势群体更缺乏基本的人道关怀。在大学校园中，"公共人的衰落"会对社会公共伦理具有极大的解构性影响，他们踏入社会，会以庸俗化的个人主义侵蚀社会公共利益，甚至会牺牲社会和他人的利益以满足个人的私欲。

在个体化的背景下，重建公共性，实现个体与公共的双重超越，无论对于个人还是社会而言都是日益走向成熟的标志。阿伦特强调，现代社会应当创造出一个自由、平等、非暴力的公共交往领域，以此来培养人们的公民品质，使人成为公共人。[20]"公民公共性的养成需要通过共同体内部成员经常和持久的公共生活，并由此内化为每个成员的基本信念"[21]，只有在公共空间场域中，公民参与公共生活，进行公共交往，公民的公共精神、公共理性、公共道德才能得以孕育，对于公民个体而言，也只有在公共生活中，个人才能获得充分的自由，具有成长为完整的人的可能性。而对公共生活的剥夺和

对公共交往的限制，个体就会沦为“没有公共精神的自私自利之徒……回到自我中心的孤立的私人生活之中，无法获得他人的尊重，也无法实现自我的价值”[22]。

公共空间是公民参与公共生活，进行公共交往的重要场域。公民在公共空间中，以无差别的平等人身份进行公共交往，谈论公共话题，他们是相互联系、相互交融的，无论是在肉体还是在精神上，他们都被融合进一个共同体中，他们超越了个人的特殊性，以共同体的精神和意志形塑着个体的价值理念。公民在公共生活中成长，好的公共生活能够培育良好的公民品质，孕育公民的公共精神和公共担当意识。当代大学生只有过上充分的公共生活，在公共交往的实践中和公共精神的文化氛围中，其公共性才能被逐渐建构和树立。作为大学生开展公共生活的重要场域，学校应该着意对学生的公共性进行教育和培养，“学生进入公共生活，既需要学生个体从学业压力中超越出来，同时也需要学校生活能呈现出开阔的公共生活视野，学生进入其中可以自由选择，并使自己得到历练，个性得以彰显”[23]。公民品质培育的最好方式便是在实践中锻造，学生通过在共同体中亲身践行一种公共生活，公民的公共性才能愈亦得以彰显。“知正尚公读书社”作为一个微公共空间场域，它不仅为组织成员的公共性培育提供了显性的符号和标记，还在内在的运行机制上，为成员的公共生活提供了样本。读书社的公共实践形塑着成员对公共生活和公共利益的认知，他们在这个微型场域中确立的“公共人”品质会“成为日后行为的‘路径依赖’，当其步入更大的公共平台或共同体时，潜意识里会延续过去的行为选择，自觉地接受所在空间的公共规范，尊重他人话语及行为，认可集体的行为记忆，成为一个带着‘公共性’行走的社会人”[24]。因此，学校应鼓励读书社这样的微型公共空间的发展，激发学生进入公共生活的热情，在公共交往中培育学生的公共情怀，培养学生更为健全而稳固的公共精神和公民品德。

【参考文献】

[1] 叶飞. 公共交往与学校公民教育的实践建构 [J]. 华东师范大学学报（教育科学版），2012（3）：7.

[2] 叶飞. 公共交往与学校公民教育的实践建构 [J]. 华东师范大学学报（教育科学版），2012（3）：7.

[3] [德] 哈贝马斯. 公共领域的结构转型 [M]. 曹卫东，等，译. 上海：学林出版社，1999：446.

[4] 王新生. 现代公共领域：市民社会的次生性层级 [J]. 教学与研究，2007（4）：13.

[5] 王杨. 个体化背景下社会公共性培育的微场域 [J]. 人民论坛，2015（21）：157.

[6] [美] 杜威. 民主主义与教育 [M]. 王承绪，译，北京：人民教育出版社，1990：96.

[7] [美] 汉娜·阿伦特. 人的条件 [M]. 竺乾威，译. 上海：上海人民出版社，1999：29.

[8] [德] 黑格尔. 法哲学原理 [M]. 北京：商务印书馆，1996：198.

[9] 马长山. 公共领域的时代取向及其公民文化孕育功能 [J]. 社会科学研究，2010（1）：69.

[10] 叶飞. 公共交往与学校公民教育的实践建构 [J]. 华东师范大学学报（教育科学版），2012（3）：9.

[11] 王晓升. “公共领域”概念辨析 [J]. 吉林大学社会科学学报，2011（4）：26.

[12] 王晓升. “公共领域”概念辨析 [J]. 吉林大学社会科学学报，2011（4）：24.

[13] 赵雨. 经典阅读：多元主体间的竞合及其场域 [J]. 图书馆学研究，2013（9）：5.

［14］许总. 经典阅读与人文精神重建［J］. 江淮论坛，2011（4）：159.
［15］冯莹姣，周瑞法. 微公益：具象化公益的道德内化［J］. 浙江师范大学学报，2012（1）：111.
［16］王杨. 个体化背景下社会公共性培育的微场域［J］. 人民论坛，2015（21）：157.
［17］［德］乌尔里希·贝克. 个体化［M］. 李荣山，等，译. 北京：北京大学出版社，2011，20—21.
［18］向剑勤. 读书会的演进及其功能探析［J］. 图书情报工作，2016（5）：41.
［19］许纪霖. 当代中国人的精神生活［A］. 唐晋. 高端讲坛：大国软实力［C］. 北京：华文出版社，2009：78.
［20］叶飞. 公共交往与学校公民教育的实践建构［J］. 华东师范大学学报（教育科学版），2012（3）：8.
［21］冯建军. 学校公共生活与公民教育［J］. 苏州大学学报（教育科学版），2014（2）：31.
［22］冯建军. 学校公共生活与公民教育［J］. 苏州大学学报（教育科学版），2014（2）：29.
［23］刘铁芳. 学校公共生活的开启与公民教育的拓展——基于活动的视角［J］. 华东师范大学学报（教育科学版），2013（2）：5.
［24］王杨. 个体化背景下社会公共性培育的微场域［J］. 人民论坛，2015（21）：158.

以实践为导向的大学生就业核心竞争力的调查分析

——以四川文理学院数学与应用数学专业为例*

唐海军**

【摘　要】 本文在分析大学生就业核心竞争力内涵，对数学专业在校大学生与在职数学教师的调查分析的基础上，得出职业素养、心理素质、专业能力与人际关系是影响毕业生就业竞争的四个核心素养的结论。高校需要从大学生自身素养、专业培育、社会实践、评价改革等维度来增强大学生的就业竞争力，提高就业质量。

【关键词】 就业；竞争力；核心因素

一、引言

据人力资源和社会保障部公布的数据，2016 年中国就有高校毕业生 770 万，加上历年没有就业的人员与留学归国人员，超过 1000 万毕业生需要解决就业问题。受国际金融危机影响，大学生遭遇到低端劳动力市场和高端劳动力市场的双重挑战，就业前景极不乐观。在严峻的就业压力面前，对地方院校的数学专业大学生就业核心竞争力进行客观系统的研究，探索大学生就业核心竞争力培养的方法和途径，有针对性地进行教育教学改革和就业择业指导，不仅有利于大学生自我意识的培养、未来职业生涯的发展，还有利于缓解就业压力、促进高等教育办学水平的提高。

核心竞争力这一概念最早只是经济学的观点，是由普拉哈拉德和哈默于 1990 年在《哈佛商业评论》上发表的《公司的核心竞争力》中提出的。最开始核心竞争力只是经济学的观点，但由于它具有深厚的哲学根基，所以被引入经济、管理以外的几乎所有领域，其概念也逐渐被引申到了个人核心竞争力上来。事实上，企业核心竞争力的形成离不开每个个体的核心竞争力。

已有研究主要是从大学生核心竞争力的内涵、构成要素、影响因素以及提升策略进

* 基金项目：四川文理学院 2015 年度科研项目高等教育研究专项重点项目“地方本科院校数学专业毕业生就业核心竞争力研究”（2015GJ007Z）；四川省教育发展研究中心 2014 年度自筹项目“信息化视野下农村教师专业化发展研究”（CJF14059）。

** 唐海军（1982—），男，四川南充人，讲师，硕士，研究方向：数学教育与应用数学。

行的研究。对于大学生就业核心竞争力，李怀民（2009）认为大学生的核心竞争力不同于大学生的一般能力，是大学生经过不断地学习、整合，在一般能力基础上加以提炼和提升所形成的最独特、最具个性魅力并使大学生现在及将来长时间内保持竞争优势的能力，集中表现为及时就业能力和可持续发展能力。王志峰（2009）认为，大学生就业核心竞争力体系的构建，应包括良好的心理道德素质、坚实的复合型知识结构、较强的学习创新能力和良好的社会适应能力。对于影响毕业生就业竞争力的因素，陈树冬（2011）认为主要在于学校的培养模式与社会的需求是否脱节，大学生是否缺乏科学的职业生涯规划，加强大学生的自我培养意识。孟丽（2011）认为影响因素主要有学校与学生两个方面。学校名气不高，特色教育不明显，不同程度存在师资管理错位、师资结构失调、师资力量薄弱等问题；学生生源质量不高，部分学生就业期望值偏高，缺乏自信心，依赖心理较重[1]。对于如何提升毕业生就业竞争力，沈超（2007）认为要树立和谐的教育理念，建设和谐的校园文化[2]；加强教育教学改革，创新人才培养模式；科学规划生涯，树立和谐的发展目标；加强人文教育，培育健全人格；加强理想信念教育，激发大学生参与实践、服务社会的积极性等方面来构建提升大学生核心竞争力的实践体系。

这些研究对于毕业生就业竞争力的内涵、要素、影响因素以及提升策略都有论述，但是对于具有专业特色的就业核心竞争力的组成要素及提升路径尚付阙如。

二、调查情况

为调查了解地方本科高校数学与应用数学专业大学生就业核心竞争力的现状，推动数学与应用数学专业改革与建设的针对性、实效性，2017 年 4—5 月对四川文理学院数学专业的大学生以及部分中小学在职数学教师中进行了关于就业核心竞争、现状研究的问卷调查。

（一）调查对象

采用随机抽样法确定调查样本，选取四川文理学院数学学院数学与应用数学专业的本科生以及部分中小学在职数学教师为调查对象。

（二）问卷编制

问卷由个人信息和调查内容两部分组成。针对大学生的问卷调查内容，包括学生职业素养，心理素质状况、数学专业能力、人际关系、自我发展能力、领导能力等六个方面，由 15 道客观题组成，2 道主观题组成，后简称问卷Ⅰ。针对在职教师的问卷包括专业学习、社会实践、学习能力、人际关系、心理素质和职业素养等方面，共 19 道客观题和 1 道主观题，后简称为问卷Ⅱ。

（三）调查实施

为提高学生回答问卷Ⅰ的有效性，选择了以班为单位发放问卷Ⅰ，并解释调查目的及问卷结构和填写问卷的注意事项。答卷时间以十五分钟为标准，学生写完后立即收回。通过收集整理，共发放问卷 100 份，有效问卷 93 份，有效率达 93%。其中，男女生比例为1∶2；大二到大四各年级比例，分别为22.58%，36.56%，40.86%。因在职教师分散在不同的学校，问卷Ⅱ主要借助问卷星网站，由在职教师采用网络答卷的形式完成，共收集到有效问卷93份。问卷数据利用EXCEL与SPSS对其进行分析统计，并分别计算出核心竞争力六个方面的平均分。

三、对调查结果的分析与讨论

（一）在校大学生就业核心竞争力的自评

1. 职业素养

职业素养是指从业者在一定生理和心理条件基础上，通过教育培训、职业实践、自我修炼等途径形成和发展起来的，在职业活动中起决定性作用的、内在的、相对稳定的基本品质。

表1　学生责任心自我评价

A. 非常符合	B. 比较符合	C. 难以确定	D. 不太符合	E. 非常不符合
20.43%	72.04%	4.3%	3.23%	0%

通过表1可知，92.47%的学生都明确表示自己做事敬业、有责任心，能够很好地完成任务；另外，98.93%的同学认为自己做事讲诚信，能够说到做到。

2. 心理素质状况

心理素质主要是指以个体的自然素质为基础，在后天环境、教育、实践活动等因素的影响下逐步发生、发展起来的。

表2　大学生心理素质自我评价

A. 非常符合	B. 比较符合	C. 难以确定	D. 不太符合
19.35%	55.91%	20.43%	5.31%

通过表2可知，自我认为心理素质较好、职业压力承受能力好的占74.26%，还有25.74%的学生自我评价心理素质不好，这是在平时学生管理与专业教学中应该注意的现象。

3. 专业能力

对数学专业的大学生来说，专业能力主要包含表达能力、职业规划能力、基础技能、专业知识等方面。据统计，60.22%的学生在沟通交流中能用简练的数学语言准确地表达出自己的观点；58.07%的学生已经有非常明确的就业目标，进行过详细的大学发展规划；61.29%的大学生英语、计算机、普通话等基础知识较好；54.84%的大学生数学基础理论知识学得很扎实，懂得数学专业各模块知识点。

4. 人际关系

经统计可知，95.70%的大学生能配合团队有效地开展工作，和睦相处，关系融洽。

5. 自我发展能力

据统计，11.83%的大学生认为自己具有创新精神和创造性解决问题的能力，49.46%的学生认为自我创新精神与能力一般，还有30.11%难以确定。这说明大学生在创新精神与创新能力培养方面还有待加强。63.44%的大学生能很快地学习并灵活运用新知识、新技能而适应新的环境，还有29.03%难以确定；55.91%的大学生认为自己能很好地运用所学的数学知识进行数学教学或者数学建模，而有30.11%难以确定，还有13.98%的学生还不能够灵活地学以致用。

6. 领导能力

领导能力指的是大学生的组织、管理能力。据调查统计，在校期间大学生担任学生干部方面，32.26%的学生有一年以上学生干部经历，21.51%的学生有一年的经历，4.30%的学生有过一学期的经历；但仍有41.93%的大学生没有做过学生干部（如图1所示）。另外，还有部分学生参加过支教、三下乡、见习等社会实践活动。大学生的领导能力主要是通过参加校园文化活动、社会实践、班级管理等途径来培养的。参与这些项目的时间长短与领导能力的强弱有较明显的相关性。

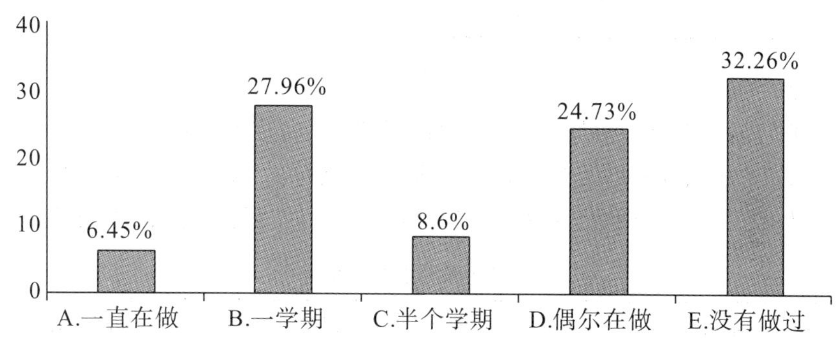

图1　大学生学生干部经历时间长短统计

（二）核心因素的因子分析

1. 验证数据是否适合做因子分析

一般认为分析变量的相关矩阵中相关系数多数大于0.3，则适合做因子分析。从表3、表4可知，KMO=0.686，说明笔者获得的数据是可以做因子分析的。

表3　相关矩阵

	项目	职业素养	心理素质	专业能力	人际关系	自我发展	领导能力
相关	职业素养	1.000	0.240	0.284	0.534	0.350	0.174
	心理素质	0.240	1.000	0.332	0.252	0.363	0.125
	专业能力	0.284	0.332	1.000	0.210	0.678	0.125
	人际关系	0.534	0.252	0.210	1.000	0.246	0.250
	自我发展	0.350	0.363	0.678	0.246	1.000	0.178
	领导能力	0.174	0.125	0.125	0.250	0.178	1.000

续表

	项目	职业素养	心理素质	专业能力	人际关系	自我发展	领导能力
Sig.（单侧）	职业素养		0.010	0.003	0.000	0.000	0.047
	心理素质	0.010		0.001	0.007	0.000	0.116
	专业能力	0.003	0.001		0.021	0.000	0.116
	人际关系	0.000	0.007	0.021		0.009	0.008
	自我发展	0.000	0.000	0.000	0.009		0.044
	领导能力	0.047	0.116	0.116	0.008	0.044	

表 4　KMO 和 Bartlett 的检验

取样足够度的 Kaiser-Meyer-Olkin 度量		0.686
Bartlett 的球形度检验	近似卡方	121.753
	df	15.000
	Sig.	0.000

2. 因子方差表

提取因子后因子方差的值均很高，表明提取的因子能很好地描述这 6 个指标。方差分解表（见表 5）也表明前四个因子能够解释 6 个指标的 87.27%。碎石图（如图 2 所示）表明，从第五个因子开始，特征值差异很小。综上，提取前四个因子为最佳。

表 5　解释的总方差

成分	初始特征值			提取平方和载入			旋转平方和载入		
	合计	方差的 %	累积 %	合计	方差的 %	累积 %	合计	方差的 %	累积 %
1	2.508	41.799	41.799	2.508	41.799	41.799	1.979	32.979	32.979
2	1.118	18.634	60.433	1.118	18.634	60.433	1.647	27.453	60.433
3	0.868	14.466	74.898						
4	0.742	12.367	87.266						
5	0.450	7.497	94.763						
6	0.314	5.237	100.000						

注：提取方法——主成分分析。

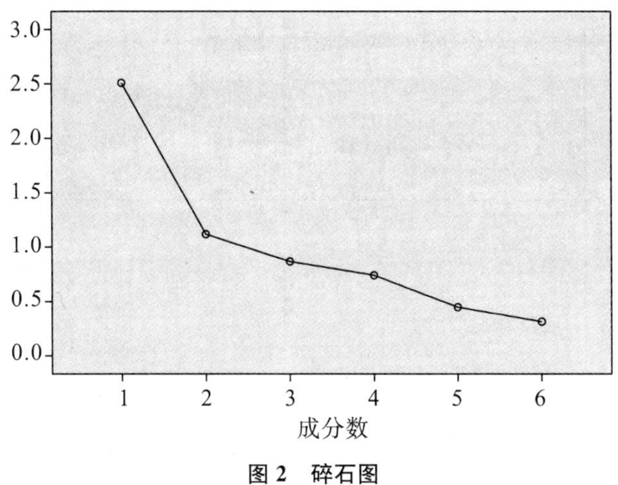

图 2　碎石图

3. 旋转因子矩阵

表 6　旋转成分矩阵

	成分	
	1.000	2.000
职业素养	0.291	0.733
心理素质	0.586	0.217
专业能力	0.879	0.062
人际关系	0.149	0.836
自我发展	0.869	0.154
领导能力	0.036	0.579

由表 6 可以看出，经旋转后，因子便于命名和解释。因子 1 为学生个人的内部影响，主要解释的是心理素质、专业能力、自我发展，可以命名为个人因子；而因子 2 主要解释的是其余三个指标，职业素养、人际关系和领导能力，都涉及调查者与他人的互动、协调，可以命名为外部因子。因子分析要求，最后得到的因子之间没有相关性，而因子转换矩阵显示，两个因子相关。可见，对因子进行旋转是完全有必要的（如图 3 所示）。

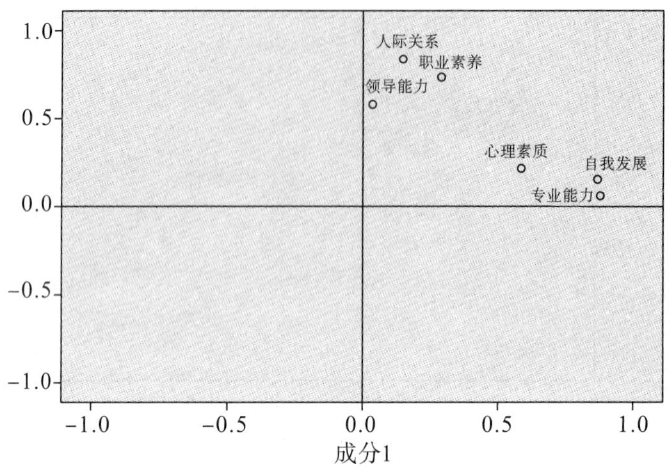

图 3　旋转空间中的成分图

（三）在职教师对就业核心竞争力的看法

在职教师认为哪些因素是影响数学与应用数学专业毕业生就业竞争的最重要因素？根据对 93 名在职教师的问卷统计，大家认为最重要的分别是以下一些：

表 7　在职教师认为影响数学专业毕业生就业竞争的因素

专业学习	社会实践	学习能力	人际关系	心理素质	职业素养
31.18%	35.96%	45.23%	57.30%	60.67%	40.08%

1. 专业学习

据笔者所得数据，23.60%的中小学数学教师认为掌握包括所学专业在内的各项基本技能很重要；38.20%的老师认为在专业学习的过程中掌握一项或几项其他专业技能很重要；有 37.08%的教师认为学习过程中所获得知识的结构合理、多元，有宽阔的知识面很重要；也有 25.84%的教师认为有较优异的基础理论课学习成绩是很重要的。

2. 社会实践

据统计，参与调查的教师中，40.45%认为在中小学、企业、政府等社会单位实习以及参加社会实践活动的经历是很重要的；只有 26.97%的教师认为在校期间参加学生会、社团或其他组织的经历，所获得的组织管理、决策能力很重要；40.45%的教师认为掌握一定理论知识的同时，能够较好的将理论应用到实践中去才更为重要。

3. 学习能力

据统计知，52.81%的在职教师认为较强的自我规划、自我学习、自我监督能力很重要；49.44%的在职教师认为较强的学习动力，明确学习动力和目的很重要；47.19%的教师认为有较强的逻辑思维能力，对事物进行观察、比较、分析、综合、判断的能力较强很重要；只有 31.46%的教师认为有较强的想象力，在已有形象的基础上，在头脑中创造出新形象的能力重要。

4. 人际关系

57.30%的在职教师认为有较好的沟通交际能力，有较强的团队协作能力是核心因素。

5. 心理素质

60.67%的调查者认为健康的心理品质（自我情绪控制、环境适应、抗压能力强）也是很重要。

6. 职业素养

良好的职业素养（敬业精神、责任感、吃苦耐劳），指对今后的就业目标要有一定的认识，对相关行业的有一定的定位和认知；有从事相关工作的愿望和兴趣。有40.08%的教师认为良好的职业素养很重要。

四、思考与建议

（一）围绕影响就业竞争力的核心因素，综合施策提升就业的竞争力

通过对数学专业在校大学生就业竞争力影响因素认识的调查，以及绘图分析得出，职业素养、心理素质、专业能力（学习能力）与人际关系是提高就业竞争力的四个核心素养。这与在职数学教师对大学生核心竞争力的看法是一致的。对于影响因子，又可以分为大学生个体内部的影响与外部影响。学生个人的内部影响，主要包含心理素质、专业能力、自我发展；而外部因子包含职业素养、人际关系和领导能力。

1. 初步培养学生的职业素养

由于数学专业的大学毕业生主要从事教育工作，因此，职业素养的培养应围绕着“教师”这一角色进行。职业素养包括以价值为导向的职业观念，以专业为导向的职业技能，以应用为导向的职业知识，以敬业为导向的职业态度，以生命为导向的职业心理，以效益为导向的职业思维。在大学生的学习期间，培育他们做事敬业、有责任心，能够很好地完成任务，做事讲诚信，说到做到的职业品质。

2. 塑造健康的心理素质

教师的心理素质是指表现在教师身上的那些经常的、稳定的心理特征，它的内涵广泛，包括了心理过程和个性心理特征的各个方面。具体来说，一个大学生成长为准教师要有下面几种能力：角色适应力——教书育人的基础；心灵感悟力——尊师爱生的基础；情绪控制力——为人师表的基础；心理承受力——诲人不倦的基础；教育表现力——教师机智的基础。这些需要数学专业大学生在试讲、见习、实习以及求职应聘的过程中逐步去尝试、矫正、养成。

3. 提升大学生的专业能力

对数学专业的大学生来说，专业能力主要包含表达能力、职业规划能力、基础技能、专业知识等方面。职业规划需要从大学生入校教育起始就开始进行，在大学二年级结束前就应该已经有非常明确的就业目标。表达能力除开课堂学习的训练之外，大学生还应该针对自身的特点，有意识地加入演讲协会、辩论协会、支教团队等社团组织，在沟通交流中能用简练的语言准确地表达出自己的观点。大学期间，掌握普通话、计算机等师范生就业所需要的基础知识能力；数学基础理论知识学得很扎实，懂得数学专业各模块知识点，能够学以致用。

4. 构建和谐的人际关系

人际关系是人们在各种人际交往过程中形成的彼此之间较为稳定的心理关系。大学生人际交往中要秉持平等尊重、真诚守信、求同存异、范围适度的原则。在宿舍生活、课堂学习、校园文化、社会实践等活动中去增强人际交往能力，构建和谐的人际关系，为今后的求职就业、职业发展做好铺垫。

（二）学生、学校和用人单位综合联动来提升大学生就业核心竞争力

1. 大学生要提升自身素养

作为数学专业的毕业生，根据近三年毕业生去向分析，约占四分之一的学生选择读研究生，另外约四分之三的学生进入中小学或者培训机构做数学教师。有少数同学考取公务员、选调生或者进入企业，这部分人所占比例较小，不予考虑。现行的研究生招考和教师公开招考制度，与考生来源学校没有直接联系，因此可以认为学校名气对数学专业毕业生参加考研或教师公招是没有影响的。但据调查统计，只有40.86%的学生明确认为学校的名气对今后的就业没有影响，38.71%的学生对于学校名气是否成为影响自身就业的关键因素，并无法完全确定。这说明部分同学还没有认识到自身的素质才是决定就业成功与否的关键因素。自身素质也就是个人的专长与独特性。“专长性”“独特性”是大学生就业核心竞争力的重要特征。自身素养至少应包含大学生的专业素养、心理素质、自我发展能力。自我素养的提高既需要专业知识扎实，又需要将数学知识应用到解决现实问题中来。大学生可以通过第二课堂、师范教学能力大赛、数学建模、大学生科研项目等平台来做到学以致用，提升自己的综合素质。通过“不断地学习和实践把自己所学的专业转化为个人就业核心竞争力，这样才能在求职过程中才能发挥专业特长脱颖而出”。[3]

2. 学校要重视学生的专业素养培育

从专业培育角度来增强大学生就业的核心竞争力，主要指的是学校、二级学院通过专业引领与校园文化渗透两个维度来实施人才的培养。作为数学专业的毕业生而言，学院层面要实施课程体系的改革，人才培养质量与培养方案的设置息息相关。因此，培养方案的制定要以市场需求和社会发展为导向，以学生就业竞争力培养为主线，使得培养的毕业生适应中小学校及相应单位的需要。针对考研同学，加强核心专业课程的开设，如泛函分析、实变函数、近世代数、微分几何等；针对考公招同学，加强教育实践类课程，如数学教育学、数学史、初等数学研究等课程。二级学院的校园文化活动也应展现出数学的特征，围绕学生就业方向、专业发展来设计、开展和考核。

学校层面要对就业创业系统予以规划，将分散在招生就业处、教务处、创新创业学院的有关毕业生就业创业的教育指导、创新创业项目研究整合起来，精准施策，从而改变目前部分高校就业教育内容侧重于就业技巧、政策宣讲的现象。从大学生就业核心竞争力的培养角度考虑，“就业教育应贯穿大学全过程，从产品设计到产品成型每一步都应纳入教学规划”[4]。

3. 大学生积极参与社会实践

社会实践是大学生在掌握一定理论知识的同时，能够较好的将理论应用到实践中

去。大学生在就业时是否具有强有力的竞争力，关键是看用人单位对毕业的看法以及学校的社会影响力。这一点在毕业生进入私立学校、金融企业（银行、保险、证券）、知名的培训机构最为明显。据对在职教师统计，有 40.45%的人认为在中小学、企业、政府等社会单位实习以及参加社会实践活动，在就业应聘、在职发展方面有重要作用。除开校外的社会实践，在校期间参加学生会、社团或其他组织，所获得的组织管理、决策能力对于提升自身就业竞争力也极为重要。在学院层面，为了促进大学生就业核心竞争力的提升，可以通过数学教学能力大赛、数学建模、数学文化节，数学微格教学训练、教学支教、见习、实习、创业培训等方式，分散在大学四年不同学期进行。

国家和社会应该合理配置就业资源，及时向大学生公布就业政策和就业信息，在全社会营造一个公平的就业环境。同时高校还要积极联系企业，不断开辟大学生实习实训基地，增强大学生的社会实践能力。[5]

（三）改变单纯的比较就业率大小的评价方式，建立科学的大学毕业生就业评价体系

提升大学生的就业核心竞争力，一方面是促进就业率的提高，另一方面是提示就业的质量。一是将大学生的薪酬水平、岗位与专业匹配性、福利和社会保障等指标引入就业评价体系。同时，教育部门还应建立“毕业生就业跟踪制度，完善跳槽频率、专业吻合度、就业层次等量化数据，增强就业评价的参考性和指导性”。二是针对高校学生就业中出现的自主创业、缓期就业、即时就业等多元化状况分别进行评价。学校已经引入第三方评价机构统计就业率，并对就业质量做出详细分析和反馈，为学校改进就业和教学工作提供科学依据，这也能找到制约地方本科院校大学生就业竞争力提升的相关因素。

【参考文献】

[1] 孟丽. 提升新建本科院校大学生就业核心竞争力的对策 [J]，辽宁科技学院学报，2011，13（3）：92－94.

[2] 沈超，郭鹏. 如何提升大学生核心竞争力 [J]. 黑龙江高教研究，2007（12）：118－120.

[3] 宋发平. 地方新建本科院校大学生就业核心竞争力体系的构建 [J]. 中国教师，2010（3）：284－285.

[4] 廖迎春. 大学生就业核心竞争力内涵及培养 [J]. 中国成人教育，2013（7）：77－79.

[5] 陈树冬，张佳. 论大学生核心竞争力的培养和提升 [J]. 管理学刊，2011，24（1）：105－107.

新建应用型本科院校实践教学基地现状探究①

李会敏**

【摘　要】 实践教学基地是完成高校实践教学活动的重要平台，为学生进行实践创新活动、培养实践创新能力提供了重要场所，是提升高校应用型人才培养质量的重要保障。但大部分新建应用型本科院校中，实践教学基地的建设与管理目前还存在数量匮乏、校内实践教学基地条件与建设水平滞后、与校外实践教学基地缺乏深度合作、缺乏“双师型”指导教师等问题。本文综合分析这些困境产生的因素，指出这些状况主要是由学校内涵式转型发展期出现的问题以及校企合作中没有做到校企共赢发展造成的。

【关键词】 应用型本科院校；实践教学基地；现状

新建本科院校，是指进入二十世纪之后由专科、高职院校通过合并、重组、升格的一大批地方本科院校。[1]目前，新建本科院校已成为我国高等教育的主体。随着我国经济发展进入新常态，培养应用型人才已成为新建本科院校服务地方经济和社会发展的需要，同时也是新建本科院校提高自身竞争力的需要。而应用型人才的培养与传统理论型人才相比，不再单一强调专业理论知识的重要性，而是突出实践教学活动，重视实践教学基地的建设。

实践教学基地是由学校有关部门与企事业单位、科研机构、政府部门等，本着互惠互利的原则，双方联合在校内外建立具有一定规模且相对稳定的能够实施相关专业实习（实训）、毕业设计（论文）、社会实践等实践性教学活动的单位或场所。[2]可以说，实践教学基地是完成高校实践教学活动的重要平台。其为学生提供参与到社会生产、到实践环境中磨炼的机会，是学生进行实践创新活动、培养实践创新能力的重要场所，是提升高校应用型人才培养质量的重要保障。

① 基金项目：四川文理学院2016年度高等教育研究专项“校企双赢的实践教学基地建设研究——基于四川文理学院的实践与探索”（课题编号：2016GJ003Z）。

** 李会敏，女，硕士，研究方向：中国近现代史与高等教育管理研究。

一、实践教学基地建设的重要价值

（一）理论实践融合，提升学生综合素养

实践教学基地是学校实践教学工作的物质载体，各专业学生的实验、实训、实习等教学活动基本上都是在实践教学基地内完成的。所以，学生在实践教学基地完成的社会实践，是与专业理论知识相关的实践活动，是学生在进入社会岗位之前第一次独立动手的尝试，有助于学生专业理论知识与实践动手能力的高度融合。而学生动手能力的结果可以验证所学的专业理论知识，从而增强对专业的认知以及对工作岗位的体验。这个过程也切实提高了学生运用所学知识解决实际问题的实践动手能力、专业能力、创新精神。同时，学生在实践教学基地开展的实践活动，接受来自学校与企业的双重培养，感受到了行业的真实工作环境，进行了职业规范化训练，培养了学生基本的职业素养，进一步增强了学生的就业竞争力，为学生进入社会生活创造了必要条件。

（二）助力培养目标，增强高校竞争力

加强实践教学基地建设与管理是推动学校事业发展，实现人才培养目标的需要。各专业学生在实践教学基地的锻炼，提升了学生的实践与创新能力，而这些素养恰是应用型人才培养目标的核心要求。同时，与实践教学基地联合培养人才的过程中，高校不但检验了本校学生专业技能的掌握情况，而且了解到企业乃至行业需求及发展趋势，可以推动高校转变教育思想理念，改革人才培养模式，提高人才培养的规格和质量。在这个过程中，由于学校需要安排一支指导教师队伍，教师在参与学生实践的过程中，增强了自身的实践经验，呈现出“双师型”特征。专业水准高的“双师型”教师在以后的教学中可以更好地指导学生的实践教学，这与学校培养人才的规格和质量是一种良性互动。另外，新建应用型本科院校的发展处于激烈竞争的环境中，高校只有重视实践教学、加强实践教学基地的建设与管理，方可突出办学特色、提高人才培养质量，才可以在竞争中脱颖而出，提升学校品牌知名度，增强高校竞争力。

（三）校企深度合作，促进企业自身发展

实践教学基地不仅为高校及学生提供了实践场所，同时为企业带来了诸多益处，为三者提供了一个交流互动的平台，达成了三者共赢的一种局面。高校学生都接受了先进系统的专业训练且思维活跃，青年学生的到来，“将大量的新理论、新观点、新思路、新方法带到了企业，更新了企业管理人员的知识结构”[3]，经过长期的合作，可以明显提高企业的管理效益。目前，校企双方在共建实践教学基地的过程中，合作的广度和深度都是一种扩展的趋势。实践教学基地的建设，可以实现双方之间的资源共享和优势互补，同时可以实现高校科研与企业应用的结合。在国家政策许可范围内，学校在人才培训、委托培养、课程进修、咨询服务、信息交流、学生就业等方面对校外实践教学基地单位优先提供服务。

二、实践教学基地建设中存在的问题

鉴于实践教学基地建设在应用型人才目标培养中的重要价值，高校普遍重视和强化

其建设与管理，着力进行教学模式改革、多措并举加强校企合作，取得了巨大的成绩。以四川文理学院为例，学校于2006年由达县师范高等专科学校升为本科院校，是一所新建本科院校。学校依据自身实际情况，确立了“培养具有高度的责任心、持续的进取心、强烈的好奇心，具有较强的表达能力、实践能力、创新能力与创业能力，具有优良的社会担当与健全人格、职业操守与专业能力、人文情怀与科学精神、历史眼光与全球视野、创新精神与批判思维的‘三心四能五复合’高素质应用型、复合型人才目标”[4]。因此，学校在突出能力培养的同时，强力建设校内外实践教学基地，校级基地数量由升本之初的不足100个变为现在的200余个，且成功申报了4个省级大学实践教学基地。整体上，不但基地的数量发生了质的变化，基地的种类亦逐渐丰富，基地的实践质量逐渐提升。

但是，由于新建应用型本科院校实践教学基地建设的时间较晚，学校综合实力有限、学校知名度不高、品牌效应较弱等原因，目前其实践教学基地建设的水平还没有达到应用型人才培养目标的要求，主要存在着以下几个方面的问题。

（一）实践教学基地的数量无法满足专业迅速增长的需要

关于实践教学基地的建设与管理，学校修订了《四川文理学院实践教学基地建设与管理办法》（川文理［2016］号）。办法规定，原则上，规模在100人以内的专业应建立5个以上的校外实践教学基地，规模在100人以上的专业应建立8个以上的校外实践教学基地。截至2017年，学校共有40余个本科专业，共有200余个实践教学基地。单纯从数量上看，学校的实践教学基地基本上可以满足各专业学生实践教学的需要。但结合学校实际情况，稍加分析，就会发现事实并非如此。由于四川文理学院这个新建本科院校是由原来的师范专科学校升本而来，学校的实践教学基地种类比较单一，200余个实践教学基地中有一半是各中小学校。40余个本科专业中师范类专业只占有四分之一的比例，这样，教育类专业实践教学活动是有保障的，但非教育类专业尤其是升本后新设专业的实践教学基地严重不足。

升本后，出于扩大本科学校办学规模以及自身发展的需要，学校的本科专业数量迅速增长。以最近几年为例，2013、2014、2015年这三年中，学校新增的本科专业有8个。然而实践教学基地的建设需要有一个周期，所以学校新增的非师范类专业的实践教学基地数量很少甚至没有。这导致的后果是虽然学校提倡在实习地点的选择上遵循“适当集中、相对稳定”的原则，鼓励增大各二级学院统一安排的比例，减少学生自主实习的比例，但目前的情况是学生自主实习的比例要高于学院统一安排的比例。以美术学院为例，2017届毕业生环境设计专业共143人，视觉传达设计专业共70人，而美术学院适合设计类专业实习的基地只有10个，这样统一安排学生实习的难度非常大。另外，有些专业的实践教学基地建设尚不完善，比如政法学院的旅游管理专业主要的实习单位为酒店和旅行社；酒店实习基地建设刚起步，还有待完善，而旅行社实习基地建设更是一片空白。

（二）校内实践教学基地条件与建设水平滞后

实践教学基地的种类可以分为校内实践教学基地与校外实践教学基地，两者的区别主要是针对学生不同的学习阶段。校外实践教学基地主要是针对学生的见习、实习等教学活动，而校内实践教学基地主要是完成教师在课堂教学中为学生开设的实验实训等教学活动。校内实践教学基地主要以基础实验室、专业实验室为主，其建设遵循“必要、够用”的原则，即实验教学仪器设备要满足学生的需要，保证实验项目的开出率，但又不至于造成仪器设备的闲置。[5]目前，学校共有 150 余个校内实践教学基地，分别归属于 8 个实验中心。

虽然各专业基本上都有自己的校内实践教学基地，但是经过调研发现其存在的问题亦不少。其中，最严重的问题就是校内实践教学基地的硬件、软件的配备过于滞后，无法满足实验教学的需要。比如基础外语实验教学示范中心中科研实验室的设备过于陈旧，已经无法正常使用；财经管理学院的实验室缺乏必备的一些软件，导致实验室无法正常使用。近年来，学校虽然已经意识到这个问题，但是由于学校办学经费有限，无法拨款大批量的购买所必需的硬件、软件设备。这就导致学校学生在校内根本没有接触到本专业的先进设备，更遑论要求其熟练操作，导致学生的认知能力、动手能力低下，没有达到社会需要的基本水平。同时学校也没有完成应用型人才的培养工作。

（三）与校外实践教学基地缺乏深入合作

校外实践教学基地是学校有关部门或二级学院与政府部门、企事业单位、科研机构等有关单位共同协商建立的实践教学基地，其主体是企事业单位。校外实践教学基地非学校所属，在管理与建设方式上与校内实践教学基地截然不同，不再是单纯地主要依靠学校自身来管理与建设，而是需要坚持双方勤加联系、保持沟通渠道畅通的原则，就学校的实践教学活动与企业生产有机地协调。可以说，校外实践教学基地接纳学校学生的实践教学活动，是其履行服务社会的职能。

然而，校外实践教学基地履行服务社会的职能是自愿的行为，并不是其必尽的义务。事实上，在如今的市场经济体制下，由于企业所接收的全部都是初出校门的学生，需要企业调拨人力安排其实践活动，并给予相应的指导。在此过程中，不仅消耗了企业的人力资源成本，也相应地影响到了企业的正常生产活动。另外，企业对于接收学生的生产安全、人身安全也负有一定的责任。所以，对于学生的实践教学活动，校方是积极主动的一方，而校外实践教学基地是消极应对的一方，从本质上而言，并不愿意接收学生参与实践活动。加之校企双方的合作层面较浅，基本上是单纯合作学生的实践教学活动，企业从中得不到明显的益处。所以校外实践教学基地提供的实践活动成效差强人意，在实际的实践活动中，学生实践的岗位往往与所学专业不匹配，在此过程中难以对实习单位有全面了解的机会，所做的工作琐碎而枯燥，这些在一定程度上影响了学生对所学专业以及毕业后所要从事工作的认识。

（四）实践教学基地缺乏“双师型”指导教师

在实践教学基地所开展的实验、实训等实践教学活动，是对学生所学专业理论知识的一种验证，是专业理论知识与实践动手能力的高度融合。这种理论与实践的高度融合，需要在专业教师的指导下方可达到成效。而这对指导教师提出了更高的要求，其不但需要掌握传统的专业理论知识，而且必须具备丰富的实践经验，也就是说实践教学基地需要“双师型”的指导教师。

但实际情况却恰恰相反，实践教学基地建设中存在的一个严重问题就是缺乏“双师型”指导教师。企业配备的指导教师具有丰富的行业实践经验，但是其专业理论知识相对欠缺，并且没有接受过教学技能的训练，指导效果并不理想。而高校教师虽然具备扎实的专业理论知识和教学技能，但其人生经历大多是从高校毕业即到高校工作，严重缺乏行业从业经验。另外，实践教学指导教师队伍并不稳定，且呈现出学历低与职称低的两低现象，无法有效地指导学生的实践教学。以学校的美术学院实验中心为例，其成功申请到了中央财政支持，实验中心的设备已到位，但是由于缺乏“双师型”指导教师，导致一些设备无法使用，比如陶艺实训室缺陶艺方面的技师、硬质材料实训室缺电焊方面的技师、木工实训室缺木工方面的技师，等等。这样不但造成了设备的浪费，也导致了学生的实践能力没有得到锻炼与提升。

三、实践教学基地建设的困境分析

新建应用型本科院校的实践教学基地建设与管理在当前形势下遇到了诸多新情况新问题。可以说，造成这些问题的原因是多方面的，但最为关键的原因是由于以下两点，即学校内涵式转型发展期不可避免出现的问题与校企合作中没有做到校企双方共赢发展。

（一）学校内涵式转型发展期出现的问题

党的十八大后，全国高校确立了内涵式发展战略，即不断拓展优质高等教育资源，提高人才培养质量，提升高校的核心竞争力。四川文理学院作为一所新建本科院校，升本之后，在完成学校本科专业逐年增加、本科学生规模逐渐扩大、着力打造新校区建设等任务后，同样面临着内涵式发展的严峻挑战。从本质上而言，高校的实践教学基地建设是一种教学资源的拓展。近年来，学校现有的实践教学基地已不能适应培养应用型人才的要求，实践教学基地的种类有接近一半的比例都是中小学校，新建本科专业严重缺乏甚至没有实践教学基地。

然而高校建设有其自身的规律，需要长期积累、厚积薄发。四川文理学院自 2006 年升本之后只有 11 年的本科院校发展历史，在完成从专科院校至本科院校的建设理念转变之后，本科院校内涵式发展面临诸多挑战。首先，教学经费的严重不足。学校可支配的总经费缺额巨大，实践教学基地建设所分配到的经费更是微乎其微，致使其很多工作无法顺利开展。其次，学校的实践教学教师队伍亟须打造。升本之初，学校大规模引进教师队伍。虽然其中不乏高学历高职称人员，但是“双师型”教师奇缺，这就需要学校花大力气改变这一局面，鼓励和吸引中青年教师从事实践教学，打造一支“双师型”实践教学队伍。再次，作为一个新建本科院校，学校的品牌效应较弱。固有的观念仍然将其视为一个专科院校，人才培养的质量没有得到社会的广泛认可，导致校外的实践教学基地建设亦受影响。

（二）校企合作中没有做到校企共赢发展

相较而言，校外实践教学基地建设中存在的问题更多，也更难以解决，此为高校需要攻克的难关。目前，校外实践教学基地大多不愿意接纳学生参与实践，在实践教学基地建设以及运行过程中存在着一边冷一边热的状况，即学校主动而企业被动，缺乏合作办学的内在动力。其根本原因就在于没有找到校企合作的利益共赢点，没有建立校企互利共赢的长效机制，校外实践教学基地参与高校实践教学的积极性没有被调动起来。

要改变这一现状，就必须探究校企双赢的实践教学基地建设机制，与实践教学基地单位做到“产学研用”相结合的深度合作，改变实践教学基地在履行社会责任、联合培养学生的过程中责任多于权利的现状，真正做到双方互利共赢。努力加强校企合作，整合校企资源，建设企业课程、推动企业教育，引进优质企业入驻学校，建立和完善校企合作成果转化机制。在此过程中，高校应增强为各校外实践教学基地服务的意识和能力，发挥高校服务社会的职能，充分运用高校的智力因素帮助校外实践教学基地解决问题。同时，丰富校外实践教学基地的内涵，将其打造为不但是学生开展实践活动的基地、教师挂职锻炼的基地，同时也是企业员工进行继续教育培训的基地、校企双方开展科技合作的基地，等等。

四、小结

我国经济社会的发展对高校培养的人才质量提出了更高的要求，培养应用型复合型人才是新建本科院校适应时代要求而确立的人才培养目标。实践教学基地良好的建设与管理是新建应用型本科院校完成内涵式发展转变的关键，直接关乎高校的人才培养质量、核心竞争力以及品牌影响力。然而实际上，实践教学基地的建设与管理水平还没有达到应用型人才培养目标的要求，存在着诸多必须解决的问题。面对困境，我们应该站在新的角度来研究实践教学基地的建设与管理，分析造成这些困境的关键性因素，探索实践教学基地改革的方案。

【参考文献】

[1] 陈欣欣.推进新建本科院校转型的策略分析 [J].吉林工商学院学报，2015（6）：100.

[2] 叶茜茜，郭思村.借鉴国外经验加强实践教学基地建设研究 [J].宁夏大学学报（人文社会科学版），2011（3）：180.

[3] 姜雨婷.大连大学社会实践基地建设研究 [D].大连：大连理工大学硕士学位论文，2003：13.

[4] 王成端.以办学的新思路推动学校的新发展——四川文理学院“四圆同心”办学思路的思考与探索 [J].四川文理学院学报，2016（3）：12-20.

[5] 周永.高校加强实践教学基地建设的探索 [J].辽宁医学院学报（社会科学版），2014（3）：94.

地方应用型本科院校创客空间建设策略探讨[*]

化希耀　苏博妮[**]

【摘　要】　在开源硬件、3D打印等新兴技术的推动下，国内正掀起一场创客运动高潮。本文以建设地方应用型本科院校创客空间为出发点，对创客、创客空间、创客教育等概念和国内外创客空间建设现状进行了阐述和梳理，分析了地方应用型本科院校建设创客空间存在的问题，并提出了创客空间的建设方案和运营策略。地方应用型本科院校创客空间的建设需要学校、政府和企业多方参与，整合资源，探索集科技竞赛、课程教学、科技展览、师资培训于一体的创客教育新模式。

【关键词】　应用型本科院校；创客空间；创客；创客教育

一、引言

2016年3月，谷歌围棋人工智能Alpha Go战胜著名棋手李世石，国内外各大媒体惊呼人类进入了人工智能时代，2016年也当之无愧被称为人工智能元年。随后，机器学习、深度学习成为业界最热门的研究课题。在刚刚召开的2018年两会中，人工智能被第二次写进政府工作报告。国内高校包括南京大学、中国科技大学和西安电子科技大学纷纷宣布成立人工智能学院，这已然将人工智能研究带入了又一个高潮。计算思维和创新精神必然成为未来人才培养的重中之重。在这样的背景之下，如何把处在时代浪尖的“90后”“00后”和“10后”们从传统的应试教育中解脱出来，激发他们动手实践、自我创造的能力，是摆在教育工作者面前的难题。诞生于美国车库文化中的创客教育所倡导的创新、实践和分享精神，给教育界送来了希望。创客教育是指强调将创造过程融入学习过程中，进行基于创造的学习，通过创意性的“造物”，鼓励学生将头脑中的想法变成现实[1,2]。

国内教育者开始关注创客运动，希望将创客运动引入到教育中来，以培养学生的自

* 基金项目：“四川省高等学校人文社会科学重点研究基地·四川省教育信息化应用与发展研究中心项目”（项目编号：JYXX17-011）；四川文理学院2017—2019年度校级教育教学研究与改革项目。

** 化希耀，男，副教授，主要从事计算机视觉和创客教育方面的研究工作。

苏博妮，女，讲师，主要从事物联网工程方面的教学和研究工作。

主创新能力和动手能力。地方应用型本科院校作为高等教育的重要组成部分，担负着培养大批复合型、应用型人才的重任。然而地方应用型本科院校由于受到地域、资金和师资等方面的限制，构建创客空间还存在着诸多困难。在全社会推动创新的时代背景下，本文着眼于国内外重点高校在创新教育及创客空间建设方面的最新进展，研究和探讨建构地方应用型本科院校创客空间及其运营策略。

二、创客、创客空间和创客教育的源起及国内外高校创客空间建设现状

“创客”（Maker）源自于美国，泛指那些喜欢自己动手实践，将创意想法变为现实，并加以分享的人。[3]创客空间（Maker Space）是指一个真实存在的物理场所，一个具有加工车间、工作室功能的开放交流的实验室、工作室、机械加工室[4]。天津商业大学的王晓松认为创客空间是一个聚合创客，使他们分享有关信息技术及各种创意方面感兴趣的内容，并合作、动手参与创造的实际场所[5]。宜春学院的陈鹏认为创客空间是指能让创客积极、主动、有效地在“知识建构、选题调研、创意构思、设计优化、原型制作、成果分享、众筹融资、生产上市”的产品研发到运行的全生命周期中，持续进行创新、实践、共享、协作和交流的开放性学习空间[6]。由此可见，创客空间一般应具有固定场所、有必要的工具设备和资源。创客们聚集在创客空间里交流、协作、实践和分享，实现自己的创意想法。创客教育是“创客”和“教育”的结合体，是一种新兴的教育形态。华东师范大学的祝智庭教授认为广义上的创客教育应是一种以培育大众创客精神为导向的教育形态。狭义上的创客教育则是一种以培养学习者，特别是青少年学习者的创客素养为导向的教育模式[7]。

创客运动可追溯到20个世纪80年代的DIY群体，DIY爱好者们根据自己的兴趣爱好，实现个性化产品的设计。2010年李大维在上海创办国内第一个创客空间——“新车间”。随后，创客运动在国内蓬勃发展，其中较有影响力的有深圳的“柴火空间”和北京的“创客空间”。北京“创客空间”是目前亚洲最大的创客空间，参与人数达十万人。

创客教育受到国内外高校空前的关注。美国麻省理工学院媒体实验室创立于1985年，拥有生物、媒体、摄影、信息和社交等领域的25个研究团队，每年的运行经费达4500万美元，科研成果包括NEXI类人机器人、Scratch编程语言等。纽约大学通过为期两年的ITP研究生教育项目，为艺术、科技、经济和政治方面的技术专家、工程师和设计师们提供交流沟通、自由分享的社区，赢得了世界广泛的关注[8]。加州大学伯克利分校的社会利益信息技术研究中心，由政府和公司投资创办于2001年，由来自医药、健康、法律等多学科的研究人员组成，致力于缩短世界级实验室研究成果向产业界转化的渠道。斯坦福大学D. school是一个研究生教学项目，由来自医学、商业和科学等专业的学生组成，教学课程强调从用户需求出发，通过换位思考、定义问题、原型开发和测试迭代等步骤，实现称之为“设计思维”的方法论，以此来培养学生的创造性。

国内许多高校也相继建立了创客空间，开展创客教育。2014年，清华大学将原基础工程训练中心升级为i. Center（i含义为创新、学科融合、国际化），通过与学校开展的创意、创新和创业等“三创”教育活动互补，致力于“让学生做梦想的实现家”，以

志趣为引导，以创新实践活动为手段，充分释放学生巨大的创新潜力。西南交通大学创客空间成立于2013年12月，2015年5月被授予首批“成都众创空间”称号，其秉承开放、分享、协作和创造的理念，致力于构建以创新为导向、跨学科交叉融合的众创空间。哈尔滨工业大学于2014年1月成立的“青年创客空间”，是深圳最有影响力和特色的高校创客空间，主要以学生社团自运营为主、教师辅导为辅的新型创新运作模式，现有研究生创客200余人，通过开展科学技术节、全球创客马拉松等20余项大型创客活动，为创客们提供创意实践、创业孵化和资源整合的平台。

综上所述，国内外众多高校通过建立创客空间，开展创客教育，不断提高学生创新和实践能力。但我们也看到，创客空间的建设，需要固定的场地、大量先进的设备如激光切割机、3D打印机、激光雕刻机、开源硬件等，这些都需要大量的资金；同时还需要专业教师指导，以及相应的运营管理策略，而这些方面正是地方应用型本科院校所缺乏的。

三、地方应用型本科院校创客空间的建设

创客空间是创客们动手实践的主阵地，应用型本科院校在创建创客空间时，应该因地制宜，在充分考察和调研国内其他高校创客空间建设的基础上，结合自己实际情况和办学定位，打造富有地方特色的创客空间。一般来说，地方应用型本科院校都地处地级市，远离省会城市，面临着资金不足、师资力量薄弱的情况。笔者认为，地方高校首先应该重视创客空间在开展创客教育、大学生创新创业项目等方面的作用。从学校层面进行顶层设计，整合创新创业学院、计算机学院、机械电子工程学院、文传艺术学院等相关专业的实验室、师资资源。创客空间可以设立在学校图书馆或开放实验室等公共场所，由计算机学院、创新创业学院、图书馆等单位联合管理。实验设备和工具可以在充分调研学校需求的基础上，将现有的电子实验室、单片机实验室、嵌入式系统实验室等实验室的设备借调一部分补充创客空间，这样一方面可以节约资金，同时还可提高设备的利用率，甚至还可以将这些实验室的部分课程直接安排到创客空间开展。

建设创客空间，首先应该确定一个足够大的办公室，里面能够容纳6~8张工作台和较大的加工设备。条件允许的话，还可分隔成多个小办公室。高校创客空间是为学生创客们提供各类机械、电子、木材工具，将创意想法实现为原型产品的地方。因此应该具备以下工具：电子工具如电烙铁、万用表、示波器等；机械加工设备如小型车床、电钻、电锯等；以及激光切割机、3D打印机、锤子、剪刀、螺丝刀、储物柜等；再配备一些电子器件如Arduino开发板和扩展板、树莓派开发板、各类传感器套装、电池、面包板、导线等。创客空间还应配有投影仪、音响、麦克风和多台配置较高的计算机，以方便创客们进行编程和交流。除了硬件之外，创客空间里还应配备一些常用的工具软件，如Ardunio编程工具Arduino IDE、电路模拟器Autodesk 123D Circuites、图形化编程工具Scratch2.0 、3D建模工具SketchUp等。

以上是一般创客空间常见的硬件设备和软件工具，但各个高校创客空间的定位、作用和经费情况都不同，所以应从高校自身出发，灵活搭配，循序渐进地规划创客空间的建设计划。

四、地方应用型本科院校创客空间运营策略

（一）创客指导教师培养

高校建设创客空间，开展创客教育，离不开创客指导教师。创客指导教师首先应该是一名超级创客，热爱创客，并喜欢与学生交流，指导学生动手实现各种有趣的作品。高校创客指导教师团队应从引进和培养两个方面落实。一方面高校在引进人才时除了考虑教师的学术水平、学历背景之外，更重要的还应注重考查人才的工程实践能力。另一方面，高校应该加大创客教师培养力度。为创客指导教师提供必要的实验条件，吸引不同专业的教师交流合作，设立跨专业的创客项目，让创客指导教师通过项目加强协作、分享、提高，成为超级创客。另外，还可经常邀请一些国内著名创客名师来校举办讲座，为全校师生宣讲创客前沿知识。

（二）由学生社团自主管理为主，教师指导为辅

高校应成立专门的创客社团，由学生社团负责管理创客空间的日常运营。首先创客空间在时间上应该坚持每天对外开放，由创客社团安排值班人员管理。创客空间中的一些设备如机床、激光切割机、电锯等有一定的危险性，所以这些设备初期使用时还需要实行指导教师带领学生（师徒制）来开展。创客空间每周组织一次小规模的创客项目制作活动，由指导教师现场指导完成；每学期举行一场全校范围内的创客活动，如创客作品展、创客文化宣讲等。

创客空间的运营还需要一定经费的支持。一方面可以由高校每年划拨一定的运营经费；另一方面，高校还应积极与地方政府洽谈，争取地方政府的支持，将创客空间转变为高校与政府联合创办。创客空间形成一定的规模后，还可将地方中小学科技竞赛和创客师资培训设立在高校创客空间。另外，高校创客空间还可与科技公司合作，创客社团成员可到公司去参加实践锻炼，公司委派技术人员到高校进行企业宣讲，创客空间还可为公司在高校开展产品宣讲等。

（三）依托创客空间，开展创客教育

长期以来，传统的灌输式课堂教学，存在重理论轻实践、教师主讲学生被动接受的问题。而创客教育所提倡的以学生自主探索学习为主，在“玩中做、做中学、学中创”，给传统教学改革带了一剂良药。基于“开源软件、开源硬件”的开源精神是创客运动所倡导的口号，这是创客的核心价值观，创客将项目开发和制作过程采用公开课、慕课和微课等形式分享到互联网，以便于其他学习者学习。高校创客空间开展创客教育，首先应该创建丰富的创客课程资源，创客课程分为机械、电子、软件等几种类型；如面向全校学生的《Arduino 开源硬件制作》《智能机器人制作与程序设计》和《3D 创意打印》；面向中小学教师师资培训的《Scratch 创意编程》等。

同时，高校还应将校级、省级和国家级大学生创新创业项目开发吸引到创客空间实施。这样不仅弥补了经费不足的问题，还可将项目研究成果转化为创客项目资源。依托创客项目、大学生创新创业项目的孵化和培育，不断积累经验，为参加挑战杯竞赛、

“蓝桥杯”大赛、机器人大赛、电子设计大赛等各类比赛打好基础。

五、结束语

在国家大力推进高等学校创新创业教育改革的大背景下，地方应用型本科院校肩负着服务地方发展，为社会培养应用型人才的重任。我们应该借助着“大众创业、万众创新”和创客运动的东风，做好顶层设计，谋划好未来的规划，整合好校内现有实验室、师资等资源，依托国家级、省级和校级大学生创新创业项目经费的支持，创建富有地方特色的创客空间。开展创客教育，研究创客教育与课程的整合，把创客精神和创客思维运用到课堂当中，勇于创新，不断提高大学生实践动手能力和创造力，培养“大众创业、万众创新”的生力军。

【参考文献】

[1] 祝智庭，雒亮. 从创客运动到创客教育：培植众创文化［J］. 电化教育研究，2015（07）：5−13.

[2] 郑燕林，李卢一. 技术支持的基于创造的学习——美国中小学创客教育的内涵、特征与实施路径［J］. 开放教育研究，2014（06）：42−49.

[3] 王佑镁，陈赞安. 从创新到创业：美国高校创客空间建设模式及启示［J］. 中国电化教育，2016（08）：1−6.

[4] 王晓松. 地方普通高校建构创客空间生态系统的思考［J］. 中国成人教育，2016（19）：60−64.

[5] 陈鹏. 创客空间：大学生发明创造的梦工场——基于 Y 大学创客空间的个案研究［J］. 现代教育技术，2016，26（05）：108−114.

[6] 祝智庭，雒亮. 从创客运动到创客教育：培植众创文化［J］. 电化教育研究，2015（07）：5−13.

[7] 杨建新，孙宏斌，李双寿，等. 美国高校创新教育实验室和社会创客空间考察［J］. 现代教育技术，2015，25（05）：27−32.

[8] 李双寿，杨建新，王德宇，等. 高校众创空间建设实践——以清华大学 i. Center 为例［J］. 现代教育技术，2015，25（05）：5−11.

当前大学生实习现状浅析

韩　宣*

【摘　要】　实习是大学生进行专业训练的基本形式，是全面贯彻党的教育方针，实现专业知识、教育理论与教育、教学、实践相结合，培养合格人才的必由之路。然而，在实际的实习工作中存在许多问题需要去解决和规范。本文对当前实习工作中存在的问题进行了分析和论述。

【关键词】　实习；实习生；存在的问题；解决办法

一、实习的目的和意义

荀子曾说过："不登高山，不知天之高也；不临深谷，不知地之厚也"。这句话的意思是要想了解"天之高""地之厚"，必须"登高山""临深溪"。人们要想获得真正的知识，必须亲身参与社会实践。"纸上得来终觉浅，绝知此事要躬行"。学习理论的目的在于实践，过分强调理论而轻视实践，人就会丧失实践的能力。只有认真的实践，所学到的知识才不至于成为空洞的教条。

毕业实习是我们大学学习阶段重要的实践性教学环节之一，是理论与实践相结合的重要方式，是提高学生政治思想水平、业务素质和动手能力的重要环节。通过理论与实践的结合，学校与社会的沟通，进一步提高学生的思想觉悟，尤其是观察、分析和解决问题的实际工作能力。以便把学生培养成为能够主动适应现代化建设需要的高素质复合型人才。

二、当前大学生实习现状和存在的问题

对于毕业生来说，通过进入基层单位，了解当前中小学美术教育以及艺术设计发展现状，可以加深理解并巩固所学专业知识，进一步提高认识问题、分析问题、解决问题的能力，为今后走向社会做好思想和业务准备。据调查显示，60%以上毕业生认为得到相关工作经验才是实习的真正目的。他们希望从实习的工作中找到将来的就业方向，同

---

* 韩宣，男，讲师，研究方向：中国画。

时也是一个对社会增进了解的机会。实习作为学习与工作的过渡，对于个人职业生涯的发展确实起着重要的作用，可以帮助学生实践所学知识、积累社会经验，并可以亲身体验目标工作的具体内容，认清自身与职业化的差距。

在当前严峻的就业形势和竞争激烈的就业环境下，大学生实习普及度不断增高，重要性也日益显现。但随之而来的问题也日益增多。主要表现在以下几个方面：

（一）学校对实习工作重视程度不够

学校把教学重点放到了课上，而忽视了实践的重要性，忽略了实践教学对人才创新教育不可替代的作用。而这种认识上的偏差，导致对实践工作上的投入不足，社会实践活动设施偏少，实习基地建设严重滞后或不稳定，实习实践环节的建设也相对落后。对实习工作的管理模式和管理方法较为单一，评价体系亦不太规范。在实习时间的设置上也不太合理，主要表现为实习时间安排过于集中和实习时间较短。

（二）学生方面，思想上不够重视，对实习的重要性认识不足，对毕业实习的定位处于模糊状态或持消极态度，尤其不愿意参加集中实习

一方面，部分学生组织纪律偏弱，工作态度不踏实，不严格遵守实习生规章制度，迟到、早退、请假等现象严重。专业知识不够精深，工作能力、主动性、积极性不强，实习期间不知道主动学习新知识，遇到不懂的问题不知道请教，整天无所事事，到实习结束后一无所获。

另一方面，从学校近几年的实习情况来看，虽然学校要求学生必须参加毕业实习，但学生实习工作与专业不挂钩或与专业相关度不高，甚至虚假实习的现象比较普遍。究其原因，主要是大学生在临近毕业的时候由于要准备考研，忙于各种考试或者没有找到实习单位等原因，所以没能真正实习。但是，学校又要统一要求必须上交实习证明材料、填写实习考核册，所以有部分学生选择了随便找个单位盖章，而没真正进行实习工作。

（三）用人单位方面，还没有真正意识到去主动承担社会责任，积极参与到人才培养的队伍中来

一方面，由于就业机会少，使得大学生难以找到合适的实习单位。而从实习单位来看，由于大学生实习属于暂时性就业，缺乏工作能力和经验，很多单位难以提供合适的岗位或者不敢委以重任。学生在实习期间只能做一些打杂或事务性工作，难以把所学知识运用到实际工作中来，对自身能力提高和工作经验积累作用不大。这种矛盾造成很难找到实习单位或者专业不对口。另一方面，大多数单位并没有一套完整的实习生培训制度，也没有办法把实习生的工作计划好、安排好、指导好。这就导致学生在实习期间感觉学不到自己想要学习的专业知识，收获不大。

三、解决办法

（一）建全实习工作管理制度和评价体系，加大投入

学校要密切关注学生实习动态，加强对实习生的管理。不要将对实习生的考核简单

停留在实习报告上，要选派有经验的老师具体深入到实习单位考察学生的思想、工作、生活动态，以便他们能够更好、更快地适应工作环境。同时要加强与用人单位的联系，随时了解实习生的动态，及时处理好实习过程中的问题，不断完善实习的教育工作，使实习工作能够持续、有效的开展。

学校要重视实习工作的重要性，不要只把教育停留在理论上，更要理论联系实际。学校应在校内多组织一些与实习相关的活动。在课程设置上，要更有针对性、专业性，提高实践课所占比例，对学生进行实践技能培训，注重学生的师范技能培养。在实习时间、实习长度的安排上应更加合理，考虑学生的就业需求，保证实习效率，使实习更加有实际意义。经实际调查和分析看出，三至四个月的实习时间最为合适。如果时间太短，学生刚熟悉实习单位和工作内容就要离开，学不到什么实际的东西，对学生和实习单位都是一种时间和精力的浪费。

（二）大学生应端正实习的态度，转变实习的观念

首先，在思想上树立正确的态度，要把实习放在一个重要的位置，了解实习的过程，有自己的实习计划和安排，在选择实习单位前应该考虑好自己的就业方向，避免盲目实习。其次，在校学习期间，始终要以提高自身的综合素质为目标，以自我的全面发展为努力方向，树立正确的人生观、价值观和世界观。为适应社会发展的需求，认真学习各种专业知识，发挥自己的特长，挖掘自身的潜力，在实践中锻炼自己，逐渐提高自己的学习能力和分析、处理问题的能力，以及协调组织能力和管理能力。最后，在实习过程中，要严格遵守实习单位的规章制度。坚持从简单的事情做起，向有工作经验者学习，逐步积累实际工作经验，培养自己各方面的能力，把自己培养成全方位的人才。

（三）现代大学生拥有丰富的专业知识和较强的职业意识，他们充满活力，富有创新意识，这些正是许多企业所缺乏，又是现代竞争所必需的

用人单位要充分认识到大学生实习的重要性，要从战略性人力资源的高度认识实习性质，从而制定一套完善、规范的实习管理制度。根据自身的发展战略，持续、有计划地发觉与储备人才。同时，根据自己的发展需要把实习生工作作为储备人才的重要部分，建立完善的招聘、选拔、测评、奖励体系。这样也可以节约寻找人才的成本，利用身边的资源去寻找自己需要的合适的员工。

社会上各企事业单位应将接受大学生实习作为一种社会责任，是支持教育事业的表现，应认识到现代大学生拥有的丰富的专业知识和创新意识，这些正是许多企事业单位所没有的，也是现代竞争所需要的。

（四）高校应加大与企业合作培养人才模式的力度，拓展渠道，建立更多的专业对口的实习基地

提高大学生实习的针对性，培养他们的创新意识、动手能力、实践能力，使之成为社会主义市场经济体制下的高素质、高技能人才。

实习是大学教育必备的重要的环节，它能提供学生接触社会的机会，增强学生的自

主能力，为将来就业打下基础。如今实习工作面临诸多困难，因此，学校、学生、企业都应该重视实习，共同努力，最大限度地改善目前实习现状，给大学生提供一个宽松、舒适的实习环境。

对地方本科院校开设信用管理专业的建议
——以四川文理学院为例

熊光明*

【摘　要】　国内信用管理专业经过十几年的发展已日益成熟，但面对我国巨大的信用人才需求，信用管理人才供给仍存在巨大缺口，开设信用管理专业的高等院校多集中于沿海发达省份和部分财经院校，中西部省份开设信用管理专业的院校较少，地方本科院校应当在信用管理研究和人才培养上有所作为，为社会信用体系建设和推动地方经济发展提供智力支持。

【关键词】　信用管理；人才培养；高等教育

近年来，国家相继发布了《征信业管理条例》和《社会信用体系建设规划纲要（2014－2020）》，居民和企业的信用意识不断提升，但信用管理人才极其欠缺，市场供需矛盾较大。地方本科院校作为为地方经济发展提供智能支持和人才输送的重要渠道，培养信用人才责无旁贷。

一、开设信用管理专业的必要性

（一）有利于国家社会信用体系的建立

社会信用体系是以信用为基础进行社会资源配置的创新制度安排。信用作为一种资源，同土地、资本、劳动力一样，也可以作为资源投入，为企业创造利润。信用管理包含经济交易和社会综合管理，除了减少交易成本，创造利润，还有利于社会管理，创造更加健康、和谐的诚信社会体系。

社会说到底是由人构成，诚信社会需要人人参与。现代信用在我国发展较晚，随着市场经济的发展，信用活动日益增多，1999 年后才逐渐引起市场主体的广泛关注。1999 年后，我国高校扩招，高等教育由精英教育转向大众教育，通过专升本、学校合并等方式建立的地方本科院校达 600 多所，在部分条件成熟的高校开设信用管理专业，

* 熊光明（1989—），男，汉族，四川达州人，四川文理学院财经管理学院助教，研究方向：金融投资。

有利于增强大学生的诚信意识，以点带面，推动国家社会信用体系建设。

（二）市场经济发展的必然要求

信用即财富。国内外实践表明，经济越发达，信用活动越丰富，我国的信用人才与经济总量相比远低于欧美国家。因为信用相对缺乏，我国失信问题严重，每年给国家带来了巨大的经济损失。2016 年，全国法院累计公布失信被执行人 644.5 万例，民航部门限制购买机票 576.6 万人次，铁路部门限制购买高等级车票 207.2 万人次，工商部门限制担任董监高 7.1 万余人次。[1]

吴晶妹认为，随着我国经济的发展，未来我国将形成三大征信体系：一是央行征信中心积累的金融信息整合和报告体系，包括个人贷款、担保、抵押等数据；二是以政府部门监管数据为核心的行政管理信用信息体系，随着电子政务的发展以及政府信用信息共享平台的搭建，会很快在全国形成一个数据体系；三是以互联网交易、社交活动为内容的征信体系。[2]即以银行为代表的金融征信、以政府为代表的政务征信、以企业为代表的行业征信。当前，我国信用管理人才供不应求，银行等信贷部门的信贷人员仍然以岗位培训为主，侧重于传统授信评级方式，主要调查企业和企业主信用、经营范围、资金用途、营业执照、有无抵押、已有贷款情况、营业收入等，主观性较大，并且评级模式较为单一，这也是企业融资难、融资贵的原因之一，即并非企业信用差或不具有还款能力，而是企业自身条件与银行的授信评级模式不匹配。在政府管理领域，地方政府或部分职能部门根据部门收集的数据进行分析，并形成部门内的信用数据库，如地方税务局根据企业的纳税情况进行评级，给信用评级高的企业简化纳税程序。单个职能部门的数据有限，横向和纵向的数据交流因法律制度不健全和信用数据保密等因素交流较少，使得信用违约成本低，不能“一处失信，处处受限”。在企业信用管理方面，绝大多数企业未设置专门的信用管理岗，坏账既是企业的常见病，也是顽疾。应收账款难以兑现，民事诉讼执行难，因信用管理不善而倒闭的企业不在少数。

（三）国际信用发展的要求

1931 年，美国货币监理署开始规定按信用评级结果监管债券账户，在以后的政府监管中不断增强对信用评级的使用。随着我国加入 WTO，国际贸易日益频繁，国内信用交易向国际信用交易拓展，信用作为企业融资与经营的利器，为企业培养信用管理专业人才成为高校的必然之举。当前，美国的穆迪、标普、惠誉等几大信用评级机构几乎垄断了世界的多个行业的信用评级，并且不断对我国信用评级机构进行渗透，如穆迪于 2006 年接管中诚信的经营权、惠誉于 2007 年接管联合资信的经营权、标普与上海新世纪进行战略合作，国外机构对我国信用评级机构的收购和渗透严重威胁着我国的金融主权。大力发展我国的信用评级，不仅有利于推动国内外信用交易，更有利于维护国家信用主权。

二、信用管理人才培养现状

（一）高等信用人才培养滞后

国外开设信用管理专业或信用管理课程已有多年，如 Dartmouth College。而我国从 2002 年才开始开设信用管理专业，截至 2016 年，全国开设信用管理专业的本科院校也不过 26 所，10 所院校可进行信用管理专科教育，具备信用管理专业硕士或博士培养的院校只有 5 所，每年信用管理专业毕业的学生数量较少。

（二）职业培训停滞

在社会职业培训方面，劳动和社会保障部于 2005 年 3 月将信用管理师作为我国的专业职务之一，但 2006 年至 2008 年，仅有 853 人获得了信用管理师相应证书，之后国家信用管理师的职业资格鉴定考试暂停，当前，仅有部分省（市）开通了地方信用管理师的职业资格认定。

三、对四川文理学院开设信用管理专业的建议

（一）明确信用管理人才培养方向

近年来，四川文理学院本着学校专业学科建设和为地方培养适应市场需求的信用管理复合型人才出发，积极向教育部申报信用管理专业招生。四川文理学院是川东北唯一的省管普通本科高校，生源和就业主要集中于四川省各地级市，就业方向以企业为主。信用管理学属于经济学、管理学、社会学等交叉性学科，既可以定位为经济学，也可以定位为管理学，但从国内高校信用管理专业的设置来看，多定位于经济学，纳入金融学院或经济类学院。四川文理学院截至目前，仅仅开设经济类课程，未设置经济类专业，管理类专业以财务管理和审计为主，财务管理类优势相对明显。建议信用管理专业设置定位偏向于企业信用管理类，仍然归为经济学，并授予经济学学位。

吴晶妹（2007）认为开设信用管理专业需要做好以下工作：确定专业定位与特色，加强专业基础课程体系、科学研究、社会实践、实习基地、师资队伍、教材建设。[3] 四川文理学院已开设部分信用管理专业课程，财务管理、审计专业经过多年的办学和多门经济学课程的开设，积极引进管理学、经济学、法学等学科的专业人才，不断完善和提升师资队伍，开设信用管理专业已经相对成熟。此外，四川文理学院积极加强校地合作，与中国人民银行达州支行、达州市地方税务局、中国工商银行达州分行、达州市公路物流港、海螺集团达州公司等机构和企业建立了实践教学平台和诚信教学基地，同时，与达州市金融学会、达州社科联等机构开展学术研究，公开发表论文多篇，成绩斐然。

（二）利用后发优势突围

当前，全国已经有二十多个本科院校开设信用管理专业，信用管理教材日益丰富，质量不断提升，《信用管理学》《信用经济学》《金融机构信用管理》《企业信用管理学》《消费者信用管理学》《信用风险度量》《信用评级》等教材相继出版；教学案例，如广

东金融学院收集和整理了消费信用管理、征信理论与实践等教学案例；学术论坛日益活跃，如华南信用管理论坛已组织召开8次。四川文理学院应当组建信用教学团队，加强与已开设信用管理专业的高等学院的交流与学习，梳理现有信用管理学的研究成果，并与学院自身建设和地方经济发展相结合，制定学科建设方案和较为详细的人才培养方案，利用后发优势学习和消化已有的教学和学术成果。

（三）充分利用和拓展教学实践和实训平台

四川文理学院已经与部分银行、地方政府和企业建立了诚信教学基地和实践平台，这将有力的支撑学院的信用管理教学和人才培养，但实践和实训平台仍然存在平台短缺、接纳能力有限、实训内容过于简单等实际问题。建议进一步深化校地合作，丰富合作内容、深化合作层次、合作方式多样化，同时加强与信用评级机构、小贷企业的合作。

（四）加强教学团队建设

信用管理专业作为我国2002年开办的新专业，人才积累极其有限，社会对信用管理人才的巨大需求逼迫高校加强信用管理专业建设。对于已经开办信用管理专业多年的院校来讲，人才积累较为丰富，但新设或准备新设该专业的高校却面临教学和研究人员缺乏的突出问题，特别是中西部地级市，缺乏人才引进的地域和科研经费优势，人才引进较为困难，特别是学科带头人。“半路出家”的专业教师将成为常态，如将与信用管理专业相近的经管类教师送去培训或到信用管理实务部门进行学习。建议经费较为紧缺的高校以引进为辅，内部培养为主，主要引进学科带头人或双师型教师，内部培养以到其他院校进修、访学和到实务部门挂职、与信用评级机构联合培养为主。

【参考文献】

[1] 李盼盼. 信用体系建设搭梁立柱，抓紧落实是夯实基础［EB/OL］. 中国经济导报：http：//www.ceh. com. cn/zqxw/1024580. shtml.

[2] 吴晶妹. 三维信用论［M］. 2016版. 北京：清华大学出版社，2016：1-6.

[3] 吴晶妹. 对信用管理专业建设的思考［J］. 中国高教研究，2007（6）：85-86.

论高校教师与大学生和谐关系的构建

丁　艳*

【摘　要】　高校的教学过程中，大学生是主体，教师是主导。师生关系从多方面影响着大学生的健康成长，这也是由高校教师在教学中的地位决定的。针对现实中由于各种原因造成的高校师生关系不和谐的现状，本文从社会、学校和学生三个层面，为构建和谐高校师生关系提出了相应的意见和建议。

【关键词】　高校教师；和谐关系

老师和学生永远是大学校园里的主角，可这两大主角之间的关系在高等教育大众化的背景下正在发生着令上一代、上几代人瞠目结舌的变化。一方面是老师和学生之间互相指责，老师批评学生冷漠麻木、学风差，学生抱怨老师讲课枯燥、了无生气，学生和任课老师在校园里相遇如陌生人般不理不睬，老师说现在的学生眼里根本没有老师；另一方面是学生自认为师生之间已经演变成赤裸裸的利益和金钱关系，学生花钱拿了学分，老师完成了工作任务，然后各不相干。一些辅导员感觉自己成了学生的保姆，学生无论遇到什么大小事情，都要第一时间寻求老师的帮助。这样的师生关系是近了还是远了？一边是大学校长们批评现在的学生不知感恩，对母校没有感情；另一边是网络上总有学生在为哪所学校排位应该更靠前打着口水仗，以种种事例、数据来证明自己的学校有多好。四川音乐学院的朱运龙老师在一项有关大学师生关系的调查数据中显示：在被调查的对象中，对大学师生关系感到“非常满意”的占2.9%，“比较满意”的占26.8%，“一般”的47.6%，“不太满意”的19.5%，“很不满意”的占3.2%。总体而言，认为师生关系“非常融洽”的占4.1%，“比较融洽”的占32.3%，“一般”的占57.2%，“不太融洽”的占5.2%，“很不融洽”的占1.3%。在这种状况下，大学校园里是不是也需要建立一种新型的师生关系，来改善现状，从而促进整个教学工作的进一步发展？改善现状的第一步就是要找出它形成的原因，然后才能对症施治，或者实现创新，把师生关系引向和谐。

* 丁艳，女，讲师，研究方向：企业管理。

一、构建和谐师生关系的重要性

（一）师生关系影响着大学生形成健全人格

教师行业的特点就在于教师的教育手段是和教师的人格融为一体的，教师用人格影响着大学生的人格。师生在人格上是平等的，大学生同样非常希望受到尊重，而一些教师往往按自己的意愿要求大学生，很少从大学生的角度出发考虑问题，结果就会伤害到大学生，造成师生关系紧张。比如对大学生不尊重，言语不当，当众批评，或由于教师个人存在偏爱现象，依个人喜好对不同大学生予以区别对待，这些行为都可能使成绩不良的大学生强化自卑感，不利于大学生形成健全人格。另外，教师在评价大学生时不慎重，批评大学生时不帮助其进步，使大学生产生逆反心理，更严重的造成大学生自卑或自负，甚至行为偏激，对大学生人格的健全非常不利。

（二）师生关系影响着大学生的价值观、世界观、人生观

教师为人师表，是大学生的榜样。教师的言行举止对大学生产生深刻的影响，在教学过程中逐渐树立起在大学生心目中的地位和形象，教师的思想观念也在无形中影响着大学生，这样具有隐蔽性的潜意识的感受与体验所带来的是教师对大学生不仅是知识的传授，而且是价值观、世界观、人生观的影响。因此，教师对大学生的价值体系和知识体系的形成和健康发展有重要影响，也因为此，教师可能对大学生产生不利作用，影响大学生健康发展。近来，有关教师的恶性事件常见于网上，有的甚至直接剥夺大学生的一些基本的权利。

（三）师生关系影响大学生的参与意识和参与能力

师生关系越好，大学生表现出来的学习态度越好。影响大学生发展的一个关键性因素是大学生与其任课教师的关系，一般说来，教师与大学生关系越好，大学生越喜欢教师，也越喜欢其所教学科，良好的师生关系使大学生积极主动地参与到学习中来，而大学生课堂上的积极参与，也将促进大学生的学业发展。

二、当代高校师生关系的现状

（一）师生关系存在总体协调与局部失衡现象

师生之间的教育关系是教师和学生为完成一定的教育任务而产生的关系，它以教育活动为纽带服务于一定的教学任务。师生之间良好的教育关系主要表现为在教学活动中教师和学生的教学目标协调一致，师生相互配合。在我国传统的教育思想和教育方式的影响下，教师往往在教育和教学过程中占据绝对的主导和权威地位。这种教育思想和教育方式随着时代的变迁已经显现出一些消极作用，如学生学习的主动性得不到充分发挥，教育内容的全面性没有充分体现，尊师重道的优良传统没有充分发扬等。

（二）对和谐师生关系存在共性期待而实现措施匮乏

一些大学生认为，大学教师与他们的亲密程度远不如中小学教师。一方面，大学教

师工作非常繁忙，他们既要承担教学任务，又要承担科研等任务。另一方面，一些人认为大学是追求学问的地方，将大学师生关系简化为课堂上讲与学的关系。师生之间没有交流，缺乏感情沟通，导致教与学之间分离化趋势严重。社会竞争主义和功利价值的大环境也直接影响教育领域，导致高校师生关系表面化、功利化。

（三）新型师生关系理念与传统师生关系思想间存在矛盾

在传统思想文化的熏染下，人与人之间的等级观念、交往过程中重义轻利的价值取向以及师道尊严的观念等决定了师生关系的基本特性是教师和学生在师生关系中处于明显不平等的地位。教师对学生来说具有至高无上的权威，学生唯命是从，不能对教师有任何不恭和异议。这种强调服从、强调同一的特性必然会从根本上扼杀学生的主动性、创造性和竞争意识。一些学生表现出的亦步亦趋、畏首畏尾、不敢越雷池半步的思维态势，正是传统思想浸润的结果，也造成了师生关系的隔膜和代沟，与新型师生关系理念相背离。

三、高校师生关系失和的原因

（一）社会的原因

近年来，大学与社会之间的联系日益密切，社会的价值观念特别是市场价值不断侵入大学校园，使本应负载价值、守望社会精神文明的大学再也不能孤守一隅。市场价值理念，一方面促进了师生之间趋向于从权力与义务的角度来实施各种行为，维权意识增强；另一方面，则催生了利益诱惑和世俗侵袭，使师生关系呈现功利化现象。为避免市场法则对大学肌体的伤害，国外知名大学一般不允许教授下海经商，若教授想办公司，则要解除其在学校的教授资格。而在我国，也许是由于受“产学研相结合”理念的影响，又或许是为了利用市场竞争原理来提升自己的办学水平，教师办公司、学者变商人已成为许多中国大学的普遍现象。这种现象使有些教师无心也没时间潜心钻研教学。而学生则以消费者自居，认为自己是“上帝”，教师只是在兜售某种特殊商品的售货员而已。这时，师生间的关系俨如金钱交易关系，更谈不上人格上的陶冶感化。

（二）学校的原因

伴随着日益强烈的建立现代大学制度的呼声，大学自治、学术自由的理念正逐渐为各界管理者与教育者所接受与推崇，但并未真正落到实处，学术权力受行政权力支配的现象依然十分严重。在此环境下，教师难以获得充分的教学自由，学生也难以获得充分的选择课程的自由与选择课本的自由，更难有选择教师的自由，可以说学术自由制度的不到位是导致师生双方渐行渐远的深层原因。大学育人功能备受忽视。自21世纪以来，实用主义的高等教育哲学观逐渐在大学占据了主导地位，大学从传播高深学问、启迪心智的象牙塔变成了单纯传授知识和训练实用技能的场所，大学课堂没有了探究，更没有了精神上的交流，我国目前的大学大多数就呈此种病态。大学教育仅仅关注学生外在特质的塑造，而不关注其内在的精神需求；只注重发展教育的外向功能，而忽视内在价值的导引。这种教育已丢失了根基和灵魂，难以完成学生“品性之养成”的教育。如果现在的大学也能如过去那般既重视书本教育和知识教育，也注重人格教育和道德教育，本应充满温情的师生关系就不会如此对立冷漠了。梅贻琦先生在其名作《大学一解》中通过引用经典古籍强调，“大学之道，在明明德，在新民，在止于至善”，认为教师的一言一行都对学生产生影响，教师应加强自己的“修身”，既教书又育人。师生之间交流的缺乏。学生要学的最大的技能，是如何生活在一个有灵性的社会里，如何帮助形成一个有灵性的社会。而这种技能是很难通过课堂教学培养出来的，一般需经过无意识内化的方式获得，靠环境的感染，靠潜移默化培养。其中教师与学生、学生与学生之间的密切交流与交往尤为重要。而目前大学师生之间的交往大都集中于课堂，课后的聊天、娱乐活动较少，关系不密切。引起这种现象的因素是多方面的：其一，高校扩招造成的师资紧缺。扩招后师生比扩大，教师没有足够的时间和精力来与众多的学生交流。其二，高校大规模合并后，许多高校教师需在各个校区之间来回流动，教师上完课就必须马上走人，课后无暇答疑或与学生交流。其三，高校对教师的考评机制。当前高校中不管是职称评定还是岗位津贴等级评定，都把科研放在首位，由此教师不得不把大部分时间和精力投入到科研中，而无暇考虑学生的需求，很少考虑如何构建良好的师生关系。

（三）学生的原因

互联网的普及使现在的大学生从小就开始接受海量信息，他们的思想早熟，更为独立、自由、开放，有自己的想法和看问题的视角，喜欢独立地观察、认识和思考问题，不喜欢自己的事情被父母、老师干涉。这给以前的“家长式”学生管理工作提出了新的挑战。因为“家长式”管理模式下，学生多数情况下只有服从领导和参与活动的义务，管理者与学生之间是领导与被领导、命令与服从的关系，学生缺乏参与的自主性和积极性。而“90后”大学生有更加自由化的思想和追求，对于管理者不再是惟命是从，他们开始按照自己的需要安排自己的课余生活。教育民主程度提高，学习模式也发生了巨大的变化。尤其是信息和网络时代的到来，“90后”大学生普遍拥有各种电子产品，他们获取信息更加快捷，知识量也更加丰富，而且在知识结构的复杂性和多样性方面甚至不逊于自己的老师，这就对课堂教学提出了巨大挑战。诸如逃课人数增加、听课不认真、课堂气氛不够活跃等问题突出，尤其是对意识形态类的课程，普遍觉得老师课堂讲授的内容与他们从网络上了解的“现实”不符，怀疑甚至否定课堂教学。

四、构建和谐高校师生关系的对策

（一）社会角度

师生关系从宏观层次上看，是一定社会的文化、政治、道德等关系在教育领域中的反映，社会环境的变化会传递到大学之内，影响师生关系的变化。随着市场经济的深入发展，经济交往活动中的一些行为原则、思维模式被无意识地移植到师生的教育交往活动中，使师生关系增加了越来越多的功利色彩。教育甚至被看作了一种商品交换关系，这在一定程度上影响到了学生对教育和教师的看法，尊师重教的良好氛围遭到破坏。因此，要建立和谐的师生关系，需要营造尊师重教的浓厚氛围。近几年，党和国家领导人多次谈到尊师重教、要让教育成为全社会最受尊重的职业。这就需要各级政府在倡导理念的同时，更要将理念落到实处，切实保障教师待遇，保证教师队伍的质量和稳定，让教师职业真正成为受尊敬的职业。

（二）学校角度

1. 重塑现代大学和谐师生关系，关键在于构建现代大学制度

从大学方面来说，关键是要坚守大学精神，营造学术本位和学术自由理念的大学制度，确保大学在面临诸如“市场化”“技术化”等的冲击与挑战时，能保持其特立独行、卓然不群的精神风貌；确保大学教师的教学自由与学生的学习自由，使他们获得充分的尊重与能力的释放。同时，要营造良好的校园文化与环境，确保教师与学生实现心与心的交流，加强有效沟通，塑造学生“完全之人格”。从教师方面来说，大学教师不仅要拥有丰富的知识结构和精深的学术，还要知道怎样向学生传授知识，怎样将教书与育人结合起来，更要懂得通过自身的影响力去塑造学生，使学生“信其道，亲其师”。对学生而言，不能过于追求主观愿望，要学会遵守规则，承担义务，尊重知识，尊重教师，把社会学生的角色扮演到位。

2. 增强人格素养的培养

俄国著名教育家乌申斯基指出：教师的人格是全部教育的基础，教师的个人的范例，对于青年人的心灵，是任何东西都无法代替的最有用的阳光。一个教师，给学生的不仅仅是知识的传授、文化的传递，而是一种文化品位的示范、一种人文情怀的关爱、一种鲜活生命的尊重。因此，教师应在思想深度、文化品位、语言表达、交往艺术、甚至服饰着装等方面提升自己，成为一个有血有肉、有思想、有个性、有传统有创意、有文化底蕴、有现代意识、有丰富体验、有优美人格的鲜活的人，才能以教师的人格浸润学生的人格，润物无声的关爱才能体现人格魅力，激起学生心灵的沟通。此外，师德是教师人格特征的直接体现，如果能在遵守基本的师德规范的前提下追求更高的师德标准，更有利于和谐师生关系的建立。

3. 沟通和交流是建立良好师生关系的基础

和谐的师生关系是在活动和交往中建立起来的，为此可以通过开设第二课堂、各种类型的学术报告会、讨论会、读书会等便于师生交往的各项活动，增加师生交往的频度，改变师生仅在课堂上见面的状况，促进师生的相互沟通和认同。在和谐师生关系构建的过程中，教师应主动发挥作用，首先做出积极的活动，走进学生、信任学生、了解学生。为此，教师应在完成教学任务的同时，把师生交流作为一项同等重要的工作和职责去完成。这就更有利于拉近师生距离，增加双方了解，促进和谐师生关系的构建。

（三）学生的角度

和谐师生关系的构建不仅需要教师主动，更需要学生积极配合。作为学生，不能一味单方面要求教师改变，自己也有义务做好学生的角色，积极配合，增进师生关系的和谐。受传统教育观的影响，绝大多数学生将自己定位为被教育者和被管理者，导致学习的主动性不强，对课堂提问持消极态度，不愿意参与课堂上的师生互动，对师生关系产生很大的消极影响。其实，在教学过程中，学生的角色首先是学习者，而且这种学习者的角色不应是被动的、消极的，而是积极的、主动的，应充分发挥自己的主观能动性，

做到会学习。同时学生还具有活动者和合作者的角色，应参与到教学活动中，做学习的主人；要在教学中与教师合作、与同学合作，相互交流，共同完成学习任务。“90后”大学生因为思想的独立和知识来源的多元化，对教师少了崇拜感、敬畏感，甚至缺失必要的尊重，表现为迟到、早退、上课玩手机、睡觉、说话、吃东西的现象越来越普遍。为此，大学生应牢固树立以学习为本的学习观，以优良的学风巩固师生关系：要尊重教师；上课认真听讲，加强课程知识的学习；维护遵守课堂秩序；积极参与课堂教学活动；课下对老师的教学内容和方法进行积极反馈，认真完成作业等。要自觉抵制不良风气的影响，构建优良的学风，这是师生关系和谐的基础。

【参考文献】

[1] 李孟辉，熊春林. 构建民主师生关系促进学生个性发展 [J]. 当代教育论坛（宏观教育研究），2007（12）.

[2] 阴志平. 构建高校新型师生关系 [J]. 新课程（教育学术版），2008（1）.

[3] 梁胜. 中国高校学生个性发展研究——论中国传统文化对个性发展的负面影响 [J]. 警官文苑，2008（1）.

[4] 顾明远. 用提高师德来庆祝第21个教师节 [J]. 教育发展研究，2005（17）.

[5] 阎秀丽. 构建新型师生关系促进大学生个性发展 [J]. 太原师范学院学报（社会科学版），2009（3）.

教育实习双师指导模式构建*

符 果**

【摘 要】 有效的教育实习指导直接关系到教育实习目标的达成。系统论、理论与实践相统一和教师专业发展理论为构建教育实习双师指导模式提供了理论依据。以高校教育实践科为主管、以高校指导教师为引领、以实习学校指导教师为主体、严格教育实习指导的管理、加强教育实习基地的建设、提升教育实习指导的专业素质，构建教育实习双师指导模式对全面提升师范生培养质量具有重要的实践意义。

【关键词】 教育；实习；双师

教育实习是师范生培养的一个重要环节和基本途径，是促进师范生专业发展的重要保障，它对师范生培养质量产生了重要影响。师范生通过有效的教育实习，无论是师范技能水平方面，还是在教育教学基本理念方面，都将上升到一个新的台阶，为他们即将走上正式的教育教学工作岗位奠定坚实的基础。有效的教育实习指导是达到教育实习目标的重要保障。教育实习的指导既包括高校教师的指导，也包括实习学校教师的指导。师范生要更好地把专业理论和技能与教育教学实践结合，需要高校指导教师和实习学校指导教师形成合力。构建教育实习双师指导模式，是达成教育实习目标、提升师范生专业发展水平的一个基本路径。

一、教育实习双师指导模式的理论依据

（一）系统论

系统论认为，开放性、自组织性、复杂性，整体性、关联性，等级结构性、动态平衡性、时序性等，是所有系统的共同基本特征。系统论的核心思想是系统的整体观念。任何系统都是一个有机的整体，它不是各个部分的机械组合或简单相加，系统的整体功能是各要素在孤立状态下所没有的性质。系统中各要素不是孤立地存在着，每个要素在

* 本文系“四川省学前教育专业综合改革”项目阶段性成果；四川文理学院2014年科研项目校本研究专项“高等教育综合改革背景下教育实习双导师指导模式研究”（编号2014R009y）阶段性成果。

** 符果，男，硕士，讲师，研究方向：教师专业发展研究。

系统中都处于一定的位置上，起着特定的作用。要素之间相互关联，构成了一个不可分割的整体。要素是整体中的要素，如果将要素从系统整体中割离出来，它将失去要素的作用。

师范生的教育实习就是一个系统，这个系统既包含实习生所在的高师院校要素，也包含实习学校要素，二者不能孤立地对教育实习产生影响，要达成教育实习目标，需要高师院校和实习学校构建实习指导团队，彼此协调，形成合力。

（二）理论与实践相统一

实践是理论的来源，是理论生长的土壤，又是检验理论的重要途径；理论是对实践本质的概括，虽来源于实践，但又超越实践，对实践具有普遍的指导意义。理论的形成离不开实践，离开了实践就成为无源之水、无本之木，实践是理论发展和更新的动力；实践离开了理论的指引就会陷入盲目、机械和重复。因此，理论和实践是在矛盾中发展，在人的认识活动中相统一。

高校和实习学校合作的实习指导模式强调教育理论与教育实践相统一。我校在实习前不仅集中给实习生开展理论讲座，而且让专业指导教师走进实习教室，一对一指导实习生，使教学理论与实践紧密结合，防止教学理论与教学实践脱节现象的产生。我校多层次立体化专业指导模式以理论与实践相结合为出发点，使实习生在教学理论的指导下，在教学实践中获得最大的收益。

（三）教师专业发展理论

随着我国教育改革的不断深入，对教师的专业化要求也越来越高，所谓的教师专业化是指通过专业的指导，使教师在职业生涯中拥有相应的专业知识和专业能力。教育实习双师指导模式正是以全面提高实习师范生的专业知识与能力为基本理念。一套完整的实习指导模式对于实习生来说是至关重要的，参加实习的师范生在离开高校，进入实习学校后可能在生活和教学方面都会遇到各种各样的问题，高校和实习学校合作的实习指导模式不仅可以及时有效地处理实习生所遇到的问题，而且可以有效地提高实习生的教师专业素养，在最大限度内达到教师专业化的标准。

二、教育实习双师指导模式的构建

（一）以高校教育实践科为主管

高校教育实践科是负责师范生教育实习的主管部门，统领全校的教育实习，统筹管理教育实习基地学校的遴选和建设，提升高校指导教师的专业素质，组织指导教师的专业培训，研制指导教师专业标准，考核指导教师的指导工作和绩效。加强与实习学校的联系与沟通，构建院—校教育改革与发展共同体，开展实践教学研讨会。

（二）以高校指导教师为引领

高校指导教师掌握了教育的基本理论和先进的教育理念，对中小学、幼儿园的教育教学、管理工作认识更透彻，在与实习学校指导教师的合作中应起到引领作用。高校指导教师应主动与实习学校指导教师沟通，结合实习学校的实际和实习生的特点，选择多元化的指导方式，开拓实习指导途径的多样化。比如：共同参与观察实习生的课堂教学，开展实习生教育教学教研活动；组织实习生观摩实习学校教师的优质课；定期组织实习生开展教学反思交流会等。高校指导教师应根据实习生在实习中遇到的专业性问题给予及时指导，可以开展专题讲座，举行主题研讨会，针对实习生面临的实际问题在理论、理念层面提供解决问题的思路，充分发挥实习生的独立思考能力，把学到的专业理论与知识和中小学、幼儿园的教育教学实践有机结合起来。

（三）以实习学校指导教师为主体

实习生与实习学校指导教师朝夕相处，彼此了解，高校指导教师只能定期到实习学校指导，加之实习学校指导教师和实习生直接面对教育教学实践，处在教育生态之中，因此，实习学校的指导教师应成为教育实习的指导主体。在实习生每次走上讲台前，指导教师应向他们提出明确的目标，审阅实习生的教学设计方案，在一次教学活动结束后，引导实习生积极进行教学反思，与实习生深度交流，听取实习生在教学活动中的真实感受，及时发现实习生在课堂教学、班级管理、学生活动指导中存在的问题，给予及时的、有针对性的指导。

三、教育实习双师指导模式的保障机制

（一）严格教育实习指导的管理

首先，要选拔有实习指导胜任的指导教师。一方面，高校要严格选拔实习指导教师，指导教师由熟悉中小学教育教学规律、师德高尚、有经验的教师担任，逐渐形成稳定的团队。同时，指导教师应当具备相应的指导师范生实习的知识和能力，包括中小学教育教学组织能力、中小学教师言语表达的基本要求及能力素质，以及独立创造和实际操作的能力等。另一方面，实习学校分管领导选派那些热爱教育、经验丰富、有耐心、有责任心的教师担任指导教师。其次，高校教育实践科要跟踪指导教师的指导工作，随时监督、考核，定期检查指导教师填写实习的指导记录。评选优秀指导教师，把它作为教师评优、评先、评职的重要考核指标。最后，各学院还要加强对实习生的监管，随时了解实习生工作的动态，做到定期考勤，检查实习记录。实习是师范生走向社会的第一步，由于环境的突然改变，角色的迅速转换，难免在心理上容易产生各种困惑，尤其是那些没有社会实践经验的学生，会产生较大的心理落差。高校导师只有及时掌握实习生的心理变化，才能有效地开展工作，引导师范生适应实习的每个阶段，促进他们心理健康发展，更好保障实习工作的顺利进行，做到行有所思、学有所获。

（二）加强教育实习基地的建设

从调查中发现，很多学院教育实习指导不到位，一个重要的原因是实习学生比较分散，因此，必须加强实习基地建设，变分散实习为集中实习。首先，遵循就近原则，在高校周边的城区和区县地区建设实习基地，同时，还要遵循择优原则，选择规模较大，教育质量较好、教育资源丰富的学校作为教育实习基地建设对象。其次，高校与实习学校基地围绕教育改革开展课题项目合作。高校教师带着先进的教育教学理念走下去，基

地学校带着丰富的教学经验走上来，围绕教师专业发展、师范生培养等相关课题深入交流，为构建教育实习指导团队打下坚实的基础。最后，定期开展院—校教研活动，围绕师范生的教学技能培训在试讲、说课、班级管理等方面展开合作。把实习基地教师请进来参与学生试讲、说课的指导，在教育理论和实践上填平鸿沟。高校选派优秀教师、专家定期到基地学校开展讲座，参与到基地学校的规划发展当中去，使院校成为一个发展共同体，共建育人环境。

（三）提升教育实习指导教师的专业素质

对实习生进行有效的指导，使他们在实习结束真正有收获，在教育教学能力上有较大提升，必须提升指导教师的指导能力，高校和实习学校的实习主管部门要加大实习指导教师队伍建设，从指导的目标、方式、内容、途径等方面对指导教师进行相关的培训。高校和中小学、幼儿园实习基地可采取集中培训与分散研讨相结合、理论提升与实践智慧相结合、外部监督与自我反思相结合的方式，探寻多元化的教师专业发展思路。教育实习工作是教师教育的重要环节，指导教师的专业化素质直接关系到职前教育的质量。我们希望通过国家和地方教育行政部门的支持，通过高校和教育实践基地的中小学、幼儿园的密切协作，构建双师指导模式，全面提升师范生的培养质量。

【参考文献】

[1] 张应年，鄂生碧. 师范教育实习的实践探索［J］. 甘肃科技，2004（2）：155－157.

[2] 郭志明. 学科融合背景下的教学实习——美国教师教育课程改革中的实习制度［J］. 外国中小学教育，2004（3）：8－10.

[3] 武富荣，李思殿. 构建三位一体的教师教育实践平台［J］. 中国高等教育，2010（12）：47－49.

[4] 陶仁，杨其勇. 顶岗支教实习——地方高校师范人才培养新模式［M］. 昆明：云南大学出版社，2011.

[5] 唐恒钧. 顶岗实习中师范生专业素质发展研究［D］. 重庆：西南大学，2011.

团体辅导对大学新生适应性的干预研究*

廖明英**

【摘　要】 目的：通过团体心理辅导的形式干预大学新生的适应能力，从而提高大学生的素质，促使学生得到更好的发展。方法：通过问卷调查的方式了解学生适应能力现状，设计有针对性的团体心理辅导方案并进行干预；结果：大学新生适应能力不容乐观。在实施团体心理辅导后，将大学新生适应能力与辅导前对比，其适应能力有显著性的差异。实验追踪测验发现，实验结束后半年，学生适应能力没有降低，有些因子的均分反而有所增加，但是没有显著性的差异，说明团体心理辅导能够提高大学生的适应能力，效果极其显著，其效果的持续时间长久。

【关键词】 团体心理辅导；大学新生；适应性

随着社会不断地进步和教育的普及化，人们接受高等教育的机会也越来越多了。越来越多的青年人远离父母，远离家乡，为了实现自己的人生理想，进入大学新的环境，继续学习。而面对陌生的、全新的学习生活环境，在身心方面难免会产生各种各样的不适应。大学新生的年龄一般在18～20岁之间，属于青年初期末，这个年龄阶段的特点，正是处在迅速走向成熟而又未真正成熟的水平上。大学生对于整个社会的发展来说，也起到一种“承接”的作用，是未来社会的重要建设者和生产力，他们的素质高低对社会未来的发展和走向有着一定的影响。所以，大学生的心理健康程度，不仅仅只是影响他们个人的学习和生活，也会影响社会发展的方向。而过去十几年，很多学生又都为考上大学这个目标而努力，忽略了自我身心的健康发展，大学新生刚进到新的环境，不能适应新环境，所以，这时对大学新生的心理健康进行干预是个承前启后的好时机。

团体辅导是指通过在团体情境中提供心理帮助的一种形式。它是以团体为载体，让参加的成员之间互相交往，通过一定的活动形式与人际互动，促进相互的启发、支持、鼓励，促使个体在交往中通过观察、体验和学习，从而增强对自我的认识，探讨自我，

* 基金项目：四川文理学院教育教学研究与改革项目“应用心理学专业学生应用能力‘UGC’三位一体培养模式探究”（项目编号：2017JZ15）。

** 廖明英（1973—），女，四川达州人，副教授，四川文理学院教师教育学院，研究方向：心理健康教育。

接纳自我，调整改善与他人的关系，学习待人接物的新态度和新的行为方式，以发展和社会、团体相适应的良好关系[1]。

面对大学新生所产生的各种心理上的不适应问题，团体辅导可能是最佳的干预形式。本研究计划通过团体辅导的形式来干预大学新生的生活，使大学新生适应新环境的时间变短，能积极主动地努力解决生活中的各种问题。以良好的精神状态完成大学学业，成为合格的，人格健全的，优秀的大学毕业生。

一、研究背景

（一）研究意义

1. 适应性研究是全面实施素质教育的客观需要

大学生适应性研究是学校教育不可缺少的环节，国家扩大大学生招生计划，不是盲目的增加数量，而是对大学生的培养质量也有新的要求的。在人类社会进入 21 世纪的关键时期，党中央、国务院，做出了《关于深化教育改革，全面推进素质教育的决定》。为了贯彻执行党和国家的政策，大学生适应性的研究显得格外重要，只有通过切实可行的方法来提高大学新生的适应能力，才能确保我国素质教育目标的真正达成。

2. 提高大学生的适应性是实施心理素质教育的客观要求

随着心理素质教育的理论与实践研究的深入发展，培养大学生良好的适应能力，提高其对学习、生活、人际交往和身心发展的适应水平，已成为大学校园推进心理素质教育的突破口，也是全面实施大学生素质教育的重要课题[2]。学习并不是大学生生活的全部内容，但是大一新生刚通过高中紧张的学习阶段，要他们把学习和生活，能力与技能同等对待，还需要一个适应过程。高中阶段的生活学习，属于门内学习，门内生活，也就是说高中阶段的大门随时都是关着的。而大学校门是开放的，学生随时随地都可以进出大门。他们不知道怎样面对大门，是走出去广泛参与社会实践呢，还是在学校好好学习书本知识，这使他们感到茫然。总之，大学生活少了监管，少了督促，多了自由，多了空间。这必须需要一个适应过程，不然大学新生找不到方向，容易迷茫，心理素质无法提高。因此，实施心理素质教育是提高大学生适应能力的客观要求。

3. 干预大学生适应性是大学生健康发展的现实要求

团体辅导是通过团体成员的互动，探究生活的真实，分享个人经验，积累团体内其他成员的经验，学习处理压力的方式和探究自身人格成长的一种辅导活动。大学新生面对全新的环境，团体辅导有着重要的意义：能帮助个体有效地改变应对模式，改善其人际交往焦虑状况，改善内向胆怯的自卑心，增强自我的效能感和改善人际互动交流，增强其面对与克服困难的勇气，帮助其提升心理的健康水平，完善人格。

（二）研究目的

通过对大学生适应性的实证研究，首先有助于提高大学生的综合素质，其次，有利于提高大学生的心理素质，最重要的是有利于促进大学生自身的发展。本研究计划通过团体辅导的形式来干预大学生的适应性，并检验其是否有效，为大学生心理健康教育和素质教育提供可参考的方式。

二、实验研究

（一）实验设计

本研究的实验设计模式见表 1：

表 1　实验设计

前侧	实验实施	后侧	追踪测试	结果对比
实验班（适应性量表） 对照班（适应性量表）	实验班（团体心理辅导方案）	实验班（适应性量表） 对照班（适应性量表）	实验班（适应性量表） 对照班（适应性量表）	实验班前测数据与实验班后测数据 实验班前测数据和对照班前测数据 实验班后测数据和对照班后测数据

（二）研究工具

1. 大学生适应性量表

本文所使用的《大学生适应性量表》，出自华中师范大学卢谢峰的硕士学位论文《大学生适应性量表的编制与标准化》[3]。该量表包括七个因子：学习适应，人际适应，角色适应，职业选择，生活自理适应，环境总体认同，身心表现。量表采用的是 5 点计分，分别代表与实践情况相符合的不同程度，从 1 到 5，分别对应的符合度为“很不符合”“不太符合”“不能确定”“有点符合”“非常符合”。得分越高，说明大学新生的适应性越好。该量表是编制时既考虑了大学生适应能力的各个方面，又考虑了要体现大学生特殊转折时期的特点，同时还考虑到大学生的具体任务，效度良好，具有较好的信度。

2. 团体心理辅导评价表

团体心理辅导评价表的制定，主要参考了樊富珉教授《团体心理咨询》（高等教育出版社，2005）。该评价表主要是为了获取团体领导者在实施团体辅导时了解团体成员对团体心理辅导方案的评价，了解团体心理辅导成员对每次活动的满意度、意见和建议，以利于在下次实施团体辅导时做出适当的调整。

3. 团体心理辅导活动方案

本文的团体心理辅导活动方案见表 2：

表 2 团体辅导活动方案

序号	时间	主题	目的	活动设计
1	2015 年 9 月 4 日，星期四	认识新朋友	增加同学之间的熟悉度，增进团体成员间的情感，定好团体成员规范	活动一：大风吹 活动二：滚雪球 活动三：团体约定
2	2015 年 9 月 5 日，星期五	校园寻宝[4]	进一步增加同学之间的感情，特别是熟悉校园，使学生热爱学校	活动一：松鼠搬家 活动二：校园寻宝 活动三：猜猜我是谁
3	2015 年 9 月 20 日，星期天	认识自我	每位成员要学会正确认识自己；每位成员学会体会别人眼中的自己与自己心目中的自己的区别，找出自己的优势	活动一：桃花朵朵开 活动二：自画像 活动三：照镜子
4	2015 年 10 月 20 日，星期二	职业规划	每一位团体成员能够正确认识自己的兴趣爱好；每位团体成员能制定出适合自己的职业目标	活动一：电流传递 活动二：我的未来
5	2015 年 11 月 20 日，星期五	我的大学生活	回顾大学生活，感受自我的成长；每一位成员将自己的个人目标作为暂时的人生方向，作为进一步探索的准备	活动一：我的未来我做主 活动二：新的我 活动三：心花朵朵开
6	2015 年 12 月 20 日，星期天	我的祝愿	巩固成员之间的情感，分享在团中的感受，用团体成员的情感指导生活，使成员更好地适应大学生活	活动一：解开千千结 活动二：往事回首 活动三：我的祝福

（三）研究结果

1. 两个班的学生适应能力现状

我们选了两个自然班，班上人数一样多，一个班为实验班，一个班为对照班。在开学时也就是新生报到的当天晚上，也就是 9 月 3 号晚上对两个班进行了适应能力测验，结果见表 3：

表 3 大学新生适应能力的现状

维度	M	SD
学习适应性	2.18	0.58
人际适应性	2.40	0.55
角色适应性	2.68	0.50
职业选择适应性	1.85	0.62
生活自理适应性	2.92	0.56
环境总体认同	2.08	0.42

续表3

维度	M	SD
身心症状表现	2.60	0.52
总分均分	2.39	0.34

通过表3，我们可以了解大学生适应能力及其在各维度上的项目均分及标准差，由于量表采用的是5点计分，其取值范围从1到5，中间值是3。因此总体来说，大学生适应能力不容乐观，因子的均分在3.0以下。“环境总体认同”和“职业选择适应性”较其他项目得分低，也说明学生在这两方面的适应能力应给予特别的关注。而“身心症状表现”相对来说好一些，也说明，新生进大学初期，即便适应能力不强，也不会马上在身心上表现出来。

2. 实验班和对照班前测情况

9月3号对实验班和对照班进行前测，用独立样本T检验，其结果见表4：

表4　实验班和对照班的差异

维度	实验班（36）		对照班（36）		
	M	SD	M	SD	T
学习适应性	2.18	0.62	2.19	0.56	0.60
人际适应性	2.33	0.51	2.45	0.59	0.91
角色适应性	2.71	0.54	2.64	0.62	0.56
职业选择适应性	1.86	0.63	1.85	0.62	0.14
生活自理适应性	2.88	0.53	2.96	0.58	0.61
环境总体认同	2.06	0.42	2.10	0.43	0.33
身心症状表现	2.55	0.52	2.66	0.52	0.90
总分均分	2.36	0.33	2.42	0.35	0.70

注：* $p<0.05$　** $p<0.01$　*** $p<0.001$

从表4可以看出，我们选的两个班适应水平相当，在有些项目上实验班均分高一些，在有些项目上均分低一些，但是差异都不显著，实验班和对照班同质。

3. 后测情况

实验班除了按学校安排的学习活动外实施团体心理辅导，对照班正常参与学校安排的学习活动。在实验班进行团体心理辅导后，笔者对实验班和对照班都进行了适应能力测验，通过数据整理，其结果见表5：

表5　大学生适应能力后侧情况表

维度	M	SD
学习适应性	3.32	0.69
人际适应性	3.67	0.64

续表

维度	M	SD
角色适应性	4.00	0.62
职业选择适应性	2.93	0.68
生活自理适应性	4.16	0.55
环境总体认同	3.16	0.62
身心症状表现	3.85	0.63
总分均分	3.58	0.47

通过表 5，我们可以看出大学生适应能力及其在各维度上的项目均分及标准差，由于量表采用的是 5 点计分，其取值范围从 1 到 5，中间值是 3。因此总体来说，大学生适应能力提高较多，因子的均分在 3.0 以上。“角色适应性”和“生活自理适应性”较其他项目得分高，也说明学生在这两方面适应能力提高快。而“职业选择适应性”方面相对较差，这说明新生对自己和专业的认识较慢。

4. 实验班前后测的比较

为了了解实验班在实验前后是否存在差异，笔者做了 T 检验，其结果见表 6：

表 6 前后测实验班的差异

维度	测后（36）		测前（36）		
	M	SD	M	SD	T
学习适应性	3.38	0.69	2.18	0.62	7.25***
人际适应性	3.78	0.63	2.33	0.51	10.37***
角色适应性	4.07	0.55	2.71	0.54	8.86***
职业选择适应性	2.96	0.70	1.86	0.63	7.4***
生活自理适应性	4.21	0.52	2.88	0.53	9.6***
环境总体认同	3.21	0.59	2.06	0.42	9.0***
身心症状表现	3.88	2.55	0.52	9.40***	
总分均分	3.64	0.41	2.36	0.33	12.80***

注：* $p<0.05$ ** $p<0.01$ *** $p<0.001$

由表 6 不难发现，实验班前测数据和后测数据在适应能力上存在显著性差异，并且差异极其显著。经仔细观察发现，在表中所有因子的得分上，实验班实验后的能力都高于实验前的能力。有些因子，如“角色适应性”和“生活自理适应性”均分都在 4 以上，效果非常好。

5. 后测实验班和对照班存在差异

为了了解实验实施后，实验班和对照班是否存在差异，笔者做了独立样本 T 检验，其结果见表 7：

表 7　后测实验班和对照班的差异

维度	实验班（36）		对照班（36）		
	M	SD	M	SD	T
学习适应性	3.38	0.69	3.15	0.65	1.79
人际适应性	3.78	0.63	3.43	0.57	2.74*
角色适应性	4.07	0.55	3.72	0.60	3.53**
职业选择适应性	2.96	0.70	2.86	0.66	0.65
生活自理适应性	4.21	0.52	4.00	0.56	2.26*
环境总体认同	3.21	0.59	2.99	0.61	2.03*
身心症状表现	3.88	3.65	0.70	2.38*	
总分均分	3.64	0.41	3.39	0.46	3.19**

注：* p<0.05　** p<0.01　*** p<0.001

由表 7 不难发现，实验班和对照班在适应能力上存在显著性差异，并且差异极其显著。仔细观察发现，在表中所有因子的得分上，实验班的成绩都好于对照班。有些因子，如“角色适应性”实验班显著优于对照班，在“学习适应性”和“职业适应性”上，从平均分来分析，实验班要好于对照班，但是没有达到统计学上的差异。

在“人际适应性”“角色适应性”“生活适应性”“身心症状表现”等方面，我们可以说实验班优于对照班。实验班的同学在这几个方面的适应能力显著性地高于对照班。而在“学习适应性”和“职业选择适应性”方面，我们不能说实验班和对照班有差异。

6. 实验班后测和追测的情况

为了了解实验班后测和追踪测量时是否存在差异，笔者做了比较，其结果见表 8：

表 8　实验班后测和追测的对比

维度	后测（36）		追测（36）		
	M	SD	M	SD	T
学习适应性	3.38	0.69	3.42	0.69	0.27
人际适应性	3.78	0.63	3.82	0.69	0.22
角色适应性	4.07	0.55	4.21	0.56	0.95
职业选择适应性	2.96	0.70	2.96	0.75	0.75
生活自理适应性	4.21	0.52	4.26	0.56	0.35
环境总体认同	3.21	0.59	3.23	0.65	0.33
身心症状表现	3.88	3.90	0.65	0.64	
总分均分	3.64	0.41	3.70	0.47	0.50

注：* p<0.05　** p<0.01　*** p<0.001

从表 8 可以看出，我们追踪测量的数据表明，学生适应能力不但没有降低，反而有所增加，说明专业的、系统的、有针对性的团体心理辅导有效果，能够用来提高学生适应能力。

三、结果分析

（一）大学新生适应能力差

根据表3大学新生适应性的整体状况来看，可以看出大学新生适应能力很差，总的状况不容乐观，表中显示了大学新生的适应能力及其在各维度上的项目均分及标准差，由于量表采用的是5点计分，其取值范围从1到5，中间值是3，而各因子的均分在3.0以下，特别是在“职业选择适应性”上得分很低，表现出职业定位的不明确性。这说明新生刚刚步入大学，生活阅历不足，主动性不强，对社会发展变化及自身定位还不清楚，特别是对专业认识不深入，对自我认识肤浅，对自己的优势、劣势不了解，从而导致了大学新生对未来感到迷茫，看不清未来的方向。这引发了笔者的思考，我们该如何引导大学新生进行职业规划，将学生个人兴趣爱好和特长发挥出来，并和社会相结合（或者说主性去创造社会需求），从而更好地走向社会，发挥自己的能力，实现自己的价值？

同时，笔者也发现，新生在环境适应方面的能力也不强，这和大学校园一般比中学校园大，设施设备齐全，而中学活动单一有关。中学主要以班为单位，而大学主要以寝室为单位通知有关事项，管理方式的差异也导致了大学新生的环境适应障碍。

（二）干预前实验班与对照班适应能力同质

我们通过调查结果表4发现，在实施干预前两个班适应水平相当，在有些项目上实验班均分高一些，在有些项目上均分低一些，但是差异都不显著，实验班和对照班同质。这适合我们实验的条件，也和我们的假设相符。这说明我们选择的对象具有科学性。

（三）大学新生半年后适应能力大大增加

通过表5，我们可以看出，大学生适应能力及其在各维度上的项目均分及标准差，由于量表采用的是5点计分，其取值范围从1到5，中间值是3。和表3粗略比较，也能发现大学生适应能力提高较多，基本上因子的均分在3.0以上。“角色适应性”“生活自理适应性”较其他项目得分高，也说明学生在这两方面适应能力提高快。而职业适应方面，相对来说差一些，这也说明，新生认识自己和认识专业较慢。尽管总体上的均分偏低，但是不能说适应能力没提高，和表3对比，学生们的每种能力都有非常明显的提高。

（四）实验班和对照班在后测时适应能力差异显著

由表7不难发现，实验班和对照班在适应能力上存在显著性差异。仔细观察后发现，在表中所有因子的得分上，实验班的成绩都好于对照班。有些因子，如角色认同的适应能力实验班显著性地优于对照班，在学习适应和职业选择适应方面，从平均分来分析，实验班要好于对照班，但是没有达到统计学上的差异。

在人际适应、角色适应、生活适应、身心适应、环境适应等方面，我们可以说实验班优于对照班。实验班的同学在这几个方面的适应能力显著性地高于对照班。而在学习适应和职业选择适应方面，我们不能说实验班和对照班有差异。

是不是实验班在某些因子上差异不显著，就说明实验无效呢？不是这样的。我们分析表 3 和表 4，发现每个因子都有提高，那为什么在试验后实验班和对照班有些因子就没有显著性的差异呢？我们的实验是自然实验，实验班在接受实验的同时还要参加学校正常的入学教育活动，更要参加辅导员的带班干预，而对照班照样要参加学校正常的入学教育活动，更要参加班主任辅导员的带班干预，我们实验的原则遵循发展性原则，让每位实验对象都正常发展。我们的调查结果发现，学校的活动和辅导员的干预也能提高学生的适应能力。特别值得注意的是，在大学新生学习适应和职业适应方面，因为对照班的学习适应能力和职业选择适应能力也显著性的增加了，而对照班没有接受实验，只是接受学校、班主任和辅导员的干预，这也说明现在高校越来越重视大学生适应能力的培养。

但学校和辅导员在人际适应、角色适应、生活适应、身心适应和环境适应等方面有所忽视，至少说在这些方面没有引起特别的关注，所以对照班在这些方面的能力明显低于实验班。

（五）大学新生适应性能力有很大的提高

由表 6 不难发现，实验班前测数据和后测数据在适应能力方面存在显著性差异，仔细观察发现，在表中所有因子的得分上，实验班实验后的能力都好于实验前的能力。有些因子，如“角色适应性”和“生活自理适应性”均分都在 4 以上，效果非常好。

由表 7 也不难发现，对照班前测数据和后测数据在适应能力方面存在显著性差异，在仔细观察后发现，表中所有因子的得分上，对照班实验后的能力都好于对照班前的能力。

前面已经分析过，对照班没有进行专业的团体心理辅导，而适应能力也大大提高，各个因子都达到显著水平。其原因可能有以下一些：第一，学校的入学干预和辅导员的引导非常有效，也说明学校越来越重视入学教育，越来越重视学生适应能力的培养，关心学生的身心状况。第二，可能学生在课程和生活中有交集，互相影响，相互学习，提高了学生的适应能力。第三，可能是辅导员发现对实验班进行团体心理活动后增进了学生之间的情感，体会到两个班的差距，有意学习一些方法来提高学生的适应能力。

（六）实验效果明显，效果持久

从表 8 可以看出，我们通过追踪测量发现，学生适应能力不但没有降低，反而有所增加，说明我们做的专业的、系统的、有针对性的团体心理辅导有效果，能够用来提高学生的适应能力，并且效果还具有持续性。特别是半年后测量，发现许多因子的均分有所增加，只是没有达到显著性的变化。这说明学生能够运用团体心理辅导中的方法、情感来指导指引大学生的大学生活。

（七）启示

本文通过调查、访谈、查找资料等方法了解了大学新生的适应能力的现状；根据适应能力的现状和学生、学校的实际情况，设计了一套效度信度非常好的团体心理辅导方案，按照实验要求，遵循实验原则，系统地、有计划地完成了整个实验的实施；对实验测得的数据进行处理和分析，得出了以上的结论；并对结论做了适当的分析。整个实验数据完全回答了我们实验的假设。此外，笔者对团体心理辅导干预大学生适应能力做出一些建议，以进一步推广，提高大学生的适应能力，提高大学生身心素质，促进大学生更好的发展。

1. 团体心理辅导的设计一定要有针对性

每个团体成员的状况不一样，有些学生学习能力强，有些学生人际关系糟糕，有些学生适应能力强，而有些学生本来就有身心障碍，因此在设计团体心理辅导方案时，一定要进行摸底，这样设计出的团体心理辅导方案针对性强，辅导效果明显。

2. 团体心理辅导领导者一定要专业

不是所有的人都适合做团体心理辅导的领导者，也不是请个人把团体心理辅导方案写出来，随便找个人就能做团体心理辅导的领导者。团体心理辅导的领导者直接影响团体氛围，也直接影响团体的方向，更影响团体心理辅导的效果。建议班主任或者辅导员去经过专业培训后直接作为团体心理辅导的领导者。或者请心理学专业的学生，经过专业的训练，加上集中的培训，担任团体心理辅导的领导者。

3. 重点关注个别成员

现在每个学校都会对新生进行心理测试，建立心理档案，那么在入学进行适应能力测量后，团体心理领导者一定要关心，分析新生的心理档案，关注个别的成员，这样在进行团体心理辅导时才会重点关注个别成员的特殊情况和特殊情感，以做好相关工作。

【参考文献】

[1] 赵传锡. 团体心理辅导对大学新生人际关系适应问题的干预研究 [D]. 烟台：鲁东大学硕士学位论文，2013.

[2] 江琦. 中学生考试心理问题及教育对策研究 [D]. 成都：西南师范大学硕士学位论文，2003.

[3] 卢谢峰. 大学生适应性量表的编制与标准化 [D]. 武汉：华中师范大学，2003.

[4] 李兴乾. 初三学生考试焦虑的系列辅导 [D]. 济南：山东师范大学硕士学位论文，2011.

"互联网+"视阈下地方本科院校成人教育教师专业发展研究*

黄　瑞**

【摘　要】 互联网技术的飞速发展，促进了信息技术与教育的深度融合，同时也带给了成人高等教育教师专业化发展诸多机遇和挑战，在"互联网+"视阈下，结合当前我国地方本科院校成人教育教师专业化发展面临的问题，提出有针对性的促进其专业化发展的有效策略。

【关键词】 互联网+；成人教育教师；专业化发展

一、前　言

技术的迅猛发展不断改变和影响着人们的生活。2012 年，"互联网+"被提出后，逐渐成为各行各业创新发展的新引擎。"当教育和'互联网+'融合后，互联网的开放性、虚拟性、移动性和交互性使得高等教育的教育理念和教学方式发生了深刻变革。"[1]同时也为成人教育教师教学质量提升、教师自身能力提高带来了新的挑战和机遇。互联网时代背景下，成人高等教育作为继续教育的重要组成部分，日益受到国家和政府的重视、支持，建设高水平的成人教育教师队伍成为保证高等院校继续教育事业快速、稳定、健康发展的必然要求。随着我国成人高等教育规模的不断拓展，继续教育市场竞争日益激烈。"高校成人教育教师作为成人教育最核心的人力资源，其素质是成人教育发展的根基与生存的希望。"[2]因此，在"互联网+"时代背景下，找出当前我国成人高等教育教师发展专业化存在的问题，探索出促进其教学能力提升的有效策略，成为当前亟待研究的重要课题。

* 基金：四川文理学院 2015 年高等教育研究专项重点项目"基于决策树的大学英语在线学习行为分析研究"(2015GJ006Z)。

** 黄瑞，男，助理实验师，研究方向：数字化学习、认知与技术。

二、当前地方本科院校成人教育教师专业发展存在的问题分析

（一）教师任教资格低，教师来源不稳定

当前“成人教育的形式有成人高等教育、高等教育自学考试、电大现代远程开放教育和网络大学，除了成人高等教育以外，报考其他三种不需要参加全国统一入学考试”[3]。其主要的学习形式包括函授、业余、自考等，以致没有一个统一的教师任职资格标准，来规范教师队伍建设。当前地方本科院校中的成人高等教育工作多由其负责继续教育的部门开展，工作人员较少，因此，成人教育的师资队伍大多由其他二级学院的教师兼职任课。近年来，随着互联网的发展，打破了成人教育的时间、空间、地域等方面的诸多局限，规模不断扩大，加之对成人教育教师队伍建设的力度不够，缺乏常态化发展规划，使得师资供需失衡，兼职师资已经难以承担越来越重的教学任务。

（二）缺乏激励及评价机制，教师教学热情不够

由于地方本科院校对于成人高等教育的重视不够，缺乏较为完善的成人教育教师队伍建设机制，没有相应的激励办法，直接或间接影响了教师的教学积极性和教学热情。成人教育师资队伍中兼职教师较多，平时工作业务繁重，对成人教育的认识不够，加之当前地方院校缺乏完善和科学的激励制度和规划机制，缺乏科学的教育教学质量评价体系，教师教学过程缺少监管，导致部分教师工作责任心不强，教学质量难以得到有效保障。同时，部分教师对自我提升的内在动力不足，忽视了成人教育教学研究，没有合理的职业规划，在追求自我发展过程中，没有与学校成教体系整体发展需求相契合，致使成人教育教师专业发展与学校整体发展目标相脱节，阻碍了其进一步发展。

（三）教师科研水平薄弱，技能培训单一僵化

成教学生有一定的社会阅历和职业知识需求，但由于其工作、生活等诸多原因，学习时间不多，这就要求成教教师不仅要有系统的教育教学理论，成人教育理论知识，还要有深厚的专业实践技能。而目前从事成人教育师资队伍参差不齐，许多青年教师缺乏深厚的理论知识体系，教学经验不足，对成教生缺乏了解，较少有针对性的教育教学，对提升成人教育教学水平、创新成人教育教学理念等的研究也就少之又少。当前地方高校针对成人教育教师的专业培训有一定成效，但大多数培训模式单一僵化，没有针对成人教育教师的实际需求进行培训。大多通过培训获取一定的经济收益，或者走马观花，敷衍了事。各地方院校之间鲜有交流，较为成功的培训模式难以得到推广应用。

三、“互联网+”视阈下地方本科院校成人教育教师专业化发展路径

（一）构建成人教育教师能力培养机制，创新教育实践智慧

首先，成教教师需夯实成人教育教师专业理论基础，整合相应学科教学资源，教师结合具体教学活动，向学生传递知识架构，在此过程中，不断提升自身教学能力，提高自我要求，促进自我发展。在“互联网+”的背景下，不断学习信息技术，提升自我信息素养，并将其转化为新型教学手段。同时地方本科院校不断加大智能教学设备建设投

入，大量引进远程教育资源，不断将现代远程教育资源与成人教育课程整合，促进高效成人教学的不断发展。

其次，成人教育教师应立足自我主体意识，通过加强自身专业能力，优化原有知识结构，在教学实践中，择优运用优质教育教学资源，学习新型教育教学技术，创新教学方法。地方高校加大对资源建设资金投入，通过提高硬件、软件建设来促进教师能力提升，以更好的服务成人教育教学，服务社会。

再次，地方高校之间，构建成人教育教学资源共享机制，地方高校与企业之间建立良好合作交流，最大限度发挥资源共享优势，构建教师、学校、企业、社会发展共同体，教师团队与企业团队紧密合作，“以促进专业理论与实践教学的结合，通过教学方法创新促进学科知识价值的转化与体系构建；加强不同专业领域专家的合作，以促进教学发展的层次性及资源共享”[4]。

最后，师生相互学习，形成相对固定的学习伙伴关系，成教生可以将其工作中的丰富经验与教师分享交流，促进教师教育教学方法创新，从而促进课堂教学效率不断提升，帮助学生不断学习，改进学习方法，提高学习效率。教师在交流和教育教学实践过程中，不断丰富教学经验，优化自身知识结构和学科发展能力，提高教学质量，实现成人教育的高效与务实，促进成人教育改革，推动经济发展。

在开放的“互联网+”的环境下，成人教育教师应将开放的技术资源与自身专业、知识结构高效整合，并将其运用到教育教学实践，创新教学方法，创新教育实践智慧。开发新的教学技能，帮助成教生改进学习方法，促进知识内化，提升知识运用能力和解决问题的能力。

（二）加强顶层设计，健全成人教育教师专业化发展制度体系

首先，地方高校作为成人教育的举办主体，应在成人教育总体战略目标的基础上，长远规划教师队伍发展趋势，科学把握未来成教师资供需，制定人才需求计划，建立学科专业人才库。“向社会或其他高校、科研院所、企事业单位等公开招聘或者邀请有较高知识层次、有较高专业水平、有一定教学经验和能力的专业人才，储备雄厚的师资力量，壮大教师队伍，优化教师结构。”[5]其次，地方院校应积极出台相关政策，健全成人教育教师专业化发展制度体系，强化教师专业化理论研究，切实提升队伍素质，使教师的自我价值追求与成人教育理念相互融合；积极开展成人教育职业道德、业务技能培训，“使教师充分认识成人教育对提升我国国民整体素质、建设人力资源强国和推动现代化建设的重要作用，树立献身成人教育事业的思想。要熟悉教育对象的特点，掌握成人教育的教学规律，运用成人教育的基本理论、教学技术方法等来处理成人教育的相关问题”[6]。

（三）构建一体化培训流程，制定专业化考核标准

成教学生职业成熟度高，更加偏重对应用型知识的需求，这就要求我们的成人教育教师要有丰富的实践经验以及符合成人学员特点的教学能力。因此，地方院校应注重成人教育教师岗前培训和在职培训，建立成人教育教师培训基地，制定培训规划，加强成人教育理论培训，充分发挥成人教育专业组织作用，形成“职前培训——入职培训——在职继续教育”的一体化培训流程。积极开展成人教育科学研究、教学改革实验和学术

交流活动，校际合作交流活动。充分利用各种资源，打造成人教育资源共享平台，推广成人教育科研成果和经验，推进课程开发、科研协作。

进一步规范完善成人教育教师专业化考核评价体系；建立科学考核制度，丰富考核内容，形成多元考评主体，坚持定量与定性考核结合，层层分解评价要素，形成具体化、行为化、可操作的评价标准，构建全方位、多角度考评体系。同时制定成人教育教师的入职行业标准，明确要求教师从业资格的等级，以及其所应该具备的专业知识、专业背景、专业技能、专业实践等。完善激励机制，逐步提高成人教育教师地位，健全其成长发展机制，开展绩效评价、落实激励措施，完善教学督导组听课评价制度，将成人教育教师的贡献和胜任力潜能与对高校成人教育长远发展需要的重要性、短期绩效和长期目标之间进行平衡，真实地反映教师的综合工作表现。

（四）更新专业发展观念，构建专业共同体

当前，地方高校应清醒地认识到教师综合素质和先进的教育理念才是教师专业发展的核心，我们应以网络信息技术为依托，更新专业发展观念，融合互联网思维，积极主动进行自我评估，重新定位自身角色。在“互联网+教育”的带动下，地方高校应开发与建设多元的成人教育教师专业化培养组织，制定规范化的标准与制度，积极与相关社会组织联系，加强与这些组织合作交流，构建“学校—教师—社会—学生”学习共同体，加强团队合作互助，逐步形成教师专业化发展网络和多元化的组织联盟。通过组织的发展，搭建交流沟通平台，使教师专业化发展达到更高水准，以推进地方院校的更大发展。同时，积极吸收国外先进成人教师专业化发展理念，拓展国际视野，从而进一步推动我国成人教育事业发展。

结语

“互联网+”时代的到来，潜移默化地改变着人们对社会的认知，改变着人们的思维模式。随着教育与互联网的不断相融，地方院校成人教育决策者必须健全成人教育教师专业化发展制度体系，加快构建教育理论知识体系，提高教师职业道德水平，建立健全成人教育教师资格制度，鼓励成人教育教师进行科学研究，建立学生电子档案，充分了解学生学习需要，完善成人教育教师培训系统，帮助教师不断学习、不断创新，促进教师专业长远发展。

【参考文献】

[1] 张婷婷. “互联网+”视阈下大学教师专业发展态势及对策探求 [J]. 中国成人教育，2018（01）：136－139.

[2] 胡静，刘中晓. 成人教育教师人力资源管理研究 [J]. 职教通讯，2013（19）：32.

[3] 郜志艳. 新时期成人教育教师专业化发展策略刍议 [J]. 继续教育研究，2016（10）：88－90.

[4] 刘娜，郭慧娟，赵军. TPCK 理论框架下成人教育教师能力培养机制研究 [J]. 中国成人教育，2017（19）：135－137.

[5] 宣纳新. 关于规范成人教育师资队伍管理之我见 [J]. 科教导刊，2011（21）：65.

[6] 国海英. 高校成人教育教师队伍建设的问题与对策 [J]. 中国成人教育，2015（23）：119－121.

新时代背景下大学英语教师专业发展路径探索*

刘彦仕**

【摘　要】　伴随着经济全球化和科技进步，英语已成为国际交往和科技、文化交流的重要工具。本文从教师专业发展研究现状入手，明确教师专业发展的核心概念是发展。顺应新时代高等教育新局面，从个体和群体的角度，探讨大学英语教师专业发展的有效路径。学校是教师专业发展的主要平台，走个体的反思学习和反思教学，以及教学团队的群体合作道路，从内外因素促成英语教师的专业发展，同时提高个体以及相应的团队的教学水平。

【关键词】　专业发展；反思；自我指导；教学团队；路径

一、教师专业发展的研究状况

学校是教师专业发展的主要平台，探索教育改革与发展的不可或缺的重要课题是研究教师专业发展。重视教师专业发展，首先就要明确此概念的内涵，然后分析教师专业化程度这个不可回避的话题。发展是不能忽略的问题，是教师顺应新时代、新形势的目的之一，教师要提升自身的素养和素质就必须有正确的“指引”，从而为找到有效的教师专业发展途径奠定可靠的基础。

（一）教师专业发展的内涵

我国国内对教师专业发展的研究，大致存在以下四种代表性观点：“它是教师由非专业人员向专业人员转型，以提高与完善知识、技能和情意等专业素质为基础的专业成长与成熟的过程”[1]；“它是教师由不成熟到相对成熟的发展历程，既包括知识的积累、技能的娴熟、能力的提高，也涵盖态度的转变和情意的升华；教师专业发展的空间是无限的，其内涵也是多视角、多层面、多领域的”[2]；“它强调教师从个人角度对自己的职业发展规划和目标做出设想，然后通过学习进修等来提高教育教学能力，是增进教师专

* 本文为校级教育教学研究与改革项目“‘互联网+’背景下口译教学反馈研究与实践”（项目编号：2017JY15）研究成果之一。

** 刘彦仕，男，副教授，研究方向：翻译理论与实践、英汉文化比较。

业化、提高教师职业素养的过程”[3]；“它是教师专业信念、知识、能力、以及情意等不断更新、演进和完善的过程，始终伴随教师人生”[4]。

总而言之，发展是教师专业发展的核心概念。发展是个持续不断的过程；发展又意味着在各个衡量指标（专业思想、专业知识和专业能力等）上取得进步；发展也蕴含自我激励、自我成长和自我创新。

（二）教师专业化程度

教师专业发展的主要内容涵盖：牢固建立专业理想；逐步拓展与深化专业知识；不断提高专业能力与塑造自我。教师为达到专业成熟、最大限度地实现自己的人生价值，他们在教学工作过程中通常会采取加强学习、不断反思和探究等方式来达到拓宽专业知识和提高专业水平的目的。教师的专业知识和教学内容的专业化程度，要求教师具备较为高深的特定领域的知识，需要他们对学科知识持积极态度，拥有学科基本理论知识，清楚自己已拥有多少这方面的知识以便使自己有能力提出机智的问题。我国多年来培养的英语专业毕业生就是一般性的缺少专业性的通识性人才。尽管近年来，我国大学英语教师的学历层次提高很快，语言功底较深厚，但毕竟对于相关专业知识知之不多，教学水平以及效果的提升步伐还是显得尤其缓慢，跟不上时代的形势。可见，我国外语教师专业化程度仍然不够，必须加以重视。

二、我国大学英语教师的教学现状

我国大学英语教学前后多次改革，始终没有在英语运用上取得全新的突破。党的十九大报告指出，要深化教育改革，发展素质教育。在社会需求和学生水平变化较大的新形势下，英语教学改革发展的瓶颈使英语教师专业素质的缺陷逐步暴露出来。面对新时代新形势的教学改革，部分老师仍对教学改革重要性认识不足。中国英语教师教学负担很重，他们根本没有足够时间参加进修培训。近年来，由于专业“国标”的出台，各高校均已减少大学英语学分，据调查，平均在 10～12 学分。以前学生参加大学四级考试的过关率不高，再加上学分的减少，要达到原有培养外语能力的教学要求，对大学英语教师提出了极为严峻的挑战。教师的学术科研水平也不够，他们没有掌握基本的科研方法，知识面不宽。教师之间在教学科研上的合作依然欠缺。此外，外语教师掌握现代教育教学信息技术的能力同样不乐观，主要情况是，“较匮乏的系统理论知识，较薄弱的操作实践能力，不够熟悉与使用网络资源和学习软件等，整合教学技术与英语课程的能力不足等”。[5]相反，一些教师忽视教学规律，甚至片面夸大多媒体的优点，不分场合，不顾对象，过多依赖多媒体技术，实施无黑板上课，教师整堂课走马观花式地切换 PPT，只起到放映员的角色。

近年来，教育部根据国家中长期改革和发展规划纲要等文件精神，制定了《大学英语教学指南》，明确提出大学英语的教学目标是培养学生的英语应用能力，增强跨文化交际意识和交际能力，同时发展自主学习能力，提高综合文化素养，满足学生个人发展的需要。新时代中国大学英语教学的主要目标不仅是一般用途英语，还应提高到专门用途英语教学的要求。教育大计，教师为本。在新时代背景下，提高大学英语的教育教学质量，教师队伍整体素质的提升尤为关键。没有教师队伍“质”的飞跃发展，就不能有力地推进教育教学的更大提高。提高教师素质的关键在于促进师资队伍中教师的专业发展。而学校是教师专业发展的主要平台。因此，加快我国外语教师专业发展的步伐，寻找探索有效的发展路径，对于提高我国英语教育教学质量至关重要，也是21世纪我国振兴教育的迫切需要。

三、大学英语教师专业发展有效途径

（一）基于教师反思性学习和教学的自我指导发展

上面论及专业发展伴随教师一生，可见它强调教师的终身学习和成长，这不仅包括教师的职前培养，也涵盖在职培训、职后发展等。教师专业发展的内涵，实际上不仅包括教师个体所获得的知识、技能以及情感等内部因素，还涵盖与学校、社会等外部环境有关的道德与政治因素。归纳一下，促进教师专业化发展有三种力量，一是教师个人的自我反思与学习提高，二是专业研究人员的专业引领，三是教师集体的同伴互助。因此，我们认为，在教学实践中，不断开展和完善自我指导发展和群体合作发展能有效提高教师自身发现和解决教学实践问题的能力，从发展的内外因素两方面入手，探索促进英语教师专业发展的有效途径。

教师专业发展实际上是“一个在教学实践与反思之间不断循环发展的过程”。[6]教学实践效果的好与坏，会促使教师不断反思自己的教学行动，反思的结果反过来作用于教学实践。教师学会反思是我国倡导的素质教育、创新教育的迫切需要，也是教学复杂性的本质要求。它要求教师积极主动、认真投入、长期仔细地考察自己的教学，归纳分析教学的实际效果，从而树立先进的教学理念，转变落后的教学观念和做法。提倡教学反思，教师的反思能力尤为重要，它是教师提高自身专业发展水平的重要环节。教师不仅要对自己的教学过程进行反馈和调控，还要对自我教育理念进行反思。教师要借助反思性教学，勇于锐意改革和积极创新，学会在实践教学中不断反思，审视自己在教学课堂中扮演的角色。只有通过不间断的反思，教师才能学会找出存在的问题，分析背后的主要原因，及时采取必要的补救措施，不断优化教育教学理念，改进课堂教学，以达到既定的教学目的。顺应新形势，我国大学英语教学模式也逐渐发生了转变，要求以提高学生应用英语的实践能力为目标。教学中传统的教学观念必须改变，原来的“教师中心”必须让位于“学生中心”，开始突出学生的“主体”地位以及教师的“主导”作用。在课堂上，教师要把学生视为英语学习的主体，以学生为中心，不断调动和发挥他们的学习主观能动性和创造性，培养和提高学生自主学习的能力。教学要充满活力，那么学生就必须成为课堂的主体，英语教育才会得到进一步的优化和发展。

影响教师专业发展最重要的一点就是教师要对“经验”进行合理、正确的反思与内化。反思能力的高低决定了教师自身素养的发展状况。要不断解决教学中的问题，教师必须学会反思。教师的反思既发生在有意之中，也发生在无意之中，也可能兼而有之，既对实践进行反思，又在实践中反思，还有为了实践而反思。教师不仅要有审视与修正自己的教学信念、教学策略与方式、教学行为、教学过程等能力，而且要回顾自己的教学行动与实际效果之间的关系，包括具有质疑或批评自己教学存在失误的能力。教师实践性知识的建构与发展，在很大程度上取决于教师对实践的自我反思，教师也正是在这一过程中实现自我的发展。

反思教学就是反思教师“凭借其实际教学经验在实践中发现问题，然后通过个体的深入思考与观察总结，探求解决所发现问题的方法与策略，进而达到自我改进、自我完善的目的”。[7]大学英语教师不仅要对课堂的各环节进行仔细分析和深入反思，找出存在的问题，是学生的“学”还是教师的“教”，弄清问题的实质，以期提出有针对性的解决策略和具体办法，并且要学会不断调整、优化教学行为，以便制定、实施更加有效的教学方案。

信息化时代为教师和学生提供了有利的教学环境和条件。作为教学活动的主体之一，教师必须充分发挥自己在“互联网+”时代以及大数据背景的“指引”作用。一方面，要合理将多媒体技术、网络资源等运用于英语课堂教学上，不断提高教师的信息素养，尤其是教学技能和水平，也会增强英语教学的直观性、生动性、趣味性，提高教学质量；另一方面，还要教会学生利用现代网络资源，找寻适合的信息材料，掌握基于网络的英语学习方法，进而培养学生的自主学习能力，调动学生的学习积极性。新时期大学英语教师要不断补充和完善自我的知识以及加强各方面能力和情感的培养。教师不仅要注重英语语言的学习，也要加强对英语国家文化和跨文化交际知识的学习。教师自身涉及知识的宽泛与否，直接影响到对学生文化素质的培养，也会影响到课堂使用的信息量以及学生学习英语的兴趣浓厚度。英语作为一门语言工具，已经在各行各业中广泛使用。因此各类职业英语、专门用途英语等培训深受学生追捧。同时，大学英语教师的专业发展不应该只局限于一门学科狭窄的知识领域，其教学要逐步向各专业外语教学过渡，增加英语教学内容的应用性、实用性。这样，教师就必须不断拓展自己的学科视野，吸取新知识，更新知识结构，开启更为广阔的专业发展空间，涉足多层面、多领域的专业英语教学。

自我反思之后可以进行自我指导。教师的自我指导发展，要求“教师认同一个与其专业发展有关的目标，以及实现目标所需的手段和资源”。[8]自我指导发展是建立在教师自我反思行动上的自我学习和自主科研。自我指导是自主能力的体现，是在自主意识基础上形成的心理特征与能力素养。积极开展反思性教学是促进教师专业发展的必由之路，“思之则活，思活则深，思深则透，思透则新，思新则进”。[9]

为改善教学活动，教师的教学反思行动基本上应包括：教学日志记载、典型教学案例、个人成长经历、听课行动与观察、问卷与访谈、行动研究等具体手段。正是通过这些手段，教师可以较好地进行自我意识、自我监督及自我评估。反思行动可以不断改进教学活动，然而，自我学习则要求教师根据自身已有的知识结构或能力素质或兴趣爱好而确立一定的学习目标，之后，选择学习的内容，进而制定能满足需求的学习计划，进行自我学习活动，评价自己是否达到学习的目的，确立新的学习目标。大学英语教师在保持和提高自身语言水平和能力的同时，也得通过自我引导、自我组织、自我学习来完善知识的结构。在教学前、教学中、教学后，英语教师要学会在反思行动过程中自我学习，不断实现一个又一个更高的目标。

自主科研也是大学英语教师最有效的自我发展途径之一。教师的职责并不只是教书，科研也不仅是专职人员的事。事实上，教学和科研相辅相成、依存并行。课堂教学为科研与教学改革提供第一手材料，而研究成果反过来又能指导和服务教学。只有牢固树立教学与科研并重的理念、正确处理二者的关系，这样不仅教师自身的英语教学等能力和水平能得以逐步提高，学生也会在教师潜移默化的不断“引领”中受益匪浅。

教师个体的反思和教师群体的发展关系紧密、相互依存、不可分割。个体离不开群体，没有群体也就没有个体的发展。教师个体的反思主要取决于教师个体的素质和意识，个体的发展需要群体的带动作用；而群体的发展则要依赖个体反思，个体反思反作用于群体，以群体的智慧和力量去实现共同的目标，有利于通过反思取得显著的成效。

（二）基于教学团队建设的群体合作发展

群体合作发展，是指教学中教师同行之间共同协调合作、开发，提供或选择专业发展的有效方法，从而实现教师专业不断进步与发展的目的。周燕认为，“优秀实践集体、教师之间的交流与互动和来自学生的挑战是促进教师反思和发展的重要条件”[10]。前两个因素都认同了以教学团队建设为主旨的群体合作发展的重要性。教师的自我反思需要两个方面的结合：一是教师的自我学习，改进自己的教学方法和手段，实现教学实践的合理性和有效性；二是教师的自我完善，只用通过改进教学策略和方法，教师才能正确引导学生学会“学”，培养学生的自主学习能力，帮助学生实现进步的同时教师也得到了自我发展。反思外语教学首先是要求每位教师认真仔细、持久观察每一节课每一分钟，“通过教学日记、座谈、听课等教学行为研究方式，思考自己的教学行为的得失，从而加深对外语教学的理解”。[11]简单地将教师个体的反思结果加以重叠并不是群体的反思，它需要个体反思的有效整合。

教学团队建设可以突破个人反思的局限与不足。教师个体的反思主要存在着动机不足、反思意识薄弱，以及反思能力差等困难。由于个体反思往往依赖于教师自身的素质和意识，而教师在教学科研团队中反思则有利于教师树立反思的自我意识和习惯，有利于提高群体反思的成效，培养团队协作的群体意识。通过团队合作文化或氛围的营造，教学团队成员之间实现知识共享，有利于进一步完善教师的专业知识结构。因此，可以说，教师专业发展主要是个体的一种成长历程，但并不意味着教师只能忍受孤寂。然而，团队合作的发展途径更能促进教师个人以及相互间的专业发展。在本质上，教师之间、同事之间要不断交换意见、分享感受和经验、相互观摩。教师间关系的品质乃决定专业成长的关键。因此，教学团队建设应加强合作共享，合作共赢，相互促进，相互提高。要实现单个个体和群体发展的共同目标与理想，团队建设各个体成员必须携起手来，以群体的智慧和力量去共同面对困难和挑战，共同分享经验、教训和成功的快乐。

在具体策略上，教学团队建设首先就是要遴选好团队的带头人。教学团队的带头人必须是该专业领域里教学效果好、教学经验丰富、并且创新意识强的主讲教师，他应具有能与团队成员打成一片，能正确处理各成员之间的关系，能营造轻松和谐的工作氛围的能力。此外，教学团队的结构要合理，强调各成员在年龄、性格、知识、技能、职称上要有较强的互补性。只有这样的团队才能焕发教学活力、提高团队的绩效。其次，要培养教师的合作能力。各英语教师不能“单打独斗”，只有在一个相互信赖、相互支持、相互理解的环境中才能相互激发、相互协同、共同探究、共同进步，从而达到提高英语教学质量和水平的目标。合作研究也是一个非常好的学习过程和自我发展过程。在团队建设平台上，英语教师通过共同申报，然后合作完成各级科研、教改项目，可以更好地把自身与团队的实践理论化、理论实践化，于是，基于个体成功的团队建设才会走上康庄大道。此外需要指出的是，促进教师的合作与发展，必须建立教学团队发展的评价机制，淡化个人竞争，强化团队合作，淡化分数成绩，突出敬业精神，淡化挑剔，强化相互学习。

建立合作教学反馈机制是团队建设的有效途径之一。合作教学包括教师共同分析学生需求，交流教学观点和实际理念，一起讨论与制定教学计划，集体备课，合理设计教学活动等形式。建立运行高效的合作教学机制，强调合作的重要性，开展合作教学方式，利于团体内部不同层次的教师之间的交流。这既发挥了中老年教师的传、帮、带的作用，也加强了老中青教师之间的交流与学习。中老年教师可以将丰富的教学经验传递给青年教师，帮助青年教师提高自己的教育教学专业水平，同时，也可以使中老年教师从年轻教师的身上学习到新的教学知识和技能，比如在操作使用现代信息资源等方面的接受能力。因此，教师之间的高效整合，有利于在合作教学中形成凝聚力和向心力，促进教学团队建设的健康发展。

互助观课也是提高教学质量、教师的专业素质与能力的有效途径之一。在互助观摩学习活动中，授课教师应该主动尝试一些有挑战性的教学活动，敢于探索、学会请教、不断切磋、认真反思。观课教师则要带着明确的学习目的，有较强的针对性，以学习者、研究者和指导者的多重身份出现，直接从课堂情景中收集材料，密切关注课堂教学与课堂行为的有效性。在互相观摩后，要坚持授课教师和观课教师共同分析和讨论教学活动中的长处与不足，取长补短，相互学习，共同受益，改进英语教师自身的教学方法和教学范式，寻找教师的个体教学特性，共同促进教师自身的专业发展。

诚然，教学改革的成败与教师整体素质密切相关，教师素质的高低乃提高教学水平的关键。人是认知的主体，教育教学研究的关注点转向了教师这一行为主体，这样，外语教师的专业发展也正成为提高大学外语教学质量关注的焦点。大学英语教师的专业发展是一个相对的动态演变过程，它不仅包括教师通过在职培训、进修等形式取得的某特定方面的进步，也包括他们在教学目标、教学技能、自我意识、师生情谊甚至同事合作等方面所收获的成熟与经验。作为专业人员，大学英语教师不能仅扮演传授语言知识和技能的“教书匠”角色，更应坚持在专业思想、专业知识、专业能力等方面不断完善自我，给学生更多的实用类专业英语，比如商务英语、科技英语、职场英语等，真正从一个专业新手发展成为专家型教师。

四、结语

教师专业发展是一个复杂的过程，其影响因素很多。新时代背景下教师专业发展依赖于两个主要因素：一方面内在驱动力是关键，教师要有较强的主观发展意愿和必备的个人素质和能力；另一方面，外部影响也不可或缺，学校应为教师提供多渠道的互动交流和进修的机会。通过为期一年多的收集师生的反馈信息和调查分析，我们看到，伴随大学英语教学团队集体发展的建设，具有主观积极展开自我反思指导发展的英语教师在教学观念、教学行为、科研意识、反思能力、自信心等方面都有了明显进步。

【参考文献】

[1] 朱新卓."教师专业发展"观批判［J］. 教育理论与实践，2002（8）：32.

[2] 唐玉光. 教师专业发展研究［J］. 外国教育资料，1996（6）：19.

[3] 肖丽萍. 国内外教师专业发展研究述评［J］. 中国教育学刊，2002（5）：56—57.

[4] 朱玉东. 反思与教师的专业发展［J］. 教育科学研究，2003（11）：26—28.

[5] 何高大. 现代教育技术在高校外语教学中的应用现状与分析［J］. 电化教育研究，2005（5）：71—74.

[6] Wallace，M. J. *Action Research for Language Teachers*［M］. Cambridge：Cambridge University Press，1998：13.

[7] 甘正东. 反思性教学：外语教师自身发展的有效途径［J］. 外语界，2000（4）：39.

[8] 唐玉光. 基于教师专业发展的教师教育制度［J］. 高等师范教育研究，2002（5）：40.

[9] 胡培卿. 促进教师自主性专业发展的校内管理对策［J］. 现代教育科学，2008（6）：17.

[10] 周燕. 教学和互动中成长：外语教师发展条件与过程研究［J］. 外语研究，2008（3）：51.

[11] Richards，J. C. & C. Lockhart. *Reflective teaching in second language classrooms*［M］. Cambridge：Cambridge University Press，1996：4.

谈数学课改背景下的准教师培养

胡　蓉　唐海军*

【摘　要】　针对新课程标准对基础教育阶段教师提出的新的要求，本文探讨了高等院校数学专业应如何培养出适应新课程改革需要的数学教师。首先本文分析了新课标对中学数学教师提出的新的要求；其次列举了现阶段师范毕业生普遍存在的问题；最后重点阐述了高校教师在对师范生的培养中应注意的问题。

【关键词】　课程改革；准教师；专业发展；培养

准教师群体是各大学中学习师范专业的大学生，也泛指未来有志于加入教师行业的大学生。新课程改革的实施是广大人民群众非常关心的一个问题，新的课程标准不但对基础教育工作者提出了新的要求，也对高等教育中的教师教育专业发展提出了挑战。高校教师们能否从传统的教学观念中走出来，准教师们能否适应课改对教师的专业要求，这些都是值得探讨的问题。作为一个主要的科目，数学在新课程改革的实施中起着关键性的作用。如何培养出适应新课程标准下的创新型数学教师，更是值得高校数学师范类专业的教师研究和探讨的问题。

一、课标对数学教师的要求

（一）更新教学观念，转变自身角色

新课程的实施需要教师的角色产生变化，这是新课程改革的关键，所以转变自身的角色已成为新课程背景下中小学教师面临的一个新问题。师生平等是教育向前发展的一个必然现象，当然也是新课改的一个要求，新课程标准强调教师是学生学习的合作者、引导者和参与者，要求教师在教学中和学生具备平等的地位和关系。只有这样，学生才能在一个真正开放活跃的课堂气氛中和教师平等地学习与交流。

* 胡蓉，女，副教授，研究方向：应用复分析。
唐海军，男，四川南充人，讲师，硕士，研究方向：数学教育与应用数学。

（二）在教学过程中加强师生互动

作为一种重要的教学方式，师生互动在数学课堂教学中所起的作用越来越明显。在传统的教育模式中更多是教师提问、学生回答这类表面形式的互动。师生的交往互动，将影响着教育质量的提高。对于真正意义上的师生互动，我们应着重思考其教学的有效性，实施本质上有效的互动，而不是形式上的，以便能构建轻松愉悦的数学课堂氛围。新课程标准强调教师应在教学过程中与学生进行真诚的交流，在师生互动交流中提高教与学的效率。

（三）注重学生应用能力的提高

在新课标的理论下，课程的设计都非常注重知识的应用。新课标不仅要求中小学生掌握知识，还要求学生学会对所学知识的灵活运用。从近年的高考命题来看，一般最后一题都是考查学生对所学知识的应用能力。所以，教师必须重视对学生应用意识的培养，注重学生应用能力的提高。

二、实践教学中存在的问题

（一）教师基本功欠缺

师范生作为准教师中的一个特殊群体，实践教学中的试讲是其从理论学习走向实践学习的一个重要阶段。对于刚走上讲台的准老师而言，教学基本功的欠缺是一个普遍现象，主要表现在以下几个方面：第一，教态不够大方自然。产生这种现象的核心问题在于不够自信，因此站在台上表情僵硬，缩手缩脚，甚至还有弯腰驼背的现象。第二，粉笔字差。据了解，这是一个比较突出的问题，一方面在于平时练习不够，另一方面是因为随着信息技术的发展，电脑使用的普遍化，拿笔写字的机会相对以前少了很多，所以很多同学钢笔字都写得差，更何况是粉笔字。第三，板书乱。师范生在讲课的时候板书不按预先的设计书写或者根本就不设计，想到哪写到哪，画图也不借助于教具，随手乱画，一堂课下来黑板就像一张草稿纸，这会对中小学生学习新知识带来一定的认知困扰。

（二）专业知识不够扎实

在大学里，除了少数考研的学生外，很多学生所学习的专业知识都不够扎实。主要原因在于他们在学习态度上不够积极主动，大部分是为了应付期末考试，喊着“六十分万岁，多一分浪费”的口号，平时只是去课堂听听课，课后基本不会对所学的知识做进一步的钻研，而是在期末考试前几周才开始突击复习，甚至背题背答案，考完后便将所学知识和课本一起抛之脑后。在平时的教学过程中，师范生问得较多的一个问题是所学的知识有什么用？他们认为将来到中学任教又不会教学生这些东西，学了也是白学。殊不知在大学里所学的不仅仅是课本上的知识，还有逐步渗透的数学方法及潜移默化的数学思想，这些对学生毕业后的教学工作是非常重要的。此外，新课程改革后，将很多大学的知识融入到了中学课本中，比如极限的知识、统计方面的知识等，这更要求即将走上讲台的师范生在大学将专业知识学扎实。

（三）在教学过程中太依赖课本，忽视对学生情感态度和价值观的培养

新课改要求教师在教学中要确定三维教学目标，即知识与技能、过程与方法、情感态度和价值观。其中，培养学生的情感态度和价值感是最容易被刚走上讲台的准教师所忽略的，特别是像数学这样的自然科学基础学科，往往会出现太过依赖课本的现象，一味地只注重知识和方法的讲解，对学生进行灌输式的教学，而并未真正体现“以学生为本”的新课标教学理念。

三、准教师培养的建议

（一）注重师范基础技能的培养

所谓师范基础技能，是指师范生从事教师职业必须掌握的知识以及运用这些知识完成教学所必需的技巧和能力，包括口语技能、书写技能、信息技能与沟通技能，即成为教师的基本功[1-3]。在师范生基本功的培养方面，高校教师应注意以下几点：

第一，加强对师范生普通话和“三笔字”的练习与考核。作为一名教师，说好普通话是一项重要基本功，必须练好，做到多听、多读、多练，并能持之以恒，说一口流利的普通话也并不是难事。要成为一名优秀的中学教师，要能写好三笔字，说好普通话，具备扎实的教学基本功。

第二，锻炼与提高师范生的沟通技能。教师这一职业是以人类作为对象的，具备较强的人际交往和沟通能力，是教师专业素质的基本要求。而课堂是以教师与学生之间的沟通交流为基础的，只有具备良好的沟通与交流，才能体现出课堂的多主体性。因此，作为高校教师，应注重锻炼和提高师范生的沟通能力与技巧，只有这样，才能使得他们在未来的教学过程中能有效地与学生进行沟通和交流，更好地完成教学。

（二）加强师范生数学素养的培养

所谓的数学素养，是指在数学教育的影响下，能够用数学知识和数学思想、方法去观察和分析问题、解决问题的一种素质。新课标下的数学教学目的除了要求学生掌握基础知识与基本技能外，还要求学生能够运用所学的数学知识形成数学能力，并能发展良好的个性品质。由于长期受应试教育的影响，数学教育已经偏离了素质教育的轨道，这样的结果导致了学生虽然考上了大学，但学生的数学素质仍然有待进一步提高。在当今社会，高分低能的人势必会被淘汰，所以加强学生数学素养的培养，刻不容缓。

（三）指导准教师研究课程标准和教材

为了更好地把握新课程的实施方向，将要从事教育事业的大学生必须学习研究课程标准与学科新教材。教材是进行教学的重要资源，是精选出来供学生学习的材料，教师要善于灵活地运用教材有效地进行教学[4]。新课程的教材研究应注意以下两点：首先，必须同时与旧教材相比，知道什么是更新的，什么是保留的，以及什么是删除的，这样才能对讲授内容有所掌控；第二，要思考教材提供的内容是否能有效地体现新课标所要求的三维教学目标。

（四）学会培养学生的创新精神与实践能力

新课程改革要求中学教师不仅要教会学生课本上的知识，还要注重引导学生探索获得知识、技能的途径和方法。因此，教师在教学中，要懂得培养学生的创新精神和实践能力。

第一，教学设计时，要结合教材内容，设计出学生互动的教学环节，鼓励学生从实际出发，归纳、总结教材上的定理和公式。通过学习、思考、实践、小组讨论和交流，获取数学知识。例如，在讲古典概型时，可以将学生分组进行实验，投掷硬币若干次，并记录下正面朝上和反面朝上的次数，通过小组讨论得到硬币正面朝上的频率，然后再讲授古典概型概率的知识。

第二，鼓励学生积极参与概念的构建过程。[5]在传统的数学教学中，学生对于书本上的基本概念和知识常常死记硬背，而新课标要求教师要学会引导学生了解概念的背景与形成过程，参与概念的构建过程。例如，在讲平面直角坐标系时，可以作为背景知识介绍法国著名科学家、数学家笛卡尔的基本信息和相关事迹，介绍他是通过观察蜘蛛网受到了启发，从而建立了直角坐标系。这样，既能让学生了解相关知识的背景，也能加深对知识的理解，培养学生的数学思维。

（五）加强概率统计相关知识的传授

新课标下中学数学教材中的概率与统计部分主要发生了下列变化：第一，统计相关知识由以前的选修内容变成了必修内容，并且编排在概率知识前面；第二，必修部分增加了随机数的产生、用随机模拟方法估计概率等知识点；第三，选修部分增加了统计案例。这样的变化，对高校教师在数学专业师范生的培养方面提出了新的要求，必须要在大学阶段加强对学生概率统计相关知识的讲解和传授，让学生具备扎实的专业基础知识，才能成为新课标下合格的数学教师。在知识的教学过程中应注意以下几点：

第一，注重概率思想和统计思想的培养。高校数学教师教学的目的不仅仅是为了让大学生掌握现有的知识，而是要培养学生学会分析问题，并能解决问题，而学生学习“概率统计”这门课程，也不能只是学会了做几道题，更重要的是要掌握它的相关思想与方法，并能将课本知识用于实际。例如，做推断和决策时，应强调概率中极大似然的思想；在做判断时，应强调假设检验的思想。

第二，强调典型案例的教学。[6]统计与现实生活的联系是非常密切的，高校教师在教学过程中，可以选择学生身边密切相关的问题作为教学案例，通过这些典型案例让学生了解和掌握相关的统计知识。例如，通过对考试作弊的调查，学生可以认识到调查方法的选择对调查结果的重要性；通过研究身高与体重的关系，让学生理解回归的思想[6]。

（六）使用现代信息技术的能力

新课标要求教师学会利用现代信息技术手段，充分发挥学生的主体地位，使学生在学习和研究过程中体验作为探索者的快乐，并能有效地提高学生的创新实践能力和研究探索能力。因此，作为高校教师，应注重提高师范生使用现代信息技术的能力，才能让他们在未来的工作岗位上充分发挥现代信息技术的优势，为学生的学习和发展提供有效的学习工具和良好的学习环境。这种能力的培养可以从以下几方面入手：

第一，通过开设信息技术公共课培养学生的信息技术应用意识。通过这类课程的学习，学生可以掌握基本的理论知识和信息技术应用能力，从而形成信息技术应用意识。在教学中要注意数学专业学生在信息技术应用能力上的水平，对教学内容进行精心选择，并根据专业需要对知识选择不同的侧重点；教学形式上应多样化，既要重视基本理论的讲授，同时也要加强实践操作应用能力的锻炼，让学生学会将传统的学习手段与现代信息技术手段科学地结合到一起。

第二，给大学生起良好的示范作用，促进学生信息意识的培养。高校教师在教学过程中应该将信息技术有效地应用到课程的教学中，比如制作精美课件、利用软件进行解题与作图等，让学生在学习过程中逐步地增强信息技术的应用意识。

第三，将现代信息技术引入到大学专业课的教学。积极开展信息技术与专业课程整合，将信息技术融入专业课程的教学中，使之成为教师的教学工具及学生的学习工具。例如，在概率统计中，利用计算机不仅可以在短时间内多次重复实验，对试验结果的随机性和规律性有深刻的了解和认识，还能对大量重复试验结果进行统计分析，画出相关统计图，让学生对知识点能有更直观的认识和理解。

【参考文献】

[1] 董泽芳，陈文娇. 一个值得高度关注的教育话题——新政策背景下的师范生专业技能培养 [J]. 教育研究与实验，2008 (2)：40－44.

[2] 刘占才，司清亮. 从高校师范毕业生教学技能大赛看师范生的培养 [J]. 焦作师范高等专科学校学报，2012，28 (3)：33－35.

[3] 王佩华，赵大伟. 高校师范生职业技能培养思考 [J]. 绥化学院学报，2011，31 (1)：160－161.

[4] 任世江. 研究新课标教材 推进新课程改革 [J]. 历史教学，200 (12)：40－44.

[5] 杨淑荣. 实施新教材下数学教学改革的新体会 [J]. 内蒙古教育，2012 (1)：47－48.

[6] 张淑梅，马波. 对“新课标”中概率与统计内容及要求的认识 [J]. 数学通报，2005，44 (2)：15－16.